2022

令和4年度版

必勝合格

宅建士

過去問題集

総合資格学院 編

総合資格学院

はじめに

民法・建築基準法の大改正に完全対応・徹底攻略！

「民法の一部を改正する法律」が、令和2年4月1日に施行されました。また、建築基準法や宅建業法についても改正があり、令和2年度は宅建試験が大きく変わる年となりました。そこで本書では、最新法令に合わせて大改訂し、法改正に完全対応・徹底攻略！　安心して学習していただけます。

「必勝合格 宅建士過去問題集」の特長

この問題集は、高い合格率を誇る総合資格学院の宅建講座で講座専用教材として使用している問題集を、広く受験生のみなさんに提供するために編集したものです。実績のある講座の教材をベースにした問題集ですから、問題の選定はもちろんのこと、解説や図表も、長年の合格指導によって蓄積された合理的なノウハウによって裏打ちされたものばかり。みなさんも、ぜひ、この問題集を使って合格の栄冠を勝ち取ってください。

「必勝合格 宅建士過去問題集」の編集方針

宅建試験は、例年20万人前後が受験する人気のある資格試験ですが、その合格率は15％〜17％前後。決して簡単な資格試験ではありません。この難関を突破するためには、過去問の演習が不可欠です。ただ、過去問といっても、10年間で500問、2,000肢近くの選択肢があり、その中には合格・不合格に影響しないような問題や選択肢も数多く含まれます。

「必勝合格 宅建士過去問題集」では、講座での受験指導を通じて蓄積されたノウハウに基づき、合格に必須と判断される問題を厳選して掲載しています。

「必勝合格 宅建士テキスト」と併用して最高の学習効果

「必勝合格 宅建士過去問題集」の姉妹書として、「必勝合格 宅建士テキスト」があります。総合資格学院の宅建講座で専用教材として使用しているテキストを市販用として編集したものです。高い合格率を誇る講師の指導ノウハウが満載されており、基本書として併用することで最高の学習効果が得られます。

「オリジナル問題集」「直前予想模試」でダメ押し

「必勝合格 宅建士テキスト」「必勝合格 宅建士過去問題集」に続いて、令和4年4月に「オリジナル問題集」を、6月には「直前予想模試」を刊行する予定です。両問題集ともに総合資格学院のノウハウを結集して作成したオリジナル問題を収録。ぜひ、チャレンジして、実力確認・弱点補強にご活用ください。

「必勝合格 宅建士過去問題集」の特長と使い方

●最新法改正に対応

本試験での出題以降に法改正があった問題は、最新の法令に合わせて改訂を加えてありますから、安心して学習していただけます。

なお、本書編集後、令和4年4月1日(本試験出題基準日)までに新たな法改正があった場合には、追録並びにホームページにて告知致します(7月末頃のご案内になります)。追録をご希望の方は、本書挟み込みのハガキでご請求ください。

> 本書に関する法改正・追録・正誤などの最新情報がある場合は、ホームページにてご案内いたします。
> 定期的にご確認いただくとともに、試験直前には必ずご確認ください。
> 　　総合資格学院HP　　　　　https://www.shikaku.co.jp/
> 　　総合資格学院出版サイト　https://www.shikaku-books.jp/

●ひと目でわかる学習優先順位

本試験での一般受験者(当学院受講生以外)の正答率データを基に、各問題の難易度を☆印で表記しています。

難易度	★	易しい（本試験での正答率が60%以上の問題）
難易度	★★	標　準（本試験での正答率が40%以上60%未満の問題）
難易度	★★★	難しい（本試験での正答率が40%未満の問題）

●ひと目でわかる重要度

本試験での出題頻度や最新の出題傾向をもとに、各問題で問われている内容の重要度をA〜Cの3ランクで表記しています。

重要度	A	必ず理解・記憶しておくべき内容を問う問題
重要度	B	このレベルまでは理解・記憶しておきたい内容を問う問題
重要度	C	余裕があればチャレンジしたい内容を問う問題

●ひと目でわかる学習履歴

チェック欄を有効活用して、過去問の繰り返し学習＝資格試験学習の王道を歩みましょう。

自信を持って正解できた問題には○、間違えた問題には×、自信のなかった問題には△を記入する、あるいは学習した日付を記入するなど、自分にあった方法で学習の履歴を残しましょう。

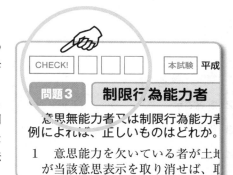

●ひと目でわかる重要知識

宅建試験でよく出題される重要なポイントをまとめた図表を、「必勝合格Check!」として、姉妹書「必勝合格 宅建士テキスト」から引用しています。知識の整理や試験直前の総まとめに有効活用してください。

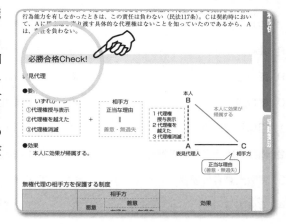

CONTENTS

権利関係

宅建業法

法令上の制限

税・その他

税・価格

免除科目

必勝合格
宅建士過去問題集

権利関係

CHECK! ☐ ☐ ☐ 　本試験 平成22年度　問1　重要度 B　難易度 ★

問題1　制限行為能力者

制限行為能力者に関する次の記述のうち、民法の規定によれば、正しいものはどれか。

1　土地を売却すると、土地の管理義務を免れることになるので、未成年者が土地を売却するに当たっては、その法定代理人の同意は必要ない。

2　成年後見人が、成年被後見人に代わって、成年被後見人が居住している建物を売却するためには、家庭裁判所の許可が必要である。

3　被保佐人については、不動産を売却する場合だけではなく、日用品を購入する場合も、保佐人の同意が必要である。

4　被補助人が法律行為を行うためには、常に補助人の同意が必要である。

解答・解説

1　誤り

未成年者が法律行為をするには、単に権利を得、又は義務を免れる法律行為を除き、その法定代理人の同意を得なければならない（民法5条1項）。よって、本肢の土地の売却は、単に権利を得、又は義務を免れる法律行為に該当しないため、その法定代理人の同意が必要となる。

2　正しい

成年後見人は、成年被後見人に代わって、その居住の用に供する建物又はその敷地について、売却、賃貸、賃貸借の解除又は抵当権の設定その他これらに準ずる処分をするには、家庭裁判所の許可を得なければならない（民法859条1項、859条の3）。

3　誤り

被保佐人は、不動産その他重要な財産に関する権利の得喪を目的とする行為などを行うときには、その保佐人の同意を得なければならないが、日用品の購入その他日常生活に関する行為については、その保佐人の同意を得る必要はない（民法13条1項、ただし書、9条ただし書）。

4　誤り

家庭裁判所は、請求により、被補助人が特定の法律行為をするにはその補助人の同意を得なければならない旨の審判をすることができ、しかもその審判により同意を得なければならないものとすることができる行為は、民法13条1項に規定する行為の一部に限られる（民法17条1項、13条1項）。よって、すべての法律行為につき、常に補助人の同意が必要であるという本肢は誤りである。

【問題1】　正解2

問題2 制限行為能力者

後見人制度に関する次の記述のうち、民法の規定によれば、正しいものはどれか。

1　成年被後見人が第三者との間で建物の贈与を受ける契約をした場合には、成年後見人は、当該法律行為を取り消すことができない。

2　成年後見人が、成年被後見人に代わって、成年被後見人が居住している建物を売却する場合には、家庭裁判所の許可を要しない。

3　未成年後見人は、自ら後見する未成年者について、後見開始の審判を請求することはできない。

4　成年後見人は家庭裁判所が選任する者であるが、未成年後見人は必ずしも家庭裁判所が選任する者とは限らない。

解答・解説

1　誤り

成年被後見人の法律行為は、日用品の購入その他日常生活に関する行為を除いて、取り消すことができる（民法9条）。成年被後見人が第三者との間で建物の贈与を受ける契約は、日用品の購入その他日常生活に関する行為とはいえず、成年後見人は、当該法律行為を取り消すことができる。

2　誤り

成年後見人は、成年被後見人に代わって、成年被後見人が居住する建物について売却等の処分をするには、家庭裁判所の許可を得なければならない（民法859条の3）。

3　誤り

精神上の障害により事理を弁識する能力を欠く常況にある者については、家庭裁判所は、本人、配偶者、四親等内の親族、未成年後見人、未成年後見監督人、保佐人、保佐監督人、補助人、補助監督人又は検察官の請求により、後見開始の審判をすることができる（民法7条）。未成年後見人も、後見開始の審判の請求は可能である。

4　正しい

未成年者に対して最後に親権を行う者は、原則として、遺言で、未成年後見人を指定することができる（民法839条1項）。したがって、未成年後見人は必ずしも家庭裁判所が選任する者とは限らない。なお、「成年後見人は家庭裁判所が選任する者である」という点は正しい（民法843条）。

【成年後見人と未成年後見人の比較】

	成年後見人	未成年後見人
後見開始原因	後見開始の審判があったとき	①未成年者に対して親権を行う者がいないとき②親権を行う者が管理権を有しないとき
選任	家庭裁判所が職権で選任（必ず家庭裁判所が選任）	①最後に親権を行う者が遺言で指定②未成年後見人となる者がないときは利害関係人の請求により家庭裁判所が選任
資格	法人でも可	
人数	複数でも可	

【問題2】　正解4

4

CHECK! ☐ ☐ ☐　本試験 **平成28年度　問2**　重要度 **B**　難易度 **★★**

問題3　　**制限行為能力者**

制限行為能力者に関する次の記述のうち、民法の規定及び判例によれば、正しいものはどれか。

1　古着の仕入販売に関する営業を許された未成年者は、成年者と同一の行為能力を有するので、法定代理人の同意を得ないで、自己が居住するために建物を第三者から購入したとしても、その法定代理人は当該売買契約を取り消すことができない。

2　被保佐人が、不動産を売却する場合には、保佐人の同意が必要であるが、贈与の申し出を拒絶する場合には、保佐人の同意は不要である。

3　成年後見人が、成年被後見人に代わって、成年被後見人が居住している建物を売却する際、後見監督人がいる場合には、後見監督人の許可があれば足り、家庭裁判所の許可は不要である。

4　被補助人が、補助人の同意を得なければならない行為について、同意を得ていないにもかかわらず、詐術を用いて相手方に補助人の同意を得たと信じさせていたときは、被補助人は当該行為を取り消すことができない。

解答・解説

1　誤り
　一種又は数種の営業を許された未成年者は、その営業に関しては、成年者と同一の行為能力を有する（民法6条1項）。本肢では、古着の仕入販売に関する営業を許された未成年者であるから、古着の仕入販売の営業に関する行為につき、成年者と同一の行為能力を有する。したがって、当該営業に関しない「自己が居住する建物の購入」について、法定代理人の同意がない場合は、未成年者がした法律行為として、法定代理人は取り消すことができる（民法120条1項）。

2　誤り
　被保佐人が不動産を売却したり、贈与の申し出を拒絶するには、保佐人の同意を得なければならない（民法13条1項3号・7号）。

3　誤り
　成年後見人は、成年被後見人に代わって、その居住の用に供する建物について、売却をするには、家庭裁判所の許可を得なければならない（民法859条の3）。後見監督人には、このような権限はない（民法851条、864条参照）。

4　正しい
　被補助人等の制限行為能力者が、同意権を有する者の同意を得たと相手方を信じさせたときは民法21条の定める「詐術」にあたり、その行為を取り消すことはできない（民法21条、判例）。

【問題3】　正解4

問題4　意思表示

　Aは、その所有する甲土地を譲渡する意思がないのに、Bと通謀して、Aを売主、Bを買主とする甲土地の仮装の売買契約を締結した。この場合に関する次の記述のうち、民法の規定及び判例によれば、誤っているものはどれか。なお、この問において「善意」又は「悪意」とは、虚偽表示の事実についての善意又は悪意とする。

1　善意のCがBから甲土地を買い受けた場合、Cがいまだ登記を備えていなくても、AはAB間の売買契約の無効をCに主張することができない。

2　善意のCが、Bとの間で、Bが甲土地上に建てた乙建物の賃貸借契約（貸主B、借主C）を締結した場合、AはAB間の売買契約の無効をCに主張することができない。

3　Bの債権者である善意のCが、甲土地を差し押さえた場合、AはAB間の売買契約の無効をCに主張することができない。

4　甲土地がBから悪意のCへ、Cから善意のDへと譲渡された場合、AはAB間の売買契約の無効をDに主張することができない。

解答・解説

1　正しい
　虚偽表示による無効は、善意の第三者に対抗することができない（民法94条2項）。この場合、虚偽表示当事者は、第三者に登記がないことを主張して、物権変動の効果を否定することはできないことになる（判例）。よって、Aは売買契約の無効をCに対して主張することができない。

2　誤り
　民法94条2項の「第三者」とは、虚偽の意思表示の当事者またはその一般承継人以外の者であって、その表示の目的につき法律上利害関係を有するに至った者をいう（判例）。土地の仮装譲受人が当該土地上に建物を建築してこれを他人に賃貸した場合、この建物賃借人は、仮装譲渡された土地については法律上の利害関係を有するものとは認められないから、民法94条2項所定の第三者にはあたらない（判例）。

3　正しい
　民法94条2項の「第三者」とは、虚偽の意思表示の当事者またはその一般承継人以外の者であって、その表示の目的につき法律上利害関係を有するに至った者をいう（判例）。この点につき、仮装譲渡された土地に対して差押えをした仮装譲受人の債権者は、民法94条2項の「第三者」に該当する（判例）。なぜなら、差押債権者は、仮装譲渡された土地に対して法律上の利害関係を有すると認められるからである。よって、仮装譲渡された甲土地を差し押さえた債権者Cは、民法94条2項の「第三者」に該当する。

4　正しい
　虚偽表示による無効は、善意の第三者には対抗できないが、この善意の第三者には転得者（直接の第三者からさらに譲り受けた者）も含まれる（判例）。したがって、第三者Cが悪意であっても転得者Dが善意であれば、Aは、Dに対し売買契約の無効を主張することができない。

【問題4】　正解2

CHECK! ☐☐☐　　本試験 平成24年度 問1　　重要度 A　　難易度 ★

問題5　　意思表示

民法第94条第2項は、相手方と通じてした虚偽の意思表示の無効は「善意の第三者に対抗することができない。」と定めている。次の記述のうち、民法の規定及び判例によれば、同項の「第三者」に該当しないものはどれか。

1　Aが所有する甲土地につき、AとBが通謀の上で売買契約を仮装し、AからBに所有権移転登記がなされた場合に、B名義の甲土地を差し押さえたBの債権者C

2　Aが所有する甲土地につき、AとBの間には債権債務関係がないにもかかわらず、両者が通謀の上でBのために抵当権を設定し、その旨の登記がなされた場合に、Bに対する貸付債権を担保するためにBから転抵当権の設定を受けた債権者C

3　Aが所有する甲土地につき、AとBが通謀の上で売買契約を仮装し、AからBに所有権移転登記がなされた場合に、Bが甲土地の所有権を有しているものと信じてBに対して金銭を貸し付けたC

4　AとBが通謀の上で、Aを貸主、Bを借主とする金銭消費貸借契約を仮装した場合に、当該仮装債権をAから譲り受けたC

解答・解説

1　該当する

民法94条2項の「第三者」とは、虚偽の意思表示の当事者又はその一般承継人以外の者であって、その表示の目的につき法律上利害関係を有するに至った者をいう（判例）。この点につき、仮装譲渡された土地に対して差押えをした仮装譲受人の債権者は、民法94条2項の「第三者」に該当する（判例）。なぜなら、差押債権者は、仮装譲渡された土地に対して法律上の利害関係を有すると認められるからである。よって、仮装譲渡された甲土地を差し押さえた債権者Cは、民法94条2項の「第三者」に該当する。

2　該当する

仮装の抵当権者から転抵当権の設定を受けた債権者は、民法94条2項の「第三者」に該当する（判例）。なぜなら、転抵当権者は、仮装抵当権に対して法律上の利害関係を有すると認められるからである。よって、仮装の抵当権者Bから転抵当権の設定を受けた債権者Cは、民法94条2項の「第三者」に該当する。

3　該当しない

土地の仮装譲受人に対して金銭を貸し付けたにすぎない一般債権者は、民法94条2項の「第三者」に該当しない（判例）。なぜなら、一般債権者は、債務者の全財産については利害関係を有するが、仮装譲渡された土地そのものについては利害関係が薄いからである。よって、甲土地の仮装譲受人Bに対して金銭を貸し付けたにすぎない一般債権者Cは、民法94条2項の「第三者」に該当しない。

4　該当する

仮装債権の譲受人は、民法94条2項の「第三者」に該当する（判例）。なぜなら、仮装債権の譲受人は、虚偽表示の目的である仮装債権に対して法律上の利害関係を取得したものといえるからである。よって、仮装債権をAから譲り受けたCは、民法94条2項の「第三者」に該当する。

【問題5】　正解3

問題6 意思表示

A所有の甲土地についてのAB間の売買契約に関する次の記述のうち、民法の規定及び判例によれば、正しいものはどれか。

1 Aは甲土地を「1,000万円で売却する」という意思表示を行ったが当該意思表示はAの真意ではなく、Bもその旨を知っていた。この場合、Bが「1,000万円で購入する」という意思表示をすれば、AB間の売買契約は有効に成立する。

2 AB間の売買契約が、AとBとで意を通じた仮装のものであったとしても、Aの売買契約の動機が債権者からの差押えを逃れるというものであることをBが知っていた場合には、AB間の売買契約は有効に成立する。

3 Aが第三者Cの強迫によりBとの間で売買契約を締結した場合、Bがその強迫の事実を知っていたか否かにかかわらず、AはAB間の売買契約に関する意思表示を取り消すことができる。

4 AB間の売買契約が、Aが泥酔して意思無能力である間になされたものである場合、Aは、酔いから覚めて売買契約を追認するまではいつでも売買契約を取り消すことができ、追認を拒絶すれば、その時点から売買契約は無効となる。

解答・解説

1 誤り

意思表示は、表意者がその真意ではないことを知ってしたときであっても、原則有効であるが、相手方が表意者の真意を知り（悪意）、又は知ることができたときは（有過失）、無効となる（民法93条1項）。したがって、表意者Aの真意でないことを相手方Bが「知っていた」（悪意）ことから、AB間の売買契約は無効となる。

2 誤り

債権者からの差押えを逃れるために、相手方と通じて真意でない意思表示をすることがあり、このように、相手方と通じてした虚偽の意思表示は、無効である（民法94条1項）。したがって、AB間の売買契約は、AとBとで意を通じた仮装のものであることから、無効となる。

3 正しい

相手方に対する意思表示について第三者が「強迫」を行った場合、相手方がその事実を知っていたか否かにかかわらず、その意思表示を取り消すことができる（民法96条1項、2項参照）。したがって、Aは、AB間の売買契約に関する意思表示を取り消すことができる。

4 誤り

意思無能力者のした意思表示は、「無効」である（民法3条の2）。したがって、取消しができるとする点と追認を拒絶するまでもなく当然無効となる点において誤りとなる。

【問題6】 正解3

CHECK! ☐ ☐ ☐　本試験 **平成23年度　問1**　重要度 **A**　難易度 **★**

問題7　意思表示

　A所有の甲土地につき、AとBとの間で売買契約が締結された場合における次の記述のうち、民法の規定及び判例によれば、正しいものはどれか。

1　Bは、甲土地は将来地価が高騰すると勝手に思い込んで売買契約を締結したところ、実際には高騰しなかった場合、動機の錯誤を理由に本件売買契約を取り消すことができる。

2　Bは、第三者であるCから甲土地がリゾート開発される地域内になるとだまされて売買契約を締結した場合、AがCによる詐欺の事実を知っていたとしても、Bは本件売買契約を詐欺を理由に取り消すことはできない。

3　AがBにだまされたとして詐欺を理由にAB間の売買契約を取り消した後、Bが甲土地をAに返還せずにDに転売してDが所有権移転登記を備えても、AはDから甲土地を取り戻すことができる。

4　BがEに甲土地を転売した後に、AがBの強迫を理由にAB間の売買契約を取り消した場合には、EがBによる強迫につき知らなかったときであっても、AはEから甲土地を取り戻すことができる。

解答・解説

1　誤り

　表意者が法律行為の基礎とした事情についてのその認識が真実に反する錯誤（動機の錯誤）に基づく意思表示を取り消すためには、その事情が法律行為の基礎とされていることが表示されていることを要する（民法95条1項2号・2項）。本肢でBは甲土地が高騰すると勝手に思い込んでいたにすぎず、Aにその事情が表示されていないため、意思表示を取り消すことができない。

2　誤り

　相手方に対する意思表示について第三者が詐欺を行った場合において、相手方がその事実を知り、又は知ることができたときに限り、その意思表示を取り消すことができる（民法96条2項）。

3　誤り

　詐欺による取消しの効果はその旨の登記をしなければ、取消後に当該土地を取得して登記を経た第三者に対抗できない（民法177条、判例）。

4　正しい

　詐欺による意思表示の取消しは、善意無過失の第三者に対抗することができないが、強迫による意思表示の取消しは、善意の第三者にも対抗することができる（民法96条3項参照）。

問題8　意思表示

　AがBに甲土地を売却した場合に関する次の記述のうち、民法の規定及び判例によれば、誤っているものはどれか。

1　甲土地につき売買代金の支払と登記の移転がなされた後、第三者の詐欺を理由に売買契約が取り消された場合、原状回復のため、BはAに登記を移転する義務を、AはBに代金を返還する義務を負い、各義務は同時履行の関係となる。

2　Aが甲土地を売却した意思表示に錯誤があったとしても、Aに重大な過失があって取消しを主張することができない場合は、BもAの錯誤を理由として取消しを主張することはできない。

3　AB間の売買契約が仮装譲渡であり、その後BがCに甲土地を転売した場合、Cが仮装譲渡の事実を知らなければ、Aは、Cに虚偽表示による無効を対抗することができない。

4　Aが第三者の詐欺によってBに甲土地を売却し、その後BがDに甲土地を転売した場合、Bが第三者の詐欺の事実を過失なく知らなかったとしても、Dが第三者の詐欺の事実を知っていれば、Aは詐欺を理由にAB間の売買契約を取り消すことができる。

解答・解説

1　正しい
　売買契約が詐欺を理由として取り消された場合における当事者双方の原状回復義務は、同時履行の関係にある（判例）。よって、第三者の詐欺を理由に売買契約が取り消された場合、Bの登記を移転する義務とAの代金を返還する義務は、同時履行の関係になる（民法121条、121条の2第1項）。

2　正しい
　錯誤取消しの規定は、表意者を保護するための規定であるが、表意者に重大な過失がある場合は、もはや表意者を保護する必要がないから、原則として表意者は取消しを主張できない（民法95条3項）。錯誤の場合の取消権者は、表意者本人、代理人、承継人に限られ、相手方は含まれない（民法120条2項）。表意者が取消しを主張することが許されない以上、表意者でない相手方等は、取消しを主張する理由がないためである。このため、表意者に重大な過失があって、自ら取消しを主張できない場合、相手方等は、その取消しを主張することができない。

3　正しい
　相手方と通じてした虚偽の意思表示の無効は（民法94条1項）、善意の第三者に対抗できない（同条2項）。よって、AB間の売買契約が仮装譲渡により無効であっても、Aは仮装譲渡の事実を知らない第三者Cに、その無効を対抗できない。

4　誤り
　相手方に対する意思表示について第三者が詐欺を行った場合は、相手方がその事実を知り、または知ることができたときに限り、その意思表示を取り消すことができる（民法96条2項）。本肢では、相手方Bは第三者の詐欺を過失なく知らなかったのであるから、Aは詐欺を理由にAB間の売買契約を取り消すことはできない。相手方Bより転売を受けたDが詐欺の事実を知っていたことは、本肢の結論に影響しない。

CHECK! ☐ ☐ ☐　｜本試験｜平成21年度　問2　｜重要度｜ A　｜難易度｜ ★

問題9　代理

　AがA所有の土地の売却に関する代理権をBに与えた場合における次の記述のうち、民法の規定によれば、正しいものはどれか。

1　Bが自らを「売主Aの代理人B」ではなく、「売主B」と表示して、買主Cとの間で売買契約を締結した場合には、Bは売主Aの代理人として契約しているとCが知っていても、売買契約はBC間に成立する。

2　Bが自らを「売主Aの代理人B」と表示して買主Dとの間で締結した売買契約について、Bが未成年であったとしても、AはBが未成年であることを理由に取り消すことはできない。

3　Bは、自らが選任及び監督するのであれば、Aの意向にかかわらず、いつでもEを復代理人として選任して売買契約を締結させることができる。

4　Bは、Aに損失が発生しないのであれば、Aの意向にかかわらず、買主Fの代理人にもなって、売買契約を締結することができる。

解答・解説

1　誤り

　代理人が本人のためにすることを示さないでした意思表示は、自己のためにしたものとみなされるが（民法100条本文）、代理人が本人のためにすることを相手方が知り、又は知ることができたときは、本人に対して直接にその効力を生ずる（民法100条ただし書）。本肢は、相手方であるCがBがAの代理人として契約していると知っている場合であり、当該売買契約はBC間ではなくAC間に成立する。

2　正しい

　制限行為能力者が代理人としてした行為は、原則として行為能力の制限によっては取り消すことができない（民法102条本文）。よって、本人が未成年者を代理人に選任し、その未成年者が代理行為を行った場合でも、制限行為能力を理由とする取消しはできない。

3　誤り

　委任による代理人は、本人の許諾を得たときか、又はやむを得ない事由があるときでなければ、復代理人を選任することができない（民法104条）。よって、これらの事由がない場合、Bが自ら選任及び監督をしたとしても、いつでも復代理人を選任できるわけではない。

4　誤り

　同一の法律行為については、債務の履行及び本人があらかじめ許諾した行為を除き、当事者双方の代理人となることは無権代理行為とみなされる（民法108条1項）。よって、Aの承諾がない場合、たとえAに損害が発生しなくても、相手方の代理人として売買契約を締結できるわけではない。

【問題9】　正解2

問題10 　代理

　Aが、所有する甲土地の売却に関する代理権をBに授与し、BがCとの間で、Aを売主、Cを買主とする甲土地の売買契約（以下この問において「本件契約」という。）を締結した場合における次の記述のうち、民法の規定及び判例によれば、正しいものはどれか。

1　Bが売買代金を着服する意図で本件契約を締結し、Cが本件契約の締結時点でこのことを知っていた場合であっても、本件契約の効果はAに帰属する。

2　AがBに代理権を授与するより前にBが補助開始の審判を受けていた場合、Bは有効に代理権を取得することができない。

3　BがCの代理人にもなって本件契約を成立させた場合、Aの許諾の有無にかかわらず、本件契約は無効となる。

4　AがBに代理権を授与した後にBが後見開始の審判を受け、その後に本件契約が締結された場合、Bによる本件契約の締結は無権代理行為となる。

解答・解説

1　誤り
　代理人が自己又は第三者の利益を図るため権限内の行為をした場合において、相手方がその意図を知り、又は知ることができたときは、その行為は、無権代理行為とみなされ、本人に効果が帰属しない（民法107条、113条1項）。よって、相手方CはBが売買代金を着服する意図を知っていたので、Bの行為は、無権代理行為とみなされ、契約の効果はAに帰属しない。

2　誤り
　代理人は、原則として、行為能力者であることを要しない（民法102条）。よって、Bは補助開始の審判を受けていたとしても、有効に代理権を取得することができる。

3　誤り
　同一の法律行為について、当事者双方の代理人としてした行為は、無権代理行為とみなされる（民法108条1項本文）。ただし、債務の履行及び本人があらかじめ許諾した行為については、この限りでない（民法108条1項ただし書）。よって、Aの許諾の有無に関わらず無効となるのは誤り。なお、双方代理を有効にするにはCの承諾も必要である。

4　正しい
　代理権は、代理人が後見開始の審判を受けたことにより消滅する（民法111条1項2号）。よって、代理人Bが後見開始の審判を受けた時点で代理権は消滅しているので、その後のBによる本件契約の締結は無権代理行為となる。

【問題10】　正解4

CHECK! ☐☐☐　本試験 平成29年度　問1　重要度 B　難易度 ★★

問題11　代理

　代理に関する次の記述のうち、民法の規定及び判例によれば、誤っているものはどれか。

1　売買契約を締結する権限を与えられた代理人は、特段の事情がない限り、相手方からその売買契約を取り消す旨の意思表示を受領する権限を有する。

2　委任による代理人は、本人の許諾を得たときのほか、やむを得ない事由があるときにも、復代理人を選任することができる。

3　復代理人が委任事務を処理するに当たり金銭を受領し、これを代理人に引き渡したときは、特段の事情がない限り、代理人に対する受領物引渡義務は消滅するが、本人に対する受領物引渡義務は消滅しない。

4　夫婦の一方は、個別に代理権の授権がなくとも、日常家事に関する事項について、他の一方を代理して法律行為をすることができる。

解答・解説

1　正しい
　当事者が売買契約の締結にあたって代理権を授与する趣旨は、当該契約関係の処理を代理人の判断に委ねることにある。そうすると売買契約の取消しの意思表示を受けることも契約関係の処理の一環として行われるものである以上、売買契約を締結する権限を与えられた代理人は、特段の事情がない限り、当該売買契約の取消しの意思表示を受領する権限を有する（判例）。

2　正しい。
　委任による代理人は、本人の許諾を得たとき、又はやむを得ない事由があるときでなければ、復代理人を選任することができない（民法104条）。

3　誤り
　復代理人と本人間には、契約関係はないが、民法は復代理人に「代理人と同一の権利義務」を与えている（民法106条2項）。これにより復代理人は委任事務を処理するに当たり相手方より受領した物について、代理人のみならず本人への引渡義務も負う（民法646条1項）。しかし、両義務は、受領物を本人に帰属させることを最終目標としている点において同一の義務といえる。したがって、復代理人が相手方より受領した物を代理人に引き渡した場合には、代理人に対する引渡義務と共に本人に対する引渡義務も消滅する（判例）。

4　正しい
　夫婦の一方が日常の家事に関して第三者と法律行為をしたときは、他の一方は、これによって生じた債務について、原則として、連帯してその責任を負う（民法761条）。この規定は、連帯責任という結果に焦点を当てているが、その前提として夫婦の一方は日常家事に関する法律行為につき他方を代理する権限を有することを定めている（判例）。

問題12　代理

　Aが、A所有の1棟の賃貸マンションについてBに賃料の徴収と小修繕の契約の代理をさせていたところ、Bが、そのマンションの1戸をAに無断で、Aの代理人として賃借人Cに売却した。この場合、民法の規定及び判例によれば、次の記述のうち誤っているものはどれか。

1　Aは、意外に高価に売れたのでCから代金を貰いたいという場合、直接Cに対して追認することができる。

2　Cは、直接Aに対して追認するかどうか相当の期間内に返事をくれるよう催告をすることができるが、Cがこの催告をするには、代金を用意しておく必要がある。

3　Aが追認しない場合でも、CがBに代理権があると信じ、そう信じることについて正当な理由があるとき、Cは、直接Aに対して所有権移転登記の請求をすることができる。

4　Cは、Bの行為が表見代理に該当する場合であっても、Aに対し所有権移転登記の請求をしないで、Bに対しCの受けた損害の賠償を請求できる場合がある。

解答・解説

1　正しい
　このような権限外の行為をした場合には、無権代理として本来本人に効果は帰属しないはずであるが、本人にとって利益となることがあるから、追認を認めている（民法113条1項）。その意思表示は相手方にすることができるので（同条2項）、正しい。

2　誤り
　催告するときには、本人が追認していなければ、たとえ相手方が悪意の場合でも認められるし、代金を用意しないと認められないという要件はない（民法114条）。

3　正しい
　真正な代理権を欠く代理行為は、本来代理行為としての効力を生じないはずであるが、本人と無権代理人との間に特殊な関係があるために、外観上真正な代理関係があるように見える場合には、真正な代理人と信じて取引をした相手方を一定の要件のもとに保護する必要がある。そこで、このような場合に、この無権代理行為をあたかも正当な代理行為であるかのように扱い、本人に対してその効力を生じさせ、本人としての責任を負わせる表見代理という制度が定められている。本肢の権限越権も、表見代理が成立する場合の一つであり、本人へ効果が帰属することになる（民法110条）。

4　正しい
　表見代理に該当したとしても、無権代理であることにはかわりがないので、相手方は、無権代理人への責任追及ができることになる（民法117条1項）。この点、表見代理の責任が認められれば相手方としての保護は十分であり、無権代理人の責任まで認める必要はないのではという疑問が生じるが、判例は、相手方の保護の趣旨から両者の責任の選択的な主張を認めている。

【問題12】　正解2

CHECK! ☐ ☐ ☐　本試験 平成26年度　問2改　重要度 A　難易度 ★★

問題13　代理

代理に関する次の記述のうち、民法の規定及び判例によれば、誤っているものはいくつあるか。

ア　代理権を有しない者がした契約を本人が追認する場合、その契約の効力は、別段の意思表示がない限り、追認をした時から将来に向かって生ずる。

イ　不動産を担保に金員を借り入れる代理権を与えられた代理人が、本人の名において当該不動産を売却した場合、相手方において本人自身の行為であると信じたことについて正当な理由があるときは、表見代理の規定を類推適用することができる。

ウ　代理人は、行為能力者であることを要しないが、代理人が後見開始の審判を受けたときは、代理権が消滅する。

エ　代理人が相手方に対してした意思表示の効力が意思の不存在、錯誤、詐欺、強迫又はある事情を知っていたこと若しくは知らなかったことにつき過失があったことによって影響を受けるべき場合には、その事実の有無は、本人の選択に従い、本人又は代理人のいずれかについて決する。

1　一つ　　2　二つ　　3　三つ　　4　四つ

解答・解説

ア　誤り

追認は、別段の意思表示がないときは、契約の時にさかのぼってその効力を生ずる（民法116条）。

イ　正しい

代理人が直接本人の名において権限外の行為をした場合において、相手方がその行為を本人自身の行為と信じたときは、そのように信じたことについて正当な理由があるかぎり、民法110条の規定を類推して、本人に責任が認められる（判例）。

ウ　正しい

代理人は、原則として行為能力者であることを要しない（民法102条）。また、代理権は、代理人が後見開始の審判を受けたことによって消滅する（民法111条1項2号）。

エ　誤り

代理人が相手方に対してした意思表示の効力が意思の不存在、錯誤、詐欺、強迫又はある事情を知っていたこと若しくは知らなかったことにつき過失があったことによって影響を受けるべき場合には、その事実の有無は、代理人について決するものとする（民法101条1項）。

以上より、誤っているものはアとエの二つであり、肢2が正解となる。

問題14 | 代理

　AはBの代理人として、B所有の甲土地をCに売り渡す売買契約をCと締結した。しかし、Aは甲土地を売り渡す代理権は有していなかった。この場合に関する次の記述のうち、民法の規定及び判例によれば、誤っているものはどれか。

1　BがCに対し、Aは甲土地の売却に関する代理人であると表示していた場合、Aに甲土地を売り渡す具体的な代理権はないことをCが過失により知らなかったときは、BC間の本件売買契約は有効となる。

2　BがAに対し、甲土地に抵当権を設定する代理権を与えているが、Aの売買契約締結行為は権限外の行為となる場合、甲土地を売り渡す具体的な代理権がAにあるとCが信ずべき正当な理由があるときは、BC間の本件売買契約は有効となる。

3　Bが本件売買契約を追認しない間は、Cはこの契約を取り消すことができる。ただし、Cが契約の時において、Aに甲土地を売り渡す具体的な代理権がないことを知っていた場合は取り消せない。

4　Bが本件売買契約を追認しない場合、Aは、Cの選択に従い、Cに対して契約履行又は損害賠償の責任を負う。ただし、Cが契約の時において、Aに甲土地を売り渡す具体的な代理権はないことを知っていた場合は責任を負わない。

解答・解説

1　誤り

　第三者に対して他人に代理権を与えた旨を表示した者は、その代理権の範囲内においてその他人が善意・無過失の第三者との間でした行為について、その責任を負う（民法109条1項）。BがCに対し、Aは甲土地の売却に関する代理人であると表示しているが、Cは過失により知らなかったのであるから（善意有過失）、この代理権授与の表示による表見代理は成立しない。したがって、BC間の売買契約は有効とはならない。

2　正しい

　代理人がその権限外の行為をした場合において、第三者が代理人の権限があると信ずべき正当な理由があるときは、権限外の行為の表見代理として、当該行為は有効となる（民法110条）。Aは抵当権を設定する代理権しか与えられていないが、Cには、甲土地を売り渡す具体的な代理権がAにあると信ずべき正当な理由があるので、権限外の行為の表見代理が成立する。したがって、BC間の売買契約は有効となる。

3　正しい

　代理権を有しない者がした契約は、本人が追認をしない間は、善意の相手方が取り消すことができる。ただし、契約の時において代理権を有しないことを相手方が知っていたときは、この限りでない（民法115条）。Cは、契約の時において、Aに甲土地を売り渡す具体的な代理権がないことを知っていたのであるから、本件売買契約を取り消せない。

4　正しい

　他人の代理人として契約をした者は、自己の代理権を証明することができず、かつ、本人の追認を得ることができなかったときは、相手方の選択に従い、相手方に対して履

行又は損害賠償の責任を負う（民法117条１項）。しかし、代理権を有しないことを相手方が知っていたときは、この責任は負わない（同条２項１号）。Cは契約時において、Aに甲土地を売り渡す具体的な代理権はないことを知っていたのであるから、Aは、責任を負わない。

必勝合格Check!

表見代理

●要件

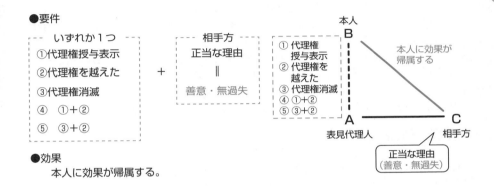

●効果
　本人に効果が帰属する。

無権代理の相手方を保護する制度

	相手方			効果
	悪意	善意		
		有過失	無過失	
催告権	○	○	○	確答がなければ、追認拒絶の効果
取消権	×	○	○	本人への効果不帰属に確定
無権代理人の責任	×	×（注）	○	履行の請求又は損害賠償請求
表見代理	×	×	○	本人に効果帰属

（注）無権代理人が自己に代理権がないことを知っていた場合は、相手方は、善意有過失であっても、無権代理人の責任を追及できる。

問題15　代理

　AがBの代理人としてB所有の甲土地について売買契約を締結した場合に関する次の記述のうち、民法の規定及び判例によれば、正しいものはどれか。

1　Aが甲土地の売却を代理する権限をBから書面で与えられている場合、A自らが買主となって売買契約を締結したときは、Aは甲土地の所有権を当然に取得する。

2　Aが甲土地の売却を代理する権限をBから書面で与えられている場合、AがCの代理人となってBC間の売買契約を締結したときは、Cは甲土地の所有権を当然に取得する。

3　Aが無権代理人であってDとの間で売買契約を締結した後に、Bの死亡によりAが単独でBを相続した場合、Dは甲土地の所有権を当然に取得する。

4　Aが無権代理人であってEとの間で売買契約を締結した後に、Aの死亡によりBが単独でAを相続した場合、Eは甲土地の所有権を当然に取得する。

解答・解説

1　誤り

　同一の法律行為について、相手方の代理人としてした行為（自己契約）は、原則として、無権代理行為となり本人に効果が帰属しない（民法108条1項本文）。本人の利益が不当に害されるおそれがあるからである。よって、売主Bの代理人Aが買主となって締結した売買契約は、原則としてBに効果が帰属しないので、Aは甲土地の所有権を当然には取得することができない。

2　誤り

　同一の法律行為について、当事者双方の代理人としてした行為（双方代理）は、原則として、無権代理行為となり本人に効果が帰属しない（民法108条1項本文）。当事者の一方の利益が不当に害されるおそれがあるからである。よって、売主Bの代理人Aが相手方である買主Cの代理人となって締結した売買契約は、原則としてBCに効果が帰属しないので、Cは甲土地の所有権を当然には取得することができない。

3　正しい

　無権代理人が本人を単独相続すると、本人が自ら法律行為をしたのと同様な法律上の地位を生じたものとなる（判例）。よって、本人Bの死亡により無権代理人Aが単独でBを相続した場合、買主Dは甲土地の所有権を当然に取得する。

4　誤り

　本人が無権代理人を相続しても、被相続人の無権代理行為は相続により当然に有効となるものではない（判例）。よって、無権代理人Aの死亡により本人Bが単独でAを相続した場合、買主Eは甲土地の所有権を当然には取得することができない。

【問題15】　正解3

CHECK! ☐☐☐　本試験 **平成24年度　問4**　重要度 **B**　難易度 ★

問題16　代理

　A所有の甲土地につき、Aから売却に関する代理権を与えられていないBが、Aの代理人として、Cとの間で売買契約を締結した場合における次の記述のうち、民法の規定及び判例によれば、誤っているものはどれか。なお、表見代理は成立しないものとする。

1　Bの無権代理行為をAが追認した場合には、AC間の売買契約は有効となる。

2　Aの死亡により、BがAの唯一の相続人として相続した場合、Bは、Aの追認拒絶権を相続するので、自らの無権代理行為の追認を拒絶することができる。

3　Bの死亡により、AがBの唯一の相続人として相続した場合、AがBの無権代理行為の追認を拒絶しても信義則には反せず、AC間の売買契約が当然に有効になるわけではない。

4　Aの死亡により、BがDとともにAを相続した場合、DがBの無権代理行為を追認しない限り、Bの相続分に相当する部分においても、AC間の売買契約が当然に有効になるわけではない。

解答・解説

1　正しい
　代理権を有しない者が他人の代理人としてした契約は、本人がその追認をしなければ、本人に対して効力を生じない（民法113条1項）。Aが追認をしたときは、AC間の売買契約は有効となる。

2　誤り
　無権代理人が本人を単独で相続した場合は、その無権代理行為は相続とともに当然に有効となる（判例）。なぜなら、無権代理人は、無権代理によって本人に効果が帰属するかのような行為を行ったのに、相続によって承継した本人の追認拒絶権を行使するのは、相手方において前後矛盾する行為であり、信義則に反するからである。よって、本人Aの死亡により無権代理人Bが単独でAを相続した場合、その無権代理行為は当然に有効となるので、Bは、自らの無権代理行為の追認を拒絶することはできない。

3　正しい
　本人が無権代理人を相続した場合は、無権代理行為は当然に有効とはならない（判例）。なぜなら、本人がもともと有していた追認拒絶権を行使することは、信義則に反するとはいえないからである。

4　正しい
　無権代理人が本人を他の相続人とともに共同相続した場合には、共同相続人全員が共同して無権代理行為を追認しない限り、無権代理人の相続分に相当する部分においても、無権代理行為が当然に有効となるものではない（判例）。なぜなら、無権代理行為を追認する権利は、その性質上相続人全員に不可分的に帰属するため、その追認は全員が共同して行使する必要があるからである。

【問題16】　正解2

問題17 代理

次の1から4までの記述のうち、民法の規定及び判例並びに下記判決文によれば、誤っているものはどれか。

（判決文）

本人が無権代理行為の追認を拒絶した場合には、その後に無権代理人が本人を相続したとしても、無権代理行為が有効になるものではないと解するのが相当である。けだし、無権代理人がした行為は、本人がその追認をしなければ本人に対してその効力を生ぜず（民法113条1項）、本人が追認を拒絶すれば無権代理行為の効力が本人に及ばないことが確定し、追認拒絶の後は本人であっても追認によって無権代理行為を有効とすることができず、右追認拒絶の後に無権代理人が本人を相続したとしても、右追認拒絶の効果に何ら影響を及ぼすものではないからである。

1 本人が無権代理行為の追認を拒絶した場合、その後は本人であっても無権代理行為を追認して有効な行為とすることはできない。

2 本人が追認拒絶をした後に無権代理人が本人を相続した場合と、本人が追認拒絶をする前に無権代理人が本人を相続した場合とで、法律効果は同じである。

3 無権代理行為の追認は、別段の意思表示がないときは、契約の時にさかのぼってその効力を生ずる。ただし、第三者の権利を害することはできない。

4 本人が無権代理人を相続した場合、当該無権代理行為は、その相続により当然には有効とならない。

解答・解説

1 正しい

判決文によると「本人が追認を拒絶すれば無権代理行為の効力が本人に及ばないことが確定し、追認拒絶の後は本人であっても追認によって無権代理行為を有効とすることができず…」とある。

2 誤り

本人が追認拒絶をした後に無権代理人が本人を相続した場合は、判決文によると「追認拒絶の効果に何ら影響を及ぼすものではない」としており、無権代理行為は有効にならない。他方、本人が追認拒絶をする前に無権代理人が本人を相続した場合は、無権代理行為は当然に有効となる（判例）。したがって、前者と後者で法律効果は異なる。

3 正しい

追認は、別段の意思表示がないときは、契約の時にさかのぼってその効力を生ずる。ただし、第三者の権利を害することはできない（民法116条）。

4 正しい

本人が無権代理人を相続した場合は、無権代理行為は当然には有効にはならず、本人は追認拒絶ができる（判例）。

【問題17】 正解2

CHECK! ☐☐☐　本試験 平成18年度　問3　重要度 C　難易度 ★★

問題18　**条件・期限**

　Aは、Bとの間で、A所有の山林の売却について買主のあっせんを依頼し、その売買契約が締結され履行に至ったとき、売買代金の2%の報酬を支払う旨の停止条件付きの報酬契約を締結した。この契約において他に特段の合意はない。この場合に関する次の記述のうち、民法の規定及び判例によれば、誤っているものはどれか。

1　あっせん期間が長期間に及んだことを理由として、Bが報酬の一部前払を要求してきても、Aには報酬を支払う義務はない。

2　Bがあっせんした買主Cとの間でAが当該山林の売買契約を締結しても、売買代金が支払われる前にAが第三者Dとの間で当該山林の売買契約を締結して履行してしまえば、Bの報酬請求権は効力を生ずることはない。

3　停止条件付きの報酬契約締結の時点で、既にAが第三者Eとの間で当該山林の売買契約を締結して履行も完了していた場合には、Bの報酬請求権が効力を生ずることはない。

4　当該山林の売買契約が締結されていない時点であっても、Bは停止条件付きの報酬請求権を第三者Fに譲渡することができる。

解答・解説

1　正しい
　条件が成就していない以上、いくら、あっせん期間が長期間に及んだとしても、Aには報酬を支払う義務はない。

2　誤り
　条件が成就することによって不利益を受ける当事者が故意にその条件の成就を妨げたときは、相手方は、その条件が成就したものとみなすことができる（民法130条1項）。本肢においては、Bを排除してAD間で当該山林の売買契約を成立させていることから、停止条件の成就が故意に妨げられている。したがって、その条件が成就したものとみなされ、Bの報酬請求権の効力が生ずる。

3　正しい
　条件が成就しないことが法律行為の時に既に確定していた場合において、その条件が停止条件であるときはその法律行為は無効となる（民法131条2項）。本肢においては、停止条件付き報酬契約締結の時点で、既にAがEとの間で当該山林の売買契約を締結して履行も完了しているのであるから、Bの報酬請求権は効力を生じない。

4　正しい
　条件の成否が未定である間における当事者の権利義務は、一般の規定に従い、処分し、相続し、若しくは保存し、又はそのために担保を供することができる（民法129条）。よって、未だ当該山林の売買契約が締結されていなくても、Bは停止条件付き報酬請求権をFに譲渡することができる。

【問題18】　正解2

問題19　時効

Aが甲土地を所有している場合の時効に関する次の記述のうち、民法の規定及び判例によれば、誤っているものはどれか。

1　Bが甲土地を所有の意思をもって平穏かつ公然に17年間占有した後、CがBを相続し甲土地を所有の意思をもって平穏かつ公然に3年間占有した場合、Cは甲土地の所有権を時効取得することができる。

2　Dが、所有者と称するEから、Eが無権利者であることについて善意無過失で甲土地を買い受け、所有の意思をもって平穏かつ公然に3年間占有した後、甲土地がAの所有であることに気付いた場合、そのままさらに7年間甲土地の占有を継続したとしても、Dは、甲土地の所有権を時効取得することはできない。

3　Dが、所有者と称するEから、Eが無権利者であることについて善意無過失で甲土地を買い受け、所有の意思をもって平穏かつ公然に3年間占有した後、甲土地がAの所有であることを知っているFに売却し、Fが所有の意思をもって平穏かつ公然に甲土地を7年間占有した場合、Fは甲土地の所有権を時効取得することができる。

4　Aが甲土地を使用しないで20年以上放置していたとしても、Aの有する甲土地の所有権が消滅時効にかかることはない。

解答・解説

1　正しい

　20年間所有の意思をもって平穏かつ公然に不動産を占有した者は、所有権を時効取得することができる（民法162条1項）。この占有期間につき、Cは、Bの相続人であって「占有者の承継人」に該当するので（判例）、自己の占有期間に前主であるBの占有期間を併せて主張することができる（民法187条1項）。したがって、Cは20年の時効期間を満たすことができ、甲土地の所有権を時効取得することができる。

2　誤り

　10年間、所有の意思をもって、平穏に、かつ、公然と他人の物を占有した者は、その占有の開始の時に、善意であり、かつ、過失がなかったときは、その所有権を取得する（民法162条2項）。占有者が占有開始時に善意無過失であれば、途中で悪意に転じたとしても、時効期間に影響しない。したがって、Dは10年間の占有で甲土地の所有権を取得することができる。

3　正しい

　10年間、所有の意思をもって、平穏に、かつ、公然と他人の物を占有した者は、その占有の開始の時に、善意であり、かつ、過失がなかったときは、その所有権を取得する（民法162条2項）。占有者の承継人は、自己の占有に前の占有者の占有を併せて主張することができる（民法187条1項）。2個以上の占有が併せて主張される場合、民法162条2項の善意無過失の存否については、最初の占有者の占有開始時に判定される（判例）。したがって、Fが占有の開始時に悪意又は有過失であったとしても、Eが占有の開始時に善意無過失であるため、Fは10年で甲土地の所有権を時効取得することができる。

4　正しい
所有権は、消滅時効にかからない（民法166条２項参照）。

必勝合格Check!

所有権の取得時効の成立要件

> 1　所有の意思をもって占有すること
> 2　平穏かつ公然の占有であること
> 3　原則として20年間の占有継続
> 　（ただし、「占有開始時」善意・無過失の場合は、10年間）

占有の継続

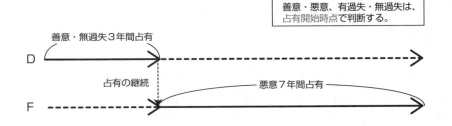

善意・悪意、有過失・無過失は、占有開始時点で判断する。

善意・無過失３年間占有

D

占有の継続

悪意７年間占有

F

問題20　時効

　所有権及びそれ以外の財産権の取得時効に関する次の記述のうち、民法の規定及び判例によれば、誤っているものはどれか。

1　土地の賃借権は、物権ではなく、契約に基づく債権であるので、土地の継続的な用益という外形的かつ客観的事実が存在したとしても、時効によって取得することはできない。

2　自己の所有と信じて占有している土地の一部に、隣接する他人の土地の筆の一部が含まれていても、他の要件を満たせば、当該他人の土地の一部の所有権を時効によって取得することができる。

3　時効期間は、時効の基礎たる事実が開始された時を起算点としなければならず、時効援用者において起算点を選択し、時効完成の時期を早めたり遅らせたりすることはできない。

4　通行地役権は、継続的に行使され、かつ、外形上認識することができるものに限り、時効によって取得することができる。

解答・解説

1　誤り

　土地の賃借人は、平穏、かつ、公然に他人の土地の継続的な用益をしているときは、その用益が賃借の意思に基づくことが客観的に表現されているかぎりにおいて、時効期間が経過した後、土地の賃借権を時効取得する（民法163条、判例）。よって、土地の賃借権は、土地の継続的な用益という外形的かつ客観的事実が存在することにより、時効取得することができる場合がある。

2　正しい

　一筆の土地の一部にも占有が可能であり、その時効取得が認められる（判例）。よって、自己の所有と信じて占有している土地の一部においても、当該他人の土地の一部の所有権を時効取得することができる。

3　正しい

　時効期間は、時効の基礎たる事実の開始された時を起算点として計算すべきもので、時効援用者において起算点を選択し、時効完成の時期を早めたり遅らせたりすることはできない（判例）。

4　正しい

　地役権は、継続的に行使され、かつ、外形上認識することができるものに限り、時効によって取得することができる（民法283条）。よって、他人の土地を通行するための通行地役権も同様に時効取得することができる。

【問題20】　正解 1

CHECK! ☐ ☐ ☐ ｜ 本試験 平成30年度　問4 ｜ 重要度 **B** ｜ 難易度 ★★★

問題21 ┃ **時効**

　時効の援用に関する次の記述のうち、民法の規定及び判例によれば、誤っているものはどれか。

1　消滅時効完成後に主たる債務者が時効の利益を放棄した場合であっても、保証人は時効を援用することができる。

2　後順位抵当権者は、先順位抵当権の被担保債権の消滅時効を援用することができる。

3　詐害行為の受益者は、債権者から詐害行為取消権を行使されている場合、当該債権者の有する被保全債権について、消滅時効を援用することができる。

4　債務者が時効の完成の事実を知らずに債務の承認をした場合、その後、債務者はその完成した消滅時効を援用することはできない。

解答・解説

1　正しい
　時効の利益は、時効完成後であれば放棄することができる（民法146条）。消滅時効完成後に主たる債務者は時効利益の放棄をすることはできるが、放棄の相対効により、保証人に対しては効力を生じない（判例）。よって、消滅時効完成後に主たる債務者が時効の利益を放棄しても保証人は時効を援用することができる。

2　誤り
　時効は、当事者（消滅時効にあっては、保証人、物上保証人、第三取得者その他権利の消滅について正当な利益を有する者を含む。）が援用しなければ、裁判所がこれによって裁判をすることができない（民法145条）。この「権利の消滅について正当な利益を有する者」に後順位抵当権者は含まれないと解されている（判例）。

3　正しい
　詐害行為の受益者は、「権利の消滅について正当な利益を有する者」（民法145条）に含まれると考えられ、債権の消滅時効を援用することができる（判例）。

4　正しい
　債務につき消滅時効が完成した後に、債務者が債務の承認をした場合、時効完成の事実を知っていたときには時効の利益を放棄したものとなるが（民法146条）、時効完成の事実を知らなかったときでも、以後その完成した消滅時効を援用することは、信義則上認めることはできない（判例）。

問題22 　時効

　Aは、Bに対し建物を賃貸し、月額10万円の賃料債権を有している。この賃料債権の消滅時効に関する次の記述のうち、民法の規定及び判例によれば、誤っているものはどれか。

1　Aが、Bに対する賃料債権につき支払督促の申立てをし、さらに期間内に適法に仮執行の宣言の申立てを行い、権利が確定したときは、消滅時効は更新される。

2　Bが、Aとの建物賃貸借契約締結時に、賃料債権につき消滅時効の利益はあらかじめ放棄する旨約定したとしても、その約定に法的効力は認められない。

3　Aが、Bに対する賃料債権につき内容証明郵便により支払を請求したときは、その請求により消滅時効は更新される。

4　Bが、賃料債権の消滅時効が完成した後にその賃料債権を承認したときは、消滅時効の完成を知らなかったときでも、その完成した消滅時効の援用をすることは許されない。

解答・解説

1　正しい
　支払督促の申立てを行うと、手続が終了するまでの間時効の完成が猶予される（民法147条1項2号）。そして、確定判決又は確定判決と同一の効力を有するものによって権利が確定したときは、時効は、新たにその進行を始める（時効の更新、同条2項）。支払督促は、債務者が、仮執行宣言付支払督促の送達後2週間以内に督促異議を申し立てない場合、または異議を申し立てたがそれを却下する決定が確定した場合は、確定判決と同一の効力を有することになる（民事訴訟法396条）。本肢において、Aが、支払督促の申立てをし、さらに期間内に適法に仮執行の宣言の申立てを行い、権利が確定したときは、Bに対する賃料債権につき消滅時効は更新される。

2　正しい
　時効の利益は、あらかじめ放棄することができない（民法146条）。よって、あらかじめ放棄する旨の約定をしたとしても、その約定は無効となる。

3　誤り
　裁判外の請求すなわち催告は、催告から6か月間時効の完成を猶予される効果をもつにすぎず（民法150条1項）、時効が更新されるためには、裁判上の請求等によって権利を確定させたり、強制執行等によって権利を実現する必要がある。よって、内容証明郵便による裁判外の支払請求をしても、その請求により直ちに消滅時効が更新されるわけではない。

4　正しい
　債務につき消滅時効が完成した後に、債務者が債務の承認をした以上、時効完成の事実を知らなかったときでも、以後その完成した消滅時効の援用をすることは許されない（判例）。

【問題22】 正解3

CHECK! ☐☐☐　本試験 平成15年度　問3　重要度 A　難易度 ★

問題23　不動産物権変動

　Aは、自己所有の甲地をBに売却し引き渡したが、Bはまだ所有権移転登記を行っていない。この場合、民法の規定及び判例によれば、次の記述のうち誤っているものはどれか。

1　Cが、AB間の売買の事実を知らずにAから甲地を買い受け、所有権移転登記を得た場合、CはBに対して甲地の所有権を主張することができる。

2　Dが、Bを欺き著しく高く売りつける目的で、Bが所有権移転登記を行っていないことに乗じて、Aから甲地を買い受け所有権移転登記を得た場合、DはBに対して甲地の所有権を主張することができない。

3　Eが、甲地に抵当権を設定して登記を得た場合であっても、その後Bが所有権移転登記を得てしまえば、以後、EはBに対して甲地に抵当権を設定したことを主張することができない。

4　AとFが、通謀して甲地をAからFに仮装譲渡し、所有権移転登記を得た場合、Bは登記がなくとも、Fに対して甲地の所有権を主張することができる。

解答・解説

1　正しい
　不動産（甲土地）の二重譲渡における優劣は、対抗要件としての登記の先後により決する（民法177条）。よって、先に登記を得たCは、未登記のBに対して、甲土地所有権を主張できる。

2　正しい
　Dは、背信的悪意者であり、民法177条の「第三者」には該当しないから、たとえ登記を得ても、甲土地所有権を取得した未登記のBに対して、甲土地所有権を主張できない（民法176条、177条、判例）。

3　誤り
　EとBは、甲土地につきその交換価値を支配する限りにおいて対抗関係に立つので、互いの優劣は各々の登記の先後により決する（民法177条）。よって、Eの抵当権登記がBの所有権登記よりも先である以上、抵当権をBに対して主張できる。

4　正しい
　甲土地の仮装譲受人Fは、無権利者であり、民法177条の「第三者」には該当しないから、Bは、登記なくして、Fに甲土地所有権を主張できる（民法94条1項、177条、判例）。

問題24　不動産物権変動

　Aは、自己所有の建物をBに売却したが、Bはまだ所有権移転登記を行っていない。この場合、民法の規定及び判例によれば、次の記述のうち誤っているものはどれか。

1　Cが何らの権原なくこの建物を不法占有している場合、Bは、Cに対し、この建物の所有権を対抗でき、明渡しを請求できる。

2　DがAからこの建物を賃借し、引渡しを受けて適法に占有している場合、Bは、Dに対し、この建物の所有権を対抗でき、賃貸人たる地位を主張できる。

3　この建物がAとEとの持分1／2ずつの共有であり、Aが自己の持分をBに売却した場合、Bは、Eに対し、この建物の持分の取得を対抗できない。

4　Aはこの建物をFから買い受け、FからAに対する所有権移転登記がまだ行われていない場合、Bは、Fに対し、この建物の所有権を対抗できる。

解答・解説

1　正しい
　対抗要件である登記を欠けば、第三者に対して権利取得を主張できないのが原則である（民法177条）。しかし、第三者とは、当事者以外のすべての者をいうのではなく、不動産取引の安全のために登記を対抗要件としているのであるから、不動産物権の得喪及び変更につき登記の欠缺を主張する正当の利益を有する者をいう（判例）。不法占拠者は、保護すべき正当の利益を欠くので、第三者にはあたらない（判例）。

2　誤り
　まず、Dは、建物の引渡しを受けており、建物賃借権を対抗できる立場にある（借地借家法31条1項）。次に、賃貸借目的建物につき、所有権を取得した者が、その所有権及び賃貸人の地位を、本肢Dのような対抗力を存する賃借人に主張するためには、所有権移転登記を行う必要がある（民法605条の2第3項）。よって、Bは、Dに対し、建物所有権を対抗し、賃貸人たる地位を主張することはできない。

3　正しい
　不動産の共有者の一人が自己の持分を譲渡した場合、譲受人以外の他の共有者は、共有土地の利用等に関し、誰が共有持分権者かにつき重大な利害関係を有するので、登記の欠缺を主張する正当の利益を有する者にあたり、民法177条の第三者にあたる（判例）。

4　正しい
　不動産の所有権が順次譲渡された場合、譲渡人及びそれ以前の所有者は当該不動産の前所有者にすぎず、前主後主の関係にあり、誰が所有権者かにつき重大な利害関係を有するとはいえず、登記の欠缺を主張する正当の利益を有する者にあたらないので、民法177条の第三者にあたらない（判例）。

【問題24】　正解2

MEMO

問題25 不動産物権変動

　AがBから甲土地を購入したところ、甲土地の所有者を名のるCがAに対して連絡してきた。この場合における次の記述のうち、民法の規定及び判例によれば、正しいものはどれか。

1　CもBから甲土地を購入しており、その売買契約書の日付とBA間の売買契約書の日付が同じである場合、登記がなくても、契約締結の時刻が早い方が所有権を主張することができる。

2　甲土地はCからB、BからAと売却されており、CB間の売買契約がBの強迫により締結されたことを理由として取り消された場合には、BA間の売買契約締結の時期にかかわらず、Cは登記がなくてもAに対して所有権を主張することができる。

3　Cが時効により甲土地の所有権を取得した旨主張している場合、取得時効の進行中にBA間で売買契約及び所有権移転登記がなされ、その後に時効が完成しているときには、Cは登記がなくてもAに対して所有権を主張することができる。

4　Cは債権者の追及を逃れるために売買契約の実態はないのに登記だけBに移し、Bがそれに乗じてAとの間で売買契約を締結した場合には、CB間の売買契約が存在しない以上、Aは所有権を主張することができない。

解答・解説

1　誤り

　不動産に関する物権の得喪及び変更は、その登記をしなければ、第三者に対抗することができない（民法177条）。よって、Bを起点とするACへの二重譲渡については、先に登記をした方が優先する。

2　誤り

　まず、BA間の売買契約締結の時期がBの強迫を理由とするCB間の売買契約の取消しの前であった場合には、取消権者Cは、登記がなくとも取消し前の第三者Aに対して所有権を主張することができる（民法96条）。これに対して、BA間の売買契約締結の時期がBの強迫を理由とするCB間の売買契約の取消しの後であった場合には、取消権者Cは、取消し後の第三者Aに対しては、民法177条により登記をしなければ所有権を主張することができない（判例）。

3　正しい

　不動産の時効取得者Cは、取得時効の進行中に原所有者Bから当該不動産の売却を受けその旨の移転登記を経由したAに対しては、登記がなくとも、時効による所有権の取得を主張することができる（判例）。

4　誤り

　債権者の追及を免れるため相手方と通じてした虚偽の意思表示は、無効であるが、この意思表示の無効は、善意の第三者には対抗することができない（民法94条）。よって、Aは善意であるならば所有権を主張することができるのであって、CB間の売買契約が存在しない以上、Aは所有権を主張することができないと断定している点で本肢は誤り。

必勝合格Check!

取消前の第三者と登記（強迫取消）　　　取消後の第三者と登記

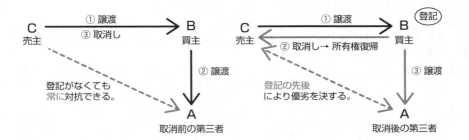

取得時効と登記

時効完成当時の所有者・時効完成前の第三者と時効取得者の優劣

●時効取得者は、**登記がなくても**
①**時効完成当時の所有者**
②**時効完成前の第三者**
　に**対抗できる。**

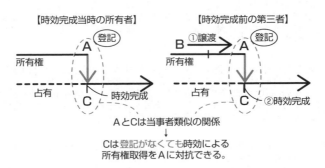

問題26　不動産物権変動

　A所有の甲土地についての所有権移転登記と権利の主張に関する次の記述のうち、民法の規定及び判例によれば、正しいものはどれか。

1　甲土地につき、時効により所有権を取得したBは、時効完成前にAから甲土地を購入して所有権移転登記を備えたCに対して、時効による所有権の取得を主張することができない。

2　甲土地の賃借人であるDが、甲土地上に登記ある建物を有する場合に、Aから甲土地を購入したEは、所有権移転登記を備えていないときであっても、Dに対して、自らが賃貸人であることを主張することができる。

3　Aが甲土地をFとGとに対して二重に譲渡してFが所有権移転登記を備えた場合に、AG間の売買契約の方がAF間の売買契約よりも先になされたことをGが立証できれば、Gは、登記がなくても、Fに対して自らが所有者であることを主張することができる。

4　Aが甲土地をHとIとに対して二重に譲渡した場合において、Hが所有権移転登記を備えない間にIが甲土地を善意のJに譲渡してJが所有権移転登記を備えたときは、Iがいわゆる背信的悪意者であっても、Hは、Jに対して自らが所有者であることを主張することができない。

解答・解説

1　誤り

　不動産の時効取得者は、取得時効の進行中に原権利者から当該不動産の譲渡を受けその旨の移転登記を経由した者に対しては、登記がなくても、時効による所有権の取得を主張することができる（判例）。よって、甲土地につき、時効により所有権を取得したBは、時効完成前にAから甲土地を購入し登記を備えたCに対して、登記なくして、時効による所有権の取得を主張することができる。

2　誤り

　土地の賃借人として借地上に登記がある建物を有する者がある土地の譲受人は、所有権移転登記を備えなければ当該賃借人に対抗することができず、賃貸人たる地位を主張することができない（民法605条の2第3項）。よって、Aから甲土地を購入したEは、登記を備えていなければ、甲土地上に登記ある建物を有する甲土地の賃借人Dに対して、自らが賃貸人であることを主張することはできない。

3　誤り

　不動産に関する物件の得喪及び変更は、不動産登記法その他の登記に関する法律の定めるところに従いその登記をしなければ、第三者に対抗することができない（民法177条）。本肢においては、Aを起点とするFとGへの二重譲渡について、先に登記をした方が優先する。よって、Gは、登記なくして、先に登記を備えたFに対し、自らが所有者であることを主張することはできない。

4　正しい

　不動産の二重譲渡における背信的悪意者からの転得者は、その者自身が背信的悪意者と評価されるのでない限り、「第三者」（民法177条）にあたるため、登記を備えなければ、不動産に関する物件の得喪及び変更を当該転得者に対して対抗することができない（判例）。本肢において、背信的悪意者Iから甲土地の譲渡を受けた転得者Jは善意である。したがって、転得者Jは背信的悪意者とは評価されず、「第三者」にあたる。よって、Hは、登記なくして、先に登記を備えたJに対し、自らが所有者であることを主張することはできない。

【問題26】　正解4

CHECK! ☐ ☐ ☐ 　　本試験 **平成19年度　問6**　　重要度 **A**　　難易度 ★

問題27　不動産物権変動

不動産の物権変動の対抗要件に関する次の記述のうち、民法の規定及び判例によれば、誤っているものはどれか。なお、この問において、第三者とはいわゆる背信的悪意者を含まないものとする。

1　不動産売買契約に基づく所有権移転登記がなされた後に、売主が当該契約に係る意思表示を詐欺によるものとして適法に取り消した場合、売主は、その旨の登記をしなければ、当該取消後に当該不動産を買主から取得して所有権移転登記を経た第三者に所有権を対抗できない。

2　不動産売買契約に基づく所有権移転登記がなされた後に、売主が当該契約を適法に解除した場合、売主は、その旨の登記をしなければ、当該契約の解除後に当該不動産を買主から取得して所有権移転登記を経た第三者に所有権を対抗できない。

3　甲不動産につき兄と弟が各自2分の1の共有持分で共同相続した後に、兄が弟に断ることなく単独で所有権を相続取得した旨の登記をした場合、弟は、その共同相続の登記をしなければ、共同相続後に甲不動産を兄から取得して所有権移転登記を経た第三者に自己の持分権を対抗できない。

4　取得時効の完成により乙不動産の所有権を適法に取得した者は、その旨を登記しなければ、時効完成後に乙不動産を旧所有者から取得して所有権移転登記を経た第三者に所有権を対抗できない。

解答・解説

1　正しい

不動産売買契約が詐欺によるものとして適法に取り消された場合、売主は、その詐欺による取消しの効果を、その旨の登記をしなければ、「取消後」に不動産を取得して登記を経た第三者に対抗できない（民法177条、判例）。

2　正しい

不動産売買契約が解除された場合、売主は、その旨の登記をしなければ、契約「解除後」に買主から不動産を取得した第三者に対して、解除による所有権の復帰を対抗できない（民法177条、判例）。

3　誤り

共同相続人は、他の共同相続人が単独所有権移転登記を経由し、さらに第三者に所有権移転登記をした場合、自己の持分権を登記なくして、これに対抗できる（民法177条、判例）。なぜなら、兄の登記は弟の持分権に関する限り無権利の登記であり、登記に公信力がない結果、第三者も、弟の持分権に関する限り、その権利を取得することはできないからである。

4　正しい

時効による不動産所有権の取得は、その旨の登記をしなければ、「時効完成後」当該不動産につき旧所有者から所有権を取得し登記を経た第三者に対抗できない（民法177条、判例）。

【問題27】　**正解3**

問題28　不動産物権変動

　所有権の移転又は取得に関する次の記述のうち、民法の規定及び判例によれば、正しいものはどれか。

1　Aの所有する甲土地をBが時効取得した場合、Bが甲土地の所有権を取得するのは、取得時効の完成時である。

2　Aを売主、Bを買主としてCの所有する乙建物の売買契約が締結された場合、BがAの無権利について善意無過失であれば、AB間で売買契約が成立した時点で、Bは乙建物の所有権を取得する。

3　Aを売主、Bを買主として、丙土地の売買契約が締結され、代金の完済までは丙土地の所有権は移転しないとの特約が付された場合であっても、当該売買契約締結の時点で丙土地の所有権はBに移転する。

4　AがBに丁土地を売却したが、AがBの強迫を理由に売買契約を取り消した場合、丁土地の所有権はAに復帰し、初めからBに移転しなかったことになる。

解答・解説

1　誤り

　時効の効力は、その起算日にさかのぼる（民法144条）。本肢において、Bが甲土地の所有権を取得するのは、時効完成時ではなく、占有の開始時である。

2　誤り

　他人物売買の買主は、売主の無権利について善意無過失であっても、契約成立時点で当然には目的物の所有権を取得しない。買主が当該目的物の所有権を取得するのは、特段の約定がない限り、売主が第三者所有の特定物を売り渡した後目的物の所有権を取得した時点である（判例）。したがって、AB間でC所有の乙建物の売買契約が締結された場合、特段の約定のない限り、AがCから乙建物を取得する契約を締結した時点で、Bは乙建物の所有権を取得する。なお、即時取得も考えられるが、その対象は、動産に限定され、不動産は含まれないため（民法192条）、BがAの無権利について善意無過失であっても、Bは乙建物の所有権を取得することはない。

3　誤り

　不動産の売買契約において、特にその所有権の移転が将来なされるべき旨の特約をしたものでない限り、買主に直ちに所有権が移転する（176条、判例）。本肢においては代金の完済までは丙土地の所有権は移転しない旨の特約が付されているのであるから、代金完済までは丙土地の所有権は移転しない。

4　正しい

　取り消された行為は、初めから無効であったものとみなされる（民法121条）。したがって、Aが本肢の売買契約を取り消したことにより、丁土地の所有権はAに復帰し、初めからBに移転しなかったことになる。

CHECK! ☐☐☐　本試験 令和2年度 問1（10月実施）　重要度 C　難易度 ★★

問題29　相隣関係

Aが購入した甲土地が他の土地に囲まれて公道に通じない土地であった場合に関する次の記述のうち、民法の規定及び判例によれば、正しいものはどれか。

1　甲土地が共有物の分割によって公道に通じない土地となっていた場合には、Aは公道に至るために他の分割者の所有地を、償金を支払うことなく通行することができる。

2　Aは公道に至るため甲土地を囲んでいる土地を通行する権利を有するところ、Aが自動車を所有していても、自動車による通行権が認められることはない。

3　Aが、甲土地を囲んでいる土地の一部である乙土地を公道に出るための通路にする目的で賃借した後、甲土地をBに売却した場合には、乙土地の賃借権は甲土地の所有権に従たるものとして甲土地の所有権とともにBに移転する。

4　Cが甲土地を囲む土地の所有権を時効により取得した場合には、AはCが時効取得した土地を公道に至るために通行することができなくなる。

解答・解説

1　正しい

分割によって公道に通じない土地が生じたときは、その土地の所有者は、公道に至るため、他の分割者の所有地のみを通行することができ、この場合においては、償金を支払うことを要しない（民法213条1項）。

2　誤り

通行権の内容は、自動車による通行を認める必要性、周辺の土地の状況、自動車による通行を前提とする通行権が認められることにより他の土地の所有者が被る不利益等の諸事情を総合考慮して判断されるので、自動車による通行が認められる場合もある（判例）。

3　誤り

賃借権は債権であり、その効力は契約当事者間のみで生じるのであって、その内容が通行権であっても、甲土地に付随するものではないから、甲土地の所有権に伴ってBに移転をするものではない。

4　誤り

公道に至るための他の土地の通行権は、周辺の土地の状況、通行権を認める必要性等を考慮して法律上当然に発生するため、囲む土地が時効によって取得されたとしても囲まれた土地という状況に変わりがない以上、消滅することはない（民法210条1項）。

問題30　共有

　共有に関する次の記述のうち、民法の規定及び判例によれば、誤っているものはどれか。

1　各共有者は、いつでも共有物の分割を請求することができるが、5年を超えない期間内であれば、分割をしない旨の契約をすることができる。

2　共有物である現物の分割請求が裁判所になされた場合において、分割によってその価格を著しく減少させるおそれがあるときは、裁判所は共有物の競売を命じることができる。

3　各共有者は、共有物の不法占拠者に対し、妨害排除の請求を単独で行うことができる。

4　他の共有者との協議に基づかないで、自己の持分に基づいて1人で現に共有物全部を占有する共有者に対し、他の共有者は単独で自己に対する共有物の明渡しを請求することができる。

解答・解説

1　正しい

　各共有者は、いつでも共有物の分割を請求することができる。ただし、5年を超えない期間内は分割をしない旨の契約をすることを妨げない（民法256条1項）。

2　正しい

　共有物の分割について共有者間に協議が調わないときは、その分割を裁判所に請求することができる（民法258条1項）。この場合において、共有物の現物を分割することができないとき、又は分割によってその価格を著しく減少させるおそれがあるときは、裁判所は、その競売を命ずることができる（民法258条2項）。

3　正しい

　共有物の不法占拠者に対して、各共有者は、保存行為として、妨害排除請求をすることができる（民法252条ただし書）。

4　誤り

　各共有者は、共有物の全部について、その持分に応じた使用をすることができるから（民法249条）、他の共有者との協議に基づかないで、単独で使用している場合であっても、他の共有者は、当然には共有物の明渡しを請求することはできない（判例）。

【問題30】　正解4

CHECK! □ □ □　本試験 令和2年度 問10 （12月実施）　重要度 A　難易度 ★

問題31　共有

　不動産の共有に関する次の記述のうち、民法の規定によれば、誤っているものはどれか。

1　共有物の各共有者の持分が不明な場合、持分は平等と推定される。

2　各共有者は、他の共有者の同意を得なければ、共有物に変更を加えることができない。

3　共有物の保存行為については、各共有者が単独ですることができる。

4　共有者の一人が死亡して相続人がないときは、その持分は国庫に帰属する。

解答・解説

1　正しい

　共有物の各共有者の持分が不明な場合、持分は相等しいものと推定される（民法250条）。

2　正しい

　各共有者は、他の共有者の同意を得なければ、共有物に変更を加えることができない（民法251条）。

3　正しい

　共有物の保存行為は、各共有者が単独ですることができる（民法252条ただし書）。

4　誤り

　共有者の一人が、その持分を放棄したとき、又は死亡して相続人がないときは、その持分は、他の共有者に帰属する（民法255条）。国庫に帰属するのではない。なお、共有者の一人が死亡して相続人がないとき、共有持分は特別縁故者に対する分与の対象となるので、特別縁故者もいないことが確定したときにはじめて民法255条により他の共有者に帰属する（民法958条の3第1項、判例）。

問題32　抵当権

　AはBから2,000万円を借り入れて土地とその上の建物を購入し、Bを抵当権者として当該土地及び建物に2,000万円を被担保債権とする抵当権を設定し、登記した。この場合における次の記述のうち、民法の規定及び判例によれば、誤っているものはどれか。

1　AがBとは別にCから500万円を借り入れていた場合、Bとの抵当権設定契約がCとの抵当権設定契約より先であっても、Cを抵当権者とする抵当権設定登記の方がBを抵当権者とする抵当権設定登記より先であるときには、Cを抵当権者とする抵当権が第1順位となる。

2　当該建物に火災保険が付されていて、当該建物が火災によって焼失してしまった場合、Bの抵当権は、その火災保険契約に基づく損害保険金請求権に対しても行使することができる。

3　Bの抵当権設定登記後にAがDに対して当該建物を賃貸し、当該建物をDが使用している状態で抵当権が実行され当該建物が競売された場合、Dは競落人に対して直ちに当該建物を明け渡す必要はない。

4　AがBとは別に事業資金としてEから500万円を借り入れる場合、当該土地及び建物の購入代金が2,000万円であったときには、Bに対して500万円以上の返済をした後でなければ、当該土地及び建物にEのために2番抵当権を設定することはできない。

解答・解説

1　正しい
　同一の不動産について数個の抵当権が設定されたときは、その抵当権の順位は、登記の前後による（民法373条）。よって、Cを抵当権者とする抵当権が第1順位となる。

2　正しい
　抵当権は、その目的物の売却、賃貸、滅失又は損傷によって債務者が受けるべき金銭その他の物に対しても、行使することができる。ただし、抵当権者は、その払渡し又は引渡しの前に差押えをしなければならない（民法372条、304条1項）。よって、Bの抵当権は、その火災保険契約に基づく損害保険金請求権に対しても行使することができる（判例）。

3　正しい
　抵当権者に対抗することができない賃貸借により抵当権の目的である建物の使用又は収益をする者であって競売手続の開始前から使用又は収益をする者は、その建物の競売における買受人の買受けの時から6か月を経過するまでは、その建物を買受人に引き渡すことを要しない（民法395条1項）。

4　誤り
　同一の不動産に、1番抵当権を設定後、当該抵当権の被担保債権が弁済されていなくても、2番抵当権を設定することはできる。なお、1番抵当権者が優先弁済を受けたあとに、2番抵当権者が弁済を受けることになる。よって、Aは、Bに対して500万円以上の返済をしたか否かにかかわらず、Eのために2番抵当権を設定することができる。

【問題32】　正解4

CHECK! ☐☐☐　本試験 **平成28年度　問4**　重要度 **B**　難易度 ★★★

問題33　抵当権

　Aは、A所有の甲土地にBから借り入れた3,000万円の担保として抵当権を設定した。この場合における次の記述のうち、民法の規定及び判例によれば、誤っているものはどれか。

1　Aが甲土地に抵当権を設定した当時、甲土地上にA所有の建物があり、当該建物をAがCに売却した後、Bの抵当権が実行されてDが甲土地を競落した場合、DはCに対して、甲土地の明渡しを求めることはできない。

2　甲土地上の建物が火災によって焼失してしまったが、当該建物に火災保険が付されていた場合、Bは、甲土地の抵当権に基づき、この火災保険契約に基づく損害保険金を請求することができる。

3　AがEから500万円を借り入れ、これを担保するために甲土地にEを抵当権者とする第2順位の抵当権を設定した場合、BとEが抵当権の順位を変更することに合意すれば、Aの同意がなくても、甲土地の抵当権の順位を変更することができる。

4　Bの抵当権設定後、Aが第三者であるFに甲土地を売却した場合、FはBに対して、民法第383条所定の書面を送付して抵当権の消滅を請求することができる。

解答・解説

1　正しい

　法定地上権は、「抵当権設定時」に土地及びその上に存する建物が同一の所有者に属し、その抵当権実行により所有者を異にするに至った時に成立する（民法388条）。抵当権設定とその実行の間に土地及びその上に存する建物が別々の所有者になっても成立する。よって、法定地上権が成立する以上、抵当目的物である甲土地の買受人Dは、甲土地上の建物所有者Cに対して、甲土地の明渡しを求めることはできない。

2　誤り

　抵当権の効力は、その目的物の価値代替物に及ぶ（物上代位、民法372条、304条）。しかし、土地と建物は別個独立の不動産であるから、甲土地に設定された抵当権の効力は、当該土地上の建物には及ばない。したがって、当該建物の価値代替物である損害保険金請求権に対しては、抵当権の効力は及ばない。よって、Bは、建物に付された火災保険契約に基づく損害保険金を請求することはできない。

3　正しい

　抵当権の順位は、各抵当権者の合意によって変更することができる（民法374条1項本文）。この場合、利害関係者の承諾が必要になるが（同項ただし書）、ここでいう利害関係者とは、順位の変更を生じる抵当権又はそれによって影響を受ける抵当権を目的とする権利を有する者をいうので、抵当権設定者は利害関係者にあたらない。したがって、BとEは抵当権設定者Aの同意がなくても、甲土地の抵当権の順位を変更することができる。

4　正しい

　抵当不動産の第三取得者は、民法383条の定めるところにより、抵当権消滅請求をすることができ、抵当権消滅請求をするときは、登記をした各債権者に対し、民法383条に定める書面を送付しなければならない（民法379条、383条）。したがって、第三取得者であるFはBに対して、民法383条所定の書面を送付して抵当権の消滅請求をすることができる。

【問題33】　正解2

問題34　抵当権

抵当権に関する次の記述のうち、民法の規定及び判例によれば、正しいものはどれか。

1　債権者が抵当権の実行として担保不動産の競売手続をする場合には、被担保債権の弁済期が到来している必要があるが、対象不動産に関して発生した賃料債権に対して物上代位をしようとする場合には、被担保債権の弁済期が到来している必要はない。

2　抵当権の対象不動産が借地上の建物であった場合、特段の事情がない限り、抵当権の効力は当該建物のみならず借地権についても及ぶ。

3　対象不動産について第三者が不法に占有している場合、抵当権は、抵当権設定者から抵当権者に対して占有を移転させるものではないので、事情にかかわらず抵当権者が当該占有者に対して妨害排除請求をすることはできない。

4　抵当権について登記がされた後は、抵当権の順位を変更することはできない。

解答・解説

1　誤り

抵当権は、その担保する債権について不履行があったときは、その後に生じた抵当不動産の果実（賃料債権など）に及ぶ（民法371条）。したがって、被担保債権の不履行後でなければ果実に効力を及ぼすことはできないことから、抵当権の実行としての担保不動産の競売手続のみならず、賃料債権に対する物上代位も、被担保債権の不履行後に限って認められる。よって、物上代位につき被担保債権の弁済期が到来している必要はないとする本肢は誤り。

2　正しい

抵当権の効力は、従たる権利（借地権）にも及ぶ（判例）。よって、借地権者が当該借地上の建物に設定した抵当権の効力は、当該借地権にも及び、その結果、建物の所有権とともに借地権も買受人に移転することになる。

3　誤り

第三者が抵当不動産を不法占有することにより抵当不動産の交換価値の実現が妨げられ抵当権者の優先弁済請求権の行使が困難となるような状態があるときは、抵当権に基づく妨害排除請求として、抵当権者が当該状態の排除を求めることも許される（判例）。

4　誤り

同一の不動産について数個の抵当権が設定されたときは、その抵当権の順位は、登記の前後によるが（民法373条）、この抵当権の順位は、各抵当権者の合意によって変更することができる（民法374条1項本文）。ただし、利害関係を有する者があるときは、その承諾を得なければならないし、順位の変更は、その登記をしなければ、その効力を生じない（民法374条1項ただし書・2項）。

必勝合格Check!

物上代位性

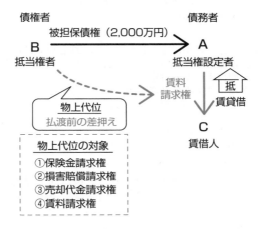

債権者　　　　　　　　　　　　　　債務者

被担保債権（2,000万円）

B　　　　　　　　　　　　　　　　　A

抵当権者　　　　　　　　　　　　抵当権設定者

賃料
請求権　　　抵

賃貸借

物上代位
払渡前の差押え

C
賃借人

物上代位の対象
①保険金請求権
②損害賠償請求権
③売却代金請求権
④賃料請求権

問題35　抵当権

　法定地上権に関する次の1から4までの記述のうち、民法の規定、判例及び判決文によれば、誤っているものはどれか。

（判決文）

　土地について1番抵当権が設定された当時、土地と地上建物の所有者が異なり、法定地上権成立の要件が充足されていなかった場合には、土地と地上建物を同一人が所有するに至った後に後順位抵当権が設定されたとしても、その後に抵当権が実行され、土地が競落されたことにより1番抵当権が消滅するときには、地上建物のための法定地上権は成立しないものと解するのが相当である。

1　土地及びその地上建物の所有者が同一である状態で、土地に1番抵当権が設定され、その実行により土地と地上建物の所有者が異なるに至ったときは、地上建物について法定地上権が成立する。

2　更地である土地の抵当権者が抵当権設定後に地上建物が建築されることを承認した場合であっても、土地の抵当権設定時に土地と所有者を同じくする地上建物が存在していない以上、地上建物について法定地上権は成立しない。

3　土地に1番抵当権が設定された当時、土地と地上建物の所有者が異なっていたとしても、2番抵当権設定時に土地と地上建物の所有者が同一人となれば、土地の抵当権の実行により土地と地上建物の所有者が異なるに至ったときは、地上建物について法定地上権が成立する。

4　土地の所有者が、当該土地の借地人から抵当権が設定されていない地上建物を購入した後、建物の所有権移転登記をする前に土地に抵当権を設定した場合、当該抵当権の実行により土地と地上建物の所有者が異なるに至ったときは、地上建物について法定地上権が成立する。

解答・解説

1　正しい

　土地及びその上に存する建物が同一の所有者に属する場合において、その土地について抵当権が設定され、その実行により所有者を異にするに至ったときは、その地上建物について法定地上権が成立する（民法388条）。

2　正しい

　土地に対する抵当権設定の当時、建物は未だ完成しておらず、しかも更地としての評価に基づき抵当権を設定したことが明らかであるときは、たとえ抵当権者が建物の築造をあらかじめ承認した場合であっても、地上建物について法定地上権は成立しない（判例）。

3　誤り

　土地に1番抵当権が設定された当時、土地と地上建物の所有者が異なり、法定地上権成立の要件が充足されていなかった場合には、土地と建物が同一人の所有に帰した後に2番抵当権が設定されたとしても、抵当権の実行により1番抵当権が消滅するときは、地上建物について法定地上権は成立しない（判例）。これは、判決文にある通りであり、

本肢は同じ状況で地上建物について法定地上権が成立するとしていることから誤りとなる。

4　正しい

　土地及びその地上建物の所有者が建物の取得原因である譲受につき所有権移転登記を経由しないまま土地に対し抵当権を設定した場合であっても、地上建物について法定地上権が成立する（判例）。なぜなら、土地に抵当権を設定した当時、土地及びその地上建物の所有者が同一であるからである（民法388条）。

必勝合格Check!

法定地上権の成立要件

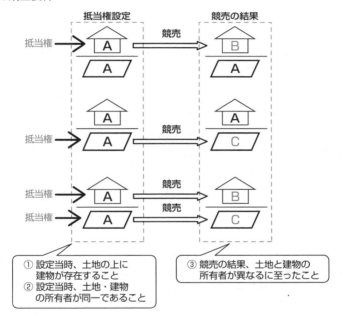

【問題35】　正解3

問題36　抵当権

　Aは、Bから借り入れた2,400万円の担保として第一順位の抵当権が設定されている甲土地を所有している。Aは、さらにCから1,600万円の金銭を借り入れ、その借入金全額の担保として甲土地に第二順位の抵当権を設定した。この場合に関する次の記述のうち、民法の規定及び判例によれば、正しいものはどれか。

1　抵当権の実行により甲土地が競売され3,000万円の配当がなされる場合、BがCに抵当権の順位を譲渡していたときは、Bに1,400万円、Cに1,600万円が配当され、BがCに抵当権の順位を放棄していたときは、Bに1,800万円、Cに1,200万が配当される。

2　Aが抵当権によって担保されている2,400万円の借入金全額をBに返済しても、第一順位の抵当権を抹消する前であれば、Cの同意の有無にかかわらず、AはBから新たに2,400万円を借り入れて、第一順位の抵当権を設定することができる。

3　Bの抵当権設定後、Cの抵当権設定前に甲土地上に乙建物が建築され、Cが抵当権を実行した場合には、乙建物について法定地上権が成立する。

4　Bの抵当権設定後、Cの抵当権設定前にAとの間で期間を2年とする甲土地の賃貸借契約を締結した借主Dは、Bの同意の有無にかかわらず、2年間の範囲で、Bに対しても賃借権を対抗することができる。

解答・解説

1　正しい

　抵当権者は、その抵当権を他の債権の担保とし、又は同一の債務者に対する他の債権者の利益のためにその抵当権若しくはその順位を譲渡し、若しくは放棄することができる（民法376条1項）。このうち、抵当権の順位の譲渡があると、譲渡人と譲受人との間で、譲渡人は譲受人の後順位となる。また、抵当権の順位の放棄があると、順位を放棄した者は放棄を受けた者との関係で同順位となり、各債権額に応じて按分される。本肢において、まず、BがCに抵当権の順位を譲渡していたときは、Cが優先するので、3,000万円中、Cに1,600万円が配当され、残りの1,400万円がBに配当される。次に、BがCに抵当権の順位を放棄していたときは、各債権額に応じて按分されるのであるから、3,000万円×4,000万円分の2,400万円 ＝ 1,800万円がBに、3,000万円×4,000万円分の1,600万円 ＝1,200万円がCに配当される。

2　誤り

　被担保債権が消滅すると抵当権も付従性により消滅するので、残存する抵当権設定登記を流用しても、流用前に後順位抵当権者等の利害関係人がいる場合には、その登記は無効である（判例）。したがって、本肢において、Aが第一順位の抵当権の登記を抹消しないで残存登記を流用して、新たに2,400万円を借り入れても、流用前に第二順位の抵当権を設定していたCがいるので、Aは第一順位の抵当権を設定することはできない。

3　誤り

　土地及びその上に存する建物が同一の所有者に属する場合において、その土地又は建物につき抵当権が設定され、その実行により所有者を異にするに至ったときは、その建物について、地上権が設定されたものとみなす（民法388条前段）。これを、法定地上権という。甲土地上の第一順位の抵当権の設定当時は更地であったが、その後乙建物が建築されて第二順位の抵当権が設定されても、法定地上権が成立するか否かは、第一順位の抵当権を基準とするので、本肢においては、乙建物について法定地上権は成立しない（判例）。

4　誤り

　抵当権設定登記後にされた賃貸借は、抵当権者に対抗できないのが原則である（民法177条、605条、借地借家法10条）。もっとも、登記をした賃貸借は、その登記前に登記をした抵当権を有するすべての者が同意をし、かつ、その同意の登記があるときは、その同意をした抵当権者に対抗することができる（民法387条1項）。本肢において、Bの抵当権の設定後に締結されたAD間の甲土地の賃貸借契約は、Bの同意及び同意の登記がなければ、2年間であっても、Bには対抗できない。

【問題36】　正解 1

問題37　抵当権

　民法第379条は、「抵当不動産の第三取得者は、第383条の定めるところにより、抵当権消滅請求をすることができる。」と定めている。これに関する次の記述のうち、民法の規定によれば、正しいものはどれか。

1　抵当権の被担保債権につき保証人となっている者は、抵当不動産を買い受けて第三取得者になれば、抵当権消滅請求をすることができる。

2　抵当不動産の第三取得者は、当該抵当権の実行としての競売による差押えの効力が発生した後でも、売却の許可の決定が確定するまでは、抵当権消滅請求をすることができる。

3　抵当不動産の第三取得者が抵当権消滅請求をするときは、登記をした各債権者に民法第383条所定の書面を送付すれば足り、その送付書面につき事前に裁判所の許可を受ける必要はない。

4　抵当不動産の第三取得者から抵当権消滅請求にかかる民法第383条所定の書面の送付を受けた抵当権者が、同書面の送付を受けた後2か月以内に、承諾できない旨を確定日付のある書面にて第三取得者に通知すれば、同請求に基づく抵当権消滅の効果は生じない。

解答・解説

1　誤り

　抵当不動産の第三取得者は、民法383条の定めるところにより、抵当権消滅請求をすることができるが、第三取得者が主たる債務者、保証人及びこれらの者の承継人の場合は、抵当権消滅請求をすることができない（民法380条）。

2　誤り

　抵当不動産の第三取得者は、抵当権の実行としての競売による差押えの効力が発生する前に、抵当権消滅請求をしなければならない（民法382条）。よって、差押えの効力が発生した後であれば、売却の許可の決定が確定するまでの間であっても、抵当権消滅請求をすることはできない。

3　正しい

　抵当不動産の第三取得者が抵当権消滅請求をするときは、登記をした各債権者に対し、民法383条各号に掲げる書面を送付してしなければならない（民法383条）。しかし、当該送付書面につき事前に裁判所の許可を受ける必要はない。

4　誤り

　登記をしたすべての債権者が抵当不動産の第三取得者の提供した代価又は金額を承諾しなければ抵当権消滅請求の効果は生じないところ（民法386条）、民法383条各号に掲げる書面の送付を受けた債権者が、当該書面の送付を受けた後2か月以内に抵当権を実行して競売の申立てをすれば承諾したことにはならない（民法384条1号）。よって、抵当権消滅請求に基づく抵当権消滅の効果を生じさせないためには、抵当権者は、競売の申立てをすることが必要であり、本肢のような第三取得者への通知では足りない。ちなみに、競売の申立てをするときは、その旨を2か月以内の期間内に債務者及び抵当不動産の譲渡人に通知しなければならない（民法385条）。

【問題37】　正解3

CHECK! ☐☐☐ | 本試験 **令和元年度　問10** | 重要度 **B** | 難易度 ★★

問題38　　**抵当権**

　債務者Ａが所有する甲土地には、債権者Ｂが一番抵当権（債権額2,000万円）、債権者Ｃが二番抵当権（債権額2,400万円）、債権者Ｄが三番抵当権（債権額3,000万円）をそれぞれ有しているが、ＢはＤの利益のために抵当権の順位を譲渡した。甲土地の競売に基づく売却代金が6,000万円であった場合、Ｂの受ける配当額として、民法の規定によれば、正しいものはどれか。

1　600万円

2　1,000万円

3　1,440万円

4　1,600万円

解答・解説

　抵当権の順位の譲渡（民法376条1項）とは、抵当権者が後順位抵当権者に対して、自己の優先順位を付与することをいう。

　まず、甲土地の競売に基づく売却代金は6,000万円であるから、抵当権の順位の譲渡がなされる前の各債権者の本来の配当額は、一番抵当権者Ｂが2,000万円、二番抵当権者Ｃが2,400万円、三番抵当権者Ｄが1,600万円である。

　次に、抵当権の順位の譲渡がなされると、譲渡した者及び譲渡を受けた者が受けるべき本来の配当額の合計から、譲渡を受けた者が優先的に配当を受け、残額があれば、譲渡した者が配当を受ける。

　本問では、ＢとＤが受けるべき本来の配当額の合計3,600万円（2,000万円＋1,600万円）から、Ｄが3,000万円について優先的に配当を受ける結果、Ｂの受ける額は、残額の600万円となる。よって、肢1が正しい。

【問題38】　正解1

問題39　根抵当

普通抵当権と元本確定前の根抵当権に関する次の記述のうち、民法の規定及び判例によれば、正しいものはどれか。

1　普通抵当権でも、根抵当権でも、設定契約を締結するためには、被担保債権を特定することが必要である。

2　普通抵当権でも、根抵当権でも、現在は発生しておらず、将来発生する可能性がある債権を被担保債権とすることができる。

3　普通抵当権でも、根抵当権でも、被担保債権を譲り受けた者は、担保となっている普通抵当権又は根抵当権を被担保債権とともに取得する。

4　普通抵当権でも、根抵当権でも、遅延損害金については、最後の2年分を超えない利息の範囲内で担保される。

解答・解説

1　誤り
普通抵当権についての記述は正しい。しかし、根抵当権については、一定の範囲に属する「不特定」の債権を極度額の限度で担保するものであり、被担保債権は特定されない（民法398条の2第1項）。よって、本肢は誤り。

2　正しい
普通抵当権、根抵当権ともに、成立に関する付従性は大幅に緩和されており、将来発生する可能性のある債権を被担保債権とすることも可能とされている。よって、本肢は正しい。

3　誤り
随伴性に関する記述であり、普通抵当権については正しい。しかし、根抵当権については、元本確定前に根抵当権者より被担保債権を取得した者は、これとともに根抵当権を取得することはできない（民法398条の7第1項前段）。根抵当権にあっては、元本確定前はどの債権が担保されるのか定まっていない以上、個別の債権を取得したとしても、当該債権が根抵当権によって担保されるかどうかは分からないからである。よって、本肢は誤り。

4　誤り
普通抵当権についての記述は正しい（民法375条2項）。しかし、根抵当権については、極度額を限度に遅延損害金の全部につき担保され、最後の2年分に限られない（民法398条の3第1項）。よって、本肢は誤り。

【問題39】　正解2

CHECK! ☐ ☐ ☐ ｜ 本試験 平成23年度　問4 ｜ 重要度 B ｜ 難易度 ★★

問題40　根抵当

根抵当権に関する次の記述のうち、民法の規定によれば、正しいものはどれか。

1 根抵当権者は、総額が極度額の範囲内であっても、被担保債権の範囲に属する利息の請求権については、その満期となった最後の2年分についてのみ、その根抵当権を行使することができる。

2 元本の確定前に根抵当権者から被担保債権の範囲に属する債権を取得した者は、その債権について根抵当権を行使することはできない。

3 根抵当権設定者は、担保すべき元本の確定すべき期日の定めがないときは、一定期間が経過した後であっても、担保すべき元本の確定を請求することはできない。

4 根抵当権設定者は、元本の確定後であっても、その根抵当権の極度額を、減額することを請求することはできない。

解答・解説

1　誤り
根抵当権者は、確定した元本並びに利息その他の定期金及び債務の不履行によって生じた損害の賠償の全部について、極度額を限度として、その根抵当権を行使することができる（民法398条の3第1項）。

2　正しい
元本の確定前に根抵当権者から債権を取得した者は、その債権について根抵当権を行使することができない（民法398条の7第1項）。

3　誤り
担保すべき元本の確定すべき期日の定めがないときは、根抵当権設定者は、根抵当権の設定の時から3年を経過したときは、担保すべき元本の確定を請求することができ、この場合において、担保すべき元本は、その請求の時から2週間を経過することによって確定する（民法398条の19第1・3項）。

4　誤り
根抵当権の極度額の変更（増額・減額）は、元本の確定の前後を問わず、利害関係を有する者の承諾を得れば、することができる（民法398条の5）。

必勝合格Check!

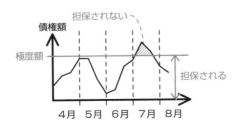

極度額

【問題40】　正解2

問題41　根抵当

　Aは、自己所有の甲不動産につき、B信用金庫に対し、極度額を3,000万円、被担保債権の範囲を「信用金庫取引による債権」とする第1順位の根抵当権を設定し、その旨の登記をした。なお、担保すべき元本の確定期日は定めなかった。この場合に関する次の記述のうち、民法の規定及び判例によれば、正しいものはどれか。

1　元本の確定前に、被担保債権の範囲を変更するには、後順位の抵当権者がいる場合は、その者の承諾を得なければならない。

2　元本の確定前に、B信用金庫から、被担保債権の範囲に属する個別債権の譲渡を受けた者は、確定日付のある証書でAに対し債権譲渡通知を行っておけば、その債権について根抵当権を行使できる。

3　B信用金庫は、確定した元本が極度額以下であれば、その元本に係る最後の2年分の約定金利については、極度額を超えても、根抵当権を行使できる。

4　Aが友人CのためにB信用金庫との間で保証契約を締結し保証債務を負担した場合、B信用金庫のAに対するこの保証債権は、「信用金庫取引による債権」に含まれ、この根抵当権で担保される。

解答・解説

1　誤り

　元本の確定前においては、根抵当権者とその設定者の合意で根抵当権の担保すべき債権の範囲の変更をすることができるが、この変更をするには、後順位の抵当権者その他の第三者の承諾を得ることを要しない（民法398条の4第1・2項）。

2　誤り

　元本の確定前においては、随伴性は否定されており、根抵当権者から債権を取得した者は、その債権について根抵当権を行使することができない（民法398条の7第1項前段）。従って、Bから個別債権の譲渡を受けた者は、確定日付のある証書でAに対し債権譲渡通知を行っていても、その債権について根抵当権を行使することはできない。

3　誤り

　根抵当権者は、確定した元本並びに利息その他の定期金及び債務の不履行によって生じた損害の賠償の全部について、「極度額を限度」として、その根抵当権を行使することができる（民法398条の3第1項）。従って、元本に係る最後の2年分の約定金利についても、極度額を超えては、根抵当権を行使できない。

4　正しい

　根抵当権の被担保債権の範囲のひとつとして、「債務者との一定の種類の取引によって生ずるもの」があり、「信用金庫取引による債権」はこれに該当する（民法398条の2第2項）。この信用金庫取引による債権には、信用金庫の業務に関連してなされたものと認められる限り、根抵当権者である信用金庫と根抵当債務者との間の保証契約に基づく根抵当債務者に対する保証債権も含まれる（判例）。

【問題41】　正解4

CHECK! ☐☐☐　本試験 **平成19年度　問7**　重要度 **B**　難易度 ★★

問題42　担保物権総合

　担保物権に関する次の記述のうち、民法の規定及び判例によれば、正しいものはどれか。

1　建物の建築工事の費用について、当該工事の施工を行った者が先取特権を行使するためには、あらかじめ、債務者である建築主との間で、先取特権の行使について合意しておく必要がある。

2　建物の賃借人が賃貸人に対して造作買取代金債権を有している場合には、造作買取代金債権は建物に関して生じた債権であるので、賃借人はその債権の弁済を受けるまで、建物を留置することができる。

3　質権は、占有の継続が第三者に対する対抗要件と定められているため、動産を目的として質権を設定することはできるが、登記を対抗要件とする不動産を目的として質権を設定することはできない。

4　借地人が所有するガソリンスタンド用店舗建物に抵当権を設定した場合、当該建物の従物である地下のタンクや洗車機が抵当権設定当時に存在していれば、抵当権の効力はこれらの従物に及ぶ。

解答・解説

1　誤り
　先取特権は、法律上当然に成立する「法定」担保物権であり、当事者間の約定により成立するものではない（民法303条）。不動産工事の先取特権についても、同様である（民法327条1項）。したがって、あらかじめ、先取特権の行使について合意しておく必要はない。

2　誤り
　留置権が成立するためには、占有している「物に関して生じた債権」を有していなければならない（民法295条1項本文）。造作買取代金債権は、造作に関して生じた債権であって、建物に関して生じた債権ではないから、建物に対する留置権は成立しない（判例）。

3　誤り
　質権は、譲渡することができる物をその目的とする（民法343条）。そして、不動産は、譲り渡すことができる物であるから、不動産を目的とする質権（不動産質）を設定することもできる。なお、対抗要件は、動産質では「占有の継続」であるが（民法352条）、不動産質では「登記」である（民法361条、177条）。

4　正しい
　抵当権の効力は、特段の事情のない限り、抵当権設定当時の不動産に常用のために付属させられていた従物にも及び、抵当権の設定登記による対抗力は、従物についても生ずる（民法87条2項、判例）。したがって、ガソリンスタンド用店舗建物に抵当権を設定した場合、抵当権の効力は、抵当権設定当時存在していた当該建物の従物である地下タンクや洗車機などに及ぶ（判例）。

問題43 担保物権総合

担保物権に関する次の記述のうち、民法の規定によれば、正しいものはどれか。

1　抵当権者も先取特権者も、その目的物が火災により焼失して債務者が火災保険金請求権を取得した場合には、その火災保険金請求権に物上代位することができる。

2　先取特権も質権も、債権者と債務者との間の契約により成立する。

3　留置権は動産についても不動産についても成立するのに対し、先取特権は動産については成立するが不動産については成立しない。

4　留置権者は、善良な管理者の注意をもって、留置物を占有する必要があるのに対し、質権者は、自己の財産に対するのと同一の注意をもって、質物を占有する必要がある。

解答・解説

1　正しい

優先弁済権を有する先取特権（一般先取特権は除く。）は、その目的物の滅失又は損傷によって債務者が受けるべき金銭その他の物に対しても、物上代位して、優先弁済権を行使することができる（民法304条1項本文）。この規定は、留置権（優先弁済権はない。）を除く他の担保物権にも準用されている。すなわち、抵当権にも物上代位が認められている（民法372条）。

2　誤り

質権は、質権設定契約に基づく約定担保物権であるが（民法344条、要物契約）、先取特権は、一定の政策に基づき法律の規定に従って成立する法定担保物権である（民法303条）。よって、先取特権のほうは、債権者と債務者との間の契約により成立はしない。

3　誤り

留置権及び先取特権は、動産・不動産いずれについても成立する（民法295条1項本文、311条、325条）。

4　誤り

留置権者及び質権者は、いずれも、その目的物を善良な管理者の注意義務をもって、占有しなければならない（民法298条1項、350条）。

【問題43】　正解1

CHECK! ☐ ☐ ☐　本試験 平成14年度　問8　重要度 A　難易度 ★★

問題44　債務不履行／契約の解除

　Aは、A所有の土地を、Bに対し、1億円で売却する契約を締結し、手付金として1,000万円を受領した。Aは、決済日において、登記及び引渡し等の自己の債務の履行を提供したが、Bが、土地の値下がりを理由に残代金を支払わなかったので、登記及び引渡しはしなかった。この場合、民法の規定及び判例によれば、次の記述のうち誤っているものはどれか。

1　Aは、この売買契約を解除せず、Bに対し、残代金の支払を請求し続けることができる。

2　Aは、この売買契約を解除するとともに、Bに対し、売買契約締結後解除されるまでの土地の値下がりによる損害を理由として、賠償請求できる。

3　Bが、AB間の売買契約締結後、この土地をCに転売する契約を締結していた場合で、Cがやはり土地の値下がりを理由としてBに代金の支払をしないとき、Bはこれを理由として、AB間の売買契約を解除することはできない。

4　Bが、AB間の売買契約締結後、この土地をCに転売する契約を締結していた場合、Aは、AB間の売買契約を解除しても、Cのこの土地を取得する権利を害することはできない。

解答・解説

1　正しい
　債務不履行がある場合でも、必ずしも解除しなければならないわけではない。解除をせずに損害賠償だけですむという場合もあり、解除するか否かは債権者の選択に任されている（民法541条本文）。

2　正しい
　まず、解約手付の交付がある場合であっても、債務不履行を理由に解除することも可能である。そして、債務不履行を理由に契約を解除するときには、手付による解除の場合とは異なり、損害賠償請求をすることも認められている（民法545条4項）。よって、土地の値下がり分を損害として、請求することができる。

3　正しい
　AB間の契約とBC間の契約はそもそも別のものである。そこで、Bは、Cが債務を履行しないことを理由に、AB間の契約を解除することはできない。

4　誤り
　解除権の行使により、「第三者」の権利を害することはできない（民法545条1項ただし書）が、ここにいう「第三者」であるためには「対抗要件」を要する（判例）。よって、Cには対抗要件としての登記がないことから、Aは、解除による効果をCに主張することができる。

【問題44】　正解 4

問題45　債務不履行／契約の解除

　両当事者が損害の賠償につき特段の合意をしていない場合において、債務の不履行によって生ずる損害賠償請求権に関する次の記述のうち、民法の規定及び判例によれば、正しいものはどれか。

1　債権者は、債務の不履行によって通常生ずべき損害のうち、契約締結当時、両当事者がその損害発生を予見していたものに限り、賠償請求できる。

2　債権者は、特別の事情によって生じた損害のうち、契約締結当時、両当事者がその事情を予見していたものに限り、賠償請求できる。

3　債務者の責めに帰すべき債務の履行不能によって生ずる損害賠償請求権の消滅時効は、本来の債務の履行を請求し得る時から10年間の時効期間の進行を開始する。

4　債務の不履行に関して債権者に過失があったときでも、債務者から過失相殺する旨の主張がなければ、裁判所は、損害賠償の責任及びその額を定めるに当たり、債権者の過失を考慮することはできない。

解答・解説

1　誤り
　債務の不履行に対する損害賠償の請求は、これによって通常生ずべき損害の賠償をさせることをその目的とする（民法416条1項）。したがって、債務の不履行によって通常生ずべき損害であれば、損害発生を当事者が予見していたものに限られるわけではない。

2　誤り
　特別の事情によって生じた損害であっても、当事者がその事情を予見し、又は予見すべきであったときは、債権者は、その賠償を請求することができる（民法416条2項）。よって、契約締結時に事情を予見していたものに限られるわけではない。

3　正しい
　債務者の責めに帰すべき債務の履行不能によって生ずる損害賠償請求権は、本来の履行請求権と法的に同一性を有すると見ることができるため、その消滅時効は、本来の債務の履行を請求し得る時からその進行を開始する（判例）。

4　誤り
　債務の不履行又はこれによる損害の発生若しくは拡大に関して債権者に過失があったときは、裁判所は、これを考慮して、損害賠償の責任及びその額を定める（民法418条）。そして、この過失相殺は、債務者の主張がなくても、裁判所が職権ですることができる（判例）。よって、債務者から主張がなければ、債権者の過失を考慮することはできないというわけではない。

【問題45】　正解3

CHECK! ☐ ☐ ☐ 　本試験 平成24年度　問8　　重要度 B　　難易度 ★

問題46　債務不履行／契約の解除

　債務不履行に基づく損害賠償請求権に関する次の記述のうち、民法の規定及び判例によれば、誤っているものはどれか。

1　AがBと契約を締結する前に、信義則上の説明義務に違反して契約締結の判断に重要な影響を与える情報をBに提供しなかった場合、Bが契約を締結したことにより被った損害につき、Aは、不法行為による賠償責任を負うことはあっても、債務不履行による賠償責任を負うことはない。

2　AB間の利息付金銭消費貸借契約において、利率に関する定めがない場合、借主Bが令和3年10月1日に債務不履行に陥ったことによりAがBに対して請求することができる遅延損害金は、年5％の利率により算出する。

3　AB間でB所有の甲不動産の売買契約を締結した後、Bが甲不動産をCに二重譲渡してCが登記を具備した場合、AはBに対して債務不履行に基づく損害賠償請求をすることができる。

4　AB間の金銭消費貸借契約において、借主Bは当該契約に基づく金銭の返済をCからBに支払われる売掛代金で予定していたが、その入金がなかった（Bの責めに帰すべき事由はない。）ため、返済期間が経過してしまった場合であっても、Bは債務不履行に陥り、Aに対して遅延損害金の支払義務を負う。

解答・解説

1　正しい
　契約の一方当事者が、当該契約の締結に先立ち、信義則上の説明義務に違反して、当該契約を締結するか否かに関する判断に影響を及ぼすべき情報を相手方に提供しなかった場合には、一方当事者は、相手方が当該契約を締結したことにより被った損害につき、不法行為による賠償責任を負うことがあるのは格別、当該契約上の債務の不履行による賠償責任を負うことはない（判例）。

2　誤り
　金銭の給付を目的とする債務の不履行については、その損害賠償の額は、約定利率が法定利率を超えるときは、約定利率によるが、そうでなければ、債務者が遅滞の責任を負った最初の時点における法定利率「年3％」によって定める（民法419条1項、404条2項）。なお、法定利率は、3年ごとに変動する（民法404条3項）。

3　正しい
　不動産の二重売買の場合において、売主の一方の買主に対する債務は、特段の事情のないかぎり、他の買主に対する所有権移転登記が完了した時に履行不能になる（判例）。

4　正しい
　金銭の給付を目的とする債務の不履行については、債務者は、不可抗力をもって抗弁とすることができない（民法419条3項）。よって、たとえBの責めに帰すべき事由がなくても、Bは、Aに対して遅延損害金の支払義務を負うことになる。

【問題46】　正解 2

問題47 　債務不履行／契約の解除

　Aは、自己所有の甲地をBに売却し、代金を受領して引渡しを終えたが、AからBに対する所有権移転登記はまだ行われていない。この場合に関する次の記述のうち、民法の規定及び判例によれば、誤っているものはどれか。

1　Aの死亡によりCが単独相続し、甲地について相続を原因とするAからCへの所有権移転登記がなされた場合、Bは、自らへの登記をしていないので、甲地の所有権をCに対抗できない。

2　Aの死亡によりCが単独相続し、甲地について相続を原因とするAからCへの所有権移転登記がなされた後、CがDに対して甲地を売却しその旨の所有権移転登記がなされた場合、Bは、自らへの登記をしていないので、甲地の所有権をDに対抗できない。

3　AB間の売買契約をBから解除できる事由があるときで、Bが死亡し、EとFが1／2ずつ共同相続した場合、E単独ではこの契約を解除することはできず、Fと共同で行わなければならない。

4　AB間の売買契約をAから解除できる事由があるときで、Bが死亡し、EとFが1／2ずつ共同相続した場合、Aがこの契約を解除するには、EとFの全員に対して行わなければならない。

解答・解説

1　誤り
　相続人は、相続開始の時から、被相続人の財産に属した一切の権利義務を承継する（民法896条本文）。そこで、甲土地の売主Aの地位はそのままCに承継される。したがって、Cは「第三者」（民法177条）にあたらず、B・C間は対抗関係には立たないことから、買主Bは登記をしていなくても甲土地の所有権をCに対抗できる。

2　正しい
　相続人は、相続開始の時から、被相続人の財産に属した一切の権利義務を承継する（民法896条本文）。その後、相続人が、甲土地を第三者Dに売却した場合、被相続人から買受けたBとDは対抗関係に立つ（民法177条）。そのため、Bは、自ら登記をしなければ、甲地の所有権をDに対抗することができない。

3　正しい
　相続人は、相続開始の時から被相続人の財産に属した一切の権利義務を承継するため（民法896条本文）、被相続人が有していた解除権も相続する。また、当事者の一方が数人ある場合には、契約の解除は、その全員から又はその全員に対してのみ、することができる（民法544条1項）。よって、EとFは共同しなければ、共同相続した解除権を行使することができない。

4　正しい
　相続人は、相続開始の時から被相続人の財産に属した一切の権利義務を承継するため（民法896条本文）、被相続人が有していた契約上の地位も相続する。また、当事者の一方が数人ある場合には、契約の解除は、その全員から又はその全員に対してのみ、することができる（民法544条1項）。よって、Aは、解除権を行使するには、EとF全員に

対してしなければならない。

必勝合格Check!

相続と登記

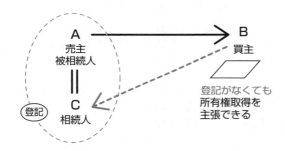

解除権の不可分性

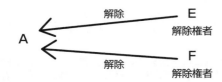

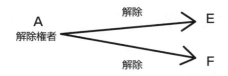

問題48　債務不履行／契約の解除

　売主Aは、買主Bとの間で甲土地の売買契約を締結し、代金の3分の2の支払と引換えに所有権移転登記手続と引渡しを行った。その後、Bが残代金を支払わないので、Aは適法に甲土地の売買契約を解除した。この場合に関する次の記述のうち、民法の規定及び判例によれば、正しいものはどれか。

1　Aの解除前に、BがCに甲土地を売却し、BからCに対する所有権移転登記がなされているときは、BのAに対する代金債務につき不履行があることをCが知っていた場合においても、Aは解除に基づく甲土地の所有権をCに対して主張できない。

2　Bは、甲土地を現状有姿の状態でAに返還し、かつ、移転登記を抹消すれば、引渡しを受けていた間に甲土地を貸駐車場として収益を上げていたときでも、Aに対してその利益を償還すべき義務はない。

3　Bは、自らの債務不履行で解除されたので、Bの原状回復義務を先に履行しなければならず、Aの受領済み代金返還義務との同時履行の抗弁権を主張することはできない。

4　Aは、Bが契約解除後遅滞なく原状回復義務を履行すれば、契約締結後原状回復義務履行時までの間に甲土地の価格が下落して損害を被った場合でも、Bに対して損害賠償を請求することはできない。

解答・解説

1　正しい

　売買契約の解除権者は、解除前に対抗要件を備えている第三者に対して、解除の効果を主張することができない（民法545条1項ただし書、判例）。この場合、第三者は債務不履行につき善意・悪意を問わない（判例）。

2　誤り

　不動産の売買契約が解除されると、目的物の引渡しを受けていた買主は、それまでの間所有者としてその目的物を使用収益することによって得た利益（果実）を売主に償還すべき義務を負う（民法545条3項）。

3　誤り

　当事者の一方が解除権を行使したときは、各当事者は、その相手方を原状に復させる義務を負い（民法545条1項本文）、これらの原状回復義務は同時履行の関係に立つ（民法546条、533条）。

4　誤り

　Aは、契約を解除してもなお損害があれば、その賠償をBに対して請求できる。なぜなら、解除権の行使は、損害賠償の請求を妨げないからである（民法545条4項）。

【問題48】　正解1

CHECK! ☐☐☐　本試験 平成16年度　問9　重要度 B　難易度 ★★

問題49　債務不履行／契約の解除

　AはBに甲建物を売却し、AからBに対する所有権移転登記がなされた。AB間の売買契約の解除と第三者との関係に関する次の記述のうち、民法の規定及び判例によれば、正しいものはどれか。

1　BがBの債権者Cとの間で甲建物につき抵当権設定契約を締結し、その設定登記をした後、AがAB間の売買契約を適法に解除した場合、Aはその抵当権の消滅をCに主張できない。

2　Bが甲建物をDに賃貸し引渡しも終えた後、AがAB間の売買契約を適法に解除した場合、Aはこの賃借権の消滅をDに主張できる。

3　BがBの債権者Eとの間で甲建物につき抵当権設定契約を締結したが、その設定登記をする前に、AがAB間の売買契約を適法に解除し、その旨をEに通知した場合、BE間の抵当権設定契約は無効となり、Eの抵当権は消滅する。

4　AがAB間の売買契約を適法に解除したが、AからBに対する甲建物の所有権移転登記を抹消する前に、Bが甲建物をFに賃貸し引渡しも終えた場合、Aは、適法な解除後に設定されたこの賃借権の消滅をFに主張できる。

解答・解説

1　正しい

　売買契約の解除権者は、その解除をもって、解除前に当該解除にかかる契約について利害関係を有することになった第三者に対抗することはできない（民法545条1項ただし書）。もっとも、第三者が保護されるためには、解除権者との利益調整を図る観点から、登記を備えていることが必要である（判例）。Cは、Aが解除する前に、抵当権の設定登記を備えているので、Aは、抵当権の消滅をCに主張できない。

2　誤り

　売買契約の解除前に、売買目的物である建物を賃借し、当該建物の引渡しを受けている者は、解除前の第三者として保護される（民法545条1項ただし書、借地借家法31条1項）。したがって、Aは、甲建物の引渡しを受けているDに対して、賃借権の消滅を主張できない。

3　誤り

　肢1で述べたように、解除前の第三者として保護されるためには、登記を備える必要がある。ここにいう「登記」は、対抗要件としての登記をいう（判例）。そこで、解除権を行使したAと抵当権者Eとの間の優劣は、Aの登記の回復とEの抵当権設定登記の先後により決することになる（民法177条）。しかし、抵当権設定契約が無効となるわけではない。したがって、AがEに解除の通知をした場合、BE間の抵当権設定契約は無効となり、Eの抵当権は消滅するとする本肢は誤り。

4　誤り

　解除後の第三者については、解除により新たな物権変動が生じると解されるところから、解除権を行使したAと解除後の第三者Fの間の優劣は、対抗要件の取得の先後により決する（判例）。本肢では、Aが登記を回復する前に、Fが建物賃借権の対抗要件である引渡しを受けているので（借地借家法31条1項）、Aは、Fに賃借権の消滅を主張できない。

【問題49】　正解 1

問題50　債務不履行／契約の解除

次の１から４までの契約に関する記述のうち、民法の規定及び下記判決文によれば、誤っているものはどれか。なお、これらの契約は令和２年４月１日以降に締結されたものとする。

（判決文）

法律が債務の不履行による契約の解除を認める趣意は、契約の要素をなす債務の履行がないために、該契約をなした目的を達することができない場合を救済するためであり、当事者が契約をなした主たる目的の達成に必須的でない附随的義務の履行を怠ったに過ぎないような場合には、特段の事情の存しない限り、相手方は当該契約を解除することができないものと解するのが相当である。

1　土地の売買契約において、売主が負担した当該土地の税金相当額を買主が償還する付随的義務が定められ、買主が売買代金を支払っただけで税金相当額を償還しなかった場合、特段の事情がない限り、売主は当該売買契約の解除をすることができない。

2　債務者が債務を履行しない場合であっても、債務不履行について債務者の責めに帰すべき事由がないときは付随的義務の不履行となり、特段の事情がない限り、債権者は契約の解除をすることができない。

3　債務不履行に対して債権者が相当の期間を定めて履行を催告してその期間内に履行がなされない場合であっても、催告期間が経過した時における債務不履行がその契約及び取引上の社会通念に照らして軽微であるときは、債権者は契約の解除をすることができない。

4　債務者が債務を履行しない場合であって、債務者がその債務の全部の履行を拒絶する意思を明確に表示したときは、債権者は、相当の期間を定めてその履行を催告することなく、直ちに契約の解除をすることができる。

解答・解説

1　正しい

判決文によると、当事者が契約をなした主たる目的の達成に必須的でない付随的義務の履行を怠ったに過ぎないような場合には、特段の事情の無い限り、相手方は当該契約を解除することができない。したがって、買主が付随的義務となる当該土地の税金相当額を償還しなかった場合でも、売主は当該売買契約を解除することができない（判例）。

2　誤り

債務者の帰責事由は解除の要件ではない（民法541条）。また、債務者の帰責事由が無いことで、本来の債務の不履行が付随的義務の不履行となるわけでもない。

3　正しい

債務不履行に対して債権者が相当の期間を定めて履行を催告してその期間内に履行がなされない場合であっても、催告期間が経過した時における債務不履行が契約及び取引上の社会通念に照らして軽微であるときは、債権者は契約の解除をすることができない（民法541条ただし書）。

4　正しい

　　債務者が債務の全部の履行を拒絶する意思を明確に表示をしたときは、債権者は催告をすることなく、直ちに契約の解除をすることができる（民法542条1項2号）。

【問題50】　正解2

問題51　多数当事者の債務

　A、B、Cの3人がDに対して900万円の連帯債務を負っている場合に関する次の記述のうち、民法の規定及び判例によれば、正しいものはどれか。なお、A、B、Cの負担部分は等しく、DとA、B、Cとの間にその他特段の約定はないものとする。

1　DがAに対して履行の請求をした場合、B及びCがそのことを知らなかったときに限り、B及びCについては、その効力が生じない。

2　Aが、Dに対する債務と、Dに対して有する200万円の債権を対当額で相殺する旨の意思表示をDにした場合、B及びCのDに対する連帯債務も200万円が消滅する。

3　Bのために時効が完成した場合、A及びCのDに対する連帯債務も時効によって全部消滅する。

4　CがDに対して100万円を弁済した場合は、Cの負担部分の範囲内であるから、Cは、A及びBに対して求償することはできない。

解答・解説

1　誤り

　連帯債務者の一人に対する履行の請求は、原則として、他の連帯債務者に対してその効力を生じない（民法441条本文）。他の連帯債務者が知っているか否かは関係がない。したがって、DのAに対する請求の事実をB及びCが知っていたとしても、履行の請求の効力は生じない。

2　正しい

　連帯債務者の一人が債権者に対して債権を有する場合において、その連帯債務者が相殺を援用したときは、債権は、全ての連帯債務者の利益のために消滅する（民法439条1項）。したがって、Aの200万円の相殺の効果はB及びCにも及び、その限度で連帯債務は消滅する。

3　誤り

　連帯債務者の一人のために時効が完成したときでも、原則として、他の連帯債務者に対して、その効力を生じない（民法441条本文）。したがって、Bのために時効が完成しても、A及びCの連帯債務は消滅しない。

4　誤り

　連帯債務者の一人が弁済をしたときは、その弁済額が自己の負担部分を超えるかどうかにかかわらず、その連帯債務者は、他の連帯債務者に対し、各自の負担部分に応じた額の求償権を有する（民法442条1項）。したがって、CがDに対して、自己の負担部分（本問では300万円）の範囲内である100万円を弁済した場合でも、Cは、A及びBに対して求償することができる。

【問題51】　正解2

CHECK! ☐☐☐　本試験 令和3年度 問2 （10月実施）　重要度 A　難易度 ★★

問題52　多数当事者の債務

　債務者A、B、Cの3名が、令和3年7月1日に、内部的な負担部分の割合は等しいものとして合意した上で、債権者Dに対して300万円の連帯債務を負った場合に関する次の記述のうち、民法の規定によれば、誤っているものはどれか。

1　DがAに対して裁判上の請求を行ったとしても、特段の合意がなければ、BとCがDに対して負う債務の消滅時効の完成には影響しない。

2　BがDに対して300万円の債権を有している場合、Bが相殺を援用しない間に300万円の支払の請求を受けたCは、BのDに対する債権で相殺する旨の意思表示をすることができる。

3　DがCに対して債務を免除した場合でも、特段の合意がなければ、DはAに対してもBに対しても、弁済期が到来した300万円全額の支払を請求することができる。

4　AとDとの間に更改があったときは、300万円の債権は、全ての連帯債務者の利益のために消滅する。

解答・解説

1　正しい
　弁済、相殺、更改、混同を除いて、連帯債務者の1人について生じた事由は、原則として、他の連帯債務者に対してその効力を生じない（相対的効力の原則：民法441条）。したがって、DのAに対する裁判上の請求は、BとCがDに対して負う債務の消滅時効の完成に影響しない。

2　誤り
　連帯債務者の1人が債権者に対して債権を有する場合において、当該連帯債務者が相殺を援用しない間は、その連帯債務者の負担部分の限度において、他の連帯債務者は、債権者に対して債務の履行を拒むことができる（民法439条2項）。連帯債務者が他の連帯債務者の債権をもって相殺する旨の意思表示ができるわけではない。

3　正しい
　弁済、相殺、更改、混同を除いて、連帯債務者の1人について生じた事由は、原則として、他の連帯債務者に対してその効力を生じない（相対的効力の原則：民法441条）。したがって、Cに対する債務の免除後も、DはA及びBに対して、300万円全額の支払を請求することができる。

4　正しい
　連帯債務者の1人と債権者との間に更改があったときは、債権は、全ての連帯債務者の利益のために消滅する（民法438条）。

問題53   多数当事者の債務

保証に関する次の記述のうち、民法の規定及び判例によれば、誤っているものはどれか。

1 保証人となるべき者が、主たる債務者と連絡を取らず、同人からの委託を受けないまま債権者に対して保証したとしても、その保証契約は有効に成立する。

2 保証人となるべき者が、口頭で明確に特定の債務につき保証する旨の意思表示を債権者に対してすれば、その保証契約は有効に成立する。

3 連帯保証ではない場合の保証人は、債権者から債務の履行を請求されても、まず主たる債務者に催告すべき旨を債権者に請求できる。ただし、主たる債務者が破産手続開始の決定を受けたとき、又は行方不明であるときは、この限りでない。

4 連帯保証人が2人いる場合、連帯保証人間に連帯の特約がなくとも、連帯保証人は各自全額につき保証責任を負う。

解答・解説

1 正しい

保証契約は、債権者と保証人との間の契約であるため、主たる債務者の委託を受けなくとも有効に成立する（民法462条1項参照）。

2 誤り

保証契約は、書面でしなければ、その効力を生じない（民法446条2項）。したがって、保証人となるべき者が、口頭で明確に特定の債務につき保証する旨の意思表示を債権者に対してしても、その保証契約は無効である。

3 正しい

保証が連帯保証でない場合には、債権者が保証人に債務の履行を請求したときは、主たる債務者が破産手続開始の決定を受けたとき、又はその行方が知れないときを除き、保証人は、まず主たる債務者に催告をするよう債権者に請求することができる（民法452条）。

4 正しい

連帯保証人が複数いる場合、連帯保証人間に連帯の特約がなくとも、分別の利益（民法456条）を有しない（判例）。したがって、連帯保証人は各自全額につき保証責任を負う。

【問題53】 正解2

MEMO

問題54　**多数当事者の債務**

令和2年7月1日に下記ケース①及びケース②の保証契約を締結した場合に関する次の1から4までの記述のうち、民法の規定によれば、正しいものはどれか。

（ケース①）　個人Aが金融機関Bから事業資金として1,000万円を借り入れ、CがBとの間で当該債務に係る保証契約を締結した場合

（ケース②）　個人Aが建物所有者Dと居住目的の建物賃貸借契約を締結し、EがDとの間で当該賃貸借契約に基づくAの一切の債務に係る保証契約を締結した場合

1　ケース①の保証契約は、口頭による合意でも有効であるが、ケース②の保証契約は、書面でしなければ効力を生じない。

2　ケース①の保証契約は、Cが個人でも法人でも極度額を定める必要はないが、ケース②の保証契約は、Eが個人でも法人でも極度額を定めなければ効力を生じない。

3　ケース①及びケース②の保証契約がいずれも連帯保証契約である場合、BがCに債務の履行を請求したときはCは催告の抗弁を主張することができるが、DがEに債務の履行を請求したときはEは催告の抗弁を主張することができない。

4　保証人が保証契約締結の日前1箇月以内に公正証書で保証債務を履行する意思を表示していない場合、ケース①のCがAの事業に関与しない個人であるときはケース①の保証契約は効力を生じないが、ケース②の保証契約は有効である。

解答・解説

ケース①は事業のために負担した貸金等債務を主たる債務とする保証契約であり、Cが法人でない場合は、事業に係る債務についての保証契約の特則（民法465条の6〜465条の10）が適用される。一方、ケース②は一定の範囲に属する不特定の債務を主たる債務とする保証契約（根保証契約）であり、Eが法人でない場合は、個人根保証契約の規定（民法465条の2〜465条の5）が適用される。

1　誤り

保証契約は、書面でしなければ、その効力を生じない（民法446条2項）。この点は、ケース①もケース②も同様である。したがって、ケース①は保証契約が口頭による合意でも有効としている点で誤りである。

2　誤り

個人根保証契約の保証人は、極度額を限度として、その履行をする責任を負い、個人根保証契約は、この極度額を定めなければ、その効力を生じない（民法465条の2第1・2項）。一方、保証人が法人である根保証契約においては、極度額を定めなくても、その効力を生じる（民法465条の5参照）。本肢のケース①は、特定の債務（1,000万円）を主たる債務とする保証契約であって、根保証契約ではないので、Cが個人でも法人で

も極度額を定める必要はなく、記述は正しい。ケース②は、Eが法人の場合は極度額を定める必要はないが、個人の場合は極度額を定める必要があるため、記述は誤っている。

3　誤り

保証契約又は根保証契約のいずれであっても、それが連帯保証契約であるならば、保証人は催告の抗弁を主張することができない（民法454条、452条本文）。したがって、BがCに債務の履行を請求したときはCは催告の抗弁を主張することができないため、ケース①の記述が誤っている。

4　正しい

事業のために負担した貸金等債務を主たる債務とする保証契約の保証人が主たる債務者の事業に関与しない個人であるときは、原則として、その契約の締結に先立ち、その締結の日前1か月以内に作成された公正証書で保証債務を履行する意思を表示していなければ、その効力を生じない（民法465条の6第1・3項、465条の9）。したがって、ケース①の記述は正しい。ケース②は、主たる債務が事業のために負担した貸金等債務ではないため、公正証書で保証債務の履行の意思を表示しなくても有効であり、記述は正しい。

【問題54】　正解4

問題55　　**多数当事者の債務**

　A銀行のB社に対する貸付債権につき、Cは、B社の委託を受けその全額につき連帯保証するとともに、物上保証人として自己の所有する土地に担保設定している。DもB社の委託を受け全額につき連帯保証している。保証人各自の負担部分は平等である。A銀行とB、C及びDとの間にその他特段の約定はない。この場合に関する次の記述のうち、民法の規定及び判例によれば、誤っているものはどれか。

1　Cが、A銀行に対して債権全額につき保証債務を履行した場合、その全額につきB社に対する求償権を取得する。

2　Cが、A銀行に対して債権全額につき保証債務を履行した場合、その半額につきDに対する求償権を取得する。

3　Cが、担保物の処分代金により、A銀行に対して債権の3分の2につき物上保証に基づく弁済をした場合、Cが取得するB社に対する求償権は、A銀行のB社に対する貸付債権に劣後する。

4　Dが、Aに対して債権全額につき保証債務を履行した場合、Cの物上保証の担保物件の価額相当額につきCに対する求償権を取得する。

解答・解説

1　正しい

　保証人が主たる債務者の委託を受けて保証をした場合において、主たる債務者に代わって弁済その他自己の財産をもって債務を消滅させる行為をしたときは、その保証人は、主たる債務者に対して求償権を有する（民法459条1項）。本肢においては、保証人Cが債務全額を弁済すると、その全額について、主たる債務者Bに対して求償権を取得する。

2　正しい

　連帯債務の求償規定の民法442条から444条までの規定は、数人の保証人がある場合において、そのうちの一人の保証人が、主たる債務が不可分であるため又は各保証人が全額を弁済すべき旨の特約があるため、その全額又は自己の負担部分を超える額を弁済したときについて準用する（民法465条1項）。本肢においては、民法442条1項が準用され、保証人の1人が弁済をし、その他自己の財産をもって共同の免責を得たときは、その者は、他の保証人に対し、各自の負担部分について求償権を有することになる。したがって、債権全額を弁済したCは、その半額についてDに対する求償権を取得する。

3　正しい

　債権の一部について代位弁済があったときは、代位者は、債権者の同意を得て、その弁済をした価額に応じて、債権者とともにその権利を行使する（民法502条1項）。したがって、本肢における物上保証人Cは、Aの同意を得て、Bに対して債権の3分の2につき、債権者Aとともに権利行使できることになるが、この場合、債権者が行使する権利は、代位者が行使する権利に優先する（同条3項）。弁済による代位は、代位弁済者が債務者に対して取得する求償権を実効あらしめるための制度であり、そのために債権者が不利益を被ることを予定するものではないからである。したがって、CのBに対する求償権は、A銀行のB社に対する貸付債権に劣後する。

4　誤り

　複数の保証人及び物上保証人の中に二重の資格を有する者がいる場合、その者も1人であるとして扱い、全員の頭数に応じた平等の割合をもって債権者に代位する（判例）。したがって、連帯保証人としての地位と物上保証人としての地位を兼有するCも1人として扱うのであるから、Dは債権の半額をCに対して求償することができるのであり、担保物件の価額相当額についてCに対して求償権を取得するとしている本肢は誤っている。

【問題55】　正解4

問題56 多数当事者の債務

　AからBとCとが負担部分2分の1として連帯して1,000万円を借り入れる場合と、DからEが1,000万円を借り入れ、Fがその借入金返済債務についてEと連帯して保証する場合とに関する次の記述のうち、民法の規定によれば、正しいものはどれか。なお、AとB及びCとの間、DとE及びFとの間にその他特段の約定はないものとする。

1　Aが、Bに対して債務を免除した場合にはCが、Cに対して債務を免除した場合にはBが、それぞれ500万円分の債務を免れる。Dが、Eに対して債務を免除した場合にはFが、Fに対して債務を免除した場合にはEが、それぞれ全額の債務を免れる。

2　Aが、Bに対して履行を請求した効果はCに及ばず、Cに対して履行を請求した効果もBに及ばない。Dが、Eに対して履行を請求した効果はFに及ぶが、Fに対して履行を請求した効果はEに及ばない。

3　Bについて時効が完成した場合にはCが、Cについて時効が完成した場合にはBが、それぞれ500万円分の債務を免れる。Eについて時効が完成した場合にはFが、Fについて時効が完成した場合にはEが、それぞれ全額の債務を免れる。

4　AB間の契約が無効であった場合にはCが、AC間の契約が無効であった場合にはBが、それぞれ1,000万円の債務を負う。DE間の契約が無効であった場合はFが、DF間の契約が無効であった場合はEが、それぞれ1,000万円の債務を負う。

解答・解説

1　誤り

　連帯債務者の1人に対してした債務の免除は、原則として他の連帯債務者に対してその効力を生じない（民法441条本文）。一方、債権者が主たる債務者に対して債務を免除すると、保証債務の付従性により、連帯保証債務も全額消滅するが、債権者が連帯保証人に対して債務を免除しても、主たる債務者に対しては、その効力を生じない（民法458条、441条本文）。

2　正しい

　連帯債務者の1人に対する履行の請求は、原則として他の連帯債務者に対してその効力を生じない（民法441条本文）。一方、主たる債務者に対する履行の請求は、保証債務の付従性により、連帯保証人に対しても、その効力を生ずる（民法457条1項）。しかし、連帯保証人に対する履行の請求は、主たる債務者に対しては、その効力を生じない（民法458条、441条本文）。

3　誤り

　連帯債務者の1人のために時効が完成しても、原則として他の連帯債務者に対してその効力を生じない（民法441条本文）。一方、主たる債務者について時効が完成したときは、保証債務の付従性により、連帯保証人に対しても、その効力を生ずるが、連帯保証人について時効が完成しても、主たる債務者に対しては、その効力を生じない（民法458条、441条本文）。

4　誤り

　連帯債務者の1人について法律行為の無効があっても、他の連帯債務者の債務は、その効力を妨げられない（民法437条）。また、連帯保証債務が無効であっても、主たる債務は、その効力を妨げられない。これに対して、主たる債務が無効であれば、保証債務の付従性により、連帯保証債務も、その効力を生じない。

【問題56】　正解2

問題57 債権譲渡

売買代金債権（以下この問において「債権」という。）の譲渡（令和3年7月1日に譲渡契約が行われたもの）に関する次の記述のうち、民法の規定によれば、誤っているものはどれか。

1 譲渡制限の意思表示がされた債権が譲渡された場合、当該債権譲渡の効力は妨げられないが、債務者は、その債権の全額に相当する金銭を供託することができる。

2 債権が譲渡された場合、その意思表示の時に債権が現に発生していないときは、譲受人は、その後に発生した債権を取得できない。

3 譲渡制限の意思表示がされた債権の譲受人が、その意思表示がされていたことを知っていたときは、債務者は、その債務の履行を拒むことができ、かつ、譲渡人に対する弁済その他の債務を消滅させる事由をもって譲受人に対抗することができる。

4 債権の譲渡は、譲渡人が債務者に通知し、又は債務者が承諾をしなければ、債務者その他の第三者に対抗することができず、その譲渡の通知又は承諾は、確定日付のある証書によってしなければ、債務者以外の第三者に対抗することができない。

解答・解説

1 正しい
当事者が譲渡制限の意思表示をしたときでも、債権譲渡は有効である（民法466条2項）。この場合、債務者はその債権の全額に相当する金銭を供託することができる（民法466条の2第1項）。

2 誤り
債権の譲渡は、その意思表示の時に債権が現に発生していることを要しない（民法466条の6第1項）。そして、債権が譲渡された場合において、その意思表示の時に債権が現に発生していないときは、譲受人は、発生した債権を当然に取得する（同条2項）。

3 正しい
譲渡制限の意思表示がされた債権の譲受人が、その意思表示がされたことを知っていたときは、債務者はその債務の履行を拒むことができ、かつ、譲渡人に対する弁済その他の債務を消滅させる事由をもって譲受人に対抗することができる（民法466条3項）。

4 正しい
債権の譲渡は譲渡人が債務者に通知をし、又は債務者が承諾をしなければ債務者その他の第三者に対抗することができない（民法467条1項）。その譲渡の通知又は承諾は、確定日付のある証書によってしなければ債務者以外の第三者に対抗できない（同条2項）。

【問題57】 正解2

CHECK! ☐☐☐　本試験 平成23年度　問5　重要度 B　難易度 ★★

問題58　債権譲渡

　AがBに対して1,000万円の代金債権を有しており、AがこのAがこの代金債権をCに譲渡した場合における次の記述のうち、民法の規定及び判例によれば、誤っているものはどれか。

1　AB間の代金債権には譲渡禁止特約があり、Cがその特約の存在を知らないことにつき重大な過失がある場合には、BはCに対する履行を拒むことができる。

2　AがBに対して債権譲渡の通知をすれば、その譲渡通知が確定日付によるものでなくても、CはBに対して自らに弁済するように主張することができる。

3　BがAに対して期限が到来した1,000万円の貸金債権を有していても、AがBに対して確定日付のある譲渡通知をした場合には、BはCに譲渡された代金債権の請求に対して貸金債権による相殺を主張することができない。

4　AがBに対する代金債権をDに対しても譲渡し、Cに対する債権譲渡もDに対する債権譲渡も確定日付のある証書でBに通知した場合には、CとDの優劣は、確定日付の先後ではなく、確定日付のある通知がBに到着した日時の先後で決まる。

解答・解説

1　正しい
　当事者が譲渡禁止特約をしたときでも、原則として債権譲渡の効力は妨げられない（民法466条2項）。ただし、譲受人が譲渡禁止特約につき悪意または善意有重過失であるときは、債務者は譲受人に対する履行を拒むことができる（同条3項）。

2　正しい
　債権の譲渡は、譲渡人が債務者に通知をし、又は債務者が承諾をしなければ、債務者に対抗することができない（民法467条1項）。よって、債権の譲受人が債務者に対して権利を主張するためには、債権譲渡の通知が確定日付によるものでなくてもよい。なお、債務者以外の第三者に債権の譲渡を対抗するためには、上記の通知又は承諾は、確定日付のある証書によってしなければならない（同条2項）。

3　誤り
　債務者は、譲受人が債権譲渡の対抗要件を具備する時より前に取得した譲渡人に対する債権による相殺をもって譲受人に対抗することができる（民法469条1項）。

4　正しい
　債権が二重に譲渡された場合の譲受人相互の間の優劣は、通知又は承諾に付された確定日付の先後によって定めるのではなく、確定日付のある通知が債務者に到達した日時又は確定日付のある債務者の承諾の日時の先後によって決する（判例）。

【問題58】　正解3

問題59 債権譲渡

AがBに対する債権をCに譲渡した場合に関する次の記述のうち、民法の規定及び判例によれば、正しいものはどれか。

1 AのBに対する債権に譲渡禁止の特約があり、Cがその特約の存在を知りながら債権の譲渡を受けていれば、Cからさらに債権の譲渡を受けた転得者Dがその特約の存在を知らなかったことにつき重大な過失がない場合でも、BはDに対して特約の存在を対抗することができる。

2 AがBに債権譲渡の通知を発送し、その通知がBに到達していなかった場合には、Bが承諾をしても、BはCに対して当該債権に係る債務の弁済を拒否することができる。

3 AのBに対する債権に譲渡禁止の特約がなく、Cに譲渡された時点ではまだ発生していない将来の取引に関する債権であった場合、その取引の種類、金額、期間などにより当該債権が特定されていたときは、特段の事情がない限り、AからCへの債権譲渡は有効である。

4 Aに対し弁済期が到来した貸金債権を有していたBは、Aから債権譲渡の通知を受けるまでに、承諾をせず、相殺の意思表示もしていなかった。その後、Bは、Cから支払請求を受けた際に、Aに対する貸金債権との相殺の意思表示をしたとしても、Cに対抗することはできない。

解答・解説

1 誤り

債権に譲渡禁止の特約がなされていても、当該債権の譲渡は、その効力を妨げられない（民法466条2項）。この場合、譲渡制限の意思表示がなされたことを知り、又は重大な過失によって知らなかった譲受人その他の第三者に対しては、債務者は、その債務の履行を拒むことができる（民法466条3項）。本肢において、当該債権の譲渡禁止特約の存在につき悪意であっても、譲受人Cは債権者となるが、債務者BはCに対しては支払いを拒むことができる。しかし、譲渡禁止特約につき善意無重過失の転得者Dからの請求に対しては、Bは支払いを拒むことができない。

2 誤り

債権の譲渡は、譲渡人が債務者に通知をし、又は債務者が承諾をしなければ、債務者その他の第三者に対抗することができない（民法467条1項）。したがって、債権譲渡の対抗要件は、通知「又は」承諾なので、債権の譲渡人Aからの通知が到達していなくとも、債務者Bが承諾をすれば、対抗要件を備えたことになり、Bは債権の譲受人Cに対して弁済を拒否することはできない。

3 正しい

将来生ずべき債権であっても債権譲渡をすることができる（民法466条の6第1項）。したがって、AからCへの債権譲渡は有効である。

4 誤り

債務者は、譲受人が債権譲渡の対抗要件を具備する時より前に取得した譲渡人に対する債権による相殺をもって譲受人に対抗することができる（民法469条1項）。したがって、債務者Bは、譲渡人Aに対する貸金債権との相殺の意思表示をすれば、譲受人Cに債権の消滅を対抗することができる。

【問題59】 正解3

CHECK! ☐ ☐ ☐　本試験 **平成17年度　問7**　重要度 **C**　難易度 **★**

問題60　　**債務の弁済**

　Aは、土地所有者Bから土地を賃借し、その土地上に建物を所有してCに賃貸している。AのBに対する借賃の支払債務に関する次の記述のうち、民法の規定及び判例によれば、正しいものはどれか。

1　Cは、借賃の支払債務に関して法律上の利害関係を有しないので、Aの意思に反して、債務を弁済することはできない。

2　Aが、Bの代理人と称して借賃の請求をしてきた無権限者に対し債務を弁済した場合、その者に弁済受領権限があるかのような外観があり、Aがその権限があることについて善意、かつ、無過失であるときは、その弁済は有効である。

3　Aが、当該借賃を額面とするA振出しに係る小切手（銀行振出しではないもの）をBに提供した場合、債務の本旨に従った適法な弁済の提供となる。

4　Aは、特段の理由がなくとも、借賃の支払債務の弁済に代えて、Bのために弁済の目的物を供託し、その債務を免れることができる。

解答・解説

1　誤り
　弁済をするについて正当な利益（法律上の利害関係）を有する者でない第三者は、原則として、債務者の意思に反して弁済をすることができない（民法474条2項本文）。賃借土地上に建てられた建物の賃借人は、土地の賃料の支払いにつき、法律上の利害関係を有する（判例）。したがって、Cは、債務者Aの意思に反しても、AのBに対する借賃を支払うことができる。

2　正しい
　債権の受領権者としての外観を有する者に対してした弁済は、その弁済をした者が善意であり、かつ、過失がなかったときに限りその効力を有する（民法478条）。そして、詐称代理人も債権の受領権者としての外観を有する者にあたる。したがって、詐称代理人に対する弁済は、Aがその無権限について善意・無過失のときには、有効となる。

3　誤り
　弁済は債務の本旨に従って現実にしなければならない（民法493条本文）。債務者個人が振り出した小切手を提供しても、特段の事情がない限り、債務の本旨に従った弁済の提供とはいえない（判例）。

4　誤り
　供託をするためには、債権者の受領拒絶、受領不能、過失なく債権者不確知などという供託原因が必要である（民法494条1・2項）。したがって、Aは、特段の理由がない場合には、Bのために弁済の目的物を供託し、その債務を免れることはできない。

問題61　債務の弁済

　弁済に関する次の1から4までの記述のうち、判決文及び民法の規定によれば、誤っているものはどれか。

（判決文）

　借地上の建物の賃借人はその敷地の地代の弁済について法律上の利害関係を有すると解するのが相当である。思うに、建物賃借人と土地賃貸人との間には直接の契約関係はないが、土地賃借権が消滅するときは、建物賃借人は土地賃貸人に対して、賃借建物から退去して土地を明け渡すべき義務を負う法律関係にあり、建物賃借人は、敷地の地代を弁済し、敷地の賃借権が消滅することを防止することに法律上の利益を有するものと解されるからである。

1　借地人が地代の支払を怠っている場合、借地上の建物の賃借人は、借地人の意思に反しても、地代を弁済することができる。

2　借地人が地代の支払を怠っている場合、借地上の建物の賃借人が土地賃貸人に対して地代を支払おうとしても、土地賃貸人がこれを受け取らないときは、当該賃借人は地代を供託することができる。

3　借地人が地代の支払を怠っている場合、借地上の建物の賃借人は、土地賃貸人の意思に反しても、地代について金銭以外のもので代物弁済することができる。

4　借地人が地代の支払を怠っている場合、借地上の建物の賃借人が土地賃貸人に対して地代を弁済すれば、土地賃貸人は借地人の地代の不払を理由として借地契約を解除することはできない。

解答・解説

1　正しい

　弁済をするについて正当な利益（法律上の利害関係）を有しない第三者は、原則として債務者の意思に反して弁済をすることができない（民法474条2項本文）。この点、借地人が借地上に所有する建物の賃借人は、借地人の土地賃貸人に対する地代債務を弁済するについて法律上の利害関係を有する（判例）。よって、借地上の建物の賃借人は、借地人の意思に反しても、地代を弁済することができる。

2　正しい

　弁済の提供をした場合において債権者が弁済の受領を拒んでいるときは、弁済をすることができる者は、債権者のために弁済の目的物を供託してその債務を免れることができる（民法494条1項1号）。借地上の建物の賃借人は、弁済をすることができる者であるから、この者が地代を支払おうとしても、土地賃貸人がこれを受け取らないときは、地代を供託することができる。

3　誤り

　弁済をすることができる者が、債権者との間で、債務者の負担した給付に代えて他の給付をすることにより債務を消滅させる旨の契約（代物弁済契約）をした場合におい

て、その弁済者がその給付をしたときは、その給付は、弁済と同一の効力を有する（民法482条）。このように、代物弁済は債権者との契約であるから、借地上の建物の賃借人は、土地賃貸人の意思に反して代物弁済をすることはできない。

4　正しい

借地上の建物の賃借人による有効な弁済があるので、土地賃貸人は、債務不履行を理由とする借地契約の解除をすることはできない（民法474条1項、541条）。

必勝合格Check!

弁済

	原則	例外	重要ポイント
誰が	債務者	第三者の弁済	弁済をするについて正当な利益を有しない第三者は ①債務者の意思に反するとき（債権者が善意のときを除く）、 ②債権者の意思に反するとき（債務者の委託を受けて弁済をすることにつき債権者が悪意のときを除く）は弁済できない。
誰に	債権者	受領権者としての外観を有する者	弁済者が善意無過失の場合に有効
いかに	現実の提供	口頭の提供	債権者の弁済不受領意思が明確な場合＝提供不要
何を	本来の給付	代物弁済	①代わりの給付をしたときに弁済と同一の効力（引渡し・登記必要） ②本来の給付との同価値性不要

問題62　相殺

　Aは、令和3年10月1日、A所有の甲土地につき、Bとの間で、代金1,000万円、支払期日を同年12月1日とする売買契約を締結した。この場合の相殺に関する次の記述のうち、民法の規定及び判例によれば、正しいものはどれか。

1　BがAに対して同年12月31日を支払期日とする貸金債権を有している場合には、Bは同年12月1日に売買代金債務と当該貸金債権を対当額で相殺することができる。

2　同年11月1日にAの売買代金債権がAの債権者Cにより差し押さえられても、Bは、同年11月2日から12月1日までの間にAに対する別の債権を取得した場合には、同年12月1日に売買代金債務と当該債権を対当額で相殺することができる。

3　同年10月10日、BがAの自動車事故によって被害を受け、Aに対して不法行為に基づく損害賠償債権を取得した場合には、Bは売買代金債務と当該損害賠償債権を対当額で相殺することができる。

4　BがAに対し同年9月30日に消滅時効の期限が到来する貸金債権を有していた場合には、Aが当該消滅時効を援用したとしても、Bは売買代金債務と当該貸金債権を対当額で相殺することができる。

解答・解説

1　誤り
　相殺を行うためには、自働債権（相殺を主張する側が有している債権）について弁済期が到来していなければならない（民法505条1項）。本肢において、Bの有する債権（自働債権）は、12月1日において弁済期が未到来である。よって、Bは相殺をすることができない。

2　誤り
　差押えを受けた債権の第三債務者は、差押え後に取得した債権を自働債権とする相殺をすることができない（民法511条1項）。本肢では、Bの有する債権（自働債権）は、Cの差押え（11月1日）後に取得されたものであるので、Bは相殺をすることができない。

3　正しい
　①悪意による不法行為に基づく損害賠償債務、又は②人の生命又は身体の侵害による損害賠償債務の債務者（加害者）は、同債務の債権を受働債権（相殺の主張を受ける側の債権）として相殺をすることができない（民法509条本文）。しかし、被害者が不法行為によって生じた債権を自働債権として、不法行為による損害賠償債権以外の債権を受働債権とする相殺を行うことはできる（判例）。よって、被害者Bは、売買代金債務と当該損害賠償債権を対当額で相殺することができる。

4　誤り
　消滅時効が援用された債権を自働債権として相殺を行うためには、消滅時効期間が経過する前に受働債権と相殺適状にあったことを要する（民法508条、判例）。本肢では、消滅時効期間経過後に受働債権が発生しているため、消滅時効完成前に両債権は相殺適状にはない。よって、Bは、相殺を行うことができない。

【問題62】　正解3

CHECK! ☐☐☐　本試験 平成15年度　問9　重要度 A　難易度 ★

問題63　同時履行の抗弁権

　同時履行の関係に関する次の記述のうち、民法の規定及び判例によれば、誤っているものはどれか。

1　動産売買契約における目的物引渡債務と代金支払債務とは、同時履行の関係に立つ。

2　目的物の引渡しを要する請負契約における目的物引渡債務と報酬支払債務とは、同時履行の関係に立つ。

3　貸金債務の弁済と当該債務の担保のために経由された抵当権設定登記の抹消登記手続とは、同時履行の関係に立つ。

4　売買契約が詐欺を理由として有効に取り消された場合における当事者双方の原状回復義務は、同時履行の関係に立つ。

解答・解説

1　正しい
　動産売買契約における売主の目的物引渡債務と買主の代金支払債務とは、売買契約という一つの双務契約から生じた対価的意義を有する債権債務であり、同時履行の関係に立つ（民法533条本文、555条）。

2　正しい
　目的物の引渡しを要する請負契約における請負人の目的物引渡債務と注文者の報酬支払債務とは、同時履行の関係に立つ（民法633条本文）。

3　誤り
　抵当債務（本肢では貸金債務）の弁済と抵当権設定登記の抹消登記手続とは、同時履行の関係に立たない（判例）。なぜなら、これを認めると、債権者は弁済を受ける前から登記の抹消に備えて準備をするという過重な負担を負い公平を欠くからである。よって、同時履行の関係に立つとする本肢は、誤り。

4　正しい
　売買契約が詐欺を理由として有効に取り消された場合における当事者双方の原状回復義務（民法121条の2第1項）は、同時履行の関係に立つ（判例）。

問題64　同時履行の抗弁権

　AはBとの間で、土地の売買契約を締結し、Aの所有権移転登記手続とBの代金の支払を同時に履行することとした。決済約定日に、Aは所有権移転登記手続を行う債務の履行の提供をしたが、Bが代金債務につき弁済の提供をしなかったので、Aは履行を拒否した。この場合に関する次の記述のうち、民法の規定及び判例によれば、誤っているものはどれか。

1　Bは、履行遅滞に陥り、遅延損害金支払債務を負う。

2　Aは、一旦履行の提供をしているので、これを継続しなくても、相当の期間を定めて履行を催告し、その期間内にBが履行しないときは土地の売買契約を解除できる。

3　Aは、一旦履行の提供をしているので、Bに対して代金の支払を求める訴えを提起した場合、引換給付判決ではなく、無条件の給付判決がなされる。

4　Bが、改めて代金債務を履行するとして、自分振出しの小切手をAの所に持参しても、債務の本旨に従った弁済の提供とはならない。

解答・解説

1　正しい

　債務者がその債務の本旨に従った履行をしないときは、債権者は、これによって生じた損害の賠償を請求することができる（民法415条1項本文）。同時履行の抗弁権が付着した債務について相手方を履行遅滞にするには、自己の債務の履行の提供をしなければならない。本肢においては、Aは所有権移転登記手続を行う債務の履行の提供をしたにもかかわらず、Bは代金債務につき弁済の提供をしなかったのであるから、Bは履行遅滞に陥り、債務不履行責任として、Aに対して遅延損害金支払債務を負う。

2　正しい

　同時履行の抗弁権が付着した債務について解除のための催告を行う場合には、履行の提供が必要である（判例）。ただ、債権者が自己の債務の履行を提供すれば債務者は遅滞に陥るので、その後、解除のための催告の際には、改めて履行の提供はしなくてよい（判例）。本肢においては、Aは一旦履行の提供をしているので、これを継続しなくてもよく、相当の期間を定めて履行を催告し、その期間内にBが履行しなければ、契約を解除できる。

3　誤り

　双方の債務が同時履行の関係にある場合、同時履行の抗弁権が行使されると、裁判所は、被告に対して原告の給付と引換えに給付すべき旨を命ずる判決、すなわち、引換給付判決をすべきことになる（判例）。したがって、引換給付判決ではなく無条件で給付判決がなされるとする本肢は誤っている。

4　正しい

　弁済の提供は、債務の本旨に従って現実にしなければならないのが原則である（民法493条本文）。小切手による支払いが債務の本旨に従ったものであるかどうか問題となるが、銀行の自己宛振出小切手や銀行の支払保証ある小切手のように、支払が確実であることが明白なものは格別として、そうでない限り、その支払いの必然であることの保証がないのであるから、特別の意思表示又は慣習のない限り、債務の本旨に従ったものと

いえない（判例）。したがって、Ｂが自分振出しの小切手をＡの所に持参しても、債務の本旨に従った弁済の提供とはならない。

必勝合格Check!

同時履行の抗弁権の成否

同時履行の関係に立つ	同時履行の関係に立たない
①解除による双方の原状回復義務 ②取消しによる双方の原状回復義務 ③委任事務の履行により得られる成果の引渡債務と報酬支払債務 ④請負人の目的物引渡債務と報酬支払債務 ⑤請負目的物に契約不適合があった場合の損害賠償債務と報酬支払債務 ⑥建物買取請求権の行使による建物代金支払いと土地の明渡し	⑦賃借家屋の明渡しと敷金返還 ⑧造作買取請求権の行使による造作買取代金支払いと建物の明渡し ⑨金銭消費貸借契約における弁済義務と抵当権設定登記の抹消登記手続の履行義務

【問題64】　正解3

問題65　　**売買**

　買主Ａと売主Ｂとの間で建物の売買契約を締結し、ＡはＢに手付を交付したが、その手付は解約手付である旨約定した。この場合、民法の規定及び判例によれば、次の記述のうち正しいものはどれか。

1　手付の額が売買代金の額に比べて僅少である場合には、本件約定は、効力を有しない。

2　Ａが、売買代金の一部を支払う等売買契約の履行に着手した場合は、Ｂが履行に着手していないときでも、Ａは、本件約定に基づき手付を放棄して売買契約を解除することができない。

3　Ａが本件約定に基づき売買契約を解除した場合で、Ａに債務不履行はなかったが、Ｂが手付の額を超える額の損害を受けたことを立証できるとき、Ｂは、その損害全部の賠償を請求することができる。

4　Ｂが本件約定に基づき売買契約を解除する場合は、Ｂは、Ａに対して、単に口頭で手付の額の倍額を償還することを告げて受領を催告するだけでは足りず、これを現実に提供しなければならない。

解答・解説

1　誤り

　手付とは、契約締結の際当事者の一方から他方に対して交付する金銭その他の有価物である。そして、手付金額についての具体的な制限はなく、たとえ手付金額が売買金額と比較して僅少であったとしても、それによって効果を否定されるようなことはない（民法557条１項、判例）。

2　誤り

　解約手付が交付された売買契約において、当事者の一方は、相手方が契約の履行に着手するまでであれば、手付を放棄して当該契約を解除することができる（民法557条１項）。たとえ、自らが契約の履行に着手していた場合であっても同様である。契約の履行に着手することにより、不測の損害を被る相手方を保護しようとするものだからである。

3　誤り

　手付が交付された売買契約において、買主側から行う手付放棄、売主側から行う手付の倍返しは、それぞれ損害賠償の担保とみなされ、たとえそれを上回る損害を立証したとしても請求を行うことはできない（民法557条２項）。解約手付による解除は、約定解除権の行使であって、相手方の債務不履行を理由とするものではないから、損害賠償請求権を発生させないのである。

4　正しい

　売主が手付の倍返しをして契約を解除するには、口頭で倍返しをする旨を告げその受領を催告するのみでは足りず、「現実の提供」を必要とする（民法557条１項）。既に手付を現実に交付している買主との均衡を考慮してのものである。

【問題65】　正解４

CHECK! ☐☐☐　本試験 平成29年度 問5改　重要度 **A**　難易度 ★

問題66 | 売買

　Aは、中古自動車を売却するため、Bに売買の媒介を依頼し、報酬として売買代金の3％を支払うことを約した。Bの媒介によりAは当該自動車をCに100万円で売却した。この場合に関する次の記述のうち、民法の規定及び判例によれば、正しいものはどれか。

1　Bが報酬を得て売買の媒介を行っているので、CはAから当該自動車の引渡しを受ける前に、100万円をAに支払わなければならない。

2　当該自動車に契約不適合があった場合には、CはAに対しても、Bに対しても、契約不適合責任を追及することができる。

3　売買契約が締結された際に、Cが解約手付として手付金10万円をAに支払っている場合には、Aはいつでも20万円を償還して売買契約を解除することができる。

4　売買契約締結時には当該自動車がAの所有物ではなく、Aの父親の所有物であったとしても、AC間の売買契約は有効に成立する。

解答・解説

1　誤り
　売買契約の当事者の一方は、相手方がその債務の履行を提供するまでは、自己の債務の履行を拒むことができる（同時履行の抗弁権、民法533条本文）。したがって、CはAに対し100万円の代金支払いにつき当該自動車の引渡しとの同時履行を主張することができるので、自動車の引渡しを受ける前に100万円を支払う必要はない。

2　誤り
　契約不適合責任は、売買契約の当事者ではない者に対して追及することはできない（民法562条参照）。本問のBは、売買の媒介をなす者であって、売買契約の当事者ではないので、これに対してCは契約不適合責任を追及することはできない。

3　誤り
　売主は買主が契約の履行に着手した後は、手付額の倍額を償還して当該売買契約を解除することはできない（民法557条1項ただし書）。したがって、Aは「いつでも」解除できるわけではない。

4　正しい
　他人の権利を売買の目的とした場合でも契約は有効に成立し、売主は所有権を取得し買主に移転する義務を負う（民法561条）。たとえ目的物の所有者が売買契約の成立時から他に譲渡する意思がなく、売主が買主に移転できない場合であっても、契約は有効に成立する（判例）。したがって、AC間の売買契約は有効に成立する。

【問題66】　正解4

問題67　売買

　Aを売主、Bを買主として甲土地の売買契約を締結した場合における次の記述のうち、民法の規定及び判例によれば、正しいものはどれか。

1　A所有の甲土地にAが気付かなかった品質に関する契約不適合があり、その不適合については、Bも不適合であることに気付いておらず、かつ、気付かなかったことにつき過失がないような場合には、Aは契約不適合責任を負う必要はない。

2　BがAに解約手付を交付している場合、Aが契約の履行に着手していない場合であっても、Bが自ら履行に着手していれば、Bは手付を放棄して売買契約を解除することができない。

3　甲土地がAの所有地ではなく、他人の所有地であった場合には、AB間の売買契約は無効である。

4　A所有の甲土地に契約の内容に適合しない抵当権の登記があり、Bが当該土地の抵当権消滅請求をした場合には、Bは当該請求の手続が終わるまで、Aに対して売買代金の支払を拒むことができる。

解答・解説

1　誤り
　目的物が品質に関して契約に適合しないかどうか（契約適合性）については、当事者が売買の目的物に与えた意味は何かという点を、当事者の認識及び認識可能性を踏まえて判断する。売主及び買主双方が契約不適合に気付かず、気付かないことに過失もないような場合は、当事者双方が不適合のない目的物を契約の内容としていたことになる。本問では、AもBも不適合のない目的物を契約の内容として合意していたことになり、実際の目的物が契約不適合であったのであれば、Aは契約不適合責任（追完請求、代金減額請求等）を負う（民法562条1項、563条1項、564条）。

2　誤り
　買主が売主に手付を交付したときは、買主は、売主が契約の履行に着手するまでは、たとえ自ら履行に着手していたとしても、その手付を放棄して契約の解除をすることができる（民法557条1項ただし書）。よって、Aが履行に着手していない以上、Bは自ら履行に着手していても手付を放棄して売買契約を解除することができる。

3　誤り
　他人の権利を売買の目的としたときは、売主は、その権利を取得して買主に移転する義務を負う（民法561条）。他人物売買も無効ではない。

4　正しい
　買い受けた不動産について契約の内容に適合しない抵当権の登記があるときは、買主は、抵当権消滅請求の手続が終わるまで、その代金の支払を拒むことができる（民法577条1項前段）。なお、この場合において、売主は、買主に対し、遅滞なく抵当権消滅請求をすべき旨を請求することができる（同項後段）。

【問題67】　正解4

CHECK! ☐ ☐ ☐　　本試験 平成28年度　問6　　重要度 A　　難易度 ★★

問題68　売買

Aを売主、Bを買主とする甲土地の売買契約（以下この問において「本件契約」という。）が締結された場合の売主の責任に関する次の記述のうち、民法の規定及び判例によれば、誤っているものはどれか。

1　Bが、甲土地がCの所有物であることを知りながら本件契約を締結した場合、Aが甲土地の所有権を取得してBに移転することができないときは、BはAに対して、損害賠償を請求することができる。

2　Bが、甲土地がCの所有物であることを知りながら本件契約を締結した場合、Aが甲土地の所有権を取得してBに移転することができないときは、Bは、本件契約を解除することができる。

3　Bが、A所有の甲土地が抵当権の目的となっていることを知りながら本件契約を締結した場合、当該抵当権の実行によってBが甲土地の所有権を失い損害を受けたとしても、BはAに対して、損害賠償を請求することができない。

4　Bが、A所有の甲土地が抵当権の目的となっていることを知りながら本件契約を締結した場合、当該抵当権の実行によってBが甲土地の所有権を失ったときは、Bは、本件契約を解除することができる。

解答・解説

1　正しい
　他人の権利を売買の目的としたときは、売主は、その権利を取得して買主に移転する義務を負う（民法561条）。売主がこの義務を履行できなかった場合は、債務不履行（履行不能）となり、買主は損害賠償を請求することができる（民法415条）。買主の善意悪意は問題にならない。

2　正しい
　他人の権利を売買の目的としたときは、売主は、その権利を取得して買主に移転する義務を負う（民法561条）。この場合、売主がその売却した権利を取得して買主に移転することができないときは、「債務の全部の履行が不能であるとき」にあたり、買主は、契約の解除をすることができる（民法542条1項1号）。解除にあたり、買主の善意悪意は問題にならない。

3　誤り
　売買の目的である不動産について存した抵当権の行使により、買主が損害を受けたときは、売主の債務不履行となり、買主はその賠償を請求することができる（民法415条）。損害賠償請求にあたり、抵当権の存在について、買主の善意悪意は問題にならない。

4　正しい
　売買の目的である不動産について存した抵当権の行使により買主がその所有権を失ったときは、買主は、買主は抵当権が設定されていることを知っていたか否かにかかわらず、債権の全部の履行不能を理由として契約の解除をすることができる（民法542条1項1号）。

【問題68】　正解3

問題69　贈与

　Aは、生活の面倒をみてくれている甥のBに、自分が居住している甲建物を贈与しようと考えている。この場合に関する次の記述のうち、民法の規定によれば、正しいものはどれか。

1　AからBに対する無償かつ負担なしの甲建物の贈与契約が、書面によってなされた場合、Aはその履行前であれば常に贈与を解除することができる。

2　AからBに対する無償かつ負担なしの甲建物の贈与契約が、書面によらないでなされた場合、Aが履行するのは自由であるが、その贈与契約は法的な効力を生じない。

3　Aが、Bに対し、Aの生活の面倒をみることという負担を課して、甲建物を書面によって贈与した場合、甲建物の契約不適合については、Aはその負担の限度において、売主と同じく担保責任を負う。

4　Aが、Bに対し、Aの生活の面倒をみることという負担を課して、甲建物を書面によって贈与した場合、Bがその負担をその本旨に従って履行しないときでも、Aはその贈与契約を解除することはできない。

解答・解説

1　誤り
　書面によらない贈与は、各当事者が解除することができるが、履行の終わった部分については、解除することができない（民法550条）。しかし、履行前でも書面によってなされた贈与については、解除できない。よって、本肢贈与契約は書面によってなされているから、Aは、その履行前であっても贈与を解除することができない。

2　誤り
　贈与は、当事者の一方がある財産を無償で相手方に与える意思を表示し、相手方が受諾をすることによって、その効力を生ずる（民法549条）。すなわち、贈与契約は諾成契約であるから、書面によらないでなされた場合でも、その贈与契約は法的な効力を生じる。

3　正しい
　負担付贈与については、贈与者は、その負担の限度において、売主と同じく担保の責任を負う（民法551条2項）。よって、本肢においては、BにAの生活の面倒をみることという負担を課しており、その負担の限度において、甲建物の契約不適合について、Aは、担保責任（契約不適合責任（民法562条以下））を負うことになる。

4　誤り
　負担付贈与については、その性質に反しない限り、双務契約に関する規定が準用される（民法553条）。これによって、解除に関する規定（民法540条以下）の適用もあり、Bがその負担をその本旨に従って履行しないときには、Aは、その贈与契約を解除（民法541条）することができる。

【問題69】　正解3

CHECK! ☐☐☐　本試験 令和2年度 問5（10月実施）　重要度 B　難易度 ★★

問題70　委任

AとBとの間で令和4年7月1日に締結された委任契約において、委任者Aが受任者Bに対して報酬を支払うこととされていた場合に関する次の記述のうち、民法の規定によれば、正しいものはどれか。

1　Aの責めに帰すべき事由によって履行の途中で委任が終了した場合、Bは報酬全額をAに対して請求することができるが、自己の債務を免れたことによって得た利益をAに償還しなければならない。

2　Bは、契約の本旨に従い、自己の財産に対するのと同一の注意をもって委任事務を処理しなければならない。

3　Bの責めに帰すべき事由によって履行の途中で委任が終了した場合、BはAに対して報酬を請求することができない。

4　Bが死亡した場合、Bの相続人は、急迫の事情の有無にかかわらず、受任者の地位を承継して委任事務を処理しなければならない。

解答・解説

1　正しい

委任が履行の中途で終了したとき、受任者は既にした履行の割合に応じて報酬を請求することができる（民法648条3項2号）。しかし、債権者（委任者）に帰責事由がある場合は、債務者（受任者）は報酬全額を請求することができる（民法536条2項前段）。また、債務者（受任者）は、自己の債務を免れたことによって利益を得たときは、これを債権者（委任者）に償還しなければならない（同項後段）。

2　誤り

受任者は、有償無償を問わず、委任の本旨に従い、善良な管理者の注意をもって、委任事務を処理する義務（善管注意義務）を負う（民法644条）。

3　誤り

受任者は委任が履行の中途で終了したとき、既にした履行の割合に応じて報酬を請求することができる（民法648条3項2号）。受任者に帰責事由があるか否かを要件としていないため、受任者に帰責性がある場合でも報酬を請求することができる。

4　誤り

委任は、委任者又は受任者の死亡によって終了する（民法653条1号）。委任が終了した場合、急迫の事情があるときは、相続人は、委任者が委任事務を処理することができるに至るまで、必要な処分をしなければならない（民法654条）。したがって、受任者の相続人が、急迫の事情の有無にかかわらず、受任者の地位を承継して委任事務を処理しなければならないわけではない。

【問題70】　正解1

問題71　委任

　Aが、A所有の不動産の売買をBに対して委任する場合に関する次の記述のうち、民法の規定によれば、正しいものはどれか。なお、A及びBは宅地建物取引業者ではないものとする。

1　不動産のような高価な財産の売買を委任する場合には、AはBに対して委任状を交付しないと、委任契約は成立しない。

2　Bは、委任契約をする際、有償の合意をしない限り、報酬の請求をすることができないが、委任事務のために使った費用とその利息は、Aに請求することができる。

3　Bが当該物件の価格の調査など善良な管理者の注意義務を怠ったため、不動産売買についてAに損害が生じたとしても、報酬の合意をしていない以上、AはBに対して賠償の請求をすることができない。

4　委任はいつでも解除することができるから、有償の合意があり、売買契約成立寸前にAが理由なく解除してBに不利益を与えたときでも、BはAに対して損害賠償を請求することはできない。

解答・解説

1　誤り
　委任状を交付しなくとも、委任契約は成立する（民法643条）。委任契約には委任状を交付するのが常識などとは、本肢を検討するうえで考えてはならない。

2　正しい
　委任契約は、原則として無償であり、特約がなければ報酬を請求することはできない（民法648条1項）。しかし、委任が無償契約であることと費用の償還とは別の問題であり、たとえ無償であったとしても、委任事務を処理するために支出した費用については、その償還を請求することができ、また、支出の日以後の利息も請求できる（民法650条1項）。

3　誤り
　委任が無償であったとしても、受任者は、委任者に対して善良な管理者の注意義務を負う（民法644条）。よって、受任者がこの義務を怠ると債務不履行となり、委任者は、受任者に対して損害賠償の請求ができる（民法415条）。

4　誤り
　委任は、高度な信頼関係を基礎に結ばれる契約であることから、当事者は、いつでも解除することができる（民法651条1項）。このことは、相手方が不利な時期に委任契約の解除がなされた場合であっても異ならない。しかし、これにより相手方に不利益を与えたときは、相手方は、やむを得ない事由により解除がなされたときを除いて、損害賠償請求ができる（同条2項）。

【問題71】　正解2

CHECK! ☐ ☐ ☐　本試験 平成7年度　問10　重要度 B　難易度 ★★★

問題72　**請負**

　請負契約により注文者Aが請負人Bに建物（木造一戸建て）を建築させた場合に関する次の記述のうち、民法の規定及び判例によれば、正しいものはどれか。ただし、契約不適合責任に関する特約はないものとする。

1　建物の完成後その引渡しを受けたAは、引渡しの時から2年以内に限り、その建物の契約不適合について、修補又は損害賠償の請求をすることができる。

2　Bが建物の材料の主要部分を自ら提供した場合は、Aが請負代金の全額を建物の完成前に支払ったときでも、特別の事情のない限り、Bは、自己の名義で所有権の保存登記をすることができる。

3　AがBから完成した建物の引渡しを受けた後、Cに対して建物を譲渡したときは、Cは、その建物の契約不適合について、Bに対し修補又は損害賠償の請求をすることができる。

4　Aは、Bが建物の建築を完了していない間にBに代えてDに請け負わせ当該建物を完成させることとする場合、損害を賠償してBとの請負契約を解除することができる。

解答・解説

1　誤り
　請負の契約不適合責任は、注文者が不適合を知った時から1年以内に請負人に通知しなければ、履行の追完の請求、損害賠償請求等をすることができない（民法637条1項）。

2　誤り
　注文者が、請負代金全額を建物の完成前に支払っているときは、原則として、注文者は建物の完成と同時に、建物の所有権を原始的に取得する（判例）。

3　誤り
　請負人の契約不適合責任は、請負契約の当事者である注文者の地位に基づくものであり、注文者Aが追及することができる。請負目的物の譲受人Cは、請負契約の当事者ではないので、Bに対して、請負人の契約不適合責任を追及することはできない（ただし、Aに対して売主の契約不適合責任を追及する余地はある）。

4　正しい
　請負人が仕事を完成しない間は、注文者は、いつでも損害を賠償して請負契約を解除することができる（民法641条）。注文者が望んでいない仕事を完成させても、無意味だからである。

問題73　請負

請負契約に関する次の記述のうち、民法の規定及び判例によれば、誤っているものはどれか。

1　請負契約が請負人の責めに帰すべき事由によって中途で終了し、請負人が施工済みの部分に相当する報酬に限ってその支払を請求することができる場合、注文者が請負人に請求できるのは、注文者が残工事の施工に要した費用のうち、請負人の未施工部分に相当する請負代金額を超える額に限られる。

2　請負契約が注文者の責めに帰すべき事由によって中途で終了した場合、請負人は、残債務を免れるとともに、注文者に請負代金全額を請求できるが、自己の債務を免れたことによる利益を注文者に償還しなければならない。

3　請負契約の目的物に契約不適合がある場合、注文者は、請負人から修補に代わる損害の賠償を受けていなくとも、特別の事情がない限り、報酬全額を支払わなければならない。

4　請負人が契約不適合責任を負わない旨の特約をしたときであっても、知りながら告げなかった事実については、その責任を免れることはできない。

解答・解説

1　正しい

請負契約が請負人の責めに帰すべき事由で中途で終了した場合、注文者が、残工事の施工に要した費用として請負人に賠償請求できるのは、その費用のうち未施工部分に相当する請負代金額を超える部分に限られる（判例）。注文者が新たな請負人に未施工部分を完成させるとき、元の請負代金（未施工部分）に相当する請負代金を超えて、注文者が新たに出費を余儀なくされる部分に損害賠償額を限定する趣旨である。

2　正しい

請負工事が注文者の責めに帰すべき事由で完成不能となったときは、請負人は、残債務を免れるとともに、注文者に請負代金全額を請求できるが、自己の債務を免れたことによる利益を注文者に償還しなければならない（判例、民法536条2項参照）。

3　誤り

請負契約の目的物に契約不適合がある場合、注文者は、信義則に反する場合を除き、請負人から修補に代わる損害の賠償を受けるまでは、報酬全額の支払いを拒むことができ、これについて履行遅滞の責任を負わない（判例）。

4　正しい

請負人は、契約不適合責任を負わない旨の特約をしたときであっても、知りながら告げなかった事実については、その責任を免れることができない（民法559条、572条）。

【問題73】　正解3

CHECK! ☐ ☐ ☐ ｜ 本試験 平成7年度　問7 ｜ 重要度 A ｜ 難易度 ★★

問題74　賃貸借

　AがBの所有地を賃借して、建物を建てその登記をしている場合に関する次の記述のうち、民法の規定及び判例によれば、正しいものはどれか。

1　Bがその土地をCに譲渡する場合、賃貸人の義務の移転を伴うから、Bは、その譲渡についてAの承諾を必要とする。

2　Aがその建物をDに譲渡する場合、特別の事情のない限り、Aは、Dに対する敷地の賃借権譲渡についてBの承諾を得る必要がある。

3　EがBからその土地の譲渡を受けた場合、Eは、登記を移転していなくても賃貸人たる地位の取得をAに対抗することができる。

4　FがAからその建物を賃借する場合、特別の事情がない限り、Fは、その賃借についてBの承諾を得なければならない。

解答・解説

1　誤り

　賃貸人である土地の所有者が、その土地を第三者に譲渡する場合、賃貸人としての義務を負う者が交代することから、賃借人の承諾が必要となるのではないかということが問題となるが、賃貸人の賃借人に目的物を使用収益させる義務は、通常誰でも履行できる性質のものであり、賃借人にとっては何ら不利益は生じないことから、賃借人の承諾は不要とされている（民法605条の2第1項、605条の3）。

2　正しい

　敷地の賃借人が建物を譲渡した場合、建物の譲受人は敷地の賃借権も取得しなければ、土地所有者から建物収去の請求を受けてしまうので、AはDに敷地の賃借権をも譲渡する必要がある。すなわち、敷地利用権（本肢では土地賃借権）は、建物の従たる権利であり、建物が譲渡されるとこれに伴い賃借権も譲渡されることになる（民法87条2項類推適用、判例）。よって、敷地の賃借権の譲渡が付随的になされる以上、Aは、Bの承諾を得なければならない（民法612条1項）。

3　誤り

　賃借人Aと新たな賃貸人Eとは、賃貸借契約の存続を前提にする以上、本来対抗関係には立たないはずである。しかし、誰が賃貸人であるかについて、賃借人Aは重大な利害関係を有することから、Eは、賃貸人たる地位を賃借人Aに対抗するためには、土地の所有権移転登記の具備が必要とされる（民法605条の2第3項）。

4　誤り

　Aが、借地上の自己所有の建物を賃貸するのは自由である。この場合には、土地の賃借権の譲渡を伴ったり、借地自体を転貸するわけではないので、土地所有者Bの承諾を受ける必要はない（判例、民法612条参照）。

問題75   賃貸借

　AがBに甲建物を月額10万円で賃貸し、BがAの承諾を得て甲建物をCに適法に月額15万円で転貸している場合における次の記述のうち、民法の規定及び判例によれば、誤っているものはどれか。

1　Aは、Bの賃料の不払いを理由に甲建物の賃貸借契約を解除するには、Cに対して、賃料支払の催告をして甲建物の賃料を支払う機会を与えなければならない。

2　BがAに対して甲建物の賃料を支払期日になっても支払わない場合、AはCに対して、賃料10万円をAに直接支払うよう請求することができる。

3　AがBの債務不履行を理由に甲建物の賃貸借契約を解除した場合、CのBに対する賃料の不払いがなくても、AはCに対して、甲建物の明渡しを求めることができる。

4　AがBとの間で甲建物の賃貸借契約を合意解除した場合、AはCに対して、Bとの合意解除に基づいて、当然には甲建物の明渡しを求めることができない。

解答・解説

1　誤り
　適法な転貸がなされている賃貸借において、賃借人の賃料不払いを理由に賃貸人が原賃貸借契約を解除するには、転借人に対して賃料の代払いの機会を与える必要はない（判例）。したがって、Aは、Bの賃料不払いを理由に甲建物の賃貸借契約を解除する場合、Cに対して、賃料支払の催告をして賃料を支払う機会を与える必要はない。

2　正しい
　賃借人が適法に賃貸物を転貸したときは、転借人は、賃貸人と賃借人との間の賃貸借に基づく賃借人の債務の範囲を限度として、賃貸人に対して転貸借に基づく債務を直接履行する義務を負う（民法613条1項前段）。本肢では、AがCに対して請求できる賃料の額は、AB間の賃貸料（10万円）とBC間の転借料（15万円）を比較して低い方の額の10万円である。

3　正しい
　適法な転貸がなされている賃貸借において、賃借人の賃料不払いを理由に賃貸人が原賃貸借契約を解除したときは、賃貸人は転借人に対して明渡しを求めることができる。この場合、明渡しを求めたときに転貸借契約は終了する（判例）。したがって、Aは、Bの債務不履行を理由に甲建物の賃貸借契約を解除した場合、Cに対して、甲建物の明渡しを求めることができる。

4　正しい
　適法な転貸がなされている賃貸借においては、賃貸人と賃借人の間で原賃貸借契約を合意解除したとしても、その解除の当時、賃貸人が賃借人の債務不履行による解除権を有していたときを除き、賃貸人は転借人に対して当然には明渡しを求めることができない（613条3項）。

【問題75】　正解1

CHECK! □□□　本試験 平成25年度　問8　重要度 A　難易度 ★★

問題76　賃貸借

次の記述のうち、民法の規定及び判例によれば、正しいものはどれか。

1　倒壊しそうなA所有の建物や工作物について、Aが倒壊防止の措置をとらないため、Aの隣に住むBがAのために最小限度の緊急措置をとったとしても、Aの承諾がなければ、Bはその費用をAに請求することはできない。

2　建物所有を目的とする借地人は、特段の事情がない限り、建物建築時に土地に石垣や擁壁の設置、盛土や杭打ち等の変形加工をするには、必ず賃貸人の承諾を得なければならない。

3　建物の賃貸人が必要な修繕義務を履行しない場合、賃借人は目的物の使用収益に関係なく賃料全額の支払を拒絶することができる。

4　建物の賃貸人が賃貸物の保存に必要な修繕をする場合、賃借人は修繕工事のため使用収益に支障が生じても、これを拒むことはできない。

解答・解説

1　誤り

　義務なく他人のために事務の管理を始めた者（「管理者」という。）は、その事務の性質に従い、最も本人の利益に適合する方法によって、その事務の管理（「事務管理」という。）をしなければならない（民法697条1項）。この場合、管理者は、本人のために有益な費用を支出したときは、本人に対し、その償還を請求することができるが、管理者が本人の意思に反して事務管理をしたときは、本人が現に利益を受けている限度においてのみ請求できる（民法702条1・3項）。

2　誤り

　借地契約（借地条件）ごとに違いはあるが、賃貸人の承諾を要するというような契約がある場合を除き、土地に建物を建てる場合、借地人の地盤の利用はある程度自由に行われる必要がある（民法601条、借地借家法2条1号）。よって、建物建築時に借地人は、土地に石垣や擁壁の設置、地盤を掘り下げあるいは盛土を施し、杭打ち等の変形加工につき、必ず賃貸人の承諾を得ないとできないわけではない。

3　誤り

　使用収益が全く不可能である場合には、賃料は使用収益の対価であることから賃料全額の支払い拒絶ができるが（民法616条の2）、使用収益に支障が生じた程度が一部にとどまる場合、たとえば賃貸家屋の破損、腐蝕の状況が居住に著しい支障を生ずるほどでない事情のもとにおいては、賃借人は、賃貸人の賃貸家屋修繕義務の不履行を理由に賃料全部の支払を拒むことができない（民法611条1項、判例）。

4　正しい

　賃貸人が賃貸物の保存に必要な行為をしようとするときは、賃借人は、これを拒むことができない（民法606条2項）。なお、賃貸人が賃借人の意思に反して保存行為をしようとする場合において、そのために賃借人が賃借をした目的を達することができなくなるときは、賃借人は、契約の解除をすることができる（民法607条）。

問題77 賃貸借

Aは、自己所有の甲建物（居住用）をBに賃貸し、引渡しも終わり、敷金50万円を受領した。この場合に関する次の記述のうち、民法の規定及び判例によれば、誤っているものはどれか。

1 賃貸借が終了した場合、AがBに対し、社会通念上通常の使用をした場合に生じる通常損耗について原状回復義務を負わせることは、補修費用を負担することになる通常損耗の範囲が賃貸借契約書の条項自体に具体的に明記されているなど、その旨の特約が明確に合意されたときでもすることができない。

2 Aが甲建物をCに譲渡し、所有権移転登記を経た場合、Bの承諾がなくとも、敷金が存在する限度において、敷金返還債務はAからCに承継される。

3 BがAの承諾を得て賃借権をDに移転する場合、賃借権の移転合意だけでは、敷金返還請求権（敷金が存在する限度に限る。）はBからDに承継されない。

4 甲建物の抵当権者がAのBに対する賃料債権につき物上代位権を行使してこれを差し押さえた場合においても、その賃料が支払われないまま賃貸借契約が終了し、甲建物がBからAに明け渡されたときは、その未払賃料債権は敷金の充当により、その限度で消滅する。

解答・解説

1 誤り

賃借建物の通常の使用に伴い生じる損耗（通常損耗）について賃借人が原状回復義務を負うためには、通常損耗の範囲が賃貸借契約書の条項自体に具体的に明記されているなど、その旨の特約が明確に合意されていることが必要である（民法621条、判例）。よって、本肢において、Aは、通常損耗の範囲について、特約が明確に合意されていれば、Bに対して、原状回復義務を負わせることができる。

2 正しい

建物賃貸借契約において、当該建物の所有権移転に伴い賃貸人たる地位に承継があった場合には、旧賃貸人に差し入れられた敷金は、未払賃料債務があればこれに当然充当され、残額についてその権利義務関係が新賃貸人に承継される（民法605条の2第4項、判例）。よって、本肢において、Bの承諾がなくとも、敷金が存在する限度において、敷金返還債務はAからCに承継される。

3 正しい

土地賃借権が賃貸人の承諾を得て旧賃借人から新賃借人に移転された場合であっても、敷金に関する敷金交付者の権利義務関係は、特段の事情のない限り、新賃借人に承継されない（民法622条の2第1項2号、判例）。よって、本肢において、賃借権の移転合意だけでは、敷金返還請求権はBからDに承継されない。

4 正しい

敷金が授受された賃貸借契約に係る賃料債権につき抵当権者が物上代位権を行使してこれを差し押さえた場合において、当該賃貸借契約が終了し、目的物が明け渡されたときは、目的物の返還時に残存する賃料債権は、敷金が存在する限度において、敷金の充当により当然に消滅する（判例）。よって、賃料債権が差し押さえられても、未払賃料債権は敷金の充当により、その限度で消滅する。

【問題77】 正解1

CHECK! □ □ □ 　本試験 平成26年度　問7　重要度 A　難易度 ★★

問題78　賃貸借

　賃貸人Aから賃借人Bが借りたA所有の甲土地の上に、Bが乙建物を所有する場合における次の記述のうち、民法の規定及び判例によれば、正しいものはどれか。なお、Bは、自己名義で乙建物の保存登記をしているものとする。

1　BがAに無断で乙建物をCに月額10万円の賃料で貸した場合、Aは、借地の無断転貸を理由に、甲土地の賃貸借契約を解除することができる。

2　Cが甲土地を不法占拠してBの土地利用を妨害している場合、Bは、Aの有する甲土地の所有権に基づく妨害排除請求権を代位行使してCの妨害の排除を求めることができるほか、自己の有する甲土地の賃借権に基づいてCの妨害の排除を求めることができる。

3　BがAの承諾を得て甲土地を月額15万円の賃料でCに転貸した場合、AB間の賃貸借契約がBの債務不履行で解除されても、AはCに解除を対抗することができない。

4　AB間で賃料の支払時期について特約がない場合、Bは、当月末日までに、翌月分の賃料を支払わなければならない。

解答・解説

1　誤り
　土地の賃借人が借地上に所有する建物を第三者に賃貸しても、土地の利用状況に何ら変化は生じないのであるから、借地を第三者に転貸したことにはならない（民法612条、判例）。したがって、Aは、借地の無断転貸を理由に、甲土地の賃貸借契約を解除することはできない。

2　正しい
　不動産の賃借人は、自己の賃借権を保全するため、賃貸人であるその不動産の所有者に代位して、不法占拠者に対し直接自己に対してその明渡しをなすべきことを請求することができる（民法423条1項、判例）。したがって、Bは、Aの有する甲土地の所有権に基づく妨害排除請求権を代位行使してCの妨害の排除を求めることができる。また、対抗力のある土地の賃借人は、不法占拠者に対して直接に土地の明渡しを請求することができる（民法605条の4第2号）。Bは、借地である甲土地上に自己名義で乙建物の登記をしていることから、甲土地の賃借権について対抗力を有している（借地借家法10条1項）。したがって、Bは、自己の有する甲土地の賃借権に基づいてCの妨害の排除を求めることもできる。

3　誤り
　賃貸借が賃借人の債務不履行を理由とする解除により終了した場合、賃貸人の承諾のある転貸借は、原則として、賃貸人が転借人に対して目的物の返還を請求した時に、転貸人の転借人に対する債務の履行不能により終了する（判例）。したがって、AB間の賃貸借契約がBの債務不履行を理由に解除されたときは、Aは、Cに対して解除を対抗することができる。

4　誤り
　賃料は、特約がない限り、動産、建物及び宅地については毎月末に、その他の土地については毎年末に、支払わなければならない（民法614条本文）。つまり、後払いが原則である。したがって、AB間で賃料の支払時期について特約がない本肢の場合、Bは、月末までに当月分の賃料を支払わなければならないのであって、翌月分を支払う必要はない。

【問題78】　正解2

問題79　使用貸借

　Aは、自己所有の建物について、災害により居住建物を失った友人Bと、適当な家屋が見つかるまでの一時的住居とするとの約定のもとに、使用貸借契約を締結した。この場合に関する次の記述のうち、民法の規定及び判例によれば、誤っているものはどれか。

1　Bが死亡した場合、使用貸借契約は当然に終了する。

2　Aがこの建物をCに売却し、その旨の所有権移転登記を行った場合でも、Aによる売却の前にBがこの建物の引渡しを受けていたときは、Bは使用貸借契約をCに対抗できる。

3　Bは、Aの承諾がなければ、この建物の一部を、第三者に転貸して使用収益させることはできない。

4　適当な家屋が現実に見つかる以前であっても、適当な家屋を見つけるのに必要と思われる客観的な期間を経過した場合は、AはBに対し、使用貸借契約を解除して、この建物の返還を請求することができる。

解答・解説

1　正しい
　使用貸借契約は、借主の死亡によって、その効力を失う（民法597条3項）。使用貸借は、当事者間の人間関係に鑑みて貸主の恩恵にあずかるものであることから、当の借主が死亡した以上、相続させる必要はないからである。この点において、賃貸借とは異なる。

2　誤り
　借主の権利は、借用物について所有権移転登記を受けた第三者に対しては対抗することができない。あくまで、使用貸借が当事者間の人間関係に鑑みて貸主の恩恵にあずかるものである以上、所有者が変われば、もはや恩恵にあずかることは限界に達したといえる。この点において、賃貸借とは異なる。

3　正しい
　借主は、貸主の承諾を得なければ、第三者に借用物の使用収益をさせることができない（民法594条2項）。貸主の恩恵にあずかっている以上、貸主に無断で第三者に使用収益させることができないことは、容易に理解できるであろう。

4　正しい
　使用貸借契約において借用物の返還時期を定めずその目的を定めたにすぎない場合、その目的に従った使用収益が終わっていなくとも、その使用収益をするのに足りる期間を経過したときは、貸主は、契約を解除して返還を請求することができる（民法598条1項）。貸主の恩恵にあずかっているにすぎない以上、その使用収益をするのに足りる期間を経過してまで、なお借主に使用収益を継続させる必要はないからである。この点、解約申入れ後一定期間経過しなければ終了しない賃貸借とは異なる。

【問題79】　正解2

CHECK! ☐ ☐ ☐　　本試験 **平成27年度　問3**　　重要度 **B**　　難易度 **★★★**

問題80　　使用貸借

　ＡＢ間で、Ａを貸主、Ｂを借主として、Ａ所有の甲建物につき、①賃貸借契約を締結した場合と、②使用貸借契約を締結した場合に関する次の記述のうち、民法の規定によれば、誤っているものはどれか。

1　Ｂが死亡した場合、①では契約は終了しないが、②では契約が終了する。

2　Ｂは、①では、甲建物のＡの負担に属する必要費を支出したときは、Ａに対しその償還を請求することができるが、②では、甲建物の通常の必要費を負担しなければならない。

3　ＡＢ間の契約は、①では諾成契約であり、②では要物契約である。

4　ＡはＢに対して、甲建物の契約不適合について、①でも②でも、担保責任を負う場合がある。

解答・解説

1　正しい
　使用貸借は、借主（Ｂ）の死亡によって、その効力を失う（民法597条3項）。したがって、②は正しい。これに対し、賃貸借の場合、使用貸借のような上記条文はないことから、借主の死亡によっては契約は終了せず、賃借権は相続される（民法896条本文）。よって、①も正しい。

2　正しい
　賃貸借においては、賃借人（Ｂ）は、賃貸物について賃貸人の負担に属する必要費を支出したときは、賃貸人に対し、直ちにその償還を請求することができる（民法608条1項）。よって、①は正しい。これに対し、使用貸借の借主（Ｂ）は、借用物の通常の必要費を負担する（民法595条1項）。よって、②も正しい。

3　誤り
　賃貸借は、当事者の一方がある物の使用及び収益を相手方にさせることを約し、相手方がこれに対してその賃料を支払うこと及び引渡しを受けた物を契約が終了したときに返還することを約することによって、その効力を生ずる、諾成契約である（民法601条）。よって、①は正しい。また、使用貸借は、当事者の一方がある物を引き渡すことを約し、相手方がその受けとった物について無償で使用及び収益をして契約が終了したときに返還をすることを約することによって、その効力を生ずる、諾成契約である（民法593条）。よって、②は誤り。

4　正しい
　賃借人は、使用収益の対価として賃料を支払うことから、賃貸借は有償契約である。そして、担保責任などの売買の規定は、売買以外の有償契約について準用される（民法559条）。よって、賃貸人（Ａ）は担保責任を負うことがあるので、①は正しい。これに対し、無償契約である使用貸借の貸主の担保責任は、贈与の規定が準用されるので、貸主は、目的物の契約不適合について、その負担の限度において担保の責任を負う（民法596条、551条2項）。よって、貸主（Ａ）は担保責任を負う場合があるので、②は正しい。

【問題80】　正解3

問題81　　注意義務

　注意義務に関する次の記述のうち、民法の規定によれば、誤っているものはどれか。

1　ある物を借り受けた者は、無償で借り受けた場合も、賃料を支払う約束で借り受けた場合も、善良な管理者の注意をもって、その物を保存しなければならない。

2　委託の受任者は、報酬を受けて受任する場合も、無報酬で受任する場合も、善良な管理者の注意をもって委任事務を処理する義務を負う。

3　商人ではない受寄者は、報酬を受けて寄託を受ける場合も、無報酬で寄託を受ける場合も、自己の財産と同一の注意をもって寄託物を保管する義務を負う。

4　相続人は、相続放棄前はもちろん、相続放棄をした場合も、放棄によって相続人となった者が管理を始めるまでは、固有財産におけると同一の注意をもって相続財産を管理しなければならない。

解答・解説

1　正しい
　ある物（特定物）を、無償で借り受けた場合（使用貸借）も、賃料を支払う約束で借り受けた場合（賃貸借）も、借り受けた者は、善良な管理者の注意をもって、その物を保存しなければならない（民法400条）。

2　正しい
　委託の受任者は、報酬を受けて受任する場合も、無報酬で受任する場合も、委任の本旨に従い、善良な管理者の注意をもって、委任事務を処理する義務を負う（民法644条）。

3　誤り
　無報酬で寄託を受けた者は、自己の財産に対するのと同一の注意をもって、寄託物を保管する義務を負う（民法659条）。これに対して、報酬を受けて寄託を受ける場合には、善良な管理者の注意をもって、その物を保存しなければならない（民法400条）。

4　正しい
　相続人は、相続放棄前はもちろん、相続放棄をした場合も、その放棄によって相続人となった者が管理を始めることができるまで、固有財産におけるのと同一の注意をもって、その財産の管理を継続しなければならない（民法918条1項、940条1項）。この固有財産におけるのと同一の注意義務は、自己の財産に対するのと同一の注意義務と同じである。

【問題81】　正解3

MEMO

問題82 **借地借家法（借地関係）**

　A所有の甲土地につき、令和４年10月１日にBとの間で賃貸借契約（以下「本件契約」という。）が締結された場合に関する次の記述のうち、民法及び借地借家法の規定並びに判例によれば、正しいものはどれか。

1　Aが甲土地につき、本件契約とは別に、令和４年９月１日にCとの間で建物所有を目的として賃貸借契約を締結していた場合、本件契約が資材置場として更地で利用することを目的とするものであるときは、本件契約よりもCとの契約が優先する。

2　賃借権の存続期間を10年と定めた場合、本件契約が居住の用に供する建物を所有することを目的とするものであるときは存続期間が30年となるのに対し、本件契約が資材置場として更地で利用することを目的とするものであるときは存続期間は10年である。

3　本件契約が建物所有を目的として存続期間60年とし、賃料につき３年ごとに１％ずつ増額する旨を公正証書で定めたものである場合、社会情勢の変化により賃料が不相当となったときであっても、AもBも期間満了まで賃料の増減額請求をすることができない。

4　本件契約が建物所有を目的としている場合、契約の更新がなく、建物の買取りの請求をしないこととする旨を定めるには、AはあらかじめBに対してその旨を記載した書面を交付して説明しなければならない。

解答・解説

1　誤り
　不動産が二重に賃貸された場合、契約の先後や賃貸の目的に関係なく、対抗要件を先に備えた契約が優先する（民法605条、借地借家法10条１項）。本件契約が、借地借家法の適用のない「資材置場として更地で利用することを目的とするもの」であるからといって、そのことを理由としてCとの契約が優先することにはならない。

2　正しい
　民法の賃貸借の存続期間は最長50年であるため、存続期間を10年と定めた場合、存続期間は10年となる（民法604条１項）。一方、借地権の存続期間は30年以上であり、存続期間を10年と定めた場合、存続期間は30年となる（借地借家法３条）。

3　誤り
　地代等が経済事情の変動等により不相当となったときは、一定の期間、地代等を増額しない旨の特約がある場合を除き、契約の条件にかかわらず、当事者は将来に向かって地代等の額の増減を請求することができる（借地借家法11条１項）。そして、地代につき「３年ごとに１％ずつ増額する」というような地代等自動改定特約を定めた場合であっても、改定の基準の基礎とされていた事情が失われ、その特約によって地代等の額を定めることが不相当となったときは、特約にかかわらず、同項に基づく地代等増減請求権を行使できる（判例）。

4　誤り

　定期建物賃貸借で契約の不更新等の定めをする場合には、あらかじめ、その旨を記載した書面を交付して説明しなければならない（借地借家法38条2項）。しかし、本肢のような定期借地権においては、かかる規定はない（借地借家法22条参照）。

【問題82】　正解2

問題83 借地借家法（借地関係）

　Aが所有者として登記されている甲土地上に、Bが所有者として登記されている乙建物があり、CがAから甲土地を購入した場合に関する次の記述のうち、民法及び借地借家法の規定並びに判例によれば、誤っているものはどれか。

1　Bが甲土地を自分の土地であると判断して乙建物を建築していた場合であっても、Cは、Bに対して建物を収去して土地を明け渡すよう請求できない場合がある。

2　BがAとの間で甲土地の使用貸借契約を締結していた場合には、Cは、Bに対して建物を収去して土地を明け渡すよう請求できる。

3　BがAとの間で甲土地の借地契約を締結しており、甲土地購入後に借地権の存続期間が満了した場合であっても、Cは、Bに対して建物を収去して土地を明け渡すよう請求できない場合がある。

4　BがAとの間で期間を定めずに甲土地の借地契約を締結している場合には、Cは、いつでも正当事由とともに解約を申し入れて、Bに対して建物を収去して土地を明け渡すよう請求できる。

解答・解説

1　正しい
　一定期間、所有の意思をもって、平穏かつ公然と他人の物を占有した者は、その所有権を取得する（民法162条）。Bは、甲土地を自分の土地であると判断して乙建物を建築しているから、権原の性質から所有の意思が認められて、取得時効が成立することも考えられる。よって、Cは、Bに対して建物を収去して土地を明け渡すよう請求できない場合がある。

2　正しい
　借地権の対抗力に関する規定は、使用貸借には適用されず、民法の使用貸借に関する規定が適用される（借地借家法１条、10条）。使用貸借は個人的な信頼関係を基礎とする無償の利用権であるため、借主の地位が弱く、使用借権には対抗力が認められていない。よって、Cは、Bに対して建物を収去して土地を明け渡すよう請求できる。

3　正しい
　借地権の存続期間の満了時において、建物が存在する場合、借地権者が借地契約の更新を請求あるいは土地の使用を継続すると、借地権設定者が遅滞なく異議を述べ、かつ、その異議に正当の事由がない限り、借地契約は更新される（借地借家法５条１・２項、６条）。よって、本肢借地契約が、請求又は使用継続により更新されれば、Cは、Bに対して建物を収去して土地を明け渡すよう請求することはできない。

4　誤り
　期間の定めのない賃貸借は、各当事者においていつでも解約を申し入れることができる（民法617条１項）。しかし、期間を定めずに借地契約を締結した場合には、一時使用の目的であることが明らかな場合を除いて、期間の定めのない借地契約とはならず、その存続期間は30年となる（借地借家法３条）。よって、Cは、正当事由があっても、いつでも解約を申し入れることができるわけではない。

必勝合格Check!

借地権の法定更新

「① 更新請求」又は「② 使用継続」による更新
（ 建物が存在している場合に限る）

借地権者が 　{ ① 更新請求
　　　　　　　又は
　　　　　　　② 土地の使用を継続 } ➡ 更新したもの
　　　　　　　　　　　　　　　　　　とみなされる

　　　　　　　　　　　　　　　　　　　　⬇ ただし、

借地権設定者が、　[① 遅滞なく異議を述べ
　　　　　　　　　　　　　かつ
　　　　　　　　　　② その異議に正当の事由がある] ときは更新されない。

問題84　借地借家法（借地関係）

　現行の借地借家法の施行後に設定された借地権に関する次の記述のうち、借地借家法の規定によれば、正しいものはどれか。

1　借地権の当初の存続期間中に借地上の建物の滅失があった場合で、借地権者が借地権設定者の承諾を得ないで残存期間を超えて存続すべき建物を築造したときは、借地権設定者は地上権の消滅の請求又は土地の賃貸借の解約の申入れをすることができる。

2　借地権の当初の存続期間が満了する場合において、借地権者が借地契約の更新を請求したときに、建物がある場合は、借地権設定者が遅滞なく異議を述べたときでも、その異議の理由にかかわりなく、従前の借地契約と同一の条件で借地契約を更新したものとみなされる。

3　借地権の当初の存続期間中に借地上の建物の滅失があった場合、借地権者は地上権の放棄又は土地の賃貸借の解約の申入れをすることができる。

4　借地権の当初の存続期間が満了し借地契約を更新する場合において、当事者間でその期間を更新の日から10年と定めたときは、その定めは効力を生じず、更新後の存続期間は更新の日から20年となる。

解答・解説

1　誤り

　借地権の当初の存続期間中に借地上の建物の滅失があった場合で、借地権者が借地権設定者の承諾を得ないで残存期間を超えて存続すべき建物を築造したときでも、借地権設定者はその事実を理由に地上権の消滅の請求又は土地の賃貸借の解約の申入れをすることはできない（借地借家法8条2項参照）。この場合には、存続期間はそのままであり、当初の存続期間満了後更新されるか否かの問題となる。

2　誤り

　借地権の存続期間が満了する場合において、借地権者が借地契約の更新を請求したときに、建物がある場合、借地権設定者が遅滞なく異議を述べ、その異議に正当の事由があると認められる場合は、借地権設定者は更新を拒絶することができる（借地借家法5条1項、6条）。

3　誤り

　借地権の当初の存続期間中に借地上の建物の滅失があった場合でも、借地権者はその事実を理由に地上権の放棄又は土地の賃貸借の解約の申入れをすることはできない（借地借家法8条1項参照）。このように、借地権者は一方的には借地契約を終了することができず、この場合には存続期間はそのままであり、当初の存続期間満了後終了する。

4　正しい

　当事者が借地契約を借地権の設定後最初に更新する場合にあっては、その期間は、更新の日から20年とされる（借地借家法4条本文）。これに反する特約で借地権者に不利なものは、無効とされる（借地借家法9条）。よって、当事者間でその期間を更新の日から10年と定めても、その定めは効力を生じず、更新後の存続期間は更新の日から20年となる。

必勝合格Check!

権利関係

建物滅失と借地権のまとめ

		当初の借地権存続中の建物滅失	更新後の建物滅失
借地権者の解約の申入れ等の可否		滅失による解約申入れ等はできない	借地権者は、解約申入れ等ができる。 ↓ 申入れ等から3か月で借地権消滅
再築	承諾を得て再築	承諾又は建物が築造された日のいずれか早い日から最短20年間存続する	
	承諾を得ずに再築	存続期間は、延長されない。 ↓ その後期間満了により更新しない場合には建物買取請求可	借地権設定者は、解約申入れ等ができる。 ↓ 申入れ等から3か月で借地権消滅
その他		「みなし承諾」制度あり	承諾に代わる「裁判所の許可」制度あり

問題85 借地借家法（借地関係）

　Aが所有している甲土地を平置きの駐車場用地として利用しようとするBに貸す場合と、一時使用目的ではなく建物所有目的を有するCに貸す場合とに関する次の記述のうち、民法及び借地借家法の規定によれば、正しいものはどれか。

1　AB間の土地賃貸借契約の期間は、AB間で60年と合意すればそのとおり有効であるのに対して、AC間の土地賃貸借契約の期間は、50年が上限である。

2　土地賃貸借契約の期間満了後に、Bが甲土地の使用を継続していてもAB間の賃貸借契約が更新したものと推定されることはないのに対し、期間満了後にCが甲土地の使用を継続した場合には、AC間の賃貸借契約が更新されたものとみなされることがある。

3　土地賃貸借契約の期間を定めなかった場合、Aは、Bに対しては、賃貸借契約開始から1年が経過すればいつでも解約の申入れをすることができるのに対し、Cに対しては、賃貸借契約開始から30年が経過しなければ解約の申入れをすることができない。

4　AB間の土地賃貸借契約を書面で行っても、Bが賃借権の登記をしないままAが甲土地をDに売却してしまえばBはDに対して賃借権を対抗できないのに対し、AC間の土地賃貸借契約を口頭で行っても、Cが甲土地上にC所有の登記を行った建物を有していれば、Aが甲土地をDに売却してもCはDに対して賃借権を対抗できる。

解答・解説

1　誤り
　前半、後半ともに誤り。建物所有を目的としない土地賃貸借の存続期間は、借地借家法の適用はなく、一般法である民法による。民法上賃貸借の存続期間は50年を超えることができない（民法604条1項）。これに対して、建物所有を目的とする土地賃貸借の存続期間は、借地借家法の適用により30年以上であればよく、50年が上限となるわけではない（借地借家法3条）。

2　誤り
　後半は正しいが、前半は誤りである。建物所有を目的としない土地賃貸借においては、賃貸借の期間が満了した後賃借人が賃借物の使用又は収益を継続する場合において、賃貸人がこれを知りながら異議を述べないときは、従前の賃貸借と同一の条件で更に賃貸借をしたものと推定される（民法619条1項前段）。これに対して、建物所有を目的とする土地賃貸借においては、借地権の存続期間が満了した後、賃借人が土地の使用を継続する場合、建物がある場合に限り、従前の契約と同一の条件で更に賃貸借をしたものとみなす（借地借家法5条2項）。

3　誤り
　後半は正しいが、前半は誤りである。建物所有を目的としない土地賃貸借において、当事者が賃貸借の期間を定めなかったときは、各当事者は、いつでも解約の申入れをすることができ、その日から1年を経過することによって終了する（民法617条1項1号）。これに対して、建物所有を目的とする土地賃貸借においては、当事者が賃貸借の

期間を定めなかったときは、借地権の存続期間は30年となり（借地借家法３条）、少なくとも30年が経過しなければ解約の申入れの余地はない。

4　正しい

建物所有を目的としない土地賃貸借の対抗要件は賃借権の登記であるから（民法605条）、当該登記がなければ第三者に対抗することができない。これに対して、建物所有を目的とする土地賃貸借は、土地上に借地権者が登記されている建物を所有していることによって第三者に対抗することができる（借地借家法10条１項）。

必勝合格Check!

民法上の土地賃借権と借地借家法上の借地権

項目	民法上の土地賃借権	借地借家法上の借地権
存続期間	最長50年間 ※期間の定めのない契約の場合、解約申入れ後１年で終了	当初の存続期間→ 最短30年間 最初の更新時→ 最短20年間 ２回目以降の更新時→ 最短10年間 ※期間を定めなかった場合、自動的に上記期間となる
合意更新以外の更新	更新推定（黙示の更新） ①土地の使用収益継続 ②賃貸人が使用継続を知りつつ異議を述べないこと	法定更新（借地上建物の存在） ①借地権者の更新請求又は②土地の使用継続 ③借地権設定者の正当事由ある異議がないこと
土地賃借権の譲渡・転貸	原則 賃貸人の承諾が必要 例外 背信的行為と認めるに足らない特段の事情がある場合には賃貸人は解除できない。	
	———	裁判所の代諾許可制度あり （借地上の建物譲渡の際）
期間満了により契約が終了する場合	原状回復義務→借地上建物取り壊し	建物買取請求可
対抗力	不動産賃借権の登記	①借地上建物の借地権者名義による登記 ②建物が滅失した場合の掲示による方法
その他		地代増減額請求権

問題86　借地借家法（借地関係）

　Aが、Bに、A所有の甲地を建物の所有を目的として賃貸し、Bがその土地上に乙建物を新築し、所有している場合に関する次の記述のうち、借地借家法の規定によれば、誤っているものはどれか。

1　Bが、乙建物につき自己名義の所有権の保存登記をしている場合は、甲地につき賃借権の登記をしていないときでも、甲地をAから譲渡され所有権移転登記を受けたCに対し、甲地の賃借権を対抗できる。

2　乙建物が滅失した場合でも、Bが借地借家法に規定する事項を甲地の上の見やすい場所に掲示したときは、Bは、甲地に賃借権の登記をしていなくても、滅失のあった日から2年間は、甲地をAから譲渡され所有権移転登記を受けたDに対し、甲地の賃借権を対抗できる。

3　Bが、乙建物をEに譲渡しようとする場合において、Eが甲地の賃借権を取得してもAに不利となるおそれがないにもかかわらず、Aがその賃借権の譲渡を承諾しないときは、Bは、裁判所にAの承諾に代わる許可をするよう申し立てることができる。

4　Bが、乙建物を1年以上自己使用しておらず、かつ他人に譲渡しようとすることもない場合、Aは、裁判所に、相当の対価の提供を条件として、自ら乙建物の譲渡及び甲地の賃借権の譲渡を受ける旨を申し立てることができる。

解答・解説

1　正しい
　借地権登記がなくとも、当該土地上の「自己名義の建物登記」があれば、借地権を第三者に対抗できる（借地借家法10条1項）。よって、本肢におけるBは、Cに対し、甲地の賃借権を対抗できる。

2　正しい
　借地権登記がなされておらず、自己名義の登記がなされている借地上の建物が滅失した場合であっても、所定の掲示をすることにより、当該建物滅失の日から2年間は、暫定的に借地権を第三者に対抗できる（借地借家法10条2項）。よって、本肢におけるBは、Dに対し、甲地の賃借権を対抗できる。

3　正しい
　借地権者が借地上の建物を第三者に譲渡し、当該第三者が借地権を取得しても借地権設定者に不利となるおそれがないにもかかわらず、当該借地権設定者がこれを承諾しない場合、借地権者は、裁判所に借地権設定者の承諾に代わる許可をするよう申し立てることができる（借地借家法19条1項前段）。よって、本肢におけるBは、Aの承諾が得られないときは、裁判所に対し、Aの承諾に代わる許可をするよう申し立てることができる。

4　誤り
　本肢に挙げられているような理由に基づき、借地権設定者が、借地権者が借地上に所有する建物及び借地権につき買取請求を行うことを許容する旨の規定は、借地借家法上存在しない。

【問題86】　正解4

CHECK! ☐☐☐　本試験 平成17年度　問13改　重要度 A　難易度 ★

問題87　借地借家法（借地関係）

　借地人Ａが、令和４年９月１日に甲地所有者Ｂと締結した建物所有を目的とする甲地賃貸借契約に基づいてＡが甲地上に所有している建物と甲地の借地権とを第三者Ｃに譲渡した場合に関する次の記述のうち、民法及び借地借家法の規定によれば、正しいものはどれか。

1　甲地上のＡ所有の建物が登記されている場合には、ＡがＣと当該建物を譲渡する旨の合意をすれば、Ｂの承諾の有無にかかわらず、ＣはＢに対して甲地の借地権を主張できる。

2　Ａが借地権をＣに対して譲渡するに当たり、Ｂに不利になるおそれがないにもかかわらず、Ｂが借地権の譲渡を承諾しない場合には、ＡはＢの承諾に代わる許可を与えるように裁判所に申し立てることができる。

3　Ａが借地上の建物をＤに賃貸している場合には、ＡはあらかじめＤの同意を得ておかなければ、借地権を譲渡することはできない。

4　ＡＢ間の借地契約が専ら事業の用に供する建物（居住の用に供するものを除く。）の所有を目的とし、かつ、存続期間を20年とする借地契約である場合には、ＡはＢの承諾の有無にかかわらず、借地権をＣに対して譲渡することができ、ＣはＢに対して甲地の借地権を主張できる。

解答・解説

1　誤り

　賃借人は、原則として、賃貸人の承諾を得なければ、その賃借権を第三者に譲渡することはできない（民法612条１項）。よって、本肢ＡＣ間における借地権（本肢では甲地の賃借権。以下、同じ。）の譲渡につきＢの承諾が得られていないときは、Ｃは、Ｂに対して借地権を主張することはできず、本肢は誤り。

2　正しい

　借地権設定者に不利となるおそれがないにもかかわらず、借地権者から第三者への借地権譲渡につき借地権設定者が承諾しないときは、借地権者は、裁判所に借地権設定者の承諾に代わる許可を与えるように申し立てることができる（借地借家法19条１項前段）。よって、本肢Ａは、Ｂの承諾に代わる許可を与えるように裁判所に申し立てることができる。

3　誤り

　肢１で述べたとおり、借地権を第三者に譲渡する場合、あらかじめ得ておかなければならないのは、「賃貸人」（本肢ではＢ）の承諾である（民法612条１項）。よって、借地権の譲渡につきＤの同意を要するとする本肢は誤り。

4　誤り

　本肢のような事業用借地権を設定した場合であっても、賃貸借契約を締結することにはかわりはないから、借地権を第三者に譲渡するためには、原則として、賃貸人の承諾を得なければならない（民法612条１項、借地借家法23条１項）。

【問題87】　正解２

問題88 **借地借家法（借地関係）**

　賃貸借契約に関する次の記述のうち、民法及び借地借家法の規定並びに判例によれば、誤っているものはどれか。

1　建物の所有を目的とする土地の賃貸借契約において、借地権の登記がなくても、その土地上の建物に借地人が自己を所有者と記載した表示の登記をしていれば、借地権を第三者に対抗することができる。

2　建物の所有を目的とする土地の賃貸借契約において、建物が全焼した場合でも、借地権者は、その土地上に滅失建物を特定するために必要な事項等を掲示すれば、借地権を第三者に対抗することができる場合がある。

3　建物の所有を目的とする土地の適法な転借人は、自ら対抗力を備えていなくても、賃借人が対抗力のある建物を所有しているときは、転貸人たる賃借人の賃借権を援用して転借権を第三者に対抗することができる。

4　仮設建物を建築するために土地を一時使用として1年間賃借し、借地権の存続期間が満了した場合には、借地権者は、借地権設定者に対し、建物を時価で買い取るように請求することができる。

解答・解説

1　正しい
　借地権は、その登記がなくても、土地の上に借地権者が登記されている建物を所有するときは、これをもって第三者に対抗することができる（借地借家法10条1項）。ここにいう登記は、権利に関する登記に限られるものではなく、自己を所有者と記載した表示に関する登記も含まれる（判例）。

2　正しい
　借地権者が登記されている建物を所有していたところ、その建物が滅失した場合において、借地権者が、その建物を特定するために必要な事項、その滅失があった日及び建物を新たに築造する旨を土地の上の見やすい場所に掲示するときは、借地権は、建物の滅失の日から2年間に限り、なお対抗力を有する（借地借家法10条2項）。

3　正しい
　転貸借は、賃借人が賃借物を更に賃貸するものであるから、賃借人の有する賃借権が第三者対抗要件を具備しており、かつ、転貸借が有効に成立している以上、転借人は、自己の転借権について対抗要件を備えていると否とにかかわらず、賃借人（転貸人）がその賃借権を対抗しうる第三者に対し、転貸人たる賃借人の賃借権を援用して自己の転借権を主張できる（判例）。

4　誤り
　臨時設備の設置その他一時使用のために借地権を設定したことが明らかな場合には、借地借家法13条の建物買取請求権の規定の適用が除外されている（借地借家法25条）。よって、仮設建物を建築するために土地を一時使用として賃借している本肢においては、当該借地権の存続期間の満了に際して、借地権者は、借地権設定者に対し、建物を時価で買い取るように請求することはできない。

【問題88】　正解4

CHECK! ☐ ☐ ☐　本試験 平成14年度　問13改　重要度 A　難易度 ★

問題89　借地借家法（借地関係）

　Aが、令和4年8月、Bに土地を賃貸し、Bがその土地上に建物を所有している場合の契約終了に伴う建物買取請求権に関する次の記述のうち、借地借家法の規定及び判例によれば、誤っているものはどれか。

1　AB間の借地契約が、公正証書により10年の事業専用の目的で締結された場合には、Bは建物買取請求権を有しない。

2　建物買取請求権は、契約終了の理由を問わず、Bの債務不履行を原因とする契約終了の場合にも、BはAに対して建物の買取りを請求することができる。

3　BがAの承諾を得て土地をCに転貸し、建物を譲渡した場合、AB間、BC間の契約が、ともに期間満了し更新がなければ、CはAに対し直接建物買取請求権を有する。

4　Bが適法にAに建物買取請求権を行使すると、その所有権は直ちにBからAに移転するが、BはAが代金を支払うまで、建物の引渡しを拒むことができる。

解答・解説

1　正しい
　事業用定期借地権は、定期で利用関係が終了するものであり、借地権者保護のために認められている建物買取請求権は認められていない（借地借家法23条1項、13条）。

2　誤り
　債務不履行による土地賃貸借契約解除の場合には、借地権者は、建物買取請求権を行使することができない（判例）。このような不誠実な借地権者は、保護するに値しないからである。

3　正しい
　借地期間が満了し更新がされない場合の建物買取請求権は、転借地権者についても認められる（借地借家法13条1・3項）。

4　正しい
　建物買取請求権は、形成権であるから、建物買取請求権の行使により、借地権者を売主とし、借地権設定者を買主とする建物の売買契約が成立する（判例）。そして、建物買取請求権を行使した借地権者は、同時履行の抗弁権（民法533条）又は留置権（民法295条）を行使して、借地権設定者が代金を支払うまで建物の引渡しを拒絶できる。

問題90　借地借家法（借地関係）

　Aが居住用の甲建物を所有する目的で、期間30年と定めてBから乙土地を賃借した場合に関する次の記述のうち、借地借家法の規定及び判例によれば、正しいものはどれか。なお、Aは借地権登記を備えていないものとする。

1　Aが甲建物を所有していても、建物保存登記をAの子C名義で備えている場合には、Bから乙土地を購入して所有権移転登記を備えたDに対して、Aは借地権を対抗することができない。

2　Aが甲建物を所有していても、登記上の建物の所在地番、床面積等が少しでも実際のものと相違している場合には、建物の同一性が否定されるようなものでなくても、Bから乙土地を購入して所有権移転登記を備えたEに対して、Aは借地権を対抗することができない。

3　AB間の賃貸借契約を公正証書で行えば、当該契約の更新がなく期間満了により終了し、終了時にはAが甲建物を収去すべき旨を有効に規定することができる。

4　Aが地代を支払わなかったことを理由としてBが乙土地の賃貸借契約を解除した場合、契約に特段の定めがないときは、Bは甲建物を時価で買い取らなければならない。

解答・解説

1　正しい

　借地権は、土地の上に借地権者が登記されている建物を所有するときは、これをもって第三者に対抗することができる（借地借家法10条1項）。この借地上の建物の保存登記は、借地権者名義で登記しなければならない（判例）。したがって、借地権者Aの子C名義の登記では、AはDに対して借地権を対抗することができない。

2　誤り

　借地上の建物の登記の建物所在の地番表示が、実際と多少相違していても、建物の種類、構造、床面積等の記載と相まって、その登記の表示全体において、当該建物の同一性を認識できれば、借地借家法10条1項の対抗力は認められる（判例）。したがって、AはEに対して借地権を対抗することができる。

3　誤り

　本肢の特約が認められるためには、借地借家法22条の定期借地権又は同法23条の事業用定期借地権に該当しなければならない。定期借地権は存続期間が50年以上でなければならないため、本問の期間30年の賃貸借契約は該当しない。また、事業用定期借地権は、事業用建物の所有目的でなければならず、本問の居住用建物の所有目的の土地賃貸借契約は該当しない。したがって、本肢の特約を有効に規定することはできない。

4　誤り

　土地の賃貸借契約が、賃借人の債務不履行で解除された場合は、賃借人による建物買取請求権（借地借家法13条）の行使は認められない（判例）。したがって、Bは甲建物を時価で買い取る必要はない。

【問題90】　正解 1

MEMO

問題91 借地借家法（借地関係）

賃貸借契約に関する次の記述のうち、民法及び借地借家法の規定並びに判例によれば、正しいものはどれか。

1 ゴルフ場経営を目的とする土地賃貸借契約については、対象となる全ての土地について地代等の増減額請求に関する借地借家法第11条の規定が適用される。

2 借地権の存続期間が満了する際、借地権者の契約の更新請求に対し、借地権設定者が遅滞なく異議を述べた場合には、借地契約は当然に終了する。

3 二筆以上ある土地の借地権者が、そのうちの一筆の土地上に登記ある建物を所有し、登記ある建物がない他方の土地は庭として使用するために賃借しているにすぎない場合、登記ある建物がない土地には、借地借家法第10条第1項による対抗力は及ばない。

4 借地権の存続期間が満了する前に建物が滅失し、借地権者が残存期間を超えて存続すべき建物を建築した場合、借地権設定者が異議を述べない限り、借地権は建物が築造された日から当然に20年間存続する。

解答・解説

1 誤り

ゴルフ場として使用する目的で土地の賃貸借が行われた場合は、その土地上にゴルフ場の経営に必要な事務所用等の建物を築造、所有することが予想されていたとしても、特段の事情のないかぎり、その土地の賃貸借は、建物所有の目的とはいえず、借地借家法の適用はない（判例）。

2 誤り

借地権の存続期間が満了する際、借地権者の契約の更新請求に対し、借地権設定者が、遅滞なく異議を述べ、かつ、その異議に正当の事由があると認められる場合に限り更新されない（借地借家法5条1項、6条）。

3 正しい

2筆以上ある土地の借地権者が、そのうちの1筆の土地上にのみ自己名義の登記がされている建物を所有しているに過ぎない場合は、たとえ建物がない他方の土地は庭として一体として使用していたとしても、建物がない土地には、借地借家法10条1項による対抗力は及ばない（判例）。

4 誤り

借地権の存続期間が満了する前に建物が滅失し、借地権者が借地権設定者の承諾を得て、残存期間を超えて存続すべき建物を築造したときは、借地権は、承諾又は建物が築造された日のいずれか早い日から20年間存続する。また、借地権者が借地権設定者に対し残存期間を超えて存続すべき建物を新たに築造する旨を通知した後、借地権設定者が2ヶ月以内に異議を述べなかったときは、承諾があったものとみなされる（借地借家法7条1・2項）。

【問題91】 正解3

CHECK! ☐☐☐　本試験 **平成22年度　問11**　重要度 **B**　難易度 **★★**

問題92　借地借家法（借地関係）

　借地借家法第23条の借地権（以下この問において「事業用定期借地権」という。）に関する次の記述のうち、借地借家法の規定によれば、正しいものはどれか。

1　事業の用に供する建物の所有を目的とする場合であれば、従業員の社宅として従業員の居住の用に供するときであっても、事業用定期借地権を設定することができる。

2　存続期間を10年以上20年未満とする短期の事業用定期借地権の設定を目的とする契約は、公正証書によらなくとも、書面又は電磁的記録によって適法に締結することができる。

3　事業用定期借地権が設定された借地上にある建物につき賃貸借契約を締結する場合、建物を取り壊すこととなるときに建物賃貸借契約が終了する旨を定めることができるが、その特約は公正証書によってしなければならない。

4　事業用定期借地権の存続期間の満了によって、その借地上の建物の賃借人が土地を明け渡さなければならないときでも、建物の賃借人がその満了をその1年前までに知らなかったときは、建物の賃借人は土地の明渡しにつき相当の期限を裁判所から許与される場合がある。

解答・解説

1　誤り

　事業用定期借地権における「専ら事業の用に供する建物」に、居住の用に供する建物は含まれない（借地借家法23条1・2項）。よって、たとえ事業の用に供する建物の所有を目的とする場合であっても、従業員の社宅として従業員の居住の用に供するときには、事業用定期借地権を設定することはできない。

2　誤り

　専ら事業の用に供する建物の所有を目的とし、かつ、存続期間を10年以上30年未満の短期のものとして事業用定期借地権を設定する契約であっても、公正証書によってしなければならない（借地借家法23条3項）。

3　誤り

　建物取壊し予定の建物の賃貸借をするときは、建物を取り壊すこととなる時に賃貸借が終了する旨を書面によって定めることができるが、ここにいう書面は必ずしも公正証書である必要はない（借地借家法39条）。

4　正しい

　借地権の存続期間の満了によって借地上の建物の賃借人が土地を明け渡すべき場合、建物の賃借人がその満了を1年前までに知らなかったときは、裁判所は、建物の賃借人の請求により、建物の賃借人がこれを知った日から1年を超えない範囲内において、土地の明渡しにつき相当の期限を許与することができる（借地借家法35条1項）。このことは、事業用定期借地権の場合であっても、同様である。

【問題92】　正解4

問題93　借地借家法（借地関係）

　自らが所有している甲土地を有効利用したいAと、同土地上で事業を行いたいBとの間の契約に関する次の記述のうち、民法及び借地借家法の規定によれば、誤っているものはどれか。

1　甲土地につき、Bが建物を所有して小売業を行う目的で公正証書によらずに存続期間を35年とする土地の賃貸借契約を締結する場合、約定の期間、当該契約は存続する。しかし、Bが建物を建築せず駐車場用地として利用する目的で存続期間を35年として土地の賃貸借契約を締結する場合には、期間は定めなかったものとみなされる。

2　甲土地につき、Bが1年間の期間限定の催し物会場としての建物を建築して一時使用する目的で土地の賃貸借契約を締結する場合には、当該契約の更新をしない特約は有効である。しかし、Bが居住用賃貸マンションを所有して全室を賃貸事業に供する目的で土地の賃貸借契約を締結する場合には、公正証書により存続期間を15年としても、更新しない特約は無効である。

3　甲土地につき、小売業を行うというBの計画に対し、借地借家法が定める要件に従えば、甲土地の賃貸借契約締結によっても、又は、甲土地上にAが建物を建築しその建物についてAB間で賃貸借契約を締結することによっても、Aは20年後に賃貸借契約を更新させずに終了させることができる。

4　甲土地につき、Bが建物を所有して小売業を行う目的で存続期間を30年とする土地の賃貸借契約を締結している期間の途中で、Aが甲土地をCに売却してCが所有権移転登記を備えた場合、当該契約が公正証書でなされていても、BはCに対して賃借権を対抗することができない場合がある。

解答・解説

1　誤り

　「建物所有を目的とする」土地の賃貸借契約については、借地借家法の適用があるので、その存続期間は、最低でも30年であり、契約でこれより長い期間を定めたときは、その期間となる（借地借家法2条1号、3条）。本肢前段においては、建物所有を目的として甲土地の賃貸借契約の存続期間を30年より長い35年と定めているのであるから、その部分は正しい。しかし、本肢後段においては、建物を建築せず駐車場用地として利用する目的で土地の賃貸借契約を締結しているのであるから、借地借家法の適用はなく、民法の原則に戻る。この場合、賃貸借の存続期間は、50年を超えることができないので（民法604条1項）、本肢後段の存続期間は35年となる。したがって、「期間は定めなかったものとみなされる」とする後段は誤り。

2　正しい

　一時使用目的の土地賃貸借契約においては、借地借家法上、更新しない旨の特約は有効である（借地借家法25条、5条）。したがって、1年間の期間限定で催し物会場として一時使用する目的の賃貸借契約で更新しない旨の特約を付することができるので、本肢前段は正しい。また、本肢後段における土地賃貸借が事業用定期借地権にあたるとすれば、公正証書により存続期間を15年とし、更新しない旨の特約も有効である（借地借

家法23条）。しかし、本肢後段は居住用マンションの賃貸事業の用に供するものであり、事業用定期借地権を設定できる場合にはあたらない（借地借家法23条2項）。よって、本肢後段における更新しない特約は、借地権者に不利な特約として無効となるから（借地借家法9条）、本肢後段も正しい。

3　正しい

甲土地の賃貸借契約が、借地借家法が定める事業用定期借地権の要件に適合すれば、Aは20年後に契約を更新させずに終了させることができる（借地借家法23条）。また、甲土地上の建物の賃貸借契約が、借地借家法が定める定期建物賃貸借の要件に適合すれば、Aは20年後に契約を更新させずに終了させることができる（借地借家法38条）。よって、前段後段とも正しい。

4　正しい

土地賃借権を第三者に対抗するためには、土地賃借権の登記をするか（民法605条）、又は、その登記がない場合には、土地上に借地権者が登記されている建物を所有することが必要である（借地借家法10条1項）。したがって、これらの対抗要件を具備していない場合には、Bは甲土地賃借権を甲土地所有権移転登記を具備したCに対抗することができないので、本肢は正しい。

必勝合格Check!

定期借地権等

	定期 借地権	建物譲渡特 約付借地権	事業用 定期借地権	普通 借地権	民法上の 賃貸借
存続 期間	50年 以上	30年 以上	10年以上 50年未満	30年 以上	50年 以下
契約 の目的	制限 なし	制限 なし	専ら 事業用	制限 なし	制限 なし
法定 更新	なし	なし	なし	あり	なし ※更新推定有
建物買 取請求	なし	建物譲渡 特約あり	なし	あり	なし
書面	必要	不要	公正証書	不要	不要

問題94　借地借家法（借家関係）

　動産の賃貸借契約と建物の賃貸借契約（借地借家法第38条に規定する定期建物賃貸借、同法第39条に規定する取壊し予定の建物の賃貸借及び同法第40条に規定する一時使用目的の建物の賃貸借を除く。）に関する次の記述のうち、民法及び借地借家法の規定によれば、正しいものはどれか。

1　動産の賃貸借契約は、当事者の合意があれば書面により契約を締結しなくても効力を生じるが、建物の賃貸借契約は、書面により契約を締結しなければ無効である。

2　賃貸人と賃借人との間で別段の合意をしない限り、動産の賃貸借契約の賃貸人は、賃貸物の使用収益に必要な修繕を行う義務を負うが、建物の賃貸借契約の賃貸人は、そのような修繕を行う義務を負わない。

3　動産の賃貸借契約は、賃貸人と賃借人が合意して契約期間を6月と定めればそのとおりの効力を有するが、建物の賃貸借契約は、賃貸人と賃借人が合意して契約期間を6月と定めても期間を定めていない契約とみなされる。

4　契約期間を定めた場合、賃借人は、動産の賃貸借契約である場合は期間内に解約を行う権利を留保することができるが、建物の賃貸借契約である場合は当該権利を留保することはできない。

解答・解説

1　誤り
　賃貸借の目的物が動産であると建物であるとにかかわらず、賃貸借契約は、当事者の合意により効力の生ずる諾成契約である（民法601条）。よって、必ずしも書面によらなくとも、当事者の合意さえあれば契約の効力が生ずる。この点において、両者は何ら異ならない。

2　誤り
　賃貸借の目的物が動産であると建物であるとにかかわらず、賃貸借契約においては、賃貸人は、原則として、賃貸目的物の使用収益に必要な修繕をする義務を負う（民法606条1項本文）。この点において、両者は何ら異ならない。

3　正しい
　建物の賃貸借契約は、期間を1年未満と定めたとき（本肢においては6カ月）は、期間の定めがない契約とみなされる（借地借家法29条1項）。これに対して、動産の賃貸借については、原則どおり、当事者の定めた期間（本肢においては6カ月）での契約となる。この点において、借地借家法の適用により、建物賃貸借は、動産賃貸借とは異なることになる。

4　誤り
　賃貸借の目的物が動産であると建物であるとにかかわらず、賃貸借契約においては、当事者の一方又は双方は、その定めた契約期間内に解約をする権利を留保することができる（民法618条）。この点において、両者は何ら異ならない。

【問題94】　正解3

CHECK! ☐☐☐　本試験 平成28年度　問12　重要度 A　難易度 ★★

問題95　借地借家法（借家関係）

　AはBと、B所有の甲建物につき、居住を目的として、期間3年、賃料月額20万円と定めて賃貸借契約（以下この問において「本件契約」という。）を締結した。この場合における次の記述のうち、借地借家法の規定及び判例によれば、誤っているものはどれか。

1　AもBも相手方に対し、本件契約の期間満了前に何らの通知もしなかった場合、従前の契約と同一の条件で契約を更新したものとみなされるが、その期間は定めがないものとなる。

2　BがAに対し、本件契約の解約を申し入れる場合、甲建物の明渡しの条件として、一定額以上の財産上の給付を申し出たときは、Bの解約の申入れに正当事由があるとみなされる。

3　甲建物の適法な転借人であるCが、Bの同意を得て甲建物に造作を付加した場合、期間満了により本件契約が終了するときは、CはBに対してその造作を時価で買い取るよう請求することができる。

4　本件契約が借地借家法第38条の定期建物賃貸借で、契約の更新がない旨を定めた場合でも、BはAに対し、同条所定の通知期間内に、期間満了により本件契約が終了する旨の通知をしなければ、期間3年での終了をAに対抗することができない。

解答・解説

1　正しい
　当事者が期間の満了の1年前から6月前までの間に相手方に対して更新をしない旨の通知をしなかったときは、従前の契約と同一の条件で契約を更新したものとみなされる。ただし、期間については定めがないものとされる（借地借家法26条1項）。

2　誤り
　解約の際の正当事由の判断にあたっては、財産上の給付だけではなく、建物の使用を必要とする事情のほか、建物の賃貸借に関する従前の経過、建物の利用状況及び建物の現況等も考慮しなければならない（借地借家法28条）。よって、一定額以上の財産上の給付を申し出ただけでは、正当事由があるとみなされない。

3　正しい
　建物の賃貸人の同意を得て建物に付加した造作については、建物賃貸借が期間の満了によって終了するときは、建物の賃借人だけでなく転借人も、建物の賃貸人に対し、時価で買い取るべきことを請求することができる（借地借家法33条2項）。

4　正しい
　定期建物賃貸借においては、賃貸人は、期間が1年以上である場合には、建物の賃借人に対し、期間の満了の1年前から6月前までの間（「通知期間」内）に、期間満了により建物の賃貸借が終了する旨の通知をしなければ、その終了を建物の賃借人に対抗することができない（借地借家法38条4項）。

【問題95】　正解2

119

問題96　借地借家法（借家関係）

　A所有の甲建物につき、Bが一時使用目的ではなく賃料月額10万円で賃貸借契約を締結する場合と、Cが適当な家屋に移るまでの一時的な居住を目的として無償で使用貸借契約を締結する場合に関する次の記述のうち、民法及び借地借家法の規定並びに判例によれば、誤っているものはどれか。

1　BがAに無断で甲建物を転貸しても、Aに対する背信的行為と認めるに足らない特段の事情があるときは、Aは賃貸借契約を解除できないのに対し、CがAに無断で甲建物を転貸した場合には、Aは使用貸借契約を解除できる。

2　期間の定めがない場合、AはBに対して正当な事由があるときに限り、解約を申し入れることができるのに対し、返還時期の定めがない場合、AはCに対していつでも返還を請求できる。

3　Aが甲建物をDに売却した場合、甲建物の引渡しを受けて甲建物で居住しているBはDに対して賃借権を主張することができるのに対し、Cは甲建物の引渡しを受けて甲建物に居住していてもDに対して使用借権を主張することができない。

4　Bが死亡しても賃貸借契約は終了せず賃借権はBの相続人に相続されるのに対し、Cが死亡すると使用貸借契約は終了するので使用借権はCの相続人に相続されない。

解答・解説

1　正しい

　賃借人が賃貸人の承諾なくして第三者に賃借物の使用収益をさせた場合であっても、その行為が賃貸人に対する背信的行為と認めるに足りない特段の事情があるときは、民法612条2項の解除権は発生しない（判例）。これに対し、使用借主が、使用貸主の承諾を得ずに、第三者に借用物の使用又は収益をさせたときは、使用貸主は、契約の解除をすることができる（民法594条3項）。

2　誤り

　建物の賃貸人による建物の賃貸借の解約の申入れは、建物の賃貸人及び賃借人が建物の使用を必要とする事情等を考慮して、正当の事由があると認められる場合でなければすることができない（借地借家法27条1項、28条）。これに対し、使用貸借の当事者が返還の時期を定めなかったときは、使用貸借契約は、使用借主が契約に定めた目的に従い使用及び収益を終わったときに終了する（民法597条2項）。また、当該使用及び収益をするのに足りる期間を経過したときは、使用貸主は契約の解除をすることができる（民法598条1項）。さらに、使用及び収益の目的も定めなかったときは、使用貸主は、いつでも契約を解除することができるが（同条2項）、本問では「Cが適当な家屋に移るまでの一時的な居住を目的として」借りているので、いつでも返還を請求できるわけではない。

3　正しい

　建物の賃貸借は、その登記がなくても、建物の引渡しがあったときは、その後その建物について物権を取得した者に対し、その効力を生ずる（借地借家法31条1項）。これ

に対し、使用貸主が目的物の所有権を第三者に譲渡したときは、使用借主は使用貸借上の権利をその第三者に主張できない。

4　正しい

　相続人は、相続開始の時から、被相続人の賃借権を承継する（民法601条、896条参照）。これに対し、使用貸借は、使用借主の死亡によって、その効力を失うので、その権利は相続されない（民法597条3項）。

必勝合格Check!

使用貸借と賃貸借の比較

	必要費	借主の死亡	対抗力
使用貸借	通常の必要費は借主の負担	契約終了	なし
賃貸借	貸主の負担	終了しない	あり

使用貸借と目的物の返還

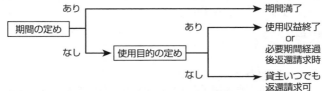

※ 借主は、期間の定めの有無にかかわらず、いつでも返還可。

問題97　借地借家法（借家関係）

建物賃貸借契約（以下この問において「契約」という。）の終了に関する次の記述のうち、借地借家法の規定によれば、正しいものはどれか。

1　期間の定めのある建物賃貸借において、賃貸人が、期間満了の1年前から6月前までの間に、更新しない旨の通知を出すのを失念したときは、賃貸人に借地借家法第28条に定める正当事由がある場合でも、契約は期間満了により終了しない。

2　期間の定めのある建物賃貸借において、賃貸人が、期間満了の10月前に更新しない旨の通知を出したときで、その通知に借地借家法第28条に定める正当事由がある場合は、期間満了後、賃借人が使用を継続していることについて、賃貸人が異議を述べなくても、契約は期間満了により終了する。

3　期間の定めのある契約が法定更新された場合、その後の契約は従前と同一条件となり、従前と同一の期間の定めのある賃貸借契約となる。

4　期間の定めのない契約において、賃貸人が、解約の申入れをしたときで、その通知に借地借家法第28条に定める正当事由がある場合は、解約の申入れの日から3月を経過した日に、契約は終了する。

解答・解説

1　正しい

更新に関する問題の場合には、原則更新と覚えておくとよい。期間の定めのある建物賃貸借において、賃貸人が期間満了の1年前から6カ月前までの間に更新しない旨の通知をしないときには、正当の事由の有無に関わらず、契約は期間が満了しても更新され終了しない（借地借家法26条1項本文）。まずは、通知をすることが必要である。

2　誤り

期間の定めのある建物賃貸借において、一定の要件を満たしたときでも、期間満了後賃借人が使用を継続していることについて、賃貸人が遅滞なく異議を述べないと、やはり正当の事由の有無に関わらず、契約は期間が満了しても更新され終了しない（借地借家法26条2項）。もちろん、正当の事由がある以上、直ちに異議を述べれば、契約は終了する。

3　誤り

期間の定めのある契約が法定更新された場合には、その後の契約は、従前と同一の条件となるが、すべて同じというわけではなく、その期間については定めがないものと扱われる（借地借家法26条1項）。

4　誤り

期間の定めのない建物賃貸借において、賃貸人が解約の申入れをしたときには、正当の事由がある場合で、解約の申入れの日から「6カ月」を経過した日に契約は終了する（借地借家法27条1項、28条）。賃借人の場合とは異なり、3カ月ではないので注意すること。

【問題97】　正解1

CHECK! ☐ ☐ ☐ 　本試験 平成12年度　問12　重要度 A　難易度 ★★

問題98　借地借家法（借家関係）

Aが、B所有の建物を賃借している場合に関する次の記述のうち、借地借家法の規定によれば、正しいものはどれか。

1　Aが、建物に自ら居住せず、Bの承諾を得て第三者に転貸し、居住させているときは、Aは、Bからその建物を買い受けた者に対し、賃借権を対抗することができない。

2　Aが建物を第三者に転貸しようとする場合に、その転貸によりBに不利となるおそれがないにもかかわらず、Bが承諾を与えないときは、裁判所は、Aの申立てにより、Bの承諾に代わる許可を与えることができる。

3　建物の転貸借がされている場合（転借人C）において、AB間の賃貸借が正当の事由があり期間の満了によって終了するときは、Bは、Cにその旨通知しないと、Aに対しても、契約の終了を主張することができない。

4　Bの建物がDからの借地上にあり、Bの借地権の存続期間の満了によりAが土地を明け渡すべきときは、Aが期間満了をその1年前までに知らなかった場合に限り、Aは、裁判所に対し土地の明渡しの猶予を請求することができる。

解答・解説

1　誤り

建物の賃借権は、その登記がなくても、建物の引渡しがあったときは、その後その建物について物権を取得した者に対し、その効力を生ずる（借地借家法31条）。この場合、引渡しによる占有は、賃借人自ら建物に居住する直接占有のみならず、転借人に居住させる間接占有であってもよい。

2　誤り

確かに借地権の場合であれば借地権設定者の承諾に代わる裁判所の許可という制度は存在するが（借地借家法19条）、借家権に関してはこのような制度は存在しない。この比較は、よく聞かれるので、しっかりと押さえておくこと。

3　誤り

建物の転貸借が行われている場合、賃貸借契約が終了したときは、賃貸人は、確かに転借人に対しては、その旨の通知をしなければ賃貸借契約の終了を対抗することはできないが（借地借家法34条1項）、賃借人に対しては、当該通知をしなくても契約の終了を主張することができる。

4　正しい

借地権の目的である土地の上の建物につき賃貸借がされている場合において、借地権の存続期間の満了によって建物の賃借人が土地を明け渡すべきときは、建物の賃借人が借地権の存続期間が満了することをその1年前までに知らなかった場合に限り、裁判所は、建物の賃借人の請求により、建物の賃借人がこれを知った日から1年を超えない範囲内において、土地の明渡しにつき相当の期限を許与することができる（借地借家法35条1項）。

【問題98】　正解4

問題99　借地借家法（借家関係）

　AはBとの間で、令和4年4月に、BがCから借りている土地上のB所有の建物について賃貸借契約（期間2年）を締結し引渡しを受け、債務不履行をすることなく占有使用を継続している。この場合に関する次の記述のうち、民法及び借地借家法の規定並びに判例によれば、誤っているものはどれか。

1　Bが、Cの承諾を得ることなくAに対して借地上の建物を賃貸し、それに伴い敷地であるその借地の利用を許容している場合でも、Cとの関係において、借地の無断転貸借とはならない。

2　借地権の期間満了に伴い、Bが建物買取請求権を適法に行使した場合、Aは、建物の賃貸借契約を建物の新たな所有者Cに対抗できる。

3　令和5年3月に、借地権がBの債務不履行により解除され、Aが建物を退去し土地を明け渡さなければならなくなったときは、Aが解除されることをその1年前までに知らなかった場合に限り、裁判所は、Aの請求により、Aがそれを知った日から1年を超えない範囲内において、土地の明渡しにつき相当の期限を許与することができる。

4　令和5年3月に、借地権が存続期間の満了により終了し、Aが建物を退去し土地を明け渡さなければならなくなったときは、Aが借地権の存続期間が満了することをその1年前までに知らなかった場合に限り、裁判所は、Aの請求により、Aがそれを知った日から1年を超えない範囲内において、土地の明渡しにつき相当の期限を許与することができる。

解答・解説

1　正しい

　借地上の建物の賃貸借がなされても、土地賃借人は建物所有のため自ら土地を使用しているものであるから、土地の転貸借にはあたらない（判例）。したがって、借地権者Bが、借地権設定者Cの承諾なくAに対して借地上の建物を賃貸しても、借地の無断転貸借とはならない。

2　正しい

　建物買取請求権の行使により（借地借家法13条1項）、建物の所有者はCとなり、賃貸人たる地位も移転する。Aは、当該建物について引渡しを受け、債務不履行をすることなく占有使用を継続しているのであるから、Cに対して建物賃借権を対抗することができる（借地借家法31条）。

3　誤り

　借地権の目的である土地上の建物について賃貸借がされている場合において、借地権の存続期間の満了によって建物賃借人が土地を明け渡すべきときは、建物賃借人が借地権の存続期間が満了することをその1年前までに知らなかった場合に限り、裁判所は、建物賃借人の請求により、建物賃借人がこれを知った日から1年を超えない範囲内において、土地の明渡しにつき相当の期限を許与することができる（借地借家法35条1項）。しかし、借地権が「債務不履行により解除」された場合には、本条は適用がない。したがって、裁判所は土地の明渡しにつき相当の期限を許与することはできず、本肢は誤り。

4　正しい

　本肢では、「借地権が存続期間の満了」によって終了しているのであるから、肢3で述べた借地借家法35条1項の適用場面である。したがって、裁判所は、土地の明渡しにつき相当の期限を許与することができるのであり、本肢は正しい。

必勝合格Check!

借地上の建物の賃借人の保護

●借地権の存続期間の満了

↓

●借地上の建物の賃借人が借地権の存続期間が満了することをその**1年前**までに知らなかった場合

↓

●裁判所は、建物の賃借人の請求により、建物の賃借人がこれを知った日から1年を超えない範囲内において、土地の明渡しにつき相当の期限を許与できる。

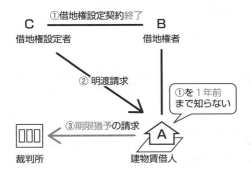

問題100　借地借家法（借家関係）

　借地借家法第38条の定期建物賃貸借（以下この問において「定期建物賃貸借」という。）に関する次の記述のうち、借地借家法の規定及び判例によれば、誤っているものはどれか。

1　定期建物賃貸借契約を締結するには、公正証書による等書面によらなければならない。

2　定期建物賃貸借契約を締結するときは、期間を1年未満としても、期間の定めがない建物の賃貸借契約とはみなされない。

3　定期建物賃貸借契約を締結するには、当該契約に係る賃貸借は契約の更新がなく、期間の満了によって終了することを、当該契約書と同じ書面内に記載して説明すれば足りる。

4　定期建物賃貸借契約を締結しようとする場合、賃貸人が、当該契約に係る賃貸借は契約の更新がなく、期間の満了によって終了することを説明しなかったときは、契約の更新がない旨の定めは無効となる。

解答・解説

1　正しい
　定期建物賃貸借契約を締結するには、公正証書による等書面によらなければならない（借地借家法38条1項前段）。なお、この公正証書は例示にすぎず、その他の書面で契約することも可能である。

2　正しい
　定期建物賃貸借は、普通建物賃貸借と異なり、1年未満の期間を定めたときでも、期間の定めのない建物賃貸借とはならず、当事者が定めた期間の建物賃貸借契約となる（借地借家法38条1項後段、29条1項）。

3　誤り
　定期建物賃貸借をしようとするときは、建物の賃貸人は、あらかじめ、建物の賃借人に対し、契約の更新がなく、期間の満了により当該建物の賃貸借は終了することについて、その旨を記載した書面を交付して説明しなければならない（借地借家法38条2項）。そして、この書面は、契約書とは別個独立の書面であることを要する（判例）。契約書と同じ書面内に記載して説明しても、契約の更新がないこととする旨の定めは無効となり、定期建物賃貸借は成立しない。

4　正しい
　定期建物賃貸借契約を締結しようとする場合、建物の賃貸人が、当該契約に係る賃貸借は契約の更新がなく、期間の満了によって終了することを、その旨を記載した書面を交付して説明をしなかったときは、契約の更新がないこととする旨の定めは、無効となる（借地借家法38条3項）。

【問題100】　正解3

CHECK! □ □ □　本試験 令和2年度 問12　重要度 A　難易度 ★★
（10月実施）

問題101　借地借家法（借家関係）

　AとBとの間でA所有の甲建物をBに対して、居住の用を目的として、期間2年、賃料月額10万円で賃貸する旨の賃貸借契約（以下この問において「本件契約」という。）を締結し、Bが甲建物の引渡しを受けた場合に関する次の記述のうち、民法及び借地借家法の規定並びに判例によれば、誤っているものはどれか。

1　AがCに甲建物を売却した場合、Bは、それまでに契約期間中の賃料全額をAに前払いしていたことを、Cに対抗することができる。

2　本件契約が借地借家法第38条の定期建物賃貸借契約であって、賃料改定に関する特約がない場合、経済事情の変動により賃料が不相当となったときは、AはBに対し、賃料増額請求をすることができる。

3　本件契約が借地借家法第38条の定期建物賃貸借契約である場合、Aは、転勤、療養、親族の介護その他のやむを得ない事情があれば、Bに対し、解約を申し入れ、申入れの日から1月を経過することによって、本件契約を終了させることができる。

4　本件契約が借地借家法第38条の定期建物賃貸借契約であって、造作買取請求に関する特約がない場合、期間満了で本件契約が終了するときに、Bは、Aの同意を得て甲建物に付加した造作について買取請求をすることができる。

解答・解説

1　正しい
　建物の賃借人は、賃料前払の効果を賃借建物につき所有権を取得した新賃貸人に主張できる（判例）。

2　正しい
　賃増減請求に係る規定（借地借家法32条）は、定期建物賃貸借において、借賃の改定に係る特約がある場合には、適用されない（借地借家法38条7項）。したがって、上記特約がなければ、経済事情の変動により賃料が不相当となったときは、賃貸人（A）は賃借人（B）に対して賃料増額請求をすることができる。

3　誤り
　転勤、療養、親族の介護その他のやむを得ない事情があることによって、解約の申入れをすることができるのは、賃借人（B）である（借地借家法38条5項）。よって、賃貸人（A）から解約の申入れをすることはできない。

4　正しい
　定期建物賃貸借であっても、特約がない限り、賃借人は契約終了時において造作買取請求権を行使することができる（借地借家法33条1項前段、37条）。

問題102 借地借家法（借家関係）

賃貸人Ａ（個人）と賃借人Ｂ（個人）との間の居住用建物の賃貸借契約に関する次の記述のうち、借地借家法の規定及び判例によれば、誤っているものはどれか。

1 Ｂが家賃減額の請求をしたが、家賃の減額幅についてＡＢ間に協議が調わず裁判になったときは、Ａは、その裁判が確定するまでの期間は、Ａが相当と認める金額の家賃を支払うようにＢに請求できる。

2 Ｂが家賃減額の請求をしたが、家賃の減額幅についてＡＢ間に協議が調わず裁判になったときは、その請求にかかる一定額の減額を正当とする裁判が確定した時点以降分の家賃が減額される。

3 家賃が、近傍同種の建物の家賃に比較して不相当に高額になったときは、契約の条件にかかわらず、Ｂは、将来に向かって家賃の減額を請求することができる。

4 ＡＢ間で、３年間は家賃を減額しない旨特に書面で合意した場合、その特約は効力を有しない。

解答・解説

1 正しい

契約で定められた借賃が、契約締結後に諸々の事情の変化により不相当となったときには、賃貸人及び賃借人のいずれからでも、借賃を将来に向かって「相当な額」まで増額又は減額するよう請求することができる（借地借家法32条1項本文）。そして、借賃の減額について当事者間に協議が調わないときは、その請求を受けた者は、減額を正当とする裁判が確定するまでは、相当と認める額の借賃の支払を請求することができる（借地借家法32条3項本文）。よって、借賃減額請求を受けた賃貸人Ａは、自ら相当と認める金額の家賃を支払うよう賃借人Ｂに請求できる。

2 誤り

借地借家法32条に基づく借賃増減額請求は、形成的効力を有し、請求者の一方的「意思表示が相手方に到達した時」に同条所定の理由が存するときには、借賃の額は、以後相当額に増減されたことになる（判例）。つまり、裁判が確定した時からではなく、借賃減額請求後の借賃が減額されるのである。

3 正しい

契約で定められていた借賃が、土地若しくは建物に対する租税その他の負担の増減により、土地若しくは建物の価格の上昇若しくは低下その他の経済事情の変動により、又は近傍同種の建物の借賃に比較して不相当となったときは、契約の条件にかかわらず、当事者は、借賃を将来に向かって「相当な額」まで増額又は減額するよう請求することができる（借地借家法32条1項本文）。よって、賃借人Ｂは、将来に向かって借賃の減額を請求することができる。

4 正しい

前述のように、当事者は、借賃の増減額請求権を有するが、当事者が一定期間増額しない旨の特約をしたときは、たとえ経済事情の変動があっても、賃貸人はその特約に従

わなければならない（借地借家法32条１項ただし書）。しかし、借賃を増額しない旨の特約に限定していることの反対解釈として、「借賃を減額しない旨の特約」は、賃借人にとって不利な特約であり、「無効」と解される。

必勝合格Check!

借賃増減額請求権

●賃貸人又は賃借人は、借賃増減額請求権を将来に向かって行使できる。

●家賃を増額しない旨の特約は有効、減額しない特約は無効。

減額請求（協議が調わないとき）

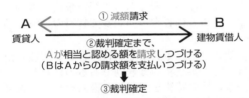

裁判の確定により、Aの支払を受けた額が、正当とされた借賃額を超えるとき、Aは超過額に年１割の割合による受領の時からの利息を付してBに返還する。

増額請求（協議が調わないとき）

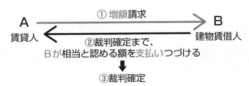

裁判の確定により、Bの支払額に不足があるとき、Bは、不足額に年１割の割合による支払期後の利息を付してAに支払う。

問題103 借地借家法（借家関係）

　A所有の居住用建物（床面積50㎡）につき、Bが賃料月額10万円、期間を2年として、賃貸借契約（借地借家法第38条に規定する定期建物賃貸借、同法第39条に規定する取壊し予定の建物の賃貸借及び同法第40条に規定する一時使用目的の建物の賃貸借を除く。以下この問において「本件普通建物賃貸借契約」という。）を締結する場合と、同法第38条の定期建物賃貸借契約（以下この問において「本件定期建物賃貸借契約」という。）を締結する場合とにおける次の記述のうち、民法及び借地借家法の規定によれば、誤っているものはどれか。

1　本件普通建物賃貸借契約でも、本件定期建物賃貸借契約でも、賃借人が造作買取請求権を行使できない旨の特約は、有効である。

2　本件普通建物賃貸借契約でも、本件定期建物賃貸借契約でも、賃料の改定についての特約が定められていない場合であって経済事情の変動により賃料が不相当になったときには、当事者は将来に向かって賃料の増減を請求することができる。

3　本件普通建物賃貸借契約では、更新がない旨の特約を記載した書面を契約に先立って賃借人に交付しても当該特約は無効であるのに対し、本件定期建物賃貸借契約では、更新がない旨の特約を記載した書面を契約に先立って賃借人に交付さえしておけば当該特約は有効となる。

4　本件普通建物賃貸借契約では、中途解約できる旨の留保がなければ賃借人は2年間は当該建物を借りる義務があるのに対し、本件定期建物賃貸借契約では、一定の要件を満たすのであれば、中途解約できる旨の留保がなくても賃借人は期間の途中で解約を申し入れることができる。

解答・解説

1　正しい

　普通建物賃貸借でも定期建物賃貸借でも、造作買取請求権を認めない旨の特約は、有効である（借地借家法37条、33条）。

2　正しい

　普通建物賃貸借においては、借賃増減請求権が認められている（借地借家法32条）。定期建物賃貸借においては、借賃の改定に係る特約がある場合には、借賃増減請求権は認められていないが（借地借家法38条7項）、借賃の改定に係る特約がない場合であれば、借賃増減請求権が認められる。

3　誤り

　普通建物賃貸借では、更新がない旨の特約は、借家人に不利な特約として無効となる（借地借家法30条、26条、28条）。定期建物賃貸借では、建物の賃貸人は、あらかじめ、建物の賃借人に対し、当該建物の賃貸借は契約の更新がなく、期間の満了により当該建物の賃貸借は終了することについて、その旨を記載した書面を交付して説明しなければならないが、この説明をしなかったときは、契約の更新がないこととする旨の定めは、無効となる（借地借家法38条2・3項）。

4　正しい
　普通建物賃貸借においては、借地借家法に特別の規定がないため、当事者が賃貸借の期間を定めた場合にあっては、その一方又は双方がその期間内に解約をする権利を留保したときのみ解約の申入れができる（民法618条）。定期建物賃貸借においては、中途解約できる旨の留保がなくても、居住の用に供する建物の賃貸借（床面積（建物の一部分を賃貸借の目的とする場合にあっては、当該一部分の床面積）が200㎡未満の建物に係るものに限る。）において、転勤、療養、親族の介護その他のやむを得ない事情により、建物の賃借人が建物を自己の生活の本拠として使用することが困難となったときは、建物の賃借人は、建物の賃貸借の解約の申入れをすることができる（借地借家法38条5項）。

【問題103】　正解3

問題104　借地借家法（借家関係）

　借地借家法第38条の定期建物賃貸借（以下この問において「定期建物賃貸借」という。）に関する次の記述のうち、民法及び借地借家法の規定によれば、正しいものはどれか。

1　賃貸人は、建物を一定の期間自己の生活の本拠として使用することが困難であり、かつ、その期間経過後はその本拠として使用することになることが明らかな場合に限って、定期建物賃貸借契約を締結することができる。

2　公正証書によって定期建物賃貸借契約を締結するときは、賃貸人は、賃借人に対し、契約の更新がなく、期間の満了により賃貸借は終了することについて、あらかじめ、その旨を記載した書面を交付して説明する必要はない。

3　期間が1年以上の定期建物賃貸借契約においては、賃貸人は、期間の満了の1年前から6か月前までの間に賃借人に対し期間満了により賃貸借が終了する旨の通知をしなければ、当該期間満了による終了を賃借人に対抗することができない。

4　居住の用に供する建物に係る定期建物賃貸借契約においては、転勤、療養その他のやむを得ない事情により、賃借人が建物を自己の生活の本拠として使用することが困難となったときは、床面積の規模にかかわりなく、賃借人は同契約の有効な解約の申入れをすることができる。

解答・解説

1　誤り
　本肢のような制限はない（借地借家法38条1項参照）。事情如何を問わず、広く定期に終了する賃貸借が認められる。

2　誤り
　定期建物賃貸借を締結する場合、建物の賃貸人は、あらかじめ、建物の賃借人に対し、契約の更新がなく、期間の満了により当該建物の賃貸借は終了することについて、その旨を記載した書面を交付して説明しなければならない（借地借家法38条2項）。

3　正しい
　定期建物賃貸借において期間が1年以上である場合には、建物の賃貸人は、期間の満了の1年前から6か月前までの間に建物の賃借人に対し期間の満了により建物の賃貸借が終了する旨の通知をしなければ、その終了を建物の賃借人に対抗することができない（借地借家法38条4項本文）。

4　誤り
　定期建物賃貸借の建物が居住用の場合、賃借人に解約の申入権が認められている。この解約申入れの対象となる建物は、床面積の規模が200㎡未満の建物に係るものに限られている（借地借家法38条5項）。

【問題104】　正解3

MEMO

問題105　借地借家法（借家関係）

　借地借家法第38条の定期建物賃貸借（以下この問において「定期建物賃貸借」という。）と同法第40条の一時使用目的の建物の賃貸借（以下この問において「一時使用賃貸借」という。）に関する次の記述のうち、民法及び借地借家法の規定によれば、正しいものはどれか。

1　定期建物賃貸借契約は書面によって契約を締結しなければ有効とはならないが、一時使用賃貸借契約は書面ではなく口頭で契約しても有効となる。

2　定期建物賃貸借契約は契約期間を1年以上とすることができるが、一時使用賃貸借契約は契約期間を1年以上とすることができない。

3　定期建物賃貸借契約は契約期間中は賃借人から中途解約を申し入れることはできないが、一時使用賃貸借契約は契約期間中はいつでも賃借人から中途解約を申し入れることができる。

4　賃借人が賃借権の登記もなく建物の引渡しも受けていないうちに建物が売却されて所有者が変更すると、定期建物賃貸借契約の借主は賃借権を所有者に主張できないが、一時使用賃貸借の借主は賃借権を所有者に主張できる。

解答・解説

1　正しい

　定期建物賃貸借においては、公正証書による等書面によって契約をするときに限り、契約の更新がないこととする旨を定めることができる（借地借家法38条1項）。他方、一時使用のためにしたことが明らかな建物賃貸借には、借地借家法の借家関係に関する規定の適用がなく、民法の原則どおり当事者の合意のみで契約の効力を生ずる（借地借家法40条、民法601条）。

2　誤り

　定期建物賃貸借の契約期間は、1年未満でも、20年を超えるものであってもよい（借地借家法38条1項）。よって、契約期間を1年以上とすることができる。また、一時使用のためにしたことが明らかな建物賃貸借には借地借家法の借家関係に関する規定の適用がないため、民法の賃貸借に関する規定に従い、期間の定めのある建物賃貸借においては契約期間は50年以下であればよい（借地借家法40条、民法604条1項）。よって、契約期間を1年以上とすることができる。

3　誤り

　定期建物賃貸借の目的物が一定の居住用建物である場合、転勤、療養、親族の介護等のやむを得ない事情により建物の賃借人が生活の本拠として使用することが困難になれば、建物の賃借人は、建物の賃貸借の解約の申入れをすることができる（借地借家法38条5項前段）。一方、期限の定めのある一時使用のためにしたことが明らかな建物賃貸借においては、特約がない限り解約申入れをすることができない（民法618条）。

4　誤り

　建物の賃借人は、賃借権の登記又は建物の引渡しがなければ、建物について物権を取得した者に賃借権を対抗できない（借地借家法31条）。よって、賃借権の登記も引渡しも受けていないうちに建物が売却されると、定期建物賃貸借契約の借主は、賃借権を新

所有者に主張できない。また、一時使用のためにしたことが明らかな建物賃貸借には、借地借家法の借家関係に関する規定の適用がないため、民法の賃貸借に関する規定に従う（借地借家法40条）。よって、一時使用賃貸借の借主は、登記がなければ賃借権を新所有者に主張できない（民法605条）。

必勝合格Check!

定期建物賃貸借

●定期建物賃貸借は、書面によってしなければ、無効。書面は公正証書に限らない。

●定期建物賃貸借の建物は、事業用・居住用どちらでもよい。

●どのような場合に利用できるかについて限定がない。

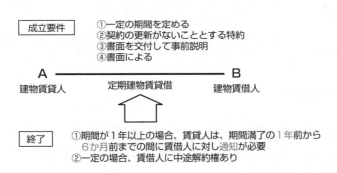

成立要件	①一定の期間を定める
	②契約の更新がないこととする特約
	③書面を交付して事前説明
	④書面による

A ―――――――――――――――― B
建物賃貸人　　　定期建物賃貸借　　　建物賃借人

| 終了 | ①期間が1年以上の場合、賃貸人は、期間満了の1年前から6か月前までの間に賃借人に対し通知が必要 |
| | ②一定の場合、賃借人に中途解約権あり |

【問題105】　正解 1

問題106 不法行為

　不法行為（令和2年4月1日以降に行われたもの）に関する次の記述のうち、民法の規定及び判例によれば、誤っているものはどれか。

1　建物の建築に携わる設計者や施工者は、建物としての基本的な安全性が欠ける建物を設計し又は建築した場合、設計契約や建築請負契約の当事者に対しても、また、契約関係にない当該建物の居住者に対しても損害賠償責任を負うことがある。

2　被用者が使用者の事業の執行について第三者に損害を与え、第三者に対してその損害を賠償した場合には、被用者は、損害の公平な分担という見地から相当と認められる額について、使用者に対して求償することができる。

3　責任能力がない認知症患者が線路内に立ち入り、列車に衝突して旅客鉄道事業者に損害を与えた場合、当該責任無能力者と同居する配偶者は、法定の監督義務者として損害賠償責任を負う。

4　人の生命又は身体を害する不法行為による損害賠償請求権は、被害者又はその法定代理人が損害及び加害者を知った時から5年間行使しない場合、時効によって消滅する。

解答・解説

1　正しい

　建物の設計者や施工者は、建物としての基本的な安全性が欠ける建物を設計し又は建築した場合、契約の当事者に対しては、債務不履行に基づく損害賠償責任を負うことがある（民法559条、564条、415条）。一方、契約関係にない建物の居住者等に対して債務不履行責任を負うことはないが、居住者等に対する関係でも、建物としての基本的な安全性が欠けることがないように配慮すべき注意義務を負い、この注意義務違反による瑕疵が原因で生命、身体又は財産を侵害された居住者等に対して、特段の事情がない限り、不法行為による損害賠償責任を負う（民法709条、判例）。

2　正しい

　被用者が使用者の事業の執行について第三者に損害を加え、その損害を賠償した場合には、被用者は諸般の事情に照らし、損害の公平な分担という見地から相当と認められる額について、使用者に対して求償することができる（判例）。

3　誤り

　責任能力がない認知症患者が第三者に損害を与えても、その者は損害賠償責任を負わない（民法713条本文）。この場合は、その責任無能力者を監督する法定の義務を負う者が、損害賠償責任を負うが（民法714条1項本文）、責任無能力者と同居する配偶者であるからといって、その者が民法714条1項の法定の監督義務者に当たるとはいえない（判例）。したがって、責任無能力者と同居する配偶者が法定の監督義務者として損害賠償責任を負うわけではない。

4　正しい

　人の生命又は身体を害する不法行為による損害賠償請求権は、被害者又はその法定代理人が損害及び加害者を知った時から5年間行使しないときは、時効によって消滅する（民法724条1号、724条の2）。

【問題106】　正解3

CHECK! ☐ ☐ ☐　本試験 **平成19年度　問5**　重要度 **A**　難易度 **★★★**

問題107　　**不法行為**

　不法行為による損害賠償に関する次の記述のうち、民法の規定及び判例によれば、誤っているものはどれか。

1　不法行為による損害賠償の支払債務は、催告を待たず、損害発生と同時に遅滞に陥るので、その時以降完済に至るまでの遅延損害金を支払わなければならない。

2　不法行為によって名誉を毀損された者の慰謝料請求権は、被害者が生前に請求の意思を表明しなかった場合でも、相続の対象となる。

3　加害者数人が、共同不法行為として民法第719条により各自連帯して損害賠償の責任を負う場合、その1人に対する履行の請求は、他の加害者に対してはその効力を有しない。

4　不法行為による損害賠償の請求権の消滅時効の期間は、権利を行使することができることとなった時から10年である。

解答・解説

1　正しい

　不法行為に基づく損害賠償債務は、期限の定めのない債務であるが、催告を待たず、損害発生と同時に遅滞になる（判例）。したがって、損害発生の時から完済に至るまでの間の遅延損害金を支払う必要がある。

2　正しい

　不法行為による慰謝料請求権は、被害者が生前に請求の意思を表明しなくても、当然に相続の対象となる（判例）。なぜなら、そのように考えることが被害者保護にかない、また、慰謝料請求権そのものは、財産上の損害賠償請求権と同様、単純な金銭債権だからである。

3　正しい

　共同不法行為者が負担する損害賠償債務は、共同不法行為者が連帯して負担するものであるが、連帯債務者の1人に対する請求は、他の連帯債務者に対して影響を及ぼさない（民法719条1項、436条、441条）。したがって、加害者の1人に対して履行の請求をしても、他の加害者に対してはその効力を有しない。

4　誤り

　不法行為による損害賠償の請求権は、被害者又はその法定代理人が損害及び加害者を知った時から「3年」（人の生命・身体の侵害による場合は5年）間行使しないときは、時効によって消滅する（民法724条1号、724条の2）。また、不法行為の時から「20年」を経過したときも、時効により消滅する（同条2号）。したがって、「10年」とする本肢は誤り。

【問題107】　正解4

問題108　不法行為

　Aが故意又は過失によりBの権利を侵害し、これによってBに損害が生じた場合に関する次の記述のうち、民法の規定及び判例によれば、正しいものはどれか。

1　Aの加害行為によりBが即死した場合には、BにはAに対する慰謝料請求権が発生したと考える余地はないので、Bに相続人がいても、その相続人がBの慰謝料請求権を相続することはない。

2　Aの加害行為がBからの不法行為に対して自らの利益を防衛するためにやむを得ず行ったものであっても、Aは不法行為責任を負わなければならないが、Bからの損害賠償請求に対しては過失相殺をすることができる。

3　AがCに雇用されており、AがCの事業の執行につきBに加害行為を行った場合には、CがBに対する損害賠償責任を負うのであって、CはAに対して求償することもできない。

4　Aの加害行為が名誉毀損で、Bが法人であった場合、法人であるBには精神的損害は発生しないとしても、金銭評価が可能な無形の損害が発生した場合には、BはAに対して損害賠償請求をすることができる。

解答・解説

1　誤り
　ある者が他人の故意過失によって財産以外の損害を被った場合には、その者は、財産上の損害を被った場合と同様、損害の発生と同時に慰謝料請求権を取得し、当該請求権を放棄したものと解することができる特別の事情がない限り、これを行使することができる。このような慰謝料請求権を取得した被害者が死亡したときは、その相続人は当然に慰謝料請求権を相続する（判例）。よって、Bの相続人がBの慰謝料請求権を相続することはないとする本肢は誤っている。

2　誤り
　他人の不法行為に対し、自己又は第三者の権利又は法律上保護される利益を防衛するため、やむを得ず加害行為をした者は、正当防衛により損害賠償の責任を負わない（民法720条1項）。よって、Aは不法行為責任を負わなければならないとする本肢は誤っている。

3　誤り
　ある事業のために他人を使用する者は、被用者がその事業の執行について第三者に加えた損害を賠償する責任を負う（民法715条1項）。この場合、使用者から被用者に対して求償権を行使することができる（民法715条3項）。よって、使用者CはAに対して求償することができないとする本肢は誤っている。

4　正しい
　法人の名誉権侵害の場合は、金銭評価の可能な無形の損害の発生すること必ずしも絶無ではなく、そのような損害は加害者をして金銭でもって賠償させるのを社会観念上至当とすべきであり、この場合は民法723条に被害者救済の格段の方法が規定されているとの故をもって、金銭賠償を否定することはできない（判例）。よって、法人であるB

に対して金銭評価が可能な無形の損害が発生した場合には、Bは、Aに対して損害賠償請求をすることができる。

必勝合格Check!

損害賠償請求権の相続

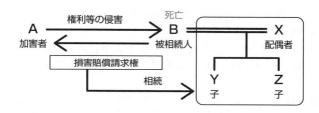

問題109　不法行為

　Aに雇用されているBが、勤務中にA所有の乗用車を運転し、営業活動のため得意先に向かっている途中で交通事故を起こし、歩いていたCに危害を加えた場合における次の記述のうち、民法の規定及び判例によれば、正しいものはどれか。

1　BのCに対する損害賠償義務が消滅時効にかかったとしても、AのCに対する損害賠償義務が当然に消滅するものではない。

2　Cが即死であった場合には、Cには事故による精神的な損害が発生する余地がないので、AはCの相続人に対して慰謝料についての損害賠償責任を負わない。

3　Aの使用者責任が認められてCに対して損害を賠償した場合には、AはBに対して求償することができるので、Bに資力があれば、最終的にはAはCに対して賠償した損害額の全額を常にBから回収することができる。

4　Cが幼児である場合には、被害者側に過失があるときでも過失相殺が考慮されないので、AはCに発生した損害の全額を賠償しなければならない。

解答・解説

1　正しい
　民法715条により被用者が事業の執行につき第三者に加えた損害を賠償すべき使用者の債務と同法709条により被用者自身が負担する損害賠償債務とは、いわゆる不真正連帯の関係にあり、債務者の一人について生じた事由は、債権を満足させるものを除き、他の者の債務に影響を及ぼさない（判例）。

2　誤り
　生命を害された被害者と一定の身分関係にある者は、固有の慰謝料請求権を取得しうる（民法711条）。また、これとは別に、被害者自身の慰謝料請求権は、被害者が生前に請求の意思を表明しなくても、相続の対象となる（判例）。よって、C自身の慰謝料請求権は相続の対象となるので、使用者AはCの相続人に慰謝料についての損害賠償責任を負う。

3　誤り
　使用者が、その事業の執行につきなされた被用者の加害行為により、使用者としての損害賠償責任を負担したことに基づき損害を被った場合には、使用者は、諸般の事情に照らし、損害の公平な分担という見地から信義則上相当と認められる限度において、被用者に対し求償の請求をすることができる（判例）。よって、使用者Aが被害者Cに損害の賠償をした場合、被用者Bに対して求償することができるが、その範囲は信義則上相当と認められる限度に制限されるので、損害額の全額を常に回収できるとは限らない。

4　誤り
　民法722条2項にいわゆる過失とは、単に被害者本人の過失のみでなく、広く被害者側の過失をも包含する（判例）。よって、被害者Cが幼児である場合でも、被害者側に過失があれば、過失相殺が考慮される。

【問題109】　正解1

CHECK! ☐ ☐ ☐　本試験　令和3年度 問8（10月実施）　重要度 B　難易度 ★

問題110　不法行為

　Aが1人で居住する甲建物の保存に瑕疵があったため、令和3年7月1日に甲建物の壁が崩れて通行人Bがケガをした場合（以下この問において「本件事故」という。）における次の記述のうち、民法の規定によれば、誤っているものはどれか。

1　Aが甲建物をCから賃借している場合、Aは甲建物の保存の瑕疵による損害の発生の防止に必要な注意をしなかったとしても、Bに対して不法行為責任を負わない。

2　Aが甲建物を所有している場合、Aは甲建物の保存の瑕疵による損害の発生の防止に必要な注意をしたとしても、Bに対して不法行為責任を負う。

3　本件事故について、AのBに対する不法行為責任が成立する場合、BのAに対する損害賠償請求権は、B又はBの法定代理人が損害又は加害者を知らないときでも、本件事故の時から20年間行使しないときには時効により消滅する。

4　本件事故について、AのBに対する不法行為責任が成立する場合、BのAに対する損害賠償請求権は、B又はBの法定代理人が損害及び加害者を知った時から5年間行使しないときには時効により消滅する。

解答・解説

1　誤り
　土地の工作物の設置又は保存に瑕疵があることによって他人に損害が生じたときは、その工作物の占有者は被害者に対してその損害を賠償する義務を負う（民法717条1項本文）。

2　正しい
　占有者が損害の発生を防止するのに必要な注意をしたときは、所有者がその損害を賠償しなければならない（民法717条1項ただし書）。この所有者の責任は、無過失責任である。

3　正しい
　不法行為による損害賠償請求権は、不法行為の時から20年間行使しないときは時効によって消滅する（民法724条2号）。

4　正しい
　人の身体を害する不法行為による損害賠償請求権の消滅時効については、被害者又はその法定代理人が損害及び加害者を知った時から5年間行使しないときは、時効によって消滅する（民法724条1号、724条の2）。

【問題110】　正解 1

問題111 不法行為

Aの被用者Bと、Cの被用者Dが、A及びCの事業の執行につき、共同してEに対し不法行為をし、A、B、C及びDが、Eに対し損害賠償債務を負担した場合に関する次の記述のうち、民法の規定及び判例によれば、誤っているものはどれか。

1 Aは、Eに対するBとDの加害割合が6対4である場合は、Eの損害全額の賠償請求に対して、損害の6割に相当する金額について賠償の支払をする責任を負う。

2 Aが、自己の負担部分を超えて、Eに対し損害を賠償したときは、その超える部分につき、Cに対し、Cの負担部分の限度で求償することができる。

3 Aは、Eに対し損害賠償債務を負担したことに基づき損害を被った場合は、損害の公平な分担という見地から信義則上相当と認められる限度において、Bに対し、損害の賠償又は求償の請求をすることができる。

4 Dが、自己の負担部分を超えて、Eに対し損害を賠償したときは、その超える部分につき、Aに対し、Aの負担部分の限度で求償することができる。

解答・解説

1 誤り

まず、BとDが共同不法行為を行った場合であり、被害者に対しては、各人が不真正連帯責任を負う（民法719条1項前段、判例）。よって、Bの使用者Aも、被害者に対しては「損害全額の賠償責任」を負う。

2 正しい

加害者BとDの複数の使用者AとCが、使用者責任を負う場合のAC間の事後処理の問題である。判例は、使用者が複数の場合において、「①加害者の複数の使用者が使用者責任を負う場合において、各使用者の負担部分は、加害者の加害行為の態様及びこれと各使用者の事業の執行との関連性の程度、各使用者の指揮監督の強弱などを考慮して定められる責任の割合に従って定めるべきである。②加害者の複数の使用者が使用者責任を負う場合において、使用者の一方は、当該加害者の過失割合に従って定められる自己の負担部分を超えて損害を賠償したときは、その超える部分につき、使用者の他方に対し、当該加害者の過失割合に従って定められるその負担部分の限度で、求償することができる」とする。よって、使用者の一方Aが自己の負担部分（Bの負担部分と同じ）を超えて損害を賠償したときは、Aは、その超える部分について、使用者の他方Cに対して、Cの負担部分（Dの負担部分と同じ）の限度で求償することができる。

3 正しい

使用者は、使用者としての損害賠償責任を負担したことに基づき被った損害を被用者に求償することができる（民法715条3項）。もっとも、求償できる範囲であるが、これは判例があり、「使用者が、その事業の執行につきなされた被用者の加害行為により、使用者としての損害賠償責任を負担したことに基づき損害を被った場合には、使用者は、諸般の事情に照らし、損害の公平な分担という見地から信義則上相当と認められる限度において、被用者に対し右損害の賠償又は求償の請求をすることができる」とする。よって、使用者Aは、賠償責任を負担したことにより損害を被った場合、損害の公

平な分担という見地から信義則上相当と認められる限度において、被用者Bに対して、損害の賠償又は求償の請求をすることができる。

4　正しい

　これは、肢2と異なり第三者たる加害者から他の使用者に対する求償の問題である。すなわち被用者（B）と第三者（D）との共同不法行為によった場合において、判例は「このような他人に損害を加えた場合において、第三者（D）が自己と被用者との過失割合に従って定められるべき自己の負担部分を超えて被害者に損害を賠償したときは、第三者（D）は、被用者（B）の負担部分について使用者（A）に対し求償することができる」とする。よって、被用者Bと第三者Dとの共同不法行為により他人Eに損害を加えた場合、Dが自己の負担部分を超えてEに損害賠償をしたときは、Dは、被用者Bの負担部分、つまり、これは使用者Aの負担部分ともなるが、この限度で、Aに対して求償することができる。

必勝合格Check!

加害者の複数の使用者が使用者責任を負う場合

●使用者の一方は、当該加害者の過失割合に従って定められる自己の負担部分を超えて損害を賠償したときは、その超える部分につき、使用者の他方に対し、当該加害者の過失割合に従って定められるその負担部分の限度で、求償することができる。

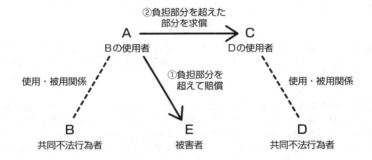

問題112 不法行為

事業者Aが雇用している従業員Bが行った不法行為に関する次の記述のうち、民法の規定及び判例によれば、正しいものはどれか。

1 Bの不法行為がAの事業の執行につき行われたものであり、Aに使用者としての損害賠償責任が発生する場合、Bには被害者に対する不法行為に基づく損害賠償責任は発生しない。

2 Bが営業時間中にA所有の自動車を運転して取引先に行く途中に前方不注意で人身事故を発生させても、Aに無断で自動車を運転していた場合、Aに使用者としての損害賠償責任は発生しない。

3 Bの不法行為がAの事業の執行につき行われたものであり、Aに使用者としての損害賠償責任が発生する場合、Aが被害者に対して売買代金債権を有していれば、被害者は不法行為に基づく損害賠償債権で売買代金債務を相殺することができる。

4 Bの不法行為がAの事業の執行につき行われたものであり、Aが使用者としての損害賠償責任を負担した場合、A自身は不法行為を行っていない以上、Aは負担した損害額の2分の1をBに対して求償できる。

解答・解説

1 誤り

使用者責任が成立しても（民法715条1項本文）、被用者は、一般不法行為責任を免れることはできない（民法709条）。したがって、本肢における事業者Aの従業員Bも一般不法行為責任を負う。

2 誤り

使用者責任が成立するには、被用者がその「事業の執行について」第三者に損害を加えたことが必要である。そして、「事業の執行について」とは、被害者保護の見地より、行為の外形より客観的に判断すべきである（判例）。本肢においては、Bは「Aの自動車」を無断で運転していたのであるが、「営業時間中に取引先に行く途中」に事故を起こしているのであり、その外形からは事業の執行に該当するといえる。したがって、Aには使用者としての損害賠償責任が発生しうる。

3 正しい

悪意による不法行為に基づく損害賠償債務の債務者（加害者）は、原則として、相殺をもって債権者に対抗することができない（民法509条1号）。これに対して、被害者（債権者）からの相殺はできる（判例）。したがって、被害者は不法行為に基づく損害賠償債権で売買代金債務を相殺することができるとする本肢は正しい。

4 誤り

使用者が被害者に対して使用者責任を負担した場合、使用者からの被用者に対する求償権の行使を妨げない（民法715条3項）。ただ、その額は、その事業の性格・規模等諸般の事情に照らし、損害の公平な分担という見地から信義則上相当と認められる限度とされている（判例）。したがって、本肢においても、AがBに対して求償する場合、その額は1/2と定まっているわけではなく、信義則上相当と認められる額になる。

必勝合格Check!

使用者責任

●被用者の行為が職務行為に該当するか否かについては、外形から判断する（相手方が悪意又は重過失である場合を除く）。

●被用者に対する損害賠償請求権が消滅時効にかかったときでも、そのことにより使用者に対する損害賠償請求権が時効消滅することはない。

●使用者の被用者に対する求償権は、信義則上相当と認められる限度に限られる。

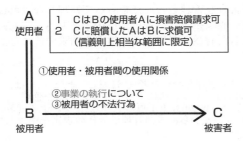

A
使用者

```
1　CはBの使用者Aに損害賠償請求可
2　Cに賠償したAはBに求償可
　　（信義則上相当な範囲に限定）
```

①使用者・被用者間の使用関係

②事業の執行について
③被用者の不法行為

B
被用者

C
被害者

問題113　**事務管理**

　Aは、隣人Bの留守中に台風が接近して、屋根の一部が壊れていたB宅に甚大な被害が生じる差し迫ったおそれがあったため、Bからの依頼なくB宅の屋根を修理した。この場合における次の記述のうち、民法の規定によれば、誤っているものはどれか。

1　Aは、Bに対して、特段の事情がない限り、B宅の屋根を修理したことについて報酬を請求することができない。

2　Aは、Bからの請求があったときには、いつでも、本件事務処理の状況をBに報告しなければならない。

3　Aは、B宅の屋根を善良な管理者の注意をもって修理しなければならない。

4　AによるB宅の屋根の修理が、Bの意思に反することなく行われた場合、AはBに対し、Aが支出した有益な費用全額の償還を請求することができる。

解答・解説

　義務なく他人のために事務の管理を始めた者（「管理者」という。）は、その事務の性質に従い、最も本人の利益に適合する方法によって、その事務の管理（「事務管理」という。）をしなければならない（民法697条1項）。この点、契約上の義務がある委任の場合と類似した点がみられることから、事務管理は委任の規定を準用している（民法701条）。

1　正しい

　委任の場合でも特約がない限り報酬請求権が認められていない点からしても、事務管理者には、その報酬請求権は認められない（民法701条は648条を準用していない。）。

2　正しい

　委任においては、受任者は、委任者の請求があるときは、いつでも委任事務の処理の状況を報告し、委任が終了した後は、遅滞なくその経過及び結果を報告しなければならないことになっている（民法645条）。そして、この規定が事務管理にも準用されており、管理者は、本人の請求があるときは、いつでも事務管理の状況を報告しなければならない（民法701条、645条）。

3　誤り

　管理者は、本人の身体、名誉又は財産に対する急迫の危害を免れさせるために事務管理（「緊急事務管理」という。）をしたときは、悪意又は重大な過失があるのでなければ、これによって生じた損害を賠償する責任を負わない（民法698条）。すなわち、緊急事務管理の場合には、注意義務が軽減され、善良な管理者の注意を負っているのではない。本問は、台風の接近により、屋根の損壊があることによるB宅への甚大な被害が生じる差し迫ったおそれがあるというのであり、財産に対する急迫の危害を免れさせるために行う事務管理といえる。

4　正しい

　管理者は、本人の意思を知っているとき、又はこれを推知することができるときは、その意思に従って事務管理をしなければならない（民法697条2項）。そして、管理者は、本人の意思に反することなく、本人のために有益な費用を支出したときは、本人に対し、その償還（全額）を請求することができる（民法702条1項）。なお、管理者が本人の意思に反して事務管理をしたときは、本人が現に利益を受けている限度においてのみ、請求することができる（民法702条3項）。

【問題113】　正解3

CHECK! ☐☐☐　本試験 平成29年度　問6　重要度 A　難易度 ★★★

問題114　**相続**

Aが死亡し、相続人がBとCの2名であった場合に関する次の記述のうち、民法の規定及び判例によれば、正しいものはどれか。

1　①BがAの配偶者でCがAの子である場合と、②BとCがいずれもAの子である場合とでは、Bの法定相続分は①の方が大きい。

2　Aの死亡後、いずれもAの子であるBとCとの間の遺産分割協議が成立しないうちにBが死亡したときは、Bに配偶者Dと子Eがいる場合であっても、Aの遺産分割についてはEが代襲相続人として分割協議を行う。

3　遺産分割協議が成立するまでの間に遺産である不動産から賃料債権が生じていて、BとCがその相続分に応じて当該賃料債権を分割単独債権として確定的に取得している場合、遺産分割協議で当該不動産をBが取得することになっても、Cが既に取得した賃料債権につき清算する必要はない。

4　Bが自己のために相続の開始があったことを知った時から3か月以内に家庭裁判所に対して、相続によって得た財産の限度においてのみAの債務及び遺贈を弁済すべきことを留保して相続を承認する限定承認をする旨を申述すれば、Cも限定承認をする旨を申述したとみなされる。

解答・解説

1　誤り

子及び配偶者が相続人であるときは、子の相続分及び配偶者の相続分は、各2分の1となる（民法900条1号）。また、子が数人あるときは、各自の相続分は、相等しいものとなる（同条4号）。本肢において、①BがAの配偶者でCがAの子である場合、相続分はBが2分の1、Cが2分の1となる。一方、②BとCがいずれもAの子である場合、相続分はB及びCにつき、各2分の1となる。したがって、Bの法定相続分は①の場合も②の場合も2分の1となり、同じである。

2　誤り

被相続人の子が、「相続の開始以前」に死亡したときは、その者の子がこれを代襲して相続人となる（民法887条2項）。しかし、相続の開始以後に死亡した場合は代襲相続ではなく、次の遺産相続が開始するという数次相続が生じることになる。したがって、Aの死亡により、その相続人であるB・Cが遺産分割協議を行うところ、さらにBの死亡により、その相続人であるD・EがCと共にAの遺産の分割協議を行うことになるのであり、EだけがCと分割協議をするわけではない。

3　正しい

相続開始から遺産分割までの間に遺産である賃貸不動産から生じた賃料債権は、各共同相続人がその相続分に応じて確定的に取得し、後にされた遺産分割の影響を受けない（判例）。したがって、遺産分割協議で当該不動産をBが取得することになっても、Cは既に取得した賃料債権について清算する必要はない。

4　誤り

限定承認は、共同相続人の全員が共同してのみこれをすることができる（民法923条）。したがって、Bが限定承認をしたからといって、Cも限定承認をする旨を申述したとみなされるわけではない。

【問題114】　正解3

問題115　相続

　Aには、父のみを同じくする兄Bと、両親を同じくする弟C及び弟Dがいたが、C及びDは、Aより先に死亡した。Aの両親は既に死亡しており、Aには内縁の妻Eがいるが、子はいない。Cには子F及び子Gが、Dには子Hがいる。Aが、令和2年8月1日に遺言を残さずに死亡した場合の相続財産の法定相続分として、民法の規定によれば、正しいものはどれか。

1　Eが2分の1、Bが6分の1、Fが9分の1、Gが9分の1、Hが9分の1である。

2　Bが3分の1、Fが9分の2、Gが9分の2、Hが9分の2である。

3　Bが5分の1、Fが5分の1、Gが5分の1、Hが5分の2である。

4　Bが5分の1、Fが15分の4、Gが15分の4、Hが15分の4である。

解答・解説

　子も直系尊属もいない状態で被相続人が死亡した場合、兄弟姉妹が相続人となるが（民法889条1項2号）、被相続人より先に兄弟姉妹が死亡している場合は、その子が代襲する（民法889条2項、887条2項）。また、被相続人の配偶者は、常に相続人となるが（民法890条）、この配偶者には内縁の配偶者は含まれない。以上から、相続人は、B、Cを代襲するFとG、Dを代襲するHの4名である。

　兄弟姉妹が数人あるときは、各自の相続分は、相等しいものとなるのが原則であるが、父母の一方のみを同じくする兄弟姉妹の相続分は、父母の双方を同じくする兄弟姉妹の相続分の2分の1となる（民法900条4号）。B：C：Dは1：2：2となり、Bの相続分は5分の1、CとDの相続分は各5分の2となる。

　CとDはAより先に死亡しているため、その子が代襲する。その相続分は、CとDが受けるべきであったものと同じであるが、FとGはCが受けるべきであったものを等しく分けることになる（民法901条）。

　以上から、各相続人の法定相続分は、Bが5分の1、Fが5分の1、Gが5分の1、Hが5分の2となる。よって、正解は肢3となる。

【問題115】　正解3

CHECK! ☐☐☐　本試験 平成29年度　問9　重要度 A　難易度 ★★★

問題116　相続

　1億2,000万円の財産を有するAが死亡した。Aには、配偶者はなく、子B、C、Dがおり、Bには子Eが、Cには子Fがいる。Bは相続を放棄した。また、Cは生前のAを強迫して遺言作成を妨害したため、相続人となることができない。この場合における法定相続分に関する次の記述のうち、民法の規定によれば、正しいものはどれか。

1　Dが4,000万円、Eが4,000万円、Fが4,000万円となる。

2　Dが1億2,000万円となる。

3　Dが6,000万円、Fが6,000万円となる。

4　Dが6,000万円、Eが6,000万円となる。

解答・解説

　被相続人の子は相続人となるが、強迫によって遺言をすることを妨げた者は相続人となることができず、相続権を失う（相続欠格、民法887条1項、891条3号）。しかし、その場合、その者の子が代襲相続する（民法887条2項）。代襲相続する際の相続分は、被代襲者のそれと同じである（民法901条1項）。

　これに対して、相続放棄をした者の子は、代襲相続はしない（民法887条2項）。

　以上より、本問において、相続人はAの子DとCを代襲するFの2人であり、各々6,000万円ずつ相続する。よって、正解は肢3となる。

問題117　相続

　相続（令和4年7月1日に相続の開始があったもの）に関する次の記述のうち、民法の規定によれば、誤っているものはどれか。

1　相続回復の請求権は、相続人又はその法定代理人が相続権を侵害された事実を知った時から5年間行使しないときは、時効によって消滅する。

2　被相続人の子が相続開始以前に死亡したときは、その者の子がこれを代襲して相続人となるが、さらに代襲者も死亡していたときは、代襲者の子が相続人となることはない。

3　被相続人に相続人となる子及びその代襲相続人がおらず、被相続人の直系尊属が相続人となる場合には、被相続人の兄弟姉妹が相続人となることはない。

4　被相続人の兄弟姉妹が相続人となるべき場合であっても、相続開始以前に兄弟姉妹及びその子がいずれも死亡していたときは、その者の子（兄弟姉妹の孫）が相続人となることはない。

解答・解説

1　正しい
　相続回復の請求権は、相続人又はその法定代理人が相続権を侵害された事実を知った時から5年間行使しないときは、時効によって消滅する（民法884条前段）。

2　誤り
　被相続人の子が相続開始前以前に死亡したときは、その者の子がこれを代襲して相続人となり（代襲相続、民法887条2項本文）、さらに代襲者も死亡していたときは、代襲者の子が相続人となる（再代襲、民法887条3項）。

3　正しい
　被相続人に子及びその代襲相続人がおらず、かつ被相続人の直系尊属がいない場合には、被相続人の兄弟姉妹が相続人となる（民法889条1項）。したがって、被相続人の直系尊属が相続人となる場合には、後順位である被相続人の兄弟姉妹が相続人となることはない。

4　正しい
　被相続人の兄弟姉妹が相続人となるべき場合、相続開始前に兄弟姉妹及びその子がいずれも死亡していたときは、その者の子が相続人となることはない（民法889条2項）。つまり、民法889条2項は、887条2項（代襲相続）を準用しているが、3項（再代襲）を準用しておらず、兄弟姉妹については再代襲が認められていないことになる。

CHECK!

本試験 平成11年度　問3　　重要度 B　　難易度 ★★

問題118　相続

相続に関する次の記述のうち、民法の規定及び判例によれば、誤っているものはどれか。

1　相続開始の時において相続人が数人あるとき、遺産としての不動産は、相続人全員の共有に属する。

2　被相続人は、遺言で、遺産の分割の方法を定めることができ、また相続開始の時から5年を超えない期間内で遺産の分割を禁ずることもできる。

3　遺産の分割について共同相続人間に協議が調わないとき、各共同相続人は、その全部の分割を、相続開始地の地方裁判所に請求することができる。

4　相続開始の時から3年以上経過した後に遺産の分割をしたときでも、その効力は、第三者の権利を害しない範囲で、相続開始の時にさかのぼって生ずる。

解答・解説

1　正しい

相続開始の時において相続人が数人あるとき、遺産としての不動産は、相続人全員の共有に属する（民法898条）。なお、ここにいう「共有」とは、物権編におけるのと同様の共有関係と考えられている。

2　正しい

被相続人は、遺言で、遺産の分割の方法を定めることができ、また相続開始の時から5年を超えない期間内で遺産の分割を禁ずることもできる（民法908条）。

3　誤り

遺産の分割について、共同相続人間に協議が調わないとき、又は協議をすることができないときは、各共同相続人は、その全部又は一部の分割を家庭裁判所に請求することができる（民法907条2項本文）。遺産分割をめぐる紛争は、いわば家庭内の争いであって、裁判所による後見的役割も期待されるので、その管轄は家庭裁判所である。

4　正しい

「相続開始の時から3年以上経過した後」という点にひっかかった人がいるかもしれないが、5年間分割を禁ずることもできることを思い出してほしい。遺産の分割をすれば、その効力は、第三者の権利を害しない範囲で、相続開始の時にさかのぼって生ずる（民法909条）。

問題119　相続

相続の承認及び放棄に関する次の記述のうち、民法の規定によれば、誤っているものはどれか。

1　相続の放棄をする場合、その旨を家庭裁判所に申述しなければならない。

2　相続人が数人あるときは、限定承認は、共同相続人の全員が共同してのみこれをすることができる。

3　相続人が、自己のために相続の開始があったことを知った時から3カ月（家庭裁判所が期間の伸長をした場合は当該期間）以内に、限定承認又は放棄をしなかったときは、単純承認をしたものとみなされる。

4　被相続人の子が、相続の開始後に相続放棄をした場合、その者の子がこれを代襲して相続人となる。

解答・解説

1　正しい
相続の放棄をする場合には、その旨を家庭裁判所に申述しなければならない（民法938条）。

2　正しい
限定承認は、清算手続を簡明にするため、共同相続人の「全員」で共同しておこなわなければならない（民法923条）。

3　正しい
相続人は、原則として「自己のために相続の開始があったことを知った時から3か月以内」に、単純若しくは限定の承認又は放棄をしなければならない（民法915条1項）。そして、相続人が同915条1項の期間内に限定承認又は放棄をしなかったときには、相続人は、「単純承認」をしたものとみなされる（民法921条2号）。

4　誤り
代襲相続の原因であるが、被相続人の子の相続開始以前の死亡、相続欠格及び相続廃除の3つのみである（民法887条2項本文）。よって、被相続人の子が相続放棄をした場合には、代襲相続は生じない。相続の放棄によって始めから相続人とならなかったものとみなされるからである（民法939条）。

【問題119】　正解4

CHECK! ☐ ☐ ☐　　本試験 **平成19年度　問12**　　重要度 **B**　　難易度 **★**

問題120　相続

AがBに対して1,000万円の貸金債権を有していたところ、Bが相続人C及びDを残して死亡した場合に関する次の記述のうち、民法の規定及び判例によれば、誤っているものはどれか。

1　Cが単純承認を希望し、Dが限定承認を希望した場合には、相続の開始を知った時から3か月以内に、Cは単純承認を、Dは限定承認をしなければならない。

2　C及びDが相続開始の事実を知りながら、Bが所有していた財産の一部を売却した場合には、C及びDは相続の単純承認をしたものとみなされる。

3　C及びDが単純承認をした場合には、法律上当然に分割されたAに対する債務を相続分に応じてそれぞれが承継する。

4　C及びDが相続放棄をした場合であっても、AはBの相続財産管理人の選任を請求することによって、Bに対する貸金債権の回収を図ることが可能となることがある。

解答・解説

1　誤り

相続人が数人あるときは、限定承認は、共同相続人の全員が共同してのみこれをすることができる（民法923条）。よって、C及びDは、共同しなければ限定承認をすることはできない。

2　正しい

相続人が相続財産の全部又は一部を処分したときは、単純承認をしたものとみなされる（民法921条1号）。Bが所有していた財産の一部を売却する行為は、相続財産の一部の処分にあたるから、C及びDは単純承認をしたものとみなされる。

3　正しい

相続財産に属する金銭債務等の可分債務は、相続分に応じて法律上当然に分割され、各共同相続人は、相続分に応じてこれを承継する（判例）。よって、単純承認をしたC及びDは、Aに対して、相続分に応じて分割された額の金銭債務を負うことになる。

4　正しい

相続人のあることが明らかでないとき、相続財産は法人とされ、利害関係人又は検察官の請求により家庭裁判所が選任した相続財産管理人が、相続人の捜索と相続財産の保存・清算を行う（民法951条、民法952条1項）。この場合、一定の手続きを経てもなお相続人のあることが明らかにならなければ、相続財産管理人を通じて、相続債権者及び受遺者に対する弁済がなされる（民法957条）。したがって、Aは、Bの相続財産管理人の選任を請求することによって、Bに対する貸金債権の回収を図ることが可能となることがある。

【問題120】　正解 1

問題121　相続

　遺言及び遺留分に関する次の記述のうち、民法の規定によれば、正しいものはどれか。

1　自筆証書による遺言をする場合、証人二人以上の立会いが必要である。

2　自筆証書による遺言書を保管している者が、相続の開始後、これを家庭裁判所に提出してその検認を経ることを怠り、そのままその遺言が執行された場合、その遺言書の効力は失われる。

3　適法な遺言をした者が、その後更に適法な遺言をした場合、前の遺言のうち後の遺言と抵触する部分は、後の遺言により撤回したものとみなされる。

4　法定相続人が配偶者Aと子Bだけである場合、Aに全財産を相続させるとの適法な遺言がなされた場合、Bは遺留分権利者とならない。

解答・解説

1　誤り

　自筆証書による遺言をするには、証人の立会いは不要である（民法968条参照）。なお、証人2人以上の立会いが必要となるのは、普通方式の遺言では、公正証書遺言（民法969条1号）や秘密証書遺言（民法970条3号）である。

2　誤り

　遺言書の保管者が、検認を経ないでその遺言を執行したときは、5万円以下の過料には処されるが（民法1005条）、遺言の効力まで失われるものではない（判例）。

3　正しい

　前の遺言と後の遺言が抵触するときは、その抵触する部分については、後の遺言で前の遺言を撤回したものとみなされる（民法1023条1項）。この場合、後の遺言が、遺言者の最終意思を反映するものと考えられるからである。

4　誤り

　兄弟姉妹以外の相続人は、遺留分権利者となる（民法1042条1項）。また、遺留分権利者の地位は、遺言により覆されるものではない（民法964条、1046条参照）。

CHECK! □□□　　本試験 **平成22年度　問10改**　重要度 **B**　難易度 **★**

問題122　　**相続**

遺言に関する次の記述のうち、民法の規定によれば、正しいものはどれか。

1　自筆証書遺言は、その内容をワープロ等で印字していても、日付と氏名を自書し、押印すれば、有効な遺言となる。

2　疾病によって死亡の危急に迫った者が遺言する場合には、代理人が2名以上の証人と一緒に公証人役場に行けば、公正証書遺言を有効に作成することができる。

3　未成年であっても、15歳に達した者は、有効に遺言をすることができる。

4　夫婦又は血縁関係がある者は、同一の証書で有効に遺言をすることができる。

解答・解説

1　誤り

自筆証書によって遺言をするには、遺言者が、その全文、日付及び氏名を自書し、これに印を押さなければならない（民法968条1項）。よって、その内容をワープロ等で印字した遺言は、自筆証書遺言としては無効である。なお、自筆証書にこれと一体のものとして相続財産の全部又は一部の目録を添付する場合には、その目録については、各頁に署名押印すれば、自書することを要せず、ワープロ等で印字したものでもよい（同条2項）。

2　誤り

疾病等死亡の危急に迫った者が遺言をしようとするときは、証人3人以上の立会いをもって、その1人に遺言の趣旨を口授して、これをすることができる。この場合においては、その口授を受けた者が、これを筆記して、遺言者及び他の証人に読み聞かせ、又は閲覧させ、各証人がその筆記の正確なことを承認した後、これに署名し、印を押さなければならない（民法976条1項）。よって、死亡の危急に迫った者が遺言する場合には、代理人が2名以上の証人と一緒に公証人役場に行くという方法ではできない。また、公正証書遺言についても、遺言者本人が公証人の前に赴くことが必要で、代理人によってはできない（民法969条、969条の2）。

3　正しい

15歳に達した者は、遺言をすることができる（民法961条）。

4　誤り

遺言は、2人以上の者が同一の証書ですることができない（民法975条）。よって、夫婦又は血縁関係がある者であっても、同一の証書による遺言は無効である。

【問題122】　正解3

問題123　相続

　相続に関する次の記述のうち、民法の規定及び判例によれば、誤っているものはどれか。

1　無権代理人が本人に無断で本人の不動産を売却した後に、単独で本人を相続した場合、本人が自ら当該不動産を売却したのと同様な法律上の効果が生じる。

2　相続財産に属する不動産について、遺産分割前に単独の所有権移転登記をした共同相続人から移転登記を受けた第三取得者に対し、他の共同相続人は、自己の持分を登記なくして対抗することができる。

3　連帯債務者の一人が死亡し、その相続人が数人ある場合、相続人らは被相続人の債務の分割されたものを承継し、各自その承継した範囲において、本来の債務者とともに連帯債務者となる。

4　共同相続に基づく共有物の持分価格が過半数を超える相続人は、協議なくして単独で共有物を占有する他の相続人に対して、当然にその共有物の明渡しを請求することができる。

解答・解説

1　正しい

　本人が追認又はその拒絶をする前に、無権代理人が本人を単独で相続し本人と代理人との資格が同一人に帰するにいたった場合、本人が自ら法律行為をしたのと同様な法律上の地位が生じ無権代理行為は当然に有効になる（判例）。よって、本肢では、本人が自ら当該不動産を売却したのと同様な法律上の効果が生じることになる。

2　正しい

　共同相続において、相続人の1人が単独の所有権取得の登記をなし、これを第三者に譲渡し所有権移転の登記をしても、他の相続人は自己の持分を登記なくして、第三取得者に対抗することができる（判例）。

3　正しい

　連帯債務者の1人が死亡し、その相続人が数人ある場合、相続人らは法定相続分にしたがって分割された債務を承継し、各自その承継した範囲において、他の債務者とともに連帯債務者となる（判例）。

4　誤り

　他のすべての相続人がその共有持分を合計すると、その価格が共有物の価格の過半数を超えるからといって、共有物を現に占有する者に対して、当然にその明渡しを請求することができるものではない（判例）。各共有者は、共有物の全部について、その持分に応じた使用をすることができるからである（民法249条）。

【問題123】　正解4

MEMO

問題124 不動産登記法

不動産登記に関する次の記述のうち、正しいものはどれか。

1 不動産の登記申請において、申請に必要な添付情報が提供されていない場合には、申請人が補正したときでも、登記官は、理由を付した決定をもって、必ず当該申請を却下しなければならない。

2 権利に関する登記の抹消登記を申請する場合において、当該抹消される登記について登記上の利害関係を有する第三者があるときは、当該第三者の承諾を得なければならない。

3 登記識別情報を提供することができないときは、申請情報と併せて登記を受けたことがある成年者二人以上が登記義務者の人違いでないことを保証した当該成年者二人以上が作成した情報を提供しなければならない。

4 登記原因を証する情報として執行力のある確定判決の正本が提供されている場合でも、法律の規定により第三者の許可がなければ権利変動の効力を生じないとされているときは、別に当該第三者の許可を証する当該第三者が作成した情報を提供しなければならない。

解答・解説

1 誤り

登記官は、申請に必要な添付情報が提供されないときは、理由を付した決定で、登記の申請を却下しなければならない。ただし、当該申請の不備が補正することができるものである場合において、登記官が定めた相当の期間内に、申請人がこれを補正したときは、この限りでない（不動産登記法25条9号）。よって、登記官は、補正により受付をしなければならない場合があり、申請人が補正しても、必ず当該申請を却下しなければならないとはいえない。

2 正しい

権利に関する登記の抹消は、登記上の利害関係を有する第三者がある場合には、当該第三者の承諾があるときに限り、申請することができる（不動産登記法68条）。なお、添付情報として、登記上の利害関係を有する第三者があるときは、当該第三者の承諾を証する当該第三者が作成した情報又は当該第三者に対抗することができる裁判があったことを証する情報を申請時に提供しなければならない（不動産登記令別表26項）。

3 誤り

登記識別情報が通知されなかった場合その他の申請人が登記識別情報を提供することができないことにつき正当な理由がある場合は、登記識別情報を提供することなく登記を申請することができる（不動産登記法22条ただし書）。このとき、登記識別情報に代わる本人確認手段として、従前の保証書制度に代えて事前通知制度が設けられた。すなわち、登記識別情報を提供することができない登記の申請があった場合において、登記官は、法務省令で定める方法により、登記義務者に対し、当該申請があった旨及び当該申請の内容が真実であると思慮するときは法務省令で定める期間内に法務省令で定めるところによりその旨の申出をすべき旨を通知しなければならない。そして、登記官は、当該期間内にあっては、当該申出がない限り、当該申請に係る登記をすることができな

い（不動産登記法23条1項）。

4　誤り

　権利に関する登記を申請するときは、登記原因を証する情報を提供しなければならず、登記原因について第三者の許可を要するときは、当該第三者が許可したことを証する情報を提供しなければならない（不動産登記令7条1項5号ハ）。また、確定判決による登記を申請するときの登記原因を証する情報として、執行力のある確定判決の判決書の正本（執行力のある確定判決と同一の効力を有するものの正本を含む。）によることもできる（不動産登記令7条1項5号ロ（1））。よって、登記原因につき第三者の許可を要する場合であっても、執行力のある確定判決の判決書の正本の提供のみで足り、第三者が許可したことを証する情報を提供する必要はない。

【問題124】　正解2

問題125 不動産登記法

不動産の登記に関する次の記述のうち、不動産登記法の規定によれば、誤っているものはどれか。

1 新築した建物又は区分建物以外の表題登記がない建物の所有権を取得した者は、その所有権の取得の日から1月以内に、所有権の保存の登記を申請しなければならない。

2 登記することができる権利には、抵当権及び賃借権が含まれる。

3 建物が滅失したときは、表題部所有者又は所有権の登記名義人は、その滅失の日から1月以内に、当該建物の滅失の登記を申請しなければならない。

4 区分建物の所有権の保存の登記は、表題部所有者から所有権を取得した者も、申請することができる。

解答・解説

1 誤り

新築した建物又は区分建物以外の表題登記がない建物の所有権を取得した者は、その所有権の取得の日から1月以内に、「表題登記」を申請しなければならない（不動産登記法47条1項）。しかし、所有権保存の登記のような「権利の登記」については、原則として当事者に申請義務はない。

2 正しい

すべての権利を登記することができるわけではなく、登記することができる権利は法が定めている（不動産登記法3条）。所有権、地上権、永小作権、地役権、先取特権、質権、抵当権、賃借権、採石権がそれである。よって、本肢の抵当権及び賃借権は登記をすることができる（不動産登記法3条7・8号）。

3 正しい

建物が滅失したときは、表題部所有者又は所有権の登記名義人は、その滅失の日から1月以内に、当該建物の滅失の登記を申請しなければならない（不動産登記法57条）。申請義務を負う者が、その申請を怠ったときは、10万円以下の過料に処せられる（不動産登記法164条）。なお滅失の登記が申請された後は、当該登記記録は閉鎖されることになる。

4 正しい

区分建物の所有権の保存の登記は、表題部所有者から所有権を取得した者も、申請することができる。なお、この場合、敷地権付き区分建物であるときは、当該敷地権の登記名義人の承諾を得なければならない（不動産登記法74条2項）。

【問題125】 正解 1

CHECK! ☐☐☐　本試験 平成27年度　問14　重要度 C　難易度 ★★★

問題126　不動産登記法

不動産の登記に関する次の記述のうち、不動産登記法の規定によれば、誤っているものはどれか。

1　登記事項証明書の交付の請求は、利害関係を有することを明らかにすることなく、することができる。

2　土地所在図、地積測量図、地役権図面、建物図面及び各階平面図を除く登記簿の附属書類の閲覧の請求は、請求人が利害関係を有する部分に限り、することができる。

3　登記事項証明書の交付の請求は、請求情報を電子情報処理組織を使用して登記所に提供する方法によりすることができる。

4　筆界特定書の写しの交付の請求は、請求人が利害関係を有する部分に限り、することができる。

解答・解説

1　正しい

何人も、登記官に対し、手数料を納付して、登記記録に記録されている事項の全部又は一部を証明した書面（以下、本問において「登記事項証明書」という。）の交付を請求することができる（不動産登記法119条1項）。

2　正しい

何人も、登記官に対し、手数料を納付して、登記簿の附属書類の閲覧を請求することができる。ただし、土地所在図、地積測量図、地役権図面、建物図面及び各階平面図以外のものについては、請求人が利害関係を有する部分に限る（不動産登記法121条1・2項、不動産登記令21条1項）。

3　正しい

登記事項証明書の交付の請求は、①請求情報を記載した書面を登記所に提出する方法、②登記官が管理する入出力装置に請求情報を入力する方法、③請求情報を電子情報処理組織を使用して登記所に提供する方法によりすることができる（不動産登記規則194条）。

4　誤り

何人も、登記官に対し、手数料を納付して、筆界特定手続記録のうち筆界特定書又は政令で定める図面の全部又は一部の写しの交付を請求することができる（不動産登記法149条1項）。したがって、筆界特定書の写しの交付の請求は、請求人が利害関係を有する部分に限定されているわけではない。

問題127　**不動産登記法**

不動産の登記に関する次の記述のうち、誤っているものはどれか。

1　表示に関する登記を申請する場合には、申請人は、その申請情報と併せて登記原因を証する情報を提供しなければならない。

2　新たに生じた土地又は表題登記がない土地の所有権を取得した者は、その所有権の取得の日から1月以内に、表題登記を申請しなければならない。

3　信託の登記の申請は、当該信託に係る権利の保存、設定、移転又は変更の登記の申請と同時にしなければならない。

4　仮登記は、仮登記の登記義務者の承諾があるときは、当該仮登記の登記権利者が単独で申請することができる。

解答・解説

1　誤り

権利に関する登記を申請する場合には、申請人は、法令に別段の定めがある場合を除き、その申請情報と併せて登記原因を証する情報を提供しなければならない（不動産登記法61条）。しかし、表示に関する登記を申請する場合には、登記原因を証する情報を提供する必要はない。

2　正しい

新たに生じた土地又は表題登記がない土地の所有権を取得した者は、その所有権の取得の日から1月以内に、表題登記を申請しなければならない（不動産登記法36条）。

3　正しい

信託の登記の申請は、当該信託に係る権利の保存、設定、移転又は変更の登記の申請と同時にしなければならない（不動産登記法98条1項）。

4　正しい

仮登記は、仮登記の登記義務者の承諾があるときは、当該仮登記の登記権利者が単独で申請することができる（不動産登記法107条1項）。

【問題127】　正解1

CHECK! ☐☐☐　本試験 平成19年度 問16　重要度 C　難易度 ★★★

問題128　不動産登記法

不動産の登記に関する次の記述のうち、不動産登記法の規定によれば、誤っているものはどれか。

1　表題部所有者であるAから土地を買い受けたBは、Aと共同してBを登記名義人とする所有権の保存の登記の申請をすることができる。

2　共有物分割禁止の定めに係る権利の変更の登記の申請は、当該権利の共有者であるすべての登記名義人が共同してしなければならない。

3　権利が法人の解散によって消滅する旨の登記がされている場合において、当該権利がその法人の解散によって消滅したときは、登記権利者は、単独で当該権利に係る権利に関する登記の抹消を申請することができる。

4　遺贈を登記原因とする所有権の移転の登記は、遺言執行者が指定されているか否かにかかわらず、登記権利者及び登記義務者が共同してしなければならない。

解答・解説

1　誤り
　所有権の保存登記は、①表題部所有者又はその一般承継人、②所有権を有することが確定判決によって確認された者、③収用により所有権を取得した者、④区分所有建物における表題部所有者から所有権を取得した者以外の者は、申請することができない（不動産登記法74条1・2項）。よって、表題部所有者Aから土地を買い受けたBは、所有権保存登記の申請適格がないため、Bの名義で申請することができない（不動産登記法74条1項1号）。

2　正しい
　共有物分割禁止の定め（不動産登記法59条6号）に係る権利の変更の登記の申請は、当該権利の共有者であるすべての登記名義人が共同してしなければならない（不動産登記法65条）。

3　正しい
　権利が人の死亡又は法人の解散によって消滅する旨の登記（不動産登記法59条5号）がなされていれば、その人の死亡又は法人の解散により権利が当然に消滅することが明らかである。よって、その人の死亡又は法人の解散が公的に証明されれば、単独申請を認めても登記の正確性は確保できる。したがって、登記権利者は、単独で当該権利に係る権利に関する登記の抹消を申請することができる（不動産登記法69条）。

4　正しい
　遺贈を登記原因とする所有権の移転の登記は、受遺者を登記権利者、遺言執行者又は相続人を登記義務者として共同申請によるべきである。よって、遺言執行者が指定されているか否かにかかわらず、登記権利者及び登記義務者が共同してしなければならない（不動産登記法60条）。

問題129　**不動産登記法**

不動産登記の申請に関する次の記述のうち、誤っているものはどれか。

1　登記の申請を共同してしなければならない者の一方に登記手続をすべきことを命ずる確定判決による登記は、当該申請を共同してしなければならない者の他方が単独で申請することができる。

2　相続又は法人の合併による権利の移転の登記は、登記権利者が単独で申請することができる。

3　登記名義人の氏名若しくは名称又は住所についての変更の登記又は更正の登記は、登記名義人が単独で申請することができる。

4　所有権の登記の抹消は、所有権の移転の登記の有無にかかわらず、現在の所有権の登記名義人が単独で申請することができる。

解答・解説

1　正しい
　登記の申請を共同してしなければならない者の一方に登記手続をすべきことを命ずる確定判決による登記は、当該申請を共同してしなければならない者の他方が単独で申請することができる（不動産登記法63条1項）。

2　正しい
　相続又は法人の合併による権利の移転の登記は、登記権利者が単独で申請することができる（不動産登記法63条2項）。相続や合併による権利移転の事実は容易に知り得るし、また、登記義務者が存在しないから、単独申請が認められている。

3　正しい
　登記名義人の氏名若しくは名称又は住所についての変更の登記又は更正の登記は、登記名義人が単独で申請することができる（不動産登記法64条1項）。これらの登記が単独でなされても、何らの不利益を被る者はいないから、登記の真正を確保するためにも、単独申請が認められている。

4　誤り
　所有権の登記の抹消は、「所有権の移転の登記がない場合に限り」、所有権の登記名義人が単独で申請することができる（不動産登記法77条）。よって、所有権の移転の登記の有無にかかわらず、現在の所有権の登記名義人が単独で申請することができるとする本肢は誤り。

【問題129】　正解4

CHECK! ☐ ☐ ☐ 　本試験 令和2年度 問14 （10月実施）　重要度 A　難易度 ★★★

問題130　**不動産登記法**

不動産の登記に関する次の記述のうち、不動産登記法の規定によれば、正しいものはどれか。

1　敷地権付き区分建物の表題部所有者から所有権を取得した者は、当該敷地権の登記名義人の承諾を得なければ、当該区分建物に係る所有権の保存の登記を申請することができない。

2　所有権に関する仮登記に基づく本登記は、登記上の利害関係を有する第三者がある場合であっても、その承諾を得ることなく、申請することができる。

3　債権者Aが債務者Bに代位して所有権の登記名義人CからBへの所有権の移転の登記を申請した場合において、当該登記を完了したときは、登記官は、Aに対し、当該登記に係る登記識別情報を通知しなければならない。

4　配偶者居住権は、登記することができる権利に含まれない。

解答・解説

1　正しい

区分建物にあっては、表題部所有者から所有権を取得した者も、所有権の保存登記を（単独で）申請することができる。この場合において、当該建物が敷地権付き区分建物であるときは、当該敷地権の登記名義人の承諾を得なければならない（不動産登記法74条2項）。

2　誤り

所有権に関する仮登記に基づく本登記は、登記上の利害関係を有する第三者がある場合には、当該第三者の承諾があるときに限り、申請することができる（不動産登記法109条1項）。

3　誤り

登記官は、その登記をすることによって「申請人自らが登記名義人となる場合」において、当該登記を完了したときは、速やかに、当該申請人に対し、当該登記に係る登記識別情報を通知しなければならない（不動産登記法21条本文）。本肢では、登記名義人になるのは債務者Bであって、申請人である債権者Aではないので、登記官は、Aに対し当該登記に係る登記識別情報を通知する必要はない。

4　誤り

不動産登記法は、登記することができる権利の1つとして配偶者居住権を規定している（不動産登記法3条9号）。

問題131　不動産登記法

不動産の登記の申請に関する次の記述のうち、誤っているものはどれか。

1　所有権に関する仮登記に基づく本登記は、登記上の利害関係を有する第三者がある場合には、当該第三者の承諾があるときに限り、申請することができる。

2　仮登記の登記義務者の承諾がある場合であっても、仮登記権利者は単独で当該仮登記の申請をすることができない。

3　二筆の土地の表題部所有者又は所有権の登記名義人が同じであっても、持分が相互に異なる土地の合筆の登記は、申請することができない。

4　二筆の土地の表題部所有者又は所有権の登記名義人が同じであっても、地目が相互に異なる土地の合筆の登記は、申請することができない。

解答・解説

1　正しい

所有権に関する仮登記に基づく本登記は、登記上の利害関係を有する第三者がある場合には、当該第三者の承諾があるときに限り、申請することができる（不動産登記法109条1項）。所有権に関する仮登記に基づく本登記により、仮登記に劣後する利害関係者の登記が抹消されることになるため、登記上の利害関係者の承諾が必要とされている。

2　誤り

仮登記の登記義務者の承諾があれば、仮登記権利者は単独で当該仮登記の申請をすることができる（不動産登記法107条1項）。登記の申請は、虚偽の登記を防ぐため、原則として登記権利者と登記義務者が共同して行うが、例外として虚偽の登記のおそれがない場合には単独申請が認められており、本肢は例外の一場合にあたる。

3　正しい

表題部所有者又は所有権の登記名義人が相互に持分を異にする土地の合筆の登記は、申請することができない（不動産登記法41条4号）。

4　正しい

地目又は地番区域が相互に異なる土地の合筆の登記は、申請することができない（不動産登記法41条2号）。

【問題131】　正解2

CHECK! ☐☐☐　本試験 平成16年度　問15　重要度 A　難易度 ★

問題132　不動産登記法

不動産の仮登記に関する次の記述のうち、誤っているものはどれか。

1　仮登記の申請は、申請情報と併せて仮登記義務者の承諾を証する当該登記義務者が作成した情報を提供して、仮登記権利者が単独ですることができる。

2　仮登記の申請は、申請情報と併せて仮登記を命ずる処分の決定書の正本を提供して、仮登記権利者が単独ですることができる。

3　仮登記の抹消の申請は、申請情報と併せてその仮登記の登記識別情報を提供して、登記上の利害関係人が単独ですることができる。

4　仮登記の抹消の申請は、申請情報と併せて仮登記名義人の承諾を証する当該登記名義人が作成した情報を提供して、登記上の利害関係人が単独ですることができる。

解答・解説

1　正しい

仮登記は、申請情報と併せて仮登記義務者の承諾を証する当該登記義務者が作成した情報を提供して、仮登記権利者が単独で申請することができる（不動産登記法107条1項、不動産登記令7条5号ロ、不動産登記令別表68項ロ）。仮登記の予備的・仮定的性格から単独申請の要件が多少緩和されており、その正確性の担保ができる限り、すなわち、仮登記義務者の承諾を証する当該登記義務者が作成した情報又は仮登記を命ずる処分の決定書の正本の提供で単独申請が認められているのである。

2　正しい

仮登記は、申請情報と併せて仮登記を命ずる処分の決定書の正本を提供して、仮登記権利者が単独で申請することができる（不動産登記法107条1項、不動産登記令7条5号ロ（2））。

3　誤り

申請情報と併せて登記識別情報を提供して仮登記の抹消を単独で申請することができるのは、「仮登記の登記名義人」であり、登記上の利害関係人ではない（不動産登記法110条前段）。仮登記は予備的なものであるから、仮登記権利者から一方的に抹消を認めても支障はなく、ただ、その申請意思の確認のため、登記識別情報の提供を要求しているのである（不動産登記法22条本文、不動産登記令8条1項8号）。

4　正しい

申請情報と併せて仮登記の登記名義人の承諾を証する当該登記名義人が作成した情報を提供する場合であれば、抹消の正確性を担保することができるので、登記上の利害関係人も、単独で仮登記の抹消を申請することができる（不動産登記法110条後段）。

問題133 **不動産登記法**

　１棟の建物を区分した建物（以下この問において「区分建物」という。）についての登記に関する次の記述のうち、誤っているものはどれか。

1　表題登記がない区分建物を建築者から取得した者は、当該区分建物の表題登記を申請する義務はない。

2　区分建物の床面積は、壁その他の内側線で囲まれた部分の水平投影面積により算出される。

3　区分建物が規約による共用部分である旨の登記は、当該区分建物の登記記録の表題部にされる。

4　区分建物について敷地権の表示が登記されたときは、敷地権の目的たる土地の登記記録の表題部に敷地権である旨の登記がされる。

解答・解説

1　正しい

　区分建物の表題登記の申請は、その１棟の建物に属する他の区分建物の表題登記の申請とともに行わなければならない（不動産登記法48条１項）。すなわち、そのマンションの全部を最初に取得した売主（マンション業者等）などが一括して表題登記の申請をするのである。

2　正しい

　建物の登記記録上の床面積の算出方法は、区分建物以外では各階ごとに壁その他の区画の中心線で囲まれた部分の水平投影面積によりなされ、区分建物については、壁その他の区画の「内側線」で囲まれた部分の水平投影面積による（不動産登記規則115条）。

3　正しい

　建物の区分所有等に関する法律において、区分所有者相互間の規約によって、本来専有部分となりうる部分や附属建物を共用部分とすることができ、その場合の対抗要件は、その旨の登記である（建物の区分所有等に関する法律４条２項）。そして、この登記は不動産の表示に関する登記の１つとして、その区分建物の表題部になされる（不動産登記法44条１項６号、２条７号）。

4　誤り

　区分建物について敷地権があるときは、その権利の表示を区分建物の表題部に登記する（不動産登記法44条１項９号、２条７号）。また、この「敷地権の表示の登記」が区分建物の表題部についてなされると、敷地権の目的である土地の登記記録の権利部相当区（所有権なら甲区、地上権・賃借権なら乙区）に敷地権である旨の登記が、登記官の職権によってなされる（不動産登記法46条、不動産登記規則119条１項）。

【問題133】　正解4

CHECK! ☐☐☐　本試験 平成26年度　問13　重要度 B　難易度 ★★★

問題134　**区分所有法**

　建物の区分所有等に関する法律（以下この問において「法」という。）に関する次の記述のうち、誤っているものはどれか。

1　区分所有者の団体は、区分所有建物が存在すれば、区分所有者を構成員として当然に成立する団体であるが、管理組合法人になることができるものは、区分所有者の数が30人以上のものに限られる。

2　専有部分が数人の共有に属するときの集会の招集の通知は、法第40条の規定に基づく議決権を行使すべき者にすればよく、共有者間で議決権を行使すべき者が定められていない場合は、共有者のいずれか一人にすればよい。

3　建物の価格の2分の1以下に相当する部分が滅失した場合、規約で別段の定めがない限り、各区分所有者は、滅失した共用部分について、復旧の工事に着手するまでに復旧決議、建替え決議又は一括建替え決議があったときは、復旧することができない。

4　管理者が、規約の保管を怠った場合や、利害関係人からの請求に対して正当な理由がないのに規約の閲覧を拒んだ場合は、20万円以下の過料に処せられる。

解答・解説

1　誤り
　区分所有者の団体は、区分所有者及び議決権の各4分の3以上の多数による集会の決議で法人となる旨並びにその名称及び事務所を定め、かつ、その主たる事務所の所在地において登記をすることによって管理組合法人となる（建物の区分所有等に関する法律47条1項）。したがって、区分所有者の数が30人以上のものである必要はない。

2　正しい
　専有部分が数人の共有に属するときは、集会の招集の通知は、建物の区分所有等に関する法律40条の規定により定められた議決権を行使すべき者（その者がないときは、共有者の一人）にすれば足りる（建物の区分所有等に関する法律35条2項、40条）。

3　正しい
　建物の価格の2分の1以下に相当する部分が滅失したときは、各区分所有者は、滅失した共用部分及び自己の専有部分を復旧することができる。ただし、共用部分については、復旧の工事に着手するまでに復旧決議、建替え決議又は団地内の建物の一括建替え決議があったときは、復旧することはできない（建物の区分所有等に関する法律61条1項）。

4　正しい
　管理者が、規約の保管をしなかった場合や、利害関係人からの請求に対して正当な理由がないのに規約の閲覧を拒んだ場合には、20万円以下の過料に処せられる（建物の区分所有等に関する法律71条1・2号、33条1・2項）。

【問題134】　正解 1

問題135　区分所有法

建物の区分所有等に関する法律に関する次の記述のうち、誤っているものはどれか。

1　共用部分であっても、規約で定めることにより、特定の区分所有者の所有とすることができる。

2　専有部分であっても、規約で定めることにより、敷地利用権と分離して処分することができる。

3　構造上区分所有者全員の共用に供されるべき建物の部分であっても、規約で定めることにより、特定の区分所有者の専有部分とすることができる。

4　区分所有者の共有に属さない敷地であっても、規約で定めることにより、区分所有者の団体の管理の対象とすることができる。

解答・解説

1　正しい

本来、共用部分は、区分所有者の全員又は一部の共有に属するが、規約で定めるところにより、特定の区分所有者や管理者の所有とすることもできる（建物の区分所有等に関する法律11条1・2項）。

2　正しい

専有部分とその専有部分に係る敷地利用権とは、原則として、分離して処分することはできないが、規約に別段の定めがあるときは、分離して処分することもできる（建物の区分所有等に関する法律22条1項）。

3　誤り

構造上区分所有者全員の共用に供されるべき建物の部分（法定共用部分）については、区分所有権の目的とならないから、たとえ規約で定めようとも、特定の区分所有者の専有部分とすることはできない（建物の区分所有等に関する法律4条1項）。そもそも、法定共用部分については、その性質上、特定の区分所有者の排他的な使用収益の対象となるものではない。

4　正しい

建物の敷地の管理に関する事項は、規約で定めることができる（建物の区分所有等に関する法律30条1項）。よって、区分所有者の共有に属さない敷地であっても、規約で定めるところにより、区分所有者の団体の管理の対象とすることができる。

【問題135】　正解3

CHECK! ☐☐☐　本試験 **平成12年度　問13**　重要度 **B**　難易度 ★★

問題136　**区分所有法**

建物の区分所有等に関する法律に関する次の記述のうち、正しいものはどれか。

1　区分所有者が管理者を選任する場合は、集会の決議の方法で決することが必要で、規約によっても、それ以外の方法による旨定めることはできない。

2　建物の価格の1／2以下に相当する部分が滅失した場合において、滅失した共用部分を復旧するときは、集会の決議の方法で決することが必要で、規約によっても、それ以外の方法による旨定めることはできない。

3　共用部分の変更（その形状又は効用の著しい変更を伴わないものを除く。）は、集会の決議の方法で決することが必要で、規約によっても、それ以外の方法による旨定めることはできない。

4　管理者をその職務に関し区分所有者のために原告又は被告とする場合は、集会の決議の方法で決することが必要で、規約によっても、それ以外の方法による旨定めることはできない。

解答・解説

1　誤り
管理者の選任は、原則として、集会の決議によるものとされているが、規約により別段の定めをすることも可能である（建物の区分所有等に関する法律25条1項）。

2　誤り
小規模滅失（建物の価格の1／2以下に相当する部分の滅失）の場合の滅失した共用部分の復旧は、原則として、各区分所有者が単独で行うことができるが、集会の決議があった場合には、これに従わなければならない（建物の区分所有等に関する法律61条1項本文・3項）。また、規約により、集会の決議以外の方法による旨定めることも可能である（建物の区分所有等に関する法律61条4項）。

3　正しい
形状又は効用の著しい変更を伴わないものを除く共用部分の変更を重大変更というが、この重大変更については、区分所有者及び議決権の各3／4以上の多数による集会の決議で決する。もっともこの場合、区分所有者の定数については、規約でその過半数まで減ずることができる（建物の区分所有等に関する法律17条1項）。しかし、集会の決議以外の方法による旨定めることができるわけではない。

4　誤り
管理者は、規約又は集会の決議により、その職務に関し、区分所有者のために、原告又は被告となることができる（建物の区分所有等に関する法律26条4項）。

問題137　区分所有法

　建物の区分所有等に関する法律に関する次の記述のうち、正しいものはどれか。

1　管理者は、少なくとも毎年2回集会を招集しなければならない。また、区分所有者の5分の1以上で議決権の5分の1以上を有するものは、管理者に対し、集会の招集を請求することができる。

2　集会は、区分所有者及び議決権の各4分の3以上の多数の同意があるときは、招集の手続きを経ないで開くことができる。

3　区分所有者は、規約に別段の定めがない限り集会の決議によって、管理者を選任し、又は解任することができる。

4　規約は、管理者が保管しなければならない。ただし、管理者がないときは、建物を使用している区分所有者又はその代理人で理事会又は集会の決議で定めるものが保管しなければならない。

解答・解説

1　誤り
　管理者は、少なくとも毎年1回集会を招集しなければならない（建物の区分所有等に関する法律34条2項）。2回ではない。したがって、前半が誤り。後半は正しい（建物の区分所有等に関する法律34条3項本文）。

2　誤り
　集会は、区分所有者全員の同意があるときは、招集の手続を経ないで開くことができる（建物の区分所有等に関する法律36条）。4分の3以上の多数の同意では足りない。

3　正しい
　区分所有者は、規約に別段の定めがない限り集会の決議（普通決議）によって、管理者を選任し、又は解任することができる（建物の区分所有等に関する法律25条1項）。

4　誤り
　規約は、管理者が保管しなければならない。ただし、管理者がないときは、建物を使用している区分所有者又はその代理人で「規約」又は集会の決議で定めるものが保管しなければならない（建物の区分所有等に関する法律33条1項）。理事会ではない。

CHECK! ☐☐☐　本試験 平成10年度　問13　重要度 B　難易度 ★

問題138 **区分所有法**

建物の区分所有等に関する法律（以下この問において「区分所有法」という。）に関する次の記述のうち、誤っているものはどれか。

1　区分所有者の1／5以上で議決権の1／5以上を有するものは、管理者に対し、会議の目的たる事項を示して、集会の招集を請求することができるが、この定数は、規約によって減ずることができる。

2　形状又は効用の著しい変更を伴わない共用部分の変更については、規約に別段の定めがない場合は、区分所有者及び議決権の各過半数による集会の決議で決することができる。

3　占有者は、建物又はその敷地若しくは附属施設の使用方法につき、区分所有者が規約又は集会の決議に基づいて負う義務と同一の義務を負う。

4　区分所有法第62条第1項に規定する建替え決議が集会においてなされた場合、決議に反対した区分所有者は、決議に賛成した区分所有者に対し、建物及びその敷地に関する権利を時価で買い取るべきことを請求することができる。

解答・解説

1　正しい

集会の招集請求権は、少数派の区分所有者を保護するためにある。よって、定数を減ずることは、少数派区分所有者の集会の招集請求をより容易にし、その保護に厚くなるので、許される（建物の区分所有等に関する法律34条3項）。逆に、定数を増加することは、少数派区分所有者の集会の招集請求をより困難にすることから、その保護に欠けることになるので、許されない。

2　正しい

形状又は効用の著しい変更を伴う変更（重大変更）は、3／4以上の特別多数決が必要だが（建物の区分所有等に関する法律17条1項）、形状又は効用の著しい変更を伴わない変更（軽微変更）は、過半数の通常決議で足りる（建物の区分所有等に関する法律39条1項）。

3　正しい

占有者は、建物又はその敷地若しくは附属施設の使用方法につき、区分所有者が規約又は集会の議決に基づいて負う義務と同一の義務を負う。賃借人等の占有者が居住する場合、それらの者も使用方法や共同生活上の秩序について区分所有者と同一の立場に立つからである（建物の区分所有等に関する法律46条2項）。

4　誤り

「建替えに参加する者」は、建替えに参加しない者に対して、その区分所有権及び敷地利用権を時価で「売り渡すべきこと」を請求できる（建物の区分所有等に関する法律63条4項）。反対した者の方から、買取りを請求するのではないことに注意。

問題139　区分所有法

　建物の区分所有等に関する法律に関する次の記述のうち、正しいものはどれか。

1　最初に建物の専有部分の全部を所有する者は、公正証書により、共用部分の全部について持分割合を定める規約を設定することができる。

2　一部共用部分に関する事項で区分所有者全員の利害に関係しないものについての区分所有者全員の規約の設定、変更、又は廃止は、当該一部共用部分を共用すべき区分所有者全員の承諾を得なければならない。

3　管理者は、規約の定め又は集会の決議があっても、その職務に関し区分所有者のために、原告又は被告となることができない。

4　管理者は、少なくとも毎年1回集会を招集しなければならないが、集会は、区分所有者全員の同意があるときは、招集の手続を経ないで開くことができる。

解答・解説

1　誤り

　区分建物の分譲を円滑に進めるために、最初に建物の専有部分の全部を所有する者は、公正証書により、規約共用部分と敷地の権利関係に関する4つの事項に限って、単独で規約を設定できることとされている（建物の区分所有等に関する法律32条）。公正証書により設定する規約で定めうる事項は、次の4つである。規約共用部分に関する定め、規約敷地の定め、専有部分と敷地利用権の分離処分を可能にする定め、敷地利用権の共有・準共有持分の割合に関する定めである。共用部分の全部について持分割合を定めることは、この中に含まれていない。

2　誤り

　一部共用部分に関する事項で区分所有者全員の利害に関係しないものであっても、区分所有者全員の規約で設定することができ、また、その変更又は廃止も行うことができる（建物の区分所有等に関する法律30条2項）。その場合、一部共用部分を共用すべき区分所有者の1／4を超える者、又はその議決権の1／4を超える議決権を有する者が反対したときは、その設定、変更又は廃止を行うことはできない（建物の区分所有等に関する法律31条2項）。

3　誤り

　管理者はその職務の遂行上、訴訟を提起しなければならない場合がある。このような場合、訴訟が管理者の職務に関するものであり、かつ、規約又は集会の決議により管理者に訴訟追行権が与えられているときは、管理者は、裁判の原告又は被告になることができる（建物の区分所有等に関する法律26条4項）。

4　正しい

　集会は、管理者が招集するものとされ、管理者は、少なくとも毎年1回集会を招集しなければならない（建物の区分所有等に関する法律34条1・2項）。そして、集会の招集通知は、会日より少なくとも1週間前に、会議の目的である事項を示して、各区分所有者に発しなければならないのが原則である（建物の区分所有等に関する法律35条）。

しかし、区分所有者全員の同意があるときは、招集の手続を経ないで開くことができる（建物の区分所有等に関する法律36条）。

必勝合格Check!

集会の招集手続

誰が （招集）	管理者あり	原則	管理者
		例外1	区分所有者の1／5以上かつ議決権の1／5以上を有する者（少数区分所有者）の集会招集請求
		例外2	少数区分所有者による集会招集
	管理者なし	少数区分所有者による集会招集	
いつ （通知）	原則	会日の1週間前までに通知	
	例外	①規約により伸縮可 ②全員の同意による招集手続の省略	
誰に対して （通知）	単独所有	当該区分所有者	
	共有	あらかじめ定められた議決権行使者	
何を （通知）	原則	招集通知に会議の目的を示す	
	例外	一定の特別決議事項については、議案の要領をも通知する	

規約

●最初に建物の専有部分の全部を所有する者
　　　　　　↓
　　　　公正証書により
　　　　　　↓
　1．規約共用部分
　2．規約敷地
　3．専有部分と敷地利用権との分離処分を定める規約
　4．敷地利用権の割合を定める規約を設定することができる。

【問題139】　正解4

175

問題140　区分所有法

建物の区分所有等に関する法律（以下この問において「法」という。）に関する次の記述のうち、正しいものはどれか。

1　集会の招集の通知は、会日より少なくとも2週間前に発しなければならないが、この期間は規約で伸縮することができる。

2　集会においては、法で集会の決議につき特別の定数が定められている事項を除き、規約で別段の定めをすれば、あらかじめ通知した事項以外についても決議することができる。

3　集会の議事録が書面で作成されているときは、議長及び集会に出席した区分所有者の2人がこれに署名しなければならないが、押印は要しない。

4　規約の保管場所は、建物内の見やすい場所に掲示しなければならないが、集会の議事録の保管場所については掲示を要しない。

解答・解説

1　誤り

集会の招集の通知は、会日より少なくとも1週間前に、会議の目的たる事項を示して、各区分所有者に発しなければならない。ただし、この期間は、規約で伸縮することができる（建物の区分所有等に関する法律35条1項）。よって、「会日より少なくとも2週間前に発しなければならない」とする本肢は誤り。

2　正しい

集会においては、法35条の規定によりあらかじめ通知した事項についてのみ、決議をすることができる（建物の区分所有等に関する法律37条1項）。もっとも、この規定は、この法律に集会の決議につき特別の定数が定められている事項を除いて、規約で別段の定めをすることを妨げない（建物の区分所有等に関する法律37条2項）。会議の目的である事項があらかじめ通知されていないと、区分所有者等が十分な準備をすることができず、集会において十分な討議がなされないおそれがあることから、原則として、事前通知が要求された。他方、柔軟かつ迅速な決議の要請も否めないことから、区分所有者等の利害に重大な影響を及ぼす特別決議事項を除いて、規約で別段の定めも妨げないものとした。

3　誤り

集会の議事録が書面で作成されているときは、議長及び集会に出席した区分所有者の2人がこれに「署名押印」しなければならない（建物の区分所有等に関する法律42条3項）。署名押印とは、自署した上で印章を押すことである。よって、署名のみとし、押印を省略することは許されず、本肢は誤り。

4　誤り

規約の保管場所は、建物内の見やすい場所に掲示しなければならない（建物の区分所有等に関する法律33条3項）。集会の議事録の保管場所も同様である（建物の区分所有等に関する法律42条5項、33条3項）。区分所有者及びその他利害関係人が容易に規約や集会の議事録を閲覧することができるためには、これらの保管場所が容易に知りえなければならないからである。

【問題140】　正解2

CHECK! ☐ ☐ ☐　　本試験 平成22年度　問13　　重要度 B　　難易度 ★★

問題141　区分所有法

　建物の区分所有等に関する法律に関する次の記述のうち、正しいものはどれか。

1　専有部分が数人の共有に属するときは、規約で別段の定めをすることにより、共有者は、議決権を行使すべき者を2人まで定めることができる。

2　規約及び集会の決議は、区分所有者の特定承継人に対しては、その効力を生じない。

3　敷地利用権が数人で有する所有権その他の権利である場合には、区分所有者は、規約で別段の定めがあるときを除き、その有する専有部分とその専有部分に係る敷地利用権とを分離して処分することができる。

4　集会において、管理者の選任を行う場合、規約に別段の定めがない限り、区分所有者及び議決権の各過半数で決する。

解答・解説

1　誤り
　専有部分が数人の共有に属するときは、共有者は、議決権を行使すべき者1人を定めなければならない（建物の区分所有等に関する法律40条）。

2　誤り
　規約及び集会の決議は、区分所有者の特定承継人に対しても、その効力を生ずる（建物の区分所有等に関する法律46条1項）。

3　誤り
　敷地利用権が数人で有する所有権その他の権利である場合には、区分所有者は、規約に別段の定めがあるときを除き、その有する専有部分とその専有部分に係る敷地利用権とを分離して処分することができない（建物の区分所有等に関する法律22条1項）。本肢は原則と例外が逆であり、誤り。

4　正しい
　区分所有者は、規約に別段の定めがない限り、集会の決議によって、管理者を選任し、又は解任することができる（建物の区分所有等に関する法律25条1項）。この決議は、規約に別段の定めがない限り、区分所有者及び議決権の各過半数による（建物の区分所有等に関する法律39条1項）。

問題142 区分所有法

建物の区分所有等に関する法律（以下この問において「法」という。）についての次の記述のうち、誤っているものはどれか。

1 管理者は、少なくとも毎年1回集会を招集しなければならない。また、招集通知は、会日より少なくとも1週間前に、会議の目的たる事項を示し、各区分所有者に発しなければならない。ただし、この期間は、規約で伸縮することができる。

2 法又は規約により集会において決議をすべき場合において、これに代わり書面による決議を行うことについて区分所有者が1人でも反対するときは、書面による決議をすることができない。

3 建替え決議を目的とする集会を招集するときは、会日より少なくとも2月前に、招集通知を発しなければならない。ただし、この期間は規約で伸長することができる。

4 他の区分所有者から区分所有権を譲り受け、建物の専有部分の全部を所有することとなった者は、公正証書による規約の設定を行うことができる。

解答・解説

1 正しい

管理者は、少なくとも毎年1回集会を招集しなければならない（建物の区分所有等に関する法律34条2項）。集会の招集の通知は、会日より少なくとも1週間前に、会議の目的たる事項を示して、各区分所有者に発しなければならない。ただし、この期間は、規約で伸縮することができる（建物の区分所有等に関する法律35条1項）。

2 正しい

建物の区分所有等に関する法律又は規約により集会において決議をすべき場合において、区分所有者全員の承諾があるときは、書面による決議をすることができる（建物の区分所有等に関する法律45条1項本文）。よって、区分所有者が1人でも反対するときは、書面による決議をすることができない。

3 正しい

建替え決議を目的とする集会を招集するときは、集会の招集の通知は、当該集会の会日より少なくとも2月前に発しなければならない。ただし、この期間は、規約で伸長することができる（建物の区分所有等に関する法律62条4項）。

4 誤り

最初に建物の専有部分の全部を所有する者に限り、公正証書により、一定の規約を設定することができる（建物の区分所有等に関する法律32条）。他の区分所有者から区分所有権を譲り受け、建物の専有部分の全部を所有することになった者は、公正証書により、規約を設定することはできない。

【問題142】 正解4

CHECK! ☐☐☐　本試験 平成30年度　問13　重要度 **B**　難易度 ★★

問題143　**区分所有法**

建物の区分所有等に関する法律に関する次の記述のうち、誤っているものはどれか。

1　規約の設定、変更又は廃止を行う場合は、区分所有者の過半数による集会の決議によってなされなければならない。

2　規約を保管する者は、利害関係人の請求があったときは、正当な理由がある場合を除いて、規約の閲覧を拒んではならず、閲覧を拒絶した場合は20万円以下の過料に処される。

3　規約の保管場所は、建物内の見やすい場所に掲示しなければならない。

4　占有者は、建物又はその敷地若しくは附属施設の使用方法につき、区分所有者が規約又は集会の決議に基づいて負う義務と同一の義務を負う。

解答・解説

1　誤り

規約の設定、変更又は廃止は、区分所有者及び議決権の各４分の３以上の多数による集会の決議によってする（建物の区分所有等に関する法律31条１項前段）。区分所有者の過半数による集会の決議によってするわけではない。

2　正しい

規約を保管する者は、利害関係人の請求があったときは、正当な理由がある場合を除いて、規約の閲覧を拒んではならない（建物の区分所有等に関する法律33条２項）。これに違反して、閲覧を拒んだときは、20万円以下の過料に処せられる（建物の区分所有等に関する法律71条２号）。

3　正しい

規約の保管場所は、建物内の見やすい場所に掲示しなければならない（建物の区分所有等に関する法律33条３項）。

4　正しい

占有者は、建物又はその敷地若しくは附属施設の使用方法につき、区分所有者が規約又は集会の決議に基づいて負う義務と同一の義務を負う（建物の区分所有等に関する法律46条２項）。

【問題143】　正解 1

問題144　区分所有法

　建物の区分所有等に関する法律（以下この問において「法」という。）に関する次の記述のうち、正しいものはどれか。

1　専有部分が数人の共有に属するときは、共有者は、集会においてそれぞれ議決権を行使することができる。

2　区分所有者の承諾を得て専有部分を占有する者は、会議の目的たる事項につき利害関係を有する場合には、集会に出席して議決権を行使することができる。

3　集会においては、規約に別段の定めがある場合及び別段の決議をした場合を除いて、管理者又は集会を招集した区分所有者の1人が議長となる。

4　集会の議事は、法又は規約に別段の定めがない限り、区分所有者及び議決権の各4分の3以上の多数で決する。

解答・解説

1　誤り

　専有部分が数人の共有に属するときは、共有者は、議決権を行使すべき者1人を定めなければならない（建物の区分所有等に関する法律40条）。本肢のように、共有者が、集会においてそれぞれ議決権を行使することはできない。

2　誤り

　区分所有者の承諾を得て専有部分を占有する者は、会議の目的である事項について利害関係がある場合には、集会に出席して意見を述べることができる（建物の区分所有等に関する法律44条1項）。もっとも、区分所有者でない占有者は、議決権を有しない。よって、占有者は集会に出席して議決権を行使することはできない。

3　正しい

　集会においては、規約に別段の定めがある場合及び別段の決議をした場合を除いて、管理者又は集会を招集した区分所有者の1人が議長となる（建物の区分所有等に関する法律41条）。

4　誤り

　集会の議事は、法又は規約に別段の定めがない限り、区分所有者及び議決権の各過半数で決する（建物の区分所有者等に関する法律39条1項）。

【問題144】　正解3

必勝合格

宅建士過去問題集

宅建業法

問題1　宅地建物取引業の定義

宅地建物取引業の免許（以下この問において「免許」という。）に関する次の記述のうち、正しいものはどれか。

1　Aが、その所有する農地を区画割りして宅地に転用したうえで、一括して宅地建物取引業者Bに媒介を依頼して、不特定多数の者に対して売却する場合、Aは免許を必要としない。

2　Cが、その所有地にマンションを建築したうえで、自ら賃借人を募集して賃貸し、その管理のみをDに委託する場合、C及びDは、免許を必要としない。

3　Eが、その所有する都市計画法の用途地域内の農地を区画割りして、公益法人のみに対して反復継続して売却する場合、Eは、免許を必要としない。

4　Fが、甲県からその所有する宅地の販売の代理を依頼され、不特定多数の者に対して売却する場合、Fは、免許を必要としない。

解答・解説

1　誤り
一括して媒介の依頼をしたとしても、自己が売買契約の当事者としての立場があり、それを業として行う以上、宅地建物取引業の定義に該当し、免許を必要とする（宅地建物取引業法2条2号）。

2　正しい
自ら賃貸借の契約当事者として、業として行っても、宅地建物取引業の定義に該当せず、免許は不要である。また、マンションの管理を行うことも宅地建物取引業の定義に該当せず、免許は不要である（宅地建物取引業法2条2号）。

3　誤り
まず、用途地域内の農地であり、宅地である。さらに、ここでは特に「業として」に該当するかであるが、公益法人のみに対してしか行わなくても、それだけでは特定されているものではなく、やはり不特定かつ多数の者を相手とするものであり、「業として」宅地を売却するものといえる。よって、免許を必要とする（宅地建物取引業法2条1・2号）。

4　誤り
宅地建物取引業法の適用を受けない県が行う宅地の分譲であるが（宅地建物取引業法78条1項）、Fは、その地方公共団体から単に依頼されているだけであり、適用除外にあたる場合ではなく、免許を必要とする（宅地建物取引業法2条2号）。

【問題1】　正解2

問題2　宅地建物取引業の定義

　宅地建物取引業の免許（以下この問において「免許」という。）に関する次の記述のうち、正しいものはどれか。

1　農地所有者が、その所有する農地を宅地に転用して売却しようとするときに、その販売代理の依頼を受ける農業協同組合は、これを業として営む場合であっても、免許を必要としない。

2　他人の所有する複数の建物を借り上げ、その建物を自ら貸主として不特定多数の者に反復継続して転貸する場合は、免許が必要となるが、自ら所有する建物を貸借する場合は、免許を必要としない。

3　破産管財人が、破産財団の換価のために自ら売主となり、宅地又は建物の売却を反復継続して行う場合において、その媒介を業として営む者は、免許を必要としない。

4　信託業法第3条の免許を受けた信託会社が宅地建物取引業を営もうとする場合、免許を取得する必要はないが、その旨を国土交通大臣に届け出ることが必要である。

解答・解説

1　誤り

　宅地建物取引業を営もうとする者は、都道府県知事又は国土交通大臣の免許を受けなければならない（宅地建物取引業法3条1項）。例外として、国等や信託会社等であれば免許不要となるが、農業協同組合はこの例外にはあたらない（宅地建物取引業法77条、78条1項）。

2　誤り

　宅地建物取引業とは、宅地若しくは建物の売買若しくは交換又は宅地若しくは建物の売買、交換若しくは貸借の代理若しくは媒介をする行為で業として行うものをいう。よって、他人所有の建物を転貸する場合も、自ら所有する建物を貸借する場合も、免許を受ける必要がない（宅地建物取引業法2条2号）。

3　誤り

　破産管財人が破産財団の換価のために自らの名において任意売却等を行うこと自体は免許が不要であるが、当該売却の媒介を業として行う者は、免許が必要である（宅地建物取引業法2条2号、宅地建物取引業法の解釈・運用の考え方、宅地建物取引業法2条2号関係2その他（2））。

4　正しい

　信託業法3条の免許を受けた信託会社は、宅地建物取引業を営む場合でも免許を受ける必要がないが、その旨を国土交通大臣に届け出なければならない（宅地建物取引業法77条1・3項）。

【問題2】　正解4

CHECK! ☐☐☐　本試験 令和2年度 問44（12月実施）　重要度 A　難易度 ★

問題3　宅地建物取引業の定義

宅地建物取引業に関する次の記述のうち、正しいものはいくつあるか。

ア　宅地には、現に建物の敷地に供されている土地に限らず、将来的に建物の敷地に供する目的で取引の対象とされる土地も含まれる。

イ　農地は、都市計画法に規定する用途地域内に存するものであっても、宅地には該当しない。

ウ　建物の敷地に供せられる土地であれば、都市計画法に規定する用途地域外に存するものであっても、宅地に該当する。

エ　道路、公園、河川等の公共施設の用に供せられている土地は、都市計画法に規定する用途地域内に存するものであれば宅地に該当する。

1　一つ　　2　二つ　　3　三つ　　4　四つ

解答・解説

ア　正しい
　宅地とは、建物の敷地に供せられる土地をいい、現に建物の敷地に供せられている土地に限らず、広く建物の敷地に供する目的で取引の対象とされた土地をいう。したがって、将来的に建物の敷地に供する目的で取引の対象とされた土地も含まれる（宅地建物取引業法2条1号、宅地建物取引業法の解釈・運用の考え方2条1号関係）。

イ　誤り
　用途地域内の土地であれば、建物の敷地に供せられている土地でなくても、道路、公園、河川等の公共施設の用に供せられているもの以外なら宅地といえる（宅地建物取引業法2条1号）。したがって、用途地域内に存する農地は、宅地である。

ウ　正しい
　建物の敷地に供せられる土地は、都市計画法に規定する用途地域の内外を問わず宅地である（宅地建物取引業法2条1号）。

エ　誤り
　用途地域内の土地であれば、原則として宅地に該当するが、現に、道路、公園、河川等の公共施設の用に供せられているものは、宅地に該当しない（宅地建物取引業法2条1号、同施行令1条）。
　以上より、正しいものはア、ウの二つであり、肢2が正解となる。

問題4 **宅地建物取引業の定義**

宅地建物取引業法第2条第1号に規定する宅地に関する次の記述のうち、誤っているものはどれか。

1　建物の敷地に供せられる土地は、都市計画法に規定する用途地域の内外を問わず宅地であるが、道路、公園、河川等の公共施設の用に供せられている土地は、用途地域内であれば宅地とされる。

2　宅地とは、現に建物の敷地に供せられている土地に限らず、広く建物の敷地に供する目的で取引の対象とされた土地をいうものであり、その地目、現況の如何を問わない。

3　都市計画法に規定する市街化調整区域内において、建物の敷地に供せられる土地は宅地である。

4　都市計画法に規定する準工業地域内において、建築資材置場の用に供せられている土地は宅地である。

解答・解説

1　誤り
　用途地域内であっても、道路、公園、河川その他政令で定める公共の用に供する施設の用に供せられているものは宅地ではない（宅地建物取引業法2条1号）。

2　正しい
　宅地とは、建物の敷地に供せられる土地をいい、現に建物の敷地に供せられている土地に限らず、広く建物の敷地に供する目的で取引の対象とされた土地をいう。（宅地建物取引業法2条1号）。その地目、現況の如何を問わない。

3　正しい
　市街化調整区域内の土地であっても、建物の敷地に供せられる土地は宅地である（宅地建物取引業法2条1号）。

4　正しい
　準工業地域は用途地域の一つであり（都市計画法8条1項1号）、その地域内の土地であれば、建物の敷地に供されている土地でなくても、道路、公園、河川等の公共施設の用に供せられているもの以外なら宅地といえる（宅地建物取引業法2条1号）。したがって、準工業地域内において、建築資材置場の用に供されている土地は宅地である。

【問題4】　正解 1

問題5　**宅地建物取引業の定義**

次の記述のうち、宅地建物取引業法（以下この問において「法」という。）の規定によれば、正しいものはいくつあるか。

ア　都市計画法に規定する工業専用地域内の土地で、建築資材置き場の用に供されているものは、法第2条第1号に規定する宅地に該当する。

イ　社会福祉法人が、高齢者の居住の安定確保に関する法律に規定するサービス付き高齢者向け住宅の貸借の媒介を反復継続して営む場合は、宅地建物取引業の免許を必要としない。

ウ　都市計画法に規定する用途地域外の土地で、倉庫の用に供されているものは、法第2条第1号に規定する宅地に該当しない。

エ　賃貸住宅の管理業者が、貸主から管理業務とあわせて入居者募集の依頼を受けて、貸借の媒介を反復継続して営む場合は、宅地建物取引業の免許を必要としない。

1　一つ　　2　二つ　　3　三つ　　4　四つ

解答・解説

ア　正しい

宅地建物取引業法において、宅地とは、建物の敷地に供せられる土地をいい、都市計画法8条1項1号の用途地域内のその他の土地で、道路、公園、河川その他政令で定める公共の用に供する施設の用に供せられているもの以外のものを含むものとする（宅地建物取引業法2条1号）。本肢の工業専用地域は用途地域の一種であるため（都市計画法8条1項1号）、建築資材置き場の用に供されていたとしても、宅地に該当する。

イ　誤り

国及び地方公共団体並びに信託会社及び信託銀行が、宅地建物取引業を営むには、免許を取得する必要はない。しかし、本肢の社会福祉法人はこれらに該当しないため、宅地建物取引業を営むには、免許が必要である（宅地建物取引業法3条、78条1項、77条、社会福祉法）。

ウ　誤り

宅地建物取引業法において、宅地とは、建物の敷地に供せられる土地をいい、都市計画法8条1項1号の用途地域内のその他の土地で、道路、公園、河川その他政令で定める公共の用に供する施設の用に供せられているもの以外のものを含むものとする（宅地建物取引業法2条1号）。本肢における土地は、用途地域外であるが、倉庫という建物の用に供せられるものであるため、宅地に該当する。

エ　誤り

宅地建物取引業とは、宅地若しくは建物の売買若しくは交換又は宅地若しくは建物の売買、交換若しくは貸借の代理若しくは媒介をする行為で業として行うものをいう（宅地建物取引業法2条2号）。本肢は、貸借の媒介を反復継続して行うものであるため、免許を必要とする。なお、賃貸住宅の管理業務は宅地建物「取引」業には当たらない。

以上より、正しいものはアの一つであり、肢1が正解となる。

【問題5】　正解1

問題6　免許

　宅地建物取引業の免許（以下この問において「免許」という。）に関する次の記述のうち、宅地建物取引業法の規定によれば、正しいものはどれか。

1　個人である宅地建物取引業者A（甲県知事免許）が、免許の更新の申請を怠り、その有効期間が満了した場合、Aは、遅滞なく、甲県知事に免許証を返納しなければならない。

2　法人である宅地建物取引業者B（乙県知事免許）が、乙県知事から業務の停止を命じられた場合、Bは、免許の更新の申請を行っても、その業務の停止の期間中は免許の更新を受けることができない。

3　法人である宅地建物取引業者C（国土交通大臣免許）について破産手続開始の決定があった場合、その日から30日以内に、Cを代表する役員Dは、その旨を主たる事務所の所在地を管轄する都道府県知事を経由して国土交通大臣に届け出なければならない。

4　個人である宅地建物取引業者E（丙県知事免許）が死亡した場合、Eの一般承継人Fがその旨を丙県知事に届け出た後であっても、Fは、Eが生前締結した売買契約に基づく取引を結了する目的の範囲内においては、なお宅地建物取引業者とみなされる。

解答・解説

1　誤り
　宅地建物取引業者は、①免許換えにより免許がその効力を失ったとき、②免許が取り消されたとき、③亡失した免許証を発見したとき、④廃業等の届出をしたときは、遅滞なく、その免許を受けた国土交通大臣又は都道府県知事に免許証を返納しなければならない（宅地建物取引業法施行規則4条の4第1項）。免許の有効期間が満了したときは、上記①から④に該当しないことから、免許証の返納は不要である。

2　誤り
　業務停止期間中は、業務を行うことはできないが、免許の更新を受けることはできる（宅地建物取引業法65条、3条、同施行規則3条）。

3　誤り
　宅地建物取引業者に破産手続開始の決定があった場合においては、その「破産管財人」は、その日から30日以内に、その旨をその免許を受けた国土交通大臣又は都道府県知事に届け出なければならない（宅地建物取引業法11条1項3号）。

4　正しい
　宅地建物取引業者が死亡した場合、その相続人は、その事実を知った日から30日以内に、その旨をその免許を受けた国土交通大臣又は都道府県知事に届け出なければならない（宅地建物取引業法11条1項1号）。この場合において、死亡の時に免許の効力は失効するが、当該宅地建物取引業者が締結した契約に基づく取引を結了する目的の範囲内において、相続人等の一般承継人は、なお宅地建物取引業者とみなされる（宅地建物取引業法76条）。

【問題6】　正解4

CHECK! ☐☐☐　本試験 **平成26年度　問27**　重要度 **A**　難易度 ★★★

問題7　**免許**

宅地建物取引業法（以下この問において「法」という。）に関する次の記述のうち、正しいものはどれか。

1　契約締結権限を有する者を置き、継続的に業務を行う場所であっても、商業登記簿に登載されていない事務所は、法第3条第1項に規定する事務所には該当しない。

2　国土交通大臣又は都道府県知事は、免許に条件を付すことができるが、免許の更新に当たっても条件を付すことができる。

3　法人である宅地建物取引業者が株主総会の決議により解散することとなった場合、その法人を代表する役員であった者は、その旨を当該解散の日から30日以内に免許を受けた国土交通大臣又は都道府県知事に届け出なければならない。

4　免許申請中である者が、宅地建物取引業を営む目的をもって宅地の売買に関する新聞広告を行った場合であっても、当該宅地の売買契約の締結を免許を受けた後に行うのであれば、法第12条に違反しない。

解答・解説

1　誤り
継続的に業務を行うことができる施設を有する場所で、宅地建物取引業に係る契約を締結する権限を有する使用人を置くものは宅地建物取引業法3条1項に規定する事務所に該当する（宅地建物取引業法3条1項、同施行令1条の2第2号）。

2　正しい
国土交通大臣又は都道府県知事は、免許（免許の更新を含む。）に条件を付し、及びこれを変更することができる（宅地建物取引業法3条の2第1項）。

3　誤り
法人である宅地建物取引業者が合併及び破産手続開始の決定以外の理由により解散した場合においては、その「清算人」は、その日から30日以内に、その旨をその免許を受けた国土交通大臣又は都道府県知事に届け出なければならない（宅地建物取引業法11条1項4号）。解散した法人を代表する役員であった者が届け出るのではない。

4　誤り
宅地建物取引業の免許を受けない者は、宅地建物取引業を営む旨の表示をし、又は宅地建物取引業を営む目的をもって、広告をしてはならない（宅地建物取引業法12条2項、3条1項）。したがって、宅地の売買契約を免許を受けた後に行うか否かにかかわらず、免許申請中である者は、宅地建物取引業を営む目的をもって宅地の売買に関する新聞広告を行うことはできず、これを行えば宅地建物取引業法12条に違反する。

【問題7】　正解2

問題8　免許

　宅地建物取引業の免許（以下この問において「免許」という。）に関する次の記述のうち、宅地建物取引業法の規定によれば、誤っているものはどれか。

1　A社は、不正の手段により免許を取得したことによる免許の取消処分に係る聴聞の期日及び場所が公示された日から当該処分がなされるまでの間に、合併により消滅したが、合併に相当の理由がなかった。この場合においては、当該公示の日の50日前にA社の取締役を退任したBは、当該消滅の日から5年を経過しなければ、免許を受けることができない。

2　C社の政令で定める使用人Dは、刑法第234条（威力業務妨害）の罪により、懲役1年、刑の全部の執行猶予2年の刑に処せられた後、C社を退任し、新たにE社の政令で定める使用人に就任した。この場合においてE社が免許を申請しても、Dの執行猶予期間が満了していないければ、E社は免許を受けることができない。

3　営業に関し成年者と同一の行為能力を有しない未成年者であるFの法定代理人であるGが、刑法第247条（背任）の罪により罰金の刑に処せられていた場合、その刑の執行が終わった日から5年を経過していなければ、Fは免許を受けることができない。

4　H社の取締役Iが、暴力団員による不当な行為の防止等に関する法律に規定する暴力団員に該当することが判明し、宅地建物取引業法第66条第1項第3号の規定に該当することにより、H社の免許は取り消された。その後、Iは退任したが、当該取消しの日から5年を経過しなければ、H社は免許を受けることができない。

解答・解説

1　正しい

　一定の事由に該当し、免許取消処分の聴聞の期日及び場所の公示の日から、その処分をする日又は処分をしないことを決定する日までの間に、合併による消滅、解散の届出、廃業の届出（相当の理由がある場合を除く。）をした法人の当該公示の日前60日以内に役員であった者で当該消滅（合併の場合）又は届出（解散・廃業の場合）の日から5年を経過しないものは、免許を受けることができない（宅地建物取引業法5条1項4号）。

2　正しい

　禁錮以上の刑に処せられ、その刑の執行を終わり、又は執行を受けることがなくなった日から5年を経過しない者は免許を受けることができず（宅地建物取引業法5条1項5号）、刑の全部に執行猶予期間が付された場合も当該猶予期間が満了しなければ免許を受けることができない。また、法人でその役員又は政令で定める使用人のうちに上記規定に該当する者のあるものは、免許を受けることができない（宅地建物取引業法5条1項12号）。

3　正しい

　一定の犯罪を犯し、罰金の刑に処せられ、その刑の執行を終わり、又は執行を受けることがなくなった日から5年を経過しない者は、免許を受けることができない（宅地建物取引業法5条1項6号）。刑法247条（背任）の罪は、上記犯罪に該当する。また、営業に関し成年者と同一の行為能力を有しない未成年者でその法定代理人（法定代理人が法人である場合においては、その役員を含む。）に欠格事由がある場合、当該未成年者は、免許を受けることができない（宅地建物取引業法5条1項11号）。

4　誤り

　暴力団員による不当な行為の防止等に関する法律2条6号に規定する暴力団員又は同号に規定する暴力団員でなくなった日から5年を経過しない者は免許を受けることができない（宅地建物取引業法5条1項7号）。法人でその役員又は政令で定める使用人のうちに上記規定に該当する者のあるものは、免許を受けることができない（宅地建物取引業法5条1項12号）。本肢において、取締役Iが上記欠格事由に該当したことにより、免許を取り消されたが、Iが退任したため当該欠格事由に該当しなくなっている。よって、H社は免許取消しの日から5年を経過しなくても免許を受けることができる。

【問題8】　正解4

CHECK! ☐☐☐　本試験 令和3年度 問27　重要度 A　難易度 ★
（10月実施）

問題9　免許

宅地建物取引業の免許（以下この問において「免許」という。）に関する次の記述のうち、宅地建物取引業法の規定によれば、正しいものはどれか。

1　個人Aが不正の手段により免許を受けた後、免許を取り消され、その取消しの日から5年を経過した場合、その間に免許を受けることができない事由に該当することがなかったとしても、Aは再び免許を受けることはできない。

2　免許を受けようとする個人Bが破産手続開始の決定を受けた後に復権を得た場合においても、Bは免許を受けることができない。

3　免許を受けようとするC社の役員Dが刑法第211条（業務上過失致死傷等）の罪により地方裁判所で懲役1年の判決を言い渡された場合、当該判決に対してDが高等裁判所に控訴し裁判が係属中であっても、C社は免許を受けることができない。

4　免許を受けようとするE社の役員に、宅地建物取引業法の規定に違反したことにより罰金の刑に処せられた者がいる場合、その刑の執行が終わって5年を経過しなければ、E社は免許を受けることができない。

解答・解説

1　誤り

個人が不正の手段により免許を取得したとして、免許を取り消された場合、その取消しの日から5年を経過しない者は免許を受けることができない（宅地建物取引業法5条1項2号）。もっとも、かかる取消しの日から新たな免許欠格事由もなく5年を経過すれば、当該宅地建物取引業者は再び免許を受けることができる（宅地建物取引業法5条1項各号）。

2　誤り

破産手続開始の決定を受けて復権を得ない者は、免許を受けることはできない（宅地建物取引業法5条1項1号）。もっとも、破産者であっても、復権を得れば直ちに免許を受けることができる。

3　誤り

法人の役員が禁錮以上の刑に処せられ、その「刑の執行を終わり」又は「刑の執行を受けることがなくなった日」から5年を経過しない法人は免許を受けることはできない（宅地建物取引業法5条1項12号、5号）。もっとも、下級裁判所において刑の言渡しを受けた以後であっても、判決が確定するまでの間は免許を受けられる。したがって本問でも、役員Dの控訴審が係属中である間はC社は免許を受けることができる。

4　正しい

法人の役員が宅地建物取引法に違反し罰金刑に処せられ、その「刑の執行を終わり」又は「刑の執行を受けることがなくなった日」から5年を経過しない法人は免許を受けることはできない（宅地建物取引業法5条1項12号、6号）。

【問題9】　正解4

問題10　免許

　宅地建物取引業の免許（以下この問において「免許」という。）に関する次の記述のうち、宅地建物取引業法の規定によれば、正しいものはどれか。

1　A社の取締役が、刑法第211条（業務上過失致死傷等）の罪を犯し、懲役1年執行猶予2年の刑に処せられ、刑の全部の執行猶予期間は満了した。その満了の日から5年を経過していない場合、A社は免許を受けることができない。

2　B社は不正の手段により免許を取得したとして甲県知事から免許を取り消されたが、B社の取締役Cは、当該取消に係る聴聞の期日及び場所の公示の日の30日前にB社の取締役を退任した。B社の免許取消の日から5年を経過していない場合、Cは免許を受けることができない。

3　D社の取締役が、刑法第159条（私文書偽造）の罪を犯し、地方裁判所で懲役2年の判決を言い渡されたが、この判決に対して高等裁判所に控訴して現在裁判が係属中である。この場合、D社は免許を受けることができない。

4　E社は乙県知事から業務停止処分についての聴聞の期日及び場所を公示されたが、その公示後聴聞が行われる前に、相当の理由なく宅地建物取引業を廃止した旨の届出をした。その届出の日から5年を経過していない場合、E社は免許を受けることができない。

解答・解説

1　誤り
　法人は、その役員に禁錮以上の刑に処せられた者があるときは、免許を受けることができない（宅地建物取引業法5条1項5・12号）。しかし、禁錮以上の刑に処せられた場合であっても、執行猶予の言渡しがあり、刑の全部の執行猶予期間が満了した場合は、刑の言渡しの効力が失われる（刑法27条）。したがって、法人であるA社の取締役は禁錮以上の刑に処せられなかったことになるから、A社は直ちに免許を受けられる。

2　正しい
　不正の手段により免許を取得したとして、免許取消処分を受けた者が法人であるとき、その取消しに係る聴聞の期日及び場所の公示の日前「60日以内」に、法人の役員であった者で、その取消しの日から5年を経過しないものは、免許を受けることができない（宅地建物取引業法5条1項2号）。

3　誤り
　役員が禁錮以上の刑に処せられ、その「刑の執行を終わり」又は「刑の執行を受けることがなくなった日」から5年を経過しない法人は、免許を受けることができない（宅地建物取引業法5条1項5・12号）。本肢において、禁錮以上の刑の言渡しを受けているが、控訴により裁判が係属中であり刑が確定していないので、D社は免許を受けることができる。

4　誤り
　不正手段による免許取得などの理由により、「免許取消処分」の聴聞の期日等が公示された日から、その処分をする日又はその処分をしないことを決定する日までの間に相当の理由なく廃業の届出等をした者は、届出の日から5年間免許を受けることができない（宅地建物取引業法5条1項3号）。

【問題10】　正解2

CHECK! ☐ ☐ ☐　本試験 **平成21年度　問27**　重要度 **A**　難易度 ★★

問題11　免許

　宅地建物取引業の免許（以下この問において「免許」という。）に関する次の記述のうち、正しいものはいくつあるか。

ア　破産手続開始の決定を受けた個人Ａは、復権を得てから5年を経過しなければ、免許を受けることができない。

イ　宅地建物取引業法の規定に違反したことにより罰金の刑に処せられた取締役がいる法人Ｂは、その刑の執行が終わった日から5年を経過しなければ、免許を受けることができない。

ウ　宅地建物取引業者Ｃは、業務停止処分の聴聞の期日及び場所が公示された日から当該処分をする日又は当該処分をしないことを決定する日までの間に、相当の理由なく廃業の届出を行った。この場合、Ｃは、当該届出の日から5年を経過しなければ、免許を受けることができない。

エ　宅地建物取引業に係る営業に関し成年者と同一の行為能力を有する未成年者Ｄは、その法定代理人が禁錮以上の刑に処せられ、その刑の執行が終わった日から5年を経過しなければ、免許を受けることができない。

1　一つ　　　2　二つ　　　3　三つ　　　4　四つ

解答・解説

ア　誤り

　破産手続開始の決定を受けて復権を得ない者は免許を受けることができない（宅地建物取引業法5条1項1号）。この場合、破産者は復権を得れば直ちに免許を受けられるのであり、5年の経過を待つ必要はない。

イ　正しい

　法人でその役員又は政令で定める使用人のうちに宅地建物取引業法に違反したことにより罰金の刑に処せられ、その刑の執行を終わった日から5年を経過しない者がいる場合は、当該法人は免許を受けることができない（宅地建物取引業法5条1項5・12号）。

ウ　誤り

　一定の事由に該当し、「免許取消処分」の聴聞の期日及び場所が公示された日から当該処分をする日又は当該処分をしないことを決定する日までの間に相当の理由なく廃業の届出をした者で、当該届出の日から5年を経過しないものは、免許を受けることができない（宅地建物取引業法5条1項3号）。よって、本肢は、「業務停止処分」の聴聞の期日等の公示の場合であり、当該免許欠格事由には当てはまらない。

エ　誤り

　営業に関し成年者と同一の行為能力を有しない未成年者でその法定代理人（法人の場合、役員を含む。）が免許欠格事由に該当する場合は、当該未成年者は免許を受けることができない（宅地建物取引業法5条1項11号）。本肢は、営業に関し成年者と同一の行為能力を有する未成年者であるため、法定代理人の免許欠格事由は判断する必要はない。

　以上より、正しいものはイの一つであり、肢1が正解となる。

【問題11】　正解 1

問題12　　**免許**

　宅地建物取引業法（以下この問において「法」という。）の規定に関する次の記述のうち、正しいものはいくつあるか。

ア　宅地建物取引業者A（甲県知事免許）が乙県内に新たに支店を設置して宅地建物取引業を営んでいる場合において、免許換えの申請を怠っていることが判明したときは、Aは、甲県知事から業務停止の処分を受けることがある。

イ　宅地建物取引業者Bが自ら売主として宅地の売買契約を成立させた後、当該宅地の引渡しの前に免許の有効期間が満了したときは、Bは、当該契約に基づく取引を結了する目的の範囲内においては、宅地建物取引業者として当該取引に係る業務を行うことができる。

ウ　Cが免許の申請前5年以内に宅地建物取引業に関し不正又は著しく不当な行為をした場合には、その行為について刑に処せられていなかったとしても、Cは免許を受けることができない。

エ　宅地建物取引業者D（甲県知事免許）が乙県内に新たに支店を設置して宅地建物取引業を営むため、国土交通大臣に免許換えの申請を行っているときは、Dは、甲県知事免許業者として、取引の相手方等に対し、法第35条に規定する重要事項を記載した書面及び法第37条の規定により交付すべき書面を交付することができない。

1　一つ　　　2　二つ　　　3　三つ　　　4　四つ

解答・解説

ア　誤り

　国土交通大臣又は都道府県知事は、その免許を受けた宅地建物取引業者について、免許換えの申請を怠っていることが判明したときは、当該免許を取り消さなければならない（宅地建物取引業法66条1項5号）。

イ　正しい

　宅地建物取引業者の免許の有効期間が満了したときは、当該宅地建物取引業者であった者又はその一般承継人は、当該宅地建物取引業者が締結した契約に基づく取引を結了する目的の範囲内においては、なお宅地建物取引業者とみなされる（宅地建物取引業法76条）。

ウ　正しい

　免許の申請前5年以内に宅地建物取引業に関し不正又は著しく不当な行為をした者は、宅地建物取引業の免許を受けることができない（宅地建物取引業法5条1項8号）。

エ　誤り

　宅地建物取引業者が免許換えにより新たな免許を受けたときは、その者に係る従前の国土交通大臣又は都道府県知事の免許は、その効力を失う（宅地建物取引業法7条1項）。しかし、免許換えの申請を行っているだけでは、従前の免許の効力は失われない。

　以上より、正しいものはイ、ウの二つであり、肢2が正解となる。

【問題12】　正解2

問題13　免許

宅地建物取引業者A社（甲県知事免許）に関する次の記述のうち、宅地建物取引業法の規定によれば、正しいものはどれか。

1　A社の唯一の専任の宅地建物取引士であるBが退職したとき、A社は2週間以内に新たな成年者である専任の宅地建物取引士を設置し、設置後30日以内にその旨を甲県知事に届け出なければならない。

2　宅地建物取引士ではないCがA社の非常勤の取締役に就任したとき、A社はその旨を甲県知事に届け出る必要はない。

3　A社がD社に吸収合併され消滅したとき、D社を代表する役員Eは、合併の日から30日以内にその旨を甲県知事に届け出なければならない。

4　A社について、破産手続開始の決定があったとき、A社の免許は当然にその効力を失うため、A社の破産管財人Fは、その旨を甲県知事に届け出る必要はない。

解答・解説

1　正しい
　宅地建物取引業者は、専任の宅地建物取引士の法定設置数を欠くことになったときは、2週間以内に法定数に適合させるため必要な措置を執らなければならない（宅地建物取引業法31条の3第3項）。また、専任の宅地建物取引士の氏名に変更があった場合においては、その旨を30日以内に免許権者に届け出なければならない（宅地建物取引業法8条2項6号、9条、31条の3第1項）。

2　誤り
　宅地建物取引業者が法人である場合においては、その役員の氏名に変更があったときは、その旨を免許権者に届け出なければならない（宅地建物取引業法8条2項3号、9条）。非常勤取締役も役員なので、免許権者に変更の届出が必要である。

3　誤り
　宅地建物取引業者である法人が合併により消滅した場合、その法人を代表する役員であった者は、その日から30日以内に、その旨を免許権者に届け出なければならない（宅地建物取引業法11条1項2号）。よって、届出義務があるのは、A社（消滅した会社）の代表役員であった者である。

4　誤り
　宅地建物取引業者について破産手続開始の決定があった場合、その破産管財人は、その日から30日以内に、その旨を免許権者に届け出なければならない（宅地建物取引業法11条1項3号）。また、破産手続開始の決定があったときは、届出時に免許が失効する（宅地建物取引業法11条2項）。

問題14　免許

　次の記述のうち、宅地建物取引業法の規定によれば、誤っているものはどれか。

1　宅地建物取引業者個人A（甲県知事免許）が死亡した場合、Aの相続人は、Aの死亡の日から30日以内に、その旨を甲県知事に届け出なければならない。

2　宅地建物取引業者B社（乙県知事免許）の政令で定める使用人Cが本籍地を変更した場合、B社は、その旨を乙県知事に届け出る必要はない。

3　宅地建物取引業の免許の有効期間は5年であり、免許の更新の申請は、有効期間満了の日の90日前から30日前までに行わなければならない。

4　宅地建物取引業者D社（丙県知事免許）の監査役の氏名について変更があった場合、D社は、30日以内にその旨を丙県知事に届け出なければならない。

解答・解説

1　誤り

　廃業等の届出の問題である。この死亡の場合のみは、相続人が知らなければ届けられないため、その事実を知った日から30日以内に届出を行う必要がある（宅地建物取引業法11条1項1号）。死亡の日からではない。

2　正しい

　宅建業者名簿の登載事項には、政令で定める使用人の氏名があるが、本籍地までの登載は必要でなく変更の届出は不要である（宅地建物取引業法8条2項3号、9条）。

3　正しい

　免許の有効期間は、5年間であり、更新の申請も有効期間満了の日の90日前から30日前までにしなければならない（宅地建物取引業法3条2・3項、同施行規則3条）。

4　正しい

　監査役も役員として、その氏名は、宅建業者名簿の登載事項であり、30日以内に変更の届出が必要である（宅地建物取引業法8条2項3号、9条）。

【問題14】　正解 1

CHECK! ☐ ☐ ☐　本試験 平成21年度　問26　重要度 A　難易度 ★

問題15　免許

次の記述のうち、宅地建物取引業法の規定によれば、正しいものはどれか。

1　本店及び支店1か所を有する法人Aが、甲県内の本店では建設業のみを営み、乙県内の支店では宅地建物取引業のみを営む場合、Aは乙県知事の免許を受けなければならない。

2　免許の更新を受けようとする宅地建物取引業者Bは、免許の有効期間満了の日の2週間前までに、免許申請書を提出しなければならない。

3　宅地建物取引業者Cが、免許の更新の申請をしたにもかかわらず、従前の免許の有効期間の満了の日までに、その申請について処分がなされないときは、従前の免許は、有効期間の満了後もその処分がなされるまでの間は、なお効力を有する。

4　宅地建物取引業者D（丙県知事免許）は、丁県内で一団の建物の分譲を行う案内所を設置し、当該案内所において建物の売買契約を締結する場合、国土交通大臣へ免許換えの申請をしなければならない。

解答・解説

1　誤り

2以上の都道府県に事務所を設置する場合は、国土交通大臣免許が必要となり、1の都道府県にのみ事務所を設置する場合は都道府県知事免許が必要となる。これらの場合において、本店は、宅地建物取引業を営まなくても、支店が宅地建物取引業を営む限り、宅地建物取引業法上の事務所となり、支店は、宅地建物取引業を営む場合に事務所となる（宅地建物取引業法3条1項、同施行令1条の2、宅地建物取引業法の解釈・運用の考え方3条1項関係1）。よって、Aは、甲県乙県に事務所を設置することになり、国土交通大臣の免許が必要となる。

2　誤り

免許の有効期間満了後も引き続き宅地建物取引業を営もうとする者は、免許の有効期間満了の日の90日前から30日前までの間に免許申請書を提出しなければならない（宅地建物取引業法3条3項、同施行規則3条）。

3　正しい

免許の更新の申請があった場合において、免許の有効期間の満了の日までにその申請について処分がなされないときは、従前の免許は、有効期間の満了後もその処分がなされるまでの間は、なお効力を有する（宅地建物取引業法3条4項）。

4　誤り

都道府県知事免許か、国土交通大臣免許かは、事務所が、1の都道府県にのみ設置されるか、2以上の都道府県に設置されるかによる（宅地建物取引業法3条1項）。案内所の設置は、免許の種類に影響しない。よって、Dは、国土交通大臣へ免許換えの申請をする必要はない（宅地建物取引業法7条1項）。

【問題15】　正解3

問題16　免許

　宅地建物取引業の免許（以下この問において「免許」という。）に関する次の記述のうち、宅地建物取引業法の規定によれば、正しいものはどれか。

1　免許を受けようとするA社の取締役が刑法第204条（傷害）の罪により懲役1年執行猶予2年の刑に処せられた場合、刑の執行猶予の言渡しを取り消されることなく猶予期間を満了し、その日から5年を経過しなければ、A社は免許を受けることができない。

2　宅地建物取引業者である個人Bが死亡した場合、その相続人Cは、Bが締結した契約に基づく契約を結了する目的の範囲内において宅地建物取引業者とみなされ、Bが売主として締結していた売買契約の目的物を買主に引き渡すことができる。

3　宅地建物取引業者D社について破産手続開始の決定があった場合、D社を代表する役員は廃業を届け出なければならない。また、廃業が届け出られた日にかかわらず、破産手続開始の決定の日をもって免許の効力が失われる。

4　免許を受けようとするE社の取締役について、破産手続開始の決定があった場合、復権を得た日から5年を経過しなければ、E社は免許を受けることができない。

解答・解説

1　誤り

　法人の役員に懲役刑に処せられた者がいる場合でも、その刑の全部の執行猶予期間が満了すれば、刑の言渡し自体が効力を失うので、その満了の日から5年を経過していなくても、その法人は直ちに免許を受けることができる（宅地建物取引業法5条1項5・12号、刑法27条）。

2　正しい

　宅地建物取引業者が死亡した場合、その相続人は、その事実を知った日から30日以内に、その旨をその免許を受けた国土交通大臣又は都道府県知事に届け出なければならない（宅地建物取引業法11条1項1号）。この場合において、死亡の時に免許の効力は失効するが、当該宅地建物取引業者が締結した契約に基づく取引を結了する目的の範囲内において、相続人等の一般承継人は、なお宅地建物取引業者とみなされる（宅地建物取引業法76条）。したがって、相続人は目的物を引き渡すことができる。

3　誤り

　宅地建物取引業者に破産手続開始の決定があった場合においては、その「破産管財人」は、その日から30日以内に、その旨をその免許を受けた国土交通大臣又は都道府県知事に届け出なければならない（宅地建物取引業法11条1項3号）。免許は、その届出があったときに、その効力を失う（宅地建物取引業法11条2項）。破産手続開始の決定日に効力を失うのではない。

4　誤り

　法人の役員に破産手続開始の決定を受けて復権を得ない者があれば、当該法人は免許を受けることができないが、復権を得れば5年を待つことなく、直ちに免許を受けることができる（宅地建物取引業法5条1項1・12号）。

【問題16】　正解2

CHECK! ☐ ☐ ☐　本試験 平成15年度　問32　重要度 A　難易度 ★

問題17　免許

　甲県に本店、乙県にa支店を置き国土交通大臣の免許を受けている宅地建物取引業者A（個人）は、a支店の専任の宅地建物取引士Bが不在になり、宅地建物取引業法第31条の3の要件を欠くこととなった。この場合、Aの手続に関する次の記述のうち、宅地建物取引業法の規定によれば、正しいものはどれか。

1　本店のみで宅地建物取引業を行う場合、Aは、a支店が所在する乙県知事を経由して国土交通大臣にa支店の廃止の届出を行う必要がある。

2　a支店に専任の宅地建物取引士Cを置き、宅地建物取引業を行う場合、Aは、Cを置いた日から2週間以内に専任の宅地建物取引士の変更の届出を行う必要がある。

3　宅地建物取引業を廃止した場合、Aは、甲県知事を経由して国土交通大臣に30日以内に廃業の届出を行う必要がある。

4　Aは、Bが2カ月間の入院をしたため、この期間、宅地建物取引業は行わないこととした場合、Aは宅地建物取引業を休止する旨の届出を行う必要がある。

解答・解説

1　誤り

　大臣免許を受けた宅地建物取引業者が支店を廃止して、本店のみで宅地建物取引業を行う場合、知事免許となるので、免許換えが必要である（宅地建物取引業法7条1項）。単なる届出事項ではない。大臣免許から知事免許への免許換えの手続は、知事へ直接申請する。

2　誤り

　専任の宅地建物取引士の変更は、業者名簿の登載事項の変更にあたり、宅地建物取引業者は、30日以内に変更の届出をしなければならない（宅地建物取引業法9条、8条2項6号）。2週間以内ではなく、30日以内である。

3　正しい

　宅地建物取引業を廃止した場合、廃業の届出を行わなければならず、廃業の日から30日以内に免許権者に届け出なければならない（宅地建物取引業法11条1項5号）。免許権者が国土交通大臣の場合は、本店所在地の知事を経由して行う（宅地建物取引業法78条の3、11条1項）。

4　誤り

　宅地建物取引業者の休業は、届出事項とされていない。廃業が届出事項とされていることと混同しないように注意。

【問題17】　正解3

問題18　免許

　次の記述のうち、宅地建物取引業法（以下この問において「法」という。）の規定によれば、正しいものはどれか。

1　法人である宅地建物取引業者A（甲県知事免許）は、役員の住所について変更があった場合、その日から30日以内に、その旨を甲県知事に届け出なければならない。

2　法人である宅地建物取引業者B（乙県知事免許）が合併により消滅した場合、Bを代表する役員であった者は、その日から30日以内に、その旨を乙県知事に届け出なければならない。

3　宅地建物取引業者C（国土交通大臣免許）は、法第50条第2項の規定により法第31条の3第1項の国土交通省令で定める場所について届出をする場合、国土交通大臣及び当該場所の所在地を管轄する都道府県知事に、それぞれ直接届出書を提出しなければならない。

4　宅地建物取引業者D（丙県知事免許）は、建設業の許可を受けて新たに建設業を営むこととなった場合、Dは当該許可を受けた日から30日以内に、その旨を丙県知事に届け出なければならない。

解答・解説

1　誤り
　役員の住所は、宅地建物取引業者名簿の登載事項となっていない（宅地建物取引業法8条2項3号、9条）。

2　正しい
　法人である宅地建物取引業者が合併により消滅した場合は、その法人の代表役員であった者は、合併があった日から30日以内に、その旨を免許権者に届け出なければならない（宅地建物取引業法11条1項2号）。

3　誤り
　宅地建物取引業者は、宅地建物取引業法31条の3第1項の国土交通省令で定める場所について、一定の事項を、免許を受けた国土交通大臣又は都道府県知事及びその所在地を管轄する都道府県知事に届け出なければならない。この場合、国土交通大臣に届出をするときは、その届出に係る業務を行う場所の所在地を管轄する都道府県知事を経由しなければならない（宅地建物取引業法50条2項、78条の3第2項）。

4　誤り
　宅地建物取引業者名簿には、宅地建物取引業以外の事業を行っているときは、その事業の種類を登載しなければならないが、当該事項に変更があっても、変更の届出は要しない（宅地建物取引業法8条2項8号、9条、同施行規則5条2号）。

【問題18】　正解2

CHECK! ☐ ☐ ☐ | 本試験 平成27年度　問35 | 重要度 A | 難易度 ★★

問題19　宅地建物取引士

宅地建物取引業法の規定に関する次の記述のうち、正しいものはどれか。

1　「宅地建物取引業者は、取引の関係者に対し、信義を旨とし、誠実にその業務を行わなければならない」との規定があるが、宅地建物取引士については、規定はないものの、公正かつ誠実に宅地建物取引業法に定める事務を行うとともに、宅地建物取引業に関連する業務に従事する者との連携に努めなければならないものと解されている。

2　「宅地建物取引士は、宅地建物取引業の業務に従事するときは、宅地建物取引士の信用又は品位を害するような行為をしてはならない」との規定がある。

3　「宅地建物取引士は、宅地建物取引業を営む事務所において、専ら宅地建物取引業に従事し、これに専念しなければならない」との規定がある。

4　「宅地建物取引業者は、その従業者に対し、その業務を適正に実施させるため、必要な教育を行うよう努めなければならない」との規定があり、「宅地建物取引士は、宅地又は建物の取引に係る事務に必要な知識及び能力の維持向上に努めなければならない」との規定がある。

解答・解説

1　誤り
　宅地建物取引業法31条１項は、「宅地建物取引業者は、取引の関係者に対し、信義を旨とし、誠実にその業務を行なわなければならない」と規定している。また、宅地建物取引業法15条は、「宅地建物取引士は、宅地建物取引業の業務に従事するときは、宅地又は建物の取引の専門家として、購入者等の利益の保護及び円滑な宅地又は建物の流通に資するよう、公正かつ誠実にこの法律に定める事務を行うとともに、宅地建物取引業に関連する業務に従事する者との連携に努めなければならない」と規定している。

2　誤り
　宅地建物取引業法15条の２は、「宅地建物取引士は、宅地建物取引士の信用又は品位を害するような行為をしてはならない」と規定している。

3　誤り
　宅地建物取引業法には、本肢のような規定はない。

4　正しい
　宅地建物取引業法31条の２は、「宅地建物取引業者は、その従業者に対し、その業務を適正に実施させるため、必要な教育を行うよう努めなければならない」と規定している。また、宅地建物取引業法15条の３は、「宅地建物取引士は、宅地又は建物の取引に係る事務に必要な知識及び能力の維持向上に努めなければならない」と規定している。

【問題19】　正解4

問題20　宅地建物取引士

　宅地建物取引士の設置に関する次の記述のうち、宅地建物取引業法（以下この問において「法」という。）の規定によれば、正しいものはどれか。

1　宅地建物取引業者Aは、1棟100戸のマンションを分譲するために案内所を設置し、当該案内所においては売買契約の申込みの受付のみを行うこととした。この場合、Aは、当該案内所に成年者である専任の宅地建物取引士を置く必要はない。

2　宅地建物取引業者B（甲県知事免許）は、その事務所において、成年者である宅地建物取引士Cを新たに専任の宅地建物取引士として置いた。この場合、Bは、30日以内に、その旨を甲県知事に届け出なければならない。

3　宅地建物取引業者Dは、その事務所の専任の宅地建物取引士Eが3か月間入院したため、法第31条の3に規定する専任の宅地建物取引士の設置要件を欠くこととなったが、その間、同条の規定に適合させるために必要な措置を執らなかった。この場合、Dは指示処分の対象になるが、業務停止処分の対象にはならない。

4　宅地建物取引業者である法人Fの取締役Gは宅地建物取引士であり、本店において専ら宅地建物取引業に関する業務に従事している。この場合、Fは、Gを本店の専任の宅地建物取引士の数のうちに算入することはできない。

解答・解説

1　誤り
　宅地建物取引業者は、10戸以上の一団の建物の分譲のために案内所を設置し、そこで契約の申込みを受ける場合には、当該案内所は「事務所等」に該当するため、成年者である専任の宅地建物取引士を置かなければならない（宅地建物取引業法31条の3第1項、同施行規則15条の5の2第2号）。

2　正しい
　事務所ごとに置かれる専任の宅地建物取引士の氏名は、業者名簿の登載事項であり（宅地建物取引業法8条2項6号）、宅地建物取引業者は、当該事項について変更があった場合においては、国土交通省令の定めるところにより、30日以内に、その旨をその免許を受けた国土交通大臣又は都道府県知事に届け出なければならない（宅地建物取引業法9条）。

3　誤り
　宅地建物取引業者は、既存の事務所等が専任の宅地建物取引士の設置要件に抵触するに至ったときは、2週間以内に、当該要件に適合させるため必要な措置を執らなければならない（宅地建物取引業法31条の3第3項）。当該措置を執らなかった場合には、業務停止処分の対象となる（宅地建物取引業法65条2項）。

4　誤り
　宅地建物取引業者（法人である場合においては、その役員（業務を執行する社員、取締役、執行役又はこれらに準ずる者をいう。））が宅地建物取引士であるときは、その者が自ら主として業務に従事する事務所等については、その者は、その事務所等に置かれ

る成年者である専任の宅地建物取引士とみなす（宅地建物取引業法31条の3第2項）。本肢において、宅地建物取引士である取締役Gを、専ら従事する場所である本店における専任の宅地建物取引士の数に算入することができる。

必勝合格Check!

専任の宅地建物取引士の設置要件

事務所	宅建業者の業務に従事する者の1/5以上		
事務所以外の国土交通省令で定める場所	①継続的業務場所で、事務所以外の場所	左記の場所で、契約を締結し、又は申込みを受ける場所	1人以上
	②10区画（10戸）以上の一団の宅地・建物の分譲を行う案内所		
	③他の宅建業者が行う一団の宅地建物の分譲の代理又は媒介を行う案内所		
	④業務に関し、展示会その他これに類する催しを実施する場合のその催しを実施する場所		

宅地建物取引業者名簿の登載事項と変更の届出

登載事項	変更の届出の要否	
①免許証番号・免許年月日	不要	
②商号又は名称	必要	30日以内
③役員の氏名・政令で定める使用人の氏名 （個人の場合は、個人の氏名・政令で定める使用人の氏名）	必要	
④事務所の名称及び所在地	必要	
⑤事務所ごとに置かれる専任の宅地建物取引士の氏名	必要	
⑥指示又は業務停止の処分を受けたときは、その年月日及び内容	不要	
⑦兼業の種類	不要	

宅建業法

【問題20】　正解2

問題21　宅地建物取引士

　宅地建物取引業法（以下この問において「法」という。）に規定する宅地建物取引士に関する次の記述のうち、正しいものはどれか。

1　都道府県知事は、宅地建物取引士資格試験を不正の手段で受験したため合格決定が取り消された者について、同試験の受験を以後5年間禁止する措置をすることができる。

2　宅地建物取引士資格試験に合格した者でも、3年間以上の実務経験を有しなければ、法第18条第1項の登録を受けることができない。

3　甲県内に所在する事務所の専任の宅地建物取引士は、甲県知事による法第18条第1項の登録を受けている者でなければならない。

4　宅地建物取引士証を滅失した宅地建物取引士は、宅地建物取引士証の再交付を受けるまで、法第35条の規定による重要事項の説明をすることができない。

解答・解説

1　誤り

　都道府県知事は、宅地建物取引士資格試験を不正の手段によって受け、又は受けようとした者に対しては、合格の決定を取り消し、又はその試験を受けることを禁止することができる。この場合、都道府県知事は、この処分を受けた者に対し、情状により、「3年」以内の期間を定めて試験を受けることができないものとすることができる（宅地建物取引業法17条1・3項）。したがって、禁止する期間を5年とする本肢は誤りである。

2　誤り

　宅地建物取引士資格試験に合格した者で、宅地もしくは建物の取引に関し国土交通省令で定める「2年」以上の実務の経験を有するもの、又は、国土交通大臣の登録を受けた機関が実施する講習（登録実務講習）を受講するなどして、その実務の経験を有するものと同等以上の能力を有すると認められたものは、国土交通省令の定めるところにより、当該試験を行った都道府県知事の登録を受けることができる（宅地建物取引業法18条1項本文、同施行規則13条の15・16）。したがって、3年以上の実務経験を有しなければ、登録を受けることができないとする本肢は誤り。

3　誤り

　宅地建物取引業者は、その事務所その他国土交通省令で定める場所ごとに、事務所等の規模、業務内容等を考慮して国土交通省令で定める数の成年者である専任の宅地建物取引士を置かなければならない（宅地建物取引業法31条の3第1項）。しかし、事務所の所在する都道府県の知事の登録を受けている者しか専任の宅地建物取引士になれないわけではなく、本肢は誤り。

4　正しい

　宅地建物取引士は、重要事項の説明をするときは、説明の相手方に対し、宅地建物取引士証を提示しなければならない（宅地建物取引業法35条4項）。とすれば、宅地建物取引士証を滅失した場合には、再交付を受けるまでの間は宅地建物取引士証の提示ができない以上、35条の規定による重要事項の説明をすることはできないことになる。よって、本肢は正しく、正解肢となる。

【問題21】　正解4

CHECK! ☐ ☐ ☐　本試験 令和2年度 問28
（10月実施）　重要度 **A**　難易度 ★

問題22　宅地建物取引士

　宅地建物取引士に関する次の記述のうち、宅地建物取引業法の規定によれば、正しいものはどれか。

1　宅地建物取引士資格試験に合格した者は、合格した日から10年以内に登録の申請をしなければ、その合格は無効となる。

2　宅地建物取引士証の有効期間の更新の申請は、有効期間満了の90日前から30日前までにする必要がある。

3　宅地建物取引士は、重要事項の説明をするときは説明の相手からの請求の有無にかかわらず宅地建物取引士証を提示しなければならず、また、取引の関係者から請求があったときにも宅地建物取引士証を提示しなければならない。

4　甲県知事の登録を受けている宅地建物取引士が、乙県知事に登録の移転を申請するときは、乙県知事が指定する講習を受講しなければならない。

解答・解説

1　誤り
　試験に合格した者は、試験を行った都道府県知事の登録を受けることができる（宅地建物取引業法18条1項）。この登録は義務ではなく、また試験合格後、直ちに登録しなくても、合格は一生有効である。

2　誤り
　宅地建物取引士証の更新を受けようとする者は、申請前6か月以内に行われる知事指定講習を受けなければならない（宅地建物取引業法22条の2第2項）。なお、免許の更新を受けようとする者は、免許の有効期間の満了の日の90日前から30日前までの間に、免許の申請書を提出しなければならない（宅地建物取引業法施行規則3条）。

3　正しい
　宅地建物取引士は重要事項の説明をするときは、相手方から請求がなくても、宅地建物取引士証を提示しなければならず（宅地建物取引業法35条4項）、取引の関係者から請求があったときにも、宅地建物取引士証を提示しなければならない（宅地建物取引業法22条の4）。

4　誤り
　登録の移転の申請は、現に登録をしている知事を経由して、移転先の知事にすることができるが、申請するときに移転先の知事が指定する講習を受講しなければならないとする規定はない（宅地建物取引業法19条の2）。

【問題22】　正解3

問題23 宅地建物取引士

次の記述のうち、宅地建物取引業法（以下この問において「法」という。）の規定によれば、正しい内容のものはどれか。

1 Xは、甲県で行われた宅地建物取引士資格試験に合格した後、乙県に転居した。その後、登録実務講習を修了したので、乙県知事に対し法第18条第1項の登録を申請した。

2 Yは、甲県知事から宅地建物取引士証の交付を受けている。Yは、乙県での勤務を契機に乙県に宅地建物取引士の登録の移転をしたが、甲県知事の宅地建物取引士証の有効期間が満了していなかったので、その宅地建物取引士証を用いて宅地建物取引士としてすべき事務を行った。

3 A社（国土交通大臣免許）は、甲県に本店、乙県に支店を設置しているが、乙県の支店を廃止し、本店を含むすべての事務所を甲県内にのみ設置して事業を営むこととし、甲県知事へ免許換えの申請を行った。

4 B社（甲県知事免許）は、甲県の事務所を廃止し、乙県内で新たに事務所を設置して宅地建物取引業を営むため、甲県知事へ廃業の届けを行うとともに、乙県知事へ免許換えの申請を行った。

解答・解説

1 誤り

試験に合格した者で、2年以上の実務の経験を有するもの又は登録実務講習を修了等したものは、当該試験を行った都道府県知事に対し、登録の申請をすることができる（宅地建物取引業法18条1項、同施行規則13条の15、13条の16）。よって、甲県で行われた試験に合格後、別の乙県に転居したとしても、登録の申請は、甲県知事に対してする必要がある。

2 誤り

宅地建物取引士証が交付された後、登録の移転があったときは、当該宅地建物取引士証は、その効力を失う（宅地建物取引業法22条の2第4項）。よって、たとえ有効期間が満了していなくても、既に無効となった宅地建物取引士証を用いて宅地建物取引士としての事務を行うことはできない。

3 正しい

国土交通大臣の免許を受けた者が1の都道府県の区域内（甲県内）にのみ事務所を有することとなったときには、免許換えをしなければならないが、この免許換えの申請は、新しい免許権者（甲県知事）に直接申請する（宅地建物取引業法7条1項1号）。

4 誤り

甲県知事免許を有する者が、甲県の事務所を廃止し、乙県で新たに事務所を設置する場合には、乙県知事へ免許換えをしなければならないが、事業を廃止するわけではないので、甲県知事へ廃業の届出を行う必要はない（宅地建物取引業法7条1項2号、11条）。

【問題23】 正解3

CHECK! □□□　本試験 平成11年度　問45　重要度 A　難易度 ★

問題24　宅地建物取引士

　宅地建物取引業者Aの宅地建物取引士Bが、甲県知事の宅地建物取引士資格試験に合格し、同知事の宅地建物取引士資格登録（以下この問において「登録」という。）を受けている場合に関する次の記述のうち、正しいものはどれか。

1　Bが甲県から乙県に転居しようとする場合、Bは、転居を理由として乙県知事に登録の移転を申請することができる。

2　Bが、事務禁止の処分を受けている間は、Aの商号に変更があった場合でも、Bは、変更の登録の申請を行うことはできない。

3　Bは、乙県知事への登録の移転を受けなくても、乙県に所在するAの事務所において専任の宅地建物取引士となることができる。

4　Bが乙県知事への登録の移転を受けた後、乙県知事に登録を消除され、再度登録を受けようとする場合、Bは、乙県知事に登録の申請をすることができる。

解答・解説

1　誤り
　登録の移転を申請することができるのは、登録している都道府県知事の管轄している都道府県以外の都道府県に所在する宅地建物取引業者の事務所に従事し、又は従事しようとするときに認められるのみであり、単なる転居を理由として登録の移転を申請することはできない（宅地建物取引業法19条の2）。

2　誤り
　従事する宅地建物取引業者の商号に変更があった場合には、変更の登録を行わなければならず（宅地建物取引業法20条）、これは、たとえ事務禁止の処分を受けている間でもしなければならない。登録の移転は、事務禁止の処分を受けている間には行うことができないのとは違う（宅地建物取引業法19条の2）。

3　正しい
　宅地建物取引士登録をした者は、日本全国どこの都道府県に所在する事務所の専任の宅地建物取引士にもなることができる。登録の移転をしたか否かと専任の宅地建物取引士になることができるか否かとは別問題である。

4　誤り
　登録は、試験を行った都道府県知事に対して行わなければならないが、これは登録を消除された後の再登録であっても同じである（宅地建物取引業法18条1項）。そして、そのうえで登録の移転をすることになる。よって、Bが乙県知事への登録の移転を受けた後であっても、乙県知事に登録を消除され、再度登録を受けようとする場合には、最初と同じように、Bは、甲県知事に登録の申請をしなければならない。

宅建業法

【問題24】　正解 3

問題25　宅地建物取引士

　宅地建物取引業法に規定する宅地建物取引士及びその登録（以下この問において「登録」という。）に関する次の記述のうち、正しいものはどれか。

1　登録を受けている者が精神の機能の障害により宅地建物取引士の事務を適正に行うに当たって必要な認知、判断及び意思疎通を適切に行うことができない者となった場合、本人がその旨を登録をしている都道府県知事に届け出ることはできない。

2　甲県知事の登録を受けている宅地建物取引士が乙県知事に登録の移転の申請を行うとともに宅地建物取引士証の交付の申請を行う場合、交付の申請前６月以内に行われる乙県知事が指定した講習を受講しなければならない。

3　宅地建物取引士が、事務禁止処分を受け、宅地建物取引士証をその交付を受けた都道府県知事に速やかに提出しなかったときは、50万円以下の罰金に処せられることがある。

4　宅地建物取引士が、刑法第222条（脅迫）の罪により、罰金の刑に処せられ、登録が消除された場合、刑の執行を終わり又は執行を受けることがなくなった日から５年を経過するまでは、新たな登録を受けることができない。

解答・解説

1　誤り
　宅地建物取引士の資格登録を受けている者が、精神の機能の障害により宅地建物取引士の事務を適正に行うに当たって必要な認知、判断及び意思疎通を適切に行うことができない者となった場合、本人又はその法定代理人若しくは同居の親族は、その日から30日以内に、その旨を当該登録をしている都道府県知事に届け出なければならない（宅地建物取引業法21条３号、18条１項12号、同施行規則14条の２）。したがって、本人も届け出ることができる。

2　誤り
　宅地建物取引士証の交付を受けようとする者は、登録をしている都道府県知事が指定する講習で交付の申請前６か月以内に行われるものを受講しなければならない。しかし、試験に合格した日から１年以内に宅地建物取引士証の交付を受けようとする者又は登録の移転とともに宅地建物取引士証の交付を受けようとする者は、受講義務はない（宅地建物取引業法22条の２第２項）。

3　誤り
　宅地建物取引士は、事務禁止の処分を受けたときは、速やかに、宅地建物取引士証をその交付を受けた都道府県知事に提出しなければならない（宅地建物取引業法22条の２第７項）。そして、当該義務に違反した者は、10万円以下の「過料」に処せられる（宅地建物取引業法86条）。罰金ではない。

4　正しい
　脅迫罪により罰金の刑に処せられたことにより登録を消除された宅地建物取引士は、その刑の執行を終わり、又は執行を受けることがなくなった日から５年を経過するまでは、新たに登録を受けることができない（宅地建物取引業法18条１項７号）。

必勝合格Check!

未成年者のまとめ

		宅建業者免許	宅地建物取引士登録	成年者である専任の宅地建物取引士
営業に関し成年者と同一の行為能力を	有する未成年者（＝営業許可を受けた）	○	○	業者自身又は法人業者の役員であれば成年者である専任とみなされる
				上記以外×
	有しない未成年者（＝営業許可を受けていない）	○（※）	×	×

※法定代理人（法人の場合、役員を含む。）にも欠格事由がなければ、免許の取得ができる。

罰金刑でも登録欠格事由となる犯罪

```
1　宅地建物取引業法違反
2　暴力団員による不当な行為の防止等に関する法律（暴対法）違反
3　傷害罪
4　現場助勢罪
5　暴行罪
6　凶器準備集合・結集罪
7　脅迫罪
8　暴力行為等処罰に関する法律の罪
9　背任罪
```

宅建業法

問題26　宅地建物取引士

　宅地建物取引士の登録に関する次の記述のうち、宅地建物取引業法の規定によれば、正しいものはどれか。

1　不正の手段により免許を受けたとしてその免許の取消しを受けた法人において役員ではない従業者であった者は、当該免許取消しの日から5年を経過しなければ、登録を受けることができない。

2　宅地建物取引士が、刑法第204条の傷害罪により罰金の刑に処せられ、登録が消除された場合は、当該登録が消除された日から5年を経過するまでは、新たな登録を受けることができない。

3　宅地建物取引業者（甲県知事免許）に勤務する宅地建物取引士（甲県知事登録）が、乙県に住所を変更するとともに宅地建物取引業者（乙県知事免許）に勤務先を変更した場合は、乙県知事に登録の移転の申請をしなければならない。

4　宅地建物取引業者（甲県知事免許）に勤務する宅地建物取引士（甲県知事登録）が、乙県知事に登録の移転の申請をするとともに宅地建物取引士証の交付の申請をした場合は、乙県知事は、登録後、移転申請前の宅地建物取引士証の有効期間が経過するまでの期間を有効期間とする宅地建物取引士証を交付しなければならない。

解答・解説

1　誤り

　法人が不正の手段により免許を取得したとして、免許を取り消された場合、当該取消しに係る聴聞の期日及び場所の公示の日前60日以内に当該法人の「役員」であった者で、その取消しの日から5年を経過しない者は登録を受けることができない（宅地建物取引業法18条1項3号）。

2　誤り

　傷害罪により罰金の刑に処せられたことにより登録を消除された宅地建物取引士は、「その刑の執行を終わり、又は執行を受けることがなくなった日」から5年を経過するまでは、新たに登録を受けることができない（宅地建物取引業法18条1項7号）。

3　誤り

　宅地建物取引士の登録を受けている者は、当該登録をしている都道府県知事の管轄する都道府県以外の都道府県に所在する宅地建物取引業者の事務所の業務に従事し、又は従事しようとするときは、当該事務所の所在地を管轄する都道府県知事に対し、当該登録をしている都道府県知事を経由して、登録の移転の申請をすることが「できる」（宅地建物取引業法19条の2）。

4　正しい

　登録の移転の申請とともに宅地建物取引士証の交付の申請があったときは、移転後の都道府県知事は、移転前の宅地建物取引士証の有効期間が経過するまでの期間を有効期間とする宅地建物取引士証を交付しなければならない（宅地建物取引業法22条の2第5項）。

【問題26】　正解4

CHECK! ☐☐☐　本試験 平成28年度　問38 改　重要度 A　難易度 ★★

問題27　宅地建物取引士

　宅地建物取引士資格登録（以下この問において「登録」という。）又は宅地建物取引士に関する次の記述のうち、宅地建物取引業法の規定によれば、正しいものはいくつあるか。

ア　宅地建物取引士（甲県知事登録）が、乙県で宅地建物取引業に従事することとなったため乙県知事に登録の移転の申請をしたときは、移転後新たに5年を有効期間とする宅地建物取引士証の交付を受けることができる。

イ　宅地建物取引士は、取引の関係者から宅地建物取引士証の提示を求められたときは、宅地建物取引士証を提示しなければならないが、従業者証明書の提示を求められたときは、宅地建物取引業者の代表取締役である宅地建物取引士は、当該証明書がないので提示をしなくてよい。

ウ　宅地建物取引士が家庭裁判所から後見を開始する旨の審判を受けたときは、その後見人は、3月以内に、その旨を登録をしている都道府県知事に届け出なければならない。

エ　宅地建物取引士の氏名等が登載されている宅地建物取引士資格登録簿は一般の閲覧に供されることはないが、専任の宅地建物取引士は、その氏名が宅地建物取引業者名簿に登載され、当該名簿が一般の閲覧に供される。

1　一つ　　2　二つ　　3　三つ　　4　なし

解答・解説

ア　誤り
　登録の移転の申請とともに宅地建物取引士証の交付の申請があったときは、移転後の都道府県知事は、従前の宅地建物取引士証の有効期間が経過するまでの期間を有効期間とする宅地建物取引士証を交付しなければならない（宅地建物取引業法22条の2第5項）。

イ　誤り
　従業者は、取引の関係者の請求があったときは、従業者証明書を提示しなければならない（宅地建物取引業法48条2項）。この従業者証明書を携帯させるべき者の範囲は、代表者（いわゆる社長）を含む（宅地建物取引業法の解釈・運用の考え方48条1項関係）。

ウ　誤り
　宅地建物取引士が家庭裁判所から後見を開始する旨の審判を受けたときでも、当該後見人は、その日から30日以内に、その旨を当該登録をしている都道府県知事に届け出はいらなくなった。

エ　正しい
　宅地建物取引士資格登録簿は、一般の閲覧に供されることはない（宅地建物取引業法18条参照）。これに対して、国土交通大臣又は都道府県知事は、宅地建物取引業者名簿等を一般の閲覧に供しなければならない（宅地建物取引業法10条）。当該名簿には、専任の宅地建物取引士の氏名が登載されている（宅地建物取引業法8条2項6号）。
　以上より、正しいものはエの一つであり、肢1が正解となる。

【問題27】　正解1

問題28　宅地建物取引士

　宅地建物取引士の登録（以下この問において「登録」という。）及び宅地建物取引士証に関する次の記述のうち、民法及び宅地建物取引業法の規定によれば、正しいものはどれか。

1　未成年者は、登録実務講習を修了し、法定代理人から宅地建物取引業を営むことについての許可を受けていても登録を受けることができない。

2　登録を受けている者は、宅地建物取引士証の交付を受けていない場合は、その住所に変更があっても、登録を受けている都道府県知事に変更の登録を申請する必要はない。

3　宅地建物取引士証を亡失し、その再交付を申請している者は、再交付を受けるまでの間、宅地建物取引業法第35条に規定する重要事項の説明をする時は、宅地建物取引士証に代えて、再交付申請書の写しを提示すればよい。

4　甲県知事から宅地建物取引士証の交付を受けている者が、宅地建物取引士としての事務を禁止する処分を受け、その禁止の期間中に本人の申請により登録が消除された場合は、その者が乙県で宅地建物取引士資格試験に合格したとしても、当該期間が満了しないときは、乙県知事の登録を受けることができない。

解答・解説

1　誤り
　営業に関し成年者と同一の行為能力を有する未成年者（法定代理人から営業許可のあった未成年者）は、登録を受けることができる（宅地建物取引業法18条1項1号参照）。
2　誤り
　宅地建物取引士資格登録簿には登録を受けている者の住所が登載してあるため、その住所に変更があれば、宅地建物取引士証の交付の有無を問わず、変更の登録をしなければならない（宅地建物取引業法18条2項、20条）。
3　誤り
　宅地建物取引士は、重要事項の説明をするときは、説明の相手方に対し、宅地建物取引士証を提示しなければならない（宅地建物取引業法35条4項）。再交付申請書の写しをもって、宅地建物取引士証に代えることはできない。
4　正しい
　宅地建物取引士としてすべき事務の禁止の処分を受け、その禁止の期間中に本人の申請に基づき登録が消除され、まだその期間が満了しない者は登録を受けることができない（宅地建物取引業法18条1項11号）。

【問題28】　正解4

CHECK! ☐ ☐ ☐ ｜ 本試験 令和2年度 問28｜ 重要度 **A** ｜ 難易度 ★
（10月実施）

問題29 ｜ **宅地建物取引士**

宅地建物取引士に関する次の記述のうち、宅地建物取引業法の規定によれば、正しいものはどれか。

1 宅地建物取引士資格試験に合格した者は、合格した日から10年以内に登録の申請をしなければ、その合格は無効となる。

2 宅地建物取引士証の有効期間の更新の申請は、有効期間満了の90日前から30日前までにする必要がある。

3 宅地建物取引士は、重要事項の説明をするときは説明の相手からの請求の有無にかかわらず宅地建物取引士証を提示しなければならず、また、取引の関係者から請求があったときにも宅地建物取引士証を提示しなければならない。

4 甲県知事の登録を受けている宅地建物取引士が、乙県知事に登録の移転を申請するときは、乙県知事が指定する講習を受講しなければならない。

解答・解説

1　誤り
試験に合格した者は、当該試験を行った都道府県知事の登録を受けることが「できる」（宅地建物取引業法18条1項）。このように登録は義務ではなく、また合格は一生有効であるから、登録をしなかったからといって、合格が無効となることはない。

2　誤り
宅地建物取引士証の更新を受けようとする者は、申請前6か月以内に行われる都道府県知事が指定する講習（法定講習）を受けなければならない（宅地建物取引業法22条の3第2項、22条の2第2項）。なお、免許の更新を受けようとする者は、免許の有効期間の満了の日の90日前から30日前までの間に、免許の申請書を提出しなければならない（宅地建物取引業法施行規則3条）。

3　正しい
宅地建物取引士は重要事項の説明をするときは、相手方から請求がなくても、宅地建物取引士証を提示しなければならず（宅地建物取引業法35条4項）、取引の関係者から請求があったときにも、宅地建物取引士証を提示しなければならない（宅地建物取引業法22条の4）。

4　誤り
登録の移転の申請は、現に登録をしている都道府県知事を経由して、移転先の都道府県知事にすることができるが、申請するときに移転先の都道府県知事が指定する講習（法定講習）を受講しなければならないとする規定はない（宅地建物取引業法19条の2）。

【問題29】　正解3

問題30 宅地建物取引士

宅地建物取引士資格登録（以下この問において「登録」という。）及び宅地建物取引士証に関する次の記述のうち、宅地建物取引業法の規定によれば、正しいものはどれか。

1 甲県知事の登録を受けて、甲県に所在する宅地建物取引業者Aの事務所の業務に従事する者が、乙県に所在するAの事務所の業務に従事することとなったときは、速やかに、甲県知事を経由して、乙県知事に対して登録の移転の申請をしなければならない。

2 登録を受けている者で宅地建物取引士証の交付を受けていない者が重要事項説明を行い、その情状が特に重いと認められる場合は、当該登録の消除の処分を受け、その処分の日から5年を経過するまでは、再び登録を受けることができない。

3 丙県知事から宅地建物取引士証の交付を受けている宅地建物取引士が、宅地建物取引士証の有効期間の更新を受けようとするときは、丙県知事に申請し、その申請前6月以内に行われる国土交通大臣の指定する講習を受講しなければならない。

4 丁県知事から宅地建物取引士証の交付を受けている宅地建物取引士が、宅地建物取引士証の亡失によりその再交付を受けた後において、亡失した宅地建物取引士証を発見したときは、速やかに、再交付された宅地建物取引士証をその交付を受けた丁県知事に返納しなければならない。

解答・解説

1 誤り

宅地建物取引士の登録を受けている者は、当該登録をしている都道府県知事の管轄する都道府県以外の都道府県に所在する宅地建物取引業者の事務所の業務に従事し、又は従事しようとするときは、当該事務所の所在地を管轄する都道府県知事に対し、当該登録をしている都道府県知事を経由して、登録の移転の申請をすることが「できる」（宅地建物取引業法19条の2）。

2 正しい

登録を受けている者で宅地建物取引士証の交付を受けていない者が、宅地建物取引士としてすべき事務を行い、情状が特に重いときは、登録をしている都道府県知事は、当該登録を消除しなければならない（宅地建物取引業法68条の2第2項3号）。この場合、当該処分を受け、その処分の日から5年を経過しない者は、再び登録を受けることができない（宅地建物取引業法18条1項9号）。

3 誤り

宅地建物取引士証の有効期間の更新を受けようとする者は、登録をしている「都道府県知事」が指定する講習で更新の申請前6か月以内に行われるものを受講しなければならない（宅地建物取引業法22条の3第2項）。

4 誤り

宅地建物取引士は、宅地建物取引士証の亡失によりその再交付を受けた後において、

亡失した宅地建物取引士証を発見したときは、速やかに、「発見した宅地建物取引士証」をその交付を受けた都道府県知事に返納しなければならない（宅地建物取引業法施行規則14条の15第4項）。

必勝合格Check!

宅地建物取引士証の有効期間と更新

●宅地建物取引士証の有効期間は5年である。
●更新を受けようとする者は、申請前6カ月以内に行われる知事指定講習を受けなければならない。
●登録が消除されると、宅地建物取引士証も失効する。宅地建物取引士証が失効しても、登録は失効しない。

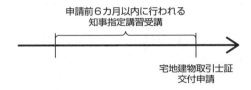

登録の移転

問題31 　**宅地建物取引士**

次の記述のうち、宅地建物取引業法（以下この問において「法」という。）の規定によれば、正しいものはどれか。

1 　禁錮以上の刑に処せられた宅地建物取引士は、登録を受けている都道府県知事から登録の消除の処分を受け、その処分の日から5年を経過するまで、宅地建物取引士の登録をすることはできない。

2 　宅地建物取引士資格試験に合格した者で、宅地建物の取引に関し2年以上の実務経験を有するもの、又は都道府県知事がその実務経験を有するものと同等以上の能力を有すると認めたものは、法第18条第1項の登録を受けることができる。

3 　甲県知事から宅地建物取引士証の交付を受けている宅地建物取引士は、その住所を変更したときは、遅滞なく、変更の登録の申請をするとともに、宅地建物取引士証の書換え交付の申請を甲県知事に対してしなければならない。

4 　宅地建物取引士が成年被後見人に該当することになったときは、その日から30日以内にその旨を登録している都道府県知事に本人が届け出なければならない。

解答・解説

1 　誤り

　禁錮以上の刑に処せられ、その刑の執行を終わり、又は執行を受けることがなくなった日から5年を経過しない者は、登録をすることができない（宅地建物取引業法18条1項5号）。宅地建物取引士が禁錮以上の刑に処せられ登録消除処分を受けた場合、「その登録消除処分の日から5年を経過するまで」ではない。

2 　誤り

　試験に合格した者で、宅地建物の取引に関し2年以上の実務の経験を有するもの又は国土交通大臣がその実務の経験を有するものと同等以上の能力を有すると認めたものは、当該試験を行った都道府県知事の登録を受けることができる（宅地建物取引業法18条1項）。

3 　正しい

　宅地建物取引士は、その氏名又は住所を変更したときは、変更の登録の申請とあわせて、宅地建物取引士証の書換え交付を申請しなければならない（宅地建物取引業法20条、18条、同施行規則14条の13）。

4 　誤り

　登録を受けている宅地建物取引士が成年被後見人に該当することとなったときでも、成年後見人は、その日から30日以内に、その旨を登録をしている都道府県知事に届け出は不要となった。

【問題31】 　正解3

問題32　宅地建物取引士

宅地建物取引士と宅地建物取引士証に関する次の記述のうち、宅地建物取引業法（以下この問において「法」という。）の規定に違反しないものはどれか。

1　Aは、専任の宅地建物取引士として従事していた宅地建物取引業者B社を退職し、宅地建物取引業者C社に専任の宅地建物取引士として従事することとなり、B社は宅地建物取引業者名簿登載事項の変更の届出をAの退職から半年後に、C社はAの就任から10日後に当該届出を行った。

2　Dは、宅地建物取引業者が業務に関し展示会を実施する場所であって、宅地又は建物の売買の契約を締結する国土交通省令で定める場所（業務に従事する者11名）における唯一の専任の宅地建物取引士である。

3　Eは、自らが有する宅地建物取引士証の有効期間が満了して半年になるが、宅地建物取引士資格登録をしている都道府県知事が指定する講習を受講したので、当該宅地建物取引士証の更新の申請をせず、宅地建物取引士としてすべき事務を行っている。

4　Fは、宅地建物取引士として宅地の売買に係る法第37条の書面の交付を買主に対して行い、その際、買主から宅地建物取引士証の提示を求められたが、法第35条の重要事項の説明を行う際に提示していたので、これを拒んだ。

解答・解説

1　違反する

専任の宅地建物取引士の氏名は、宅地建物取引業者名簿登載事項であり（宅地建物取引業法8条2項6号）、この登載事項に変更が生じた場合には、その日から30日以内に変更の届出をしなければならない（宅地建物取引業法9条）。よって、B社は、Aの退職から半年後に届出を行っているのであるから、違反する。

2　違反しない

事務所においては、その業務に従事する者5人に1人以上の割合で専任の宅地建物取引士を設置しなければならないが、本肢のような案内所等においては、1人以上の設置で足りる（宅地建物取引業法31条の3第1項、同施行規則15条の5の3）。

3　違反する

宅地建物取引士とは、宅地建物取引士証の交付を受けた者であり（宅地建物取引業法2条4号）、宅地建物取引士証の失効後に、宅地建物取引士証の更新をしない者は、いくら講習を受講しても宅地建物取引士として事務を行うことはできない。

4　違反する

宅地建物取引士証は、重要事項の説明の場合には、たとえ相手方から請求がなくても必ず提示しなければならないが（宅地建物取引業法35条4項）、その他の場合には取引の関係者から請求があったときに提示しなければならないことになっている（宅地建物取引業法22条の4）。

【問題32】　正解2

問題33 宅地建物取引士

宅地建物取引業者A社（甲県知事免許）の宅地建物取引士は、専任の宅地建物取引士であるBのみである。次の記述のうち、宅地建物取引業法の規定によれば正しいものはどれか。

1　A社が合資会社から株式会社に組織変更を行った場合、A社は甲県知事に対して宅地建物取引業者名簿の変更の届出が必要であるが、Bは宅地建物取引士資格登録簿の変更の登録を申請しなくてもよい。

2　A社が事務所を乙県に移転したため、乙県知事の免許を取得した場合、Bは宅地建物取引士資格登録簿の変更の登録を申請しなければならない。

3　A社の専任の宅地建物取引士がBからCに交代した場合、A社は2週間以内に甲県知事に対して、宅地建物取引業者名簿の変更の届出を行わなければならない。

4　A社には専任の宅地建物取引士がBしかいないため、別の宅地建物取引業者D社が売主となる50戸のマンション分譲の代理に係る業務を、A社とD社が共同で設置する案内所で行うことはできない。

解答・解説

1　誤り

組織変更により勤務先である宅地建物取引業者の商号が変更するため、Bは変更の登録を申請しなければならない（宅地建物取引業法20条、18条2項、同施行規則14条の2の2第1項5号）。

2　正しい

勤務先である宅地建物取引業者の免許証番号は登録簿の登載事項であり、免許換えが行われて宅地建物取引業者の免許証番号が変更すれば、変更の登録が必要である（宅地建物取引業法20条、18条2項、同施行規則14条の2の2第1項5号）。

3　誤り

宅建業者名簿の登載事項の変更があった場合であり、2週間以内ではなく、30日以内に行う必要がある（宅地建物取引業法8条2項6号・9条）。

4　誤り

同一の物件を取り扱うためA社とD社が共同で設置する案内所に、1人以上の専任の宅地建物取引士を設置しなければならないとき、A社に他に専任の宅地建物取引士がいなくても、D社が専任の宅地建物取引士を設置することが可能であれば案内所を設置することができる（宅地建物取引業法の解釈・運用の考え方31条の3関係1（5））。

【問題33】　正解2

CHECK! ☐ ☐ ☐　本試験 平成21年度　問29　重要度 A　難易度 ★★

問題34　宅地建物取引士

次の記述のうち、宅地建物取引業法の規定によれば、正しいものはどれか。

1　都道府県知事は、不正の手段によって宅地建物取引士資格試験を受けようとした者に対しては、その試験を受けることを禁止することができ、また、その禁止処分を受けた者に対し2年を上限とする期間を定めて受験を禁止することができる。

2　宅地建物取引士の登録を受けている者が本籍を変更した場合、遅滞なく、登録をしている都道府県知事に変更の登録を申請しなければならない。

3　宅地建物取引士の登録を受けている者が死亡した場合、その相続人は、死亡した日から30日以内に登録をしている都道府県知事に届出をしなければならない。

4　甲県知事の宅地建物取引士の登録を受けている者が、その住所を乙県に変更した場合、甲県知事を経由して乙県知事に対し登録の移転を申請することができる。

解答・解説

1　誤り

都道府県知事は、不正の手段によって試験を受け、又は受けようとした者に対しては、合格の決定を取り消し、又はその試験を受けることを禁止することができる。また、その処分を受けた者に対し、情状により、3年以内の期間を定めて試験を受けることができないものとすることができる（宅地建物取引業法17条1・3項）。

2　正しい

宅地建物取引士の登録を受けている者の本籍は、宅地建物取引士資格登録簿の登載事項であり、当該事項に変更があったときは、遅滞なく、変更の登録を申請しなければならない（宅地建物取引業法20条、18条2項、同施行規則14条の2の2第1項1号）。

3　誤り

宅地建物取引士の登録を受けている者が死亡した場合、その相続人は、死亡の事実を知った日から30日以内に、その旨を登録をしている都道府県知事に届け出なければならない（宅地建物取引業法21条1号）。

4　誤り

宅地建物取引士の登録を受けている者が、当該登録をしている都道府県知事の管轄する都道府県以外の都道府県に所在する宅地建物取引業者の事務所の業務に従事し、又は従事しようとするときは、当該登録をしている都道府県知事を経由して、移転先の都道府県知事に対して、登録の移転を申請することができる（宅地建物取引業法19条の2）。単に住所を変更しただけでは、登録の移転を申請することはできない。

【問題34】　正解2

問題35　宅地建物取引士

甲県知事の宅地建物取引士登録（以下この問において「登録」という。）を受けている宅地建物取引士Aに関する次の記述のうち、宅地建物取引業法の規定によれば、正しいものはどれか。

1　Aが破産者で復権を得ないものに該当することとなったときは、破産手続開始の決定があった日から30日以内にAの破産管財人が甲県知事にその旨を届け出なければならない。

2　Aは、乙県知事から事務の禁止処分を受けたが、乙県内に所在する宅地建物取引業者Bの事務所の業務に従事しているため、その禁止の期間が満了すれば、甲県知事を経由して、乙県知事に登録の移転の申請をすることができる。

3　Aが無免許営業等の禁止に関する宅地建物取引業法に違反して宅地建物取引業を営み、懲役1年、執行猶予3年及び罰金10万円の刑に処せられ、登録を消除されたとき、刑の全部の執行猶予期間が満了すれば、その翌日から登録を受けることができる。

4　Aが役員をしているC社が宅地建物取引業の免許を受けたにもかかわらず、営業保証金を供託せず免許が取り消された場合には、Aの登録は消除される。

解答・解説

1　誤り

宅地建物取引士が破産者で復権を得ないものに該当することになったときは、破産手続開始の決定があった時から30日以内に、「宅地建物取引士本人」が、その旨を登録している知事に届け出なければならない（宅地建物取引業法21条2号、18条1項2号）。

2　正しい

登録を受けている者Aは、他県に所在する宅地建物取引業の事務所の業務に従事している場合、登録している知事を経由して、登録の移転の申請をすることができる（宅地建物取引業法19条の2本文）。また、登録の移転の申請は、事務禁止処分を受け、その禁止期間が満了していないときはすることができない（宅地建物取引業法19条の2ただし書）が、本肢では、Aの事務禁止期間が満了すれば、Aは登録の移転を申請できる。

3　誤り

刑の全部の執行猶予期間の満了により、刑の言渡しは、効力を失うので、その翌日から登録を受けることができる。しかし、本肢で、執行猶予が付されているのは「懲役1年」についてのみであり、「罰金刑10万円」については、執行猶予が付されていない。したがって、罰金刑の執行を終わり、又は執行を受けることがなくなった日から5年経過するまでは、登録を受けることはできない（宅地建物取引業法18条1項7号）。

4　誤り

宅地建物取引士の登録欠格事由にあたる場合は、登録は消除される。法人の役員が宅地建物取引士である場合において、法人が免許を取り消された場合に登録欠格事由にあたる場合とあたらない場合がある。法人が営業保証金を供託せずに免許を取り消された場合には、役員について登録欠格事由にあたらない（宅地建物取引業法68条の2第1項1号、18条1項3号参照）。したがって、Aの登録は消除されない。

必勝合格Check!

廃業等の届出（宅地建物取引業者）

届出事由	届出者	
①死亡	相続人	
②合併	消滅した法人の代表役員であった者	30日以内 （死亡の場合は、その事実を 知った日から30日以内）
③破産手続開始の決定	破産管財人	
④解散	清算人	
⑤廃業	業者であった個人、法人の代表役員	

死亡等の届出（宅地建物取引士）

届出事由	届出者	
①死亡	相続人	
②心身の故障により宅地建物取引士の事務を適正に行うことができない者として国土交通省令で定めるもの	本人又はその法定代理人 若しくは同居の親族	30日以内 （死亡の場合は、その事実を知っ た日から30日以内）
③上記以外の登録欠格事由 （破産手続開始の決定を受けて復 権を得ない者等）	本人	

【問題35】　正解2

221

問題36 宅地建物取引士

宅地建物取引士資格登録（以下この問において「登録」という。）又は宅地建物取引士に関する次の記述のうち、宅地建物取引業法の規定によれば、正しいものはどれか。

1 　甲県知事の登録を受けている宅地建物取引士が、乙県に住所を移転し、丙県知事免許を受けている宅地建物取引業者に勤務先を変更した場合、甲県知事を経由して乙県知事に対し、登録の移転の申請をすることができる。

2 　宅地建物取引士が取締役をしている宅地建物取引業者が、不正の手段により宅地建物取引業の免許を受けたとして、その免許を取り消されるに至った場合、当該宅地建物取引士はその登録を消除される。

3 　宅地建物取引士が勤務している宅地建物取引業者が、宅地建物取引業に関し不正な行為をして業務停止処分を受けた場合、当該宅地建物取引士は速やかに、宅地建物取引士証をその交付を受けた都道府県知事に提出しなければならない。

4 　宅地建物取引士が破産手続開始の決定を受けて、自ら登録の消除を申請した場合、復権を得てから5年を経過しなければ、新たに登録をすることはできない。

解答・解説

1 誤り
　登録の移転は、免許換えと異なって、登録をしている都道府県知事を経由して、しかも勤務先宅地建物取引業者の事務所の所在地を管轄する都道府県知事すなわち丙県知事に対して申請しなければならない（宅地建物取引業法19条の2）。ちなみに、単に住所が移転しただけでは登録の移転はできない。

2 正しい
　このように法人が、不正の手段によって宅地建物取引業の免許を受けたとして、その免許を取り消されたときは、実はその役員が違反行為にかかわっている場合が多いのであるから、その役員が宅地建物取引士であればその登録も消除される（宅地建物取引業法18条1項3号、66条1項8号、68条の2第1項1号）。

3 誤り
　確かに、宅地建物取引士自身が事務禁止処分を受けたときには、速やかに宅地建物取引士証をその交付を受けた知事に提出しなければならない（宅地建物取引業法22条の2第7項）。しかし、本肢の場合は、宅地建物取引業者が業務停止処分を受けただけであり、必ずしも宅地建物取引士が事務禁止処分を受けたわけではなく、宅地建物取引士証を提出する必要はない。

4 誤り
　宅地建物取引士が破産手続開始の決定を受けて、その後復権を得れば、5年を経過しなくても、登録を受けることはできる（宅地建物取引業法18条1項2号）。

【問題36】 正解2

CHECK! ☐☐☐　　本試験 平成17年度　問32　　重要度 A　　難易度 ★

問題37　宅地建物取引士

宅地建物取引業法に規定する宅地建物取引士に関する次の記述のうち、正しいものはどれか。

1　都道府県知事は、その登録を受けている宅地建物取引士が、他人に自己の名義の使用を許し、その他人がその名義を使用して宅地建物取引士である旨の表示をしたとき、当該宅地建物取引士に対し、必要な指示をすることができる。

2　宅地建物取引業者は、10戸以上の一団の建物の分譲について案内所を設置して行う場合、その案内所において業務に従事する者の数に対する宅地建物取引士の数の割合が1／5以上の成年者である専任の宅地建物取引士を置かなければならない。

3　宅地建物取引業者の従業者である宅地建物取引士は、本人の同意がある場合を除き、正当な理由がある場合でも、宅地建物取引業の業務を補助したことについて知り得た秘密を他に漏らしてはならない。

4　宅地建物取引士Aは、甲県知事から事務の禁止の処分を受け、宅地建物取引士証を甲県知事に提出したが、禁止処分の期間が満了した場合は、返還の請求がなくても、甲県知事は、直ちに宅地建物取引士証をAに返還しなければならない。

解答・解説

1　正しい

宅地建物取引士が他人に自己の名義の使用を許して、当該他人がその名義を使用して宅地建物取引士である旨を表示した場合、都道府県知事は、その登録を受けている宅地建物取引士に対して、指示処分をすることができる（宅地建物取引業法68条1項2号）。

2　誤り

宅地建物取引業者が10戸以上の一団の建物の分譲を案内所を設置して行う場合、専任の宅地建物取引士は1人以上置かなければならない（宅地建物取引業法31条の3第1項、同施行規則15条の5の2第2号、15条の5の3）。

3　誤り

宅地建物取引業者の従業者である宅地建物取引士は、正当な理由がある場合を除いて、守秘義務がある。この正当な理由には、本人の同意があるときだけでなく、法律上秘密を告げる義務があるときも含まれる（宅地建物取引業法75条の2前段）。

4　誤り

宅地建物取引士証の提出を受けた都道府県知事は、事務禁止の期間が満了した場合においてその提出者から「返還の請求があったとき」は、直ちに、当該宅地建物取引士証を返還しなければならない（宅地建物取引業法22条の2第8項）。

【問題37】　正解1

問題38　**宅地建物取引士**

　甲県知事の宅地建物取引士資格登録（以下この問において「登録」という。）を受け、乙県内の宅地建物取引業者の事務所に勤務している宅地建物取引士Aに関する次の記述のうち、宅地建物取引業法の規定によれば、正しいものはどれか。

1　Aは、不正の手段により登録を受けたとして、登録の消除の処分の聴聞の期日及び場所が公示された後、自らの申請によりその登録が消除された場合、当該申請に相当の理由がなくとも、登録が消除された日から5年を経ずに新たに登録を受けることができる。

2　Aが甲県知事から事務の禁止の処分を受け、その禁止の期間が満了していないときは、Aは宅地建物取引士としてすべき事務を行うことはできないが、Aは乙県知事に対して、甲県知事を経由して登録の移転の申請をすることができる。

3　Aは、宅地建物取引士証の有効期間の更新を受けようとするときは、必ず甲県知事が指定する講習で交付の申請前1年以内に行われるものを受講しなければならない。

4　Aは、禁錮以上の刑に処せられ登録が消除された場合は、速やかに、宅地建物取引士証を甲県知事に返納しなければならない。

解答・解説

1　誤り

　不正の手段により登録を受けたとして、登録の消除の処分の聴聞の期日等が公示された後、相当の理由なく登録の消除を申請した者は、消除された日から5年間は宅地建物取引士の登録を受けることができない（宅地建物取引業法18条1項10号）。

2　誤り

　登録を受けている都道府県知事から事務禁止処分を受けた宅地建物取引士は、その禁止期間が満了していないときは、宅地建物取引士としてすべき事務を行うことができない（宅地建物取引業法68条2項）。また、事務禁止期間が満了していない間は、登録の移転もすることができない（宅地建物取引業法19条の2ただし書）。

3　誤り

　宅地建物取引士証の有効期間の更新を受けようとする者は、申請前「6か月」以内に行われる、登録をしている都道府県知事が指定する講習を受けなければならない（宅地建物取引業法22条の2第2項、22条の3第2項）。

4　正しい

　宅地建物取引士は、登録が消除されたとき、又は宅地建物取引士証が効力を失ったときは、速やかに、宅地建物取引士証をその交付を受けた都道府県知事に返納しなければならない（宅地建物取引業法22条の2第6項）。

CHECK! ☐ ☐ ☐ 　本試験 平成16年度　問34　重要度 A 　難易度 ★

問題39　宅地建物取引士

　宅地建物取引士資格登録（以下この問において「登録」という。）及び宅地建物取引士証に関する次の記述のうち、宅地建物取引業法の規定によれば、正しいものはどれか。

1　宅地建物取引士A（甲県知事登録）が、宅地建物取引業者B社（乙県知事免許）に従事した場合、Aは乙県知事に対し、甲県知事を経由して登録の移転を申請しなければならない。

2　宅地建物取引士Cが、宅地建物取引業者D社を退職し、宅地建物取引業者E社に就職したが、CはD社及びE社においても専任の宅地建物取引士ではないので、宅地建物取引士資格登録簿の変更の登録は申請しなくてもよい。

3　Fは、不正の手段により登録を受けたとして、登録の消除の処分の聴聞の期日及び場所が公示された後、自らの申請により、登録が消除された。Fは、登録が消除された日から5年を経過せずに新たに登録を受けることができる。

4　宅地建物取引士Gは、宅地建物取引士証の有効期間内に更新をせず、有効期間の満了日から2週間後に宅地建物取引士証の交付を受けた。その2週間の間にGに重要事項説明を行わせた宅地建物取引業者H社は業務停止処分を受けることがある。

解答・解説

1　誤り
　登録の移転の申請は、任意的であり、必要的ではない（宅地建物取引業法19条の2）。

2　誤り
　専任であるか否かにかかわらず、登録をしている場合には、宅地建物取引業者の商号、名称に変更を生じたときには、遅滞なく変更の登録の申請をしなければならない（宅地建物取引業法20条、18条2項、同施行規則14条の2の2第1項5号）。

3　誤り
　このような事由で登録が消除されたときには、消除された日から5年間は登録を受けることはできない（宅地建物取引業法18条1項10号、68条の2第1項2号）。

4　正しい
　更新に係わる宅地建物取引士証の交付を受ける前のGは、有効な宅地建物取引士証を持たない者であり、宅地建物取引士にあたらない（宅地建物取引業法31条の3第1項）。宅地建物取引業者H社は、宅地建物取引士をして重要事項を説明させる義務を負うものであり（宅地建物取引業法35条1項）、宅地建物取引士ではないGをして重要事項を説明させれば、業務停止処分の対象となる（宅地建物取引業法65条2項2号）。

問題40 　営業保証金

　宅地建物取引業者Ａ（甲県知事免許）は、甲県内に本店Ｘと支店Ｙを設置して、額面金額1,000万円の国債証券と500万円の金銭を営業保証金として供託して営業している。この場合の営業保証金に関する次の記述のうち、宅地建物取引業法の規定によれば、正しいものはどれか。なお、本店Ｘと支店Ｙとでは、最寄りの供託所を異にする。

1　Ａが新たに支店Ｚを甲県内に設置したときは、本店Ｘの最寄りの供託所に政令で定める額の営業保証金を供託すれば、支店Ｚでの事業を開始することができる。

2　Ａが、Ｙを本店とし、Ｘを支店としたときは、Ａは、金銭の部分に限り、Ｙの最寄りの供託所への営業保証金の保管替えを請求することができる。

3　Ａは、額面金額1,000万円の地方債証券を新たに供託すれば、既に供託している同額の国債証券と変換することができる。その場合、遅滞なく、甲県知事に営業保証金の変換の届出をしなければならない。

4　Ａは、営業保証金の還付が行われ、営業保証金が政令で定める額に不足することになったときは、その旨の通知書の送付を受けた日から２週間以内にその不足額を供託しなければ、免許取消の処分を受けることがある。

解答・解説

1　誤り

　宅地建物取引業者は、事業の開始後新たに事務所を設置したときは、当該事務所につき政令で定める額（500万円）の営業保証金を供託し（宅地建物取引業法26条１項）、その旨を免許権者に届出した後でなければ、事業を開始してはならない（宅地建物取引業法26条２項、25条４・５項）。よって、供託しただけでは事業を開始できない。

2　誤り

　宅地建物取引業者は、主たる事務所の移転により、最寄りの供託所が変更した場合、金銭のみで供託しているときに限り、変更前の供託所に対し、変更後の供託所への保管換えの請求をすることができる（宅地建物取引業法29条１項）。よって、一部でも有価証券で供託していた場合には、保管換え請求ができない。

3　誤り

　営業保証金は、国債証券については、額面全額が認められるが、地方債証券については、額面金額の90％しか認められない（宅地建物取引業法施行規則15条１項）。よって、そもそも、額面金額1,000万円の国債証券と同額の地方債証券とは変換することはできない（宅地建物取引業法施行規則15条の４の２）。

4　正しい

　宅地建物取引業者は、営業保証金について債権の弁済を受ける権利を有する者がその権利を実行したため、営業保証金が政令で定める額に不足することとなったときは、免許権者から通知を受けた日から２週間以内にその不足額を供託しなければならない（宅地建物取引業法28条１項、宅地建物取引業者営業保証金規則４条）。これに違反した場合には、業務停止処分事由に該当し、さらに情状が特に重いときには、免許を取り消さ

れることがある（宅地建物取引業法65条2項2号、66条1項9号）。

必勝合格Check!

営業保証金

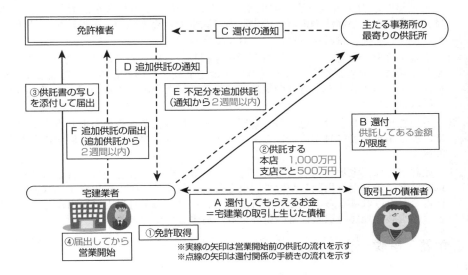

問題41　営業保証金

　宅地建物取引業法に規定する営業保証金に関する次の記述のうち、正しいものはどれか。

1　宅地建物取引業者は、事業の開始後、新たに従たる事務所を設置したときは、その従たる事務所の最寄りの供託所に政令で定める額の営業保証金を供託し、その旨を免許権者に届け出なければならない。

2　宅地建物取引業者は、主たる事務所を移転したためその最寄りの供託所が変更した場合、国債証券をもって営業保証金を供託しているときは、遅滞なく、従前の主たる事務所の最寄りの供託所に対し、営業保証金の保管替えを請求しなければならない。

3　宅地建物取引業者は、免許の有効期間満了に伴い営業保証金を取り戻す場合は、還付請求権者に対する公告をすることなく、営業保証金を取り戻すことができる。

4　免許権者は、宅地建物取引業者が宅地建物取引業の免許を受けた日から3月以内に営業保証金を供託した旨の届出をしないときは、その届出をすべき旨の催告をしなければならず、その催告が到達した日から1月以内に届出がないときは、当該宅地建物取引業者の免許を取り消すことができる。

解答・解説

1　誤り
　営業保証金は、主たる事務所の最寄りの供託所に供託しなければならない（宅地建物取引業法25条1項）。新たに従たる事務所を設置した場合も同様である（宅地建物取引業法26条2項）。

2　誤り
　宅地建物取引業者は、主たる事務所の移転により、最寄りの供託所が変更した場合、金銭のみで供託しているときに限り、変更前の供託所に対し、変更後の供託所への保管替えの請求をすることができる（宅地建物取引業法29条1項）。したがって、国債証券をもって供託している本肢では、保管替え請求ができない。

3　誤り
　営業保証金の取戻しは、一定の場合を除いて、還付請求権を有する者に対し、6か月以上の一定期間内に申し出るべき旨の公告をし、その期間内に申出がなかった場合でなければできない（宅地建物取引業法30条2項）。免許の有効期間満了に伴い営業保証金を取り戻す場合は、公告が不要となる例外には該当しない。

4　正しい
　免許権者は、免許をした日から3か月以内に、宅地建物取引業者が営業保証金を供託した旨の届出をしないときは、その宅地建物取引業者に対し、届出をすべき旨の催告をしなければならない（宅地建物取引業法25条6項）。そして、その催告が到達した日から1か月以内に、宅地建物取引業者が供託した旨の届出をしないときは、免許権者は、免許を取り消すことができる（宅地建物取引業法25条7項）。

【問題41】　正解4

CHECK! ☐☐☐　本試験 平成25年度　問27　重要度 A　難易度 ★★

問題42　営業保証金

　宅地建物取引業者の営業保証金に関する次の記述のうち、宅地建物取引業法（以下この問において「法」という。）の規定によれば、正しいものはどれか。

1　宅地建物取引業者は、不正の手段により法第3条第1項の免許を受けたことを理由に免許を取り消された場合であっても、営業保証金を取り戻すことができる。

2　信託業法第3条の免許を受けた信託会社で宅地建物取引業を営むものは、国土交通大臣の免許を受けた宅地建物取引業者とみなされるため、営業保証金を供託した旨の届出を国土交通大臣に行わない場合は、国土交通大臣から免許を取り消されることがある。

3　宅地建物取引業者は、本店を移転したためその最寄りの供託所が変更した場合、国債証券をもって営業保証金を供託しているときは、遅滞なく、従前の本店の最寄りの供託所に対し、営業保証金の保管換えを請求しなければならない。

4　宅地建物取引業者は、その免許を受けた国土交通大臣又は都道府県知事から、営業保証金の額が政令で定める額に不足することとなった旨の通知を受けたときは、供託額に不足を生じた日から2週間以内に、その不足額を供託しなければならない。

解答・解説

1　正しい

　宅地建物取引業者は、不正手段により法3条1項の免許を受けたことを理由に免許を取り消された場合であっても、営業保証金を取り戻すことができる（宅地建物取引業法30条1項、66条1項8号）。

2　誤り

　信託業法第3条の免許を受けた信託会社で宅地建物取引業を営むものは、営業保証金を供託した旨の届出を国土交通大臣に行わなくても、国土交通大臣から免許を取り消されることはない（宅地建物取引業法77条1項、25条7項）。

3　誤り

　宅地建物取引業者は、その主たる事務所を移転したためその最寄りの供託所が変更した場合において、金銭のみをもって営業保証金を供託しているときは、営業保証金を供託している供託所に対し、遅滞なく、移転後の主たる事務所の最寄りの供託所への営業保証金の保管替えを請求し、その他のときは、遅滞なく、営業保証金を移転後の主たる事務所の最寄りの供託所に新たに供託しなければならない（宅地建物取引業法29条1項）。

4　誤り

　宅地建物取引業者は、営業保証金の額が政令で定める額に不足することとなったときは、その免許を受けた国土交通大臣又は都道府県知事から「通知書の送付を受けた日」から2週間以内にその不足額を供託しなければならない（宅地建物取引業法28条1項、営業保証金規則4条）。

【問題42】　正解 1

問題43　営業保証金

　宅地建物取引業者の営業保証金に関する次の記述のうち、宅地建物取引業法の規定によれば、誤っているものはどれか。なお、この問において、「還付請求権者」とは、同法第27条第1項の規定に基づき、営業保証金の還付を請求する権利を有する者で宅地建物取引業者でない者をいう。

1　宅地建物取引業者は、宅地建物取引業に関し不正な行為をし、情状が特に重いとして免許を取り消されたときであっても、営業保証金を取り戻すことができる場合がある。

2　宅地建物取引業者は、免許の有効期間満了に伴い営業保証金を取り戻す場合は、還付請求権者に対する公告をすることなく、営業保証金を取り戻すことができる。

3　宅地建物取引業者は、一部の支店を廃止したことにより、営業保証金の額が政令で定める額を超えた場合は、還付請求権者に対し所定の期間内に申し出るべき旨を公告し、その期間内にその申出がなかったときに、その超過額を取り戻すことができる。

4　宅地建物取引業者は、宅地建物取引業保証協会の社員となった後において、社員となる前に供託していた営業保証金を取り戻す場合は、還付請求権者に対する公告をすることなく、営業保証金を取り戻すことができる。

解答・解説

1　正しい
　監督処分による免許の取消しがあっても、還付請求権を有する者に対し、6か月以上の一定期間内に申し出るべき旨の公告をし、その期間内に申出がなければ、営業保証金の取戻しをすることができる（宅地建物取引業法30条1・2項）。

2　誤り
　有効期間が満了したことにより、営業保証金を取り戻す場合でも、還付請求権者に対する公告をしなければならない（宅地建物取引業法30条1・2項）。

3　正しい
　宅地建物取引業者が一部の事務所を廃止した場合において、営業保証金の額が政令で定める額を超えることとなったときは、その超過額について、還付請求権を有する者に対し、6か月以上の一定期間内に申し出るべき旨の公告をし、その期間内に申出がなければ、営業保証金の取戻しをすることができる（宅地建物取引業法30条1・2項）。

4　正しい
　保証協会の社員となることにより、営業保証金を供託することを要しなくなったときは、営業保証金を取り戻すことができ、この場合は、還付請求権者に対する公告をする必要はない（宅地建物取引業法64条の14）。

【問題43】　正解2

CHECK! □ □ □　　本試験 平成21年度　問30　　重要度 A　　難易度 ★

問題44　営業保証金

　宅地建物取引業者A（国土交通大臣免許）が、宅地建物取引業法の規定に基づき供託する営業保証金に関する次の記述のうち、正しいものはどれか。

1　Aは、営業保証金を主たる事務所又はその他の事務所のいずれかの最寄りの供託所に供託することができる。

2　Aが営業保証金を供託した旨は、供託所から国土交通大臣あてに通知されることから、Aがその旨を直接国土交通大臣に届け出る必要はない。

3　Aとの取引により生じた電気工事業者の工事代金債権について、当該電気工事業者は、営業継続中のAが供託している営業保証金から、その弁済を受ける権利を有する。

4　営業保証金の還付により、営業保証金の額が政令で定める額に不足することとなった場合、Aは、国土交通大臣から不足額を供託すべき旨の通知書の送付を受けた日から2週間以内にその不足額を供託しなければならない。

解答・解説

1　誤り
　宅地建物取引業者は、営業保証金を主たる事務所のもよりの供託所に供託しなければならない（宅地建物取引業法25条1項）。

2　誤り
　宅地建物取引業者は、営業保証金を供託したときは、その供託物受入れの記載のある供託書の写しを添附して、その旨をその免許を受けた国土交通大臣又は都道府県知事に届け出なければならない（宅地建物取引業法25条4項）。さらに、この場合、免許権者が国土交通大臣であっても、直接届出が必要である（宅地建物取引業法78条の3）。

3　誤り
　宅地建物取引業者と宅地建物取引業に関し取引をした者は、その取引により生じた債権に関し、宅地建物取引業者が供託した営業保証金について、その債権の弁済を受ける権利を有する（宅地建物取引業法27条1項）。電気工事業者の工事代金債権は、宅地建物取引業に関する取引により生じた債権にはあたらず、当該電気工事業者は、営業保証金からその弁済を受ける権利を有しない。

4　正しい
　宅地建物取引業者は、営業保証金について、債権の弁済を受ける権利を有する者がその権利を実行したため、営業保証金が政令で定める額に不足することとなったときは、免許権者から不足額を供託すべき旨の通知書の送付を受けた日から2週間以内にその不足額を供託しなければならない（宅地建物取引業法28条1項、宅地建物取引業者営業保証金規則4条）。

問題45　営業保証金（営業保証金と保証協会）

　営業保証金を供託している宅地建物取引業者Ａと宅地建物取引業保証協会（以下この問において「保証協会」という。）の社員である宅地建物取引業者Ｂに関する次の記述のうち、宅地建物取引業法の規定によれば、正しいものはいくつあるか。

ア　Ａ（国土交通大臣免許）は、甲県内にある主たる事務所とは別に、乙県内に新たに従たる事務所を設置したときは、営業保証金をその従たる事務所の最寄りの供託所に供託しなければならない。

イ　Ａは、令和４年５月１日に、Ｂに手付金500万円を支払い、宅地の売買契約を締結した。宅地の引渡しの前にＢが失踪し、宅地の引渡しを受けることができなくなったときは、Ａは、手付金について、弁済業務保証金から弁済を受けることができる。

ウ　Ｂは、保証協会の社員の地位を失ったときは、その地位を失った日から１週間以内に、営業保証金を供託しなければならない。

エ　Ｂの取引に関して弁済業務保証金の還付があったときは、Ｂは、保証協会から当該還付額に相当する額の還付充当金を納付すべき旨の通知を受けた日から２週間以内に、還付充当金を保証協会に納付しなければならない。

1　一つ　　　2　二つ　　　3　三つ　　　4　四つ

解答・解説

ア　誤り。
　宅地建物取引業者は、営業保証金を「主たる事務所」の最寄りの供託所に供託しなければならない（宅地建物取引業法25条１項）。このことは、従たる事務所を設置した場合の供託においても同様である（宅地建物取引業法26条）。

イ　誤り。
　保証協会の社員である宅地建物取引業者と取引をした者（その宅地建物取引業者が社員となる前に取引をした者を含み、宅地建物取引業者を除く。）は、その取引から生じた債権につき、保証協会の供託した弁済業務保証金から還付を受けることができる（宅地建物取引業法64条の８第１項）。Ａは、宅地建物取引業者であるため、弁済業務保証金から弁済を受けることができない。

ウ　正しい。
　宅地建物取引業者は、宅地建物取引業保証協会の社員の地位を失ったときは、当該地位を失った日から１週間以内に、営業保証金を供託しなければならない（宅地建物取引業法64条の15）。

エ　正しい。
　宅地建物取引業保証協会から還付充当金の納付について通知を受けた宅地建物取引業者は、その通知を受けた日から２週間以内にその通知された額の還付充当金を当該保証協会に納付しなければならない（宅地建物取引業法64条の10第１・２項）。

　以上より、正しいものは、ウ、エの二つであり、肢２が正解となる。

【問題45】　正解２

問題46　保証協会

　宅地建物取引業保証協会（以下この問において「保証協会」という。）に関する次の記述のうち、宅地建物取引業法の規定によれば、正しいものはどれか。

1　保証協会に加入することは宅地建物取引業者の任意であるが、一の保証協会の社員となった後に、重ねて他の保証協会の社員となることはできない。

2　宅地建物取引業者で保証協会に加入しようとする者は、その加入の日から2週間以内に、弁済業務保証金分担金を保証協会に納付しなければならない。

3　宅地建物取引業者で保証協会に加入しようとする者は、その加入に際して、加入前の宅地建物取引業に関する取引により生じたその者の債務に関し、保証協会から担保の提供を求められることはない。

4　保証協会に加入した宅地建物取引業者は、直ちに、その旨を免許を受けた国土交通大臣又は都道府県知事に報告しなければならない。

解答・解説

1　正しい

　保証協会に加入することは任意である。しかし、一の保証協会の社員である者は、他の保証協会の社員となることができない（宅地建物取引業法64条の4第1項）。

2　誤り

　宅地建物取引業者で保証協会に加入しようとする者は、その加入しようとする日までに、弁済業務保証金に充てるため、主たる事務所及びその他の事務所ごとに政令で定める額の弁済業務保証金分担金を当該保証協会に納付しなければならない（宅地建物取引業法64条の9第1項1号）。本肢のように、その加入の日から2週間以内に納付するのではない。

3　誤り

　保証協会は、社員が社員となる前に当該社員と宅地建物取引業に関し取引をした者の有するその取引により生じた債権に関し、弁済が行われることにより弁済業務の円滑な運営に支障を生ずるおそれがあると認めるときは、当該社員に対し、担保の提供を求めることができる（宅地建物取引業法64条の4第3項）。したがって、担保の提供を求められることはないとする本肢は誤っている。

4　誤り

　保証協会は、新たに社員が加入し、又は社員がその地位を失ったときは、直ちに、その旨を当該社員である宅地建物取引業者が免許を受けた国土交通大臣又は都道府県知事に報告しなければならない（宅地建物取引業法64条の4第2項）。このように免許権者に報告しなければならないのは、宅地建物取引業者ではなく保証協会である。

【問題46】　正解 1

問題47　保証協会

宅地建物取引業保証協会（以下この問において「保証協会」という。）に関する次の記述のうち、宅地建物取引業法の規定によれば、正しいものはどれか。

1　保証協会は、宅地建物取引業者の相手方から社員である宅地建物取引業者の取り扱った宅地建物取引業に係る取引に関する苦情について解決の申出があったときは、その申出及びその解決の結果について社員に周知することが義務付けられている。

2　保証協会は、その社員の地位を失った宅地建物取引業者が地位を失った日から1週間以内に営業保証金を供託した場合は、当該宅地建物取引業者に対し、直ちに弁済業務保証金分担金を返還することが義務付けられている。

3　保証協会は、新たに社員が加入したときは、当該社員の免許権者が国土交通大臣であるか都道府県知事であるかにかかわらず、直ちに当該保証協会の指定主体である国土交通大臣に報告することが義務付けられている。

4　保証協会は、そのすべての社員に対して、当該社員が受領した支払金や預り金の返還債務を負うことになったときに、その債務を連帯して保証する業務及び手付金等保管事業を実施することが義務付けられている。

解答・解説

1　正しい

保証協会は、必須業務のひとつとして、宅地建物取引業者の相手方等からの社員の取り扱った宅地建物取引業に係る取引に関する苦情の解決を、適正かつ確実に実施しなければならない（宅地建物取引業法64条の3第1項1号）。そして、保証協会は、このような苦情について解決の申出があったときは、その相談に応じ、申出人に必要な助言をし、当該苦情に係る事情を調査するとともに、当該社員に対し当該苦情の内容を通知してその迅速な処理を求めなければならない（宅地建物取引業法64条の5第1項）。さらに、その申出及びその解決の結果については社員に周知させなければならない（宅地建物取引業法64条の5第4項）。

2　誤り

保証協会は、社員が社員の地位を失ったときは、還付請求権者に対し、6か月を下らない一定の期間内に保証協会の認証を受けるため申し出るべき旨を公告しなければならない（宅地建物取引業法64条の11第4項、64条の8）。このことは、当該社員が1週間以内に営業保証金を供託した場合であっても同様である。

3　誤り

保証協会は、新たに社員が加入したときは（又は社員がその地位を失ったときも同じ）、直ちに、その旨を当該社員である宅地建物取引業者が免許を受けた国土交通大臣又は都道府県知事に報告しなければならない（宅地建物取引業法64条の4第2項）。

4　誤り

保証協会の社員が受領した支払金又は預り金の返還債務等を連帯して保証する業務（一般保証業務）及び手付金等保管事業は、保証協会の任意業務である（宅地建物取引業法64条の3第2項）。

【問題47】　正解1

問題48　**保証協会**

宅地建物取引業保証協会（以下この問において「保証協会」という。）に関する次の記述のうち、宅地建物取引業法（以下この問において「法」という。）の規定によれば、正しいものはどれか。

1　宅地建物取引業者が保証協会に加入しようとするときは、当該保証協会に弁済業務保証金分担金を金銭又は有価証券で納付することができるが、保証協会が弁済業務保証金を供託所に供託するときは、金銭でしなければならない。

2　保証協会は、宅地建物取引業の業務に従事し、又は、従事しようとする者に対する研修を行わなければならないが、宅地建物取引士については、法第22条の2の規定に基づき都道府県知事が指定する講習をもって代えることができる。

3　保証協会に加入している宅地建物取引業者（甲県知事免許）は、甲県の区域内に新たに支店を設置する場合、その日までに当該保証協会に追加の弁済業務保証金分担金を納付しないときは、社員の地位を失う。

4　保証協会は、弁済業務保証金から生ずる利息又は配当金、及び、弁済業務保証金準備金を弁済業務保証金の供託に充てた後に社員から納付された還付充当金は、いずれも弁済業務保証金準備金に繰り入れなければならない。

解答・解説

1　誤り
宅地建物取引業者が保証協会に納付する弁済業務保証金分担金は、必ず金銭でなければならないが（宅地建物取引業法64条の9第1項）、保証協会が供託所に供託する弁済業務保証金は、金銭のみならず一定の有価証券をもって、これに充てることができる（宅地建物取引業法64条の7第3項）。

2　誤り
保証協会は、宅地建物取引士その他宅地建物取引業の業務に従事し、又は従事しようとする者に対する研修等の業務を適正かつ確実に実施しなければならず（宅地建物取引業法64条の3第1項2号）、宅地建物取引士証の交付に際して受講義務のある都道府県知事が指定する講習をもってこれに代えることはできない。

3　誤り
保証協会に加入している宅地建物取引業者は、弁済業務保証金分担金を納付した後に、新たに事務所を設置したときは、「その日から」2週間以内に、政令で定める額の弁済業務保証金分担金を当該保証協会に納付しないときは、社員の地位を失う（宅地建物取引業法64条の9第2・3項）。

4　正しい
保証協会は、弁済業務保証金から生ずる利息又は配当金を弁済業務保証金準備金に繰り入れなければならない（宅地建物取引業法64条の12第2項）。また、保証協会は、弁済業務保証金準備金を弁済業務保証金の供託に充てた後において、当該弁済業務保証金の供託に係る還付充当金の納付を受けたときは、その還付充当金を弁済業務保証金準備金に繰り入れなければならない（宅地建物取引業法64条の12第6項）。【問題48】　正解4

問題49　保証協会

　宅地建物取引業保証協会（以下この問において「保証協会」という。）に関する次の記述のうち、正しいものはどれか。

1　宅地建物取引業者が保証協会の社員となる前に、当該宅地建物取引業者と宅地建物取引業に関し取引をした者（宅地建物取引業者に該当する者を除く。）は、その取引により生じた債権に関し、弁済業務保証金について弁済を受ける権利を有する。

2　保証協会の社員である宅地建物取引業者と宅地建物取引業に関し取引をした者（宅地建物取引業者に該当する者を除く。）が、その取引により生じた債権に関し、弁済業務保証金について弁済を受ける権利を実行するときは、当該保証協会の認証を受けるとともに、当該保証協会に対し、還付請求をしなければならない。

3　保証協会から還付充当金を納付すべきことの通知を受けた社員は、その通知を受けた日から1月以内に、その通知された額の還付充当金を当該保証協会に納付しなければならない。

4　保証協会は、新たに宅地建物取引業者がその社員として加入しようとするときは、あらかじめ、その旨を当該宅地建物取引業者が免許を受けた国土交通大臣又は都道府県知事に報告しなければならない。

解答・解説

1　正しい
　保証協会の社員となる前の宅地建物取引業者と宅地建物取引業に関し取引をした者（宅地建物取引業者に該当する者を除く。）も、弁済業務保証金について弁済を受ける権利を有する（宅地建物取引業法64条の8第1項）。

2　誤り
　還付請求権者は、保証協会の認証を受け、保証協会が供託した弁済業務保証金について、大臣が定める供託所に対し、還付請求をする（宅地建物取引業法64条の8第1・2項、64条の7第2項）。

3　誤り
　保証協会は、弁済業務保証金の還付があったときは、当該還付に係る社員又は社員であった者に対し、当該還付額に相当する額の還付充当金を保証協会に納付すべきことを通知しなければならない（宅地建物取引業法64条の10第1項）。この通知を受けた社員又は社員であった者は、その通知を受けた日から「2週間」以内に、その通知された額の還付充当金を当該保証協会に納付しなければならない（宅地建物取引業法64条の10第2項）。

4　誤り
　保証協会は、新たに社員が加入し、又は社員がその地位を失ったときは、「直ちに」、その旨を当該社員である宅地建物取引業者が免許を受けた国土交通大臣又は都道府県知事に報告しなければならない（宅地建物取引業法64条の4第2項）。あらかじめ報告するのではない。

【問題49】　正解1

CHECK! ☐ ☐ ☐　本試験 令和2年度 問30　問30　重要度 A　難易度 ★
（12月実施）

問題50　保証協会

宅地建物取引業保証協会（以下この問において「保証協会」という。）に関する次の記述のうち、宅地建物取引業法の規定によれば、正しいものはどれか。

1　本店と3つの支店を有する宅地建物取引業者が保証協会に加入しようとする場合、当該保証協会に、110万円の弁済業務保証金分担金を納付しなければならない。

2　保証協会の社員又は社員であった者が、当該保証協会から、弁済業務保証金の還付額に相当する還付充当金を当該保証協会に納付すべき旨の通知を受けたときは、その通知を受けた日から2週間以内に、その通知された額の還付充当金を当該保証協会に納付しなければならない。

3　保証協会に加入している宅地建物取引業者は、保証を手厚くするため、更に別の保証協会に加入することができる。

4　保証協会の社員（甲県知事免許）と宅地建物取引業に関し取引をした者が、その取引により生じた債権に関し、当該保証協会が供託した弁済業務保証金について弁済を受ける権利を実行しようとするときは、弁済を受けることができる額について甲県知事の認証を受ける必要がある。

解答・解説

1　誤り

弁済業務保証金分担金の額は、主たる事務所につき60万円、その他の事務所につき事務所ごとに30万円の割合による金額の合計額とする（宅地建物取引業法64条の9第1項、同施行令7条）。したがって、本肢では、本店60万円、支店3か所で90万円となり、合計で150万円となる。

2　正しい

保証協会の社員又は社員であった者が、保証協会から、弁済業務保証金の還付額に相当する還付充当金を当該保証協会に納付すべき旨の通知を受けたときは、その通知を受けた日から2週間以内に、その通知された額の還付充当金を当該保証協会に納付しなければならない（宅地建物取引業法64条の10第1・2項）。

3　誤り

一の宅地建物取引業保証協会の社員である者は、他の宅地建物取引業保証協会の社員となることができない（宅地建物取引業法64条の4第1項）。

4　誤り

保証協会の社員との宅地建物取引業に関する取引により生じた債権を有する者（宅地建物取引業者に該当する者を除く。）は、弁済を受ける権利を実行しようとするときは、弁済を受けることができる額について「保証協会」の認証を受けなければならない（宅地建物取引業法64条の8第2項）。

【問題50】　正解2

問題51 **保証協会**

宅地建物取引業保証協会（以下この問において「保証協会」という。）又はその社員に関する次の記述のうち、正しいものはどれか。

1 300万円の弁済業務保証金分担金を保証協会に納付して当該保証協会の社員となった者と宅地建物取引業に関し取引をした者（宅地建物取引業者に該当する者を除く。）は、その取引により生じた債権に関し、6,000万円を限度として、当該保証協会が供託した弁済業務保証金から弁済を受ける権利を有する。

2 保証協会は、弁済業務保証金の還付があったときは、当該還付に係る社員又は社員であった者に対し、当該還付額に相当する額の還付充当金を主たる事務所の最寄りの供託所に供託すべきことを通知しなければならない。

3 保証協会の社員は、保証協会から特別弁済業務保証金分担金を納付すべき旨の通知を受けた場合で、その通知を受けた日から1か月以内にその通知された額の特別弁済業務保証金分担金を保証協会に納付しないときは、当該保証協会の社員の地位を失う。

4 宅地建物取引業者は、保証協会の社員の地位を失ったときは、当該地位を失った日から2週間以内に、営業保証金を主たる事務所の最寄りの供託所に供託しなければならない。

解答・解説

1 誤り

保証協会の社員である宅地建物取引業者と取引をした者（宅地建物取引業者に該当する者を除く。）が受けられる還付額は、その宅地建物取引業者が保証協会の社員でないとしたならば、供託しなければならない営業保証金の額に相当する額の範囲内である（宅地建物取引業法64条の8第1項）。本肢においては、本店1つ（60万円）と支店8つ（30万円×8つ=240万円）となり、1,000万円＋500万円×8＝5,000万円を限度として弁済を受ける権利を有する。

2 誤り

保証協会は、弁済業務保証金の還付があったときは、当該還付に係る社員又は社員であった者に対し、当該還付額に相当する額の還付充当金を「保証協会」に納付すべきことを通知しなければならない（宅地建物取引業法64条の10第1項）。

3 正しい

保証協会は、弁済業務保証金準備金を弁済業務保証金に充てて、なお不足するときは、その不足額に充てるため、全社員に対し、弁済業務保証金分担金の額に応じ、特別弁済業務保証金分担金を納付すべきことを通知しなければならない（宅地建物取引業法64条の12第3項）。この通知を受けた社員は、通知を受けた日から「1か月以内」に、特別弁済業務保証金分担金を保証協会に納付しなければならず（宅地建物取引業法64条の12第4項）、納付しないときは社員の地位を失う（宅地建物取引業法64条の12第5項、64条の10第3項）。

4 誤り

宅地建物取引業者が、保証協会の社員の地位を失ったときは、その日から「1週間以

内」に、営業保証金を主たる事務所の最寄りの供託所に供託しなければならない（宅地建物取引業法64条の15、25条１項）。

必勝合格Check!

宅地建物取引業保証協会

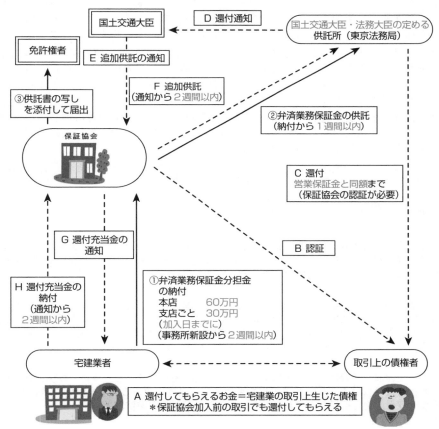

※実線の矢印は弁済業務保証金分担金の納付と弁済業務保証金の供託の流れを示す
※点線の矢印は還付関係の手続きの流れを示す

問題52　広告等の規制

　宅地建物取引業者Ａが行う業務に関する次の記述のうち、宅地建物取引業法の規定によれば、正しいものはどれか。

1　Ａは、新築分譲マンションを建築工事の完了前に販売しようとする場合、建築基準法第6条第1項の確認を受ける前において、当該マンションの売買契約の締結をすることはできないが、当該販売に関する広告をすることはできる。

2　Ａは、宅地の売買に関する広告をするに当たり、当該宅地の形質について、実際のものよりも著しく優良であると人を誤認させる表示をした場合、当該宅地に関する注文がなく、売買が成立しなかったときであっても、監督処分及び罰則の対象となる。

3　Ａは、宅地又は建物の売買に関する広告をする際に取引態様の別を明示した場合、当該広告を見た者から売買に関する注文を受けたときは、改めて取引態様の別を明示する必要はない。

4　Ａは、一団の宅地の販売について、数回に分けて広告をするときは、最初に行う広告以外は、取引態様の別を明示する必要はない。

解答・解説

1　誤り
　宅地建物取引業者は、建物の建築に関する工事の完了前においては、建築基準法6条1項の確認があった後でなければ、当該建物の売買契約のみならず、販売に関する広告もしてはならない（宅地建物取引業法33、36条）。

2　正しい
　宅地建物取引業者は、宅地の売買に関する広告をするに当たり、誇大広告等をした場合には、たとえ当該広告に係る物件について注文がなく、売買契約が成立しなかったとしても、監督処分及び罰則（6月以下の懲役若しくは100万円以下の罰金又はこれらの併科）の対象となる（宅地建物取引業法32条、65条、66条、81条1号）。

3　誤り
　宅地建物取引業者は、宅地又は建物の売買に関する広告をするときは、取引態様の別を明示しなければならず、当該広告を見た者から売買に関する注文を受けた場合でも、再度、取引態様を明示しなければならない（宅地建物取引業法34条）。

4　誤り
　宅地建物取引業者は、宅地の売買に関する広告をするときは、取引態様の別を明示しなければならない（宅地建物取引業法34条）。広告を数回に分けて行う場合でも、広告ごとに取引態様の明示が必要となる。

【問題52】　正解2

CHECK! □ □ □ 　本試験 平成20年度　問32　重要度 A 　難易度 ★

問題53　広告等の規制

次の記述のうち、宅地建物取引業法の規定によれば、正しいものはどれか。

1 　新たに宅地建物取引業の免許を受けようとする者は、当該免許の取得に係る申請をしてから当該免許を受けるまでの間においても、免許申請中である旨を表示すれば、免許取得後の営業に備えて広告をすることができる。

2 　宅地建物取引業者は、宅地の造成又は建物の建築に関する工事の完了前においては、当該工事に必要な都市計画法に基づく開発許可、建築基準法に基づく建築確認その他法令に基づく許可等の申請をした後でなければ、当該工事に係る宅地又は建物の売買その他の業務に関する広告をしてはならない。

3 　宅地建物取引業者は、宅地又は建物の売買、交換又は貸借に関する広告をするときに取引態様の別を明示していれば、注文を受けたときに改めて取引態様の別を明らかにする必要はない。

4 　宅地建物取引業者は、販売する宅地又は建物の広告に著しく事実に相違する表示をした場合、監督処分の対象となるほか、6月以下の懲役又は100万円以下の罰金に処せられることがある。

解答・解説

1　誤り

宅地建物取引業を営もうとする者は、まず免許を受けなければならないし、その事業を実際開始できるのは、免許取得後営業保証金を供託し免許権者にその旨の届出をした後である（宅地建物取引業法3条1項、25条4・5項）。よって、免許申請中である旨の表示をしても、免許取得後の営業に備えて広告をすることはできない。

2　誤り

宅地建物取引業者は、宅地の造成又は建物の建築に関する工事完了前においては、当該工事に関し必要とされる開発行為の許可、建築確認その他法令に基づく許可等の処分があった後でなければ、当該工事に係る宅地又は建物の売買その他の業務に関する広告をしてはならない（宅地建物取引業法33条）。よって、許可等の申請をしただけでは、広告をすることはできない。

3　誤り

宅地建物取引業者は、宅地又は建物の売買、交換又は貸借に関する広告をするときに、取引態様の別を明示していた場合においても、注文を受けたとき、改めて取引態様の別を明示しなければならない（宅地建物取引業法34条）。

4　正しい

宅地建物取引業者が、販売する宅地又は建物の広告に著しく事実に相違する表示をした場合には、誇大広告等の禁止の規定に違反する（宅地建物取引業法32条）。そして、この違反をしたときには、監督処分の対象となるほか、6月以下の懲役又は100万円以下の罰金に処せられることがある（宅地建物取引業法65条、66条、81条1号）。

【問題53】　正解4

宅建業法

問題54 　広告等の規制

　宅地建物取引業者Ａがその業務に関して行う広告に関する次の記述のうち、宅地建物取引業法（以下この問において「法」という。）の規定によれば、正しいものはいくつあるか。

ア　Ａが行う広告については、実際のものよりも著しく優良又は有利であると人を誤認させるような表示をしてはならないが、誤認させる方法には限定がなく、宅地又は建物に係る現在又は将来の利用の制限の一部を表示しないことにより誤認させることも禁止されている。

イ　Ａがテレビやインターネットを利用して行う広告は、新聞の折込チラシや配布用のチラシと異なり法の規制の対象とならない。

ウ　Ａが行う広告については、実際のものよりも著しく優良又は有利であると人を誤認させるような表示であっても、誤認による損害が実際に発生しなければ、監督処分の対象とならない。

1　一つ　　2　二つ　　3　三つ　　4　なし

解答・解説

ア　正しい
　宅地建物取引業者は、その業務に関して広告をするときは、現在若しくは将来の利用の制限について、実際のものよりも著しく優良であり又は有利であると人を誤認させるような表示をしてはならない（宅地建物取引業法32条）。誤認させる方法に限定はなく、当該制限の一部を表示しないことにより誤認させるものであっても禁止されている。

イ　誤り
　誇大広告等の禁止の規定における広告の媒体は、新聞の折込チラシ、配布用のチラシ、テレビ、インターネットのホームページ等種類を問わない（宅地建物取引業法の解釈・運用の考え方、宅地建物取引業法32条関係1「誇大広告等」について）。

ウ　誤り
　誇大広告等をすること自体を禁止しており、当該誇大広告等により損害が発生しなくても、監督処分の対象となる（宅地建物取引業法65条、32条）。
　以上より、正しいものはアの一つであり、肢1が正解となる。

【問題54】　正解1

CHECK! ☐ ☐ ☐ | 本試験 **令和元年度　問35** | 重要度 **A** | 難易度 **★★**

問題55　広告等の規制

　宅地建物取引業者Aが行う業務に関する次の記述のうち、宅地建物取引業法の規定に違反しないものはどれか。

1　Aは、宅地建物取引業者ではないBが所有する宅地について、Bとの間で確定測量図の交付を停止条件とする売買契約を締結した。その後、停止条件が成就する前に、Aは自ら売主として、宅地建物取引業者ではないCとの間で当該宅地の売買契約を締結した。

2　Aは、その主たる事務所に従事する唯一の専任の宅地建物取引士Dが令和2年5月15日に退職したため、同年6月10日に新たな専任の宅地建物取引士Eを置いた。

3　Aは、宅地建物取引業者Fから宅地の売買に関する注文を受けた際、Fに対して取引態様の別を明示しなかった。

4　Aは、宅地の貸借の媒介に際し、当該宅地が都市計画法第29条の許可の申請中であることを知りつつ、賃貸借契約を成立させた。

解答・解説

1　違反する

　宅地建物取引業者は、自己の所有に属しない宅地について、自ら売主となる売買契約を締結してはならない。例外として、宅地建物取引業者が当該宅地を取得する契約を締結している場合があるが、その場合でも当該契約が停止条件付で当該条件が成就する前は契約を締結することはできない（宅地建物取引業法33条の2第1号）。したがって、Aは、Bとの間で確定測量図の交付を停止条件とする売買契約の条件が成就する前に、Cと売買契約を締結することは宅地建物取引業法に違反する。

2　違反する

　宅地建物取引業者は、既存の事務所等が専任の宅地建物取引士の設置要件に抵触するに至ったときは、2週間以内に、法の規定に適合させるため必要な措置を執らなければならない（宅地建物取引業法31条の3第3項）。したがって、令和2年5月15日に退職したのであれば、5月29日までに新たな専任の宅地建物取引士を設置しなければならない。6月10日では宅地建物取引業法に違反する。

3　違反する

　宅地建物取引業者は、宅地又は建物の売買、交換又は貸借に関する注文を受けたときは、遅滞なく、その注文をした者に対し、取引態様の別を明らかにしなければならない（宅地建物取引業法34条2項）。宅地建物取引業者から注文を受けた場合であっても、同様である。Fに対して取引態様の別を明示しなかった本肢のAは、宅地建物取引業法に違反する。

4　違反しない

　宅地建物取引業者は、宅地の造成工事完了前においては、当該工事に関し必要とされる都市計画法29条の許可があった後でなければ、当該工事に係る宅地につき、自ら当事者として売買・交換の契約を締結し、当事者を代理して売買・交換の契約を締結し、又は売買・交換の媒介をしてはならない（宅地建物取引業法36条）。しかし、貸借の媒介又は代理は制限されていない。したがって、Aは、許可の申請中であることを知りつつ、賃貸借契約を成立させても宅地建物取引業法に違反しない。　　【問題55】　正解4

問題56 媒介契約の規制

　宅地建物取引業者Aが、BからB所有の宅地の売却に係る媒介を依頼された場合における次の記述のうち、宅地建物取引業法（以下この問において「法」という。）の規定によれば、正しいものはどれか。なお、この問において一般媒介契約とは、専任媒介契約でない媒介契約をいう。

1　AがBと一般媒介契約を締結した場合、当該一般媒介契約が国土交通大臣が定める標準媒介契約約款に基づくものであるか否かの別を、法第34条の2第1項に規定する書面に記載する必要はない。

2　AがBと専任媒介契約を締結した場合、当該宅地の売買契約が成立しても、当該宅地の引渡しが完了していなければ、売買契約が成立した旨を指定流通機構に通知する必要はない。

3　AがBと一般媒介契約を締結した場合、当該宅地の売買の媒介を担当するAの宅地建物取引士は、法第34条の2第1項に規定する書面に記名押印する必要はない。

4　Aは、Bとの間で締結した媒介契約が一般媒介契約であるか、専任媒介契約であるかを問わず、法第34条の2第1項に規定する書面に売買すべき価額を記載する必要はない。

解答・解説

1　誤り
　宅地建物取引業者Aは、宅地の所有者Bと一般媒介契約を締結した場合、法34条の2第1項に規定する書面（以下この問において「媒介契約書」という。）には、「当該媒介契約が国土交通大臣が定める標準媒介契約約款に基づくものであるか否かの別」を記載しなければならない。当該事項は、一般媒介契約、専任媒介契約のどちらであっても記載が必要である（宅地建物取引業法施行規則15条の7第4号）。

2　誤り
　宅地建物取引業者Aは、宅地の所有者Bと当該宅地の売却に係る専任媒介契約を締結した場合において、当該宅地の売買契約が成立したときは、遅滞なく、指定流通機構に通知しなければならない（宅地建物取引業法34条の2第7項）。あくまで、売買契約が成立すれば、遅滞なく、通知することが必要であり、本肢のように、引渡しが完了するか否かは関係がない。

3　正しい
　宅地建物取引業者Aは、宅地の所有者Bと当該宅地の売却に係る専任媒介契約を締結した場合において、作成した媒介契約書に記名押印をしなければならない（宅地建物取引業法34条の2第1項）。宅地建物取引士に記名押印をさせる義務はない。

4　誤り
　宅地建物取引業者Aは、宅地の所有者Bと当該宅地の売却に係る媒介契約を締結した場合において、その媒介契約が一般媒介契約であるか専任媒介契約であるかを問わず、作成した媒介契約書には、当該宅地の「売買すべき価額」を記載しなければならない（宅地建物取引業法34条の2第1項2号）。

【問題56】　正解3

問題57　**媒介契約の規制**

宅地建物取引業者Aが、Bから自己所有の宅地の売買の媒介を依頼された場合における当該媒介に係る契約に関する次の記述のうち、宅地建物取引業法（以下この問において「法」という。）の規定によれば、正しいものはどれか。

1　Aは、Bとの間で専任媒介契約を締結したときは、宅地建物取引士に法第34条の2第1項の規定に基づき交付すべき書面の記載内容を確認させた上で、当該宅地建物取引士をして記名押印させなければならない。

2　Aは、Bとの間で有効期間を2月とする専任媒介契約を締結した場合、Bの申出により契約を更新するときは、更新する媒介契約の有効期間は当初の有効期間を超えてはならない。

3　Aは、Bとの間で一般媒介契約（専任媒介契約でない媒介契約）を締結する際、Bから媒介契約の有効期間を6月とする旨の申出があったとしても、当該媒介契約において3月を超える有効期間を定めてはならない。

4　Aは、Bとの間で締結した媒介契約が一般媒介契約であるか、専任媒介契約であるかにかかわらず、宅地を売買すべき価額をBに口頭で述べたとしても、法第34条の2第1項の規定に基づき交付すべき書面に当該価額を記載しなければならない。

解答・解説

1　誤り
宅地建物取引業者は、宅地又は建物の売買又は交換の媒介の契約を締結したときは、遅滞なく、一定事項を記載した書面（媒介契約書）を作成して記名押印し、依頼者にこれを交付しなければならない（宅地建物取引業法34条の2第1項）。媒介契約書に記名押印するのは宅地建物取引業者であり、宅地建物取引士ではない。

2　誤り
専任媒介契約の有効期間は、依頼者の申出により、更新することができる。ただし、更新の時から3か月を超えることができない（宅地建物取引業法34条の2第4項）。更新する期間が当初の期間を超えてはならないとする規定はない。

3　誤り
専任媒介契約の有効期間は、3か月を超えることができないが、一般媒介契約にこのような制限はない（宅地建物取引業法34条の2第3項）。

4　正しい
法34条の2第1項の規定に基づき交付すべき書面には、当該宅地又は建物の売買すべき価額を記載しなければならない（宅地建物取引業法34条の2第1項2号）。

問題58　媒介契約の規制

　宅地建物取引業者Aは、BからB所有の宅地の売却について媒介の依頼を受けた。この場合における次の記述のうち、宅地建物取引業法（以下この問において「法」という。）の規定によれば、誤っているものはどれか。

1　Aは、Bとの間に媒介契約を締結したときは、当該契約が国土交通大臣が定める標準媒介契約約款に基づくものであるか否かの別を、法第34条の2第1項の規定に基づき交付すべき書面に記載しなければならない。

2　Aは、Bとの間で媒介契約を締結し、Bに対して当該宅地を売却すべき価額又はその評価額について意見を述べるときは、その根拠を明らかにしなければならない。

3　Aは、Bとの間に専属専任媒介契約を締結したときは、当該契約の締結の日から5日以内（休業日を除く。）に、所定の事項を当該宅地の所在地を含む地域を対象として登録業務を現に行っている指定流通機構に登録しなければならない。

4　Aは、Bとの間で有効期間を2か月とする専任媒介契約を締結する際、「Bが媒介契約を更新する旨を申し出ない場合は、有効期間満了により自動更新するものとする」旨の特約を定めることができる。

解答・解説

1　正しい
　宅地建物取引業法34条の2第1項に規定する書面には、当該媒介契約が国土交通大臣が定める標準媒介契約約款に基づくものであるか否かの別を記載しなければならない（宅地建物取引業法34条の2第1項、同施行規則15条の9第4号）。

2　正しい
　宅地建物取引業者は、宅地の売買の媒介契約を締結したときは、宅地を売買すべき価額又はその評価額を記載した媒介契約書を作成しなければならず（宅地建物取引業法34条の2第1項2号）、当該売買すべき価額又はその評価額について意見を述べるときは、その根拠を明らかにしなければならない（宅地建物取引業法34条の2第2項）。

3　正しい
　宅地建物取引業者は、専属専任媒介契約を締結したときは、契約の相手方を探索するため、専属専任媒介契約の締結の日から5日以内（休業日を除く。）に、目的物である宅地の所在その他国土交通省令で定める所定の事項を、指定流通機構に登録しなければならない（宅地建物取引業法34条の2第5項、同施行規則15条の10第1項）。そして、この登録は当該宅地の所在地を含む地域を対象として登録業務を現に行っている指定流通機構に対して行うものとする（宅地建物取引業法施行規則15条の12）。

4　誤り
　専任媒介契約の有効期間は、3か月を超えることができず、（宅地建物取引業法34条の2第3項）、当該有効期間は、依頼者の申出により、更新することができる（宅地建物取引業法34条の2第4項本文）。本肢のように、依頼者が媒介契約の更新を申し出ない場合に自動更新する旨の特約は無効である（宅地建物取引業法34条の2第10項）。

必勝合格Check!

媒介契約の種類等

種類	区別基準	有効期間/更新	報告義務	指定流通機構
一般	他業者に重ねて依頼すること可 ①明示義務あり ②明示義務なし	任意	任意… 定期報告義務なし ※売買等の申込みがあったときは遅滞なく報告義務あり	任意… 登録義務なし
専任	他業者に重ねて依頼すること不可 ＋ 自己発見取引可	【有効・更新期間】 ①最長3か月… 超える部分は無効 【更新】 ②更新可… 依頼者の申出がある場合に限る。	定期報告義務あり ①2週間に1回以上 ②口頭可 ※売買等の申込みがあったときは遅滞なく報告義務あり	登録義務あり 7日以内に登録 （休業日を除く。）
専属専任	他業者に重ねて依頼すること不可 ＋ 自己発見取引禁止		定期報告義務あり ①1週間に1回以上 ②口頭可 ※売買等の申込みがあったときは遅滞なく報告義務あり	登録義務あり 5日以内に登録 （休業日を除く。）

媒介契約書の記載事項

記載事項	ポイント
① 宅地又は建物を特定するために必要な表示	
② 宅地又は建物の売買価額又は評価額	意見を述べるときは、請求がなくても、根拠を明らかにする。口頭可。
③ 媒介契約の種類	
④ 既存の建物であるときは、依頼者に対する建物状況調査を実施する者のあっせんに関する事項	
⑤ 媒介契約の有効期間及び解除に関する事項	
⑥ 報酬に関する事項	
⑦ 依頼者が媒介契約に違反して契約を成立させた場合の措置	例　違約金を支払う等
⑧ 指定流通機構への登録に関する事項	一般媒介契約の場合でも記載する。
⑨ 媒介契約が、国土交通大臣の定める標準媒介契約約款に基づくものであるか否かの別	標準媒介契約約款に基づかなくても、記載する。

問題59　媒介契約の規制

　宅地建物取引業者Ａが、ＢからＢ所有の既存のマンションの売却に係る媒介を依頼され、Ｂと専任媒介契約（専属専任媒介契約ではないものとする。）を締結した。この場合における次の記述のうち、宅地建物取引業法の規定によれば、正しいものはいくつあるか。

ア　Ａは、専任媒介契約の締結の日から７日以内に所定の事項を指定流通機構に登録しなければならないが、その期間の計算については、休業日数を算入しなければならない。

イ　ＡがＢとの間で有効期間を６月とする専任媒介契約を締結した場合、その媒介契約は無効となる。

ウ　Ｂが宅地建物取引業者である場合、Ａは、当該専任媒介契約に係る業務の処理状況の報告をする必要はない。

エ　ＡがＢに対して建物状況調査を実施する者のあっせんを行う場合、建物状況調査を実施する者は建築士法第２条第１項に規定する建築士であって国土交通大臣が定める講習を修了した者でなければならない。

1　一つ　　2　二つ　　3　三つ　　4　四つ

解答・解説

ア　誤り

　宅地建物取引業者は、専任媒介契約を締結したときは、契約の相手方を探索するため、その日から７日以内（休業日を含まない。）に、一定事項を、指定流通機構に登録しなければならない（宅地建物取引業法34条の２第５項、同施行規則15条の10）。

イ　誤り

　専任媒介契約の有効期間は、３月を超えることができない（宅地建物取引業法34条の２第３項）。これに反する特約は無効となるが、有効期間が３月の契約として有効であり、契約が無効となるのではない（宅地建物取引業法34条の２第10項）。

ウ　誤り

　専任媒介契約を締結した宅地建物取引業者は、依頼者に対し、当該専任媒介契約に係る業務の処理状況を２週間に１回以上（依頼者が当該宅地建物取引業者が探索した相手方以外の者と売買又は交換の契約を締結することができない旨の特約を含む専任媒介契約にあっては、１週間に１回以上）報告しなければならない（宅地建物取引業法34条の２第９項）。これは、依頼者が宅地建物取引業者であっても、省略できない。

エ　正しい

　依頼者に対する建物状況調査とは、建物の構造耐力上主要な部分又は雨水の浸入を防止する部分として国土交通省令で定めるもの（「建物の構造耐力上主要な部分等」という。）の状況の調査であって、経年変化その他の建物に生じる事象に関する知識及び能力を有する者として国土交通省令で定める者が実施するものをいう（宅地建物取引業法34条の２第１項４号）。そして、国土交通省令で定める者とは、①建築士法２条１項に規定する建築士であり、②国土交通大臣が定める講習を修了した者に該当する者とする（宅地建物取引業法施行規則15条の８第１項）。

　以上より、正しいものはエの一つであり、肢１が正解となる。

【問題59】　正解1

| CHECK! | | | | 本試験 | 平成29年度　問43 | 重要度 | A | 難易度 | ★★★ |

問題60　媒介契約の規制

　宅地建物取引業者Ａが、ＢからＢ所有の中古マンションの売却の依頼を受け、Ｂと専任媒介契約（専属専任媒介契約ではない媒介契約）を締結した場合に関する次の記述のうち、宅地建物取引業法（以下この問において「法」という。）の規定によれば、正しいものはいくつあるか。

ア　Ａは、２週間に１回以上当該専任媒介契約に係る業務の処理状況をＢに報告しなければならないが、これに加え、当該中古マンションについて購入の申込みがあったときは、遅滞なく、その旨をＢに報告しなければならない。

イ　当該専任媒介契約の有効期間は、３月を超えることができず、また、依頼者の更新しない旨の申出がなければ自動更新とする旨の特約も認められない。ただし、Ｂが宅地建物取引業者である場合は、ＡとＢの合意により、自動更新とすることができる。

ウ　Ａは、当該専任媒介契約の締結の日から７日（ただし、Ａの休業日は含まない。）以内に所定の事項を指定流通機構に登録しなければならず、また、法第50条の6に規定する登録を証する書面を遅滞なくＢに提示しなければならない。

エ　当該専任媒介契約に係る通常の広告費用はＡの負担であるが、指定流通機構への情報登録及びＢがＡに特別に依頼した広告に係る費用については、成約したか否かにかかわらず、国土交通大臣の定める報酬の限度額を超えてその費用をＢに請求することができる。

1　一つ　　　2　二つ　　　3　三つ　　　4　四つ

解答・解説

ア　正しい。
　専任媒介契約を締結した宅地建物取引業者は、依頼者に対し、当該専任媒介契約に係る業務の処理状況を２週間に１回以上報告しなければならない（宅地建物取引業法34条の２第9項）。また、当該業者は、売買の申込みがあったときは、遅滞なく、その旨を依頼者に報告しなければならない（宅地建物取引業法34条の２第8項）。

イ　誤り。
　専任媒介契約の有効期間は、３月を超えることができない（宅地建物取引業法34条の２第3項）。この期間は、依頼者の申出により、更新することができるが（宅地建物取引業法34条の２第4項）、合意があっても自動更新とすることはできない。

ウ　誤り。
　登録をした宅地建物取引業者は、登録を証する書面を遅滞なく依頼者に引き渡さなければならないのであって、提示すればよいというわけではない（宅地建物取引業法34条の２第6項）。

エ　誤り。
　指定流通機構への情報登録に係る費用は宅地建物取引業者の負担であるから、依頼者にその費用について請求することはできない（宅地建物取引業法の解釈・運用の考え方、宅地建物取引業法34条の２関係3（3）⑤）。
　以上より、正しいものはアの一つであり、肢1が正解となる。

【問題60】　正解1

問題61 媒介契約の規制

宅地建物取引業者Aが、B所有の甲宅地の売却の媒介を依頼され、Bと専任媒介契約を締結した場合に関する次の記述のうち、宅地建物取引業法の規定によれば、正しいものはどれか。

1　Aは、甲宅地の所在、規模、形質、売買すべき価額のほかに、甲宅地の上に存する登記された権利の種類及び内容を指定流通機構に登録しなければならない。

2　AがBに対して、甲宅地に関する所定の事項を指定流通機構に登録したことを証する書面を引き渡さなかったときは、Aはそのことを理由として指示処分を受けることがある。

3　AがBに対して、当該専任媒介契約に係る業務の処理状況を14日（ただし、Aの休業日は含まない。）に１回報告するという特約は有効である。

4　Aは、指定流通機構に登録した甲宅地について売買契約が成立し、かつ、甲宅地の引渡しが完了したときは、遅滞なく、その旨を当該指定流通機構に通知しなければならない。

解答・解説

1　誤り

宅地建物取引業者は、専任媒介契約を締結したときは、契約の相手方を探索するため、一定の期間内に、当該専任媒介契約の目的物である宅地又は建物につき、所在、規模、形質、売買すべき価額その他国土交通省令で定める事項を、指定流通機構に登録しなければならないが、当該物件に登記された権利については、登録事項となっていない（宅地建物取引業法34条の２第５項、同施行規則15条の11）。

2　正しい

一定事項を指定流通機構に登録した宅地建物取引業者は、指定流通機構から交付された登録を証する書面を遅滞なく依頼者に引き渡さなければならず、これに違反した場合は、指示処分を受けることがある（宅地建物取引業法34条の２第６項、65条１項）。

3　誤り

専任媒介契約を締結した宅地建物取引業者は、依頼者に対し、当該専任媒介契約に係る業務の処理状況を２週間に１回以上報告しなければならない。この場合、当該期間につき宅地建物取引業者の休業日を含まないとする特約は、２週間を超えることになるため無効である（宅地建物取引業法34条の２第９・10項）。

4　誤り

宅地建物取引業者は、登録に係る物件について、売買契約が成立したときは、遅滞なく、その旨を当該登録に係る指定流通機構に通知しなければならない（宅地建物取引業法34条の２第７項）。この場合、物件の引渡しが完了したか否かにかかわらず、契約が成立したら、遅滞なく通知をしなければならない。

【問題61】　正解2

CHECK! ☐☐☐　本試験 平成26年度　問32　重要度 A　難易度 ★★

問題62 　**媒介契約の規制**

　宅地建物取引業者Aは、BからB所有の宅地の売却について媒介の依頼を受けた。この場合における次の記述のうち、宅地建物取引業法（以下この問において「法」という。）の規定によれば、誤っているものはいくつあるか。

ア　AがBとの間で専任媒介契約を締結し、Bから「売却を秘密にしておきたいので指定流通機構への登録をしないでほしい」旨の申出があった場合、Aは、そのことを理由に登録をしなかったとしても法に違反しない。

イ　AがBとの間で媒介契約を締結した場合、Aは、Bに対して遅滞なく法第34条の2第1項の規定に基づく書面を交付しなければならないが、Bが宅地建物取引業者であるときは、当該書面の交付を省略することができる。

ウ　AがBとの間で有効期間を3月とする専任媒介契約を締結した場合、期間満了前にBから当該契約の更新をしない旨の申出がない限り、当該期間は自動的に更新される。

エ　AがBとの間で一般媒介契約（専任媒介契約でない媒介契約）を締結し、当該媒介契約において、重ねて依頼する他の宅地建物取引業者を明示する義務がある場合、Aは、Bが明示していない他の宅地建物取引業者の媒介又は代理によって売買の契約を成立させたときの措置を法第34条の2第1項の規定に基づく書面に記載しなければならない。

1　一つ　　　2　二つ　　　3　三つ　　　4　四つ

解答・解説

ア　誤り

　宅地建物取引業者は、専任媒介契約を締結したときは、契約の相手方を探索するため、一定の期間内に、当該専任媒介契約の目的物である宅地又は建物につき、一定の事項を、指定流通機構に登録しなければならない（宅地建物取引業法34条の2第5項）。そして、この規定に反する特約は、無効となる（宅地建物取引業法34条の2第10項）。

イ　誤り

　宅地建物取引業者は、媒介契約を締結したときは、遅滞なく、一定の事項を記載した書面を作成して記名押印し、依頼者にこれを交付しなければならない（宅地建物取引業法34条の2第1項）。これは、相手方が宅地建物取引業者であっても省略できない。

ウ　誤り

　専任媒介契約を締結したときは、有効期間は、3月を超えることができないが、この有効期間は、「依頼者の申出」により、更新することができる（宅地建物取引業法34条の2第3・4項）。よって、自動更新はできない。

エ　正しい

　媒介契約書面の記載事項として、「依頼者が他の宅地建物取引業者に重ねて売買又は交換の媒介又は代理を依頼することを許し、かつ、他の宅地建物取引業者を明示する義務がある媒介契約にあっては、依頼者が明示していない他の宅地建物取引業者の媒介又は代理によって売買又は交換の契約を成立させたときの措置」がある（宅地建物取引業法34条の2第1項8号、同施行規則15条の9第3号）。

　以上より、誤っているものはアイウの三つであり、肢3が正解となる。

【問題62】　正解3

問題63　重要事項の説明

　宅地建物取引業者A社は、自ら売主として宅地建物取引業者でない買主B社と宅地の売買について交渉したところ、大筋の合意を得て、重要事項説明を翌日に行うこととした。しかし、重要事項説明の予定日の朝、A社の唯一の宅地建物取引士である甲が交通事故に遭い、5日間入院することとなった。この場合におけるA社の行為に関する次の記述のうち、宅地建物取引業法の規定に違反しないものはどれか。

1　A社の代表者である乙は、宅地建物取引士ではないが契約締結権限をもつ代表者であるため、甲を代理してB社の代表者丙に対し、甲の宅地建物取引士証を提示した上、重要事項説明を行った。なお、乙は宅地建物取引業に30年間携わったベテランであったこともあり、説明の内容に落ち度はなかった。

2　A社の従業者である丁は、有効期間は満了しているが、宅地建物取引士証を持っていたため、丁がその宅地建物取引士証を提示した上、B社の代表者丙に重要事項説明を行った。

3　事情を知ったB社の代表者丙から、「重要事項説明は契約後でも構わない」という申出があったため、重要事項説明は契約締結後に退院した甲が行った。

4　事情を知ったB社と合意の上、A社は重要事項を記載した書面を交付するにとどめ、退院後、契約締結前に甲が重要事項説明を行った。

解答・解説

1　違反する
　宅地建物取引業者は、「宅地建物取引士」をして、重要事項の説明をさせなければならない（宅地建物取引業法35条1項）。

2　違反する
　宅地建物取引士は、重要事項の説明をするときは、宅地建物取引士証を提示しなければならない（宅地建物取引業法35条4項）。宅地建物取引士証の有効期間は5年であり（宅地建物取引業法22条の2第3項）、期間満了により失効した宅地建物取引士証を提示することは許されない。

3　違反する
　重要事項の説明は、契約が成立するまでの間に、行われなければならない（宅地建物取引業法35条1項）。

4　違反しない
　契約が成立するまでの間に、重要事項説明書が交付され、宅地建物取引士をして重要事項の説明が行われているのであるから、宅地建物取引業法の規定に違反しない（宅地建物取引業法35条1項）。

CHECK! □ □ □　　本試験 平成22年度　問36 改　重要度 **A**　難易度 ★★

問題64　重要事項の説明

　宅地建物取引業法第35条に規定する重要事項の説明を宅地建物取引士が行う場合における次の記述のうち、同条の規定に違反しないものはどれか。なお、説明の相手方は宅地建物取引業者ではないものとする。

1　中古マンションの売買の媒介において、当該マンションに係る維持修繕積立金については説明したが、管理組合が保管している維持修繕の実施状況についての記録の内容については説明しなかった。

2　自ら売主となる新築住宅の売買において、重要事項の説明の時点で当該住宅が種類又は品質に関して契約の内容に適合しない場合におけるその不適合を担保すべき責任の履行に関する責任保険の契約を締結する予定であることは説明したが、当該責任保険の概要については説明しなかった。

3　宅地の売買の媒介において、当該宅地が急傾斜地の崩壊による災害の防止に関する法律第3条の規定に基づく急傾斜地崩壊危険区域内にあることは説明したが、立木竹の伐採には都道府県知事の許可を受けなければならないことについては説明しなかった。

4　建物の売買の媒介において、登記された権利の種類及び内容については説明したが、移転登記の申請の時期については説明しなかった。

解答・解説

1　違反する

　区分所有建物の売買の媒介において、当該一棟の建物の計画的な維持修繕のための費用の積立てを行う旨の規約の定めがあるときは、その内容及び既に積み立てられている額を重要事項として説明しなければならず（宅地建物取引業法施行規則16条の2第6号）、また、当該一棟の建物の維持修繕の実施状況が記録されているときは、その内容も重要事項として説明しなければならない（宅地建物取引業法施行規則16条の2第9号）。

2　違反する

　自ら売主となる建物の売買において、当該建物が種類又は品質に関して契約の内容に適合しない場合におけるその不適合を担保すべき責任の履行に関し保証保険契約の締結その他の措置で国土交通省令・内閣府令で定めるものを講ずるかどうか、及びその措置を講ずる場合におけるその措置の概要を重要事項として説明しなければならない（宅地建物取引業法35条1項13号）。

3　違反する

　宅地の売買の媒介において、当該宅地が急傾斜地崩壊危険区域内にある場合には、立木竹の伐採には都道府県知事の許可が必要である等の行為の制限の概要についても重要事項として説明しなければならない（宅地建物取引業法35条1項2号、同施行令3条1項23号）。

4　違反しない

　建物の売買の媒介において、登記された権利の種類及び内容は重要事項として説明が必要だが、移転登記の申請の時期については、重要事項として説明は義務付けられていない（宅地建物取引業法35条1項1号）。

【問題64】　正解4

問題65 重要事項の説明

　宅地建物取引業者Ａが、マンションの分譲に際して行う宅地建物取引業法第35条の規定に基づく重要事項の説明に関する次の記述のうち、正しいものはどれか。なお、説明の相手方は宅地建物取引業者ではないものとする。

1　当該マンションの建物又はその敷地の一部を特定の者にのみ使用を許す旨の規約の定めがある場合、Ａは、その内容だけでなく、その使用者の氏名及び住所について説明しなければならない。

2　建物の区分所有等に関する法律第2条第4項に規定する共用部分に関する規約がまだ案の段階である場合、Ａは、規約の設定を待ってから、その内容を説明しなければならない。

3　当該マンションの建物の計画的な維持修繕のための費用の積立を行う旨の規約の定めがある場合、Ａは、その内容を説明すれば足り、既に積み立てられている額については説明する必要はない。

4　当該マンションの建物の計画的な維持修繕のための費用を特定の者にのみ減免する旨の規約の定めがある場合、Ａは、買主が当該減免対象者であるか否かにかかわらず、その内容を説明しなければならない。

解答・解説

1　誤り
　宅地建物取引業者は、区分所有建物の売買をする場合において、当該1棟の建物又はその敷地の一部を特定の者にのみ使用を許す旨の規約の定め（その案を含む。）があるときは、その内容を説明しなければならないが（宅地建物取引業法35条1項6号、同施行規則16条の2第4号）、その使用者の氏名及び住所までは説明する必要はない。

2　誤り
　宅地建物取引業者は、区分所有建物の売買をする場合において、共用部分に関する規約の定め（その案を含む。）があるときは、その内容を説明しなければならない（宅地建物取引業法35条1項6号、同施行規則16条の2第2号）。

3　誤り
　宅地建物取引業者は、区分所有建物の売買をする場合において、当該1棟の建物の計画的な維持修繕のための費用の積立てを行う旨の規約の定め（その案を含む。）があるときは、その内容及び既に積み立てられている額を説明しなければならない（宅地建物取引業法35条1項6号、同施行規則16条の2第6号）。

4　正しい
　宅地建物取引業者は、区分所有建物の売買をする場合において、1棟の建物の計画的な維持修繕のための費用を特定の者にのみ減免する旨の規約の定めがある場合には、買主が当該減免対象者であるか否かにかかわらず、その内容を説明しなければならない（宅地建物取引業法35条1項6号、同施行規則16条の2第5号）。

【問題65】　正解4

CHECK! ☐ ☐ ☐　　本試験 平成22年度　問35　　重要度 A　　難易度 ★

問題66　**重要事項の説明**

宅地建物取引業法第35条に規定する重要事項の説明を宅地建物取引士が行う場合における次の記述のうち、誤っているものはどれか。なお、説明の相手方は宅地建物取引業者ではないものとする。

1　建物の売買の媒介の場合は、建築基準法に規定する建蔽率及び容積率に関する制限があるときはその概要を説明しなければならないが、建物の貸借の媒介の場合は説明する必要はない。

2　宅地の売買の媒介の場合は、土砂災害警戒区域等における土砂災害防止対策の推進に関する法律第7条第1項により指定された土砂災害警戒区域内にあるときはその旨を説明しなければならないが、建物の貸借の媒介の場合は説明する必要はない。

3　建物の売買の媒介の場合は、住宅の品質確保の促進等に関する法律第5条第1項に規定する住宅性能評価を受けた新築住宅であるときはその旨を説明しなければならないが、建物の貸借の媒介の場合は説明する必要はない。

4　宅地の売買の媒介の場合は、私道に関する負担について説明しなければならないが、建物の貸借の媒介の場合は説明する必要はない。

解答・解説

1　正しい

建築基準法に規定する建蔽率及び容積率に関する制限の概要は、建物の売買の場合には重要事項として説明が必要だが、建物の貸借の場合には説明は不要である（宅地建物取引業法35条1項2号、同施行令3条1項2号、3項）。

2　誤り

建物の貸借の場合においても、土砂災害警戒区域内にあるときはその旨を重要事項として説明しなければならない（宅地建物取引業法35条1項14号、同施行規則16条の4の3第2号）。

3　正しい

住宅性能評価を受けた新築住宅であるときはその旨を、建物の売買の場合には重要事項として説明しなければならないが、貸借の場合は説明不要である（宅地建物取引業法35条1項14号、同施行規則16条の4の3第6号）。

4　正しい

私道に関する負担については、建物の貸借の場合のみ説明不要とされている（宅地建物取引業法35条1項3号）。

【問題66】　正解2

問題67　重要事項の説明

　宅地建物取引業法（以下この問において「法」という。）に関する次の記述のうち、正しいものはどれか。

1　宅地建物取引業者でない売主と宅地建物取引業者である買主が、媒介業者を介さず宅地の売買契約を締結する場合、法第35条の規定に基づく重要事項の説明義務を負うのは買主の宅地建物取引業者である。

2　建物の管理が管理会社に委託されている当該建物の賃貸借契約の媒介をする宅地建物取引業者は、当該建物が区分所有建物であるか否かにかかわらず、その管理会社の商号又は名称及びその主たる事務所の所在地を、宅地建物取引業者でない借主に説明しなければならない。

3　区分所有建物の売買において、売主が宅地建物取引業者で買主が宅地建物取引業者でない場合、当該売主は当該買主に対し、当該一棟の建物に係る計画的な維持修繕のための修繕積立金積立総額及び売買の対象となる専有部分に係る修繕積立金額の説明をすれば、滞納があることについては説明をしなくてもよい。

4　区分所有建物の売買において、売主及び買主が宅地建物取引業者である場合、当該売主は当該買主に対し、法第35条の2に規定する供託所等の説明をする必要がある。

解答・解説

1　誤り

　宅地建物取引業法35条に基づく重要事項の説明義務は、宅地建物取引業者に課されたものであるため宅地建物取引業者ではない売主は当該義務を負うことはない。また、この義務は売買の相手方である買主に対して負うものである以上、買主が宅地建物取引業者であったとしても買主がこの義務を負うことはない（宅地建物取引業法35条1項）。

2　正しい

　建物の管理が管理会社に委託されている当該建物の賃貸借契約の媒介をする宅地建物取引業者は、当該建物が区分所有建物であるか否かにかかわらず、その管理会社の商号又は名称及びその主たる事務所の所在地を、宅地建物取引業者でない借主に説明しなければならない（宅地建物取引業法35条1項14号、同施行規則16条の2第8号、同施行規則16条の4の3第12号）。

3　誤り

　区分所有建物の売買においては、売主である宅地建物取引業者は宅地建物取引業者でない買主に対し、当該一棟の建物の計画的な維持修繕のための費用の積立てを行う旨の規約の定めがあるときは、その内容及び既に積み立てられている額を説明しなければならない（宅地建物取引業法35条1項14号、同施行規則16条の2第6号）。また、滞納があるときはその額についても同様である。

4　誤り

　宅地建物取引業者は、宅地建物取引業者の相手方等に対して、契約が成立するまでの間に、法第35条の2に規定する供託所等の説明をしなければならない（宅地建物取引業

法35条の2）。ただし、相手方（買主や借主等）が宅地建物取引業者である場合は、供託所等の説明は不要である。

必勝合格Check!

重要事項の説明の内容
区分所有建物の場合

	売買	貸借
① 一棟の建物の敷地に関する権利の種類と内容	○	×
② 共用部分に関する規約の定め（その案を含む。）があるときは、その内容	○	×
③ 専有部分の用途その他の利用の制限に関する規約の定め（その案を含む。）があるときは、その内容	○	○
④ 一棟の建物又はその敷地の一部を特定の者にのみ使用を許す旨（専用使用権）の規約の定め（その案を含む。）があるときは、その内容	○	×
⑤ 一棟の建物の計画的な維持修繕のための費用、通常の管理費用その他の当該建物の所有者が負担しなければならない費用を特定の者にのみ減免する旨の規約の定め（その案を含む。）があるときは、その内容	○	×
⑥ 一棟の建物の計画的な維持修繕のための費用の積立てを行う旨（計画修繕積立金）の規約の定め（その案を含む。）があるときは、その内容及び既に積み立てられている額	○	×
⑦ 通常の管理費用の額	○	×
⑧ 一棟の建物及びその敷地の管理が委託されているときは、管理受託者の氏名・住所（法人の場合は商号又は名称・主たる事務所の所在地）	○	○
⑨ 一棟の建物の維持修繕の実施状況が記録されているときは、その内容	○	×

宅建業法

【問題67】　正解2

問題68 重要事項の説明

宅地建物取引業者が行う宅地建物取引業法第35条に規定する重要事項の説明及び書面の交付に関する次の記述のうち、正しいものはどれか。

1 宅地建物取引業者ではない売主に対しては、買主に対してと同様に、宅地建物取引士をして、契約締結時までに重要事項を記載した書面を交付して、その説明をさせなければならない。

2 重要事項の説明及び書面の交付は、取引の相手方の自宅又は勤務する場所等、宅地建物取引業者の事務所以外の場所において行うことができる。

3 宅地建物取引業者が代理人として売買契約を締結し、建物の購入を行う場合は、代理を依頼した者に対して重要事項の説明をする必要はない。

4 重要事項の説明を行う宅地建物取引士は専任の宅地建物取引士でなくてもよいが、書面に記名押印する宅地建物取引士は専任の宅地建物取引士でなければならない。

解答・解説

1　誤り

宅地建物取引業者は、契約が成立するまでの間に、取引の相手方等（物件を取得し、又は借りようとする者）に対し、宅地建物取引士をして、重要事項の説明を、重要事項説明書を交付して、させなければならない（宅地建物取引業法35条1項）。売主に対しては、その者が宅地建物取引業者であるか否かを問わず、重要事項の説明は不要である。

2　正しい

重要事項の説明及び書面の交付の場所は、特に限定されていないため、事務所以外の場所においても行うことができる。

3　誤り

上記1に述べたように、売買契約の場合、買主に説明をしなければならない。買主に代理業者がいる場合は、当該代理業者は、買主に対して重要事項の説明が必要である。

4　誤り

上記1の説明及び記名押印は、宅地建物取引士であれば、専任の宅地建物取引士である必要はない。

【問題68】　正解2

CHECK! ☐ ☐ ☐　｜本試験｜ 平成27年度　問31　｜重要度｜ A　｜難易度｜ ★★★

問題69　**重要事項の説明**

　宅地建物取引業者が、宅地建物取引業法第35条に規定する重要事項の説明を行う場合における次の記述のうち、宅地建物取引業法の規定に違反するものはいくつあるか。なお、説明の相手方は宅地建物取引業者ではないものとする。

ア　宅地の貸借の媒介の場合、当該宅地が都市計画法の第一種低層住居専用地域内にあり、建築基準法第56条第1項第1号に基づく道路斜線制限があるときに、その概要を説明しなかった。

イ　建物の貸借の媒介の場合、当該建物が新住宅市街地開発事業により造成された宅地上にあり、新住宅市街地開発法第32条第1項に基づく建物の使用及び収益を目的とする権利の設定又は移転について都道府県知事の承認を要する旨の制限があるときに、その概要を説明しなかった。

ウ　建物の貸借の媒介の場合、当該建物が都市計画法の準防火地域内にあり、建築基準法第62条第1項に基づく建物の構造に係る制限があるときに、その概要を説明しなかった。

1　一つ　　2　二つ　　3　三つ　　4　なし

解答・解説

ア　違反する

　宅地の貸借の媒介の場合、建築基準法56条1項1号に基づく道路斜線制限があるときは、その概要を説明しなければならない（宅地建物取引業法35条1項2号、同施行令3条2項）。道路斜線制限があると、貸借される宅地上の建築物の建築に影響があるからである。

イ　違反する

　建物の貸借の媒介の場合、法令に基づく制限で契約内容の別に応じて政令で定めるものに関する事項としては、①新住宅市街地開発法、②新都市基盤整備法、③流通業務市街地の整備に関する法律の各規定に基づく制限だけである（宅地建物取引業法35条1項2号、同施行令3条3項）。本肢は、上記①に関する制限の概要を説明しなければならない。

ウ　違反しない

　建物の貸借の媒介の場合、法令に基づく制限があるときに、その概要を説明しなければならないのは肢イで定める事項のみである。本肢の内容は、建物の借主に直接影響がないものであって、説明する必要はない。

以上より、違反するものはア、イの二つであり、肢2が正解となる。

問題70　重要事項の説明

　宅地建物取引業者が建物の貸借の媒介を行う場合における宅地建物取引業法（以下この問において「法」という。）第35条に規定する重要事項の説明に関する次の記述のうち、誤っているものはどれか。なお、特に断りのない限り、当該建物を借りようとする者は宅地建物取引業者ではないものとする。

1　当該建物を借りようとする者が宅地建物取引業者であるときは、貸借の契約が成立するまでの間に重要事項を記載した書面を交付しなければならないが、その内容を宅地建物取引士に説明させる必要はない。

2　当該建物が既存の住宅であるときは、法第34条の2第1項第4号に規定する建物状況調査を実施しているかどうか、及びこれを実施している場合におけるその結果の概要を説明しなければならない。

3　台所、浴室、便所その他の当該建物の設備の整備の状況について説明しなければならない。

4　宅地建物取引士は、テレビ会議等のITを活用して重要事項の説明を行うときは、相手方の承諾があれば宅地建物取引士証の提示を省略することができる。

解答・解説

1　正しい
　建物を借りようとする者が宅地建物取引業者であるときは、重要事項説明書の交付のみで足り、説明は不要である（宅地建物取引業法35条6項）。

2　正しい
　当該建物が既存の建物であるときは、建物状況調査を実施しているかどうか、及びこれを実施している場合におけるその結果の概要を説明しなければならない（宅地建物取引業法35条1項6号の2イ）。貸借の場合でも必要である。

3　正しい
　建物の貸借の媒介にあっては、台所、浴室、便所その他の当該建物の設備の整備の状況について説明しなければならない（宅地建物取引業法35条1項14号、同施行規則16条の4の3第7号）。

4　誤り
　テレビ会議等のITを活用して重要事項の説明を行うときは、宅地建物取引士は、宅地建物取引士証を提示しなければならない（宅地建物取引業法の解釈・運用の考え方35条1項関係2宅地若しくは建物の売買若しくは交換又は宅地若しくは建物の売買、交換若しくは貸借の代理又は媒介に係る重要事項の説明にITを活用する場合の取扱いについて（4））。

必勝合格Check!

重要事項の説明の内容
取引物件に関する事項

	売買		貸借	
	宅地	建物	宅地	建物
①　宅地又は建物の上に存する登記された権利の種類及び内容並びに登記名義人、又は、登記簿の表題部の所有者の氏名（法人の場合は名称）	○	○	○	○
②　都市計画法、建築基準法その他の法令に基づく制限で、契約内容の別に応じて政令で定めるものに関する事項の概要	○	○	○	○
③　当該契約が「建物の貸借の契約以外のもの」であるときは、私道負担に関する事項	○	○	○	×
④　飲用水・電気・ガスの供給施設、排水施設の整備状況。これらの施設が整備されていない場合は、整備の見通しと整備についての特別の負担に関する事項	○	○	○	○
⑤　「未完成物件」の場合は、「完了時における形状・構造」その他国土交通省令・内閣府令で定める事項	○	○	○	○

取引条件に関する事項

	売買		貸借	
	宅地	建物	宅地	建物
①　代金、交換差金及び借賃以外に授受される金銭の「額」と「目的」	○	○	○	○
②　契約の解除に関する事項	○	○	○	○
③　損害賠償額の予定又は違約金に関する事項	○	○	○	○
④　種類・品質に関して契約内容に適合しない場合におけるその不適合を担保すべき責任の履行に関し保証保険契約の締結その他の措置を講ずるかどうか、及び講ずる場合の措置の概要	○	○	○	○
⑤　代金、交換差金に関する金銭の貸借のあっせんの内容と、あっせんに係る金銭の貸借が成立しないときの措置	○	○	×	×
⑥　手付金等の保全措置の概要	○	○	×	×
⑦　支払金又は預り金を受領する場合において、保全措置を講ずるかどうか、及び講ずる場合の措置の概要	○	○	○	○

既存の建物の場合

	売買	貸借
①　建物状況調査（実施後１年を経過していないものに限る。）を実施しているかどうか、及びこれを実施している場合におけるその結果の概要	○	○
②　設計図書、点検記録その他の建物の建築及び維持保全の状況に関する書類で国土交通省令で定めるものの保存の状況	○	×

【問題70】　正解4

必勝合格Check!

重要事項の説明の内容
国土交通省令・内閣府令等で定める説明事項

	売買		貸借	
	宅地	建物	宅地	建物
① 当該宅地又は建物が宅地造成等規制法第20条第1項により指定された造成宅地防災区域内にあるときは、その旨	○	○	○	○
② 当該宅地又は建物が土砂災害警戒区域等における土砂災害防止対策の推進に関する法律第7条第1項により指定された土砂災害警戒区域内にあるときは、その旨	○	○	○	○
③ 当該宅地又は建物が津波防災地域づくりに関する法律第53条第1項により指定された津波災害警戒区域内にあるときは、その旨	○	○	○	○
④ 水防法に基づく水害ハザードマップにおける当該宅地建物の所在地	○	○	○	○
⑤ 当該建物について、石綿の使用の有無の調査結果が記録されているときは、その内容	×	○	×	○
⑥ 当該建物（昭和56年6月1日以降に新築の工事に着手したものを除く。）が建築物の耐震改修の促進に関する法律第4条第1項に基づく一定の者が行う耐震診断を受けたものであるときは、その内容	×	○	×	○
⑦ 当該建物が住宅の品質確保の促進等に関する法律第5条第1項に規定する住宅性能評価を受けた新築住宅であるときは、その旨	×	○	×	×
⑧ 台所、浴室、便所その他の当該建物の設備の整備の状況	×	×	×	○
⑨ 契約期間及び契約の更新に関する事項	×	×	○	○
⑩ 借地借家法に規定する定期借地権を設定しようとするとき、又は定期建物賃貸借を設定しようとするとき、もしくは高齢者の居住の安定確保に関する法律（いわゆる高齢者居住法）に基づく終身建物賃貸借であるときは、その旨	×	×	○	○
⑪ 当該宅地又は建物の用途その他の利用の制限に関する事項（区分所有建物における専有部分の用途その他の利用の制限に関する事項を除く。）	×	×	○	○
⑫ 敷金その他いかなる名義をもって授受されるかを問わず、契約終了時において精算することとされている金銭の精算に関する事項	×	×	○	○
⑬ 当該宅地又は建物（区分所有建物を除く。）の管理が委託されているときは、管理受託者の氏名・住所（法人の場合は商号又は名称・主たる事務所の所在地）	×	×	○	○
⑭ 契約終了時における当該宅地上の建物の取壊しに関する事項を定めようとするときは、その内容	×	×	○	×

問題71　　**重要事項の説明**

　宅地建物取引業者が行う宅地建物取引業法第35条に規定する重要事項の説明に関する次の記述のうち、正しいものはいくつあるか。なお、説明の相手方は宅地建物取引業者ではないものとする。

ア　区分所有権の目的である建物の売買の媒介を行う場合、当該建物が借地借家法第22条に規定する定期借地権の設定された土地の上に存するときは、当該定期借地権が登記されたものであるか否かにかかわらず、当該定期借地権の内容について説明しなければならない。

イ　宅地の貸借の媒介を行う場合、当該宅地が流通業務市街地の整備に関する法律第4条に規定する流通業務地区にあるときは、同法第5条第1項の規定による制限の概要について説明しなければならない。

ウ　建物の売買の媒介を行う場合、当該建物の売買代金の額並びにその支払の時期及び方法について説明する義務はないが、売買代金以外に授受される金銭があるときは、当該金銭の額及び授受の目的について説明しなければならない。

エ　建物の貸借の媒介を行う場合、当該建物が建築工事の完了前であるときは、必要に応じ当該建物に係る図面を交付した上で、当該建築工事の完了時における当該建物の主要構造部、内装及び外装の構造又は仕上げ並びに設備の設置及び構造について説明しなければならない。

1　一つ　　　2　二つ　　　3　三つ　　　4　四つ

宅建業法

解答・解説

ア　正しい

　区分所有権の目的である建物の売買の媒介を行う場合、当該建物を所有するための一棟の建物の敷地に関する権利の種類及び内容について説明しなければならない（宅地建物取引業法35条1項6号、同施行規則16条の2第1号）。よって、「権利の種類」に関しては、地上権か賃借権に区別して記載し、「権利の内容」に関しては、対象面積及びその存続期間、地代・賃借料等について区分所有者の負担する額を記載することになる。

イ　正しい

　宅地の貸借の媒介を行う場合、当該宅地が流通業務市街地の整備に関する法律4条に規定する流通業務地区にあるときは、同法5条1項の規定による制限の概要について説明しなければならない（宅地建物取引業法35条1項2号、同施行令3条2項・1項11号）。流通業務市街地の整備に関する法律では、流通業務地区を指定し、その地区内では流通業務施設等以外の施設の建設が制限される。

ウ　正しい

　建物の売買の媒介を行う場合、当該建物の売買代金の額並びにその支払の時期及び方法については、37条書面の記載事項であるが、重要事項として説明する義務はない（宅地建物取引業法37条1項3号参照）。しかし、売買代金以外に授受される金銭があるときは、当該金銭の額及び授受の目的について重要事項として説明しなければならない（宅地建物取引業法35条1項7号）。

エ　正しい

　建物の貸借の媒介を行う場合、当該建物が建築に関する工事の完了前のものであるときは、当該建築の工事の完了時における当該建物の主要構造部、内装及び外装の構造又は仕上げ並びに設備の設置及び構造について説明しなければならない（宅地建物取引業法35条1項5号、同施行規則16条）。この場合、図面を必要とするときは、図面を交付して説明しなければならない（宅地建物取引業法35条1項柱書、宅地建物取引業法の解釈・運用の考え方35条1項5号関係2）。

　以上より、正しいものはア、イ、ウ、エの四つであり、肢4が正解となる。

【問題71】　正解4

問題72　重要事項の説明

　宅地建物取引業法第35条に規定する重要事項の説明における水防法施行規則第11条第1号の規定により市町村（特別区を含む。以下この問において同じ。）の長が提供する図面（以下この問において「水害ハザードマップ」という。）に関する次の記述のうち、正しいものはどれか。なお、説明の相手方は宅地建物取引業者ではないものとする。

1　宅地建物取引業者は、市町村が、取引の対象となる宅地又は建物の位置を含む水害ハザードマップを作成せず、又は印刷物の配布若しくはホームページ等への掲載等をしていないことを確認できた場合は、重要事項説明書にその旨記載し、重要事項説明の際に提示すべき水害ハザードマップが存在しない旨を説明すればよい。

2　宅地建物取引業者は、市町村が取引の対象となる宅地又は建物の位置を含む「洪水」、「雨水出水（内水）」、「高潮」の水害ハザードマップを作成している場合、重要事項説明の際にいずれか1種類の水害ハザードマップを提示すればよい。

3　宅地建物取引業者は、市町村が取引の対象となる宅地又は建物の位置を含む水害ハザードマップを作成している場合、売買又は交換の媒介のときは重要事項説明の際に水害ハザードマップを提示しなければならないが、貸借の媒介のときはその必要はない。

4　宅地建物取引業者は、市町村が取引の対象となる宅地又は建物の位置を含む水害ハザードマップを作成している場合、重要事項説明書に水害ハザードマップを添付すれば足りる。

解答・解説

1　正しい

　当該市町村に照会し、当該市町村が取引の対象となる宅地又は建物の位置を含む水害ハザードマップの全部又は一部を作成せず、又は印刷物の配布若しくはホームページ等への掲載等をしていないことが確認された場合は、その照会をもって調査義務を果たしたことになる。この場合は、提示すべき水害ハザードマップが存しない旨の説明を行う必要がある（宅地建物取引業法の解釈・運用の考え方35条1項14号関係3の2）。

2　誤り

　取引の対象となる宅地又は建物の位置を含む水害ハザードマップを、洪水・内水・高潮のそれぞれについて提示し、当該宅地又は建物の概ねの位置を示すことにより行うこととする（宅地建物取引業法の解釈・運用の考え方35条1項14号関係3の2）。

3　誤り

　本説明義務は、売買・交換だけではなく貸借の対象である宅地又は建物が「水害ハザードマップ」上のどこに所在するかについて消費者に確認させるものである（宅地建物取引業法の解釈・運用の考え方35条1項14号関係3の2）。

4　誤り

　重要事項説明書に水害ハザードマップを添付すれば足りるのではなく、水害ハザードマップ上のどこに宅地又は建物が所在するかについて説明をしなければならない（宅地建物取引業法35条1項14号、同施行規則16条の4の3第3号の2）。

【問題72】　正解1

CHECK! ☐☐☐　本試験 平成25年度　問30　重要度 A　難易度 ★

問題73　重要事項の説明

　宅地建物取引業者が行う宅地建物取引業法第35条に規定する重要事項の説明（以下この問において「重要事項説明」という。）及び同条の規定により交付すべき書面（以下この問において「35条書面」という。）に関する次の記述のうち、正しいものはどれか。

1　宅地建物取引業者は、宅地又は建物の売買について売主となる場合、買主が宅地建物取引業者であっても、重要事項説明は行わなければならないが、35条書面の交付は省略してよい。

2　宅地建物取引業者が、宅地建物取引士をして取引の相手方に対し重要事項説明をさせる場合、当該宅地建物取引士は、取引の相手方から請求がなくても、宅地建物取引士証を相手方に提示しなければならず、提示しなかったときは、20万円以下の罰金に処せられることがある。

3　宅地建物取引業者は、貸借の媒介の対象となる建物（昭和56年5月31日以前に新築）が、指定確認検査機関、建築士、登録住宅性能評価機関又は地方公共団体による耐震診断を受けたものであっても、その内容を宅地建物取引業者でない借主に対して重要事項説明において説明しなくてもよい。

4　宅地建物取引業者は、重要事項説明において、取引の対象となる宅地又は建物が、津波防災地域づくりに関する法律の規定により指定された津波災害警戒区域内にあるときは、その旨を宅地建物取引業者でない相手方に対して説明しなければならない。

解答・解説

1　誤り
　宅地建物取引業者は、宅地又は建物の売買、交換又は貸借の相手方等に対して、その者が取得し、又は借りようとしている宅地又は建物に関し、その売買、交換又は貸借の契約が成立するまでの間に、宅地建物取引士をして、重要事項を記載した書面を交付して説明をさせなければならない（宅地建物取引業法35条1項）。ただし、相手方が宅地建物取引業者の場合は、重要事項の「説明」は不要であるが、重要事項説明書の「交付」は必要である。

2　誤り
　宅地建物取引士は、重要事項の説明をするときは、説明の相手方に対し、宅地建物取引士証を提示しなければならない。当該提示は、取引の相手方からの請求の有無を問わない（宅地建物取引業法35条4項）。また、当該提示を怠ったときは、「10万円以下の過料」に処せられる（宅地建物取引業法86条）。本肢は、20万円以下の罰金としている点が誤っている。

3　誤り
　建物の売買、交換又は貸借の契約にあっては、当該建物（昭和56年6月1日以降に新築の工事に着手したものを除く。）が建築物の耐震改修の促進に関する法律4条1項に基づいて一定の者が行う耐震診断を受けたものであるときは、その内容を重要事項として説明しなければならない（宅地建物取引業法35条1項14号、同施行規則16条の4の3第5号）。

4　正しい
　当該宅地又は建物が津波防災地域づくりに関する法律53条1項により指定された津波災害警戒区域内にあるときは、その旨を重要事項として説明しなければならない（宅地建物取引業法35条1項14号、同施行規則16条の4の3第3号）。

【問題73】　正解4

問題74 重要事項の説明

　宅地建物取引業者Ａが行う宅地建物取引業法第35条に規定する重要事項の説明に関する次の記述のうち、誤っているものはどれか。なお、説明の相手方は宅地建物取引業者でないものとする。

1　建物の売買の媒介を行う場合、当該建物が地域における歴史的風致の維持及び向上に関する法律第12条第１項の規定に基づく歴史的風致形成建造物であるときは、Ａは、その増築に際し市町村長への届出が必要である旨を説明しなければならない。

2　建物の売買の媒介を行う場合、当該建物について石綿の使用の有無の調査の結果が記録されていないときは、Ａは、自ら石綿の使用の有無の調査を行った上で、その結果の内容を説明しなければならない。

3　建物の貸借の媒介を行う場合、当該貸借の契約が借地借家法第38条第１項の規定に基づく定期建物賃貸借契約であるときは、Ａは、その旨を説明しなければならない。

4　建物の貸借の媒介を行う場合、Ａは、当該貸借に係る契約の終了時において精算することとされている敷金の精算に関する事項について、説明しなければならない。

解答・解説

1　正しい
　建物の売買の媒介を行う場合、当該建物が地域における歴史的風致の維持及び向上に関する法律12条１項に基づく歴史的風致形成建造物の増築等に際し、一定の事項を市町村長に届け出なければならない旨を重要事項として説明しなければならない（宅地建物取引業法35条１項２号、同施行令３条１項12号の５）。

2　誤り
　建物の売買の媒介を行う場合、当該建物について、石綿の使用の有無の調査の結果が記録されているときは、その内容を重要事項として説明しなければならない。この点に関して、宅地建物取引業者に石綿の使用の有無の調査の実施をする義務はない（宅地建物取引業法35条１項14号、同施行規則16条の４の３第４号、宅地建物取引業法の解釈・運用の考え方35条１項14号関係４）。

3　正しい
　建物の貸借の媒介を行う場合、当該貸借が借地借家法38条１項の規定に基づく定期建物賃貸借であるときは、重要事項として説明しなければならない（宅地建物取引業法35条１項14号、同施行規則16条の４の３第９号）。

4　正しい
　建物の貸借の媒介を行う場合、敷金その他いかなる名義をもって授受されるかを問わず、契約終了時において精算することとされている金銭の精算に関する事項を重要事項として説明しなければならない（宅地建物取引業法35条１項14号、同施行規則16条の４の３第11号）。

【問題74】　正解2

CHECK! □ □ □ 　本試験 令和2年度 問44　重要度 A　難易度 ★
（10月実施）

問題75　重要事項の説明

宅地建物取引業者が行う宅地建物取引業法第35条に規定する重要事項の説明に関する次の記述のうち、誤っているものはどれか。なお、特に断りのない限り、説明の相手方は宅地建物取引業者ではないものとする。

1 昭和55年に新築の工事に着手し完成した建物の売買の媒介を行う場合、当該建物が地方公共団体による耐震診断を受けたものであるときは、その内容を説明しなければならない。

2 貸借の媒介を行う場合、敷金その他いかなる名義をもって授受されるかを問わず、契約終了時において精算することとされている金銭の精算に関する事項を説明しなければならない。

3 自らを委託者とする宅地又は建物に係る信託の受益権の売主となる場合、取引の相手方が宅地建物取引業者であっても、重要事項説明書を交付して説明をしなければならない。

4 区分所有建物の売買の媒介を行う場合、一棟の建物の計画的な維持修繕のための費用の積立てを行う旨の規約の定めがあるときは、その内容を説明しなければならないが、既に積み立てられている額について説明する必要はない。

解答・解説

1　正しい

宅地建物取引業者は、建物の売買の媒介を行う場合、当該建物（昭和56年6月1日以降に新築の工事に着手したものを除く。）が建築物の耐震改修の促進に関する法律4条1項に基づく地方公共団体など一定の者が行う耐震診断を受けたものであるときは、その内容を説明しなければならない（宅地建物取引業法35条1項14号、同施行規則16条の4の3第5号）。本肢の建物は昭和55年に新築の工事に着手し完成したものであるため、耐震診断を受けたものであるときは、その内容を説明しなければならない。

2　正しい

宅地建物取引業者は、貸借の媒介を行う場合、敷金その他いかなる名義をもって授受されるかを問わず、契約終了時において精算することとされている金銭の精算に関する事項について、その内容を説明しなければならない（宅地建物取引業法35条1項14号、同施行規則16条の4の3第11号）。

3　正しい

宅地建物取引業者は、宅地又は建物に係る信託（当該宅地建物取引業者を委託者とするものに限る。）の受益権の売主となる場合、信託の受益権の売買契約の締結前1年以内に売買の相手方に対し当該契約と同一の内容の契約について書面を交付して説明している等一定の場合を除き、その内容を説明しなければならない（宅地建物取引業法35条3項）。この場合、相手方が宅地建物取引業者であっても、説明を省略することはできない。

4　誤り

宅地建物取引業者は、区分所有建物の売買の媒介を行う場合、一棟の建物の計画的な維持修繕のための費用の積立てを行う旨（計画修繕積立金）の規約の定め（その案を含む。）があるときは、その内容及び既に積み立てられている額について説明しなければならない（宅地建物取引業法35条1項6号、施行規則16条の2第6号）。

【問題75】　正解4

問題76　　重要事項の説明

　宅地建物取引業者Aが建物に係る信託（Aが委託者となるものとする。）の受益権を販売する場合において、宅地建物取引業法第35条の規定に基づいてAが行う重要事項の説明に関する次の行為のうち、宅地建物取引業法の規定に違反しないものの組合せはどれか。

ア　Aは、販売の対象が信託の受益権であったので、買主Bに対し、宅地建物取引士でない従業員に説明をさせた。

イ　Aは、当該信託の受益権の売買契約を締結する半年前に、買主Cに対して当該契約と同一の内容の契約について書面を交付して説明していたので、今回は説明を省略した。

ウ　Aは、買主Dが金融商品取引法第2条第31項に規定する特定投資家であったので、説明を省略した。

エ　Aは、当該信託財産である建物の種類・品質に関して契約内容に適合しない場合におけるその不適合を担保すべき責任の履行に関して保証保険契約を締結していたが、買主Eに対しその説明を省略した。

1　ア、イ　　2　イ、ウ　　3　イ、エ　　4　ウ、エ

解答・解説

ア　違反する

　宅地建物取引業者は、宅地又は建物に係る信託（当該宅地建物取引業者を委託者とするものに限る。）の受益権の売主となる場合における売買の相手方に対して、その者が取得しようとしている信託の受益権に係る信託財産である宅地又は建物に関し、その売買の契約が成立するまでの間に、宅地建物取引士をして、一定の事項を記載した書面を交付して説明させなければならない（宅地建物取引業法35条3項）。

イ　違反しない

　宅地建物取引業者は、宅地又は建物に係る信託（当該宅地建物取引業者を委託者とするものに限る。）の受益権の売主となる場合における売買の相手方に対して、重要事項の説明をしなければならないときであっても（宅地建物取引業法35条3項）、信託の受益権の売買契約の締結前1年以内に売買の相手方に対し当該契約と同一の内容の契約について書面を交付して説明をしている場合には説明を省略することができる（宅地建物取引業法35条3項ただし書、同施行規則16条の4の4第1項2号）。

ウ　違反しない

　宅地建物取引業者は、宅地又は建物に係る信託（当該宅地建物取引業者を委託者とするものに限る。）の受益権の売主となる場合における売買の相手方に対して、重要事項の説明をしなければならないときであっても（宅地建物取引業法35条3項）、金融商品取引法2条31項に規定する特定投資家を信託の受益権の売買の相手方とする場合には説明を省略することができる（宅地建物取引業法35条3項ただし書、同施行規則16条の4の4第1項1号）。

エ　違反する

　宅地建物取引業者が、宅地又は建物に係る信託（当該宅地建物取引業者を委託者とす

るものに限る。）の受益権の売主となる場合において、当該信託財産である宅地又は建物の種類・品質に関して契約内容に適合しない場合におけるその不適合を担保すべき責任の履行に関し保証保険契約の締結その他の措置で一定のものを講じられているときは、その概要を重要事項として説明しなければならない（宅地建物取引業法35条3項7号、同施行規則16条の4の7第7号）。

　以上より、違反しないものはイとウであり、肢2が正解となる。

必勝合格Check!

信託受益権の売買と重要事項説明

信託受益権売買における重要事項の説明を省略できる場合
①　金融商品取引法2条31項に規定する特定投資家（特定投資家とみなされる者を含む。）を信託の受益権の売買の相手方とする場合
②　信託の受益権の売買契約の締結前1年以内に売買の相手方に対し当該契約と同一の内容の契約について書面を交付して説明をしている場合
③　売買の相手方に対し金融商品取引法2条10項に規定する目論見書（書面を交付して説明すべき事項のすべてが記載されているものに限る。）を交付している場合

＊通常の場合と異なり、信託受益権売買の場合は、相手方が宅地建物取引業者であっても、説明を省略できない。

宅建業法

【問題76】　正解2

269

問題77　37条書面

　宅地建物取引業者Aが、売主Bと買主Cとの間の宅地の売買について媒介を行う場合において、宅地建物取引業法（以下この問において「法」という。）第37条の規定により交付すべき書面（以下この問において「37条書面」という。）に関する次の記述のうち、法の規定によれば、正しいものはどれか。

1　Aが、宅地建物取引士をして、37条書面に記名押印させた場合には、37条書面の交付を、宅地建物取引士でないAの代表者や従業員が行ってもよい。

2　公正証書によってなされる売買契約の場合には、当該公正証書に宅地建物取引士の記名押印がなくても、法第35条に規定する書面に宅地建物取引士の記名押印があれば、当該公正証書をもって37条書面に代えることができる。

3　B及びCが宅地建物取引業者である場合には、37条書面において、引渡しの時期の記載を省略することができる。

4　37条書面に記名押印する宅地建物取引士は、法第35条に規定する書面に記名押印した宅地建物取引士と同一の者でなければならない。

解答・解説

1　正しい

37条書面の記名押印は宅地建物取引士でなければできないが（宅地建物取引業法37条3項）、当該書面を交付する者については特段の規定はないため、宅地建物取引士ではない会社の代表者や従業員が行ってもよい。

2　誤り

売買契約書に法37条に規定する一定の事項が記載してあり、宅地建物取引士の記名押印があれば、当該売買契約書をもって37条書面に代えることができる（宅地建物取引業法の解釈・運用の考え方、宅地建物取引業法37条関係、書面の交付について）。たとえ売買契約書を公正証書で作成したとしても、当該公正証書に宅地建物取引士の記名押印がなければ、37条書面に代えることはできない。

3　誤り

物件の引渡しの時期は、37条書面の必要的記載事項であるため、当事者が宅地建物取引業者であっても、省略することはできない（宅地建物取引業法37条1項4号）。

4　誤り

35条書面及び37条書面には宅地建物取引士が記名押印しなければならないが（宅地建物取引業法35条5項、37条3項）、同一の者が記名押印しなければならないとする規定はないため、35条書面に記名押印した宅地建物取引士と異なる宅地建物取引士が37条書面に記名押印してもよい。

CHECK! ☐ ☐ ☐ 　本試験 **平成26年度 問40 改**　重要度 **A**　難易度 **★★**

問題78 ⎢ **37条書面**

　宅地建物取引業者が行う業務に関する次の記述のうち、宅地建物取引業法の規定によれば、正しいものはいくつあるか。なお、この問において「37条書面」とは、同法第37条の規定により交付すべき書面をいうものとする。

ア　宅地建物取引業者は、自ら売主として宅地建物取引業者ではない買主との間で新築分譲住宅の売買契約を締結した場合において、種類・品質に関する契約不適合責任の履行に関して講ずべき保証保険契約の締結その他の措置について定めがあるときは、当該措置についても37条書面に記載しなければならない。

イ　宅地建物取引業者は、37条書面を交付するに当たり、宅地建物取引士をして、その書面に記名押印の上、その内容を説明させなければならない。

ウ　宅地建物取引業者は、自ら売主として宅地の売買契約を締結した場合は、買主が宅地建物取引業者であっても、37条書面に当該宅地の引渡しの時期を記載しなければならない。

エ　宅地建物取引業者は、建物の売買の媒介において、当該建物に係る租税その他の公課の負担に関する定めがあるときは、その内容を37条書面に記載しなければならない。

1　一つ　　　2　二つ　　　3　三つ　　　4　四つ

解答・解説

ア　正しい
　宅地建物取引業者は、建物の売買契約を締結した場合において、当該建物の種類・品質に関して契約内容に適合しない場合におけるその不適合を担保すべき責任又は当該責任の履行に関して講ずべき保証保険契約の締結その他の措置についての定めがあるときは、その内容を37条書面に記載しなければならない（宅地建物取引業法37条1項11号）。

イ　誤り
　宅地建物取引業者は、37条書面を作成したときは、宅地建物取引士をして、当該書面に記名押印させなければならない（宅地建物取引業法37条3項）。37条書面の説明の必要はない。

ウ　正しい
　宅地建物取引業者は、宅地の売買契約を締結した場合において、宅地の引渡しの時期を37条書面に記載しなければならない（宅地建物取引業法37条1項4号）。このことは、宅地建物取引業者間の取引でも同様である。

エ　正しい
　宅地建物取引業者は、建物の売買の媒介において、当該建物に係る租税その他の公課の負担に関する定めがあるときは、その内容を37条書面に記載しなければならない（宅地建物取引業法37条1項12号）。

　以上より、正しいものは、ア、ウ、エの三つであり、肢3が正解となる。

問題79　　37条書面

　宅地建物取引業法（以下この問において「法」という。）第37条の規定により交付すべき書面（以下この問において「37条書面」という。）に関する次の記述のうち、正しいものはどれか。なお、Aは宅地建物取引業者（消費税課税事業者）である。

1　Aは、宅地建物取引業者Bと宅地建物取引業者Cの間で締結される宅地の売買契約の媒介においては、37条書面に引渡しの時期を記載しなくてもよい。

2　Aは、自ら売主として土地付建物の売買契約を締結したときは、37条書面に代金の額を記載しなければならないが、消費税等相当額については記載しなくてもよい。

3　Aは、自ら売主として、宅地建物取引業者Dの媒介により、宅地建物取引業者Eと宅地の売買契約を締結した。Dが宅地建物取引士をして37条書面に記名押印させている場合、Aは宅地建物取引士をして当該書面に記名押印させる必要はない。

4　Aは、貸主Fと借主Gの間で締結される建物賃貸借契約について、Fの代理として契約を成立させたときは、FとGに対して37条書面を交付しなければならない。

解答・解説

1　誤り
　宅地建物取引業者間取引であっても、Aは、37条書面に、宅地の引渡しの時期を記載しなければならない（宅地建物取引業法37条1項4号）。

2　誤り
　37条書面には、代金の額を記載しなければならない（宅地建物取引業法37条1項3号）。この場合、消費税等相当額は、代金の額の一部となるものであり、かつ、代金に係る重要な事項に該当するので、「代金の額」の記載に当たっては、「当該売買につき課されるべき消費税等相当額」を明記することとなる（宅地建物取引業法の解釈・運用の考え方「その他の留意すべき事項」2消費税等相当額の扱いについて）。

3　誤り
　宅地建物取引業者は、37条書面を作成したときは、宅地建物取引士をして、当該書面に記名押印させなければならない（宅地建物取引業法37条3項）。自ら当事者として契約を締結したときはその相手方に、その媒介により契約が成立したときは当該契約の各当事者に交付しなければならないことから（宅地建物取引業法37条1項柱書）、A、D及びEそれぞれ宅地建物取引士をして当該書面に記名押印させなければならない。

4　正しい
　宅地建物取引業者Aは、建物の貸借に関し、当事者を代理して契約を締結したときはその相手方G及び代理を依頼した者Fに、37条書面を交付しなければならない（宅地建物取引業法37条2項）。

【問題79】　正解4

CHECK! ☐ ☐ ☐ 　本試験 平成18年度　問37 改　重要度 A　難易度 ★★

問題80　37条書面

　宅地建物取引業者が建物の貸借の媒介を行う場合、宅地建物取引業法第37条に規定する書面に必ず記載しなければならないとされている事項の組合せとして、正しいものはどれか。

ア　当該建物の種類・品質に関して契約内容に適合しない場合におけるその不適合を担保すべき責任についての定めがあるときは、その内容

イ　損害賠償額の予定又は違約金に関する定めがあるときは、その内容

ウ　天災その他不可抗力による損害の負担に関する定めがあるときは、その内容

1　ア、イ　　　2　ア、ウ　　　3　イ、ウ　　　4　ア、イ、ウ

解答・解説

　宅地建物取引業法37条に規定する書面の貸借の場合の任意的記載事項はどれか、ということを組合せで問う問題である。肢アさえ明確にわかれば、消去法により解答を導くことができる。ただし、冒頭文の「必ず記載しなければならない」という文言から「必要的記載事項」と誤解したり、組合せ問題という不慣れな出題形式に戸惑うと思わぬ失点につながりかねないので注意が必要である。

ア　記載不要

　宅地もしくは建物の種類・品質に関して契約内容に適合しない場合におけるその不適合を担保すべき責任又は当該責任の履行に関して講ずべき保証保険契約の締結その他の措置についての定めの内容は、貸借の場合は記載する必要はない（宅地建物取引業法37条2項1号、1項11号）。

イ　記載必要

　損害賠償額の予定等に関する定めがあるときは、貸借の場合でも記載が必要である（宅地建物取引業法37条2項1号、1項8号）。

ウ　記載必要

　危険負担に関する定めは、貸借の場合でも記載が必要である（宅地建物取引業法37条2項1号、1項10号）。

　以上より、必ず記載しなければならないものは、イ及びウであり、肢3が正解となる。

問題81　35条書面と37条書面

次の記述のうち、宅地建物取引業法（以下この問において「法」という。）の規定によれば、正しいものはどれか。

1　法第35条に規定する重要事項を記載した書面には、説明した宅地建物取引士Aが記名押印をしたが、法第37条に規定する書面には、Aが不在であったため、宅地建物取引士でない従事者Bが、Aの記名押印を行った。

2　法第37条に規定する書面は、宅地又は建物の取引に係る契約書とは本来別個のものであるので、必ず取引の契約書とは別に当該書面を作成し、交付しなければならない。

3　法第35条の重要事項の説明のうち、宅地建物取引業者の相手方等の利益の保護の必要性及び契約内容の別を勘案して国土交通省令で定められている事項は、宅地又は建物の貸借に係る事項であり、売買に係るものは含まれていない。

4　法第35条に規定する重要事項を記載した書面には、説明した宅地建物取引士Cが記名押印をしたが、法第37条に規定する書面には、Cが急病で入院したため、専任の宅地建物取引士Dが自ら記名押印した。

解答・解説

1　誤り

法37条に規定する書面（37条書面）についても、法35条に規定する書面（35条書面）と同様に宅地建物取引士が記名押印しなければならず、宅地建物取引士でない従業者が代わって記名押印することはできない（宅地建物取引業法35条5項、37条3項）。

2　誤り

37条書面は、同条に掲げる事項が記載された契約書であれば、その契約書をもって37条書面とすることができる（宅地建物取引業法の解釈・運用の考え方）。したがって、必ずしも契約書と別に37条書面を作成しなければならないわけではない。

3　誤り

宅地建物取引業者の相手方等の利益の保護の必要性及び契約内容の別を勘案して、国土交通省令で定められている事項（宅地建物取引業法35条1項14号、同施行規則16条の4の3）には、宅地又は建物の貸借に係る事項の他、宅地又は建物の売買に係るもの等も含まれている。

4　正しい

35条書面と37条書面は、規定上いずれも宅地建物取引士の記名押印が必要であるが、同一人物がしなければならないという規定はなく、別の宅地建物取引士が記名押印することも許されている。

【問題81】　正解4

問題82　35条書面と37条書面

　宅地建物取引業者が行う宅地建物取引業法第35条に規定する重要事項の説明に関する次の記述のうち、誤っているものはどれか。なお、説明の相手方は宅地建物取引業者でないものとする。

1　宅地の売買の媒介において、当該宅地に係る移転登記の申請の予定時期については、説明しなくてもよい。

2　宅地の売買の媒介において、当該宅地が造成に関する工事の完了前のものであるときは、その完了時における形状、構造並びに宅地に接する道路の構造及び幅員を説明しなければならない。

3　宅地の売買の媒介において、天災その他不可抗力による損害の負担を定めようとする場合は、その内容を説明しなければならない。

4　宅地の貸借の媒介において、借地借家法第22条で定める定期借地権を設定しようとするときは、その旨を説明しなければならない。

解答・解説

1　正しい

移転登記の申請の予定時期を重要事項として説明する必要はない。これは、契約締結後に交付する「37条の書面の記載事項」である（宅地建物取引業法37条1項5号）。

2　正しい

宅地が造成に関する工事の完了前のものであるときは、その完了時における形状、構造並びに宅地に接する道路の構造及び幅員を重要事項として説明しなければならない（宅地建物取引業法35条1項5号、同施行規則16条）。

3　誤り

天災その他不可抗力による損害の負担（危険負担）に関する事項について重要事項として説明する必要はない。これは、「37条の書面の任意的記載事項」である（宅地建物取引業法37条1項10号）。

4　正しい

借地借家法で定める定期借地権を設定しようとするときは、その旨を重要事項として説明する義務がある（宅地建物取引業法35条1項14号、同施行規則16条の4の3第9号）。

【問題82】　正解3

問題83 35条書面と37条書面

　宅地建物取引業者が媒介により区分所有建物の貸借の契約を成立させた場合に関する次の記述のうち、宅地建物取引業法（以下この問において「法」という。）の規定によれば、正しいものはどれか。なお、この問において「重要事項説明書」とは法第35条の規定により交付すべき書面をいい、「37条書面」とは法第37条の規定により交付すべき書面をいうものとする。

1　専有部分の用途その他の利用の制限に関する規約において、ペットの飼育が禁止されている場合は、重要事項説明書にその旨記載し内容を説明したときも、37条書面に記載しなければならない。

2　契約の解除について定めがある場合は、重要事項説明書にその旨記載し内容を説明したときも、37条書面に記載しなければならない。

3　借賃の支払方法が定められていても、貸主及び借主の承諾を得たときは、37条書面に記載しなくてよい。

4　天災その他不可抗力による損害の負担に関して定めなかった場合には、その旨を37条書面に記載しなければならない。

解答・解説

1　誤り
　専有部分の用途その他の利用の制限に関する規約の定めがあっても、37条書面に記載する必要はない（宅地建物取引業法35条1項6号、同施行規則16条の2第3号、37条2項参照）。

2　正しい
　契約の解除に関する事項は、重要事項説明書の記載事項であり、説明しなければならない（宅地建物取引業法35条1項8号）。また、契約の解除に関する定めがあるときは、その内容は、37条書面に記載しなければならない（宅地建物取引業法37条2項1号）。

3　誤り
　借賃の額並びにその支払の時期及び方法は、貸主及び借主の承諾を得たときであっても省略することはできず、37条書面に記載しなければならない（宅地建物取引業法37条2項2号）。

4　誤り
　天災その他不可抗力による損害の負担に関する定めがあるときは、その内容について、37条書面に記載しなければならない（宅地建物取引業法37条2項1号）。したがって、定めなかった場合には、記載する必要はない。

| CHECK! | | | | 本試験 | 平成21年度　問35 | 重要度 | A | 難易度 | ★ |

問題84　35条書面と37条書面

　宅地建物取引業法（以下この問において「法」という。）第37条の規定により交付すべき書面（以下この問において「37条書面」という。）に関する次の記述のうち、法の規定によれば、正しいものはどれか。

1　法人である宅地建物取引業者が37条書面を作成したときは、必ずその代表者をして、当該書面に記名押印させなければならない。

2　建物の売買契約において、宅地建物取引業者が売主を代理して買主と契約を締結した場合、当該宅地建物取引業者は、買主にのみ37条書面を交付すれば足りる。

3　宅地建物取引業者は、自ら売主として宅地建物取引業者でない法人との間で建物の売買契約を締結した場合、当該法人において当該契約の任に当たっている者の氏名を、37条書面に記載しなければならない。

4　宅地建物取引業者が、その媒介により契約を成立させた場合において、契約の解除に関する定めがあるときは、当該契約が売買、貸借のいずれに係るものであるかを問わず、37条書面にその内容を記載しなければならない。

解答・解説

1　誤り
　宅地建物取引業者は、37条書面を作成したときは、宅地建物取引士をして、当該書面に記名押印させなければならない（宅地建物取引業法37条3項）。

2　誤り
　宅地建物取引業者は、宅地又は建物の売買に関し、当事者を代理して契約を締結したときはその相手方及び代理を依頼した者に、遅滞なく、37条書面を交付しなければならない（宅地建物取引業法37条1項）。

3　誤り
　宅地建物取引業者は、37条書面の記載事項として、当事者の氏名（法人にあっては、その名称）及び住所を記載しなければならないが、法人において、当該契約の任に当たっている者の氏名は記載する必要はない（宅地建物取引業法37条1項1号）。

4　正しい
　宅地建物取引業者は、その媒介により契約を成立させた場合において、契約の解除に関する定めがあるときは、当該契約が売買、貸借のいずれに係るものであるかを問わず、37条書面にその内容を記載しなければならない（宅地建物取引業法37条1項7号、2項1号）。

問題85　35条書面と37条書面

　宅地建物取引業者Aは、Bが所有し、居住している甲住宅の売却の媒介を、また、宅地建物取引業者Cは、Dから既存住宅の購入の媒介を依頼され、それぞれ媒介契約を締結した。その後、B及びDは、それぞれA及びCの媒介により、甲住宅の売買契約（以下この問において「本件契約」という。）を締結した。この場合における次の記述のうち、宅地建物取引業法（以下この問において「法」という。）の規定によれば、正しいものはどれか。なお、この問において「建物状況調査」とは、法第34条の2第1項第4号に規定する調査をいうものとする。

1　Aは、甲住宅の売却の依頼を受けた媒介業者として、本件契約が成立するまでの間に、Dに対し、建物状況調査を実施する者のあっせんの有無について確認しなければならない。

2　A及びCは、本件契約が成立するまでの間に、Dに対し、甲住宅について、設計図書、点検記録その他の建物の建築及び維持保全の状況に関する書類で国土交通省令で定めるものの保存の状況及びそれぞれの書類に記載されている内容について説明しなければならない。

3　CがDとの間で媒介契約を締結する2年前に、甲住宅は既に建物状況調査を受けていた。この場合において、A及びCは、本件契約が成立するまでの間に、Dに対し、建物状況調査を実施している旨及びその結果の概要について説明しなければならない。

4　A及びCは、Dが宅地建物取引業者である場合であっても、法第37条に基づき交付すべき書面において、甲住宅の構造耐力上主要な部分等の状況について当事者の双方が確認した事項があるときにその記載を省略することはできない。

解答・解説

1　誤り
　宅地建物取引業者は、既存住宅の売買の媒介契約を締結するときは、媒介契約書に「建物状況調査を実施する者のあっせんの有無」について記載しなければならない（宅地建物取引業法の解釈・運用の考え方34条の2関係4）。したがって、売買契約が成立するまでの間に確認すればよいのではない。

2　誤り
　既存住宅の売買をする場合、設計図書、点検記録その他の建物の建築及び維持保全の状況に関する書類で国土交通省令で定めるものの保存の状況を説明しなければならない（宅地建物取引業法35条1項6号のロ）。この場合、原則として、当該書類の有無を説明すればよく、当該書類に記載されている内容まで説明する必要はない（宅地建物取引業法の解釈・運用の考え方35条1項6号の2関係2）。

3　誤り
　既存住宅の売買をする場合、建物状況調査（実施後1年を経過していないものに限る。）を実施しているかどうか、及びこれを実施している場合におけるその結果の概要を説明しなければならない（宅地建物取引業法35条1項6号の2イ、同施行規則16条の2の2）。

4　正しい
　既存住宅の売買をする場合、37条書面には、建物の構造耐力上主要な部分等の状況について当事者双方が確認した事項を記載しなければならない（宅地建物取引業法37条1項2号の2）。買主が宅地建物取引業者であっても同様である。

【問題85】　正解4

CHECK! ☐☐☐　　本試験 平成28年度　問30　　重要度 A　　難易度 ★

宅建業法

問題86　35条書面と37条書面

　宅地建物取引業法第35条に規定する重要事項の説明及び同法第37条の規定により交付すべき書面（以下この問において「37条書面」という。）に関する次の記述のうち、正しいものはどれか。

1　宅地建物取引業者は、建物の貸借の媒介における重要事項の説明において、借賃の額並びにその支払の時期及び方法について説明するとともに、37条書面に記載しなければならない。

2　宅地建物取引士は、重要事項の説明をする際に、相手方から求められない場合は、宅地建物取引士証を提示しなくてもよい。

3　宅地建物取引業者は、37条書面を交付する際に、相手方の同意があった場合は、書面に代えて、電磁的記録で交付することができる。

4　宅地建物取引業者は、宅地建物取引士をして37条書面に記名押印させなければならないが、当該書面の交付は宅地建物取引士でない従業者に行わせることができる。

解答・解説

1　誤り
　宅地建物取引業者は、建物の貸借の媒介をする場合において、借賃の額並びにその支払時期及び支払方法を、37条書面には記載しなければならないが、重要事項として説明する旨の規定はない（宅地建物取引業法37条2項2号、35条参照）。

2　誤り
　宅地建物取引士は、重要事項の説明をするときは、説明の相手方に対し、宅地建物取引士証を提示しなければならない（宅地建物取引業法35条4項）。これは、取引の相手方から請求がない場合でも、必ず提示しなければならない。

3　誤り
　宅地建物取引業者は、宅地又は建物の売買又は交換に関し、自ら当事者として契約を締結したときはその相手方に、当事者を代理して契約を締結したときはその相手方及び代理を依頼した者に、その媒介により契約が成立したときは当該契約の各当事者に、遅滞なく、一定事項を記載した「書面」を交付しなければならない（宅地建物取引業法37条1項）。

4　正しい
　宅地建物取引業者は、宅地又は建物の売買又は交換に関し、自ら当事者として契約を締結したときはその相手方に、当事者を代理して契約を締結したときはその相手方及び代理を依頼した者に、その媒介により契約が成立したときは当該契約の各当事者に、遅滞なく、37条書面を交付しなければならないとし、宅地建物取引業者は、37条書面を作成したときは、宅地建物取引士をして、当該書面に記名押印させなければならないとしている（宅地建物取引業法37条1・3項）。よって、作成も交付も、宅地建物取引士でなくてもよい。

【問題86】　正解4

問題87　35条書面と37条書面

宅地建物取引業法（以下この問において「法」という。）第37条の規定に基づく契約を証する書面（以下この問において「契約書面」という。）に関する次の記述のうち、誤っているものはどれか。

1　居住用建物の賃貸借契約において、貸主と借主にそれぞれ別の宅地建物取引業者が媒介するときは、どちらか一方の宅地建物取引業者が契約書面を作成したとしても、契約書面の交付については双方の宅地建物取引業者がその義務を負う。

2　宅地建物取引業者が土地売買における売主の代理として契約書面を作成するに当たっては、専任でない宅地建物取引士が記名押印してもよい。

3　居住用建物の賃貸借契約において、貸主には代理の宅地建物取引業者Aが、借主には媒介の宅地建物取引業者Bがおり、Bが契約書面を作成したときは、借主及びAに契約書面を交付すればよい。

4　貸主である宅地建物取引業者Cが、宅地建物取引業者Dの媒介により借主と事業用建物の賃貸借契約を締結するに当たって、Dが作成・交付した契約書面に法第37条違反があった。この場合、Dのみが監督処分及び罰則の対象となる。

解答・解説

1　正しい

複数の宅地建物取引業者の媒介により賃貸借契約を成立させたとき、媒介したすべての宅地建物取引業者に契約書面の交付義務がある（宅地建物取引業法37条2項）。

2　正しい

契約書面には、「宅地建物取引士」をして、記名押印させる必要があるが（宅地建物取引業法37条3項）、「宅地建物取引士」である以上は、専任であると否とを問わない。

3　誤り

賃貸借契約の媒介において、宅地建物取引業者は、契約書面を貸主と借主の双方に交付しなければならない（宅地建物取引業法37条2項）。よって、Bは、貸主の代理業者Aではなく、貸主本人に契約書面を交付しなければならない。

4　正しい

宅地建物取引業者は、宅地又は建物の貸借に関し、当事者を代理して契約を締結したとき又はその媒介により契約が成立したときに契約書面を交付する義務を負うのであり（宅地建物取引業法37条2項）、自ら当事者として貸借の契約を締結したときは当該契約書面の交付義務はない。本肢の場合、貸主Cに契約書面の交付義務はなく、当該交付義務を負うのはDのみである。よって、監督処分及び罰則の対象となるのはDのみとなる（宅地建物取引業法65条2項2号、83条1項2号）。

CHECK! ☐ ☐ ☐　本試験 平成17年度　問39　重要度 A　難易度 ★

問題88　**35条書面と37条書面**

　売主A、買主Bの間の宅地の売買について宅地建物取引業者Cが媒介をした場合の次の記述のうち、宅地建物取引業法（以下この問いにおいて「法」という。）に違反しないものはどれか。

1　Cは、宅地建物取引士をして法第35条に基づく重要事項の説明（以下この問において「重要事項説明」という。）を行わせたが、AとBの同意があったため、法第37条の規定に基づく契約内容を記載した書面（以下この問において「契約書面」という。）を交付しなかった。

2　Cの従業者である宅地建物取引士がBに対して重要事項説明を行う際に、Bから請求がなかったので、宅地建物取引士証を提示せず重要事項説明を行った。

3　Cは、AとBの契約が成立したので、宅地建物取引士に記名押印させ、AとBに対して契約書面を交付したが、両者に対して書面に記載された事項を説明しなかった。

4　AとBどちらからも、早く契約したいとの意思表示があったため、Cは契約締結後に重要事項説明をする旨AとBの了解を得た後に契約を締結させ、契約書面を交付した。

解答・解説

1　違反する
　媒介業者Cは、契約書面を契約成立後、遅滞なく、契約の両当事者に交付しなければならず、たとえ当事者の同意があっても、これを省略することはできない（宅地建物取引業法37条1項）。

2　違反する
　宅地建物取引士は、重要事項を買主Bに説明する際、相手方からの請求の有無にかかわらず、Bに対して宅地建物取引士証を提示する義務を負う（宅地建物取引業法35条4項）。

3　違反しない
　契約書面は、宅地建物取引士をして記名押印させ（宅地建物取引業法37条3項）、契約成立後に、遅滞なく交付することで足りる（宅地建物取引業法37条1項）。よって、当該書面の記載事項まで説明する必要はない。

4　違反する
　重要事項の説明は、契約が成立するまでの間にしなければならず、たとえ契約当事者の了解を得ても、その説明を契約締結後に後回しにすることはできない（宅地建物取引業法35条1項）。

【問題88】　正解3

問題89 **35条書面と37条書面**

　宅地建物取引業者Aが売主Bと買主Cの間の建物の売買について媒介を行う場合に交付する「35条書面」又は「37条書面」に関する次の記述のうち、宅地建物取引業法の規定によれば、正しいものはどれか。なお、35条書面とは、同法第35条の規定に基づく重要事項を記載した書面を、37条書面とは、同法第37条の規定に基づく契約の内容を記載した書面をいうものとする。

1　Aは、35条書面及び37条書面のいずれの交付に際しても、宅地建物取引士をして、当該書面への記名押印及びその内容の説明をさせなければならない。

2　Bが宅地建物取引業者でその承諾がある場合、Aは、Bに対し、35条書面及び37条書面のいずれの交付も省略することができる。

3　Cが宅地建物取引業者でその承諾がある場合、Aは、Cに対し、35条書面の交付を省略することができるが、37条書面の交付を省略することはできない。

4　Aが、宅地建物取引業者Dと共同で媒介を行う場合、35条書面にAが調査して記入した内容に誤りがあったときは、Aだけでなく、Dも業務停止処分を受けることがある。

解答・解説

1　誤り

　宅地建物取引業者は、35条書面の交付に際して、宅地建物取引士をして、当該書面に記名押印をさせ、その内容を説明させなければならない（宅地建物取引業法35条1・5項）。なお、相手方が、宅地建物取引業者であるときは、説明不要である（宅地建物取引業法35条6項）。また、宅地建物取引業者は、37条書面の交付に際して、宅地建物取引士をして、当該書面に記名押印をさせなければならない（宅地建物取引業法37条1・3項）。本肢において、37条書面の内容の説明をさせなければならないとしている点で誤っている。

2　誤り

　宅地建物取引業者は、買主に対して、35条書面を交付しなければならないが（宅地建物取引業法35条1項）、売主に対して交付する必要はない。また、宅地建物取引業者は、37条書面を売主・買主の両当事者に対して交付しなければならない（宅地建物取引業法37条1項）。よって、Aは売主に対して35条書面の交付を省略しても問題ないが、37条書面の方は売主Bが宅地建物取引業者であり、その承諾があっても、交付を省略することができない。

3　誤り

　宅地建物取引業者は、買主が宅地建物取引業者であり、その承諾があっても、35条書面・37条書面いずれの交付も省略することはできない（宅地建物取引業法35条6項、37条1項）。

4　正しい

　宅地建物取引業者は、売買契約が成立するまでの間に、宅地建物取引士をして、35条書面を交付して説明をさせなければならず（宅地建物取引業法35条1項）、当該規定に違反した場合、業務停止処分を受けることがある（宅地建物取引業法65条2項2号）。複数の宅地建物取引業者による共同媒介の場合においては、ともに業者に説明・交付義務があるため、たとえ一つの宅地建物取引業者が調査し記入した内容に誤りがあっても、すべての業者が業務停止処分を受けることがある。

必勝合格Check!

３大書面のまとめ

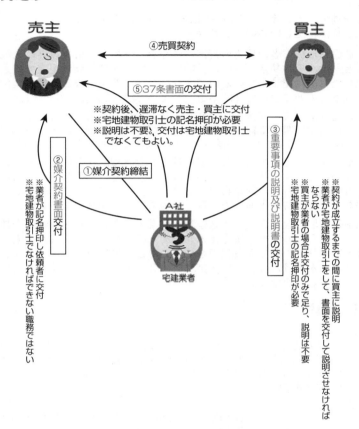

売主

買主

④売買契約

⑤37条書面の交付

※契約後、遅滞なく売主・買主に交付
※宅地建物取引士の記名押印が必要
※説明は不要、交付は宅地建物取引士
　でなくてもよい。

③重要事項の説明及び説明書の交付

※契約が成立するまでの間に買主に説明
※業者が宅地建物取引士をして、書面を交付して説明させなければ
　ならない
※買主が業者の場合は交付のみで足り、説明は不要
※宅地建物取引士の記名押印が必要

②媒介契約書面交付

※業者が記名押印し依頼者に交付
※宅地建物取引士でなければできない職務ではない

①媒介契約締結

A社

⑤

宅建業者

宅建業法

問題90　35条書面と37条書面

次の記述のうち、宅地建物取引業法（以下この問において「法」という。）の規定によれば、正しいものはどれか。

1　宅地建物取引業者が建物の貸借の媒介を行う場合、借賃以外に金銭の授受があるときは、その額及び授受の目的について、法第35条に規定する重要事項を記載した書面に記載しているのであれば、法第37条の規定により交付すべき書面（以下この問において「37条書面」という。）に記載する必要はない。

2　宅地建物取引業者が区分所有建物の貸借の媒介を行う場合、損害賠償額の予定又は違約金に関する特約の内容について、37条書面に記載する必要はないが、売買の媒介を行う場合は、当該内容について37条書面に記載する必要がある。

3　土地付建物の売買契約において、買主が金融機関から住宅ローンの承認を得られなかったときは契約を無条件で解除できるという取り決めがある場合、当該売買の媒介を行う宅地建物取引業者は、自ら住宅ローンのあっせんをする予定がなくても、37条書面にその取り決めの内容を記載する必要がある。

4　宅地建物取引業者Aが、宅地建物取引業者でないBから建物の売却の依頼を受け、AとBとの間で専属専任媒介契約を締結した場合、Aが探索した相手方以外の者とBとの間で売買契約を締結したときの措置について、AとBとの間で取り決めがなければ、Aは法第34条の2第1項の規定に基づき交付すべき書面に記載する必要はない。

解答・解説

1　誤り

建物の貸借の媒介をした場合において、借賃以外の金銭の授受に関する定めがあるときは、その額並びに当該金銭の授受の時期及び目的を記載した書面を交付しなければならない（宅地建物取引業法37条2項3号）。たとえ35条書面に記載したとしても、37条書面への記載は省略できない。

2　誤り

区分所有建物について、売買の媒介をした場合ばかりでなく、貸借の媒介をした場合も、損害賠償額の予定又は違約金に関する定めがあるときは、その内容を37条書面に記載しなければならない（宅地建物取引業法37条1項8号、2項1号）。

3　正しい

宅地又は建物の売買契約をした場合において、契約の解除に関する定めがあるときは、その内容を37条書面に記載しなければならない（宅地建物取引業法37条1項7号）。なお、金銭の貸借のあっせんについては、定めがある場合に一定事項を記載すればよいため、本肢のように、住宅ローンのあっせんの予定がなければ、37条書面に記載する必要はない。

4　誤り

専属専任媒介契約を締結した場合、依頼者が当該媒介業者が探索した相手方以外の者と売買又は交換の契約を締結したときの措置を法34条の2第1項の規定に基づき交付すべき書面に必ず記載しなければならない（宅地建物取引業法34条の2第1項7号、同施行規則15条の7第2号）。

【問題90】　正解3

CHECK! ☐☐☐　本試験 **平成17年度　問35**　重要度 **B**　難易度 **★**

問題91　自己の所有に属しない物件の売買契約締結の制限

　宅地建物取引業者Aが自ら売主となって宅地建物の売買契約を締結した場合に関する次の記述のうち、宅地建物取引業法の規定に違反するものはどれか。なお、この問において、AとC以外の者は宅地建物取引業者ではないものとする。

1　Bの所有する宅地について、BとCが売買契約を締結し、所有権の移転登記がなされる前に、CはAに転売し、Aは更にDに転売した。

2　Aの所有する土地付建物について、Eが賃借していたが、Aは当該土地付建物を停止条件付でFに売却した。

3　Gの所有する宅地について、AはGとの売買契約の予約をし、Aは当該宅地をHに転売した。

4　Iの所有する宅地について、AはIと停止条件付で取得する売買契約を締結し、その条件が成就する前に当該物件についてJと売買契約を締結した。

解答・解説

1　違反しない
　宅地建物取引業者は、自己の所有に属しない宅地建物について、自ら売主となる売買契約を締結することは原則としてできないが、当該宅地建物を取得する契約を締結しているときは、この限りでない（宅地建物取引業法33条の2第1号）。この場合、契約を締結していれば足り、登記の移転を受けている必要はない。Aは、本肢宅地につき所有者Bと売買契約を締結しているCからさらに売買する契約を締結しており、自己の所有に属しない宅地につきこれを取得する契約を締結している者として、当該宅地をDに転売することができる。

2　違反しない
　宅地建物取引業者について、その所有する土地付建物の売買を、当該土地付建物を賃貸しているがゆえに制限する旨の規定は存在しない。よって、AがEへ賃貸している土地付建物を停止条件付でFに売却しても、宅地建物取引業法に違反しない。

3　違反しない
　宅地建物取引業者は、自己の所有に属しない宅地建物であっても、当該宅地建物を取得する契約を締結していれば、これを自ら売主として売買することができるが、ここに取得する契約とは、予約を含む（宅地建物取引業法33条の2第1号かっこ書）。よって、Aは、G所有の宅地についてGと売買の予約を締結していれば、当該宅地をHに転売することができる。

4　違反する
　宅地建物取引業者は、自己の所有に属しない宅地建物につき、これを取得する契約を締結していれば、これを自ら売主として売買することができるが、ここに取得する契約とは、停止条件付きの契約を含まない（宅地建物取引業法33条の2第1号かっこ書）。よって、AがI所有の宅地についてIと停止条件付売買契約を締結しただけでJに売却すれば、宅地建物取引業法に違反する。

【問題91】　正解4

問題92　クーリング・オフ

　宅地建物取引業者Aが自ら売主として宅地建物取引業者でない買主Bと土地付建物の売買契約を締結した場合における、宅地建物取引業法（以下この問において「法」という。）第37条の2の規定による売買契約の解除に関する次の記述のうち、誤っているものはどれか。

1　BがAのモデルルームにおいて買受けの申込みをし、Bの自宅周辺の喫茶店で売買契約を締結した場合は、Bは売買契約を解除することができない。

2　BがAの事務所において買受けの申込みをした場合は、売買契約を締結した場所がAの事務所であるか否かにかかわらず、Bは売買契約を解除することができない。

3　Bがホテルのロビーにおいて買受けの申込みをし、当該場所において売買契約を締結した場合、既に当該土地付建物の引渡しを受け、かつ、代金の全部を支払った場合でも、Aが法第37条の2に規定する内容について書面で説明していないときは、Bは当該契約を解除することができる。

4　Bがレストランにおいて買受けの申込みをし、当該場所において売買契約を締結した場合、Aが法第37条の2に規定する内容について書面で説明し、その説明の日から起算して8日を経過した場合は、Bは当該契約を解除することができない。

解答・解説

1　正しい

　宅地建物取引業者が土地に定着する建物内に設けた案内所（専任の宅地建物取引士を設置すべきものに限る。）においてした買受けの申込み又は売買契約の締結であれば、クーリング・オフをすることができない（宅地建物取引業法37条の2第1項前段、同施行規則16条の5第1号ロ）。そして、買受けの申込みをした場所と契約を締結した場所が異なるときは、買受けの申込みをした場所を基準としてクーリング・オフができるか否かを判断する（宅地建物取引業法37条の2第1項前段かっこ書）。本肢Bは、Aのモデルルームにおいて買受けの申込みをしているため、クーリング・オフをすることはできない。

2　正しい

　肢1の解説で述べたとおり、買受けの申込みをした場所を基準にクーリング・オフができるか否かを判断するから、Aの事務所において買受けの申込みをしたBは、その契約を締結した場所を問わず、クーリング・オフはできない（宅地建物取引業法37条の2第1項）。

3　誤り

　Bが事務所等以外の場所において買受けの申込み及び売買契約の締結を行った場合であっても、売買目的物である土地付建物の引渡しを受け、かつ、代金の全部を支払ったときは、クーリング・オフはできなくなる（宅地建物取引業法37条の2第1項2号）。

4　正しい

　Bが事務所等以外の場所において買受けの申込み及び売買契約の締結を行った場合で

あっても、宅地建物取引業者Aからクーリング・オフを行うことができる旨等を書面で
告げられた日から8日を経過したときは、クーリング・オフをすることはできなくなる
（宅地建物取引業法37条の2第1項1号、同施行規則16条の6）。

必勝合格Check!

クーリング・オフの可否

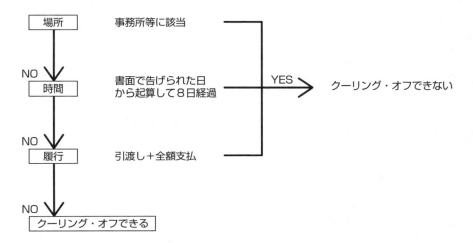

クーリング・オフの効果

撤回等の効力 発生時期及び 効果	書面により、撤回等の意思表示を発した時 → 撤回等の効力発生 ↓ ①業者 － 損害賠償・違約金の請求不可 ②業者 － 速やかに、既に受領した手付金等の返還が必要
特約	以上の点につき、申込者等に不利な特約は無効

問題93　クーリング・オフ

　宅地建物取引業者Ａが、自ら売主として、宅地建物取引業者ではないＢとの間で宅地の売買契約を締結した場合における、宅地建物取引業法第37条の２の規定に基づくいわゆるクーリング・オフに関する次の記述のうち、Ｂがクーリング・オフにより契約の解除を行うことができるものはいくつあるか。

ア　Ｂが喫茶店で当該宅地の買受けの申込みをした場合において、Ｂが、Ａからクーリング・オフについて書面で告げられた日の翌日から起算して８日目にクーリング・オフによる契約の解除の書面を発送し、10日目にＡに到達したとき。

イ　Ｂが喫茶店で当該宅地の買受けの申込みをした場合において、クーリング・オフによる契約の解除ができる期間内に、Ａが契約の履行に着手したとき。

ウ　Ｂが喫茶店で当該宅地の買受けの申込みをした場合において、ＡとＢとの間でクーリング・オフによる契約の解除をしない旨の合意をしたとき。

エ　Ａの事務所ではないがＡが継続的に業務を行うことができる施設があり宅地建物取引業法第31条の３第１項の規定により専任の宅地建物取引士が置かれている場所で、Ｂが買受けの申込みをし、２日後に喫茶店で売買契約を締結したとき。

1　一つ　2　二つ　3　三つ　4　四つ

解答・解説

ア　できない
　買受けの申込みの撤回又は契約の解除（以下本肢で「申込みの撤回等」という。）を行うことができる旨及びその方法を書面で「告げられた日から起算して」８日を経過したときは、クーリング・オフによる申込みの撤回等を行うことができない（宅地建物取引業法37条の２第１項１号、同施行規則16条の６第３号）。そして、クーリング・オフの効力は、書面を発したときに生じるが（宅地建物取引業法37条の２第２項）、書面で「告げられた日の翌日から起算」して８日目は、書面で「告げられた日から起算」すると９日目になるため、買主Ｂは、クーリング・オフによる解除をすることができない。

イ　できる
　売主Ａが契約の履行に着手したときは、買主Ｂは、「手付解除」はできない（宅地建物取引業法39条２項）。しかし、クーリング・オフによる契約の解除を行うことができる期間内であれば、クーリング・オフによる契約の解除は行うことができる（宅地建物取引業法37条の２第１項１号）。

ウ　できる
　クーリング・オフによる契約の解除について、買受けの申込者又は買主に不利な特約は無効であるため、クーリング・オフによる契約の解除をしない旨の合意をしたときであっても、クーリング・オフによる契約の解除を行うことができる（宅地建物取引業法37条の２第４項）。

エ　できない。
　事務所ではないが、継続的に業務を行うことができる施設で専任の宅地建物取引士の設置義務のある場所において買受けの申込みをしたときは、クーリング・オフによる契約の解除を行うことができない（宅地建物取引業法37条の２、同施行規則16条の５第１号イ）。

　以上より、クーリング・オフによる契約の解除を行うことができるものは、イ、ウの二つであり、肢２が正解となる。

【問題93】　正解2

CHECK! ☐ ☐ ☐　　本試験 **平成16年度　問42**　　重要度 **A**　　難易度 ★

問題94 **クーリング・オフ**

売主を宅地建物取引業者であるＡ、買主を宅地建物取引業者でないＢとの宅地の売買契約において、宅地建物取引業法第37条の２の規定に基づく売買契約の解除に関する次の記述のうち、正しいものはどれか。

1　Ｂが契約の解除ができる期間は、売買契約の解除ができる旨及びその方法について告げられた日から起算して８日間とされるが、特約で当該期間を10日間に延長したり、７日間に短縮した場合、これらの特約は有効である。

2　ＡがＢに対し、売買契約の解除ができる旨及びその方法について口頭でのみ説明を行った場合、当該宅地の引渡しを受けていなければ、当該告知から何日を経過していても、Ｂは契約の解除が可能である。

3　Ｂが当該売買契約の解除を行う場合は、Ａに対して国土交通大臣が定める書式の書面をもってその意思表示を行わなければならない。

4　Ａが他の宅地建物取引業者Ｃに当該宅地の売却の媒介を依頼している場合、Ｃの事務所において当該売買契約の申込みを行った場合であっても、Ｂは当該売買契約の解除を行うことができる。

解答・解説

1　誤り

クーリング・オフによる契約解除ができるのは、その旨を書面で告げられた日から起算して８日間であるが、この８日間という期間において、買主であるＢに不利な特約は無効となる（宅地建物取引業法37条の２第４項）。よって、当該期間を10日間に延長することは買主に有利となるから有効であるが、７日間にする場合には不利となるから無効である。

2　正しい

クーリング・オフの告知方法については、その旨を書面で告げないと、クーリング・オフ可能期間（８日間）の起算は始まらない。本肢では口頭で告げているだけなので起算されず、契約の目的物の引渡しを受け、かつ、その代金を全額支払わない限りは、Ｂは、クーリング・オフによる契約解除が可能となる（宅地建物取引業法37条の２第１項、同施行規則16条の６）。よって、当該宅地の引渡しを受けていないのであるから、当該告知から何日を経過していても、Ｂは契約の解除が可能である。

3　誤り

買主Ｂがこのクーリング・オフに基づく契約解除を行うにも、その旨書面をもってしなければならない（宅地建物取引業法37条の２第１項前段）。しかし、その書面の書式については法定されていない。

4　誤り

このように宅地建物取引業者Ａが、他の宅地建物取引業者Ｃに当該宅地の売却の媒介を依頼している場合においては、そのＣの事務所は「事務所等」に該当するので、Ｃの事務所で当該契約の申込みを行ったＢは、クーリング・オフによる契約解除をすることはできない（宅地建物取引業法37条の２第１項前段、同施行規則16条の５第１号ハ）。

【問題94】　正解2

問題95　クーリング・オフ

　宅地建物取引業者Ａ社が、自ら売主として宅地建物取引業者でない買主Ｂとの間で締結した宅地の売買契約について、Ｂが宅地建物取引業法第37条の2の規定に基づき、いわゆるクーリング・オフによる契約の解除をする場合における次の記述のうち、正しいものはどれか。

1　Ｂは、自ら指定した喫茶店において買受けの申込みをし、契約を締結した。Ｂが翌日に売買契約の解除を申し出た場合、Ａ社は、既に支払われている手付金及び中間金の全額の返還を拒むことができる。

2　Ｂは、月曜日にホテルのロビーにおいて買受けの申込みをし、その際にクーリング・オフについて書面で告げられ、契約を締結した。Ｂは、翌週の火曜日までであれば、契約の解除をすることができる。

3　Ｂは、宅地の売買契約締結後に速やかに建物請負契約を締結したいと考え、自ら指定した宅地建物取引業者であるハウスメーカー（Ａ社より当該宅地の売却について代理又は媒介の依頼は受けていない。）の事務所において買受けの申込みをし、Ａ社と売買契約を締結した。その際、クーリング・オフについてＢは書面で告げられた。その6日後、Ｂが契約の解除の書面をＡ社に発送した場合、Ｂは売買契約を解除することができる。

4　Ｂは、10区画の宅地を販売するテント張りの案内所において、買受けの申込みをし、2日後、Ａ社の事務所で契約を締結した上で代金全額を支払った。その5日後、Ｂが、宅地の引渡しを受ける前に契約の解除の書面を送付した場合、Ａ社は代金全額が支払われていることを理由に契約の解除を拒むことができる。

解答・解説

1　誤り
　申込みの撤回等が行われた場合においては、宅地建物取引業者は、申込者等に対し、速やかに、買受けの申込み又は売買契約の締結に際し受領した手付金その他の金銭を返還しなければならない（宅地建物取引業法37条の2第3項）。

2　誤り
　申込者等が、国土交通省令・内閣府令の定めるところにより、申込みの撤回等を行うことができる旨及びその申込みの撤回等を行う場合の方法について書面で告げられた場合において、「その告げられた日から起算して」8日を経過したときは、法37条の2の規定による申込みの撤回等をすることができない（宅地建物取引業法37条の2第1項1号、同施行規則16条の6）。本肢において、月曜日に書面で告げられているため、翌週の月曜日まででなければ、契約の解除をすることができない。

3　正しい
　売主である宅地建物取引業者が他の宅地建物取引業者に対し、宅地又は建物の売却について代理又は媒介の依頼をした場合にあっては、当該代理又は媒介の依頼を受けた他の宅地建物取引業者の事務所等は、法37条の2の規定による申込みの撤回等を行うことができない場所である（宅地建物取引業法施行規則16条の5第1号ハ）。また、申込者

等が売主から申込みの撤回等について書面で告げられた日から起算して８日が経過した場合は、申込みの撤回等をすることができなくなる（宅地建物取引業法37条の２第１項１号）。さらに、申込者等が申込みの撤回等をする場合は、書面でしなければならず、書面を発した時に、その効力を生ずる（宅地建物取引業法37条の２第２項）。本肢において、買主Ｂが指定したハウスメーカーである宅地建物取引業者の事務所は、売主であるＡ社から代理又は媒介の依頼を受けていない宅地建物取引業者の事務所であるため、クーリング・オフをすることができる場所である。また、買主Ｂが契約の解除の書面をＡ社に発送した日は、売主Ａ社が、クーリング・オフができる旨を書面で告げてから８日を経過していないため、買主Ｂは売買契約の解除をすることができ、発送した時点で効力を生ずる。

4　誤り

　当該宅地建物取引業者が一団の宅地建物の分譲を案内所（土地に定着する建物内に設けられるものに限る。）を設置して行う場合、その案内所はクーリング・オフをすることができる場所とはならない（宅地建物取引業法施行規則16条の５第１号ロ）。また、クーリング・オフをすることが出来る場所において、買受けの申込み等をした場合であっても、申込者等が、当該宅地又は建物の引渡しを受け、かつ、その代金の全部を支払ったときは、クーリング・オフをすることができなくなる（宅地建物取引業法37条の２第１項２号）。本肢において、テント張りの案内所は、土地に定着する建物には当たらず、クーリング・オフをすることができる場所である。また、代金の全額を支払っているが、宅地の引渡しを受ける前に、書面をもって契約の解除を行っている以上、有効な解除といえ、Ａ社は契約の解除を拒むことはできない。

問題96　クーリング・オフ

　宅地建物取引業者Aが、自ら売主となり、宅地建物取引業者でない買主Bとの間で締結した宅地の売買契約について、Bが宅地建物取引業法第37条の2の規定に基づき、いわゆるクーリング・オフによる契約の解除をする場合における次の記述のうち、正しいものはどれか。

1　Bが、自ら指定したホテルのロビーで買受けの申込みをし、その際にAからクーリング・オフについて何も告げられず、その3日後、Aのモデルルームで契約を締結した場合、Bは売買契約を解除することができる。

2　Bは、テント張りの案内所で買受けの申込みをし、その際にAからクーリング・オフについて書面で告げられ、契約を締結した。その5日後、代金の全部を支払い、翌日に宅地の引渡しを受けた。この場合、Bは売買契約を解除することができる。

3　Bは、喫茶店で買受けの申込みをし、その際にAからクーリング・オフについて書面で告げられ、翌日、喫茶店で契約を締結した。その5日後、契約解除の書面をAに発送し、その3日後に到達した。この場合、Bは売買契約を解除することができない。

4　Bは、自ら指定した知人の宅地建物取引業者C（CはAから当該宅地の売却について代理又は媒介の依頼を受けていない。）の事務所で買受けの申込みをし、その際にAからクーリング・オフについて何も告げられず、翌日、Cの事務所で契約を締結した場合、Bは売買契約を解除することができない。

解答・解説

1　正しい

　宅地建物取引業者の事務所等以外の場所において買受けの申込み等をした場合、買受けの申込みをした者又は買主（以下「申込者等」という。）は、クーリング・オフによる当該買受けの申込みの撤回又は当該売買契約の解除（以下「申込みの撤回等」という。）をすることができる（宅地建物取引業法37条の2第1項前段）。ここでいう「事務所等」には、当該宅地建物取引業者の相手方がその自宅又は勤務する場所において宅地又は建物の売買契約に関する説明を受ける旨を申し出た場合にあっては、その相手方の自宅又は勤務する場所も含まれる（宅地建物取引業法施行規則16条の5第2号）。しかし、本肢においては、Bが自ら指定したとしても、それがホテルのロビーであるから、Bはクーリング・オフによる売買契約の解除をすることができる。

2　誤り

　申込者等がクーリング・オフによる申込みの撤回等ができる旨等を書面で告げられ、8日を経過したときは、クーリング・オフによる申込みの撤回等をすることができない。また、8日以内であっても、申込者等が、当該宅地又は建物の引渡しを受け、かつ、その代金の全部を支払ったときは、クーリング・オフによる申込みの撤回等をすることはできない（宅地建物取引業法37条の2第1項2号）。本肢においてBは、代金の全部を支払い、翌日には宅地の引渡しも受けているのであるから、クーリング・オフによる売買契約の解除をすることはできない。

3　誤り

　申込者等が、申込みの撤回等を行うことができる旨及びその申込みの撤回等を行う場合の方法について書面で告げられた場合において、その告げられた日から起算して8日を経過すると、クーリング・オフによる申込みの撤回等をすることはできなくなる（宅地建物取引業法37条の2第1項1号）。そして、申込みの撤回等は、申込者等が申込みの撤回等の書面を発した時に、その効力を生ずる（宅地建物取引業法37条の2第2項）。本肢においては、クーリング・オフについて書面で告げられた日から6日目に契約解除の書面を発送しているので、その時点で契約解除の効果は生じている。

4　誤り

　自ら売主となる宅地建物取引業者が他の宅地建物取引業者に対し、宅地又は建物の売却について代理又は媒介の依頼をした場合にあっては、代理又は媒介の依頼を受けた他の宅地建物取引業者の事務所等もクーリング・オフによる申込みの撤回等をすることができない「事務所等」に含まれる（宅地建物取引業法37条の2第1項、同施行規則16条の5第1号ハ）。しかし、本肢における宅地建物取引業者Cは、Aから代理又は媒介の依頼を受けていないのであるから、ここでいう「事務所等」に含まれないので、Bはクーリング・オフによる売買契約の解除をすることができる。

【問題96】　正解 1

問題97　クーリング・オフ

　宅地建物取引業者Aが、自ら売主として宅地建物取引業者ではない買主Bとの間で締結した宅地の売買契約について、Bが宅地建物取引業法第37条の２の規定に基づき、いわゆるクーリング・オフによる契約の解除をする場合における次の記述のうち、誤っているものはどれか。

1　Bは、Aの仮設テント張りの案内所で買受けの申込みをし、２日後、Aの事務所で契約を締結した上で代金全額を支払った。その５日後、Bが、宅地の引渡しを受ける前に当該契約について解除の書面を送付した場合、Aは代金全額が支払われていることを理由に契約の解除を拒むことができる。

2　Bは、自らの希望により自宅近くの喫茶店において買受けの申込みをし、売買契約を締結した。当該契約に係るクーリング・オフについては、その３日後にAから書面で告げられた場合、Bは、当該契約の締結日から10日後であっても契約の解除をすることができる。

3　Bは、Aの仮設テント張りの案内所で買受けの申込みをし、Aの事務所でクーリング・オフについて書面で告げられ、その日に契約を締結した。この書面の中で、クーリング・オフによる契約の解除ができる期間を14日間としていた場合、Bは、当該契約の締結日から10日後であっても契約の解除をすることができる。

4　Bは、売買契約締結後に速やかに建物建築工事請負契約を締結したいと考え、自ら指定した宅地建物取引業者であるハウスメーカー（Aから当該宅地の売却について代理又は媒介の依頼は受けていない。）の事務所で買受けの申込み及び売買契約の締結をし、その際、クーリング・オフについて書面で告げられた。その６日後、Bが当該契約について解除の書面を送付した場合、Aは契約の解除を拒むことができない。

解答・解説

1　誤り

　仮設テント張りの案内所は、土地に定着する建物には当たらず、クーリング・オフができる場所である（宅地建物取引業法37条の２第１項、同施行規則16条の５第１号ロ、宅地建物取引業法の解釈・運用の考え方37条の２第１項関係１（２）②）。そして、代金の全額は支払われているが、宅地の引渡しを受けていないので、Aは、Bによるクーリング・オフによる契約の解除を拒むことはできない（宅地建物取引業法37条の２第１項２号）。

2　正しい

　買主は、書面によりクーリング・オフの告知を受けた日から起算して８日を経過したときは、クーリング・オフができなくなる（宅地建物取引業法37条の２第１項１号、同施行規則16条の６）。本肢の契約締結日から10日後は、書面により告知を受けた日から起算して８日目に該当するため、Bは、クーリング・オフによる契約の解除をすることができる。

3　正しい

　クーリング・オフの規定に反する特約については、買主に不利なものは無効であるが

（宅地建物取引業法37条の２第４項）、解除ができる期間を14日間とする特約は、買主に有利であるから有効である。したがって、Ｂは、契約の締結の日から10日後であっても契約の解除をすることができる。

4　正しい

　売主から代理又は媒介の依頼を受けていない宅地建物取引業者の事務所は、クーリング・オフができる場所であるから、クーリング・オフについて書面で告げられてから６日後、契約の解除の書面をＡに送付したＢはクーリング・オフができる（宅地建物取引業法37条の２第１項１号・２項、同施行規則16条の５第１号ハ）。したがって、Ａは、Ｂによるクーリング・オフによる契約の解除を拒むことができない。

【問題97】　正解 1

問題98 損害賠償額の予定等の制限

　宅地建物取引業者Ａが自ら売主としてマンション（販売価額3,000万円）の売買契約を締結した場合における次の記述のうち、民法及び宅地建物取引業法の規定によれば、正しいものはどれか。

1　Ａは、宅地建物取引業者であるＢとの売買契約の締結に際して、当事者の債務不履行を理由とする契約の解除に伴う損害賠償の予定額を1,200万円とする特約を定めた。この特約は無効である。

2　Ａは、宅地建物取引業者でないＣとの売買契約の締結に際して、当事者の債務不履行を理由とする契約の解除に伴う損害賠償の予定額を1,200万円とする特約を定めることができる。

3　Ａは、宅地建物取引業者であるＤとの売買契約の締結に際して、当事者の債務不履行を理由とする契約の解除に伴う損害賠償の予定額の定めをしなかった場合、実際に生じた損害額1,000万円を立証により請求することができる。

4　Ａは、宅地建物取引業者でないＥとの売買契約の締結に際して、当事者の債務不履行を理由とする契約の解除に伴う損害賠償の予定額を600万円、それとは別に違約金を600万円とする特約を定めた。これらの特約はすべて無効である。

解答・解説

1　誤り

　損害賠償額の予定等の制限は、宅地建物取引業者相互間の取引には適用がない（宅地建物取引業法78条2項、38条）。よって、本肢特約は、無効とはならない。

2　誤り

　宅地建物取引業者は、自ら売主となる宅地又は建物の売買契約において損害賠償の額を予定するとき、代金の額の2/10を超えることとなる定めをしてはならない（宅地建物取引業法38条1項）。よって、販売価額3,000万円の2/10を超える1,200万円を予定額とする本肢損害賠償額の予定は、定めることができない。

3　正しい

　損害賠償の額を予定しなかった場合の債務不履行に基づく損害賠償請求について、これを規制する規定は存在しない。よって、Ａは、原則どおり実際に生じた損害額を証明し、請求することができる（民法415条）。

4　誤り

　宅地建物取引業者は、自ら売主となる宅地又は建物の売買契約において損害賠償の額を予定し、又は違約金を定めるときは、これらを合算した額が代金の額の2/10を超えることとなる定めをしてはならない（宅地建物取引業法38条1項）。これに反する特約は、「代金の額の2/10を超える部分」について、無効となる（宅地建物取引業法38条2項）。よって、損害賠償の予定額を600万円、違約金を600万円とする本肢特約は、販売価額3,000万円の2/10に相当する600万円を超える部分につき無効となるが、特約すべてが無効となるものではない。

【問題98】　正解3

MEMO

問題99   手付金等の保全

　宅地建物取引業者Aが、自ら売主として宅地建物取引業者でない買主Bとの間で、建築工事完了前のマンションの売買契約を締結するに当たり、宅地建物取引業法第41条の規定に基づく手付金等の保全措置（以下この問において「保全措置」という。）が必要な場合における次の記述のうち、同法の規定によれば、誤っているものはいくつあるか。

ア　売買契約において、当該マンションの代金の額の10％に相当する額の中間金を支払う旨の定めをしたが、Aが保全措置を講じないことを理由に、Bが当該中間金を支払わないときは、Aは、Bの当該行為が債務不履行に当たるとして契約を解除することができる。

イ　Aが受領した手付金の返還債務を連帯して保証することを委託する契約をAとAの代表取締役との間であらかじめ締結したときは、Aは、当該マンションの代金の額の20％に相当する額を手付金として受領することができる。

ウ　Aが受領した手付金の返還債務のうち、保全措置を講じる必要があるとされた額を超えた部分についてのみ保証することを内容とする保証委託契約をAと銀行との間であらかじめ締結したときは、Aは、この額を超える額の手付金を受領することができる。

エ　手付金の受領後遅滞なく保全措置を講じる予定である旨を、Aがあらかじめ Bに対して説明したときは、Aは、保全措置を講じることなく当該マンションの代金の額の10％に相当する額を手付金として受領することができる。

1　一つ　　　2　二つ　　　3　三つ　　　4　四つ

解答・解説

ア　誤り

　宅地建物取引業者は、宅地の造成又は建築に関する工事の完了前において行う当該工事に係る宅地又は建物の売買で自ら売主となるものに関しては、当該宅地若しくは建物について買主への所有権移転の登記等がされたとき、又は当該宅地建物取引業者が受領しようとする手付金等の額が代金の額の5％以下であり、かつ、1,000万円以下であるときを除き、保全措置を講じた後でなければ、買主から手付金等を受領してはならない（宅地建物取引業法41条1項）。本肢における中間金は代金額の10％であるから、宅地建物取引業者Aは保全措置を講じる必要があり、それをしない場合、買主Bは中間金を支払わないことができる（宅地建物取引業法41条4項）。したがって、債務不履行とならないので、Aは契約を解除することはできない。

イ　誤り

　保全措置の1つとして、銀行その他政令で定める金融機関又は国土交通大臣が指定する者（以下「銀行等」という。）との間において、宅地建物取引業者が受領した手付金等の返還債務を負うこととなった場合において当該銀行等がその債務を連帯して保証することを委託する契約（以下「保証委託契約」という。）を締結する場合がある。このように保証委託契約は、宅地建物取引業者と銀行等との間で締結するものであって（宅地建物取引業法41条1項1号）、宅地建物取引業者AとAの代表取締役との間で締結し

ても、保全措置を講じたことにはならない。

ウ　誤り

　保証委託契約における保証債務は、少なくとも宅地建物取引業者が受領した手付金等の返還債務の「全部」を保証するものでなければならない（宅地建物取引業法41条2項1号）。

エ　誤り

　宅地建物取引業者は、宅地の造成又は建築に関する工事の完了前において行う当該工事に係る宅地又は建物の売買で自ら売主となるものに関しては、保全措置を講じた後でなければ、買主から手付金等を受領してはならない（宅地建物取引業法41条1項本文）。本肢においては、手付金の額はマンションの代金の額の10%に相当することから、保全措置が必要な場合に当たるので、保全措置を講じる前に手付金を受領することはできない。

　以上より、四つともすべて誤っているので、肢4が正解となる。

必勝合格Check!

手付金等の保全

<table>
<tr><td></td><td colspan="3">保全措置が不要な場合</td><td>保全措置の方法</td></tr>
<tr><td>未完成物件</td><td>受領額が、
代金額の5%以下
かつ
1,000万円以下</td><td rowspan="2">又は</td><td>買主が

所有権移転登記
又は
所有権保存登記
を備えた場合</td><td>①保証委託契約
②保証保険契約</td></tr>
<tr><td>完成物件</td><td>受領額が、
代金額の10%以下
かつ
1,000万円以下</td><td>①保証委託契約
②保証保険契約
③手付金等寄託契約等</td></tr>
</table>

問題100　手付金等の保全

　宅地建物取引業者Aが、自ら売主となって宅地建物取引業者でない買主Bに建築工事完了前のマンションを1億円で販売する場合において、AがBから受領する手付金等に関する次の記述のうち、宅地建物取引業法の規定によれば、誤っているものはどれか。なお、この問において「保全措置」とは、同法第41条第1項の規定による手付金等の保全措置をいう。

1　Aが当該マンションの売買契約締結時に、手付金として500万円をBから受領している場合において、Bが契約の履行に着手していないときは、Aは、Bに500万円を現実に提供すれば、当該売買契約を解除することができる。

2　AがBから手付金として1,500万円を受領するに当たって保全措置を講ずる場合、Aは、当該マンションの売買契約を締結するまでの間に、Bに対して、当該保全措置の概要を説明しなければならない。

3　AがBから手付金として1,500万円を受領しようとする場合において、当該マンションについてBへの所有権移転の登記がされたときは、Aは、保全措置を講じなくてもよい。

4　Aが1,000万円の手付金について銀行との間に保全措置を講じている場合において、Aが資金調達に困り工事請負代金を支払うことができず、当該マンションの引渡しが不可能となったときは、Bは、手付金の全額の返還を当該銀行に請求することができる。

解答・解説

1　誤り

　宅地建物取引業者が、自ら売主となる宅地又は建物の売買契約の締結に際して手付を受領したときは、その手付がいかなる性質のものであっても、当事者の一方が契約の履行に着手するまでは、買主はその手付を放棄して、当該業者はその倍額を現実に提供して、契約の解除をすることができる（宅地建物取引業法39条2項、民法557条1項）。本肢において、Aは、1,000万円を償還しなければ、手付による解除をすることはできない。

2　正しい

　宅地建物取引業者は、建物の売買の相手方に対して、その者が取得しようとしている建物に関し、その売買契約が成立するまでの間に、宅地建物取引士をして、手付金等の保全措置の概要を記載した書面を交付して説明をさせなければならない（宅地建物取引業法35条1項10号）。

3　正しい

　宅地建物取引業者は、建築に関する工事の完了前において行う当該工事に係る建物の売買で自ら売主となるものに関しては、手付金等の保全措置を講じた後でなければ、買主から手付金等を受領してはならない（宅地建物取引業法41条1項本文）。ただし、当該建物について買主への所有権に関する登記がされたとき又は当該業者が受領しようとする手付金等の額が代金の額の5％以下であり、かつ、1,000万円以下であるときは、この限りでない（宅地建物取引業法41条1項ただし書）。本肢において、Aは、5％を

超える手付金等を受領しているが、Bへの所有権移転登記がされているため、保全措置を講ずる必要はない。

4　正しい

　宅地建物取引業者が銀行等との間においてする保証委託契約は、銀行等が買主に対し、宅地建物取引業者が受領した手付金等の返還債務の全部を保証する内容のものでなければならない（宅地建物取引業法41条2項1号）。よって、Bは手付金の全額の返還を当該銀行に請求することができる。

問題101 手付金等の保全

宅地建物取引業者である売主は、宅地建物取引業者ではない買主との間で、戸建住宅の売買契約（所有権の登記は当該住宅の引渡し時に行うものとする。）を締結した。この場合における宅地建物取引業法第41条又は第41条の2の規定に基づく手付金等の保全措置（以下この問において「保全措置」という。）に関する次の記述のうち、正しいものはどれか。

1　当該住宅が建築工事の完了後で、売買代金が3,000万円であった場合、売主は、買主から手付金200万円を受領した後、当該住宅を引き渡す前に中間金300万円を受領するためには、手付金200万円と合わせて保全措置を講じた後でなければ、その中間金を受領することができない。

2　当該住宅が建築工事の完了前で、売買代金が2,500万円であった場合、売主は、当該住宅を引き渡す前に買主から保全措置を講じないで手付金150万円を受領することができる。

3　当該住宅が建築工事の完了前で、売主が買主から保全措置が必要となる額の手付金を受領する場合、売主は、事前に、国土交通大臣が指定する指定保管機関と手付金等寄託契約を締結し、かつ、当該契約を証する書面を買主に交付した後でなければ、買主からその手付金を受領することができない。

4　当該住宅が建築工事の完了前で、売主が買主から保全措置が必要となる額の手付金等を受領する場合において売主が銀行との間で締結する保証委託契約に基づく保証契約は、建築工事の完了までの間を保証期間とするものでなければならない。

解答・解説

1　正しい

保全措置を講ずる必要がなかったため、当該措置を講じないで受領した手付金等があるときは、その額を加えた額について、手付金等の保全措置を講じなければならない（宅地建物取引業法41条の2第1項ただし書）。本肢の場合、手付金200万円を受領する際には、保全措置を講ずる必要はなかったが、手付金200万円と中間金300万円の合計額が売買価額の10%を超えるため、中間金300万円を受領するにあたり、500万円全額について保全措置が必要となる。

2　誤り

未完成物件の場合、受領しようとする手付金等の額が、代金の額の5%以下で、かつ、1,000万円以下の場合には、手付金等の保全措置を講じなくてもよい（宅地建物取引業法41条1項ただし書、同施行令3条の3）。本肢の代金の額の5%は125万円であるため、手付金150万円を受領するにあたり保全措置が必要である。

3　誤り

工事完了前の物件の保全措置は、銀行等における連帯保証及び保険事業者による保証保険の2種類であり、指定保管機関による保管の措置を講ずることはできない（宅地建物取引業法41条1項、宅地建物取引業法の解釈・運用の考え方第41条の2関係）。

4　誤り

　当該保証保険契約における保険期間は、少なくとも保証保険契約が成立した時から宅地建物取引業者が受領した手付金等に係る宅地又は建物の「引渡しまでの期間」でなければならない（宅地建物取引業法41条3項2号）。

【問題101】　正解1

問題102 手付金等の保全

宅地建物取引業者Aが自ら売主として、買主Bとの間で締結した売買契約に関して行う次に記述する行為のうち、宅地建物取引業法（以下この問において「法」という。）の規定に違反するものはどれか。

1　Aは、宅地建物取引業者でないBとの間で建築工事完了前の建物を5,000万円で販売する契約を締結し、法第41条に規定する手付金等の保全措置を講じずに、200万円を手付金として受領した。

2　Aは、宅地建物取引業者でないBとの間で建築工事が完了した建物を5,000万円で販売する契約を締結し、法第41条の2に規定する手付金等の保全措置を講じずに、当該建物の引渡し前に700万円を手付金として受領した。

3　Aは、宅地建物取引業者でないBとの間で建築工事完了前の建物を1億円で販売する契約を締結し、法第41条に規定する手付金等の保全措置を講じた上で、1,500万円を手付金として受領した。

4　Aは、宅地建物取引業者であるBとの間で建築工事が完了した建物を1億円で販売する契約を締結し、法第41条の2に規定する手付金等の保全措置を講じずに、当該建物の引渡し前に2,500万円を手付金として受領した。

解答・解説

1　違反しない

未完成物件の場合、受領しようとする手付金等の額が、代金の額の5％以下で、かつ、1,000万円以下の場合には、手付金等の保全措置を講じなくてもよい（宅地建物取引業法41条1項ただし書、同施行令3条の3）。本肢において、代金の額の5％は250万円であるため、手付金200万円を受領するにあたり保全措置は不要である。

2　違反する

完成物件の場合、受領しようとする手付金等の額が、代金の額の10％以下で、かつ、1,000万円以下の場合には、手付金等の保全措置を講じなくてもよい（宅地建物取引業法41条の2第1項ただし書、同施行令3条の3）。本肢において、代金の額の10％は500万円であるため、手付金700万円を受領するにあたり保全措置が必要である。

3　違反しない

宅地建物取引業者が自ら売主となる宅地又は建物の売買契約に際して、買主が宅地建物取引業者でないときは、代金の額の20％を超える額の手付を受領してはならない（宅地建物取引業法39条1項）。本肢において、代金の額の20％を超えていないので違反しない。

4　違反しない

宅地建物取引業者間取引においては、手付金等の保全措置や手付の額についての規制の適用はない（宅地建物取引業法41条の2第1項本文、39条1項、78条2項）。

【問題102】　正解2

問題103　自ら売主の規制（総合）

宅地建物取引業者Aが、自ら売主となって宅地建物取引業者でない買主Bと建物（完成物件）を売買する場合に関する次の記述のうち、宅地建物取引業法の規定によれば、正しいものはどれか。

1　Aは、Bの承諾を得ている場合は、契約自由の原則に則り、購入代金の額の2/10を超える額の手付を受領できる。

2　Bが手付を支払った後、代金の一部を支払った場合は、Aは、手付の倍額を現実に提供することによる契約解除はできない。

3　AがBから受領した手付が代金の額の1/10を超え、かつ、1,000万円を超える場合、Aは、いかなる場合も手付金等の保全措置を行わなければならない。

4　Aは、Bの債務不履行を理由とする契約の解除に伴う損害賠償額の予定や違約金を契約条項に定めることができるが、これらの合計額が代金の額の2/10を超える場合は、Bに不利になるので全額無効である。

解答・解説

1　誤り

宅地建物取引業者は、自ら売主となる建物の売買契約の締結に際して、代金の額の10分の2を超える額の手付を受領することはできない（宅地建物取引業法39条1項）。よって、Aは、たとえBの承諾を得ても、代金の額の10分の2を超える額の手付を受領することができない。

2　正しい

相手方当事者が契約の履行に着手した後は、手付による解除はできない（宅地建物取引業法39条2項、判例）。本肢の場合、買主が代金の一部を支払っているので、「契約の履行の着手」に該当し、相手方の売主Aは、手付の倍額を現実に提供することによって、契約の解除をすることはできない。

3　誤り

手付の額が一定額を超える場合でも、買主への所有権移転登記がされたとき又は買主が所有権の登記をしたときは、手付金等の保全措置を行う必要はない（宅地建物取引業法41条の2第1項ただし書）。

4　誤り

損害賠償額の予定や違約金の合計額が、10分の2を超える場合には、10分の2を超える部分のみが無効となる（宅地建物取引業法38条1・2項）。全額が無効となるのではない。

宅建業法

【問題103】　正解2

問題104　自ら売主の規制（総合）

宅地建物取引業者Aが、自ら売主となり、宅地建物取引業者でない買主Bとの間で、中古住宅及びその敷地である土地を、代金3,500万円、うち手付金500万円で売買契約を締結しようとする場合に関する次の記述のうち、宅地建物取引業法及び民法の規定によれば、正しいものはどれか。

1　相手方が契約の履行に着手するまでは、Bは手付金のうち250万円を放棄して、また、Aは1,000万円を償還して、契約を解除することができる旨の定めをすることができる。

2　債務不履行を理由とする契約の解除に伴う損害賠償額の定めがない場合、損害賠償の請求額は、売買代金の額の2割である700万円が上限である。

3　Aは、契約締結日に手付金を受領する場合、その全額について受領後直ちに、宅地建物取引業法第41条の2に規定する手付金等の保全措置を行わなければならない。

4　Aが種類・品質に関する契約不適合責任を負うべき期間について定める場合、「引渡しの日から1年」とする特約は無効であり、当該期間は「引渡しの日から2年」となる。

解答・解説

1　正しい

宅地建物取引業者が自ら売主で買主が宅地建物取引業者でない場合、手付はすべて解約手付としての性質を有し、相手方が契約の履行に着手するまでは、買主は手付を放棄し、売主業者はその倍額を償還して、契約を解除することができる（宅地建物取引業法39条2項）。また、これに反する買主に不利な内容の特約は無効となる（宅地建物取引業法39条3項）とすると、買主は手付金の半額に相当する250万円さえ放棄すれば解約できるとする内容の特約は、500万円全額手付損の場合に比べれば買主にとって有利であるから、その旨の定めは可能である。

2　誤り

宅地建物取引業者が自ら売主で買主が宅地建物取引業者でない場合、債務不履行を理由とする契約の解除に伴う損害賠償額の予定を特約で付するときは、売買代金額の2/10が上限となる（宅地建物取引業法38条1項）。しかし、当該特約が存在しない場合の損害賠償額には上限はなく、債権者である売主業者が実際に立証することのできた損害額となる。

3　誤り

まず、Aが契約締結日に手付金を受領するにあたっては、手付金額が代金の額の1/10を超えることから、手付金等保全措置が必要となる。この場合には、「手付金を受領する前に」その保全措置を講じなければならない（宅地建物取引業法41条の2第1項）。

4　誤り

宅地建物取引業者が自ら売主で買主が宅地建物取引業者でない場合、種類・品質に関する契約不適合責任を追及するための通知期間につき「目的物の引渡しの日から2年以

上」とする特約を除いては、民法の規定よりも買主に不利となる特約は無効となる（宅地建物取引業法40条）。とすると、種類・品質に関する契約不適合責任を追及するための通知期間につき「目的物の引渡しの日から1年」とする特約は無効であり、当該期間は、民法の原則どおり「買主が契約不適合を知った時から1年以内」となる（民法566条）。

必勝合格Check!

自ら売主　8つの規制

自ら売主　8つの規制		
自己の所有に属しない物件の契約締結の制限	他人物の売買契約の禁止　他人が所有する物件の売買契約をしてはならない（仕入れが確実＝取得契約をしたら契約できる）	
	未完成物件の売買契約の禁止　未完成の物件の売買契約をしてはならない（保全措置を講じたら契約できる）	
クーリング・オフ	①宅建業者の事務所等　以外の場所で契約したら契約をキャンセルできる ②買主が申し出た自宅・勤務先　（解約書面を発信した時点でクーリング・オフ成立） ↓ 申込場所≠契約場所ならば　　業者が預かったお金（手付金等）は全額返還 　　申込場所が基準　　　　　　業者からの損害賠償や違約金の請求不可	
	タイムリミット　①クーリング・オフを書面で告知された日から起算して8日経過した ②引渡し かつ 代金全額支払 が終わった	
損害賠償額の予定等の制限	損害賠償額の予定・違約金は　合わせて代金額の20％まで	
手付額の制限等	手付の性質（解約手付）と額（代金額の20％まで）の制限	
種類・品質に関する契約不適合責任の特約の制限	種類・品質に関する契約不適合について民法より不利な契約内容をしてはならない（「引渡しの日から2年以上」の責任追及するための通知期間だけは民法より不利でも許される）	
手付金等の保全措置	未完成物件　代金額の5％または1,000万円　超えたら全額について保全措置 完成物件　　代金額の10％または1,000万円 保全措置後でないと手付金等を受け取ってはならない	
割賦販売契約の解除等の制限	分割払い　支払いが遅れても必ず30日以上の期間を定めて書面で催告しなければならない（いきなり解除・残額請求はできない）	
所有権留保等の禁止	分割払い 提携ローン　支払済額が30％を超えたら買主に移転登記しなければならない	

【問題104】　正解 1

問題105　**自ら売主の規制（総合）**

　宅地建物取引業者Ａが自ら売主として、宅地建物取引業者でないＢとの間で土地付建物の売買契約を締結した場合、次の記述のうち、宅地建物取引業法（以下この問において「法」という。）の規定によれば、誤っているものはどれか。

1　Ｂは、Ａが設置したテント張りの案内所で買受けの申込みをし、翌日Ａの事務所で契約を締結した場合には、それ以降は一切法第37条の２による当該契約の解除を行うことはできない。

2　当該契約において、当事者の債務の不履行を理由とする契約の解除に伴う損害賠償の額を予定し、又は違約金を定めるときは、これらを合算した額が代金の額の10分の２を超える定めをしてはならない。

3　当該契約に「当事者の一方が契約の履行に着手するまでは、Ａは受領した手付を返還して、契約を解除することができる」旨の特約を定めた場合、その特約は無効である。

4　Ａは、当該建物が未完成であった場合でも、Ｂへの所有権移転の登記をすれば、Ｂから受け取った手付金等について、その金額を問わず法第41条に定める手付金等の保全措置を講じる必要はない。

解答・解説

1　誤り

　宅地建物取引業者が、自ら売主となり、宅地建物取引業者でない者が買主となる宅地又は建物の売買契約について、当該宅地建物取引業者の事務所等以外の場所において、当該宅地又は建物の買受けの申込みをした者又は売買契約を締結した買主（事務所等において買受けの申込みをし、事務所等以外の場所において売買契約を締結した買主を除く。）は、原則として、書面により、申込みの撤回等を行うことができる（宅地建物取引業法37条の２第１項前段、78条２項、同施行規則16条の５第１号ロ）。本肢において、テント張りの案内所は、事務所等以外の場所であり、買主Ｂは、契約の解除ができる。

2　正しい

　宅地建物取引業者が、自ら売主となり、宅地建物取引業者でない者が買主となる宅地又は建物の売買契約において、当事者の債務の不履行を理由とする契約の解除に伴う損害賠償の額を予定し、又は違約金を定めるときは、これらを合算した額が代金の額の2/10を超えることとなる定めをしてはならない（宅地建物取引業法38条１項、78条２項）。

3　正しい

　宅地建物取引業者が、自ら売主となり、宅地建物取引業者でない者が買主となる宅地又は建物の売買契約の締結に際して、手付を受領したときは、その手付がいかなる性質のものであっても、当事者の一方が契約の履行に着手するまでは、買主は手付を放棄して、宅地建物取引業者はその倍額を現実に提供して、契約の解除をすることができる。これに反する買主に不利な特約は無効である（宅地建物取引業法39条２・３項、78条２項）。本肢において、自ら売主である宅地建物取引業者Ａは、受領した手付のみで契約を解除できるとの特約をしており、かかる特約は、買主Ｂに不利であるため無効であ

る。

4　正しい

　宅地建物取引業者は、宅地の造成又は建築に関する工事の完了前において行う当該工事に係る宅地又は建物の売買で自ら売主となり、宅地建物取引業者でない者が買主となるものに関しては、原則として、一定の保全措置を講じた後でなければ、手付金等を受領してはならない。ただし、当該宅地もしくは建物について買主への所有権移転登記がされたとき、買主が所有権の登記をしたとき、又は手付金等の額が一定の金額以下であるときは、この限りではない（宅地建物取引業法41条1項、78条2項）。本肢において、Aは未完成建物に対し、Bへの所有権移転登記をしているため、受領した手付金等につき、その金額を問わず、保全措置を講じる必要はない。

問題106　自ら売主の規制（総合）

　宅地建物取引業者Aが、自ら売主として宅地建物取引業者ではない買主Bとの間で宅地の売買契約を締結する場合における次の記述のうち、宅地建物取引業法の規定によれば、誤っているものはいくつあるか。

ア　当該宅地が種類又は品質に関して契約の内容に適合しない場合において、Bが、その旨をAに通知する期間を、売買契約に係る宅地の引渡しの日から３年間とする特約は、無効である。

イ　Aは、Bに売却予定の宅地の一部に甲市所有の旧道路敷が含まれていることが判明したため、甲市に払下げを申請中である。この場合、Aは、重要事項説明書に払下申請書の写しを添付し、その旨をBに説明すれば、売買契約を締結することができる。

ウ　「手付放棄による契約の解除は、契約締結後30日以内に限る」旨の特約を定めた場合、契約締結後30日を経過したときは、Aが契約の履行に着手していなかったとしても、Bは、手付を放棄して契約の解除をすることができない。

1　一つ　　2　二つ　　3　三つ　　4　なし

解答・解説

ア　誤り

　引き渡された目的物に契約不適合がある場合、買主がその不適合を知った時から１年以内にその旨を売主に通知しないときは、買主は、その不適合を理由として、履行の追完請求等をすることができない（民法566条）。そして、宅地建物取引業者が自ら売主となる宅地又は建物の売買契約においては、その通知期間について引渡しの日から２年以上となる特約をする場合を除き、上記民法の規定よりも買主に不利な特約をしてはならず、これに違反する特約は無効となる（宅地建物取引業法40条）。本肢の特約は、引渡しの日から３年間としているため、有効である。

イ　誤り

　宅地建物取引業者は、自己の所有に属しない宅地又は建物について、自ら売主となる売買契約（予約を含む。）を締結してはならない（宅地建物取引業法33条の２）。したがって、Aの所有に属しない甲市所有の旧道路敷について、払下げを申請中であるだけでは、売買契約を締結することはできない。

ウ　誤り

　宅地建物取引業者が、自ら売主となる宅地又は建物の売買契約の締結に際して手付を受領したときは、その手付がいかなる性質のものであっても、当事者の一方が契約の履行に着手するまでは、買主はその手付を放棄して、当該宅地建物取引業者はその倍額を償還して、契約の解除をすることができる（宅地建物取引業法39条２項）。当該規定に反する特約で、買主に不利なものは、無効となる（宅地建物取引業法39条３項）。本肢の特約は、Aが履行に着手したか否かにかかわらず、契約締結後30日を経過することによりBの手付解除が認められなくなるとするものであり、Bに不利なものとして無効である。したがって、Bは、契約締結後30日を経過したときであっても、Aが履行に着手していなければ、手付を放棄して契約の解除をすることができる。

以上より、誤っているものはア、イ、ウの三つであり、肢3が正解となる。

【問題106】　正解3

問題107   **自ら売主の規制（総合）**

　宅地建物取引業者Ａが、自ら売主として、宅地建物取引業者でないＢと建物の売買契約を締結しようとし、又は締結した場合に関する次の記述のうち、宅地建物取引業法（以下この問において「法」という。）の規定によれば、正しいものはどれか。

1　Ａは、自己の所有に属しない建物を売買する場合、Ａが当該建物を取得する契約を締結している場合であっても、その契約が停止条件付きであるときは、当該建物の売買契約を締結してはならない。

2　売買契約の締結に際し、当事者の債務の不履行を理由とする契約の解除に伴う損害賠償の額を予定し、又は違約金を定める場合において、これらを合算した額が売買代金の２割を超える特約をしたときは、その特約はすべて無効となる。

3　「建物に種類・品質に関して契約内容に適合しない場合におけるその不適合があった場合、その不適合がＡの責に帰すことのできるものでないときは、Ａは種類・品質に関する契約不適合責任を負わない」とする特約は有効である。

4　Ｂがホテルのロビーで買受けの申込みをし、３日後にＢの自宅で売買契約を締結した場合、Ｂは、当該建物の引渡しを受け、かつ、その代金の全部を支払っているときでも、当該売買契約の解除をすることができる。

解答・解説

1　正しい

　宅地建物取引業者は、自己の所有に属しない建物について、自ら売主となる売買契約を締結してはならない。ただし、宅地建物取引業者が当該建物を取得する契約（予約を含み、その効力の発生が条件に係るものを除く。）を締結しているときはこの限りでない（宅地建物取引業法33条の２第１号）。本肢において、当該建物を取得する契約には、停止条件が付いているため、Ａは、自ら売主として、当該建物の売買契約を締結してはならない。

2　誤り

　宅地建物取引業者が自ら売主となる建物の売買契約において、当事者の債務の不履行を理由とする契約の解除に伴う損害賠償の額を予定し、又は違約金を定めるときは、これらを合算した額が代金の額の２/10を超える定めをしてはならない。当該規定に反する特約は、代金の額の２/10を超える部分について、無効とする（宅地建物取引業法38条）。よって、すべて無効となるのではない。

3　誤り

　民法の種類・品質に関する契約不適合責任の規定は、損害賠償責任以外は無過失責任であるところ、本肢において、すべて過失責任とする特約をしているので、民法の規定よりも買主に不利であり、当該特約は無効である（宅地建物取引業法40条）。

4　誤り

　宅地建物取引業者が自ら売主となる建物の売買契約について、当該業者の事務所等以外の場所において、当該建物の買受けの申込みをした者は、書面により、当該契約の解

除を行うことができる。ただし、買主が、建物の引渡しを受け、かつ、その代金の全部を支払ったときは、契約の解除をすることができない（宅地建物取引業法37条の2第1項2号）。

必勝合格Check!

自己の所有に属しない物件の売買契約締結の制限

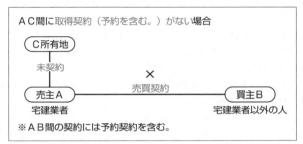

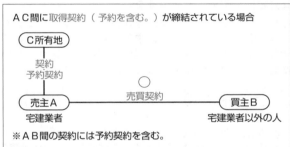

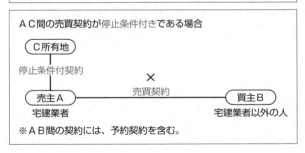

【問題107】　正解1

問題108 ## 自ら売主の規制（総合）

次の記述のうち、宅地建物取引業法の規定によれば、正しいものはどれか。

1　宅地建物取引業者Aは、都市計画法第29条第1項の許可を必要とする宅地の造成工事着手前において、当該許可を受けていない場合であっても、当該許可を受けることを停止条件とする特約を付ければ、当該宅地の売買契約を締結することができる。

2　宅地建物取引業者Bが自ら売主となって、宅地建物取引業者でないCと1億円のマンションの売買契約（手付金1,500万円、中間金1,500万円、残代金7,000万円）を建築工事完了前に締結し、その引渡し及び登記の移転を残代金の支払と同時に行う場合、Bは、手付金の受領前及び中間金の受領前それぞれについて、保全措置を講じなければならない。

3　宅地建物取引業者Dは、取引態様の明示がある広告を見た宅地建物取引業者Eから建物の売買の注文を受けた場合、Eから取引態様の問い合わせがなければ、Eに対して、取引態様を明示する必要はない。

4　宅地建物取引業者Fが自ら売主となって、宅地建物取引業者でないGと宅地の売買契約を締結するに際して手付金を受領する場合において、その手付金が解約手付である旨の定めがないときは、Fが契約の履行に着手していなくても、Gは手付金を放棄して契約の解除をすることができない。

解答・解説

1　誤り

宅地建物取引業者は、都市計画法29条1項の許可を必要とする宅地の造成に関する工事の完了前においては、宅地の売買の契約を締結することはできない（宅地建物取引業法36条）。このことは、当該許可を受けることを停止条件とする特約が付いていても同様である。したがって、宅地建物取引業者Aは、宅地造成工事着手前において、許可を受けることを停止条件とする特約を付けても、当該宅地の売買契約を締結することはできない。

2　正しい

宅地建物取引業者は、建築に関する工事の完了前において行う当該工事に係る建物の売買で自ら売主となるものに関しては、手付金等の額が代金額の5％を超えているか、又は1,000万円を超えている場合には、手付金等の保全措置を講じた後でなければ、買主から手付金等を受領してはならない（宅地建物取引業法41条1項）。本肢においては、手付金及び中間金は、以上の額を超えているので、Bはそれぞれ保全措置を講じなければならない。

3　誤り

宅地建物取引業者は、宅地又は建物の売買、交換又は貸借に関する広告をするときは、取引態様の別を明示しなければならない（宅地建物取引業法34条1項）。また、宅地建物取引業者は、宅地又は建物の売買、交換又は貸借に関する注文を受けたときも、遅滞なく、その注文をした者に対し、取引態様の別を明らかにしなければならない（宅地建物取引業法34条2項）。したがって、本肢におけるDは、広告の際に取引態様を明

示しても、注文の際に、相手方の問い合わせがなくとも、再度、取引態様を明示する必要がある。これは、注文をした者が宅地建物取引業者であっても同じである。

4　誤り

　宅地建物取引業者が、自ら売主となる宅地又は建物の売買契約の締結に際して手付を受領したときは、その手付がいかなる性質のものであっても、当事者の一方が契約の履行に着手するまでは、買主はその手付を放棄して、当該宅地建物取引業者はその倍額を現実に提供して、契約の解除をすることができる（宅地建物取引業法39条2項、民法557条1項）。したがって、本肢においては、解約手付である旨の定めがなくても、すべて解約手付の性質を持ち、Fが契約の履行に着手していなければ、Gは手付金を放棄して契約の解除をすることができる。

【問題108】　正解2

問題109 自ら売主の規制（総合）

宅地建物取引業者Aが、自ら売主として、宅地建物取引業者でないBと建物の売買契約を締結する場合に関する次の記述のうち、宅地建物取引業法（以下この問において「法」という。）及び民法の規定によれば、正しいものはどれか。

1　Bが契約の履行に着手するまでにAが売買契約の解除をするには、手付の3倍に当たる額をBに現実に提供しなければならないとの特約を定めることができる。

2　Aの違約によりBが受け取る違約金を売買代金の額の10分の3とするとの特約を定めることができる。

3　Bから法第37条の2の規定に基づくいわゆるクーリング・オフによる売買契約の解除があった場合でも、Aが契約の履行に着手していれば、AはBに対して、それに伴う損害賠償を請求することができる。

4　Aは、種類・品質に関する契約不適合責任を追及するための通知期間として、引渡しの日から2年で、かつ、Bが種類・品質に関する契約不適合を知った時から30日以内とする特約を定めることができる。

解答・解説

1　正しい

宅地建物取引業者が、自ら売主となる宅地又は建物の売買契約の締結に際し、買主から受領する手付は、すべて解約手付としての性質を有し、相手方が履行に着手するまでの間は、買主は手付放棄により、売主は手付倍返しにより契約を解除できる。この規定に反する特約で、買主に不利なものは無効であるが、本肢の場合は、買主に有利な特約なので有効である（宅地建物取引業法39条2・3項）。

2　誤り

宅地建物取引業者が、自ら売主となる宅地又は建物の売買契約において、当事者の債務不履行による契約の解除に伴う損害賠償の額の予定をし、又は違約金を定めるときは、その合算額は、代金の額の10分の2を超えてはならず、これに反する特約は代金の額の10分の2を超える部分について無効となる（宅地建物取引業法38条）。

3　誤り

クーリング・オフによる売買契約の解除があった場合、自ら売主である宅地建物取引業者は、それにより損害を被っても、損害賠償や違約金の請求をすることはできない（宅地建物取引業法37条の2第1項柱書後段）。

4　誤り

宅地建物取引業者は、自ら売主となる宅地又は建物の売買契約において、種類・品質に関する契約不適合責任を追及するための通知期間を、その目的物の引渡しの日から2年以上となる特約をする場合を除き、民法の規定よりも買主に不利な特約をしてはならない（宅地建物取引業法40条1項）。本肢において、「種類・品質に関する契約不適合を知った時から30日以内」とする部分について、民法の規定よりも買主に不利であり、特約として定めることができない。

【問題109】　正解1

CHECK! ☐☐☐　　本試験 **平成18年度　問38 改**　重要度 **A**　難易度 **★**

問題110　自ら売主の規制（総合）

　宅地建物取引業者Ａが、自ら売主となり、宅地建物取引業者である買主Ｂと建物の売買契約を締結する場合における次の記述のうち、宅地建物取引業法の規定に違反するものはどれか。

1　ＡはＢと売買契約を締結し、代金の額の10分の3の金額を手付として受領した。

2　Ａは、新築分譲マンションについて、建築基準法第6条第1項の建築確認を受ける前にＢと売買契約を締結した。

3　Ａは自己の所有に属しない建物について、Ｂと売買契約を締結した。

4　ＡはＢと売買契約を締結する際、種類・品質に関する契約不適合責任を負わない旨の特約をした。

宅建業法

解答・解説

1　違反しない

　宅地建物取引業者は、自ら売主となる宅地又は建物の売買契約の締結に際して、代金の額の2/10を超える額の手付を受領することができない。しかし、この制限は、宅地建物取引業者相互間の取引については適用されない（宅地建物取引業法39条1項、78条2項）。したがって、本肢において、ＡはＢから代金の3/10の金額の手付を受領することができる。

2　違反する

　宅地建物取引業者は、宅地の造成又は建物の建築に関する工事の完了前においては、当該工事に関し必要とされる都市計画法の開発許可・建築基準法の建築確認等の処分があった後でなければ、当該工事に係る土地又は建物につき、自ら当事者として、もしくは当事者を代理して、その売買もしくは交換の契約を締結し、又は売買もしくは交換の媒介をしてはならない。この制限は、宅地建物取引業者相互間の取引にも適用される（宅地建物取引業法36条、78条2項）。したがって、本肢において、Ａは、新築分譲マンションについて、建築基準法6条1項の建築確認を受ける前にＢと売買契約を締結することはできない。

3　違反しない

　宅地建物取引業者は、自己の所有に属しない宅地又は建物について、原則として、自ら売主となる売買契約（予約を含む。）を締結してはならない。この制限は、宅地建物取引業者相互間の取引については適用されない（宅地建物取引業法33条の2、78条2項）。したがって、本肢において、Ａは自己の所有に属しない建物について、Ｂと売買契約を締結することができる。

4　違反しない

　宅地建物取引業者は、自ら売主となる宅地又は建物の売買契約において、その目的物の種類・品質に関して契約内容に適合しない場合におけるその不適合を担保すべき責任を追及するための通知期間に関し、その目的物の引渡しの日から2年以上となる特約をする場合を除き、民法に規定するものより買主に不利となる特約をしてはならない。この制限は、宅地建物取引業者相互間の取引については適用されない（宅地建物取引業法40条1項、78条2項）。したがって、本肢において、ＡはＢと建物の売買契約を締結する際、種類・品質に関する契約不適合責任を負わない旨の特約をすることができる。

【問題110】　正解2

問題111　**自ら売主の規制（総合）**

　自らが売主である宅地建物取引業者Ａと、宅地建物取引業者でないＢとの間での売買契約に関する次の記述のうち、宅地建物取引業法（以下この問において「法」という。）の規定によれば、正しいものはどれか。

1　Ａは、Ｂとの間における建物の売買契約（代金2,000万円）の締結に当たり、手付金として100万円の受領を予定していた。この場合において、損害賠償の予定額を定めるときは、300万円を超えてはならない。

2　ＡとＢが締結した建物の売買契約において、Ｂが手付金の放棄による契約の解除ができる期限について、金融機関からＢの住宅ローンの承認が得られるまでとする旨の定めをした。この場合において、Ａは、自らが契約の履行に着手する前であれば、当該承認が得られた後は、Ｂの手付金の放棄による契約の解除を拒むことができる。

3　Ａは、喫茶店でＢから宅地の買受けの申込みを受けたことから、翌日、前日と同じ喫茶店で当該宅地の売買契約を締結し、代金の全部の支払を受けた。その４日後に、Ｂから法第37条の２の規定に基づくいわゆるクーリング・オフによる当該契約を解除する旨の書面による通知を受けた場合、Ａは、当該宅地をＢに引き渡していないときは、代金の全部が支払われたことを理由に当該解除を拒むことはできない。

4　Ａは、Ｂとの間で宅地の割賦販売の契約（代金3,000万円）を締結し、当該宅地を引き渡した。この場合において、Ａは、Ｂから1,500万円の賦払金の支払を受けるまでに、当該宅地に係る所有権の移転登記をしなければならない。

解答・解説

1　誤り
　宅地建物取引業者が自ら売主となる宅地又は建物の売買契約において、当事者の債務の不履行を理由とする契約の解除に伴う損害賠償の額を予定し、又は違約金を定めるときは、これらを合算した額が代金の額の20％を超えることとなる定めをしてはならない（宅地建物取引業法38条１項）。ここにおいては、手付金の受領額がいくらであるかは関係がない。したがって、本肢においては、損害賠償の予定額と違約金を合算した額が、代金額の20％である400万円を超えなければよいのであるから、300万円を超えてはならないとする本肢は誤っている。

2　誤り
　宅地建物取引業者が、自ら売主となる宅地又は建物の売買契約の締結に際して手付を受領したときは、その手付がいかなる性質のものであっても、当事者の一方が契約の履行に着手するまでは、買主はその手付を放棄して、当該宅地建物取引業者はその倍額を現実に提供して、契約の解除をすることができる。これに反する特約で、買主に不利なものは、無効である（宅地建物取引業法39条２・３項）。本肢の特約は、売主Ａが契約の履行に着手していない場合においても、金融機関の承認が得られた時点から、買主Ｂは手付解除をすることができなくなるため、Ｂに不利であり無効である。したがって、Ａは、自らが契約の履行に着手する前において、Ｂの手付解除を拒むことができない。

3　正しい

　宅地建物取引業者が、自ら売主となる宅地又は建物の売買契約について、当該宅地建物取引業者の事務所等以外の場所において、当該宅地又は建物の買受けの申込みをした者又は売買契約を締結した買主は、書面により、クーリング・オフによる申込みの撤回等ができる。ただし、申込者等が、当該宅地又は建物の引渡しを受け、かつ、その代金の全部を支払ったときは、この申込みの撤回等はできない（宅地建物取引業法37条の2第1項2号）。本肢においては、Bは代金の全額を支払ったが、宅地の引渡しを受けていないので、Aは、クーリング・オフによる解除を拒むことはできない。

4　誤り

　宅地建物取引業者は、自ら売主として宅地又は建物の割賦販売を行った場合には、当該割賦販売に係る宅地又は建物を買主に引き渡すまで（当該宅地又は建物を引き渡すまでに代金の額の30％を超える額の金銭の支払を受けていない場合にあっては、代金の額の30％を超える額の金銭の支払を受けるまで）に、登記その他引渡し以外の売主の義務を履行しなければならない（宅地建物取引業法43条1項本文）。本肢においては、Aは、代金額の30％である900万円を超える額の金銭の支払を受けるまでに、登記その他引渡し以外の売主の義務を履行しなければならない。したがって、AはBから1,500万円（代金額の50％）の賦払金の支払を受けるまでに、当該宅地に係る所有権の移転登記をしなければならないとする本肢は誤っている。

問題112　自ら売主の規制（総合）

　宅地建物取引業者Ａが、自ら売主として、宅地建物取引業者でないＢとの間でマンション（代金4,000万円）の売買契約を締結した場合に関する次の記述のうち、宅地建物取引業法（以下この問において「法」という。）の規定に違反するものの組合せはどれか。

ア　Ａは、建築工事完了前のマンションの売買契約を締結する際に、Ｂから手付金200万円を受領し、さらに建築工事中に200万円を中間金として受領した後、当該手付金と中間金について法第41条に定める保全措置を講じた。

イ　Ａは、建築工事完了後のマンションの売買契約を締結する際に、法第41条の2に定める保全措置を講じることなくＢから手付金400万円を受領した。

ウ　Ａは、建築工事完了前のマンションの売買契約を締結する際に、Ｂから手付金500万円を受領したが、Ｂに当該手付金500万円を償還して、契約を一方的に解除した。

エ　Ａは、建築工事完了後のマンションの売買契約を締結する際に、当事者の債務の不履行を理由とする契約の解除に伴う損害賠償の予定額を1,000万円とする特約を定めた。

1　ア、ウ　　2　イ、ウ　　3　ア、イ、エ　　4　ア、ウ、エ

解答・解説

ア　違反する

　宅地建物取引業者Ａが、自ら売主となる未完成のマンションの売買契約を締結する場合、代金額4,000万円の5％である200万円までであれば、保全措置を講ずることなく、手付金等として受領できる（宅地建物取引業法41条1項）。したがって、手付金200万円を受領する際は、保全措置は不要であるが、その後中間金200万円を受領するためには、あらかじめ、手付金、中間金の合計400万円について保全措置が必要である。

イ　違反しない

　宅地建物取引業者Ａが、自ら売主となる完成したマンションの売買契約を締結する場合、代金額4,000万円の10％である400万円までであれば、保全措置を講ずることなく、手付金等として受領できる（宅地建物取引業法41条の2第1項）。

ウ　違反する

　宅地建物取引業者Ａが、自ら売主となるマンションの売買契約において、受領した手付金による解除をするためには、受領額の「倍額（1,000万円）」を現実に提供しなければならない（宅地建物取引業法39条2項）。本肢のように、受領額（500万円）を償還するだけでは足りない。

エ　違反する

　宅地建物取引業者Ａが、自ら売主となるマンションの売買契約において、債務の不履行を理由とする契約の解除に伴う損害賠償の額を予定し、又は違約金を定めるときは、その合算額は、代金額4,000万円の20％である800万円までである（宅地建物取引業法38条1項）。800万円を超える特約をした場合は、その超える部分について無効となる（宅地建物取引業法38条2項）。

以上より、違反するものの組合せはア、ウ、エであり、肢4が正解となる。

【問題112】　正解4

問題113 自ら売主の規制（総合）

宅地建物取引業者Ａが、自ら売主として、宅地建物取引業者でないＢとの間で締結した売買契約に関する次の記述のうち、宅地建物取引業法の規定に違反しないものはどれか。

1 Ａは、Ｂとの間で3,000万円の宅地の売買契約を締結したが、契約前に当該宅地の周辺の価格が値上がりしているので、２年後には、当該宅地の価格が上昇し、Ｂが転売によって利益を得ることが確実である旨の説明を行った。

2 Ａは、Ｂとの間で建築工事が完了した１億円の新築マンションの売買契約を締結し、宅地建物取引業法第41条の２に規定する手付金等の保全措置を講じたうえで、当該マンションの引渡し前に2,000万円を手付金として受領した。

3 Ａは、Ｂとの間で3,000万円の宅地の売買契約を締結したが、契約当日、Ｂが手付金を一部しか用意できなかったため、残りの手付金をＡが貸し付け、契約の締結を誘引した。

4 Ａは、Ｂとの間で3,000万円の宅地の売買契約を締結したが、特約の定めにより、Ｂの債務不履行を理由とする契約解除に伴い、500万円の損害賠償及び同額の違約金をそれぞれ請求した。

解答・解説

1 違反する

宅地建物取引業者が、契約締結の勧誘をするに際し、その相手方等に対し、利益を生ずることが確実であると誤解させるような断定的判断を提供する行為をすることは許されない（宅地建物取引業法47条の２第１項）。よって、宅地建物取引業者ＡがＢとの売買契約締結に際し地価上昇により転売利益を得ることは確実であるとの断定的説明を行っている本肢は、宅地建物取引業法の規定に違反する。

2 違反しない

自ら売主業者は、宅地建物取引業者でない買主との間で、完成物件である建物を売買するにあたり、原則として所定の保全措置を講じた後でなければ手付金を受領してはならない（宅地建物取引業法41条の２第１項）。また、受領できる手付金の額は、代金額の２/10を超えてはならない（宅地建物取引業法39条１項）。よって、自ら売主業者Ａが宅地建物取引業者でない買主Ｂから所定の保全措置を講じた後で代金額の２/10以下の手付金を受領している本肢は、宅地建物取引業法の規定に違反しない。

3 違反する

宅地建物取引業者は、手付について貸付けその他信用の供与をすることにより、契約の締結を誘引してはならない（宅地建物取引業法47条３号）。よって、宅地建物取引業者ＡがＢの用意できなかった残りの手付金を貸し付け契約の締結を誘引している本肢は、宅地建物取引業法の規定に違反する。

4 違反する

自ら売主業者は、宅地建物取引業者でない買主との間で、損害賠償額の予定をし、又は違約金を定めるときは、その合計額は代金額の２/10を超えてはならない（宅地建物取引業法38条１項）。よって、自ら売主業者Ａが宅地建物取引業者でない買主Ｂから代

金額の2/10を超える損害賠償額の予定及び違約金合計1,000万円を受領している本肢は、宅地建物取引業法の規定に違反する。

【問題113】　正解2

CHECK! ☐ ☐ ☐　本試験 平成21年度　問41 改　重要度 A　難易度 ★★

問題114　報酬

　宅地建物取引業者Ａ（消費税課税事業者）が売主Ｂ（消費税課税事業者）からＢ所有の土地付建物の媒介の依頼を受け、買主Ｃとの間で売買契約を成立させた場合、ＡがＢから受領できる報酬の上限額は、次のうちどれか。なお、土地付建物の代金は6,400万円（うち、土地代金は4,200万円）で、消費税額及び地方消費税額を含むものとする。

1　2,046,000円

2　2,073,600円

3　2,112,000円

4　2,178,000円

解答・解説

　土地付建物の代金は6,360万円であり、そのうち土地代金は4,200万円であるから、建物の価額は2,200万円である。建物の価額については消費税が含まれるので、消費税分を差し引いた建物本体価格は2,200万円÷1.1＝2,000万円となる。一方、土地代金は非課税であるから、以上を合計すると、報酬額の算定となる価額は4,200万円＋2,000万円＝6,200万円である。そうすると、6,200万円×３％＋６万円＝192万円に10％を加算した192万円×1.1＝2,112,000円がＡがＢから受領できる報酬の上限額となる（宅地建物取引業法46条１項、国土交通省告示第二）。

　よって、肢３が正解となる。

【問題114】　正解3

問題115　　**報酬**

　宅地建物取引業者Ａ（消費税課税事業者）が受け取ることのできる報酬の上限額に関する次の記述のうち、宅地建物取引業法の規定によれば、正しいものはどれか。

1　土地付中古住宅（代金500万円。消費税等相当額を含まない。）の売買について、Ａが売主Ｂから媒介を依頼され、現地調査等の費用が通常の売買の媒介に比べ５万円（消費税等相当額を含まない。）多く要する場合、その旨をＢに対し説明した上で、ＡがＢから受け取ることができる報酬の上限額は286,000円である。

2　土地付中古住宅（代金300万円。消費税等相当額を含まない。）の売買について、Ａが買主Ｃから媒介を依頼され、現地調査等の費用が通常の売買の媒介に比べ４万円（消費税等相当額を含まない。）多く要する場合、その旨をＣに対し説明した上で、ＡがＣから受け取ることができる報酬の上限額は198,000円である。

3　土地（代金350万円。消費税等相当額を含まない。）の売買について、Ａが売主Ｄから媒介を依頼され、現地調査等の費用が通常の売買の媒介に比べ２万円（消費税等相当額を含まない。）多く要する場合、その旨をＤに対し説明した上で、ＡがＤから受け取ることができる報酬の上限額は198,000円である。

4　中古住宅（１か月分の借賃15万円。消費税等相当額を含まない。）の貸借について、Ａが貸主Ｅから媒介を依頼され、現地調査等の費用が通常の貸借の媒介に比べ３万円（消費税等相当額を含まない。）多く要する場合、その旨をＥに対し説明した上で、ＡがＥから受け取ることができる報酬の上限額は198,000円である。

解答・解説

　宅地建物取引業者（課税事業者）が、低廉な空家等（400万円以下の金額の宅地又は建物をいう。消費税等相当額を含まない。）の売買又は交換の媒介をした場合に、通常の売買又は交換の媒介と比較して現地調査等の費用を要するものについては、依頼者（空家等の売主又は交換を行う者である依頼者に限る。）から受領できる報酬の限度額（消費税等相当額を含む。）は、「売買の媒介又は交換の媒介の規定により計算した通常の報酬額」と「当該現地調査等に要する費用に相当する額」を合計した額である。ただし、当該依頼者から受ける報酬の限度額は18万円の1.1倍（19万8,000円）以内でなければならない（国土交通省告示第七）。

1　誤り

　本肢の土地付中古住宅は代金500万円であり低廉な空家等には該当しないため、通常の報酬とは別に現地調査費用を受領することはできない。

2　誤り

　本肢は低廉な空家等には該当するが、通常の報酬とは別に現地調査費用を請求できる相手は、あらかじめ報酬額について説明した売主である。買主からは当該費用を受領することはできない。

3　正しい

　本肢は低廉な空家等に該当し、あらかじめ説明した上で、売主から通常の報酬額に加えて現地調査費用を受領することができる。具体的計算式は以下となる。

　　① （350万円×４％＋２万円）×1.1＝176,000円
　　② ２万円×1.1＝22,000円
　　③ ①＋②＝198,000円
　　④ ③≦18万円×1.1＝198,000円

4　誤り

　低廉な空家等に関する報酬計算の特例は、売買又は交換の場合に適用があり、貸借の場合には適用はない。

【問題115】　正解3

問題116 報酬

宅地建物取引業者Ａ（消費税課税事業者）が受け取ることができる報酬額についての次の記述のうち、宅地建物取引業法の規定によれば、正しいものはどれか。

1 居住の用に供する建物（１か月の借賃20万円。消費税等相当額を含まない。）の貸借であって100万円の権利金の授受があるものの媒介をする場合、依頼者双方から受領する報酬の合計額は11万円を超えてはならない。

2 宅地（代金1,000万円。消費税等相当額を含まない。）の売買について、売主から代理の依頼を受け、買主から媒介の依頼を受け、売買契約を成立させて買主から303,000円の報酬を受領する場合、売主からは489,000円を上限として報酬を受領することができる。

3 宅地（代金300万円。消費税等相当額を含まない。）の売買の媒介について、通常の媒介と比較して現地調査等の費用が６万円（消費税等相当額を含まない。）多く要した場合、依頼者双方から合計で44万円を上限として報酬を受領することができる。

4 店舗兼住宅（１か月の借賃20万円。消費税等相当額を含まない。）の貸借の媒介をする場合、依頼者の一方から受領する報酬は11万円を超えてはならない。

解答・解説

1 誤り

賃貸借の媒介の報酬額の計算において、権利金の授受がある場合の特例を適用できるのは、「宅地」または「居住用建物を除く建物」の媒介をした場合である（国土交通省告示第六、宅地建物取引業法の解釈・運用の考え方）。本肢は居住用建物であるため、上記特例は適用できない。したがって、依頼者双方から受領する報酬の合計額は借賃の1.1か月分の22万円を超えてはならない（国土交通省告示第四）。

2 正しい

宅地建物取引業者が宅地又は建物の売買又は交換の代理に関して依頼者から受けることのできる報酬の額は、「売買の媒介の場合に、依頼者の一方から受領できる額」の２倍以内である。ただし、宅地建物取引業者が当該売買又は交換の相手方から報酬を受ける場合においては、その合計額が、代理報酬の範囲内でなければならない（国土交通省告示第二・三、宅地建物取引業法の解釈・運用の考え方）。本肢では、代金1,000万円の宅地の売買について、売主から代理の依頼を受け、買主から媒介の依頼を受け、売買契約を成立させている。買主から受領することができる報酬限度額は、（1,000万円×３％＋６万円）×1.1＝396,000万円であり、売主から受領することができる報酬限度額は、（1,000万円×３％＋６万円）×1.1×２＝792,000万円である。さらに、買主と売主双方から受領する合計額が、792,000万円以下でなければならない。したがって、買主から303,000円、売主から489,000円を受領することができる。

3 誤り

低廉な空家等（売買に係る代金の額が400以下の金額の宅地又は建物をいう。消費税

等相当額を含まない。）の売買又は交換の媒介であって、通常の売買又は交換の媒介と比較して現地調査等の費用を要するものについては、宅地建物取引業者が空家等の売買又は交換の媒介に関して依頼者（空家等の売主又は交換を行う者である依頼者に限る。）から受けることのできる報酬の額（消費税等相当額を含む。）は、売買の媒介又は交換の媒介の規定により計算した通常の報酬額と、当該現地調査等に要する費用に相当する額を合計した金額以内とする。ただし、当該依頼者から受ける報酬の額は18万円の1.1倍に相当する金額（19万8,000円）を超えてはならない（国土交通省告示第七）。本肢では、売主から受領できる報酬上限額は、（300万円×4％＋2万円）×1.1＝154,000円、これに加えて、現地調査費用6万円×1.1＝66,000円であるが、依頼者から受ける報酬の額が19万8,000円を超えてはならない。したがって、19万8,000円が売主から受領できる金額の上限となる。一方、買主から受領できる報酬上限額は（300万円×4％＋2万円）×1.1＝154,000円である。よって、依頼者双方から合計で35万2,000円を上限として報酬を受領できる。

4　誤り

「居住の用に供する建物」とは、専ら居住の用に供する建物を指すものであり、居住の用に供する建物で事務所、店舗その他居住以外の用途を兼ねるものは含まれない（宅地建物取引業法の解釈・運用の考え方）。よって、宅地建物取引業者が店舗兼住宅の媒介をした場合、依頼者から受領する合計額が借賃の1.1か月分を超えてはならないが、依頼者のそれぞれ一方から受ける報酬の額、割合等については特段の規制はない（国土交通省告示第四）。

必勝合格Check!

貸借の報酬の限度額

●媒介の場合	依頼者の双方から受領できる限度額の総額は、借賃の1.1か月分 ただし、居住用建物の場合は、依頼者の一方から受領できる限度は、原則として、借賃の1.1か月分の１／２となる。
●代理の場合	依頼者から受領できる限度額は、借賃の1.1か月分 ただし、相手方からも受領するときは、双方からの受領額の合計が、1.1か月分以内でなければならない。
●権利金の特例 （宅地又は非居住用建物に限る。）	権利金（権利の設定の対価として、支払われる金銭で返還されないもの）の授受があったときは、権利金を売買代金とみなして、報酬額を計算できる。

問題117 報酬

　宅地建物取引業者Ａ（消費税課税事業者）は貸主Ｂから建物の貸借の媒介の依頼を受け、宅地建物取引業者Ｃ（消費税課税事業者）は借主Ｄから建物の貸借の媒介の依頼を受け、ＢとＤの間での賃貸借契約を成立させた。この場合における次の記述のうち、宅地建物取引業法（以下この問において「法」という。）の規定によれば、正しいものはどれか。なお、１か月分の借賃は９万円（消費税等相当額を含まない。）である。

1　建物を店舗として貸借する場合、当該賃貸借契約において200万円の権利金（権利設定の対価として支払われる金銭であって返還されないものをいい、消費税等相当額を含まない。）の授受があるときは、Ａ及びＣが受領できる報酬の限度額の合計は220,000円である。

2　ＡがＢから49,500円の報酬を受領し、ＣがＤから49,500円の報酬を受領した場合、ＡはＢの依頼によって行った広告の料金に相当する額を別途受領することができない。

3　Ｃは、Ｄから報酬をその限度額まで受領できるほかに、法第35条の規定に基づく重要事項の説明を行った対価として、報酬を受領することができる。

4　建物を居住用として貸借する場合、当該賃貸借契約において100万円の保証金（Ｄの退去時にＤに全額返還されるものとする。）の授受があるときは、Ａ及びＣが受領できる報酬の限度額の合計は110,000円である。

解答・解説

1　正しい
　貸借の媒介をした場合、依頼者の双方から受領できる報酬は、借賃の1.1か月分である（①国土交通省告示第四）。また、居住用建物以外の建物で、返還されない権利金がある場合、権利金の特例規定を適用することもできる（②国土交通省告示第六）。したがって、計算式としては、①90,000円×1.1＝99,000円、②200万円×5％×1.1＝110,000円、ＡＣ合計で220,000円、③①と②を比較して多い額である220,000円を報酬限度額とすることができる。

2　誤り
　依頼者の依頼によって行う広告の料金に相当する額については、報酬とは別途受領することができる（国土交通省告示第七）。

3　誤り
　国土交通大臣が定める報酬額を超える報酬額の受領をしてはならない（宅地建物取引業法46条１項）。よって、報酬の限度額以外に重要事項の説明を行った対価は受け取れない。

4　誤り
　本肢の建物は居住用であり、また保証金は返還されるものであるため、権利金の特例を適用することはできず、報酬限度額は、90,000円×1.1＝99,000円となる（国土交通省告示第四）。

【問題117】　正解1

MEMO

問題118　報酬

　宅地建物取引業者A及び宅地建物取引業者B（ともに消費税課税事業者）が受領する報酬に関する次の記述のうち、宅地建物取引業法の規定によれば、正しいものはどれか。なお、借賃には消費税等相当額を含まないものとする。

1　Aは売主から代理の依頼を、Bは買主から媒介の依頼を、それぞれ受けて、代金5,000万円の宅地の売買契約を成立させた場合、Aは売主から343万2,000円、Bは買主から171万6,000円、合計で514万8,000円の報酬を受けることができる。

2　Aが単独で行う居住用建物の貸借の媒介に関して、Aが依頼者の一方から受けることができる報酬の上限額は、当該媒介の依頼者から報酬請求時までに承諾を得ている場合には、借賃の1.1か月分である。

3　Aが単独で貸主と借主の双方から店舗用建物の貸借の媒介の依頼を受け、1か月の借賃25万円、権利金330万円（権利設定の対価として支払われるもので、返還されないものをいい、消費税等相当額を含む。）の賃貸借契約を成立させた場合、Aが依頼者の一方から受けることができる報酬の上限額は、30万8,000円である。

4　Aが単独で行う事務所用建物の貸借の媒介に関し、Aが受ける報酬の合計額が借賃の1.1か月分以内であれば、Aは依頼者の双方からどのような割合で報酬を受けてもよく、また、依頼者の一方のみから報酬を受けることもできる。

解答・解説

1　誤り

　複数の宅地建物取引業者が1個の売買等の代理又は代理及び媒介をしたときは、その複数の宅地建物取引業者が受ける報酬額の総額が媒介依頼者の一方から受けることのできる報酬額の2倍以内でなければならない（宅地建物取引業法の解釈・運用の考え方46条1項関係2（2））。本肢の場合、合計が3倍の額になっている。

2　誤り

　居住用建物の貸借の媒介において、依頼者の一方から受けることができる報酬の上限額は、当該媒介の依頼者から承諾を得ている場合には、借賃の1.1か月分であるが、この場合の承諾は媒介の依頼を受けるに当たって得ておくことが必要である（国土交通省告示第四後段）。報酬請求時までではない。

3　誤り

　権利金の授受がある本肢について、まず、①借賃を基準に計算すると、1か月分の借賃が25万円（消費税抜き）であるから、消費税課税事業者であるAが依頼者の一方から受領できる報酬の上限額は、25万円×1.1＝27万5,000円となる（国土交通省告示第四前段）。次に、②権利金を売買代金とみなして計算すると、権利金から消費税分を抜くと300万円であるから、（300万円×4％＋2万円）×1.1＝15万4,000円となる。消費税課税事業者であるAが依頼者の一方から受領できる報酬の上限額は、15万4,000円となる（国土交通省告示第六）。いずれにしても、依頼者の一方から受領できる報酬の上限額が30万8,000円となるのではない。なお、①では、依頼者の双方から受領できる報酬の合計

限度額も27万5,000円となり、②では、双方からそれぞれ15万4,000円を限度に報酬を受領することができ、依頼者の双方から受領できる報酬の合計限度額は30万8,000円となる。

4　正しい

　居住用建物以外の貸借の媒介に関して、依頼者双方から受ける報酬の合計額が1.1か月分以内であれば、依頼者のそれぞれ一方から受ける報酬額、割合等については特段の規制はない（国土交通省告示第四前段、宅地建物取引業法の解釈・運用の考え方46条1項関係1（3）①）。

問題119 報酬

宅地建物取引業者Ａ（消費税課税事業者）が受け取ることのできる報酬額に関する次の記述のうち、宅地建物取引業法の規定によれば、誤っているものはどれか。なお、この問において報酬額に含まれる消費税等相当額は税率10％で計算するものとする。

1　宅地（代金200万円。消費税等相当額を含まない。）の売買の代理について、通常の売買の代理と比較して現地調査等の費用が８万円（消費税等相当額を含まない。）多く要した場合、売主Ｂと合意していた場合には、ＡはＢから308,000円を上限として報酬を受領することができる。

2　事務所（１か月の借賃110万円。消費税等相当額を含む。）の貸借の媒介について、Ａは依頼者の双方から合計で110万円を上限として報酬を受領することができる。

3　既存住宅の売買の媒介について、Ａが売主Ｃに対して建物状況調査を実施する者をあっせんした場合、ＡはＣから報酬とは別にあっせんに係る料金を受領することはできない。

4　宅地（代金200万円。消費税等相当額を含まない。）の売買の媒介について、通常の売買の媒介と比較して現地調査等の費用を多く要しない場合でも、売主Ｄと合意していた場合には、ＡはＤから198,000円を報酬として受領することができる。

解答・解説

1　正しい

　宅地建物取引業者（課税事業者）が、低廉な空家等（400万円以下の金額の宅地又は建物をいう。消費税等相当額を含まない。）の売買又は交換の代理をした場合に、通常の売買又は交換の代理と比較して現地調査等の費用を要するものについては、依頼者（空家等の売主又は交換を行う者である依頼者に限る。）から受領できる報酬の限度額（消費税等相当額を含む。）は、「売買の媒介又は交換の媒介の規定により計算した通常の報酬額」と「当該現地調査等に要する費用に相当する額」を合計した額に「売買の媒介又は交換の媒介の規定により計算した通常の報酬額」を合計した額の範囲内である。ただし、当該依頼者から受ける報酬の限度額は18万円の1.1倍（19万8,000円）以内でなければならない（国土交通省告示第八）。

　① 200万円×５％×1.1＝11万円（媒介報酬限度額）
　② ８万円×1.1＝88,000円（税込み現地調査費用）
　③ 11万円＋88,000円＝19万8,000円
　④ ③ ≦ 18万円×1.1＝19万8,000円　∴19万8,000円
　　　　　　　　　　　　　　　　（空家等の売買の媒介規定により算出した金額）
　⑤ ①＋④＝30万8,000円

　したがって、ＡはＢから30万8,000円を上限として報酬を受領することができる。

2　正しい

　消費税課税事業者が事務所用建物の貸借の媒介をした場合、依頼者の双方から受領できる報酬の合計限度額は、借賃の１か月分の1.1倍に相当する金額以内である（国土交

通省告示第四）。したがって、Aは依頼者の双方から合計で110万円を上限として報酬を受領することができる。

3　正しい

　建物状況調査を実施する者のあっせんは、媒介業務の一環であるため、宅地建物取引業者は、依頼者に対し建物状況調査を実施する者をあっせんした場合において、報酬とは別にあっせんに係る料金を受領することはできない（宅地建物取引業法の解釈・運用の考え方34条の2関係4）。

4　誤り

　通常の売買又は交換の媒介と比較して現地調査等の費用を多く「要しない」ものについては、低廉な空き家等の報酬計算の特例の適用を受けることはできない（国土交通省告示第七・八参照）。したがって、AはDから200万円×5％×1.1＝11万円を上限として報酬を受領することができるが（国土交通省告示第二）、Dと合意していたからといって、空家等の売買の媒介規定により算出した金額19万8,000円を報酬として受領することはできない。

【問題119】　正解4

問題120　**業務に関する禁止事項**

　宅地建物取引業者が売主である新築分譲マンションを訪れた買主Ａに対して、当該宅地建物取引業者の従業者Ｂが行った次の発言内容のうち、宅地建物取引業法の規定に違反しないものはいくつあるか。

ア　Ａ：眺望の良さが気に入った。隣接地は空地だが、将来の眺望は大丈夫なのか。
　　Ｂ：隣接地は、市有地で、現在、建築計画や売却の予定がないことを市に確認しました。将来、建つとしても公共施設なので、市が眺望を遮るような建物を建てることは絶対ありません。ご安心ください。

イ　Ａ：先日来たとき、５年後の転売で利益が生じるのが確実だと言われたが本当か。
　　Ｂ：弊社が数年前に分譲したマンションが、先日高値で売れました。このマンションはそれより立地条件が良く、また、近隣のマンション価格の動向から見ても、５年後値上がりするのは間違いありません。

ウ　Ａ：購入を検討している。貯金が少なく、手付金の負担が重いのだが。
　　Ｂ：弊社と提携している銀行の担当者から、手付金も融資の対象になっていると聞いております。ご検討ください。

エ　Ａ：昨日、申込証拠金10万円を支払ったが、都合により撤回したいので申込証拠金を返してほしい。
　　Ｂ：お預かりした10万円のうち、社内規程上、お客様の個人情報保護のため、申込書の処分手数料として、5,000円はお返しできませんが、残金につきましては法令に従いお返しします。

1　一つ　　　2　二つ　　　3　三つ　　　4　なし

解答・解説

ア　違反する

　宅地建物取引業者又はその代理人、使用人その他の従業者（以下「宅地建物取引業者等」という。）は、宅地建物取引に係る契約の締結の勧誘をするに際し、宅地建物取引業者の相手方等に対し、当該契約の目的物である宅地又は建物の将来の環境又は交通その他の利便について誤解させるべき断定的判断を提供してはならない（宅地建物取引業法47条の2第3項、同施行規則16条の12第1号イ）。

イ　違反する

　宅地建物取引業者等は、宅地建物取引に係る契約の締結の勧誘をするに際し、宅地建物取引業者の相手方等に対し、利益を生ずることが確実であると誤解させるべき断定的判断を提供する行為をしてはならない（宅地建物取引業法47条の2第1項）。

ウ　違反しない

　宅地建物取引業者は、その業務に関して、宅地建物取引業者の相手方等に対し、手付について貸付けその他信用の供与をすることにより契約の締結を誘引する行為をしてはならない（宅地建物取引業法47条3号）。しかし、手付に関し銀行との間の金銭の貸借のあっせんをすることはこれに含まれない。

エ　違反する

　宅地建物取引業者等は、宅地建物取引業者の相手方等が契約の申込みの撤回を行うに際し、既に受領した預り金を返還することを拒んではならない（宅地建物取引業法47条の2第3項、同施行規則16条の12第2号）。

　以上より、違反しないものはウのみであるので、肢1が正解となる。

【問題120】　正解1

CHECK! □□□　　本試験 平成20年度　問38　　重要度 A　　難易度 ★

問題121　業務に関する禁止事項

次に記述する宅地建物取引業者Aが行う業務に関する行為のうち、宅地建物取引業法の規定に違反しないものはどれか。

1　宅地の売買の媒介において、当該宅地の周辺環境について買主の判断に重要な影響を及ぼす事実があったため、買主を現地に案内した際に、宅地建物取引士でないAの従業者が当該事実について説明した。

2　建物の貸借の媒介において、申込者が自己都合で申込みを撤回し賃貸借契約が成立しなかったため、Aは、既に受領していた預り金から媒介報酬に相当する金額を差し引いて、申込者に返還した。

3　Aの従業者は、宅地の販売の勧誘に際し、買主に対して「この付近に鉄道の新駅ができる」と説明したが、実際には新駅設置計画は存在せず、当該従業者の思い込みであったことが判明し、契約の締結には至らなかった。

4　Aは、自ら売主として、宅地の売却を行うに際し、買主が手付金100万円を用意していなかったため、後日支払うことを約して、手付金を100万円とする売買契約を締結した。

解答・解説

1　違反しない

宅地建物取引業者は、相手方等に対し、その判断に重要な影響を及ぼすこととなる事項について、故意に事実を告げず、又は不実のことを告げる行為をしてはならないが、当該事項は、35条該当事項ではないため、宅地建物取引士でないものであっても、説明することができる（宅地建物取引業法47条1号ニ）。

2　違反する

宅地建物取引業者は、相手方等が契約の申込みの撤回を行うに際し、既に受領した預り金を返還することを拒んではならない（宅地建物取引業法47条の2第3項、同施行規則16条の12第2号）。

3　違反する

宅地建物取引業者は、宅地建物取引業に係る契約の締結の勧誘をするに際し、相手方等に対し、当該宅地建物の将来の環境又は交通その他の利便について誤解させるべき断定的判断を提供してはならない（宅地建物取引業法47条の2第3項、同施行規則16条の12第1号イ）。

4　違反する

宅地建物取引業者は、その業務に関して、相手方等に対し、手付について貸付けその他信用の供与をすることにより契約の締結を誘引する行為をしてはならない（宅地建物取引業法47条3号）。

問題122　業務に関する禁止事項

　宅地建物取引業者が行う業務に関する次の記述のうち、宅地建物取引業法の規定に違反しないものはどれか。

1　建物の販売に際して、利益を生ずることが確実であると誤解させる断定的判断を提供する行為をしたが、実際に売買契約の成立には至らなかった。

2　建物の販売に際して、不当に高額の報酬を要求したが、実際には国土交通大臣が定める額を超えない報酬を受け取った。

3　建物の販売に際して、手付について貸付けをすることにより売買契約の締結の誘引を行ったが、契約の成立には至らなかった。

4　建物の販売に際して、当該建物の売買契約の締結後、既に購入者に対する建物引渡債務の履行に着手していたため、当該売買契約の手付放棄による解除を拒んだ。

解答・解説

1　違反する
　宅地建物取引業者等は、宅地建物取引業に係る契約の締結の勧誘をするに際し、宅地建物取引業者の相手方等に対し、利益を生ずることが確実であると誤解させるべき断定的判断を提供する行為をしてはならない（宅地建物取引業法47条の2第1項）。これは、提供する行為自体を禁止しているものであるため、契約が成立しなかった場合でも、宅地建物取引業法に違反する。

2　違反する
　宅地建物取引業者は、その業務に関して、宅地建物取引業者の相手方等に対し、不当に高額の報酬を要求する行為をしてはならない（宅地建物取引業法47条2号）。これは、要求する行為自体を禁止しているものであるため、実際には国土交通大臣が定める額の範囲内で受け取った場合でも、宅地建物取引業法に違反する。

3　違反する
　宅地建物取引業者は、その業務に関して、宅地建物取引業者の相手方等に対し、手付について貸付けその他信用の供与をすることにより契約の締結を誘引する行為をしてはならない（宅地建物取引業法47条3号）。これは、手付の貸付けをすることによる契約締結の誘引行為自体を禁止しているものであるため、契約が成立しなかった場合でも、宅地建物取引業法に違反する。

4　違反しない
　宅地建物取引業者等は、宅地建物取引業に係る契約の締結に関する行為又は申込みの撤回もしくは解除の妨げに関する行為であって、宅地建物取引業者の相手方等の利益の保護に欠けるものとして国土交通省令・内閣府令等で定める一定の行為をしてはならない。相手方等が手付を放棄して契約の解除を行うに際し、正当な理由なく、当該契約の解除を拒み、又は妨げることは、この一定の行為に該当する（宅地建物取引業法47条の2第3項、同施行規則16条の12第3号、民法557条1項）。本肢において、宅地建物取引業者は、購入者に対し契約の履行の着手をしており、これは正当な理由であるといえ、相手方の手付放棄による解除を拒むことができる。

【問題122】　正解4

MEMO

問題123　業務に関する禁止事項

　宅地建物取引業者Ａが行う業務に関する次の記述のうち、宅地建物取引業法の規定に違反しないものはどれか。

1　Ａは、買主Ｂとの間で建物の売買契約を締結する当日、Ｂが手付金を一部しか用意できなかったため、やむを得ず、残りの手付金を複数回に分けてＢから受領することとし、契約の締結を誘引した。

2　Ａの従業者は、投資用マンションの販売において、相手方に事前の連絡をしないまま自宅を訪問し、その際、勧誘に先立って、業者名、自己の氏名、契約締結の勧誘が目的である旨を告げた上で勧誘を行った。

3　Ａの従業者は、マンション建設に必要な甲土地の買受けに当たり、甲土地の所有者に対し、電話により売買の勧誘を行った。その際、売却の意思は一切ない旨を告げられたが、その翌日、再度の勧誘を行った。

4　Ａの従業者は、宅地の売買を勧誘する際、相手方に対して「近所に幹線道路の建設計画があるため、この土地は将来的に確実に値上がりする」と説明したが、実際には当該建設計画は存在せず、当該従業者の思い込みであったことが判明した。

解答・解説

1　違反する

　宅地建物取引業者は、その業務に関して、宅地建物取引業者の相手方等に対し、手付について貸付けその他信用の供与をすることにより契約の締結を誘引する行為をしてはならない（宅地建物取引業法47条3号）。手付の分割受領もここでいう「信用の供与」に該当する（宅地建物取引業法の解釈・運用の考え方47条3号関係）。したがって、残りの手付金を複数回に分けてＢから受領することとして、契約の締結を誘引することは、宅地建物取引業法の規定に違反する。

2　違反しない

　宅地建物取引業者又はその代理人、使用人その他の従業者（以下「宅地建物取引業者等」という。）は、宅地建物取引業に係る契約の締結の勧誘をするに際し、宅地建物取引業者の相手方等に対し、当該勧誘に先立って宅地建物取引業者の商号又は名称及び当該勧誘を行う者の氏名並びに当該契約の締結について勧誘をする目的である旨を告げずに、勧誘を行うことはできない（宅地建物取引業法47条の2第3項、同施行規則16条の12第1号ハ）。したがって、Ａの従業者は、勧誘に先立って、業者名、自己の氏名、契約締結の勧誘が目的である旨を告げれば勧誘を行うことができるので、宅地建物取引業法の規定に違反しない。

3　違反する

　宅地建物取引業者等は、宅地建物取引業に係る契約の締結の勧誘をするに際し、宅地建物取引業者の相手方等が当該契約を締結しない旨の意思（当該勧誘を引き続き受けることを希望しない旨の意思を含む。）を表示したにもかかわらず、当該勧誘を継続してはならない（宅地建物取引業法47条の2第3項、同施行規則16条の12第1号ニ）。したがって、宅地建物取引業者Ａの従業者が、売却の意思は一切ない旨を甲土地の所有者か

ら告げられたにもかかわらず、翌日に再度の勧誘を行うことは、宅地建物取引業法の規定に違反する。

4　違反する

　宅地建物取引業者等は、宅地建物取引業に係る契約の締結の勧誘をするに際し、宅地建物取引業者の相手方等に対し、利益を生ずることが確実であると誤解させるべき断定的判断を提供する行為をしてはならない（宅地建物取引業法47条の2第1項）。そして、この規定の適用については、故意・過失を問わない（解釈運用の考え方47条の2第1項関係）。したがって、宅地建物取引業者Aの従業者が勧誘する際、「確実に値上がりする」と説明したにもかかわらず、実際には当該建設計画は存在せず、たとえ当該従業者の思い込みであったことが判明したとしても、宅地建物取引業法の規定に違反する。

【問題123】　正解2

問題124　業務に関する禁止事項

　宅地建物取引業者Aは、Bから住宅用地の購入について依頼を受け媒介契約を締結していたところ、古い空き家が建った土地（甲地）を見つけ、甲地の所有者とBとの売買契約を締結させ、又はさせようとしている。この場合、宅地建物取引業法の規定によれば、次の記述のうち正しいものはどれか。

1　Aは、Bが住宅の建設を急いでおり更地の取得を希望していることを知っていた場合でも、空き家について登記がされていないときは、Bに対して空き家が存する事実を告げる必要はない。

2　甲地が都市計画法による第二種低層住居専用地域に指定されている場合で、その制限について宅地建物取引業法第35条の規定による重要事項の説明をするとき、Aは、Bに対して、低層の住宅が建築できることを告げれば足りる。

3　AがBに対して、甲地の現況を説明しようとする場合、Aが甲地の地中の埋設管の有無について土地利用状況の経歴、関係者への照会等の調査を実施したが判明せず、埋設管の無いことを断定するためには掘削その他の特別の調査が必要であるときは、Aは、その旨を告げれば足りる。

4　Bが甲地を取得し、自ら古い空き家を除去するつもりである場合で、媒介契約に特別の定めがないとき、Aは、Bが甲地を取得した後も、その空家の除去が完成するまでは、媒介報酬の支払を請求することはできない。

解答・解説

1　誤り
　宅地建物取引業者は、相手方等に対し、宅地の現在もしくは将来の利用の制限に関する事項であって、宅地建物取引業者の相手方等の判断に重要な影響を及ぼすこととなるものについて、故意に事実を告げず、又は不実のことを告げる行為をしてはならない（宅地建物取引業法47条1号ニ）。更地の取得を希望しているBにとって、取得しようとする土地に空き家が存在することは、ここにいう現在もしくは将来の利用の制限に該当する。したがって、AはBに対して空き家が存する事実を告げる必要がある。よって、本肢は誤りである。

2　誤り
　都市計画法、建築基準法その他の法令に基づく制限で契約内容の別（当該契約の目的物が宅地であるか又は建物であるかの別及び当該契約が売買もしくは交換の契約であるか又は貸借の契約であるかの別をいう。）に応じて政令で定めるものに関する事項の概要は必ず説明しなければならない（宅地建物取引業法35条1項2号）。したがって、甲地が、都市計画法による第2種低層住居専用地域に指定されている場合はこれに該当し、各種の規制があることから低層の住宅が建築できることを告げるだけでは不十分である。よって、本肢は誤りである。

3　正しい
　宅地建物取引業者は、取引の関係者に対し、信義を旨とし、誠実にその業務を行わなければならない（宅地建物取引業法31条1項）。また、媒介契約は準委任契約であり、受任者である宅地建物取引業者は、委任の本旨に従い、善良な管理者の注意をもって委

任事務を処理する義務を負う（民法644条）。したがって、Aは、甲地に関する調査義務を負い、甲地の現況についての説明義務を負う。本肢の場合、Aは埋設管に関する調査義務を尽くしており、よって、結果をBに説明すれば足りる。

4　誤り

　宅地建物取引業者は、宅地又は建物の売買、交換又は貸借の代理又は媒介を行った場合には、国土交通大臣の定めるところにより、依頼者から報酬を受け取ることができる（宅地建物取引業法46条1項）。そして、その報酬の請求は、売買契約等が完了した時点で依頼者に対し報酬を請求することができるのであり、本肢のように、取得した目的を果たすまで、宅地建物取引業者は報酬を請求できないのではない。よって、空家の除去が完成するまでは、媒介報酬の支払いを請求することはできないとする本肢は誤りである。

宅建業法

【問題124】　正解3

問題125　業務に関する禁止事項

　宅地建物取引業者Ａ社の行う業務について、宅地建物取引業法の規定によれば、誤っているものはどれか。

1　Ａ社は、自ら建築工事完了前のマンションの売主となるときは、代金の一部が当該物件の売買価格の１/10以下で、かつ、1,000万円以下であれば、保全措置をしなくてもよい。

2　Ａ社は、その相手方等に対して契約の目的物である宅地又は建物の将来の環境等について誤解させるべき断定的判断を提供することは禁止されているが、過失によって当該断定的判断を提供してしまった場合でも免責されない。

3　Ａ社は、その事務所に従業者名簿を備えることとされているが、取引の関係者から請求があった場合、当該名簿をその者に閲覧させなければならない。

4　Ａ社は、その相手方等に対して契約に係る重要な事項について故意に事実を告げない行為は禁止されているが、法人たるＡ社の代表者が当該禁止行為を行った場合、当該代表者については懲役刑が科されることがあり、またＡ社に対しても罰金刑が科されることがある。

解答・解説

1　誤り
　この未完成物件においては、相手方より受領する手付金等が当該物件の売買価格の５/100以下で、かつ、1,000万円以下であれば、保全措置は不要である。本肢では、１/10以下ということであり、５/100を超えた額となりうるので、これをもって保全措置不要ということにはならない（宅地建物取引業法41条１項、同施行令３条の３）。

2　正しい
　対象物件においての将来の環境等について誤解させるべき断定的判断を与えることは、業務に関する禁止事項として規制されている。この場合、過失がない場合を除いていない。

3　正しい
　従業者名簿は、事務所ごとに備え、取引の関係者から請求のあったときには、これを閲覧させなければならない（宅地建物取引業法48条３・４項）。

4　正しい
　事実不告知等の禁止規定については、両罰規定が適用される（宅地建物取引業法47条１号、79条の２、84条）。よって、行為者であるＡ社の代表者が、処罰されるとともに、法人であるＡ社自身も罰金刑を受ける場合がある。

【問題125】　正解１

問題126　その他の規制

次の記述のうち、宅地建物取引業法の規定によれば、正しいものはどれか。

1　宅地建物取引業者は、その事務所ごとに従業者の氏名、従業者証明書番号その他国土交通省令で定める事項を記載した従業者名簿を備えなければならず、当該名簿を最終の記載をした日から5年間保存しなければならない。

2　宅地建物取引業者は、一団の宅地の分譲を行う案内所において宅地の売買の契約の締結を行わない場合、その案内所には国土交通省令で定める標識を掲示しなくてもよい。

3　宅地建物取引業者が、一団の宅地の分譲を行う案内所において宅地の売買の契約の締結を行う場合、その案内所には国土交通大臣が定めた報酬の額を掲示しなければならない。

4　宅地建物取引業者は、事務所以外の継続的に業務を行うことができる施設を有する場所であっても、契約（予約を含む。）を締結せず、かつ、その申込みを受けない場合、当該場所に専任の宅地建物取引士を置く必要はない。

宅建業法

解答・解説

1　誤り
　宅地建物取引業者は、その事務所ごとに従業員の氏名、従業者証明書番号その他国土交通省令で定める事項を記載した従業員名簿を備えなければならないが（宅地建物取引業法48条3項）、保存期間は最終の記載をした日から10年間である（宅地建物取引業法施行規則17条の2第4項）。

2　誤り
　宅地建物取引業者が一団の宅地建物の分譲をするにあたって、案内所を設置する場合には、その場所で契約を締結せず、かつ、契約の申込みの受付を行わないときでも、その案内所に国土交通省令で定める標識を提示しなければならない（宅地建物取引業法50条1項、同施行規則19条1項3号）。

3　誤り
　宅地建物取引業者は、その事務所ごとに、公衆の見やすい場所に、国土交通大臣が定めた報酬の額を掲示しなければならない（宅地建物取引業法46条4項）。しかし、案内所においては、売買契約の締結を行うか否かにかかわらず、報酬の額の提示は不要である。

4　正しい
　契約を締結し、又は申込みを「受ける」継続的に業務を行うことができる施設を有する場所で事務所以外のものにおいては、1人以上の専任の宅地建物取引士を置く必要があるが、契約を締結せず、かつ申込みを「受けない」継続的に業務を行うことができる施設を有する場所で事務所以外のものにおいては専任の宅地建物取引士の設置は不要である（宅地建物取引業法31条の3第1項、同施行規則15条の5の2）。

【問題126】　正解4

問題127　その他の規制

次の記述のうち、宅地建物取引業法の規定によれば、正しいものはどれか。なお、この問において、「事務所」とは、同法第31条の3に規定する事務所等をいう。

1　宅地建物取引業者は、その事務所ごとに、公衆の見やすい場所に、免許証及び国土交通省令で定める標識を掲げなければならない。

2　宅地建物取引業者は、その事務所ごとに従業者名簿を備える義務を怠った場合、監督処分を受けることはあっても罰則の適用を受けることはない。

3　宅地建物取引業者は、各事務所の業務に関する帳簿を主たる事務所に備え、取引のあったつど、その年月日、その取引に係る宅地又は建物の所在及び面積等の事項を記載しなければならない。

4　宅地建物取引業者は、その事務所ごとに一定の数の成年者である専任の宅地建物取引士を置かなければならないが、既存の事務所がこれを満たさなくなった場合は、2週間以内に必要な措置を執らなければならない。

解答・解説

1　誤り

宅地建物取引業者は、事務所等及び事務所等以外の国土交通省令で定めるその業務を行う場所ごとに、公衆の見やすい場所に、国土交通省令で定める標識を掲げなければならない（宅地建物取引業法50条1項）。免許証を掲示する義務はない。

2　誤り

従業者名簿の備置義務に違反した場合には、指示処分事由はもとより業務停止処分事由にも該当し、また、50万円以下の罰金に処せられることがある（宅地建物取引業法48条3項、65条1項、2項2号、83条1項3号の2）。

3　誤り

宅地建物取引業者は、その事務所ごとに、その業務に関する帳簿を備え、宅地建物取引業に関し取引のあったつど、その年月日、その取引に係る宅地又は建物の所在及び面積その他国土交通省令で定める事項を記載しなければならない（宅地建物取引業法49条）。

4　正しい

宅地建物取引業者は、既存の事務所等の成年者である専任の宅地建物取引士の数が法定数に抵触するに至ったときは、2週間以内に、法定数に適合させるため必要な措置を執らなければならない（宅地建物取引業法31条の3第3項）。

【問題127】　正解4

CHECK! ☐☐☐　本試験 平成29年度　問35　重要度 A　難易度 ★

問題128　**その他の規制**

次の記述のうち、宅地建物取引業法（以下この問において「法」という。）の規定によれば、正しいものはどれか。

1　宅地建物取引業者は、自ら貸主として締結した建物の賃貸借契約について、法第49条に規定されている業務に関する帳簿に、法及び国土交通省令で定められた事項を記載しなければならない。

2　宅地建物取引業者は、その業務に関する帳簿を、一括して主たる事務所に備えれば、従たる事務所に備えておく必要はない。

3　宅地建物取引業者は、その業務に関する帳簿に報酬の額を記載することが義務付けられており、違反した場合は指示処分の対象となる。

4　宅地建物取引業者は、その業務に従事する者であっても、一時的に事務の補助のために雇用した者については、従業者名簿に記載する必要がない。

解答・解説

1　誤り
　宅地建物取引業者でも、自ら貸主として貸借する行為は、宅地建物取引業法の規制を受けない（宅地建物取引業法2条2号）。

2　誤り
　宅地建物取引業者は、その事務所ごとに、その業務に関する帳簿を備え、宅地建物取引業に関し取引のあったつど、その年月日、その取引に係る宅地又は建物の所在及び面積その他国土交通省令で定める事項を記載しなければならない（宅地建物取引業法49条）。

3　正しい
　帳簿の記載事項として、「取引の年月日」「その取引に係る宅地又は建物の所在及び面積」「売買金額、交換物件の品目及び交換差金又は賃料」「報酬の額」「取引に関する特約その他参考となる事項」などを記載しなければならない（宅地建物取引業法49条、同施行規則18条1項）。これに違反した場合は、指示処分を受けることがある（宅地建物取引業法65条1項）。

4　誤り
　宅地建物取引業者は、その事務所ごとに、従業者名簿を備え、従業者の氏名、従業者証明書の番号など記載しなければならない（宅地建物取引業法48条3項）。この従業者には、代表者（いわゆる社長）を含み、かつ、非常勤の役員、単に一時的に事務の補助をする者も含まれる（宅地建物取引業法の解釈・運用の考え方、宅地建物取引業法48条1項関係）。

【問題128】　正解3

問題129　**その他の規制**

　宅地建物取引業者A（甲県知事免許）が甲県に建築した一棟100戸建てのマンションを、宅地建物取引業者B（国土交通大臣免許）に販売代理を依頼し、Bが当該マンションの隣地（甲県内）に案内所を設置して契約を締結する場合、宅地建物取引業法（以下この問において「法」という。）の規定によれば、次の記述のうち正しいものはどれか。

1　A及びBは当該マンションの所在する場所について、法第50条第1項に規定する標識をそれぞれ掲示しなければならない。

2　A及びBはその案内所について、それぞれの法第50条第1項に規定する標識に専任の宅地建物取引士の氏名を記載しなければならない。

3　Bはその案内所に、業務に従事する者5人につき、専任の宅地建物取引士を1人置かなければならない。

4　Bは法第50条第2項で定める届出を、その案内所の所在地を管轄する甲県知事及び甲県知事を経由して国土交通大臣に、業務を開始する10日前までにしなければならない。

解答・解説

1　誤り
　当該マンションの所在する場所に掲示する標識は、その売主であるAのみが掲示すればよい（宅地建物取引業法50条1項、同施行規則19条1項2号）。

2　誤り
　代理の依頼を受けたBが契約を締結するために案内所を設置したのであるから、Bが標識を掲示しなければならないのであって、Aではない。また、その掲示には、専任の宅地建物取引士の氏名を記載しなければならない（宅地建物取引業法50条1項、同施行規則19条1項4号、2項5号、様式11号の2）。

3　誤り
　Bは、その案内所においては、その業務に従事する者の人数に関わらず、専任の宅地建物取引士を1人以上設置すればよい（宅地建物取引業法31条の3第1項、同施行規則15条の5の2第3号、15条の5の3）。

4　正しい
　Bは、甲県知事と免許権者である国土交通大臣に対して案内所の業務の届出を業務を開始する10日前までに行わなければならない（宅地建物取引業法50条2項、同施行規則19条3項）。そして、国土交通大臣への届出については、その業務を行う場所の所在地を管轄する甲県知事経由でこれを行うものとされている（宅地建物取引業法78条の3第2項）。

【問題129】　正解4

CHECK! ☐ ☐ ☐　本試験 令和２年度（10月実施） 問39　重要度 A　難易度 ★

問題130　その他の規制

次の記述のうち、宅地建物取引業法の規定によれば、正しいものはどれか。

1　宅地建物取引業者は、従業者名簿の閲覧の請求があったときは、取引の関係者か否かを問わず、請求した者の閲覧に供しなければならない。

2　宅地建物取引業者は、その業務に従事させる者に従業者証明書を携帯させなければならず、その者が宅地建物取引士であり、宅地建物取引士証を携帯していても、従業者証明書を携帯させなければならない。

3　宅地建物取引業者は、その事務所ごとに従業者名簿を備えなければならないが、退職した従業者に関する事項は、個人情報保護の観点から従業者名簿から消去しなければならない。

4　宅地建物取引業者は、その業務に従事させる者に従業者証明書を携帯させなければならないが、その者が非常勤の役員や単に一時的に事務の補助をする者である場合には携帯させなくてもよい。

解答・解説

1　誤り
宅地建物取引業者は、取引の関係者から請求があったときは、従業者名簿をその者の閲覧に供しなければならない（宅地建物取引業法48条４項）。

2　正しい
宅地建物取引業者は、国土交通省令の定めるところにより、従業者に、その従業者であることを証する証明書を携帯させなければ、その者をその業務に従事させてはならない（宅地建物取引業法48条１項）。したがって、宅地建物取引士証を携帯していても従業者証明書に代えることはできない。

3　誤り
宅地建物取引業者は、その事務所ごとに、従業者名簿を備え、従業者の氏名、従業者証明書番号、生年月日、主たる職務内容、宅地建物取引士であるか否かの別、当該事務所の従業者となった年月日のみならず、当該事務所の従業者でなくなったときは、その年月日も記載しなければならない（宅地建物取引業法48条３項、同施行規則17条の２第１項）。したがって、退職した従業者に関する事項も従業者名簿への記載の対象となり、その保存期間中は消去できない。

4　誤り
宅地建物取引業者は、従業者に、その従業者であることを証する証明書を携帯させなければ、その者をその業務に従事させてはならない（宅地建物取引業法48条１項）。この従業者には、非常勤の役員や単に一時的に事務の補助をする者も含まれる（宅地建物取引業法の解釈・運用の考え方48条１項関係）。

【問題130】　正解２

問題131　その他の規制

　宅地建物取引業法に規定する宅地建物取引士証、従業者証明書、従業者名簿、帳簿及び標識に関する次の記述のうち、誤っているものはどれか。

1　宅地建物取引業者の従業者は、宅地建物取引業者が発行する従業者証明書をその業務に従事する間、常に携帯し、取引の関係者から請求があったときは、従業者証明書を提示しなければならないが、従業者が宅地建物取引士である場合は、宅地建物取引士証の提示をもってこれに代えることができる。

2　宅地建物取引業者は、その事務所ごとに従業者名簿を備え、取引の関係者から請求があったときは、当該名簿をその者の閲覧に供しなければならないが、当該名簿を事務所のパソコンのハードディスクに記録し、ディスプレイの画面に表示する方法で閲覧に供することもできる。

3　宅地建物取引業者は、その事務所ごとにその業務に関する帳簿を備え、取引のあったつど、所定の事項を記載しなければならないが、当該帳簿の記載事項を事務所のパソコンのハードディスクに記録し、必要に応じ当該事務所においてパソコンやプリンタを用いて紙面に印刷することが可能な環境を整えることで、当該帳簿への記載に代えることができる。

4　宅地建物取引業者は、売主として一団の宅地建物の分譲を当該物件から約500m離れた駅前に案内所を設置して行う場合、当該物件の所在する場所及び案内所のそれぞれに、免許証番号、主たる事務所の所在地等の所定の事項を記載した標識を掲示しなければならない。

解答・解説

1　誤り

　宅地建物取引業者は、従業者に、その従業者であることを証する証明書（従業者証明書）を携帯させなければ、その者をその業務に従事させてはならない（宅地建物取引業法48条1項）。そして、従業者は、取引の関係者の請求があったときは、従業者証明書を提示しなければならない（宅地建物取引業法48条2項）。この従業者証明書の提示は、宅地建物取引士だからといって、宅地建物取引士証の提示をもって代えることはできない。

2　正しい

　宅地建物取引業者は、その事務所ごとに、従業者名簿を備え、従業者の氏名、従業者証明書の番号その他国土交通省令で定める事項を記載しなければならない（宅地建物取引業法48条3項）。そして、宅地建物取引業者は、取引の関係者から請求があったときは、従業者名簿をその者の閲覧に供しなければならない（宅地建物取引業法48条4項）。もっとも、当該名簿を事務所のパソコンのハードディスクに記録したときは、ディスプレイの画面に表示する方法等で閲覧に供することもできる（宅地建物取引業法施行規則17条の2第3項）。

3　正しい

　宅地建物取引業者は、その事務所ごとに、その業務に関する帳簿を備え、宅地建物取引業に関し取引のあったつど、その年月日、その取引に係る宅地又は建物の所在及び面

積その他国土交通省令で定める事項を記載しなければならない（宅地建物取引業法49条）。もっとも、当該帳簿の記載事項を事務所のパソコンのハードディスクに記録することもでき、必要に応じ当該事務所においてパソコンやプリンタを用いて紙面に印刷することが可能な環境を整えることで、当該帳簿への記載に代えることができる（宅地建物取引業法施行規則18条2項）。

4　正しい

　宅地建物取引業者は、事務所等及び事務所等以外の国土交通省令で定めるその業務を行う場所ごとに、公衆の見やすい場所に、国土交通省令で定める標識を掲げなければならない（宅地建物取引業法50条1項）。本肢における物件の所在する場所及び案内所は、それぞれ所定の事項を記載した標識の掲示が必要な場所である（宅地建物取引業法施行規則19条1・2項）。

問題132　その他の規制

次の記述のうち、宅地建物取引業法の規定によれば、正しいものはどれか。

1　宅地建物取引業者の従業者である宅地建物取引士は、取引の関係者から事務所で従業者証明書の提示を求められたときは、この証明書に代えて従業者名簿又は宅地建物取引士証を提示することで足りる。

2　宅地建物取引業者がその事務所ごとに備える従業者名簿には、従業者の氏名、生年月日、当該事務所の従業者となった年月日及び当該事務所の従業者でなくなった年月日を記載することで足りる。

3　宅地建物取引業者は、一団の宅地の分譲を案内所を設置して行う場合、業務を開始する日の10日前までに、その旨を免許を受けた国土交通大臣又は都道府県知事及び案内所の所在地を管轄する都道府県知事に届け出なければならない。

4　宅地建物取引業者は、その事務所ごとに、その業務に関する帳簿を備え、宅地建物取引業に関し取引のあった月の翌月10日までに、一定の事項を記載しなければならない。

解答・解説

1　誤り

従業者は、取引の関係者の請求があったときは、従業者証明書を提示しなければならない（宅地建物取引業法48条2項）。従業者名簿や宅地建物取引士証の提示をもって従業者証明書の提示に代えることはできない。

2　誤り

宅地建物取引業者は、国土交通省令で定めるところにより、その事務所ごとに、従業者名簿を備えなければならない。そして、当該名簿には、従業者の氏名、従業者証明書の番号、生年月日、主たる職務内容、宅地建物取引士であるか否かの別、その他当該事務所の従業者となった年月日及び当該事務所の従業者でなくなったときは、その年月日を記載しなければならない（宅地建物取引業法48条3項、同施行規則17条の2第1項）。本肢のように、従業者の氏名、生年月日、当該事務所の従業者となった年月日及び当該事務所の従業者でなくなった年月日を記載することで足りるわけではない。

3　正しい

宅地建物取引業者は、免許を受けた国土交通大臣又は都道府県知事及びその所在地を管轄する都道府県知事に対し、専任の宅地建物取引士を1人以上設置すべき場所について、一定事項を、業務を開始する日の10日前までに届出をしなければならない（宅地建物取引業法50条2項、同施行規則19条3項）。

4　誤り

宅地建物取引業者は、国土交通省令の定めるところにより、その事務所ごとに、その業務に関する帳簿を備え、宅地建物取引業に関し取引のあったつど、その年月日、その取引に係る宅地又は建物の所在及び面積その他国土交通省令で定める事項を記載しなければならない（宅地建物取引業法49条）。このように、帳簿への記載は、取引のあったつどであって、取引のあった月の翌月10日までではない。

必勝合格Check!

事務所・案内所に関する規制

		標識	報酬額の掲示	帳簿・従業者名簿	専任の宅地建物取引士	50条2項の届出
事務所	本店	○	○	○	5人に1人以上	×
	支店	○	○	○		×
案内所	申込・契約を行う案内所	○	×	×	1人以上	○ 業務開始10日前
	申込・契約を行わない案内所	○	×	×	×	×

※標識の記載事項　専任の宅地建物取引士の設置が必要な場所では、その専任の宅地建物取引士の氏名
　　　　　　　　代理・媒介を行う場合には、依頼者（売主等）の名称
　　　　　　　　クーリング・オフの適用のある場所においては、その旨

宅建業法

問題133　その他の規制

次の記述のうち、宅地建物取引業法（以下この問において「法」という。）の規定によれば、正しいものはどれか。

1　宅地建物取引業者が、他の宅地建物取引業者が行う一団の宅地建物の分譲の代理又は媒介を、案内所を設置して行う場合で、その案内所が専任の宅地建物取引士を置くべき場所に該当しない場合は、当該案内所には、クーリング・オフ制度の適用がある旨を表示した標識を掲げなければならない。

2　宅地建物取引業者が、その従業者をして宅地の売買の勧誘を行わせたが、相手方が明確に買う意思がない旨を表明した場合、別の従業者をして、再度同じ相手方に勧誘を行わせることは法に違反しない。

3　宅地建物取引業者が、自ら売主となる宅地建物売買契約成立後、媒介を依頼した他の宅地建物取引業者へ報酬を支払うことを拒む行為は、不当な履行遅延（法第44条）に該当する。

4　宅地建物取引業者は、その事務所ごとに従業者名簿を備えなければならないが、退職した従業者に関する事項は従業者名簿への記載の対象ではない。

解答・解説

1　正しい

宅地建物取引業者は、他の宅地建物取引業者が行う一団の宅地建物の分譲の代理又は媒介を案内所を設置して行う場合で、その案内所が専任の宅地建物取引士を置くべき場所に該当しない場合には、当該案内所には、クーリング・オフ制度の適用がある旨を表示した様式11号の3の標識を掲げなければならない（宅地建物取引業法50条1項、同施行規則19条1項4号、同2項6号）。

2　誤り

宅地建物取引業者又はその代理人、使用人その他の従業者は、宅地建物取引業に係る契約の締結をするに際し、宅地建物取引業者の相手方等が当該契約を締結しない旨の意思（当該勧誘を引き続き受けることを希望しない旨の意思を含む。）を表示したにもかかわらず、当該勧誘を継続してはならない（宅地建物取引業法47条の2第3項、同施行規則16条の12第1号ニ）。本肢においては、相手方が明確に買う意思がない旨を表明したのであるから、別の従業員をして、再度同じ相手方に勧誘を行わせることは宅地建物取引業法に違反する。

3　誤り

宅地建物取引業者は、その業務に関してなすべき宅地若しくは建物の「登記」若しくは「引渡し」又は「取引に係る対価の支払」を不当に遅延する行為をしてはならない（宅地建物取引業法44条）。ここでいう「対価の支払」とは、売買代金、内金、交換差金をいい、媒介を依頼した他の宅地建物取引業者へ支払う報酬は含まれない。したがって、媒介を依頼した他の宅地建物取引業者へ報酬を支払うことを拒む行為は、不当な履行遅延に該当しない。

4　誤り

宅地建物取引業者は、国土交通省令で定めるところにより、その事務所ごとに、従業者名簿を備え、従業者の氏名、従業者証明書番号、生年月日、主たる職務内容、宅地建物取引士であるか否かの別、当該事務所の従業者となった年月日のみならず、当該事務所の従業者でなくなったときは、その年月日も記載しなければならない（宅地建物取引業法48条3項、同施行規則17条の2第1項）。したがって、退職した従業者に関する事項も従業者名簿への記載の対象となる。

【問題133】　正解 1

問題134　その他の規制

次の記述のうち、宅地建物取引業法の規定によれば、誤っているものはどれか。

1　宅地建物取引業者の従業者は、取引の関係者の請求があったときは、従業者証明書を提示しなければならないが、宅地建物取引士は、重要事項の説明をするときは、請求がなくても説明の相手方に対し、宅地建物取引士証を提示しなければならない。

2　宅地建物取引業者は、その業務に関する帳簿を、各取引の終了後5年間、当該宅地建物取引業者が自ら売主となる新築住宅に係るものにあっては10年間、保存しなければならない。

3　宅地建物取引業者が、一回の宅地建物の分譲を案内所を設置して行う場合、その案内所が一時的かつ移動が容易な施設であるときは、当該案内所には、クーリング・オフ制度の適用がある旨等所定の事項を表示した標識を掲げなければならない。

4　宅地建物取引業者が、一回の宅地建物の分譲を案内所を設置して行う場合、その案内所が契約を締結し、又は契約の申込みを受ける場所であるときは、当該案内所には、専任の宅地建物取引士を置かなければならない。

解答・解説

1　正しい

従業者は、取引の関係者の請求があったときは、従業者証明書を提示しなければならない（宅地建物取引業法48条2項）。宅地建物取引士は、重要事項の説明をするときは、請求がなくても、説明の相手方に対し、宅地建物取引士証を提示しなければならない（宅地建物取引業法35条4項）。

2　誤り

宅地建物取引業者は、帳簿を各事業年度の末日をもって閉鎖するものとし、「閉鎖後」5年間（当該宅地建物取引業者が自ら売主となる新築住宅に係るものにあっては、10年間）当該帳簿を保存しなければならない（宅地建物取引業法49条、同施行規則18条3項）。

3　正しい

一時的かつ移動が容易な案内所は、土地に定着しているとはいえないので、クーリング・オフのできる案内所である（宅地建物取引業法37条の2第1項、同施行規則16条の5第1号ロ）。当該案内所には、クーリング・オフ制度の適用がある旨等所定の事項を表示した標識を掲げなければならない（宅地建物取引業法施行規則19条1項3号、同2項3号、様式10号の2）。

4　正しい

契約の締結又は契約の申込みを受ける案内所には、専任の宅地建物取引士を置かなければならない（宅地建物取引業法31条の3第1項、同施行規則15条の5の2第2号）。

問題135 　監督処分・罰則

　宅地建物取引業法（以下この問において「法」という。）の規定に基づく監督処分及び罰則に関する次の記述のうち、正しいものはいくつあるか。

ア　宅地建物取引業者A（国土交通大臣免許）が甲県内における業務に関し、法第37条に規定する書面を交付していなかったことを理由に、甲県知事がAに対して業務停止処分をしようとするときは、あらかじめ、内閣総理大臣に協議しなければならない。

イ　乙県知事は、宅地建物取引業者B（乙県知事免許）に対して指示処分をしようとするときは、聴聞を行わなければならず、聴聞の期日における審理は、公開により行わなければならない。

ウ　丙県知事は、宅地建物取引業者C（丙県知事免許）が免許を受けてから1年以内に事業を開始しないときは、免許を取り消さなければならない。

エ　宅地建物取引業者D（丁県知事免許）は、法第72条第1項の規定に基づき、丁県知事から業務について必要な報告を求められたが、これを怠った。この場合、Dは50万円以下の罰金に処せられることがある。

1　一つ　　2　二つ　　3　三つ　　4　四つ

解答・解説

ア　誤り

「国土交通大臣」は、その免許を受けた宅地建物取引業者に対して、37条書面を交付しなかったことを理由に、業務停止処分をしようとするときは、あらかじめ、内閣総理大臣に協議しなければならない（宅地建物取引業法71条の2第1項）。都道府県知事が同様の処分をするにあたって、内閣総理大臣に協議しなければならないとする規定はない。

イ　正しい

都道府県知事は、指示処分をしようとするときは、聴聞を行わなければならない（宅地建物取引業法69条1項）。そして、この聴聞の期日における審理は、公開により行わなければならない（宅地建物取引業法69条2項、16条の15第5項）。

ウ　正しい

国土交通大臣又は都道府県知事は、その免許を受けた宅地建物取引業者が免許を受けてから1年以内に事業を開始せず、又は引き続いて1年以上事業を休止したときは、当該免許を取り消さなければならない（宅地建物取引業法66条1項6号）。

エ　正しい

都道府県知事は、当該都道府県の区域内で宅地建物取引業を営む者に対して、宅地建物取引業の適正な運営を確保するため必要があると認めるときは、その業務について必要な報告を求めることができる（宅地建物取引業法72条1項）。そして、この報告をしない者又は虚偽の報告をした者は、50万円以下の罰金に処せられることがある（宅地建物取引業法83条1項5号）。

　以上より、正しいものは、イ、ウ、エの三つであり、肢3が正解となる。

必勝合格Check!

罰則一覧

	罰則	違反事由
刑罰	3年以下の懲役 300万円（法人1億円）以下の罰金 （これらの併科）	不正手段による免許の取得 無免許営業 名義貸し営業 業務停止処分違反
	2年以下の懲役 300万円（法人1億円）以下の罰金 （これらの併科）	事実不告知等禁止違反
	1年以下の懲役 100万円以下の罰金 （これらの併科）	不当に高額な報酬の要求
	6月以下の懲役 100万円以下の罰金 （これらの併科）	営業保証金の供託済みの届出前の営業 誇大広告等 不当な履行遅延 手付貸与等の信用供与による契約締結の誘引
	100万円以下の罰金	虚偽記載した免許申請書等の提出 宅地建物取引士の設置義務違反 限度額を超える報酬の受領　など
	50万円以下の罰金	業者名簿の変更届出義務違反 従業者名簿・従業者証明書関連罰則 報酬額・標識の掲示義務違反 業務を行う場所の届出義務違反 帳簿関連罰則 守秘義務違反 37条書面の不交付　など
秩序罰	10万円以下の過料	宅地建物取引士証の返納・提出義務違反 重要事項説明における宅地建物取引士証提示義務違反

問題136 監督処分・罰則

宅地建物取引業法の規定に基づく監督処分に関する次の記述のうち、誤っているものはどれか。

1 国土交通大臣に宅地建物取引業を営む旨の届出をしている信託業法第3条の免許を受けた信託会社は、宅地建物取引業の業務に関し取引の関係者に損害を与えたときは、指示処分を受けることがある。

2 甲県知事は、宅地建物取引業者A（甲県知事免許）に対して指示処分をしようとするときは、聴聞を行わなければならず、その期日における審理は、公開により行わなければならない。

3 国土交通大臣は、宅地建物取引業者B（乙県知事免許）に対し宅地建物取引業の適正な運営を確保し、又は健全な発達を図るため必要な指導、助言及び勧告をすることができる。

4 丙県知事は、丙県の区域内における宅地建物取引業者C（丁県知事免許）の業務に関し、Cに対して指示処分をした場合、遅滞なく、その旨を丙県の公報等により公告しなければならない。

解答・解説

1 正しい

宅地建物取引業を営む信託会社については、国土交通大臣の免許を受けた宅地建物取引業者とみなして、宅地建物取引業法の規定が適用されるが、免許に関する規定及び免許取消処分に関する規定は適用されない（宅地建物取引業法77条1・2項）。よって、業務に関し取引の関係者に損害を与えたときは（又は損害を与えるおそれが大であるときも同じ）、指示処分を受けることがある（宅地建物取引業法65条1項1号・3項）。

2 正しい

都道府県知事は、指示処分をしようとするときは、弁明の機会の付与という手続きではなく、聴聞を行わなければならない（宅地建物取引業法69条1項）。この聴聞の期日における審理は、公開により行わなければならない（宅地建物取引業法69条2項、16条の15第5項）。

3 正しい

国土交通大臣は、すべての宅地建物取引業者に対して、宅地建物取引業の適正な運営を確保し、又は宅地建物取引業の健全な発達を図るため必要な指導、助言及び勧告をすることができる。ちなみに、都道府県知事は、当該都道府県の区域内で宅地建物取引業を営む宅地建物取引業者に対して、必要な指導等をすることができる（宅地建物取引業法71条）。

4 誤り

都道府県知事は、業務停止処分又は免許取消処分（宅地建物取引業法67条による公告による免許取消しの場合は除く。）をしたときは、当該都道府県の公報又はウェブサイトへの掲載その他の適切な方法によって、その旨を公告しなければならない（宅地建物取引業法70条1項、同施行規則29条）。ちなみに、この公告は、国土交通大臣の処分に係るものにあっては官報によるものとする。よって、指示処分の場合には、このような

公告は不要である。

必勝合格Check!

宅建業者に対する監督処分の種類

	免許権者（大臣・知事）	業務地を管轄する都道府県知事
指示処分	○	○
業務停止処分	○	○※1
免許取消処分	○	×

※1営業保証金・保証協会に関する事項等については、免許権者のみ業務停止処分ができる。

●指示処分事由（抜粋）
　①宅建業法の規定に違反したとき
　②業務に関し他の法令に違反し、宅建業者として不適当であると認められるとき
　③宅地建物取引士が監督処分を受けた場合において、宅建業者の責めに帰すべき理由があるとき

●業務停止処分事由（抜粋）
　①指示処分に従わない
　②専任の宅地建物取引士の設置義務違反
　③重要事項の説明義務違反

●免許取消処分事由（抜粋）
　①免許換えをしなければならない事由に該当しながら、新たな免許を受けていないことが判明したとき
　②免許を受けてから1年以内に事業を開始せず、又は引き続いて1年以上事業を休止したとき
　③届出がなく、破産手続開始の決定・解散・廃業の事実が判明したとき

問題137 　監督処分・罰則

　宅地建物取引業者A（甲県知事免許）に対する監督処分に関する次の記述のうち、宅地建物取引業法の規定によれば、正しいものはどれか。

1 　Aの専任の宅地建物取引士が事務禁止処分を受けた場合において、Aの責めに帰すべき理由があるときは、甲県知事は、Aに対して指示処分をすることができる。

2 　甲県知事は、Aの事務所の所在地を確知できないときは、直ちにAの免許を取り消すことができる。

3 　Aが宅地建物取引業法の規定に違反したとして甲県知事から指示処分を受け、その指示に従わなかった場合、甲県知事は、Aの免許を取り消さなければならない。

4 　甲県知事は、Aに対して指示処分をした場合には、甲県の公報等により、その旨を公告しなければならない。

解答・解説

1　正しい
　宅地建物取引士が監督処分を受けた場合において、宅地建物取引業者の責めに帰すべき理由があるときには、免許権者はその宅地建物取引業者に対して指示処分をすることができる（宅地建物取引業法65条1項4号）。

2　誤り
　免許権者は、その免許を受けた宅地建物取引業者の事務所の所在地を確知できないときは、官報又は公報でその事実を公告し、その公告の日から30日を経過しても当該宅地建物取引業者から申出がないときは、当該宅地建物取引業者の免許を取り消すことができる（宅地建物取引業法67条1項）。

3　誤り
　宅地建物取引業者が業務停止処分に違反した場合には、免許権者は免許を取り消さなければならないが、指示処分に従わなかった場合、直ちに免許を取り消さなければならないという規定はない（宅地建物取引業法66条1項9号）。

4　誤り
　免許権者は、免許取消処分や業務停止処分をしたときには、その旨を公告しなければならないが、指示処分をした場合に、その旨を公告しなければならないという規定はない（宅地建物取引業法65条1項、70条1項）。

【問題137】　正解1

MEMO

問題138　履行確保法

　特定住宅瑕疵担保責任の履行の確保等に関する法律に基づく住宅販売瑕疵担保保証金の供託又は住宅販売瑕疵担保責任保険契約の締結に関する次の記述のうち、正しいものはどれか。

1　自ら売主として新築住宅を宅地建物取引業者でない買主に引き渡した宅地建物取引業者は、基準日に係る住宅販売瑕疵担保保証金の供託及び住宅販売瑕疵担保責任保険契約の締結の状況について届出をしなければ、当該基準日から起算して50日を経過した日以後、新たに自ら売主となる新築住宅の売買契約を締結してはならない。

2　宅地建物取引業者は、自ら売主として新築住宅を販売する場合だけでなく、新築住宅の売買の媒介をする場合においても、住宅販売瑕疵担保保証金の供託又は住宅販売瑕疵担保責任保険契約の締結を行う義務を負う。

3　住宅販売瑕疵担保責任保険契約は、新築住宅の買主が保険料を支払うことを約し、住宅瑕疵担保責任保険法人と締結する保険契約である。

4　自ら売主として新築住宅を販売する宅地建物取引業者は、住宅販売瑕疵担保保証金の供託をする場合、当該新築住宅の売買契約を締結するまでに、当該新築住宅の買主に対し、当該供託をしている供託所の所在地、供託所の表示等について記載した書面を交付（買主の承諾を得た電磁的方法の提供を含む。）して説明しなければならない。

解答・解説

1　誤り

　自ら売主として新築住宅を引き渡した宅地建物取引業者は、原則として、住宅販売瑕疵担保保証金の供託をし、かつ、その届出をしなければ、当該基準日の翌日から起算して50日を経過した日以後においては、新たに自ら売主となる新築住宅の売買契約を締結してはならない（特定住宅瑕疵担保責任の履行の確保等に関する法律13条）。基準日から起算して50日を経過した日ではない。

2　誤り

　宅地建物取引業者は、自ら売主として新築住宅を販売する場合において、特定住宅瑕疵担保責任の履行の確保等に関する法律に基づく住宅販売瑕疵担保保証金の供託又は住宅販売瑕疵担保責任保険契約の締結を行う義務を負う（特定住宅瑕疵担保責任の履行の確保等に関する法律11条1項）。これに対して、新築住宅の売買の媒介をする場合には、このような義務は負わない。

3　誤り

　住宅販売瑕疵担保責任保険契約は、自ら売主として新築住宅を販売する宅地建物取引業者が保険料を支払うことを約し、住宅瑕疵担保責任保険法人と締結する保険契約である（特定住宅瑕疵担保責任の履行の確保等に関する法律11条2項）。

4　正しい

　自ら売主として新築住宅を販売する宅地建物取引業者は、住宅販売瑕疵担保保証金の

供託をする場合、当該新築住宅の売買契約を締結するまでに、当該新築住宅の買主に対し、当該供託をしている供託所の所在地、供託所の表示等について記載した書面を交付して説明しなければならない（特定住宅瑕疵担保責任の履行の確保等に関する法律15条、同施行規則21条）。

宅建業法

【問題138】　正解4

問題139　履行確保法

　特定住宅瑕疵担保責任の履行の確保等に関する法律に基づく住宅販売瑕疵担保保証金の供託又は住宅販売瑕疵担保責任保険契約の締結（以下この問において「資力確保措置」という。）に関する次の記述のうち、正しいものはどれか。

1　自ら売主として新築住宅を宅地建物取引業者でない買主に引き渡した宅地建物取引業者は、当該住宅を引き渡した日から３週間以内に、その住宅に関する資力確保措置の状況について、その免許を受けた国土交通大臣又は都道府県知事に届け出なければならない。

2　自ら売主として新築住宅を宅地建物取引業者でない買主に引き渡した宅地建物取引業者は、基準日に係る資力確保措置の状況の届出をしなければ、当該基準日の翌日から起算して50日を経過した日以後においては、新たに自ら売主となる新築住宅の売買契約を締結してはならない。

3　住宅販売瑕疵担保責任保険契約は、新築住宅を自ら売主として販売する宅地建物取引業者が住宅瑕疵担保責任保険法人と締結する保険契約であり、当該住宅の売買契約を締結した日から５年間、当該住宅の瑕疵によって生じた損害について保険金が支払われる。

4　新築住宅を自ら売主として販売する宅地建物取引業者が、住宅販売瑕疵担保保証金の供託をした場合、買主に対する当該保証金の供託をしている供託所の所在地等について記載した書面の交付（買主の承諾を得た電磁的方法の提供を含む。）及び説明は、当該住宅の売買契約を締結した日から引渡しまでに行わなければならない。

解答・解説

1　誤り
　自ら売主として新築住宅を引き渡した宅地建物取引業者は、基準日ごとに、当該基準日に係る住宅販売瑕疵担保保証金の供託及び住宅販売瑕疵担保責任保険契約の締結の状況について、「基準日」から３週間以内に、その免許を受けた国土交通大臣又は都道府県知事に届け出なければならない（特定住宅瑕疵担保責任の履行の確保等に関する法律12条１項、同施行規則16条１項）。

2　正しい
　自ら売主として新築住宅を引き渡した宅地建物取引業者は、住宅販売瑕疵担保保証金の供託をし、かつ、その届出をしなければ、当該基準日の翌日から起算して50日を経過した日以後においては、新たに自ら売主となる新築住宅の売買契約を締結してはならないのが原則である（特定住宅瑕疵担保責任の履行の確保等に関する法律13条）。

3　誤り
　住宅販売瑕疵担保責任保険契約は、新築住宅の買主が当該新築住宅の売主である宅地建物取引業者から当該新築住宅の引渡しを受けた時から10年以上の期間にわたって有効であるものでなければならない（特定住宅瑕疵担保責任の履行の確保等に関する法律２条６項４号）。

4　誤り

　供託宅地建物取引業者は、自ら売主となる新築住宅の買主に対し、当該新築住宅の「売買契約を締結するまでに」、その住宅販売瑕疵担保保証金の供託をしている供託所の所在地等について、これらの事項を記載した書面を交付（買主の承諾を得た電磁的方法の提供を含む。）して説明しなければならない（特定住宅瑕疵担保責任の履行の確保等に関する法律15条）。

必勝合格Check!

品確法及び履行確保法

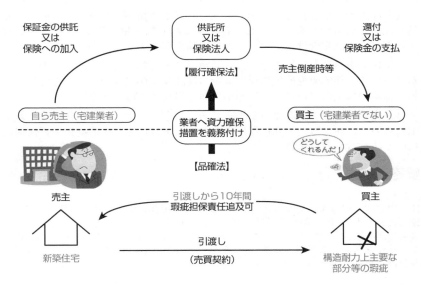

問題140 **履行確保法**

　宅地建物取引業者A（甲県知事免許）が、自ら売主として宅地建物取引業者ではない買主Bに新築住宅を販売する場合における次の記述のうち、特定住宅瑕疵担保責任の履行の確保等に関する法律の規定によれば、正しいものはどれか。

1　Aが媒介を依頼した宅地建物取引業者又はBが住宅販売瑕疵担保責任保険契約の締結をしていれば、Aは住宅販売瑕疵担保保証金の供託又は住宅販売瑕疵担保責任保険契約の締結を行う必要はない。

2　Aが住宅販売瑕疵担保保証金の供託をし、その額が、基準日において、販売新築住宅の合計戸数を基礎として算定する基準額を超えることとなった場合、甲県知事の承認を受けた上で、その超過額を取り戻すことができる。

3　新築住宅をBに引き渡したAは、基準日ごとに基準日から50日以内に、当該基準日に係る住宅販売瑕疵担保保証金の供託及び住宅販売瑕疵担保責任保険契約の締結の状況について、甲県知事に届け出なければならない。

4　Bが宅地建物取引業者である場合であっても、Aは、Bに引き渡した新築住宅について、住宅販売瑕疵担保保証金の供託又は住宅販売瑕疵担保責任保険契約の締結を行う義務を負う。

解答・解説

1　誤り

　住宅販売瑕疵担保保証金の供託又は住宅販売瑕疵担保責任保険契約の締結（以下「資力確保措置」という。）が義務付けられるのは、自ら売主として買主に新築住宅を引き渡す宅地建物取引業者（本問ではA）である（特定住宅瑕疵担保責任の履行の確保等に関する法律2条6項2号ロ、11条）。媒介業者や買主（本問ではB）には資力確保措置は義務付けられていない。

2　正しい

　Aが住宅販売瑕疵担保保証金の供託をしている場合、基準日において、その額が基準日に係る基準額を超えることとなったときは、免許権者（本問では甲県知事）の承認を受けることにより、その超過額を取り戻すことができる（特定住宅瑕疵担保責任の履行の確保等に関する法律16条、9条）。

3　誤り

　新築住宅を引き渡した宅地建物取引業者Aは、基準日ごとに基準日から「3週間以内」に当該基準日に係る資力確保措置の状況について免許権者（甲県知事）に届け出なければならない（特定住宅瑕疵担保責任の履行の確保等に関する法律12条1項、規則16条1項）。

4　誤り

　資力確保措置が義務付けられるのは、自ら売主として買主に新築住宅を引き渡す宅地建物取引業者（A）であるが、買主（B）が宅地建物取引業者であるときは、資力確保措置の義務付けの対象とはならない（特定住宅瑕疵担保責任の履行の確保等に関する法律2条6項2号ロ、11条）。

必勝合格Check!

用語の定義

新築住宅	工事完了日から起算して１年を経過していない**新たに建設された住宅**で、まだ人の居住の用に供したことのないもの
構造耐力上主要な部分等	構造耐力上主要な部分又は雨水の浸入を防止する部分

保証金の供託等のポイント

供託額	基準日前10年間に引き渡した新築住宅の戸数を基礎とする金額
供託場所	主たる事務所の最寄りの供託所
供託物	一定の有価証券でも可
供託時期	毎年、基準日から３週間以内
供託等の届出	毎年、基準日から３週間以内
供託等をしていない又は届出をしていない場合の措置	基準日翌日から起算して50日経過後、自ら売主となる新築住宅の売買契約禁止
供託所の所在地等の説明	売買契約を締結するまでに、書面を交付（買主の承諾を得た電磁的方法の提供を含む。）して説明
不足額の追加供託	通知書の送付を受けた日から２週間以内
超過額の取戻し	免許権者の承認が必要

＊基準日は、年１回で毎年３月31日である。

【問題140】　正解２

問題141 履行確保法

　宅地建物取引業者Ａが自ら売主として、宅地建物取引業者ではない買主Ｂに新築住宅を販売する場合における次の記述のうち、特定住宅瑕疵担保責任の履行の確保等に関する法律によれば、正しいものはどれか。

1　Ａが、住宅販売瑕疵担保保証金を供託する場合、当該住宅の床面積が100㎡以下であるときは、新築住宅の合計戸数の算定に当たって、2戸をもって1戸と数えることになる。

2　Ａは、住宅瑕疵担保責任保険法人と住宅販売瑕疵担保責任保険契約の締結をした場合、Ｂが住宅の引渡しを受けた時から10年以内に当該住宅を転売したときは、当該住宅瑕疵担保責任保険法人にその旨を申し出て、当該保険契約の解除をしなければならない。

3　Ａは、住宅販売瑕疵担保責任保険契約の締結をした場合、当該住宅を引き渡した時から10年間、当該住宅の構造耐力上主要な部分、雨水の浸入を防止する部分、給水設備又はガス設備の隠れた瑕疵によって生じた損害について保険金の支払を受けることができる。

4　住宅販売瑕疵担保責任保険契約は、新築住宅を引き渡したＡが住宅瑕疵担保責任保険法人と締結する必要があり、Ｂが保険料を支払うものではない。

解答・解説

1　誤り

　住宅販売瑕疵担保保証金を供託する場合の販売新築住宅の合計戸数の算定に当たっては、販売新築住宅のうち、その床面積の合計が55㎡以下のものは、その2戸をもって1戸とする（特定住宅瑕疵担保責任の履行の確保等に関する法律11条2・3項、同施行令5条）。100㎡以下ではない。

2　誤り

　住宅販売瑕疵担保責任保険契約は、国土交通大臣の承認を受けなければ解除できないので（特定住宅瑕疵担保責任の履行の確保等に関する法律2条7項5号）、転売したからといってＡは勝手に解除をすることはできない。

3　誤り

　保険金の支払対象となる瑕疵は、住宅の品質確保の促進等に関する法律と同様、構造耐力上主要な部分又は雨水の浸入を防止する部分として政令で定めるものをいい、住宅の給水設備やガス設備の瑕疵は、これに当たらない（特定住宅瑕疵担保責任の履行の確保等に関する法律2条5項、住宅の品質確保の促進等に関する法律94条1項、95条1項、同施行令5条）。

4　正しい

　住宅販売瑕疵担保責任保険契約は、自ら売主として新築住宅を販売する宅地建物取引業者が保険料を支払うことを約し、住宅瑕疵担保責任保険法人と締結する保険契約である（特定住宅瑕疵担保責任の履行の確保等に関する法律2条7項1号、11条2項）。新築住宅の買主が保険料を支払うことを約して、住宅瑕疵担保責任保険法人と締結するのではない。

【問題141】　正解4

必勝合格
宅建士過去問題集

法令上の制限

問題1　**都市計画区域の指定**

都市計画法に関する次の記述のうち、正しいものはどれか。

1　都市計画区域は、市又は人口、就業者数その他の要件に該当する町村の中心の市街地を含み、かつ、自然的及び社会的条件並びに人口、土地利用、交通量その他の現況及び推移を勘案して、一体の都市として総合的に整備し、開発し、及び保全する必要がある区域を当該市町村の区域の区域内に限り指定するものとされている。

2　準都市計画区域については、都市計画に、高度地区を定めることはできるが、高度利用地区を定めることはできないものとされている。

3　都市計画区域については、区域内のすべての区域において、都市計画に、用途地域を定めるとともに、その他の地域地区で必要なものを定めるものとされている。

4　都市計画区域については、無秩序な市街化を防止し、計画的な市街化を図るため、都市計画に必ず市街化区域と市街化調整区域との区分を定めなければならない。

解答・解説

1　誤り

都市計画区域は、都市としての一体性の観点から指定される。そのため、必要があるときは、当該市町村の区域内外にわたり、都市計画区域を指定することができる（都市計画法5条1項）。

2　正しい

準都市計画区域は土地利用の「整序」「保全」を図る区域であって、積極的に「整備」を進める区域ではない。そのため、準都市計画区域については、都市計画に、高度地区を定めることはできるが、土地の高度な利用を図る高度利用地区は定めることはできない（都市計画法8条2項）。

3　誤り

都市計画区域については、都市計画に、用途地域その他の地域地区を定めることができるとされる（都市計画法8条1項）。また、区域区分が定められた都市計画区域のうち、市街化調整区域においては原則として用途地域を定めない（都市計画法13条1項7号）。したがって、都市計画区域内のすべての区域において用途地域が定められるわけではない。

4　誤り

都市計画区域について無秩序な市街化を防止し、計画的な市街化を図るため必要があるときは、都市計画に、市街化区域と市街化調整区域との区分を定めることが「できる」（都市計画法7条1項柱書）。なお、三大都市圏においては、必ず区域区分を定めなければならない。

法令上の制限

【問題1】　正解2

問題2 都市計画の内容

都市計画法に関する次の記述のうち、誤っているものはどれか。

1 区域区分は、都市計画区域について無秩序な市街化を防止し、計画的な市街化を図るため必要があるときに、都市計画に定める市街化区域と市街化調整区域との区分をいう。

2 準都市計画区域は、都市計画区域外の区域のうち、相当数の建築物その他の工作物の建築若しくは建設又はこれらの敷地の造成が現に行われ、又は行われると見込まれる区域を含み、そのまま土地利用を整序し、又は環境を保全するための措置を講ずることなく放置すれば、将来における一体の都市としての整備、開発及び保全に支障が生じるおそれがあると認められる一定の区域をいう。

3 再開発等促進区は、地区計画について土地の合理的かつ健全な高度利用と都市機能の増進とを図るため、一体的かつ総合的な市街地の再開発又は開発整備を実施すべき区域をいう。

4 高層住居誘導地区は、住居と住居以外の用途を適正に配分し、利便性の高い高層住宅の建設を誘導するため、第一種中高層住居専用地域、第二種中高層住居専用地域等において定められる地区をいう。

解答・解説

1 正しい

区域区分は、都市計画区域について無秩序な市街化を防止し、計画的な市街化を図るため必要があるときに、市街化区域と市街化調整区域との区分を定める都市計画の一つである（都市計画法7条1項本文）。

2 正しい

準都市計画区域は、都市計画区域外の区域のうち、相当数の建築物その他の工作物の建築若しくは建設又はこれらの敷地の造成が現に行われ、又は行われると見込まれる区域を含み、かつ、自然的及び社会的条件並びに農業振興地域の整備に関する法律その他の法令による土地利用の規制の状況その他国土交通省令で定める事項に関する現況及び推移を勘案して、そのまま土地利用を整序し、又は環境を保全するための措置を講ずることなく放置すれば、将来における一体の都市としての整備、開発及び保全に支障が生じるおそれがあると認められる一定の区域をいう（都市計画法5条の2第1項）。

3 正しい

再開発等促進区は、土地の合理的かつ健全な高度利用と都市機能の増進とを図るため、一体的かつ総合的な市街地の再開発又は開発整備を実施すべき区域として、一定の条件に該当する土地の区域における地区計画について定められる（都市計画法12条の5第3項）。

4 誤り

高層住居誘導地区は、住居と住居以外の用途とを適正に配分し、利便性の高い高層住宅の建設を誘導するため、第一種住居地域、第二種住居地域、準住居地域、近隣商業地域又は準工業地域内でこれらの地域に関する都市計画において建築物の容積率が40/10

又は50/10と定められたものの内において、建築物の容積率の最高限度、建築物の建蔽率の最高限度及び建築物の敷地面積の最低限度を定める地区をいう（都市計画法9条16項）。

必勝合格Check!

準都市計画区域

指定権者	都道府県が指定する
指定できる区域	都市計画区域外の区域のうち、 ①相当数の建築物その他の工作物の建築若しくは建設又はこれらの敷地の造成が現に行われ、又は行われると見込まれる区域を含み… ②放置すれば、将来における一体の都市としての整備、開発及び保全に支障が生じるおそれがある一定の区域
指定の効果	①開発許可制度、建築確認制度 ②都市計画に定めることができる地域地区は、下記8種類のみ 　ア　用途地域　　　　　　　　イ　特別用途地区 　ウ　特定用途制限地域　　　　エ　高度地区（最高限度の定め可、最低限度の 　　　　　　　　　　　　　　　　　定め不可） 　オ　景観地区　　　　　　　　カ　風致地区 　キ　緑地保全地域　　　　　　ク　伝統的建造物群保存地区 　※　積極的土地利用・開発を図る、高度利用地区、市街地開発事業の定め不可 ③大規模集客施設の立地規制

高層住居誘導地区

地域地区	定義	制限の内容
高層住居誘導地区	住居と住居以外の用途とを適正に配分し、利便性の高い高層住宅の建設を誘導するため、第一種住居地域、第二種住居地域及び準住居地域、近隣商業地域、準工業地域のうちで、容積率40/10又は50/10の区域内において、容積率及び建蔽率の最高限度、敷地面積の最低限度を定める地区	都市計画等で定める

【問題2】　正解4

問題3   **都市計画の内容**

都市計画法に関する次の記述のうち、正しいものはどれか。

1 用途地域のうち、第一種低層住居専用地域については、低層住宅に係る良好な住居の環境を保護するため、都市計画に少なくとも建築物の容積率、建蔽率及び高さの限度を定めなければならない。

2 高度地区は、用途地域内の市街地における土地の合理的かつ健全な高度利用と都市機能の更新を図るため、少なくとも建築物の容積率の最高限度及び最低限度、建蔽率の最高限度、建築面積の最低限度を定めなければならない。

3 特別用途地区は、文教地区、観光地区などの11類型の総称であり、主として用途地域による用途規制を強化したり、緩和することにより当該地区の特性にふさわしい特別の目的の実現を図るものである。

4 風致地区は、市街地の良好な景観の形成を図るため定める地区であり、地区内における建築物の建築や宅地の造成、木竹の伐採などの行為については地方公共団体の規則で規制することができる。

解答・解説

1 正しい

第一種低層住居専用地域は、低層住宅に係る良好な住居の環境を保護するために定める地域である（都市計画法9条1項）。そして、この第一種低層住居専用地域には、容積率・建蔽率及び高さの限度を定めなければならないことになっている（都市計画法8条3項2号イ、ロ）。

2 誤り

高度地区とは、高さを規制するものであり、用途地域内において市街地の環境を維持し、又は土地利用の増進を図るために、建築物の高さの最高限度又は最低限度を定める地区である（都市計画法9条17項）。本肢の内容は、高度利用地区である。

3 誤り

特別用途地区は、用途地域内の一定の地区における当該地区の特性に応じたキメの細かい規制を行うために定められるものであり（都市計画法9条13項）、その内容は、必要に応じて地方公共団体が都市計画として定める。都市計画法自体がその種類を11類型に定めているものではない。

4 誤り

風致地区は、都市の風致を維持するため定める地区であり（都市計画法9条21項）、市街地の良好な景観の形成を図るため定める地区ではない。後者の内容は、景観地区である（景観法61条1項）。また、風致地区内における建築物の建築・宅地の造成・木竹の伐採などの行為の規制は、地方公共団体の規則ではなく、地方公共団体の条例による規制である（都市計画法58条1項）。

【問題3】 正解 1

問題4　都市計画の内容

都市計画法に関する次の記述のうち、誤っているものはどれか。

1　都市計画区域については、用途地域が定められていない土地の区域であっても、一定の場合には、都市計画に、地区計画を定めることができる。

2　高度利用地区は、市街地における土地の合理的かつ健全な高度利用と都市機能の更新とを図るため定められる地区であり、用途地域内において定めることができる。

3　準都市計画区域においても、用途地域が定められている土地の区域については、市街地開発事業を定めることができる。

4　高層住居誘導地区は、住居と住居以外の用途とを適正に配分し、利便性の高い高層住宅の建設を誘導するために定められる地区であり、近隣商業地域及び準工業地域においても定めることができる。

解答・解説

1　正しい

地区計画は、用途地域が定められている土地の区域、用途地域が定められていない一定の土地の区域について定めることができる（都市計画法12条の5第1項）。

2　正しい

高度利用地区は、「用途地域内」の「市街地における土地の合理的かつ健全な高度利用と都市機能の更新とを図るため」、建築物の容積率の最高限度及び最低限度、建築物の建蔽率の最高限度、建築物の建築面積の最低限度並びに壁面の位置の制限を定める地区とする（都市計画法9条18項）。

3　誤り

準都市計画区域に定めることができる都市計画は、用途地域、特別用途地区、特定用途制限地域、高度地区、景観法61条1項の規定による景観地区、風致地区、都市緑地法5条の規定による緑地保全地域又は文化財保護法143条1項の規定による伝統的建造物群保存地区である（都市計画法8条2項）。したがって、市街地開発事業を定めることはできない。

4　正しい

高層住居誘導地区は、「住居と住居以外の用途とを適正に配分し、利便性の高い高層住宅の建設を誘導するため」、第一種住居地域、第二種住居地域、準住居地域、「近隣商業地域」又は「準工業地域」でこれらの地域に関する都市計画において建築基準法52条1項2号に規定する建築物の容積率が10分の40又は10分の50と定められたものの内において、建築物の容積率の最高限度、建築物の建蔽率の最高限度及び建築物の敷地面積の最低限度を定める地区とする（都市計画法9条16項）。

法令上の制限

【問題4】　正解3

問題5　都市計画の内容

都市計画法に関する次の記述のうち、正しいものはどれか。

1　市街地開発事業等予定区域に係る市街地開発事業又は都市施設に関する都市計画には、施行予定者をも定めなければならない。

2　準都市計画区域については、都市計画に準防火地域を定めることができる。

3　高度利用地区は、用途地域内において市街地の環境を維持し、又は土地利用の増進を図るため、建築物の高さの最高限度又は最低限度を定める地区である。

4　地区計画については、都市計画に、地区計画の種類、名称、位置、区域及び面積並びに建築物の建蔽率及び容積率の最高限度を定めなければならない。

解答・解説

1　正しい

市街地開発事業等予定区域に係る市街地開発事業又は都市施設に関する都市計画には、施行予定者をも定めるものとする（都市計画法12条の3第1項）。

2　誤り

準都市計画区域において、都市計画に定めることができるのは、用途地域、特別用途地区、特定用途制限地域、高度地区（建築物の高さの最高限度に限る）、景観地区、風致地区、緑地保全地域、伝統的建築物群保存地区の8つに限られる（都市計画法8条2項・3項2号ト）。よって、準防火地域を定めることはできない。

3　誤り

高度利用地区は、用途地域内の市街地における土地の合理的かつ健全な高度利用と都市機能の更新とを図るため、建築物の容積率の最高限度及び最低限度、建築物の建蔽率の最高限度、建築物の建築面積の最低限度並びに壁面の位置の制限を定める地区である（都市計画法9条18項）。本肢の内容は、高度地区である。

4　誤り

地区計画については、都市計画に、地区計画の種類、名称、位置及び区域を定めるものとするとともに、区域の面積を定めるよう努めるものとする（都市計画法12条の4第2項、同施行令7条の3）。その他に、地区計画には、地区施設及び地区整備計画を定めるとともに、地区計画の目標、当該区域の整備、開発及び保全に関する方針を定めるよう努めるものとする（都市計画法12条の5第2項）。したがって、建築物の建蔽率及び容積率の最高限度を定めなければならないわけではない。なお、地区整備計画においては、建築物の容積率の最高限度又は最低限度、建築物の建蔽率の最高限度等を定めることができる（都市計画法12条の5第7項）。

【問題5】　正解1

CHECK! ☐ ☐ ☐ ｜ 本試験 令和元年度　問15 ｜ 重要度 A ｜ 難易度 ★★

問題6　都市計画の内容

都市計画法に関する次の記述のうち、誤っているものはどれか。

1　高度地区は、用途地域内において市街地の環境を維持し、又は土地利用の増進を図るため、建築物の高さの最高限度又は最低限度を定める地区とされている。

2　特定街区については、都市計画に、建築物の容積率並びに建築物の高さの最高限度及び壁面の位置の制限を定めるものとされている。

3　準住居地域は、道路の沿道としての地域の特性にふさわしい業務の利便の増進を図りつつ、これと調和した住居の環境を保護するため定める地域とされている。

4　特別用途地区は、用途地域が定められていない土地の区域（市街化調整区域を除く。）内において、その良好な環境の形成又は保持のため当該地域の特性に応じて合理的な土地利用が行われるよう、制限すべき特定の建築物等の用途の概要を定める地区とされている。

解答・解説

1　正しい
高度地区は、用途地域内において市街地の環境を維持し、又は土地利用の増進を図るため、建築物の高さの最高限度又は最低限度を定める地区である（都市計画法9条18項）。

2　正しい
特定街区は、市街地の整備改善を図るため街区の整備又は造成が行われる地区について、都市計画にその街区内における建築物の容積率並びに建築物の高さの最高限度及び壁面の位置の制限を定めるものとする（都市計画法9条20項、8条3項2号リ）。

3　正しい
準住居地域は、道路の沿道としての地域の特性にふさわしい業務の利便の増進を図りつつ、これと調和した住居の環境を保護するため定める地域とする（都市計画法9条7項）。

4　誤り
特別用途地区は、用途地域内の一定の地区における当該地区の特性にふさわしい土地利用の増進、環境の保護等の特別の目的の実現を図るため当該用途地域の指定を補完して定める地区である（都市計画法9条14項）。本肢は、特定用途制限地域の内容である（都市計画法9条15項）。

法令上の制限

【問題6】　正解4

問題7　都市計画の内容

都市計画法に関する次の記述のうち、誤っているものはどれか。

1　田園住居地域内の農地の区域内において、土地の形質の変更を行おうとする者は、一定の場合を除き、市町村長の許可を受けなければならない。

2　風致地区内における建築物の建築については、一定の基準に従い、地方公共団体の条例で、都市の風致を維持するため必要な規制をすることができる。

3　市街化区域については、少なくとも用途地域を定めるものとし、市街化調整区域については、原則として用途地域を定めないものとする。

4　準都市計画区域については、無秩序な市街化を防止し、計画的な市街化を図るため、都市計画に市街化区域と市街化調整区域との区分を定めなければならない。

解答・解説

1　正しい
　田園住居地域内の農地の区域内において、土地の形質の変更等を行おうとする者は、一定の場合を除き、市町村長の許可を受けなければならない（都市計画法52条1項）。

2　正しい
　風致地区内における建築物の建築等については、一定の基準に従い、地方公共団体の条例で、都市の風致を維持するため必要な規制をすることができる（都市計画法58条1項）。

3　正しい
　市街化区域については、少なくとも用途地域を定め、市街化調整区域については、原則として用途地域を定めない（都市計画法13条1項7号後段）。

4　誤り
　準都市計画区域は、現状維持又は開発を抑制する区域であるため、都市計画に、市街化区域と市街化調整区域との区分を定めることはできない（都市計画法8条2項）。

【問題7】　正解4

CHECK! ☐ ☐ ☐　　本試験 **平成24年度　問16**　重要度 **A**　難易度 **★**

問題8　**都市計画の決定手続**

都市計画法に関する次の記述のうち、正しいものはどれか。

1　市街地開発事業等予定区域に関する都市計画において定められた区域内において、非常災害のため必要な応急措置として行う建築物の建築であれば、都道府県知事（市の区域内にあっては、当該市の長）の許可を受ける必要はない。

2　都市計画の決定又は変更の提案は、当該提案に係る都市計画の素案の対象となる土地について所有権又は借地権を有している者以外は行うことができない。

3　市町村は、都市計画を決定しようとするときは、あらかじめ、都道府県知事に協議し、その同意を得なければならない。

4　地区計画の区域のうち地区整備計画が定められている区域内において、建築物の建築等の行為を行った者は、一定の行為を除き、当該行為の完了した日から30日以内に、行為の種類、場所等を市町村長に届け出なければならない。

解答・解説

1　正しい

市街地開発事業等予定区域に関する都市計画において定められた区域内において、非常災害のため必要な応急措置として行う建築物の建築については、都道府県知事（市の区域内にあっては、当該市の長）の許可は不要である（都市計画法52条の2第1項2号、26条1項）。

2　誤り

都市計画の決定又は変更の提案は、対象となる土地の所有権者又は借地権者のみならず、まちづくりの推進を図る活動を行うことを目的とする特定非営利活動法人等も行うことができる（都市計画法21条の2第1・2項）。

3　誤り

市町村は、都市計画区域又は準都市計画区域について都市計画を決定しようとするときは、あらかじめ、都道府県知事に「協議」しなければならないが、都道府県知事の同意は不要である（都市計画法19条3項）。

4　誤り

地区計画の区域のうち地区整備計画が定められている区域内において、土地の区画形質の変更、建築物の建築等を行おうとする者は、非常災害のため必要な応急措置として行う行為等一定の行為を除き、当該行為に着手する日の30日前までに、行為の種類、場所等の事項を市町村長に届け出なければならない（都市計画法58条の2第1項）。

【問題8】　正解 1

問題9　開発許可の要否

次のアからウまでの記述のうち、都市計画法による開発許可を受ける必要のある、又は同法第34条の2の規定に基づき協議する必要のある開発行為の組合せとして、正しいものはどれか。ただし、開発許可を受ける必要のある、又は協議する必要のある開発行為の面積については、条例による定めはないものとする。

ア　市街化調整区域において、国が設置する医療法に規定する病院の用に供する施設である建築物の建築の用に供する目的で行われる1,500㎡の開発行為

イ　市街化区域において、農林漁業を営む者の居住の用に供する建築物の建築の用に供する目的で行われる1,200㎡の開発行為

ウ　区域区分が定められていない都市計画区域において、社会教育法に規定する公民館の用に供する施設である建築物の建築の用に供する目的で行われる4,000㎡の開発行為

1　ア、イ　　　2　ア、ウ　　　3　イ、ウ　　　4　ア、イ、ウ

解答・解説

ア　必要がある

医療法に規定する病院の用に供する施設は、政令で定める公益上必要な建築物には該当しないのであるから、本肢開発行為は、開発許可不要の例外には該当せず、開発許可を受ける必要のある、又は協議する必要のある開発行為である（都市計画法29条1項3号、同施行令21条、都市計画法34条の2）。

イ　必要がある

農林漁業を営む者の居住の用に供する建築物の建築の用に供する目的で行われる開発行為は、市街化区域においては、開発許可不要の例外には該当せず、本肢開発行為は、開発許可を受ける必要のある、又は協議する必要のある開発行為である（都市計画法29条1項2号、都市計画法34条の2）。

ウ　必要はない

社会教育法に規定する公民館の用に供する施設は、政令で定める公益上必要な建築物に該当するのであるから、本肢開発行為は、開発許可不要の例外に該当し、開発許可を受ける必要のある、又は協議する必要のある開発行為ではない（都市計画法29条1項3号、同施行令21条18号、都市計画法34条の2）。

以上より、開発許可を受ける必要のある、又は協議する必要のある開発行為はア、イであり、肢1が正解となる。

必勝合格Check!

開発行為の定義

主として建築物の建築又は特定工作物の建設の用に供する目的で行う土地の区画形質の変更

- 第一種特定工作物 ─ コンクリートプラント
  - アスファルトプラント
  - クラッシャープラント　等
- 第二種特定工作物 ─ ①ゴルフコース（面積を問わない）
  - ②1ha以上のレジャー施設・スポーツ施設
  - ③1ha以上の墓園

開発許可不要の開発行為

開発行為	市街化区域	市街化調整区域	非線引き区域準都市計画区域	都市計画区域及び準都市計画区域外
小規模開発	1,000㎡未満許可不要	例外なく許可必要	3,000㎡未満許可不要	1ha未満許可不要
農林漁業用建築物を建築するための開発行為（畜舎、温室、サイロ、農林漁業を営む者の居住の用に供する建築物）	1,000㎡以上許可必要			
公益上必要な建築物の建築のための開発行為（駅舎、図書館、公民館、変電所等）	場所規模問わず常に許可不要			
「～事業の施行として」行う開発行為				
非常災害のため必要な応急措置として行う開発行為				
通常の管理行為、軽易な行為（車庫・物置等の付属建築物の建築のための開発行為）				

法令上の制限

開発許可の要否

　都市計画法に関する次の記述のうち、正しいものはどれか。ただし、許可を要する開発行為の面積について、条例による定めはないものとし、この問において「都道府県知事」とは、地方自治法に基づく指定都市、中核市及び施行時特例市にあってはその長をいうものとする。

1　準都市計画区域内において、工場の建築の用に供する目的で1,000㎡の土地の区画形質の変更を行おうとする者は、あらかじめ、都道府県知事の許可を受けなければならない。

2　市街化区域内において、農業を営む者の居住の用に供する建築物の建築の用に供する目的で1,000㎡の土地の区画形質の変更を行おうとする者は、あらかじめ、都道府県知事の許可を受けなければならない。

3　都市計画区域及び準都市計画区域外の区域内において、変電所の建築の用に供する目的で1,000㎡の土地の区画形質の変更を行おうとする者は、あらかじめ、都道府県知事の許可を受けなければならない。

4　区域区分の定めのない都市計画区域内において、遊園地の建設の用に供する目的で3,000㎡の土地の区画形質の変更を行おうとする者は、あらかじめ、都道府県知事の許可を受けなければならない。

解答・解説

1　誤り
　準都市計画区域内において開発許可が必要となるのは、原則として3,000㎡以上の土地の区画形質の変更の場合となる（都市計画法29条1項1号、同施行令19条1項）。

2　正しい
　市街化区域内において建築物の建築のため、1,000㎡以上の土地の区画形質の変更を行おうとする場合には、原則としてあらかじめ都道府県知事の許可が必要である（都市計画法29条1項1号、同施行令19条1項）。市街化区域では農業を営む者の居住の用に供する建築物の例外規定はない。

3　誤り
　変電所など公益上必要な建築物の建築のための開発行為は、区域・規模に関係なく、都道府県知事の許可は不要である（都市計画法29条1項3号）。

4　誤り
　1ha未満の遊園地は第二種特定工作物に該当せず、区域に関係なく開発許可は不要となる（都市計画法4条11項、同施行令1条2項）。

【問題10】　正解2

CHECK! ☐☐☐　本試験 **平成25年度　問16**　重要度 **A**　難易度 **★★**

問題11　開発許可の要否

都市計画法に関する次の記述のうち、正しいものはどれか。

1　開発行為とは、主として建築物の建築の用に供する目的で行う土地の区画形質の変更を指し、特定工作物の建設の用に供する目的で行う土地の区画形質の変更は開発行為には該当しない。

2　市街化調整区域において行う開発行為で、その規模が300㎡であるものについては、常に開発許可は不要である。

3　市街化区域において行う開発行為で、市町村が設置する医療法に規定する診療所の建築の用に供する目的で行うものであって、当該開発行為の規模が1,500㎡であるものについては、開発許可は必要である。

4　非常災害のため必要な応急措置として行う開発行為であっても、当該開発行為が市街化調整区域において行われるものであって、当該開発行為の規模が3,000㎡以上である場合には、開発許可が必要である。

解答・解説

1　誤り
「開発行為」とは、主として建築物の建築又は特定工作物の建設の用に供する目的で行う土地の区画形質の変更をいう（都市計画法4条12項）。

2　誤り
市街化調整区域において行う開発行為については、その規模にかかわらず、原則として、開発許可が必要である（都市計画法29条1項）。よって、市街化調整区域において行う300㎡の規模の開発行為であっても、原則として、開発許可が必要である。

3　正しい
開発行為をしようとする者は、原則として、都道府県知事の許可を受けなければならない（都市計画法29条1項）。市街化区域内では、開発行為の規模が1,000㎡未満の場合には、小規模開発の例外に該当し、開発許可は不要となる（都市計画法29条1項1号、同施行令19条1項）が、本肢の開発行為の規模は、1,500㎡であるから、原則どおり、開発許可が必要となる。なお、公益上必要な建築物のうち政令で定める建築物に係る開発行為については、例外として、開発許可は不要であるが、医療施設は、ここにいう「公益上必要な建築物のうち政令で定める建築物」には含まれず、開発許可を不要とする例外にはあたらない（都市計画法29条1項3号、同施行令21条）。

4　誤り
非常災害のため必要な応急措置として行う開発行為については、これを行う区域・規模を問わず、常に開発許可は不要である（都市計画法29条1項10号・2項2号）。

法令上の制限

【問題11】　正解3

問題12　開発許可の要否

都市計画法に関する次の記述のうち、正しいものはどれか。ただし、許可を要する開発行為の面積については、条例による定めはないものとし、この問において「都道府県知事」とは、地方自治法に基づく指定都市、中核市及び施行時特例市にあってはその長をいうものとする。

1　市街化区域において、都市公園法に規定する公園施設である建築物の建築を目的とした5,000㎡の土地の区画形質の変更を行おうとする者は、あらかじめ、都道府県知事の許可を受けなければならない。

2　首都圏整備法に規定する既成市街地内にある市街化区域において、住宅の建築を目的とした800㎡の土地の区画形質の変更を行おうとする者は、あらかじめ、都道府県知事の許可を受けなければならない。

3　準都市計画区域において、商業施設の建築を目的とした2,000㎡の土地の区画形質の変更を行おうとする者は、あらかじめ、都道府県知事の許可を受けなければならない。

4　区域区分が定められていない都市計画区域において、土地区画整理事業の施行として行う8,000㎡の土地の区画形質の変更を行おうとする者は、あらかじめ、都道府県知事の許可を受けなければならない。

解答・解説

1　誤り

都市公園法に規定する公園施設である建築物（公益上必要な建築物）の建築を目的とした土地の区画形質の変更については、その区域・規模を問わず、常に都道府県知事の許可は不要である（都市計画法29条1項3号、同施行令21条3号）。

2　正しい

市街化区域内の土地では、開発行為の規模が1,000㎡以上の場合に、都道府県知事の許可が必要である。ただし、首都圏整備法に規定する既成市街地内にある市街化区域においては、「500㎡」以上の場合に許可が必要である（都市計画法29条1項1号、同施行令19条2項1号）。よって、開発行為の規模が800㎡の場合には許可が必要である。

3　誤り

準都市計画区域内の土地では、開発行為の規模が「3,000㎡」以上の場合に、都道府県知事の許可が必要である（都市計画法29条1項1号、同施行令19条1項）。よって、開発行為の規模が2,000㎡の場合、許可は不要である。

4　誤り

土地区画整理事業の施行として行う土地の区画形質の変更については、その区域・規模を問わず、常に都道府県知事の許可は不要である（都市計画法29条1項5号）。

【問題12】　正解2

MEMO

問題13 開発許可の手続

　都市計画法に関する次の記述のうち、誤っているものはどれか。なお、この問における都道府県知事とは、地方自治法に基づく指定都市、中核市及び施行時特例市にあってはその長をいうものとする。

1　区域区分の定められていない都市計画区域内の土地において、10,000㎡のゴルフコースの建設を目的とする土地の区画形質の変更を行おうとする者は、あらかじめ、都道府県知事の許可を受けなければならない。

2　市街化区域内の土地において、700㎡の開発行為を行おうとする場合に、都道府県知事の許可が必要となる場合がある。

3　開発許可を受けた開発行為又は開発行為に関する工事により、公共施設が設置されたときは、その公共施設は、協議により他の法律に基づく管理者が管理することとした場合を除き、開発許可を受けた者が管理することとされている。

4　用途地域等の定めがない土地のうち開発許可を受けた開発区域内においては、開発行為に関する工事完了の公告があった後は、都道府県知事の許可を受ければ、当該開発許可に係る予定建築物以外の建築物を新築することができる。

解答・解説

1　正しい

　ゴルフコースは第二種特定工作物であるので、ゴルフコースの建設を目的とする土地の区画形質の変更は開発行為にあたる。区域区分が定められていない都市計画区域内の土地において、3,000㎡未満の開発行為は原則として許可不要であるが、本肢は10,000㎡であるので、あらかじめ、都道府県知事の許可を受けなければならない（都市計画法4条11・12項、29条1項、同施行令19条1項）。

2　正しい

　市街化区域内の土地において、原則として、1,000㎡未満の開発行為を行おうとする場合は、許可不要である。ただし、大都市圏等の例外により、700㎡の開発行為でも、都道府県知事の許可が必要となる場合がありうる（都市計画法29条1項1号、同施行令19条）。

3　誤り

　開発許可を受けた開発行為又は開発行為に関する工事により公共施設が設置されたときは、その公共施設は、工事完了の公告の日の翌日において、原則として、その公共施設の存する市町村の管理に属するものとされている（都市計画法39条）。

4　正しい

　開発許可を受けた開発区域内においては、工事完了の公告があった後は、当該開発許可に係る予定建築物以外の建築物を新築等してはならないが、都道府県知事が許可したとき、又は当該開発区域内の土地について用途地域等が定められているときは、この限りでない（都市計画法42条1項）。本肢の場合は、用途地域等の定めがない土地であるので、都道府県知事が許可をしたときは、予定建築物以外の建築物を新築することができる。

必勝合格Check!

開発許可の手続

（注）×印は、過去問における×肢の出題例

①開発許可の申請前の準備段階

【申請書の記載事項】	予定建築物等の用途　　等 ×高さ・階数・構造・価額・設備等
【土地所有者等の同意】	開発区域内の所有者等の相当数の同意→同意書 ×全員の同意　×3分の2以上の同意 ×開発区域に隣接する土地の所有者の同意
【公共施設の管理者の同意等】 開発行為に関係がある（既存）公共施設 開発行為等により設置される（新設）公共施設	あらかじめ管理者と協議＋同意→同意書 あらかじめ管理することとなる者と協議→協議書 ×許可を受けてから工事着手までの間に
【設計図書】	1ha以上の開発行為の設計図書→有資格者が作成 ×開発許可を受けようとする者が作成

【申請者】（開発区域内の土地所有者でなくてもよい）

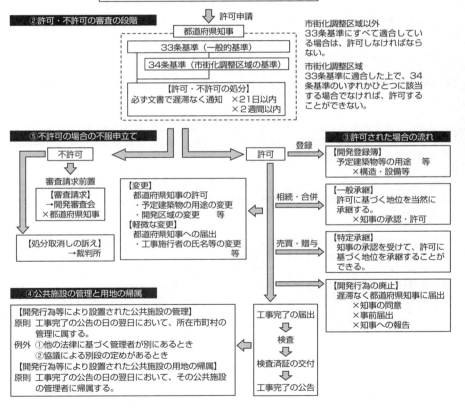

②許可・不許可の審査の段階

許可申請

都道府県知事

33条基準（一般的基準）

34条基準（市街化調整区域の基準）

【許可・不許可の処分】
必ず文書で遅滞なく通知　×21日以内
×2週間以内

市街化調整区域以外
33条基準にすべて適合している場合は、許可しなければならない。

市街化調整区域
33条基準に適合した上で、34条基準のいずれかひとつに該当する場合でなければ、許可することができない。

⑤不許可の場合の不服申立て

③許可された場合の流れ

不許可

審査請求前置
【審査請求】
→開発審査会
×都道府県知事

【処分取消しの訴え】
→裁判所

【変更】
都道府県知事の許可
・予定建築物の用途の変更
・開発区域の変更　　等
【軽微な変更】
都道府県知事への届出
・工事施行者の氏名等の変更
　　　　　　等

許可　登録

相続・合併

売買・贈与

【開発登録簿】
予定建築物等の用途　　等
×構造・設備等

【一般承継】
許可に基づく地位を当然に承継する。
×知事の承認・許可

【特定承継】
知事の承認を受けて、許可に基づく地位を承継することができる。

【開発行為の廃止】
遅滞なく都道府県知事に届出
×知事の同意
×事前届出
×知事への報告

④公共施設の管理と用地の帰属

【開発行為等により設置された公共施設の管理】
原則　工事完了の公告の日の翌日において、所在市町村の管理に属する。
例外　①他の法律に基づく管理者が別にあるとき
　　　②協議による別段の定めがあるとき
【開発行為等により設置された公共施設の用地の帰属】
原則　工事完了の公告の日の翌日において、その公共施設の管理者に帰属する。

工事完了の届出
⇩
検査
⇩
検査済証の交付
⇩
工事完了の公告

法令上の制限

【問題13】　正解3

開発許可の手続

都市計画法に関する次の記述のうち、正しいものはどれか。

1　開発行為に関する設計に係る設計図書は、開発許可を受けようとする者が作成したものでなければならない。

2　開発許可を受けようとする者が都道府県知事に提出する申請書には、開発区域内において予定される建築物の用途を記載しなければならない。

3　開発許可を受けた者は、開発行為に関する工事を廃止したときは、その旨を都道府県知事に報告し、その同意を得なければならない。

4　開発許可を受けた開発区域内の土地においては、開発行為に関する工事完了の公告があるまでの間であっても、都道府県知事の承認を受けて、工事用の仮設建築物を建築することができる。

解答・解説

1　誤り

開発行為に関する設計に係る設計図書（開発区域の面積が1ヘクタール以上の開発行為に関する工事を実施するため必要な図面及び仕様書をいう。）は、「国土交通省令で定める資格を有する者」の作成したものでなければならない（都市計画法31条、同規則18条）。

2　正しい

開発許可を受けようとする者が都道府県知事に提出する申請書には、開発区域内において予定される建築物又は特定工作物の用途を記載しなければならない（都市計画法30条1項2号）。

3　誤り

開発許可を受けた者は、開発行為に関する工事を廃止したときは、遅滞なく、国土交通省令で定めるところにより、その旨を都道府県知事に「届け出」なければならない（都市計画法38条）。

4　誤り

開発許可を受けた開発区域内の土地においては、開発行為に関する工事完了の公告があるまでの間は、建築物を建築し、又は特定工作物を建設してはならないのが原則である（都市計画法37条本文）。ただし、開発行為に関する工事用の仮設建築物又は特定工作物を建築し、又は建設するときには、例外として、建築等の制限を受けない。このとき、知事の承認を受けなければならないものではない（都市計画法37条1号）。

【問題14】　正解2

CHECK! ☐ ☐ ☐　本試験 平成16年度　問18　重要度 **A**　難易度 ★

問題15　**開発許可の手続**

　都市計画法の開発許可に関する次の記述のうち、正しいものはどれか。なお、この問における都道府県知事とは、地方自治法に基づく指定都市、中核市及び施行時特例市にあってはその長をいうものとする。

1　都道府県知事は、開発許可の申請があったときは、申請があった日から21日以内に、許可又は不許可の処分をしなければならない。

2　開発行為とは、主として建築物の建築の用に供する目的で行う土地の区画形質の変更をいい、建築物以外の工作物の建設の用に供する目的で行う土地の区画形質の変更は開発行為には該当しない。

3　開発許可を受けた者は、開発行為に関する工事を廃止したときは、遅滞なく、その旨を都道府県知事に届け出なければならない。

4　開発行為を行おうとする者は、開発許可を受けてから開発行為に着手するまでの間に、開発行為に関係がある公共施設の管理者と協議し、その同意を得なければならない。

解答・解説

1　誤り
　都道府県知事は、開発許可の申請があったときは、遅滞なく、許可又は不許可の処分をしなければならない（都市計画法35条1項）。21日以内というような具体的期間の定めはない。

2　誤り
　開発行為とは、主として建築物の建築又は特定工作物の建設の用に供する目的で行う土地の区画形質の変更をいう（都市計画法4条12項）。よって、建築物以外の工作物であっても特定工作物の建設の用に供する目的で行う土地の区画形質の変更であれば開発行為に該当する。

3　正しい
　開発許可を受けた者は、開発行為に関する工事を廃止したときは、遅滞なく、国土交通省令で定めるところにより、その旨を都道府県知事に届け出なければならない（都市計画法38条）。

4　誤り
　開発許可を申請しようとする者は、あらかじめ、開発行為に関係がある公共施設の管理者と協議し、その同意を得なければならず（都市計画法32条1項）、その同意を得たことを証する書面を開発行為の許可申請書に添付する必要がある（都市計画法30条2項）。よって、その同意は、開発許可申請にあたって得ておくことが必要であり、許可を受けてから同意を得るのではない。

法令上の制限

【問題15】　正解3

問題16　開発許可の手続

　都市計画法に関する次の記述のうち、正しいものはどれか。

1　開発許可を申請しようとする者は、あらかじめ、当該開発区域に隣接する土地について権利を有する者の相当数の同意を得なければならない。

2　開発許可を申請しようとする者は、開発行為に関係がある公共施設の管理者と協議し、その同意を得たことを証する書面を、申請書に添付しなければならない。

3　開発許可を受けた者の相続人その他の一般承継人は、都道府県知事の承認を受けて、被承継人が有していた開発許可に基づく地位を承継することができる。

4　開発行為の許可又は不許可の処分に関して不服のある者は、都道府県知事に対して異議申立てをすることができる。

解答・解説

1　誤り
　申請書添付書類との関係（都市計画法30条2項、同施行規則17条1項3号）から、開発区域内の土地、建築物その他の工作物につき、工事実施の妨げとなる権利を有する者の相当数（全員でない）の同意を得ることは必要であるが、隣接する土地についてまで同意を得る必要はない。

2　正しい
　開発許可を申請しようとする者は、あらかじめ、開発行為に関係がある公共施設の管理者と協議し、その「同意」を得たうえで、申請書にその同意を得たことを証する書面を添付しなければならない（都市計画法30条2項、32条1項）。

3　誤り
　開発許可を受けた者の相続人その他の一般承継人は、被承継人が有していた当該許可に基づく地位を承継する（都市計画法44条）。特定承継と異なり、地位は当然に承継され、都道府県知事の承認は不要である。この一般（又は包括）承継人とは、相続人のほか、吸収合併により存続する法人や、新設合併により設立された法人などが該当する。

4　誤り
　開発行為に関する処分に不服がある者は、開発審査会に対して審査請求をすることができる（都市計画法50条1項）。都道府県知事に対して異議申立てをするのではない。

【問題16】　正解2

CHECK! ☐ ☐ ☐ ☐　本試験 令和2年度 問16
（10月実施）　重要度 B　難易度 ★★

問題17　**開発許可の手続**

都市計画法に関する次の記述のうち、誤っているものはどれか。なお、この問において「都道府県知事」とは、地方自治法に基づく指定都市、中核市及び施行時特例市にあってはその長をいうものとする。

1　開発許可を申請しようとする者は、あらかじめ、開発行為又は開発行為に関する工事により設置される公共施設を管理することとなる者と協議しなければならない。

2　都市計画事業の施行として行う建築物の新築であっても、市街化調整区域のうち開発許可を受けた開発区域以外の区域内においては、都道府県知事の許可を受けなければ、建築物の新築をすることができない。

3　開発許可を受けた開発行為により公共施設が設置されたときは、その公共施設は、工事完了の公告の日の翌日において、原則としてその公共施設の存する市町村の管理に属するものとされている。

4　開発許可を受けた者から当該開発区域内の土地の所有権を取得した者は、都道府県知事の承認を受けて、当該開発許可を受けた者が有していた当該開発許可に基づく地位を承継することができる。

解答・解説

1　正しい
開発許可を申請しようとする者は、あらかじめ、開発行為又は開発行為に関する工事により設置される公共施設を管理することとなる者その他政令で定める者と協議しなければならない（都市計画法32条2項）。

2　誤り
市街化調整区域のうち開発許可を受けた開発区域以外の区域内において、建築物の新築を行おうとするものは、原則として都道府県知事の許可を受けなければならない（都市計画法43条1項）。ただし、都市計画事業の施行として行う建築物の新築は、都道府県知事の許可を受けなくてもよい（都市計画法43条1項1号）。

3　正しい
開発許可を受けた開発行為又は開発行為に関する工事により設置された公共施設は、工事完了の公告の日の翌日において、原則として、その公共施設の存する市町村の管理に属するものとされている（都市計画法39条）。

4　正しい
開発許可を受けた者から当該開発区域内の土地の所有権その他当該開発行為に関する工事を施行する権原を取得した者は、都道府県知事の承認を受けて、当該開発許可を受けた者が有していた当該開発許可に基づく地位を承継することができる（都市計画法45条）。

【問題17】　正解2

法令上の制限

問題18　**開発許可の手続**

　開発許可に関する次の記述のうち、都市計画法の規定によれば、正しいものはどれか。

1　開発許可の申請は、自己が所有していない土地については、することができない。

2　開発許可の申請に当たっては、あらかじめ当該開発行為に関係のある公共施設の管理者と協議をし、その協議の経過を示す書面を申請書に添付しなければならない。

3　開発許可を受けた開発区域内の土地においては、当該開発行為に関する工事が完了した旨の公告があるまでの間は、建築物を建築し、又は土地を分譲してはならない。

4　開発許可を受けた者は、当該開発区域の全部について開発行為に関する工事を完了したときだけでなく、開発行為に関する工事を廃止したときも、その旨を都道府県知事に届け出なければならない。

解答・解説

1　誤り

　自己が所有していない土地についても許可を申請することができる。ただ、土地所有者等の相当数の同意を得たうえで、これを証する書類を申請書に添付する必要がある（都市計画法30条2項、同施行規則17条1項3号）。

2　誤り

　当該開発行為に関係のある公共施設の管理者とは、協議をし、その同意を得、この同意を得たことを証する書面を申請書に添付しなければならない（都市計画法30条2項、32条1項）。

3　誤り

　開発許可を受けた開発区域内の土地においては、工事完了の公告があるまでの間は、建築物を建築し、又は特定工作物を建設してはならないが（都市計画法37条本文）、土地の分譲は制限されていない。

4　正しい

　開発行為に関する工事を完了したときだけでなく（都市計画法36条1項）、廃止したときにも届出は必要である（都市計画法38条）。

問題19　開発許可の手続

　都市計画法第33条に規定する開発許可の基準のうち、主として自己の居住の用に供する住宅の建築の用に供する目的で行う開発行為に対して適用のあるものは、次のうちどれか。

1　予定建築物等の敷地に接する道路の幅員についての基準

2　開発区域に設置しなければならない公園、緑地又は広場についての基準

3　排水施設の構造及び能力についての基準

4　開発許可の申請者の資力及び信用についての基準

解答・解説

1　適用なし

　予定建築物等の敷地に接する道路の幅員についての基準（都市計画法施行令25条2号）は、主として、自己の居住の用に供する住宅の建築の用に供する目的で行う開発行為以外の開発行為における基準であり（都市計画法33条1項2号）、主として、自己の居住の用に供する住宅の建築の用に供する目的で行う開発行為に対しては適用されない。

2　適用なし

　開発区域に設置しなければならない公園、緑地又は広場についての基準（都市計画法施行令25条6・7号）は、主として、自己の居住の用に供する住宅の建築の用に供する目的で行う開発行為以外の開発行為における基準であり（都市計画法33条1項2号）、主として、自己の居住の用に供する住宅の建築の用に供する目的で行う開発行為に対しては適用されない。

3　適用あり

　排水施設の構造及び能力についての基準（都市計画法施行令26条）については、適用対象を限定する旨の定めはなく（都市計画法33条1項3号）、主として、自己の居住の用に供する住宅の建築の用に供する目的で行う開発行為に対しても適用がある。

4　適用なし

　開発許可の申請者の資力及び信用についての基準は、主として、自己の居住の用に供する住宅の建築の用に供する目的で行う開発行為又は住宅以外の建築物若しくは特定工作物で自己の業務の用に供するものの建築若しくは建設の用に供する目的で行う開発行為以外の開発行為における基準であり（都市計画法33条1項12号）、主として、自己の居住の用に供する住宅の建築の用に供する目的で行う開発行為に対しては適用されない。

法令上の制限

【問題19】　正解3

問題20　開発許可の手続

　開発行為で、主として、自己の居住の用に供する住宅の建築の用に供する目的で行うものについて、開発許可を受けようとする場合に関する次の記述のうち、都市計画法の規定によれば、正しいものはどれか。

1　給水施設が、開発区域について想定される需要に支障を来さないような構造及び能力で適当に配置されるように設計が定められていないときは、開発許可を受けることができない。

2　申請者に当該開発行為を行うために必要な資力及び信用がないときは、開発許可を受けることができない。

3　開発区域内の土地について、用途地域が定められている場合で、予定建築物の用途がこれに適合していないときは、開発許可を受けることができない。

4　開発区域内に建築基準法第39条第1項に規定する災害危険区域が含まれているときは、開発許可を受けることができない。

解答・解説

1　誤り
　本肢の開発許可基準は、主として、自己の居住の用に供する住宅の建築の用に供する目的で行う開発行為以外の開発行為に関するものである（都市計画法33条1項4号）。よって、主として、自己の居住の用に供する住宅の建築の用に供する目的で行う開発行為であれば、本肢基準をみたさないことを理由に不許可とされることはない。

2　誤り
　本肢の開発許可基準も、主として、自己の居住の用に供する住宅の建築の用に供する目的で行う開発行為等以外の開発行為に関するものであり（都市計画法33条1項12号）、本肢基準をみたさないことを理由に本問開発行為が不許可とされることはない。

3　正しい
　本肢の開発許可基準は、開発行為一般に適用がある（都市計画法33条1項1号）。よって、主として、自己の居住の用に供する住宅の建築の用に供する目的で行う開発行為であっても、この基準をみたさないときは、原則として、開発許可を受けることができない。

4　誤り
　本肢の開発許可基準も、主として、自己の居住の用に供する住宅の建築の用に供する目的で行う開発行為等以外の開発行為に関するものであり（都市計画法33条1項8号）、本肢基準をみたさないことを理由に本問開発行為が不許可とされることはない。

【問題20】　正解3

問題21　開発許可の手続

都市計画法の開発許可に関する次の記述のうち、誤っているものはどれか。

1　開発許可を申請しようとする者は、あらかじめ、開発行為に関係がある公共施設の管理者と協議し、その同意を得なければならない。

2　開発許可を申請した場合、開発行為をしようとする土地等について開発行為の施行又は開発行為に関する工事の実施の妨げとなる権利を有する者の相当数の同意を得ていなければ許可を受けることができない。

3　開発許可を受けた者は、開発区域の全部について開発行為に関する工事を完了したときは、その旨を都道府県知事に届け出なければならない。

4　開発許可を受けた者は、開発区域の区域を変更した場合においては、都道府県知事に届出をしなければならない。

解答・解説

1　正しい

開発許可を申請しようとする者は、あらかじめ、開発行為に関係がある公共施設の管理者と協議し、その同意を得なければならない（都市計画法32条1項）。なお、開発行為により設置される公共施設については、管理者となるべき者と「協議」しなければならない（都市計画法32条2項）。

2　正しい

開発区域内の土地所有者等の相当数の同意を得ていることが、許可基準である（都市計画法33条1項14号）。

3　正しい

開発許可を受けた者は、原則として開発区域の全部について開発行為に関する工事が完了したときは、都道府県知事に対して、工事完了の届出をしなければならない（都市計画法36条1項）。完了後の検査があるからである。

4　誤り

開発区域の区域の変更は、開発行為の内容の変更に当たり、都道府県知事の許可を受けなければならない（都市計画法35条の2第1項、30条1項1号）。なお、一定の軽微な変更の場合は、知事に届け出るだけでよいが（都市計画法35条の2第3項）、区域の変更は、この軽微な変更には該当しない（都市計画法施行規則28条の4）。

法令上の制限

【問題21】　正解4

問題22　開発許可の手続

都市計画法に関する次の記述のうち、正しいものはどれか。

1　都道府県知事が行った開発許可に不服がある者は、都道府県都市計画審議会に対して審査請求をすることができる。

2　都道府県知事は、用途地域の定められていない土地の区域における開発行為について開発許可をする場合において、必要があると認めるときは、当該開発区域内の土地について、建築物の高さに関する制限を定めることができるが、壁面の位置に関する制限を定めることはできない。

3　都道府県知事は、開発行為に関する工事の完了の届出があった場合において、当該工事が開発許可の内容に適合していると認めたときは、検査済証を交付しなければならない。

4　開発登録簿の写しの交付請求は、当該開発登録簿に登録された開発区域内の土地について相当の利害関係を有する者でなければ、行うことはできない。

解答・解説

1　誤り

都道府県知事が行った開発許可に不服がある者は、「開発審査会」に対して審査請求することができる（都市計画法50条1項）。「都道府県都市計画審議会」ではない。

2　誤り

都道府県知事は、用途地域の定められていない土地の区域における開発行為について開発許可をする場合、必要があると認めるときは、「壁面の位置に関する制限」も定めることができる（都市計画法41条1項）。

3　正しい

都道府県知事は、開発許可を受けた者から開発行為に関する工事を完了した旨の届出があったときは、遅滞なく、当該工事が開発許可の内容に適合しているかどうか検査し、適合していると認めたときは検査済証を当該開発許可を受けた者に交付しなければならない（都市計画法36条2項）。

4　誤り

開発登録簿の閲覧や写しの交付請求ができる者は、利害関係を有する者に限られない（都市計画法47条5項）。

【問題22】　正解3

CHECK! ☐ ☐ ☐　本試験 **平成4年度　問20**　重要度 **A**　難易度 **★★**

問題23　開発行為に関連する建築等の制限

　市街化調整区域における開発行為の規制に関する次の記述のうち、都市計画法の規定によれば、正しいものはどれか。

1　市街化調整区域のうち開発許可を受けた開発区域以外の区域内において行う建築物の新築については、非常災害のため必要な応急措置として行うものであっても、都道府県知事の許可を受けなければならない。

2　市街化調整区域内で都道府県知事が開発許可をするに当たって建築物の敷地、構造及び設備に関する制限を定めた土地の区域内においても、都道府県知事の許可を受ければ、これらの制限を超える建築物を建築することができる。

3　市街化調整区域におけるゴルフコース等の第二種特定工作物の建設の用に供する目的で行う開発行為については、都道府県知事は、開発許可の際、あらかじめ開発審査会の議を経なければならない。

4　市街化調整区域内で農業を営む者が建築物の建築の用に供する目的で行う開発行為については、その建築物がその者の居住の用に供するものであっても、都道府県知事の許可を受けなければならない。

解答・解説

1　誤り

　市街化調整区域のうち開発許可を受けた開発区域以外の区域内においては、都道府県知事の許可を受けなければ、建築物を新築・改築等してはならないが、非常災害のため必要な応急措置として行う建築物の新築、改築等はこの限りでない（都市計画法43条1項2号）。

2　正しい

　都道府県知事は、用途地域の定められていない土地の区域における開発行為について開発許可をする場合、必要があると認めるときは、当該開発区域内の土地について、建築物の建蔽率、建築物の高さ、壁面の位置その他建築物の敷地、構造及び設備に関する制限を定めることができ、かかる制限が定められた土地の区域内においては、建築物は、これらの制限に違反して建築してはならない。ただし、都道府県知事が当該区域及びその周辺の地域における環境の保全上支障がないと認め、又は公益上やむを得ないと認めて許可したときは、この限りでない（都市計画法41条）。

3　誤り

　市街化調整区域に係る開発行為の許可基準には、都道府県知事が開発審査会の議を経ることを要件とするものがあるが、主として第二種特定工作物の建設の用に供する目的で行う開発行為には、市街化調整区域に係る開発行為の許可基準の適用がない（都市計画法34条）。

4　誤り

　市街化調整区域内において行う開発行為で、農業、林業若しくは漁業の用に供する政令で定める建築物又はこれらの業務を営む者の居住の用に供する建築物の建築の用に供する目的で行うものは、許可不要である（都市計画法29条1項2号）。

【問題23】　**正解2**

問題24 | 開発行為に関連する建築等の制限

都市計画法に関する次の記述のうち、誤っているものはどれか。

1 開発許可を受けた開発区域内の土地であっても、当該許可に係る開発行為に同意していない土地の所有者は、その権利の行使として建築物を建築することができる。

2 開発行為をしようとする者は、当該開発行為に係る開発許可の取得後から当該開発行為の完了までに、当該開発行為に関係がある公共施設の管理者と協議し、その同意を得なければならない。

3 都市計画法に違反した者だけでなく、違反の事実を知って、違反に係る建築物を購入した者も、都市計画法の規定により、国土交通大臣、都道府県知事又は市長から建築物の除却等の命令を受ける対象となる。

4 地方公共団体は、一定の基準に従い、条例で、開発区域内において予定される建築物の敷地面積の最低限度に関する制限を定めることが可能であり、このような条例が定められている場合は、制限の内容を満たさない開発行為は許可を受けることができない。

解答・解説

1 正しい
開発許可を受けた開発区域内の土地においては、工事完了の公告があるまでの間は、原則として、建築物を建築し、又は特定工作物を建設してはならない（都市計画法37条柱書本文）。ただし、例外として、開発許可に係る開発行為に同意をしていない土地の所有者等は、工事完了の公告があるまでの間であっても、その権利の行使として建築物の建築等をすることができる（都市計画法37条2号）。

2 誤り
開発許可を申請しようとする者は、「あらかじめ」、開発行為に関係がある公共施設の管理者と協議し、その同意を得なければならない（都市計画法32条1項）。よって、開発許可の取得後開発行為の完了までに上記協議をしたうえで同意を得なければならないとする本肢は誤り。

3 正しい
国土交通大臣、都道府県知事又は市長は、都市計画法令の規定等に違反した者又は当該違反の事実を知って、当該違反に係る工作物等を譲り受けた者等に対して、工作物等の除却その他違反を是正するため必要な措置をとることを命ずることができる（都市計画法81条1項1号）。

4 正しい
地方公共団体は、良好な住居等の環境の形成又は保持のため必要と認める場合においては、政令で定める基準に従い、条例で、区域、目的又は予定される建築物の用途を限り、開発区域内において予定される建築物の敷地面積の最低限度に関する制限を定めることができ、当該条例が定められているときは、当該条例で定める制限に適合していない開発行為は開発許可を受けることができない（都市計画法33条4項・1項柱書かっこ書）。

【問題24】 正解2

CHECK! □ □ □ 　本試験 平成27年度 問15 　重要度 **A** 　難易度 ★★★

問題25 ┃ 開発行為に関連する建築等の制限

都市計画法に関する次の記述のうち、正しいものはどれか。なお、この問において「都道府県知事」とは、地方自治法に基づく指定都市、中核市及び施行時特例市にあってはその長をいうものとする。

1　市街化区域内において開発許可を受けた者が、開発区域の規模を100㎡に縮小しようとする場合においては、都道府県知事の許可を受けなければならない。

2　開発許可を受けた開発区域内の土地において、当該開発許可に係る予定建築物を建築しようとする者は、当該建築行為に着手する日の30日前までに、一定の事項を都道府県知事に届け出なければならない。

3　開発許可を受けた開発区域内において、開発行為に関する工事の完了の公告があるまでの間に、当該開発区域内に土地所有権を有する者のうち、当該開発行為に関して同意をしていない者がその権利の行使として建築物を建築する場合については、都道府県知事が支障がないと認めたときでなければ、当該建築物を建築することはできない。

4　何人も、市街化調整区域のうち開発許可を受けた開発区域以外の区域内において、都道府県知事の許可を受けることなく、仮設建築物を新築することができる。

解答・解説

1　誤り

開発許可を受けた者は、開発区域（開発区域を工区に分けたときは、開発区域及び工区）の規模（都市計画法30条1項1号）の変更をしようとする場合においては、都道府県知事の許可を受けなければならない（都市計画法35条の2第1項本文）。しかし、変更の許可の申請に係る開発行為が、許可不要な開発行為をしようとするときは、この限りでない（都市計画法35条の2第1項ただし書）。なお、市街化区域内における開発行為については、その規模が1,000㎡未満であっても都道府県知事の許可が必要となる場合があるが（都市計画法29条1項1号、同施行令19条1項）、それも、300㎡以下ではにはできない。そのため、開発区域の規模を100㎡に縮小しようとする場合には、都道府県知事の許可を受ける必要はない。

2　誤り

何人も、開発許可を受けた開発区域内においては、工事の完了の公告があった後は、当該開発許可に係る予定建築物等以外の建築物等を建築等してはならない（都市計画法42条1項本文）。この場合、開発許可に係る予定建築物を建築しようとする者について、一定の事項を都道府県知事に届け出なければならない旨の規定はない。

3　誤り

開発許可を受けた開発区域内の土地においては、工事の完了の公告があるまでの間は、建築物等を建築等してはならない。ただし、①当該開発行為に関する工事用の仮設建築物等を建築等するとき、②都道府県知事が支障がないと認めたとき、③当該開発区域内に土地所有権を有する者のうち、当該開発行為に関して同意をしていない者が、その権利の行使として建築物等を建築等するとき、のいずれかに該当するときは、この限りでない（都市計画法37条）。

4　正しい

何人も、市街化調整区域のうち開発許可を受けた開発区域以外の区域内においては、一定の例外を除き、都道府県知事の許可を受けなければ、建築物等を建築等してはならない。この点、仮設建築物の新築については、許可不要の例外に該当する（都市計画法43条1項3号）。

【問題25】　正解4

問題26　開発行為に関連する建築等の制限

　都市計画法に関する次の記述のうち、正しいものはどれか。なお、この問において「都道府県知事」とは、地方自治法に基づく指定都市、中核市及び施行時特例市にあってはその長をいうものとする。

1　開発許可を受けた者は、開発行為に関する工事を廃止するときは、都道府県知事の許可を受けなければならない。

2　二以上の都府県にまたがる開発行為は、国土交通大臣の許可を受けなければならない。

3　開発許可を受けた者から当該開発区域内の土地の所有権を取得した者は、都道府県知事の承認を受けることなく、当該開発許可を受けた者が有していた当該開発許可に基づく地位を承継することができる。

4　都道府県知事は、用途地域の定められていない土地の区域における開発行為について開発許可をする場合において必要があると認めるときは、当該開発区域内の土地について、建築物の敷地、構造及び設備に関する制限を定めることができる。

解答・解説

1　誤り

　開発許可を受けた者は、開発行為に関する工事を廃止したときは、遅滞なく、その旨を都道府県知事に届け出なければならない（都市計画法38条）。

2　誤り

　開発行為をしようとする者は、原則としてあらかじめ都道府県知事の許可を受けなければならない（都市計画法29条1項本文）。2以上の都府県にまたがる開発行為の場合も、同様である。

3　誤り

　開発許可を受けた者から当該開発区域内の土地の所有権を取得した者は、都道府県知事の承認を受けて、当該開発許可を受けた者が有していた当該開発許可に基づく地位を承継することができる（都市計画法45条）。

4　正しい

　都道府県知事は、用途地域の定められていない土地の区域における開発行為について開発許可をする場合において必要があると認めるときは、当該開発区域内の土地について、建築物の建蔽率、建築物の高さ、壁面の位置その他建築物の敷地、構造及び設備に関する制限を定めることができる（都市計画法41条1項）。

問題27 | **開発行為に関連する建築等の制限**

都市計画法に関する次の記述のうち、正しいものはどれか。

1　駅舎その他の鉄道の施設の建築の用に供する目的で行う開発行為は、市街化調整区域内におけるものであっても、その規模の大小を問わず、開発許可を受けることなく、行うことができる。

2　市街化調整区域内における開発行為であっても、その区域内で生産される農産物の加工に必要な建築物の建築の用に供する目的で行うものについては、開発許可を受けることなく、行うことができる。

3　都道府県知事は、市街化調整区域内の土地について開発許可をするときは、建築物の敷地面積に対する建築面積の割合に関する制限を定めることができるが、建築物の高さに関する制限を定めることはできない。

4　都道府県知事は、市街化区域内の土地について開発許可をしたときは、当該許可に係る開発区域内において予定される建築物の用途、構造及び設備を開発登録簿に登録しなければならない。

解答・解説

1　正しい
　駅舎その他の鉄道の施設等の公益上必要な建築物の建築の用に供する目的で行う開発行為については、区域、規模にかかわらず、開発許可を要しない（都市計画法29条1項3号）。

2　誤り
　市街化調整区域内において行う開発行為で、農業の用に供する政令で定める建築物の建築の用に供する目的で行うものは、開発許可を要しない（都市計画法29条1項2号）。しかし、市街化調整区域内において生産される農産物の加工に必要な建築物の建築の用に供する目的で行うものは、一定のもの等を除いて、かかる例外に該当せず、開発許可が必要である。

3　誤り
　市街化調整区域については、原則として用途地域が定められない（都市計画法13条1項7号）。都道府県知事は、用途地域の定められていない土地の区域における開発行為について開発許可をする場合において必要があると認めるときは、当該開発区域内の土地について、建築物の建蔽率の制限のほかに、高さの制限についても定めることができる（都市計画法41条1項）。

4　誤り
　予定建築物の用途は開発登録簿に登録しなければならないが（都市計画法47条1項2号）、予定建築物の構造及び設備は登録を要しない。

【問題27】　正解 1

問題28　開発行為に関連する建築等の制限

　市街化調整区域における開発行為に関する次の記述のうち、都市計画法の規定によれば、誤っているものはどれか。ただし、地方自治法に基づく指定都市、中核市及び施行時特例市の特例については、考慮しないものとする。

1　都道府県知事は、開発区域の周辺における市街化を促進するおそれがなく、かつ、市街化区域内において行うことが著しく困難と認められる開発行為について開発許可をした場合は、すみやかに開発審査会の議を経なければならない。

2　都道府県知事は、開発許可をする場合に当該開発区域内の土地について建築物の高さに関する制限を定めたときは、その制限の内容を開発登録簿に登録しなければならない。

3　一定の規模以上の開発行為にあっては、環境を保全するため、開発区域における植物の生育の確保上必要な樹木の保存、表土の保全その他の必要な措置が講ぜられるように設計が定められていなければ、開発許可を受けることができない。

4　開発許可を受けた者が、当該開発行為に関する工事完了の公告前に予定建築物等の用途を変更しようとする場合においては、一定の開発行為に該当するときを除き、都道府県知事の変更の許可を受けなければならない。

解答・解説

1　誤り
　本肢のような場合、あらかじめ開発審査会の議を経たうえで、開発許可をしなければならない（都市計画法34条14号）。

2　正しい
　市街化調整区域内の開発行為に対する許可に際して、建蔽率や高さの制限などを定めた場合、その内容は開発登録簿に記載されることになっている（都市計画法47条1項5号、41条1項）。

3　正しい
　開発許可の基準として、本肢のような内容の規定が定められている（都市計画法33条1項9号）。

4　正しい
　開発許可を受けた後、予定建築物等の用途等の申請内容を変更する場合は、軽微な変更をする場合等一定の例外を除き、知事の許可を受けなければならない（都市計画法35条の2第1項）。

【問題28】　正解 1

CHECK! □ □ □ 　本試験 平成2年度　問20 　重要度 **B** 　難易度 ★★

問題29　開発行為に関連する建築等の制限

都市計画法に関する次の記述のうち、誤っているものはどれか。

1 　都道府県知事は、開発登録簿を常に公衆の閲覧に供するように保管し、請求があったときは、その写しを交付しなければならない。

2 　都道府県知事が行った開発許可の処分について不服がある者は、当該都道府県の開発審査会に対して、審査請求を行うことができる。

3 　都道府県知事は、用途地域が定められていない土地の区域における開発行為について開発許可をする場合において必要があると認めるときは、当該開発区域内の土地について、建築物の高さ及び壁面の位置を定めることができる。

4 　開発許可を受けようとする者は、開発区域内において予定される建築物の用途、高さ及び階数を記載した申請書を、都道府県知事に提出しなければならない。

解答・解説

1　正しい
　都道府県知事は、登録簿を常に公衆の閲覧に供するように保管し、かつ、請求があったときは、その写しを交付しなければならない（都市計画法47条5項）。

2　正しい
　開発審査会は都道府県及び指定都市等に置かれ（都市計画法78条1項）、開発許可に対する不服の申立て等に対応するものである（都市計画法50条1項）。

3　正しい
　建築基準法上、建築物の高さ、建蔽率等は、用途地域ごとにきめ細やかに定められている。したがって、用途地域が定められていない土地の区域内においては、開発許可後の建築物について、建築基準法ではきめ細やかな規制ができないし、高度地区・高度利用地区などを定めて規制することもできない。そこで、開発許可をする際に、都道府県知事の方で具体的な制限を定めてしまおうということから、本肢のような定めができることになっている（都市計画法41条1項）。

4　誤り
　開発許可を受けようとする者は、区域の位置、規模及び建築物の用途等を申請書に記載して、都道府県知事に提出しなければならない（都市計画法30条1項）。本肢の建築物の高さ及び階数まで記載する必要はない。

問題30 開発行為に関連する建築等の制限

　都市計画法に関する次の記述のうち、誤っているものはどれか。なお、この問における都道府県知事とは、地方自治法に基づく指定都市及び中核市にあってはその長をいうものとする。また、各選択肢に掲げる行為は、都市計画事業、土地区画整理事業、市街地再開発事業、住宅街区整備事業及び防災街区整備事業の施行として行うもの、公有水面埋立法第2条第1項の免許を受けた埋立地で行うもの並びに非常災害のため必要な応急措置として行うものを含まない。

1　区域区分が定められていない都市計画区域内において、20戸の分譲住宅の新築を目的として5,000㎡の土地の区画形質の変更を行おうとする場合は、都道府県知事の許可を受けなければならない。

2　市街化調整区域のうち開発許可を受けた開発区域以外の区域内において、土地の区画形質の変更を伴わずに、床面積が150㎡の住宅の全部を改築し、飲食店としようとする場合には、都道府県知事の許可を受けなければならない。

3　開発許可を受けた開発区域内において、当該区域内の土地の所有権を有し、かつ、都市計画法第33条第1項第14号に規定する同意をしていない者は、開発行為に関する工事が完了した旨の公告があるまでの間は、その権利の行使として建築物を新築することができる。

4　開発許可申請者以外の者は、開発許可を受けた開発区域内のうち、用途地域等の定められていない土地の区域においては、開発行為に関する工事が完了した旨の公告があった後は、都道府県知事の許可を受けなくとも、当該開発許可に係る予定建築物以外の建築物を新築することができる。

解答・解説

1　正しい

　区域区分が定められていない都市計画区域（非線引き都市計画区域）においては、建築物等の建築等を目的とする3,000㎡以上の土地の区画形質の変更をしようとする者は、原則として都道府県知事の許可を受けなければならない（都市計画法29条1項1号、同施行令19条1項）。

2　正しい

　市街化調整区域のうち開発許可を受けた開発区域以外の区域内においては、原則として都道府県知事の許可を受けなければ、建築物等を改築等することができない（都市計画法43条1項、同施行令35条2号）。

3　正しい

　開発許可を受けた開発区域内の土地においては、工事完了の公告があるまでの間は、建築物等の建築等をすることができない。ただし、開発区域内の土地所有者等で、当該開発行為に同意していない者が、自己の権利の行使として建築物の建築を行う場合等、一定の例外に該当するときはこの限りでない（都市計画法37条）。

4　誤り

　何人も、開発許可を受けた開発区域内の土地においては、工事完了の公告があった後は、用途地域等が定められている場合及び都道府県知事が許可した場合を除き、予定建

築物等以外の建築物等を新築等することはできない（都市計画法42条１項）。本肢において、用途地域等が定められていない土地の区域であるため、予定建築物以外の建築物を新築するには、都道府県知事の許可が必要である。

必勝合格Check!

開発許可を受けた開発区域内の建築等の制限

	工事完了公告前	工事完了公告後
原則	建築物の建築等はできない	①予定建築物以外の建築等はできない ②改築・用途変更によって予定建築物以外のものにできない
例外	①開発行為に不同意の土地所有者等による建築等 ②工事用仮設建築物等 ③都道府県知事が認めたとき	①用途地域等が定められているとき ②知事が許可したとき

市街化調整区域のうち開発許可を受けた開発区域以外の区域内の建築等の制限

原則	都道府県知事の許可必要
例外	開発許可が要らない開発行為とほぼ同様の例外 ①一定の農林漁業用建築物・農林漁業者の居住用建築物の新築等 ②鉄道施設、図書館、公民館、変電所等の新築等 ③仮設建築物の新築等

法令上の制限

【問題30】　正解４

問題31　都市計画事業制限等

　都市計画法に関する次の記述のうち、正しいものはどれか。なお、この問における都道府県知事とは、市の区域内にあっては当該市の長をいうものとする。

1　市街地開発事業の施行地区内においては、非常災害のために必要な応急措置として行う建築物の建築であっても、都道府県知事（市の区域内にあっては、当該市の長）の許可を受けなければならない。

2　風致地区内における建築物の建築については、政令で定める基準に従い、地方公共団体の条例で、都市の風致を維持するため必要な規制をすることができる。

3　工作物の建設を行おうとする場合は、地区整備計画が定められている地区計画の区域であっても、行為の種類、場所等の届出が必要となることはない。

4　都市計画事業においては、土地収用法における事業の認定の告示をもって、都市計画事業の認可又は承認の告示とみなしている。

解答・解説

1　誤り
　市街地開発事業の施行区域内において建築物の建築をしようとする者は、原則として、都道府県知事等の許可を受けなければならない。しかし、市街地開発事業の施行区域内において、非常災害のために必要な応急措置として建築物の建築をしようとする者は、例外として、都道府県知事等の許可を受ける必要はない（都市計画法53条1項2号）。

2　正しい
　風致地区内における建築物の建築、宅地の造成等については、政令で定める基準に従い、地方公共団体の条例で、都市の風致を維持するため必要な規制をすることができる（都市計画法58条1項）。

3　誤り
　地区整備計画が定められている地区計画の区域内において、土地の区画形質の変更、建築物の建築、工作物の建設等を行おうとする者は、原則として、当該行為に着手する日の30日前までに、行為の種類、場所、設計又は施行方法、着手予定日その他国土交通省令で定める事項を市町村長に届け出なければならない（都市計画法58条の2第1項、同施行令38条の4）。

4　誤り
　都市計画事業については、土地収用法における事業の認定は行わず、都市計画事業の認可又は承認をもってこれに代えるものとし、都市計画事業の認可又は承認の告示をもって、土地収用法における事業の認定の告示とみなす（都市計画法70条1項）。本肢は、内容が逆であり、誤り。

【問題31】　正解2

MEMO

問題32 都市計画事業制限等

都市計画法に関する次の記述のうち、正しいものはどれか。

1 都市計画施設の区域又は市街地開発事業の施行区域内において建築物の建築をしようとする者は、行為の種類、場所及び設計又は施行方法を都道府県知事等に届け出なければならない。

2 都市計画事業の認可の告示があった後、当該認可に係る事業地内において当該事業の施行の障害となるおそれがある土地の形質の変更、建築物の建築、工作物の建設を行おうとする者は、当該事業の施行者の同意を得て、当該行為をすることができる。

3 都市計画事業の認可の告示があった後、当該認可に係る事業地内の土地建物等を有償で譲り渡した者は、当該譲渡の後速やかに、譲渡価格、譲渡の相手方その他の事項を当該事業の施行者に届け出なければならない。

4 市町村長は、地区整備計画が定められた地区計画の区域内において、地区計画に適合しない行為の届出があった場合には、届出をした者に対して、届出に係る行為に関し設計の変更その他の必要な措置をとることを勧告することができる。

解答・解説

1 誤り

都市計画施設の区域又は市街地開発事業の施行区域内において建築物の建築をしようとする者は、国土交通省令で定めるところにより、都道府県知事等の「許可」を受けなければならない（都市計画法53条1項本文）。よって、都道府県知事等に届け出なければならないとする本肢は誤り。

2 誤り

都市計画事業の認可の告示があった後においては、当該事業地内において、都市計画事業の施行の障害となるおそれがある土地の形質の変更若しくは建築物の建築その他工作物の建設を行い、又は政令で定める移動の容易でない物件の設置若しくは堆積を行おうとする者は、「都道府県知事等の許可」を受けなければならない（都市計画法65条1項）。よって、当該事業の施行者の同意を得なければならないとする本肢は誤り。

3 誤り

事業地内の土地建物等を有償で「譲り渡そうとする者」は、当該土地建物等、その予定対価の額及び当該土地建物等を譲り渡そうとする相手方その他国土交通省令で定める事項を書面で施行者に届け出なければならない（都市計画法67条1項本文）。よって、譲渡後に届け出なければならないとする本肢は誤り。

4 正しい

市町村長は、道路・公園等の施設の配置及び規模が定められている再開発等促進区若しくは開発整備促進区又は地区整備計画が定められている地区計画の区域内における建築等の届出があった場合において、その届出に係る行為が地区計画に適合しないと認めるときは、その届出をした者に対し、その届出に係る行為に関し設計の変更その他の必要な措置をとることを勧告することができる（都市計画法58条の2第3項）。

必勝合格Check!

都市計画事業制限等

	建築物の 建築	工作物の 建設	土地の 形質の変更	非常災害の ため必要な 応急措置	５ｔ超の物 件の設置・ 堆積
市街地開発事業等予定区域	○	○	○	×	×
施行予定者が定められていない 　都市計画施設の区域 　市街地開発事業の施行区域	○	×	×	×	×
施行予定者が定められている 　都市計画施設の区域 　市街地開発事業の施行区域	○	○	○	×	×
都市計画事業の認可等の 　告示があった後の事業地	○	○	○	○	○

［注］○：都道府県知事等の許可を要する。　×：都道府県知事等の許可を要しない。
国が行う行為については、当該国の機関と都道府県知事等との協議の成立をもって、許可があったものとみなされる。

法令上の制限

問題33 都市計画法（総合）

都市計画法に関する次の記述のうち、誤っているものはどれか。

1 　都市計画施設の区域又は市街地開発事業の施行区域内において建築物の建築をしようとする者であっても、当該建築行為が都市計画事業の施行として行う行為である場合には都道府県知事（市の区域内にあっては、当該市の長）の許可は不要である。

2 　用途地域の一つである特定用途制限地域は、良好な環境の形成又は保持のため当該地域の特性に応じて合理的な土地利用が行われるよう、制限すべき特定の建築物等の用途の概要を定める地域とする。

3 　都市計画事業の認可の告示があった後においては、当該事業地内において、当該都市計画事業の施行の障害となるおそれがある土地の形質の変更又は建築物の建築その他工作物の建設を行おうとする者は、都道府県知事（市の区域内にあっては、当該市の長）の許可を受けなければならない。

4 　一定の条件に該当する土地の区域における地区計画については、劇場、店舗、飲食店その他これらに類する用途に供する大規模な建築物の整備による商業その他の業務の利便の増進を図るため、一体的かつ総合的な市街地の開発整備を実施すべき区域である開発整備促進区を都市計画に定めることができる。

解答・解説

1　正しい

都市計画施設の区域又は市街地開発事業の施行区域内において建築物の建築をしようとする者は、原則として、都道府県知事等の許可を受けなければならないが、都市計画事業の施行として行う行為については、例外として、都道府県知事等の許可は不要である（都市計画法53条1項3号）。

2　誤り

特定用途制限地域は、用途地域の一つではなく、用途地域が定められていない土地の区域（市街化調整区域を除く。）内において、その良好な環境の形成又は保持のため当該地域の特性に応じて合理的な土地利用が行われるよう、制限すべき特定の建築物等の用途の概要を定める地域である（都市計画法9条14項）。用途地域内における用途地域の指定を補完して定める地区である特別用途地区と混同しないように注意する必要がある。

3　正しい

都市計画事業の認可の告示があった後においては、当該事業地内において、都市計画事業の施行の障害となるおそれがある土地の形質の変更若しくは建築物の建築その他工作物の建設を行い、又はその重量が5tを超える物件（容易に分割され、分割された各部分の重量がそれぞれ5t以下となるものを除く。）の設置若しくは堆積を行おうとする者は、都道府県知事等の許可を受けなければならない（都市計画法65条1項、同施行令40条）。

4　正しい

　一定の条件に該当する土地の区域における地区計画については、劇場、店舗、飲食店その他これらに類する用途に供する大規模な建築物（特定大規模建築物）の整備による商業その他の業務の利便の増進を図るため、一体的かつ総合的な市街地の開発整備を実施すべき区域（開発整備促進区）を都市計画に定めることができる（都市計画法12条の5第4項）。

【問題33】　正解2

問題34　建築確認

建築基準法の確認に関する次の記述のうち、誤っているものはどれか。

1　木造3階建て、延べ面積が300㎡の建築物の建築をしようとする場合は、建築主事（指定確認検査機関を含む。以下同じ。）の確認を受ける必要がある。

2　鉄筋コンクリート造平屋建て、延べ面積が300㎡の建築物の建築をしようとする場合は、建築主事の確認を受ける必要がある。

3　自己の居住の用に供している建築物の用途を変更して共同住宅（その床面積の合計300㎡）にしようとする場合は、建築主事の確認を受ける必要がない。

4　文化財保護法の規定によって重要文化財として仮指定された建築物の大規模の修繕をしようとする場合は、建築主事の確認を受ける必要がない。

解答・解説

1　正しい

大規模建築物の要件は、木造であれば、3階以上、又は延べ面積500㎡、高さ13m、軒高9mを超えるものであり、このいずれかに該当すれば建築行為（新築・改築・増築・移転）をする場合には、確認が必要となる（建築基準法6条1項2号）。本肢においては、木造の建築物で階数が3以上のものであり、建築確認を要する。

2　正しい

大規模建築物の要件は、木造以外の場合であれば、2階以上、又は延べ面積200㎡を超えるものであり、このいずれかに該当すれば建築行為（新築・改築・増築・移転）をする場合には、確認が必要となる（建築基準法6条1項3号）。本肢の鉄筋コンクリート造は、木造以外で延べ面積200㎡超であるので、建築確認を要する。

3　誤り

特殊建築物に用途変更し、しかも、用途に供する部分の床面積の合計200㎡超なら、原則として確認を要する（建築基準法87条1項前段）。この特殊建築物とは、建築物のうち、建築基準法上特別の扱いがされるものであり、特徴として、多数人が集合する、火災の危険がある、衛生上の問題が生じうるといった性質を有するものである。具体的には、学校、体育館、病院、劇場、観覧場、集会場、展示場、百貨店、ダンスホール、遊技場、旅館、共同住宅、寄宿舎、下宿、倉庫、自動車車庫等である（建築基準法6条1項1号、同別表第一（い））。

4　正しい

本肢のような建築物には、建築基準法の適用はない（建築基準法3条1項1号）。

必勝合格Check!

建築確認の要否

建築物の種類・規模		建築		大規模修繕模様替	用途変更	適用区域
		新築	増築 改築 移転			
用途に供する部分の床面積の合計が200㎡を超える特殊建築物（1号建築物）		○	○ 注①	○	○ 注②	全国
木造大規模建築物（2号建築物）	①3階以上②延べ面積500㎡超③高さ13m超④軒高9m超	○	○ 注①	○		
木造以外の大規模建築物（3号建築物）	①2階以上②延べ面積200㎡超	○	○ 注①	○		
上記以外の建築物（4号建築物）	一般建築物200㎡以下の特殊建築物等	○	○			都市計画区域準都市計画区域準景観地区知事指定区域

○ ：建築確認の申請が必要な場合

注①：増築後に、建築確認を要する特殊建築物、建築確認を要する大規模建築物となる場合

注②：建築確認を要する特殊建築物に変更する場合（類似の用途に変更する場合：建築確認は不要）

特殊建築物

特殊建築物	学校（専修学校及び各種学校を含む。）、体育館、病院、劇場、観覧場、集会場、展示場、百貨店、コンビニエンスストア、ダンスホール、遊技場、公衆浴場、旅館、共同住宅、寄宿舎、倉庫、自動車車庫等　＊事務所は、特殊建築物ではない。

法令上の制限

【問題34】　正解3

問題35　建築確認

　建築基準法の確認に関する次の記述のうち、誤っているものはどれか。ただし、都道府県知事が都道府県都市計画審議会の意見を聴いて指定する区域については、考慮に入れないものとする。

1　地上2階地下1階建で、延べ面積が200㎡の木造住宅を改築しようとする場合において、その改築に係る部分の床面積の合計が20㎡であるときは、建築主事（指定確認検査機関を含む。以下同じ。）の確認を受け、確認済証の交付を受ける必要がある。

2　共同住宅の用途に供する部分の床面積が200㎡の建築物を増築しようとする場合において、その増築に係る部分の床面積の合計が20㎡であるときは、建築主事の確認を受け、確認済証の交付を受ける必要がある。

3　鉄骨平家建で、延べ面積が200㎡の事務所の大規模の修繕をしようとする場合には、建築主事の確認を受け、確認済証の交付を受ける必要がある。

4　都市計画区域内において建築物を新築する場合には、当該建築物の用途、構造又は規模にかかわらず、建築主事の確認を受け、確認済証の交付を受ける必要がある。

解答・解説

1　正しい
　木造で3階以上又は延べ面積500㎡超、高さ13m超もしくは軒高9m超のものは、大規模建築物として全国的に建築（新築又は原則として10㎡超の増改築移転）につき建築確認済証の交付が必要である（建築基準法6条1項2号、2項）。なお、建築基準法で階数を数える場合、地階も含むのが原則であり、本肢では、3階建として、基準をあてはめることになる。

2　正しい
　共同住宅の用途に供する部分の床面積が増築部分も含めて200㎡超のものは、特殊建築物として全国的に建築（新築又は原則として10㎡超の増改築移転）につき建築確認済証の交付が必要である（建築基準法6条1項1号、2項）。

3　誤り
　本肢事務所は、大規模建築物でも特殊建築物でもなく、大規模修繕には建築主事の確認済証の交付は不要である（建築基準法6条1項1・3号）。

4　正しい
　都市計画区域内の新築は、用途、構造又は規模にかかわりなく建築確認済証の交付が必要である（建築基準法6条1項4号）。

問題36　**建築確認**

建築基準法に関する次のアからエまでの記述のうち、正しいものはいくつあるか。

ア　準都市計画区域（都道府県知事が都道府県都市計画審議会の意見を聴いて指定する区域を除く。）内に建築する木造の建築物で、2の階数を有するものは、建築確認を必要としない。

イ　防火地域内において建築物を増築する場合で、その増築に係る部分の床面積の合計が100㎡以内であるときは、建築確認は不要である。

ウ　都道府県知事は、建築主から構造計算適合性判定を求められた場合においては、原則として、当該構造計算適合性判定の申請書を受理した日から1月以内にその結果を記載した通知書を建築主に交付しなければならない。

エ　指定確認検査機関は、確認済証の交付をしたときは、一定の期間内に、確認審査報告書を作成し、当該確認済証の交付に係る建築物の計画に関する一定の書類を添えて、これを特定行政庁に提出しなければならない。

1　一つ　　2　二つ　　3　三つ　　4　四つ

解答・解説

ア　誤り

準都市計画区域（都道府県知事が都道府県都市計画審議会の意見を聴いて指定する区域を除く。）内においては、全ての建築物の建築について、一定の場合を除き、建築確認を必要とする（建築基準法6条1項4号、2項）。

イ　誤り

防火地域及び準防火地域外において建築物を増築し、改築し、又は移転しようとする場合で、その増築、改築又は移転に係る部分の床面積の合計が10㎡以内であるときは、建築確認は不要であるが（建築基準法6条2項）、防火地域内においては、1㎡の増築でも建築確認を必要とする。

ウ　誤り

都道府県知事は、建築主から構造計算適合性判定を求められた場合においては、原則として、当該申請書を受理した日から14日以内に当該申請に係る構造計算適合性判定の結果を記載した通知書を建築主に交付しなければならない（建築基準法6条の3第4項）。

エ　正しい

指定確認検査機関は、確認済証の交付をしたときは、国土交通省令で定める期間内に、確認審査報告書を作成し、当該確認済証の交付に係る建築物の計画に関する国土交通省令で定める書類を添えて、これを特定行政庁に提出しなければならない（建築基準法6条の2第5項）。

以上より、正しいものはエの一つであり、肢1が正解となる。

【問題36】　正解1

問題37　　建築確認

建築基準法の確認に関する次の記述のうち、誤っているものはどれか。

1　木造3階建てで、高さ13mの住宅を新築する場合には、建築主事（指定確認検査機関を含む。以下同じ。）の確認を受け、確認済証の交付を受けなければならない。

2　建築物の改築で、その改築に係る部分の床面積の合計が10㎡以内のものであれば、建築主事の確認の申請が必要となることはない。

3　建築物については、建築する場合のほか、修繕をする場合にも建築主事の確認を受け、確認済証の交付を受けなければならないことがある。

4　建築主事は、事務所である建築物について確認済証の交付をする場合、建築物の工事施工地又は所在地を管轄する消防長又は消防署長の同意を得なければならない。

解答・解説

1　正しい

木造の建築物で階数が3以上のものは、建築確認済証の交付を要する（建築基準法6条1項2号）。

2　誤り

増改築・移転をする場合、その増改築・移転をする部分が10㎡以内のときは、原則として建築確認済証の交付を要しない（建築基準法6条2項）。しかし、防火地域及び準防火地域内においては、10㎡以内であっても、確認が必要となる。結局、防火地域及び準防火地域では、すべての増改築・移転に確認済証の交付が必要となる。

3　正しい

200㎡超の特殊建築物・大規模建築物について大規模の修繕をする場合には、確認済証の交付を要する（建築基準法6条1項）。

4　正しい

本肢のような消防長又は消防署長の同意が必要である（建築基準法93条1項）。

必勝合格Check!

建築確認が要らない場合

●特殊建築物において類似の用途に変更する場合
●①防火地域・準防火地域外で、
　②増築、改築、移転をする場合に、
　③その増築、改築又は移転に係る部分の床面積の合計が10㎡以内である場合

CHECK! ☐ ☐ ☐　本試験 平成27年度　問17　重要度 **A**　難易度 ★

問題38　**建築確認**

建築基準法に関する次の記述のうち、誤っているものはどれか。

1　防火地域及び準防火地域外において建築物を改築する場合で、その改築に係る部分の床面積の合計が10㎡以内であるときは、建築確認は不要である。

2　都市計画区域外において高さ12m、階数が3階の木造建築物を新築する場合、建築確認が必要である。

3　事務所の用途に供する建築物をホテル（その用途に供する部分の床面積の合計が500㎡）に用途変更する場合、建築確認は不要である。

4　映画館の用途に供する建築物で、その用途に供する部分の床面積の合計が300㎡であるものの改築をしようとする場合、建築確認が必要である。

解答・解説

1　正しい

建築確認の要否に関する規定は、防火地域及び準防火地域外において建築物を増築し、改築し、又は移転しようとする場合で、その増築、改築又は移転に係る部分の床面積の合計が10㎡以内であるときについては、適用されない（建築基準法6条2項）。したがって、防火地域及び準防火地域外において建築物を改築する場合で、その改築に係る部分の床面積の合計が10㎡以内であるときは、建築確認は不要である。

2　正しい

木造建築物で、①階数が3以上、②延べ面積が500㎡超、③高さが13m超、④軒高が9m超のいずれかに該当するものを建築しようとする場合や大規模の修繕又は大規模の模様替をしようとする場合は、都市計画区域の内外を問わず、建築確認が必要である（建築基準法6条1項2号）。したがって、階数が3の木造建築物を新築する本肢の場合、建築確認が必要である。

3　誤り

建築物の用途を変更して、その用途に供する部分の床面積の合計が200㎡を超える特殊建築物にする場合、原則として、建築確認が必要である（建築基準法87条1項）。ホテルは特殊建築物であるから（建築基準法6条1項1号、別表第一（い））、事務所の用途に供する建築物を、その用途に供する部分の床面積の合計が500㎡のホテルに用途変更する本肢の場合、建築確認が必要である。

4　正しい

その用途に供する部分の床面積の合計が200㎡を超える特殊建築物の改築は、建築確認が必要である（建築基準法6条1項1号）。映画館は特殊建築物であるから（建築基準法6条1項1号、別表第一（い））、その用途に供する部分の床面積の合計が300㎡の映画館の用途に供する建築物を改築しようとする場合、建築確認が必要である。

法令上の制限

【問題38】　正解3

問題39　建築確認

建築確認に関する次の記述のうち、建築基準法の規定によれば、正しいものはどれか。

1　人口10万人以上の市は、その長の指揮監督の下に、建築確認に関する事務をつかさどらせるために、建築主事を置かなければならない。

2　建築主は、木造以外の建築物（延べ面積200㎡）について、新たに増築して延べ面積を250㎡とする場合は、建築主事（指定確認検査機関を含む。以下同じ。）の建築確認を受け、確認済証の交付を受けなければならない。

3　建築主は、建築主事に対し建築確認の申請をする場合は、あらかじめ周辺住民の同意を得なければならない。

4　建築主は、建築主事が建築確認の申請について不適合の処分をした場合は、国土交通大臣に対し、審査請求を行うことができる。

解答・解説

1　誤り

建築主事を置かなければならないのは、政令で定める人口25万人以上の市である（建築基準法4条1項）。なお、本肢の知識は、あまり気にしなくてよい。

2　正しい

木造以外の建築物の場合は、延べ面積200㎡超であれば、増築を含む建築について確認済証の交付を要する（建築基準法6条1項3号）。ただ、増築の場合は、増築後の面積で判断するので、本肢の場合、建築確認済証の交付が必要となる。

3　誤り

建築基準法には、本肢のような規定はない。

4　誤り

審査請求は、建築審査会にしなければならない（建築基準法94条1項）。

【問題39】　正解2

CHECK! ☐☐☐　本試験 平成8年度　問23　重要度 **A**　難易度 **★**

問題40　建築確認

　木造3階建て（延べ面積300㎡）の住宅を新築する場合に関する次の記述のうち、建築基準法の規定によれば、**誤っているもの**はどれか。

1　建築主は、新築工事に着手する前に建築主事（指定確認検査機関を含む。以下同じ。）の確認を受け、確認済証の交付を受けるとともに、当該住宅を新築する旨を都道府県知事に届け出なければならない。

2　新築工事の施工者は、工事現場の見易い場所に、建築主、設計者、工事施工者及び工事の現場管理者の氏名又は名称並びに当該工事に係る建築主事の確認を受け、確認済証の交付があった旨の表示をしなければならない。

3　新築工事が完了した場合は、建築主は、その旨を工事が完了した日から4日以内に到達するように、建築主事の検査を申請しなければならない（指定確認検査機関による検査の引受けは、ないものとする。）。

4　建築主は、検査済証の交付を受けた後でなければ、完了検査の申請が受理された日から7日を経過したときでも、仮に、当該住宅を使用し、又は使用させてはならない。

解答・解説

1　正しい

　木造建築物の場合、3階建て以上、延べ面積500㎡超、高さ13m超、軒の高さ9m超のいずれかであれば、大規模建築物にあたり、確認済証の交付が必要となる（建築基準法6条1項2号）。そして、この建築確認とは別に、建築物の建築又は除却工事をする場合は、原則として都道府県知事に届出をしなければならない（建築基準法15条1項）。

2　正しい

　工事現場において、本肢のような表示が必要である（建築基準法89条1項）。

3　正しい

　建築確認済証の交付を受けた建築工事が完了したときは、原則として、工事が完了した日から4日以内に建築主事に到達するように、完了検査の申請をしなければならない（建築基準法7条2項）。

4　誤り

　本問のような大規模建築物の場合、原則として、検査済証の交付を受けるまでは、完成した建築物を使用できない。しかし、完了検査の申請が受理された日から7日経過したときは、仮に、使用を開始してよい（建築基準法7条の6第1項3号）。本来、建築主事等は、申請を受理した日から7日以内に検査しなければならないことになっている（建築基準法7条4項）のに、行政側の都合で遅れた場合まで使用を認めないのは不当だからである。

問題41 建築確認

建築基準法に関する次の記述のうち、正しいものはどれか。

1 居室の内装の仕上げには、ホルムアルデヒドを発散させる建築材料を使用することが認められていない。

2 4階建ての共同住宅の敷地内には、避難階に設けた屋外への出口から道又は公園、広場その他の空地に通ずる幅員が2m以上の通路を設けなければならない。

3 防火地域又は準防火地域内にある建築物で、外壁が防火構造であるものについては、その外壁を隣地境界線に接して設けることができる。

4 建築主は、3階建ての木造の共同住宅を新築する場合において、特定行政庁が、安全上、防火上及び避難上支障がないと認めたときは、検査済証の交付を受ける前においても、仮に、当該共同住宅を使用することができる。

解答・解説

1 誤り

居室の内装の仕上げには、一定量を超えてホルムアルデヒドを発散する建築材料を使用してはならない（建築基準法28条の2第3項、同施行令20条の7第1項）。ホルムアルデヒドを発散させる建築材料を使用することが認められていないわけではない。

2 誤り

敷地内には、避難階に設けた屋外への出口から道又は公園、広場その他の空地に通ずる幅員が1.5m（階数が3以下で延べ面積が200㎡未満の建築物の敷地内にあっては、90cm）以上の通路を設けなければならない（建築基準法施行令128条、同125条1項）。

3 誤り

防火地域又は準防火地域内にある建築物で、外壁が「耐火構造」のものについては、その外壁を隣地境界線に接して設けることができる（建築基準法63条）。

4 正しい

1・2・3号建築物を建築等する場合において、特定行政庁が、安全上、防火上及び避難上支障がないと認めたときには、検査済証の交付を受ける前においても、仮に、当該建築物又は建築物の部分を使用し、又は使用させることができる（建築基準法7条の6第1項1号）。

【問題41】 正解4

CHECK! ☐ ☐ ☐ | 本試験 平成26年度 問17 | 重要度 A | 難易度 ★★

問題42　単体規定

建築基準法に関する次の記述のうち、正しいものはどれか。

1　住宅の地上階における居住のための居室には、採光のための窓その他の開口部を設け、その採光に有効な部分の面積は、その居室の床面積に対して7分の1以上としなければならない。

2　建築確認の対象となり得る工事は、建築物の建築、大規模の修繕及び大規模の模様替であり、建築物の移転は対象外である。

3　高さ15mの建築物には、周囲の状況によって安全上支障がない場合を除き、有効に避雷設備を設けなければならない。

4　準防火地域内において建築物の屋上に看板を設ける場合は、その主要な部分を不燃材料で造り、又は覆わなければならない。

解答・解説

1　正しい

住宅、学校、病院、診療所などの居室には、採光のための窓その他の開口部を設け、その採光に有効な部分の面積は、その居室の床面積に対して、「住宅にあっては1/7以上」、その他の建築物にあっては1/5から1/10までの間において政令で定める割合以上としなければならない（建築基準法28条1項）。

2　誤り

建築確認の対象となり得る工事とは、建築物の建築、大規模の修繕、大規模の模様替、一定の用途変更をいう（建築基準法6条1項、87条1項）。ここにいう建築物の建築とは、建築物を新築し、増築し、改築し、又は「移転」することをいう（建築基準法2条13号）。したがって、建築物の移転も建築確認の対象となり得る。

3　誤り

「高さ20m」を超える建築物には、原則として、有効に避雷設備を設けなければならない（建築基準法33条）。したがって、高さ15mの建築物については、有効に避雷設備を設ける必要はない。

4　誤り

「防火地域内」にある看板、広告塔、装飾塔その他これらに類する工作物で、建築物の屋上に設けるもの又は高さ3mを超えるものは、その主要な部分を不燃材料で造り、又は覆わなければならない（建築基準法64条）。しかし、準防火地域内には、このような規制はない。

法令上の制限

【問題42】　正解 1

問題43　単体規定

建築基準法に関する次の記述のうち、誤っているものはいくつあるか。

ア　一室の居室で天井の高さが異なる部分がある場合、室の床面から天井の一番低い部分までの高さが2.1m以上でなければならない。

イ　3階建ての共同住宅の各階のバルコニーには、安全上必要な高さが1.1m以上の手すり壁、さく又は金網を設けなければならない。

ウ　石綿以外の物質で居室内において衛生上の支障を生ずるおそれがあるものとして政令で定める物質は、ホルムアルデヒドのみである。

エ　高さが20mを超える建築物には原則として非常用の昇降機を設けなければならない。

1　一つ　　　2　二つ　　　3　三つ　　　4　四つ

解答・解説

ア　誤り

居室の天井の高さは、室の床面から測り、原則として、2.1m以上でなければならない。しかし、一室で天井の高さの異なる部分がある場合においては、その「平均の高さ」によるものとする（建築基準法施行令21条）。よって、室の床面から天井の一番低い部分までの高さが2.1m以上とする本肢は誤り。

イ　誤り

屋上広場又「2階以上の階」にあるバルコニーその他これに類するものの周囲には、安全上必要な高さが1.1m以上の手すり壁、さく又は金網を設けなければならない（建築基準法施行令126条1項）。ここからわかるように、1階のバルコニーの周囲にはこれらの設備の設置は義務付けられていないのであるから、各階のバルコニーにこれらの設備の設置を義務付ける本肢は誤り。

ウ　誤り

石綿以外の物質でその居室内において衛生上の支障を生ずるおそれがあるものとして政令で定める物質は、「クロルピリホス及びホルムアルデヒド」である（建築基準法28条の2第3号、同施行令20条の5）。

エ　誤り

高さ「31m」を超える建築物（政令で定めるものを除く。）には、非常用の昇降機を設けなければならない（建築基準法34条2項）。よって、高さが20mを超える建築物であっても、高さが31m以下のものであれば、非常用の昇降機の設置は義務付けられていないので、本肢は誤り。

以上より、誤っているものはア、イ、ウ、エの四つであり、肢4が正解となる。

必勝合格Check!

重要な単体規定

各種の単体規定	規制内容	
①居室の採光	採光のための窓その他の開口部について、採光に有効な部分の面積は床面積の一定割合（住宅：1／7）以上	
②居室の換気	換気のための窓その他の開口部を設け、換気に有効な部分の面積は、床面積の一定割合（1/20）以上	
③居室の天井の高さ	・居室の天井の高さは、2.1m以上 ・一室で天井の高さの異なる部分がある場合においては、その平均の高さ	
④界壁	原則として、長屋又は共同住宅の各戸の界壁は、小屋裏又は天井裏に達するものとする	
⑤石綿その他の物質の飛散又は発散に対する衛生上の措置	石綿 → 全ての建築物	①建築材料に添加しない
	クロルピリホス → 居室のある建築物	②添加した建築材料を原則として使用しない
	ホルムアルデヒド→発散量に応じた規制内容（使用禁止ではない）	
⑥地階の住宅等の居室	住宅の居室、学校の教室、病院の病室又は寄宿舎の寝室で地階に設けるものは、壁・床の防湿の措置等について、衛生上必要な技術的基準に適合するものとしなければならない	
⑦便所	便所には、採光及び換気のため直接外気に接する窓を設けなければならない。ただし、水洗便所で、これに代わる設備をした場合においては、この限りでない	
	処理区域では、汚水管が下水道に連結された水洗便所を設けなければならない	
⑧避雷設備	高さ20mを超える建築物には避雷設備	
⑨昇降機設備	高さ31mを超える建築物には非常用の昇降機	
⑩防火壁又は防火床の設置	延べ面積が1,000㎡を超える建築物は、防火上有効な構造の防火壁又は防火床で有効に区画し、かつ、各区画の床面積の合計をそれぞれ1,000㎡以内 → 耐火建築物又は準耐火建築物では必要なし	
⑪廊下、避難階段及び出入口等に関する規定の適用範囲	建築物の高さ31m以下の部分にある3階以上の階には、非常用の進入口を設けなければならない。	
⑫屋上広告・バルコニーの手すり等	屋上広場又は2階以上の階にあるバルコニー等の周囲には、高さ1.1m以上の手すり壁、さく又は金網を設けなければならない。	
⑬非常用照明装置	共同住宅の住戸には、非常用照明装置を設置する必要はない。	
⑭階段等の手すり等	高さ1m以下の階段の部分には、手すりを設ける必要はない。	
⑮耐火建築物としなければならない特殊建築物	倉庫の用に供する建築物で、その用途に供する3階以上の部分の床面積の合計が200㎡以上であるもの	

法令上の制限

【問題43】　正解4

421

問題44 　単体規定

建築基準法に関する次の記述のうち、正しいものはどれか。

1　階数が2で延べ面積が200㎡の鉄骨造の共同住宅の大規模の修繕をしようとする場合、建築主は、当該工事に着手する前に、確認済証の交付を受けなければならない。

2　居室の天井の高さは、一室で天井の高さの異なる部分がある場合、室の床面から天井の最も低い部分までの高さを2.1m以上としなければならない。

3　延べ面積が1,000㎡を超える準耐火建築物は、防火上有効な構造の防火壁又は防火床によって有効に区画し、かつ、各区画の床面積の合計をそれぞれ1,000㎡以内としなければならない。

4　高さ30mの建築物には、非常用の昇降機を設けなければならない。

解答・解説

1　正しい

木造以外の建築物で2以上の階数を有し、又は延べ面積が200㎡を超えるものの大規模の修繕をしようとする場合、建築主は、当該工事に着手する前に、確認済証の交付を受けなければならない（建築基準法6条1項3号）。

2　誤り

居室の天井の高さは、室の床面から測り、原則として、2.1m以上でなければならない（建築基準法施行令21条1項）。しかし、一室で天井の高さの異なる部分がある場合においては、その「平均の高さ」によるものとする（同条2項）。よって、室の床面から天井の一番低い部分までの高さを2.1m以上とするのではない。

3　誤り

延べ面積が1,000㎡を超える建築物は、防火上有効な構造の防火壁又は防火床によって有効に区画し、かつ、各区画の床面積の合計をそれぞれ1,000㎡以内としなければならない（建築基準法26条本文）。しかし、耐火建築物又は準耐火建築物については、この限りでない（建築基準法26条ただし書1号）。本肢では、準耐火建築物であるため、防火壁又は防火床によって有効に区画する必要はない。

4　誤り

高さ31mを超える建築物には、原則として非常用の昇降機を設けなければならない（建築基準法34条2項）。本肢では、高さ30mの建築物であるため、非常用の昇降機を設ける必要はない。

【問題44】　正解1

問題45　道路制限

建築基準法に関する次の記述のうち、正しいものはどれか。

1　道路法による道路は、すべて建築基準法上の道路に該当する。

2　建築物の敷地は、必ず幅員4m以上の道路に2m以上接しなければならない。

3　地方公共団体は、土地の状況等により必要な場合は、建築物の敷地と道路との関係について建築基準法に規定された制限を、条例で緩和することができる。

4　地盤面下に設ける建築物については、道路内に建築することができる。

解答・解説

1　誤り

道路法による道路（一般国道、都道府県道、市町村道等で道路法による路線の指定を受けたものをいう。）であっても、幅員4m（特定行政庁が指定する区域内においては6m）未満のものについては、原則として建築基準法上の「道路」にあたらない（建築基準法42条1・2項）。

2　誤り

その敷地が幅員4m以上の道に2m以上接する建築物のうち、利用者が少数であるものとしてその用途及び規模に関し国土交通省令で定める基準に適合するもので、特定行政庁が交通上、安全上、防火上及び衛生上支障がないと認められるものやその敷地の周囲に広い空地を有する建築物その他の国土交通省令で定める基準に適合する建築物で、特定行政庁が交通上、安全上、防火上及び衛生上支障がないと認めて建築審査会の同意を得て許可したものは、例外として道路に2m以上接していなくてもよい（建築基準法43条1項）。

3　誤り

地方公共団体は、一定の場合に条例で、必要な制限を「付加」できることはあるが、緩和することはできない。すなわち、地方公共団体は、特殊建築物、階数が3以上の建築物、政令で定める窓その他の開口部を有しない居室を有する建築物又は延べ面積が1,000㎡を超える建築物、その敷地が袋路状道路にのみ接する建築物で、延べ面積が150㎡超のものの敷地が接しなければならない道路の幅員、その敷地が道路に接する部分の長さ等についてこれら建築物の用途、規模の特殊性により、通常の接道義務の制限だけでは、避難・通行の安全の目的を十分に達し難いと認める場合においては、条例で、必要な制限を付加することができる（建築基準法43条3項）。

4　正しい

建築物又は敷地を造成するための擁壁は、道路内に、又は道路に突き出して建築又は築造してはならないのが原則である（建築基準法44条1項本文）。しかし、地盤面下に設ける建築物などについては、この限りでない（建築基準法44条1項ただし書）。

法令上の制限

【問題45】　正解4

問題46　**道路制限**

　都市計画区域内における建築物の敷地又は建築物と道路との関係に関する次の記述のうち、建築基準法の規定によれば、正しいものはどれか。

1　建築物の敷地は、原則として道路に2m以上接していなければならないが、その敷地の周囲に広い空地を有する建築物等で、特定行政庁が交通上、安全上、防火上及び衛生上支障がないと認めて建築審査会の同意を得て許可したものについては、適用しない。

2　建築物の敷地は、原則として幅員6m以上の道路に接していなければならない。

3　公衆便所、巡査派出所その他これらに類する公益上必要な建築物であれば、すべて道路に突き出して建築することができる。

4　地方公共団体は、一定の建築物の用途又は規模の特殊性により必要があると認めるときは、条例で、建築物の敷地と道路との関係についての制限を緩和することができる。

解答・解説

1　正しい
　建築物の敷地は、道路に2m以上接しなければならない。ただし、その敷地の周囲に広い空地を有する建築物等で、特定行政庁が交通上、安全上、防火上及び衛生上支障がないと認めて建築審査会の同意を得て許可したものについては、適用しない（建築基準法43条2項2号）。

2　誤り
　接道義務にいう「道路」は、建築基準法上の「道路」をいう。その幅員は、4m以上が原則であり、特定行政庁が指定する区域内においては6m以上となる（建築基準法42条1項）。よって、敷地は、原則として幅員6m以上の道路に接していなければならないとする本肢は誤り。

3　誤り
　建築物は、道路に突き出して建築してはならないが、公衆便所、巡査派出所等の公益上必要な建築物で特定行政庁が通行上支障がないと認めて建築審査会の同意を得て許可したものについては、この限りでない（建築基準法44条1項2号）。よって、公衆便所、巡査派出所等であっても、特定行政庁が建築審査会の同意を得て許可したものでなければ、道路に突き出して建築することはできず、本肢は誤り。

4　誤り
　地方公共団体は、特殊建築物、階数が3以上である建築物その他一定の建築物の敷地が接しなければならない道路の幅員等その敷地又は建築物と道路との関係についてこれらの建築物の用途又は規模の特殊性により、原則的な接道義務によっては避難又は通行の安全の目的を充分に達し難いと認める場合においては、条例で、必要な制限を付加することができる（建築基準法43条3項）。しかし、条例による制限の付加が認められるのみであり、緩和することは認められず、本肢は誤り。

必勝合格Check!

接道義務

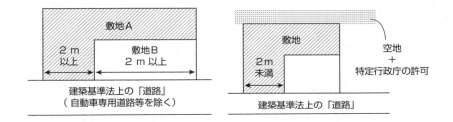

道路内の建築等制限

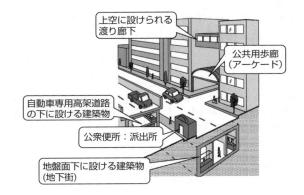

問題47　道路制限

　建築基準法（以下この問において「法」という。）に関する次の記述のうち、正しいものはどれか。

1　法第3章の規定が適用されるに至った際、現に建築物が立ち並んでいる幅員4m未満の道路法による道路は、特定行政庁の指定がなくとも法上の道路とみなされる。

2　法第42条第2項の規定により道路の境界線とみなされる線と道との間の部分の敷地が私有地である場合は、敷地面積に算入される。

3　法第42条第2項の規定により道路とみなされた道は、実際は幅員が4m未満であるが、建築物が当該道路に接道している場合には、法第52条第2項の規定による前面道路の幅員による容積率の制限を受ける。

4　敷地が法第42条に規定する道路に2m以上接道していなくても、特定行政庁が交通上、安全上、防火上及び衛生上支障がないと認めて利害関係者の同意を得て許可した場合には、建築物を建築してもよい。

解答・解説

1　誤り
　建築基準法第3章の規定が適用されるに至った際、現に建築物が立ち並んでいる幅員4m未満の道で、「特定行政庁の指定したもの」は、建築基準法上の「道路」とみなされる（建築基準法42条2項本文）。いわゆる2項道路（みなし道路）と呼ばれるものである。

2　誤り
　建築基準法42条2項の規定により道路の境界線とみなされる線と道との間の部分の敷地は、道路とみなされるのであり、敷地面積に算入することはできない（建築基準法42条2項）。この点につき、当該敷地が私有地であるか否かで異なるものではない。

3　正しい
　肢1で述べたとおり、2項道路（みなし道路）も建築基準法上の「道路」であることにかわりはない。そして、前面道路の幅員が12m未満である建築物は、その容積率が当該前面道路の幅員のmの数値に一定の数値を乗じたもの以下でなければならない旨の制限を受ける（建築基準法52条2項）。

4　誤り
　建築物の敷地は、道路に2m以上接していなければならないのが原則である。ただし、その敷地の周囲に広い空地を有する建築物その他の国土交通省令で定める基準に適合する建築物で、特定行政庁が交通上、安全上、防火上及び衛生上支障がないと認めて「建築審査会の同意」を得て許可したものについては、例外として、道路に2m以上接していなくても、建築物を建築してもよい（建築基準法43条1項）。

【問題47】　正解3

CHECK! ☐ ☐ ☐　本試験 平成14年度　問20　重要度 **A**　難易度 ★

問題48　**用途制限**

　建築基準法第48条に規定する用途規制に関する次の記述のうち、誤っているものはどれか。ただし、特定行政庁の許可は考慮しないものとする。

1　第一種低層住居専用地域内では、小学校は建築できるが、中学校は建築できない。

2　第一種住居地域内では、ホテル（床面積計3,000㎡以下）は建築できるが、映画館は建築できない。

3　近隣商業地域内では、カラオケボックスは建築できるが、料理店は建築できない。

4　工業地域内では、住宅は建築できるが、病院は建築できない。

解答・解説

1　誤り
　第一種低層住居専用地域内においては、小学校も中学校も建築できる。さらに、高校も建築できるが、大学は建築できない（建築基準法48条、同別表第二）。

2　正しい
　第一種住居地域内では、床面積が3,000㎡以下のホテルは建築できるが、映画館は建築できない（建築基準法48条、同別表第二）。

3　正しい
　近隣商業地域内では、カラオケボックスは建築できるが、料理店は建築できない（建築基準法48条、同別表第二）。

4　正しい
　工業地域内でも、住宅は建築できるが、病院は建築できない（建築基準法48条、同別表第二）。

必勝合格Check!

特定行政庁の許可がなくても建築できる建築物・地域

すべての用途地域でOK	神社・寺院・教会、派出所・公衆電話所、診療所・公衆浴場・保育所
工業専用地域以外OK	住宅、図書館、老人ホーム
工業地域・工業専用地域以外OK	幼稚園、小・中・高
商業地域・準工業地域だけOK	料理店
近隣商業地域・商業地域・準工業地域だけOK	映画館、ナイトクラブ（客席床面積200㎡以上）
低層住居専用地域・田園住居地域・工業地域・工業専用地域以外OK	大学、病院
低層住居専用地域・田園住居地域・中高層住居専用地域・第一種住居地域以外OK	カラオケボックス、ダンスホール

【問題48】　正解 1

法令上の制限

問題49 用途制限

建築基準法（以下この問において「法」という。）に関する次の記述のうち、誤っているものはどれか。

1 店舗の用途に供する建築物で当該用途に供する部分の床面積の合計が10,000㎡を超えるものは、原則として工業地域内では建築することができない。

2 学校を新築しようとする場合には、法第48条の規定による用途制限に適合するとともに、都市計画により敷地の位置が決定されていなければ新築することができない。

3 特別用途地区内においては、地方公共団体は、国土交通大臣の承認を得て、条例で、法第48条の規定による建築物の用途制限を緩和することができる。

4 都市計画において定められた建蔽率の限度が10分の8とされている地域外で、かつ、防火地域内にある耐火建築物等の建蔽率については、都市計画において定められた建蔽率の数値に10分の1を加えた数値が限度となる。

解答・解説

1 正しい

店舗の用途に供する建築物でその用途に供する部分の床面積の合計が10,000㎡を超えるものは、原則として、近隣商業地域、商業地域、準工業地域においてのみ建築することができる。したがって、工業地域内には、原則として、当該建築物を建築することができない（建築基準法48条、同別表第二）。

2 誤り

都市計画区域内においては、卸売市場、火葬場又はと畜場、汚物処理場、ごみ焼却場などの処理施設の用途に供する建築物は、原則として、用途制限に適合するとともに、都市計画においてその敷地の位置が決定しているものでなければ、新築し、又は増築してはならない（建築基準法51条、48条、同施行令130条の2の2）。しかし、学校は、ここにいう処理施設の用途に供する建築物にあたらないため、都市計画においてその敷地の位置が決定している必要はない。

3 正しい

特別用途地区内においては、地方公共団体の条例で用途制限を定めるが、地方公共団体は、その地区の指定の目的のために必要と認める場合においては、国土交通大臣の承認を得て、条例で、用途制限を緩和することができる（建築基準法49条）。

4 正しい

建蔽率の限度が10分の8とされている地域外で、かつ、防火地域内にある耐火建築物等の建蔽率は、都市計画で定められた建蔽率の数値に10分の1を加えた数値が限度となる（建築基準法53条3項1号）。

【問題49】 正解2

CHECK! ☐☐☐　本試験 平成22年度　問19　重要度 A　難易度 ★★★

問題50　用途制限

建築物の用途規制に関する次の記述のうち、建築基準法の規定によれば、誤っているものはどれか。ただし、用途地域以外の地域地区等の指定及び特定行政庁の許可は考慮しないものとする。

1　建築物の敷地が工業地域と工業専用地域にわたる場合において、当該敷地の過半が工業地域内であるときは、共同住宅を建築することができる。

2　準住居地域内においては、原動機を使用する自動車修理工場で作業場の床面積の合計が150㎡を超えないものを建築することができる。

3　近隣商業地域内において映画館を建築する場合は、客席の部分の床面積の合計が200㎡未満となるようにしなければならない。

4　第一種低層住居専用地域内においては、高等学校を建築することはできるが、高等専門学校を建築することはできない。

解答・解説

1　正しい
建築物の敷地が制限の異なる用途地域にわたる場合においては、その敷地の全部について敷地の過半の属する用途地域における用途制限が適用される（建築基準法91条）。本肢においては、敷地の過半が工業地域内であることから、工業地域の用途制限が適用される。工業地域においては共同住宅を建築することができる（建築基準法48条11項、同別表第二（る））。

2　正しい
準住居地域には、原動機を使用する自動車修理工場で作業場の床面積の合計が150㎡を超えないものを建築することができる（建築基準法48条7項、同別表第二（と）二かっこ書き）。

3　誤り
近隣商業地域内においては、客席の部分の床面積の合計が200㎡以上の映画館を建築することができる（建築基準法48条8項、同別表第二（ち））。

4　正しい
第一種低層住居専用地域内においては、高等学校を建築することはできるが、高等専門学校を建築することはできない（建築基準法48条1項、同別表第二（い）四）。

法令上の制限

【問題50】　正解3

問題51　用途制限

　建築基準法（以下この問において「法」という。）に関する次の記述のうち、正しいものはどれか。ただし、用途地域以外の地域地区等の指定及び特定行政庁の許可は考慮しないものとする。

1　店舗の用途に供する建築物で当該用途に供する部分の床面積の合計が20,000㎡であるものは、準工業地域においては建築することができるが、工業地域においては建築することができない。

2　第一種住居地域において、カラオケボックスで当該用途に供する部分の床面積の合計が500㎡であるものは建築することができる。

3　建築物が第一種中高層住居専用地域と第二種住居地域にわたる場合で、当該建築物の敷地の過半が第二種住居地域内に存するときは、当該建築物に対して法第56条第1項第3号の規定による北側高さ制限は適用されない。

4　第一種中高層住居専用地域において、火葬場を新築しようとする場合には、都市計画により敷地の位置が決定されていれば新築することができる。

解答・解説

1　正しい

　店舗の用途に供する建築物でその用途に供する部分の床面積の合計が10,000㎡を超えるもの（特定大規模建築物）は、準工業地域においては建築することができるが、工業地域においては、特定行政庁が工業の利便上又は公益上必要と認めて許可した場合を除き、原則として建築することができない（建築基準法48条10・11項、同別表第二（ぬ）項・（る）項7号）。

2　誤り

　カラオケボックスは、第一種住居地域においては、その規模如何にかかわらず、特定行政庁が第一種住居地域における住居の環境を害するおそれがないと認め、又は公益上やむを得ないと認めて許可した場合を除き、原則として建築することができない（建築基準法48条5項、同別表第二（ほ）項3号）。

3　誤り

　まず、北側高さ制限においては、過半主義の適用はない（建築基準法91条かっこ書）。そして、この北側高さ制限は、第二種住居地域においては適用されないが、第一種中高層住居専用地域においては、日影規制が適用されている区域を除き、原則として適用される（建築基準法56条1項3号・5項）。

4　誤り

　確かに、都市計画区域内においては、火葬場等の用途に供する建築物は、原則として、都市計画においてその敷地の位置が決定しているものでなければ、新築し、又は増築してはならない（建築基準法51条）。しかし、第一種中高層住居専用地域において建築することができる建築物の中に火葬場は含まれていないので、いくら都市計画により敷地の位置が決定されていても、特定行政庁が第一種中高層住居専用地域における良好な住居の環境を害するおそれがないと認め、又は公益上やむを得ないと認めて許可した場合を除き、原則として火葬場を新築することはできない（建築基準法48条3項、同別表第二（は）項）。

【問題51】　正解1

CHECK! ☐☐☐　本試験 平成15年度　問21　重要度 C　難易度 ★★

問題52　用途制限

建築基準法に関する次の記述のうち、誤っているものはどれか。

1　市町村は地区計画の地区整備計画が定められている区域内において、条例で、建築基準法第48条の建築物の用途制限を強化又は緩和することができる。

2　建築協定においては、建築協定区域内における建築物の用途に関する基準を定めることができない。

3　都市計画区域及び準都市計画区域以外の区域内において、地方公共団体は、建築物の用途に関する制限を条例で定めることはできない。

4　第一種低層住居専用地域において建築することができる用途の建築物については、第二種低層住居専用地域においても建築することができる。

解答・解説

1　正しい

市町村は、地区計画等の区域（地区整備計画、特定建築物地区整備計画、防災街区整備地区整備計画、歴史的風致維持向上地区整備計画、沿道地区整備計画又は集落地区整備計画が定められている区域に限る。）内において、建築物の敷地、構造、建築設備又は用途に関する事項で当該地区計画等の内容として定められたものを、条例で、これらに関する制限として定めることができる（建築基準法68条の2第1項）。また、市町村は、用途地域における用途の制限を補完し、当該地区計画等（集落地区計画を除く。）の区域の特性にふさわしい土地利用の増進等の目的を達成するため必要と認める場合においては、国土交通大臣の承認を得て、第1項の規定に基づく条例で、第48条第1項から第12項までの規定による制限（用途制限）を緩和することもできる（建築基準法68条の2第5項）。

2　誤り

建築協定とは、その区域内における建築物の敷地、位置、構造、用途、形態、意匠又は建築設備に関する基準についての土地の所有者等が締結する協定である（建築基準法69条）。よって、建築物の用途に開する基準も定めることができる。

3　正しい

都市計画区域及び準都市計画区域以外で都道府県知事の指定区域内においては、地方公共団体は、条例で、建築物又はその敷地と道路との関係、建築物の容積率、建築物の高さその他の建築物の敷地又は構造に関して必要な制限を定めることができる（建築基準法68条の9第1項）。しかし、建築物の用途に関する制限は定めることができない。

4　正しい

第一種低層住居専用地域においては、もっとも厳しい規制となっており、ここで建築することができる用途の建築物は、第二種低層住居専用地域においても建築することができる（建築基準法48条、同別表第二）。

【問題52】　正解2

問題53 建蔽率・容積率

　建築物の建築面積の敷地面積に対する割合（以下この問において「建蔽率」という。）及び建築物の延べ面積の敷地面積に対する割合（以下この問において「容積率」という。）に関する次の記述のうち、建築基準法の規定によれば、誤っているものはどれか。

1　建蔽率の限度が80％とされている防火地域内にある耐火建築物等については、建蔽率による制限は適用されない。

2　建築物の敷地が、幅員15m以上の道路（以下「特定道路」という。）に接続する幅員6m以上12m未満の前面道路のうち、当該特定道路からの延長が70m以内の部分において接する場合における当該敷地の容積率の限度の算定に当たっては、当該敷地の前面道路の幅員は、当該延長及び前面道路の幅員を基に一定の計算により算定した数値だけ広いものとみなす。

3　容積率を算定する上では、共同住宅の共用の廊下及び階段部分は、当該共同住宅の延べ面積の3分の1を限度として、当該共同住宅の延べ面積に算入しない。

4　隣地境界線から後退して壁面線の指定がある場合において、当該壁面線を越えない建築物で、特定行政庁が安全上、防火上及び衛生上支障がないと認めて許可したものの建蔽率は、当該許可の範囲内において建蔽率による制限が緩和される。

解答・解説

1　正しい
　建蔽率の限度が80％とされている地域内で、かつ、防火地域内にある耐火建築物等については、建蔽率による制限は適用されない（建築基準法53条6項1号）。

2　正しい
　建築物の敷地が、幅員15m以上の道路（特定道路）に接続する幅員6m以上12m未満の前面道路のうち当該特定道路からの延長が70m以内の部分において接する場合における当該敷地の容積率の限度の算定に当たっては、当該敷地の前面道路の幅員は、当該延長及び前面道路の幅員を基に政令で定める数値を加えたものとする（建築基準法52条9項）。

3　誤り
　建築物の容積率の算定の基礎となる延べ面積には、政令で定める昇降機（エレベーター）の昇降路の部分や共同住宅・老人ホーム等の共用の廊下又は階段の用に供する部分の床面積は、算入しない（建築基準法52条6項）。よって、本肢は誤り。なお、1/3を限度として、容積率算定の基礎となる延べ面積に算入しないのは、地階に住宅の用途に供する部分を有する建築物の地階の床面積である（建築基準法52条3項）。

4　正しい
　隣地境界線から後退して壁面線の指定がある場合又は条例で定める一定の壁面の位置の制限がある場合において、当該壁面線又は壁面の位置の制限として定められた限度の線を越えない建築物で、特定行政庁が安全上、防火上及び衛生上支障がないと認めて許

可したものの建蔽率は、その許可の範囲内において、建蔽率による規制の限度を超えるものとすることができる（建築基準法53条4項）。

必勝合格Check!

建蔽率

			1/10 加算	①②の 重複 2/10 加算
緩和措置	①指定角地加算 （特定行政庁の指定を受けている角地）			
	・防火地域内にある耐火建築物等（※1） ・準防火地域内にある耐火建築物等（※1）、 準耐火建築物等（※2）	②建蔽率の限度が8/10 とされている地域以外	1/10 加算	
	防火地域内にある耐火建築物等（※1）	③建蔽率の限度が8/10 とされている地域	制限なし (10/10)	

※1 「耐火建築物等」とは、耐火建築物又はこれと同等以上の延焼防止時間となる建築物をいう。
※2 「準耐火建築物等」とは、準耐火建築物又はこれと同等以上の延焼防止時間となる建築物をいう。

容積率の緩和措置等

	容積率に算入しない部分	算入しない限度
緩和措置等	①住宅又は老人ホーム等の地階 ※　住宅又は老人ホーム等以外の用途に 供する部分を有する建築物にも適用可	住宅又は老人ホーム等の用途部分の床 面積の3分の1まで
	②昇降機の昇降路、共同住宅又は老人ホー ム等の共用の廊下又は階段	すべて
	③宅配ボックスの設置部分の床面積	【宅配ボックス設置部分のうち共同住 宅の共用の廊下と一体となった部分】 すべて
		【上記以外】 敷地内にある建築物の各階の床面積の 合計の100分の1まで

問題54　建蔽率・容積率

建築基準法に関する次の記述のうち、正しいものはどれか。

1　建築物の容積率の制限は、都市計画において定められた数値によるものと、建築物の前面道路の幅員に一定の数値を乗じて得た数値によるものがあるが、前面道路の幅員が12m未満である場合には、当該建築物の容積率は、都市計画において定められた容積率以下でなければならない。

2　建築物の前面道路の幅員に一定の数値を乗じて得た数値による容積率の制限について、前面道路が二つ以上ある場合には、それぞれの前面道路の幅員に応じて容積率を算定し、そのうち最も低い数値とする。

3　建築物の敷地が都市計画に定められた計画道路（建築基準法第42条第1項第4号に該当するものを除く。）に接する場合において、特定行政庁が交通上、安全上、防火上及び衛生上支障がないと認めて許可した建築物については、当該計画道路を前面道路とみなして容積率を算定する。

4　用途地域の指定のない区域内に存する建築物の容積率は、特定行政庁が土地利用の状況等を考慮し、都市計画において定められた数値以下でなければならない。

解答・解説

1　誤り

前面道路の幅員が12m未満である場合には、都市計画において定められた容積率（指定容積率）以下であり（建築基準法52条1項）、かつ、前面道路の幅員により算出した容積率（算定容積率）以下でなければならない（建築基準法52条2項）。よって、指定容積率と算定容積率を比較し、厳しい方の容積率以下でなければならず、算定容積率以下でなければならない場合もあり、都市計画において定められた容積率以下でなければならないとはいえない。

2　誤り

前面道路が2以上あるときは、その幅員の最大のものにより容積率を算定する（建築基準法52条2項かっこ書）。

3　正しい

建築物の敷地が都市計画において定められた計画道路（建築基準法42条1項4号に該当するものを除く。）に接する場合において、特定行政庁が交通上、安全上、防火上及び衛生上支障がないと認めて許可した建築物については、当該計画道路を前面道路とみなして前面道路の幅員による容積率を算定する（建築基準法52条10項）。

4　誤り

用途地域の指定のない区域内に存する建築物の容積率は、5/10、8/10、10/10、20/10、30/10又は40/10のうち、特定行政庁が土地利用の状況等を考慮し当該区域を区分して都道府県都市計画審議会の議を経て定めるものとなる（建築基準法52条1項6号）。都市計画で定められた数値ではない。

【問題54】　正解3

| CHECK! | | | | 本試験 | 平成6年度　問21 | 重要度 | A | 難易度 | ★ |

問題55　　高さ制限等

　第一種低層住居専用地域内の建築物の制限に関する次の記述のうち、建築基準法の規定によれば、正しいものはどれか。

1　3階建ての住宅（高さ10m）は、特定行政庁の許可を得なければ、建てることができない。

2　建築物の敷地面積の最低限度に関する制限を都市計画で定める場合、200㎡を超えない範囲で、定めなければならない。

3　隣地斜線制限（建築基準法第56条第1項第2号の制限をいう。）は、適用される。

4　都市計画において外壁の後退距離の限度を定める場合においては、2mを超えない範囲で、定めなければならない。

解答・解説

1　誤り
　第一種・第二種低層住居専用地域又は田園住居地域内においては、建築物の高さは10m又は12mのうち当該地域に関する都市計画において定められた建築物の高さの限度を超えてはならないのだから、少なくとも10mまでは、特定行政庁の許可を得なくとも建築できる（建築基準法55条1項）。

2　正しい
　都市計画において建築物の敷地面積の最低限度を定める場合においては、その最低限度は、200㎡を超えてはならない（建築基準法53条の2第2項）。

3　誤り
　肢1で述べたとおり、絶対的高さ制限のある第一種・第二種低層住居専用地域又は田園住居地域内では、隣地斜線制限は適用されない（建築基準法55条1・2項、56条1項2号イ〜ニ参照）。

4　誤り
　外壁の後退距離の限度は、1.5m又は1mとすることとされている（建築基準法54条2項）。

必勝合格Check!

建築物の絶対高さの制限

【問題55】　正解2

法令上の制限

問題56　高さ制限等

第二種中高層住居専用地域内の建築物に関する次の記述のうち、建築基準法の規定によれば、正しいものはどれか。

1　第二種中高層住居専用地域内においては、耐火建築物であっても、建築物の建築面積の敷地面積に対する割合（建蔽率）は、4/10を超えることはできない。

2　第二種中高層住居専用地域内において、建築物の延べ面積の敷地面積に対する割合（容積率）として都市計画で定められる値は、20/10以下である。

3　第二種中高層住居専用地域内にある建築物については、道路斜線制限（建築基準法第56条第1項第1号の制限をいう。）の適用はない。

4　第二種中高層住居専用地域内においても、高さが9mの建築物であれば、日影による中高層の建築物の高さの制限を受けない。

解答・解説

1　誤り

第二種中高層住居専用地域における建蔽率は、3/10、4/10、5/10、6/10のうち、都市計画において定められたものであり、4/10を超えることもある（建築基準法53条1項1号）。

2　誤り

第二種中高層住居専用地域における容積率は、10/10、15/10、20/10、30/10、40/10、50/10のうち、都市計画において定められたものであり、20/10以下に限られるものではない（建築基準法52条1項2号）。

3　誤り

道路斜線制限は、すべての用途地域及び用途地域の指定のない区域に適用されるので、第二種中高層住居専用地域内の建築物にも適用される（建築基準法56条1項1号、別表第三（い）欄）。

4　正しい

第二種中高層住居専用地域において日影規制の対象となる建築物は、高さが10mを超える建築物であり、高さが9mの建築物であれば、制限を受けない（建築基準法56条の2第1項本文、同別表第四）。

【問題56】　正解4

問題57　**高さ制限等**

建築基準法（以下この問において「法」という。）に関する次の記述のうち、正しいものはどれか。

1　第二種中高層住居専用地域内における建築物については、法第56条第1項第3号の規定による北側斜線制限は適用されない。

2　第一種低層住居専用地域及び第二種低層住居専用地域内における建築物については、法第56条第1項第2号の規定による隣地斜線制限が適用される。

3　隣地境界線上で確保される採光、通風等と同程度以上の採光、通風等が当該位置において確保されるものとして一定の基準に適合する建築物については、法第56条第1項第2号の規定による隣地斜線制限は適用されない。

4　法第56条の2第1項の規定による日影規制の対象区域は地方公共団体が条例で指定することとされているが、商業地域、工業地域及び工業専用地域においては、日影規制の対象区域として指定することができない。

解答・解説

1　誤り
第一種・第二種中高層住居専用地域には、日影規制が適用されている区域を除き、原則として、北側斜線制限が適用される（建築基準法56条1項3号）。

2　誤り
第一種・第二種低層住居専用地域又は田園住居地域には、隣地斜線制限は適用されない（建築基準法56条1項2号）。そのかわりに、これら低層住居専用地域には、絶対的高さ制限が適用される（建築基準法55条1項）ことにも注意すること。

3　誤り
「隣地境界線から一定の水平距離を隔てた外側の線上の政令で定める位置」において確保される採光、通風等と同程度以上の採光、通風等が当該位置において確保されるものとして政令で定める基準に適合する建築物については、隣地斜線制限は適用されない（建築基準法56条7項2号）。よって、採光、通風等が確保されるべき基準となる位置を隣地境界線上とする本肢は誤り。

4　正しい
日影規制の対象区域は、地方公共団体の条例により、用途地域内においては、商業地域、工業地域、工業専用地域以外の地域に指定することができる（建築基準法56条の2第1項本文、同別表第四（い）欄）。

法令上の制限

問題58　**高さ制限等**

　日影による中高層の建築物の高さ制限（以下この問において「日影規制」という。）に関する次の記述のうち、建築基準法の規定によれば、正しいものはどれか。

1　日影規制の対象となる区域については、その区域の存する地方の気候及び風土、土地利用の状況等を勘案して、都市計画で定められる。

2　第一種中高層住居専用地域又は第二種中高層住居専用地域において、日影規制の対象となるのは、軒の高さが7m又は高さが10mを超える建築物である。

3　同一の敷地内に2以上の建築物がある場合においては、これらの建築物を一の建築物とみなして、日影規制が適用される。

4　建築物の敷地が道路、水面、線路敷その他これらに類するものに接する場合であっても、日影規制の緩和に関する措置はない。

解答・解説

1　誤り
　日影規制の対象となる区域は、地方公共団体の条例で定める（建築基準法56条の2第1項本文）。

2　誤り
　第一種・第二種中高層住居専用地域において、日影規制の対象となる建築物は、高さ10m超の建築物である（建築基準法56条の2第1項本文、同別表第四）。

3　正しい
　日影規制は、隣地の日照を確保するため、隣地に日影をあまり落とさないようにしようというもの。隣地にどれだけ日影を落とすかを問題とするのだから、同一敷地内に2以上の建築物がある場合、個々の建築物ごとに規制をかけるのではなく、一つの建築物とみなして、日影規制を適用する（建築基準法56条の2第2項）。

4　誤り
　肢3で述べた日影規制の趣旨から、隣地が日影をあまり問題としない道路、水面、線路敷等である場合には、規制を緩和してよい（建築基準法56条の2第3項）。

【問題58】　正解3

| CHECK! | | | | 本試験 | 平成6年度　問24 改 | 重要度 | B | 難易度 | ★ |

問題59　防火・準防火地域内制限

　防火地域及び準防火地域に関する次の記述のうち、建築基準法の規定によれば、正しいものはどれか。

1　防火地域内において、階数が2で延べ面積が200㎡の住宅は、必ず耐火建築物等としなければならない。

2　準防火地域内において、地階を除く階数が3で延べ面積が1,000㎡の事務所は、必ず耐火建築物等としなければならない。

3　準防火地域内において、地階を除く階数が3で延べ面積が500㎡の事務所を耐火建築物以外のものとする場合は、必ず準耐火建築物等としなければならない。

4　準防火地域内にある看板、広告塔で、建築物の屋上に設けるものは、必ずその主要な部分を不燃材料でつくり、または覆わなければならない。

解答・解説

1　正しい
　防火地域内では、地階を含む階数3以上又は延べ面積100㎡超の場合、原則として耐火建築物等でなければならず（建築基準法61条）、本肢は正しい。

2　誤り
　準防火地域内においては、地階を除く階数が4に満たず、延べ面積が500㎡超1,500㎡以下の建築物は、耐火建築物等・準耐火建築物等のいずれかであればよい（建築基準法61条）。よって、必ず耐火建築物等にしなければならないとする本肢は誤り。

3　誤り
　準防火地域内においては、地階を除く階数が3で、延べ面積500㎡以下の建築物は、耐火建築物等・準耐火建築物等のいずれかであればよい（建築基準法61条）。よって、必ず準耐火建築物等にしなければならないとする本肢は誤り。

4　誤り
　本肢のような看板等の防火措置に関する規制は、防火地域内において適用され、準防火地域内においては適用されない（建築基準法64条）。よって、本肢は誤り。

必勝合格Check!

準防火地域内の建築物

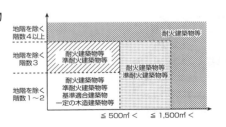

【問題59】　正解 1

問題60　防火・準防火地域内制限

建築基準法に関する次の記述のうち、正しいものはどれか。

1　建築物が防火地域及び準防火地域にわたる場合、原則として、当該建築物の全部について防火地域内の建築物に関する規定が適用される。

2　防火地域内においては、3階建て、延べ面積が200㎡の住宅は耐火建築物等又は準耐火建築物等としなければならない。

3　防火地域内において建築物の屋上に看板を設ける場合には、その主要な部分を難燃材料で造り、又は覆わなければならない。

4　防火地域にある建築物は、外壁が耐火構造であっても、その外壁を隣地境界線に接して設けることはできない。

解答・解説

1　正しい
　建築物が防火地域及び準防火地域にわたる場合においては、原則として、その全部について防火地域内の建築物に関する規定を適用する（建築基準法65条2項）。

2　誤り
　防火地域内においては、原則として、階数が3以上であり、又は延べ面積が100㎡を超える建築物は耐火建築物等としなければならない（建築基準法61条）。

3　誤り
　防火地域内にある看板、広告塔、装飾塔その他これらに類する工作物で、建築物の屋上に設けるもの又は高さ3mを超えるものは、その主要な部分を「不燃材料」で造り、又は覆わなければならない（建築基準法64条）。

4　誤り
　防火地域又は準防火地域内にある建築物で、外壁が耐火構造のものについては、その外壁を隣地境界線に接して設けることができる（建築基準法63条）。

必勝合格Check!

看板等の防火措置

不燃材料で造る
3mを超える

【問題60】　正解 1

440

CHECK! ☐ ☐ ☐　　本試験 平成11年度　問22 改　重要度 **A**　難易度 ★

問題61　**防火・準防火地域内制限**

　準防火地域内において、地階を除く階数が3（高さ12m）、延べ面積が1,200㎡で事務所の用途に供する建築物を建築しようとする場合に関する次の記述のうち、建築基準法の規定によれば、正しいものはどれか。

1　この建築物は、耐火建築物等又は準耐火建築物等としなければならない。

2　この建築物の屋上に看板を設ける場合においては、その主要な部分を不燃材料で造り、又は覆わなければならない。

3　この建築物は、防火上有効な構造の防火壁又は防火床によって有効に区画しなければならない。

4　この建築物には、非常用の昇降機を設けなければならない。

解答・解説

1　正しい

　準防火地域内において、地階を除く階数が4に満たず、延べ面積が500㎡を超えて、1,500㎡以下である場合、耐火建築物等又は準耐火建築物等としなければならない（建築基準法61条）。

2　誤り

　建築物の屋上に看板等を設ける場合においては、その主要な部分を不燃材料で造り、又は覆わなければならないのは、準防火地域内ではなく、防火地域内である（建築基準法64条）。

3　誤り

　延べ面積が1,000㎡を超える建築物は、防火上有効な構造の防火壁又は防火床で有効に区画し、かつ、各区画の床面積をそれぞれ1,000㎡以内としなければならない。しかし、耐火又は準耐火建築物等に該当するときは、この限りではない（建築基準法26条）。本問は、延べ面積1,000㎡を超える建築物であるが、肢1で述べたとおり、必ず耐火又は準耐火建築物等になるのであり、例外として、本肢のような防火壁や防火床で区画しなくてもよい。

4　誤り

　高さ31mを超える建築物には、原則として非常用の昇降機を設けなければならない（建築基準法34条2項）。本問の建築物は高さ12mであり、非常用の昇降機を設けなくてもよい。

法令上の制限

【問題61】　正解1

問題62 建築協定

建築基準法の建築協定に関する次の記述のうち、誤っているものはどれか。

1 　建築協定を締結するには、当該建築協定区域内の土地（借地権の目的となっている土地はないものとする。）の所有者の、全員の合意が必要である。

2 　建築協定は、当該建築協定区域内の土地の所有者が一人の場合でも、定めることができる。

3 　建築協定は、建築物の敷地、位置及び構造に関して定めることができるが、用途に関しては定めることができない。

4 　建築協定は、特定行政庁の認可を受ければ、その認可の公告の日以後新たに当該建築協定区域内の土地の所有者となった者に対しても、その効力が及ぶ。

解答・解説

1 　正しい

建築協定を締結しようとする土地の所有者等は、一定事項を定めた建築協定書を作成し、その代表者によって、これを特定行政庁に提出し、その認可を受けなければならないが、当該建築協定書については、原則として土地の所有者等の全員の合意がなければならない（建築基準法70条1・3項）。

2 　正しい

土地の所有者が一人しかいない場合でも、その者は、建築協定を定めることができる（建築基準法76条の3第1項）。

3 　誤り

建築協定は、建築物の敷地、位置、構造、「用途」、形態、意匠又は建築設備に関する基準について定めることができる（建築基準法69条）。

4 　正しい

認可の公告のあった建築協定は、原則としてその公告のあった日以後において当該建築協定区域内の土地の所有者等となった者に対しても、その効力が及ぶ（建築基準法75条）。

必勝合格Check!

建築協定

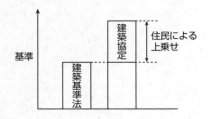

【問題62】　正解3

CHECK! ☐ ☐ ☐ 　本試験 平成29年度 問18　重要度 A　難易度 ★

問題63　建築基準法（総合）

建築基準法に関する次の記述のうち、誤っているものはどれか。

1　鉄筋コンクリート造であって、階数が2の住宅を新築する場合において、特定行政庁が、安全上、防火上及び避難上支障がないと認めたときは、検査済証の交付を受ける前においても、仮に、当該建築物を使用することができる。

2　長屋の各戸の界壁は、小屋裏又は天井裏に達するものとしなければならないわけではない。

3　下水道法に規定する処理区域内においては、便所は、汚水管が公共下水道に連結された水洗便所としなければならない。

4　ホテルの用途に供する建築物を共同住宅（その用途に供する部分の床面積の合計が300㎡）に用途変更する場合、建築確認は不要である。

解答・解説

1　正しい

　大規模建築物の新築の場合は、完了検査の検査済証の交付を受けた後でなければ、当該建築物を使用してはならないが、特定行政庁が、安全上、防火上及び避難上支障がないと認めたときには、仮に、当該建築物を使用することができる（建築基準法7条の6第1項）。鉄筋コンクリート造で階数が2の住宅は大規模建築物（建築基準法6条1項3号）に該当し、新築の場合であるため、本肢は正しい。

2　正しい

　長屋又は共同住宅の各戸の界壁は、小屋裏又は天井裏に達するものとしなければならないのが原則である（建築基準法30条1項）。もっとも、その天井の構造が、隣接する住戸からの日常生活に伴い生ずる音を衛生上支障がないように低減するために天井に必要とされる性能に関して政令で定める技術的基準に適合するもので、国土交通大臣が定めた構造方法を用いるもの等である場合においては、適用しない（同条2項）。

3　正しい

　下水処理区域内においては、便所は、汚水管が公共下水道に連結した水洗便所でなければならない（建築基準法31条）。

4　誤り

　200㎡を超える共同住宅は特殊建築物であるから、類似用途の場合を除き、特殊建築物への用途変更には建築確認が必要となる（建築基準法6条1項、87条1項）。

法令上の制限

【問題63】　正解4

問題64　建築基準法（総合）

建築基準法（以下この問において「法」という。）に関する次の記述のうち、誤っているものはどれか。

1　地方公共団体は、延べ面積が1,000㎡を超える建築物の敷地が接しなければならない道路の幅員について、条例で、避難又は通行の安全の目的を達するために必要な制限を付加することができる。

2　建蔽率の限度が10分の8とされている地域内で、かつ、防火地域内にある耐火建築物等については、建蔽率の制限は適用されない。

3　建築物が第二種中高層住居専用地域及び近隣商業地域にわたって存する場合で、当該建築物の過半が近隣商業地域に存する場合には、当該建築物に対して法第56条第1項第3号の規定（北側斜線制限）は適用されない。

4　建築物の敷地が第一種低層住居専用地域及び準住居地域にわたる場合で、当該敷地の過半が準住居地域に存する場合には、作業場の床面積の合計が100㎡の自動車修理工場は建築可能である。

解答・解説

1　正しい
地方公共団体は、延べ面積が1,000㎡を超える建築物の敷地が接しなければならない道路の幅員、その敷地が道路に接する部分の長さその他その敷地又は建築物と道路との関係について建築物の用途又は規模の特殊性により、接道義務の規定によっては避難又は通行の安全の目的を充分に達し難いと認める場合においては、条例で、必要な制限を付加することができる（建築基準法43条2項）。

2　正しい
建蔽率の限度が10分の8とされている地域内で、かつ、防火地域内にある耐火建築物等については、建蔽率の制限は適用されない（建築基準法53条5項1号）。

3　誤り
北側斜線制限の適用にあたっては、過半主義に関する規定の適用はなく、建築物の部分ごとに適用がある（建築基準法91条かっこ書、56条1項3号・5項）。本肢においては、第二種中高層住居専用地域に存する建築物の部分に対して北側斜線制限が適用されるのであって、本肢は誤り。

4　正しい
用途制限の適用にあたっては、過半主義に関する規定が適用される（建築基準法91条、48条）。本肢において敷地の過半である準住居地域においては、作業場の床面積の合計が150㎡以下の自動車修理工場の建築が可能である（建築基準法48条7項、同別表第二（と）項2号かっこ書）。

CHECK! ☐☐☐　本試験 平成27年度　問18　重要度 A　難易度 ★★

問題65　建築基準法（総合）

建築基準法に関する次の記述のうち、誤っているものはどれか。

1　建築物の容積率の算定の基礎となる延べ面積には、エレベーターの昇降路の部分又は共同住宅の共用の廊下若しくは階段の用に供する部分の床面積は、一定の場合を除き、算入しない。

2　建築物の敷地が建蔽率に関する制限を受ける地域又は区域の2以上にわたる場合においては、当該建築物の建蔽率は、当該各地域又は区域内の建築物の建蔽率の限度の合計の2分の1以下でなければならない。

3　地盤面下に設ける建築物については、道路内に建築することができる。

4　建築協定の目的となっている建築物に関する基準が建築物の借主の権限に係る場合においては、その建築協定については、当該建築物の借主は、土地の所有者等とみなす。

解答・解説

1　正しい
建築物の容積率の算定の基礎となる延べ面積には、エレベーターの昇降路の部分又は共同住宅・老人ホーム等の共用の廊下若しくは階段の用に供する部分の床面積は、一定の場合を除き、算入しない（建築基準法52条6項、同施行令135条の16）。

2　誤り
建築物の敷地が建蔽率に関する制限を受ける地域又は区域の2以上にわたる場合においては、当該建築物の建蔽率は、「当該各地域又は区域内の建築物の建蔽率の限度にその敷地の当該地域又は区域内にある各部分の面積の敷地面積に対する割合を乗じて得たものの合計以下」でなければならない（建築基準法53条2項）。

3　正しい
地盤面下に設ける建築物は、道路内に建築することができる（建築基準法44条1項1号）。

4　正しい
建築協定の目的となっている建築物に関する基準が建築物の借主の権限に係る場合においては、その建築協定については、当該建築物の借主は、土地の所有者等とみなす（建築基準法77条）。

法令上の制限

【問題65】　正解2

問題66　建築基準法（総合）

建築基準法（以下この問において「法」という。）に関する次の記述のうち、誤っているものはどれか。

1　田園住居地域内においては、建築物の高さは、一定の場合を除き、10m又は12mのうち当該地域に関する都市計画において定められた建築物の高さの限度を超えてはならない。

2　一の敷地で、その敷地面積の40％が第二種低層住居専用地域に、60％が第一種中高層住居専用地域にある場合は、原則として、当該敷地内には大学を建築することができない。

3　都市計画区域の変更等によって法第3章の規定が適用されるに至った際現に建築物が立ち並んでいる幅員2mの道で、特定行政庁の指定したものは、同章の規定における道路とみなされる。

4　容積率規制を適用するに当たっては、前面道路の境界線又はその反対側の境界線からそれぞれ後退して壁面線の指定がある場合において、特定行政庁が一定の基準に適合すると認めて許可した建築物については、当該前面道路の境界線又はその反対側の境界線は、それぞれ当該壁面線にあるものとみなす。

解答・解説

1　正しい

第一種低層住居専用地域、第二種低層住居専用地域又は田園住居地域内においては、建築物の高さは、一定の場合を除き、10m又は12mのうち当該地域に関する都市計画において定められた高さの限度を超えてはならない（建築基準法55条1項）。

2　誤り

建築物の敷地が用途地域の内外にわたる場合においては、敷地の過半の属する用途地域の用途制限が、その敷地の全部について適用される（建築基準法91条）。本肢においては、第一種中高層住居専用地域が敷地の過半を有することから、本肢の敷地は第一種中高層住居専用地域の用途制限が適用される。第一種中高層住居専用地には大学を建築することができることから、本肢は誤っている（建築基準法48条3項、別表第二（は））。

3　正しい

建築基準法第3章の規定が適用されるに至った際、現に建築物が建ち並んでいる幅員4m未満の道で、特定行政庁の指定したものは、道路とみなされる（建築基準法42条2項）。

4　正しい

前面道路の境界線又はその反対側の境界線からそれぞれ後退して壁面線の指定がある場合において、特定行政庁が、あらかじめ建築審査会の同意を得て、一定の基準に適合すると認めて許可した建築物については、当該前面道路の境界線又はその反対側の境界線は、それぞれ当該壁面線にあるものとみなす（建築基準法52条11・15項）。

【問題66】　正解2

MEMO

問題67　　**建築基準法（総合）**

建築基準法に関する次の記述のうち、誤っているものはどれか。

1　建築物の敷地が第一種住居地域と近隣商業地域にわたる場合、当該敷地の過半が近隣商業地域であるときは、その用途について特定行政庁の許可を受けなくとも、カラオケボックスを建築することができる。

2　建築物が第二種低層住居専用地域と第一種住居地域にわたる場合、当該建築物の敷地の過半が第一種住居地域であるときは、北側斜線制限が適用されることはない。

3　建築物の敷地が、都市計画により定められた建築物の容積率の限度が異なる地域にまたがる場合、建築物が一方の地域内のみに建築される場合であっても、その容積率の限度は、それぞれの地域に属する敷地の部分の割合に応じて按分計算により算出された数値となる。

4　建築物が防火地域及び準防火地域にわたる場合、建築物が防火地域外で防火壁により区画されているときは、その防火壁外の部分については、準防火地域の規制に適合させればよい。

解答・解説

1　正しい
建築物の敷地が異なる用途地域にわたる場合、当該敷地の過半が属する用途地域に当該敷地全部が存在するものとして、建築物の用途規制が適用される（過半主義　建築基準法91条）。本肢の場合、建築物の敷地の過半が属する近隣商業地域に敷地全部が存在するものとして、用途規制が適用される。近隣商業地域内では、特定行政庁の許可なしに、カラオケボックスを建築することができる（建築基準法48条8項、同別表第二）。

2　誤り
斜線制限については、過半主義の適用はない（建築基準法91条かっこ書）。よって、第二種低層住居専用地域と第一種住居地域にわたる建築物であっても、第二種低層住居専用地域内に存する建築物の部分については、北側斜線制限が適用される（建築基準法56条1項3号）。

3　正しい
建築物の敷地が異なる用途地域にわたる場合、当該建築物の容積率は、当該各地域内の建築物の容積率の限度にその敷地の当該地域内にある各部分の面積の敷地面積に対する割合を乗じて得たものの合計以下でなければならない（建築基準法52条7項）。この取扱いは、建築物が一方の敷地内のみに建築される場合でも、異なるものではない。

4　正しい
建築物が防火地域及び準防火地域にわたる場合においては、その全部について防火地域内の建築物に関する規定が適用されるが、建築物が防火地域外において防火壁で区画されている場合においては、その防火壁外の部分については、準防火地域内の建築物に関する規定を適用する（建築基準法65条2項）。

必勝合格Check!

過半主義の例外

①容積率	建築物の敷地が2以上の異なる容積率の地域にわたる場合	それぞれの部分の面積の敷地全体の面積に対して占める割合に応じて按分する（按分比例計算、加重平均）。
②建蔽率	建築物の敷地が2以上の異なる建蔽率の地域にわたる場合	
③高さ制限	建築物が2以上の異なる高さ制限の地域等にわたる場合	それぞれの地域等の制限が、それぞれの建築物の部分に適用される。
④防火・準防火地域の制限	建築物が防火地域又は準防火地域の内外にわたる場合	厳しい方の制限が適用される。

法令上の制限

【問題67】　正解2

問題68　建築基準法（総合）

　建築基準法（以下この問において「法」という。）に関する次の記述のうち、誤っているものはどれか。

1　高度地区内においては、建築物の高さは、高度地区に関する地方公共団体の条例において定められた内容に適合するものでなければならない。

2　認可の公告のあった建築協定は、その公告のあった日以後に協定の目的となっている土地の所有権を取得した者に対しても、効力がある。

3　商業地域内にある建築物については、法第56条の2第1項の規定による日影規制は、適用されない。ただし、冬至日において日影規制の対象区域内の土地に日影を生じさせる、高さ10mを超える建築物については、この限りでない。

4　特別用途地区内においては、地方公共団体は、その地区の指定の目的のために必要と認める場合においては、国土交通大臣の承認を得て、条例で、法第48条の規定による建築物の用途制限を緩和することができる。

解答・解説

1　誤り
　高度地区内においては、建築物の高さは、高度地区に関する「都市計画」において定められた内容に適合するものでなければならない（建築基準法58条）。地方公共団体の条例ではない。

2　正しい
　認可の公告のあった建築協定は、その公告のあった日以後において当該建築協定区域内の土地の所有者等となった者に対しても、その効力がある（建築基準法75条）。

3　正しい
　日影規制の対象区域外（商業地域・工業地域・工業専用地域）にある高さが10mを超える建築物で、冬至日において、対象区域内の土地に日影を生じさせるものは、当該対象区域内にある建築物とみなして、日影規制の規定を適用する（建築基準法56条の2第4項）。

4　正しい
　特別用途地区内においては、地方公共団体は、その地区の指定の目的のために必要と認める場合においては、国土交通大臣の承認を得て、条例で、建築基準法48条の規定による建築物の用途制限を緩和することができる（建築基準法49条2項）。

【問題68】　正解1

CHECK! | | | | 本試験 | 平成22年度　問18 | 重要度 | A | 難易度 | ★

問題69　**建築基準法（総合）**

　3階建て、延べ面積600㎡、高さ10mの建築物に関する次の記述のうち、建築基準法の規定によれば、正しいものはどれか。

1　当該建築物が木造であり、都市計画区域外に建築する場合は、確認済証の交付を受けなくとも、その建築工事に着手することができる。

2　用途が事務所である当該建築物の用途を変更して共同住宅にする場合は、確認を受ける必要はない。

3　当該建築物には、有効に避雷設備を設けなければならない。

4　用途が共同住宅である当該建築物の工事を行う場合において、2階の床及びこれを支持するはりに鉄筋を配置する工事を終えたときは、中間検査を受ける必要がある。

解答・解説

1　誤り

　木造の建築物で3以上の階数を有し、又は延べ面積が500㎡、高さが13m若しくは軒の高さが9mを超えるものを建築する場合は、当該工事に着手する前に、確認済証の交付を受けなければならない（建築基準法6条1項2号）。本肢建築物は、木造3階建て、延べ面積600㎡であるから、都市計画区域の内外問わず、確認済証の交付を受けた後でなければ、当該建築物の建築の工事をすることができない（建築基準法6条8項）。

2　誤り

　事務所である建築物の用途を変更してその用途に供する部分の床面積の合計が200㎡を超える共同住宅にする場合は、確認を受ける必要がある（建築基準法87条、6条1項1号）。なお、事務所は特殊建築物ではなく、共同住宅とは政令で指定する類似の用途の関係にはないから、確認を不要とする例外には当たらない（建築基準法施行令137条の18）。

3　誤り

　原則として有効に避雷設備を設けなければならないのは、高さ20mを超える建築物である（建築基準法33条）。本問建築物は高さ10mであり、これに当たらない。

4　正しい

　確認を必要とする、共同住宅である建築物の工事を行う場合において、階数が3以上である共同住宅の床及びはりに鉄筋を配置する工事の工程のうち、2階の床及びこれを支持するはりに鉄筋を配置する工事の工程を終えたときは、中間検査を受ける必要がある（建築基準法7条の3第1項1号、同施行令11条）。

法令上の制限

【問題69】　正解4

問題70 国土利用計画法

　国土利用計画法第23条の都道府県知事への届出（以下この問において「事後届出」という。）に関する次の記述のうち、正しいものはどれか。

1　宅地建物取引業者Aが都市計画区域外の10,000㎡の土地を時効取得した場合、Aは、その日から起算して2週間以内に事後届出を行わなければならない。

2　宅地建物取引業者Bが行った事後届出に係る土地の利用目的について、都道府県知事が適正かつ合理的な土地利用を図るために必要な助言をした場合、Bがその助言に従わないときは、当該知事は、その旨及び助言の内容を公表しなければならない。

3　宅地建物取引業者Cが所有する市街化調整区域内の6,000㎡の土地について、宅地建物取引業者Dが購入する旨の予約をした場合、Dは当該予約をした日から起算して2週間以内に事後届出を行わなければならない。

4　宅地建物取引業者Eが所有する都市計画区域外の13,000㎡の土地について、4,000㎡を宅地建物取引業者Fに、9,000㎡を宅地建物取引業者Gに売却する契約を締結した場合、F及びGはそれぞれ、その契約を締結した日から起算して2週間以内に事後届出を行わなければならない。

解答・解説

1　誤り

　事後届出の対象となる「土地売買等の契約」といえるためには、権利性・対価性・契約性の3つの要件を満たす必要がある（国土利用計画法23条1項、14条1項）。土地の時効取得は、このうち対価性・契約性の要件を満たさず、「土地売買等の契約」に該当しない。よって、Aは、事後届出を行う必要はない。

2　誤り

　都道府県知事は、事後届出に係る土地の利用目的について必要な「勧告」をした場合において、その勧告を受けた者がその勧告に従わないときは、その旨及びその勧告の内容を公表することができる（国土利用計画法26条）。しかし、助言に従わない場合には、「勧告」に従わない場合と異なり、公表という措置は設けられていない（国土利用計画法27条の2、26条参照）。

3　正しい

　土地の売買の予約は、権利性・対価性・契約性の3つの要件を満たし、事後届出の対象となる「土地売買等の契約」に該当する（国土利用計画法23条1項、14条1項）。また、市街化調整区域における届出対象面積は、5,000㎡以上である（国土利用計画法23条2項1号ロ）。よって、市街化調整区域内の6,000㎡の土地について購入の予約をしたDは、当該予約をした日から起算して2週間以内に事後届出を行わなければならない。

4　誤り

　都市計画区域外の区域における届出対象面積は10,000㎡以上である（国土利用計画法23条2項1号ハ）。F及びGが取得した土地は、それぞれ届出対象面積未満であり、また、権利取得者であるF及びGにとって一団の土地として取得されたもの（買いの一団）でもない。よって、F及びGは、事後届出を行う必要はない。

【問題70】　正解3

CHECK! ☐ ☐ ☐ | 本試験 平成23年度　問15 | 重要度 A | 難易度 ★★★

問題71　国土利用計画法

　国土利用計画法（以下この問において「法」という。）に関する次の記述のうち、正しいものはどれか。なお、この問において「事後届出」とは、法第23条に規定する都道府県知事への届出をいう。

1　都道府県知事は、法第24条第1項の規定による勧告に基づき当該土地の利用目的が変更された場合において、必要があると認めるときは、当該土地に関する権利の処分についてのあっせんその他の措置を講じなければならない。

2　都道府県知事が、監視区域の指定について土地利用審査会の確認を受けられなかったときは、その旨を公告しなければならない。なお、監視区域の指定は、当該公告があったときは、その指定の時にさかのぼって、その効力を失う。

3　Aが、市街化区域において、2,500㎡の工場建設用地を確保するため、そのうち、1,500㎡をB社から購入し、残りの1,000㎡はC社から贈与で取得した。この場合、Aは、事後届出を行う必要はない。

4　Dが所有する市街化調整区域内の土地5,000㎡とEが所有する都市計画区域外の土地12,000㎡を交換した場合、D及びEは事後届出を行う必要はない。

解答・解説

1　誤り
　都道府県知事は、第24条第1項の規定による勧告に基づき当該土地の利用目的が変更された場合において、必要があると認めるときは、当該土地に関する権利の処分についてのあっせんその他の措置を講ずるよう努めなければならない（国土利用計画法27条）。「講じなければならない」わけではない。

2　誤り
　都道府県知事は、監視区域を指定しようとする場合には、あらかじめ、土地利用審査会及び関係市町村長の意見を聴かなければならない（国土利用計画法27条の6第2項）。「確認」を受けるのではない。

3　正しい
　贈与は届出の対象となる権利の移転等にはあたらない。したがって、届出の対象となりうるのは、B社からの購入した1,500㎡であるが、届出対象面積未満のため、Aは、事後届出を行う必要はない（14条1項、23条2項1号イ）。

4　誤り
　交換は、金銭の授受の有無に関わらず、届出の対象となる権利の移転等にあたる。また、市街化調整区域内の土地5,000㎡、都市計画区域外の土地12,000㎡は、それぞれ届出対象面積にあたる。したがって、D及びEは事後届出を行う必要がある（14条1項、23条2項1号ロ、ハ）。

法令上の制限

【問題71】　正解3

問題72　国土利用計画法

　国土利用計画法第23条の都道府県知事への届出（以下この問において「事後届出」という。）に関する次の記述のうち、正しいものはどれか。

1　宅地建物取引業者Aが、自ら所有する市街化区域内の5,000㎡の土地について、宅地建物取引業者Bに売却する契約を締結した場合、Bが契約締結日から起算して2週間以内に事後届出を行わなかったときは、A及びBは6月以下の懲役又は100万円以下の罰金に処せられる場合がある。

2　事後届出に係る土地の利用目的について、甲県知事から勧告を受けた宅地建物取引業者Cは、甲県知事に対し、当該土地に関する権利を買い取るべきことを請求することができる。

3　乙市が所有する市街化調整区域内の10,000㎡の土地と丙市が所有する市街化区域内の2,500㎡の土地について、宅地建物取引業者Dが購入する契約を締結した場合、Dは事後届出を行う必要はない。

4　事後届出に係る土地の利用目的について、丁県知事から勧告を受けた宅地建物取引業者Eが勧告に従わなかった場合、丁県知事は、その旨及びその勧告の内容を公表しなければならない。

解答・解説

1　誤り

　事後届出が必要な場合における届出義務者は、当事者のうち当該土地売買等の契約により土地に関する権利の移転又は設定を受けることとなる者すなわち「権利取得者」である（国土利用計画法23条1項）。この場合において、権利取得者が所定の事後届出を行わなかったときは、6月以下の懲役又は100万円以下の罰金に処せられる（国土利用計画法47条1号）。本肢においては、Bのみが罰則の適用対象となるのであって、Aは罰則の適用を受けない。

2　誤り

　都道府県知事は、勧告に基づき土地の利用目的が変更された場合において、必要があると認めるときは、当該土地に関する権利の処分についてのあっせんその他の措置を講ずるよう努めなければならない（国土利用計画法27条）。しかし、当該土地に関する権利の買取請求まで認められているわけではない。

3　正しい

　当事者の一方又は双方が国、地方公共団体等である場合には、事後届出を行う必要はない（国土利用計画法23条2項3号、18条かっこ書）。

4　誤り

　都道府県知事は、勧告をした場合において、その勧告を受けた者がその勧告に従わないときは、その旨及びその勧告の内容を公表することが「できる」（国土利用計画法26条）。このように、公表という制裁措置を講ずるか否かは、任意であって義務ではないから、本肢は誤り。

【問題72】　正解3

CHECK! □ □ □ 　本試験 令和元年度　問22　重要度 **A**　難易度 ★

問題73　国土利用計画法

国土利用計画法第23条の届出（以下この問において「事後届出」という。）に関する次の記述のうち、正しいものはどれか。

1　宅地建物取引業者Aが、自己の所有する市街化区域内の2,000㎡の土地を、個人B、個人Cに1,000㎡ずつに分割して売却した場合、B、Cは事後届出を行わなければならない。

2　個人Dが所有する市街化区域内の3,000㎡の土地を、個人Eが相続により取得した場合、Eは事後届出を行わなければならない。

3　宅地建物取引業者Fが所有する市街化調整区域内の6,000㎡の一団の土地を、宅地建物取引業者Gが一定の計画に従って、3,000㎡ずつに分割して購入した場合、Gは事後届出を行わなければならない。

4　甲市が所有する市街化調整区域内の12,000㎡の土地を、宅地建物取引業者Hが購入した場合、Hは事後届出を行わなければならない。

解答・解説

1　誤り
市街化区域内において、土地売買等の契約を締結した場合、2,000㎡以上であれば、権利取得者は、事後届出を行わなければならない（国土利用計画法23条1項、2項1号イ）。本肢における権利取得者であるB及びCは、それぞれ1,000㎡ずつしか取得していないため、事後届出は不要である。

2　誤り
相続は、対価性及び契約性がなく「土地売買等の契約」に該当しない（国土利用計画法14条1項参照）。したがって、Eは事後届出は不要である。

3　正しい
市街化調整区域内において、土地売買等の契約を締結した場合、5,000㎡以上であれば、権利取得者は、事後届出を行わなければならない（国土利用計画法23条1項、2項1号ロ）。6,000㎡の一団の土地を、一定の計画に従って、3,000㎡ずつ分割して購入した場合は、「一団の土地」6,000㎡の取得であり、Gは事後届出が必要である。

4　誤り
当事者の一方又は双方が国・地方公共団体等である場合は、事後届出は不要である（国土利用計画法23条2項3号）。

法令上の制限

【問題73】　正解3

問題74　国土利用計画法

　国土利用計画法第23条の届出（以下この問において「事後届出」という。）に関する次の記述のうち、正しいものはどれか。なお、この問において「都道府県知事」とは、地方自治法に基づく指定都市にあってはその長をいうものとする。

1　土地売買等の契約を締結した場合には、当事者のうち当該契約による権利取得者は、その契約を締結した日の翌日から起算して3週間以内に、事後届出を行わなければならない。

2　都道府県知事は、事後届出をした者に対し、その届出に係る土地に関する権利の移転若しくは設定後における土地の利用目的又は土地に関する権利の移転若しくは設定の対価の額について、当該土地を含む周辺の地域の適正かつ合理的な土地利用を図るために必要な助言をすることができる。

3　事後届出が必要な土地売買等の契約を締結したにもかかわらず、所定の期間内に当該届出をしなかった者は、都道府県知事からの勧告を受けるが、罰則の適用はない。

4　宅地建物取引業者Aが所有する準都市計画区域内の20,000㎡の土地について、10,000㎡をB市に、10,000㎡を宅地建物取引業者Cに売却する契約を締結した場合、B市は事後届出を行う必要はないが、Cは一定の場合を除き事後届出を行う必要がある。

解答・解説

1　誤り

　事後届出については、権利取得者が、当該「契約を締結した日」から起算して「2週間以内」に行わなければならない（国土利用計画法23条1項）。「翌日」から起算してでもなく、「3週間以内」でもない。

2　誤り

　都道府県知事は、事後届出があった場合において、その届出をした者に対し、その届出に係る土地に関する権利の移転又は設定後における土地の利用目的について、当該土地を含む周辺の地域の適正かつ合理的な土地利用を図るために必要な助言をすることができる（国土利用計画法27条の2）。しかし、対価の額には助言をすることはできない。

3　誤り

　事後届出をしなかった者に対して勧告をすることができる旨の規定はない。これに対して、事後届出をする必要のある者が事後届出をしなかった場合は、6か月以下の懲役又は100万円以下の罰金に処せられることがある（国土利用計画法47条1号）。

4　正しい

　都市計画区域外の区域における届出対象面積は10,000㎡以上である（国土利用計画法23条2項1号ハ）。B市及びCが取得した土地は、それぞれ届出対象面積以上である。しかし、当事者の一方又は双方が国、地方公共団体等である場合には、事後届出を行う必要はないので、B市の方は事後届出は不要となる（国土利用計画法23条2項3号、18条かっこ書）。

必勝合格Check!

事後届出・事前届出

	事後届出制	事前届出制	
		注視区域（知事が指定）	監視区域（知事が指定）
適用区域	無指定区域		
届出時期	契約締結後２週間以内	契約締結前	
届出義務者	権利取得者	当事者双方	
届出先	都道府県知事（市町村長経由）		
届出対象面積	市街化区域　　　　　　　　　　　2,000㎡以上 市街化調整区域・非線引き都市計画区域 　　　　　　　　　　　　　　　5,000㎡以上 都市計画区域外（準都市計画区域等） 　　　　　　　　　　　　　　　10,000㎡以上	左記届出対象面積の基準を知事が都道府県の規則で引き下げ	
「一団の土地」	買いの一団のみ	売りの一団又は買いの一団	
届出事項	①土地の利用目的 ②対価の額　　　　　等	①土地の利用目的 ②予定対価の額　　　　　等	
予定対価の額の変更		増額変更　あらためて届出が必要 減額変更　あらためて届出は不要	
届出制の適用除外	①民事調停法による調停の場合 ②当事者の一方又は双方が国・地方公共団体等である場合 ③農地法３条１項の許可を受けることを要する場合 ④競売により換価する場合　　　　　　　　　　　　　　　　　　等		
審査対象	①土地の利用目的 対価の額は審査対象ではない	①土地の利用目的 ②予定対価の額　　　　　等	
勧告内容	①利用目的の変更	①契約締結中止 ②その他必要な措置	
勧告期間	届出の日から３週間以内 （３週間の範囲で延長可）	届出の日から６週間以内	
勧告に従わない場合の措置	①契約は有効　罰則なし ②知事は、勧告に従わない旨及び勧告内容を公表できる		
届出義務違反	①契約は有効 ②罰則あり（６月以下の懲役又は100万円以下の罰金） 事後届出をしなかった者　事前届出をせずに土地の売買等の契約をした者 虚偽の届出をした者		
		締結禁止期間内に契約50万円以下の罰金	

法令上の制限

問題75 **国土利用計画法**

　国土利用計画法第23条の届出（以下この問において「事後届出」という。）に関する次の記述のうち、正しいものはどれか。

1　Aが所有する都市計画区域に所在する面積6,000㎡の土地をBに売却する契約を、Aと、Bの売買契約の代理人であるCが締結した場合、CはC名義により、事後届出を行う必要がある。

2　Dが所有する市街化調整区域に所在する面積4,000㎡の農地をEに売却する契約を、農地法第5条の許可を停止条件としてDとEが締結した場合、Eは事後届出を行う必要がある。

3　Fが所有する市街化区域に所在する面積5,000㎡の一団の土地を分割して、1,500㎡をGに、3,500㎡をHに売却する契約をFがそれぞれG及びHと締結した場合、Gは事後届出を行う必要はないが、Hは事後届出を行う必要がある。

4　甲市が所有する市街化区域に所在する面積3,000㎡の土地をIに売却する契約を、甲市とIが締結した場合、Iは事後届出を行う必要がある。

解答・解説

1　誤り

　都市計画区域内の場合、届出対象面積は市街化区域内なら2,000㎡以上であり、それ以外なら5,000㎡以上である（国土利用計画法23条2項1号イロ）。よって、本肢の場合、事後届出が必要となる。しかし、届出義務者は、権利取得者であるB名義でしなければならないのであって、代理人C自身の名義で行うものではない。

2　誤り

　農地法5条の許可を停止条件とした契約については、届出を必要とする契約である（国土利用計画法23条1項）。しかし、届出対象面積は、市街化調整区域内は5,000㎡以上であるから、結局Eは、事後届出は不要である（国土利用計画法23条2項1号ロ）。

3　正しい

　市街化区域内における届出対象面積は、2,000㎡以上である（国土利用計画法23条2項1号イ）。問題は、それより少ない場合でも「一団」といえるかである。事後届出の場合、買いの一団が規制される（国土利用計画法23条2項1号）のであって、売りの一団は規制されない。本肢は、一団の土地を分割してそれぞれ取得する場合にすぎず（売りの一団）、したがって、面積要件は分割後の面積で判断すればよい。Gは、1,500㎡を取得するので事後届出は不要であり、Hは3,500㎡を取得するので事後届出が必要となる。

4　誤り

　土地の売買契約の当事者の一方（又は双方）が国・地方公共団体等の場合は、届出不要である（国土利用計画法23条2項3号）。

【問題75】　正解3

問題76　国土利用計画法

　国土利用計画法第23条の届出（以下この問において「事後届出」という。）に関する次の記述のうち、正しいものはどれか。

1　Aが、市街化区域において、Bの所有する面積3,000㎡の土地を一定の計画に基づき1,500㎡ずつ順次購入した場合、Aは事後届出を行う必要はない。

2　Cは、市街化調整区域において、Dの所有する面積8,000㎡の土地を民事調停法に基づく調停により取得し、その後当該土地をEに売却したが、この場合、CとEはいずれも事後届出を行う必要はない。

3　甲県が所有する都市計画区域外に所在する面積12,000㎡の土地について、10,000㎡をFに、2,000㎡をGに売却する契約を、甲県がそれぞれF、Gと締結した場合、FとGのいずれも事後届出を行う必要はない。

4　事後届出に係る土地の利用目的について、乙県知事から勧告を受けたHが勧告に従わなかった場合、乙県知事は、当該届出に係る土地売買の契約を無効にすることができる。

解答・解説

1　誤り

　市街化区域内の面積2,000㎡未満の土地であっても、権利取得者が、当該土地を含む一団の土地で2,000㎡以上のものについて土地に関する権利の移転又は設定を受けることとなる場合（いわゆる「買いの一団」の場合）であれば、事後届出が必要となる（国土利用計画法23条2項1号イ）。よって、本肢Aは、3,000㎡の土地を1,500㎡ずつ順次購入するものであるが、それが一定の計画に基づくものであり、2,000㎡以上の一団の土地の所有権を取得するのであるから、事後の届出が必要となる。

2　誤り

　民事調停法による調停に基づく土地の取得であれば届出を要しないが（国土利用計画法23条2項3号）、調停により土地を取得した者から当該土地を売買により取得した者は、原則どおり届出が必要となる（国土利用計画法23条1項）。よって、本肢Cは事後の届出を要しないが、Eは事後の届出が必要である（国土利用計画法23条2項1号ロ）。

3　正しい

　当事者の一方が国又は都道府県等であるときは、面積に関係なく事後届出は不要となる（国土利用計画法23条2項3号）。よって、甲県から土地を購入したFとGは、いずれも事後の届出を要しない。

4　誤り

　都道府県知事は、届出をした者に対し、その届出に係る土地の利用目的について必要な変更をすべきことを勧告することができる（国土利用計画法24条1項）。しかし、届出者がその勧告に従わなかったときは、その旨及びその勧告の内容を公表することができるにすぎず、当該届出に係る売買契約を無効にすることはできない（国土利用計画法26条参照）。

【問題76】　正解3

問題77　国土利用計画法

国土利用計画法第23条の届出（以下この問において「事後届出」という。）に関する次の記述のうち、正しいものはどれか。

1　宅地建物取引業者であるＡとＢが、市街化調整区域内の6,000㎡の土地について、Ｂを権利取得者とする売買契約を締結した場合には、Ｂは事後届出を行う必要はない。

2　宅地建物取引業者であるＣとＤが、都市計画区域外の２haの土地について、Ｄを権利取得者とする売買契約を締結した場合には、Ｄは事後届出を行わなければならない。

3　事後届出が必要な土地売買等の契約により権利取得者となった者が事後届出を行わなかった場合には、都道府県知事から当該届出を行うよう勧告されるが、罰則の適用はない。

4　事後届出が必要な土地売買等の契約により権利取得者となった者は、その契約の締結後、１週間以内であれば市町村長を経由して、１週間を超えた場合には直接、都道府県知事に事後届出を行わなければならない。

解答・解説

1　誤り
市街化調整区域内において、土地売買等の契約を締結した場合、5,000㎡以上であれば、権利取得者は、事後届出を行わなければならない（国土利用計画法23条１項、２項１号ロ）。Ｂは、市街化調整区域内の6,000㎡の土地の権利取得者であるから、事後届出を行う必要がある。

2　正しい
都市計画区域外において、土地売買等の契約を締結した場合、１ha以上であれば、権利取得者は、事後届出を行わなければならない（国土利用計画法23条１項、２項１号ハ）。Ｄは、都市計画区域外の２haの土地の取得者であるから、事後届出を行わなければならないので、本肢は正しい。

3　誤り
事後届出をしなかった場合には、罰則の適用（６月以下の懲役又は100万円以下の罰金）はあるが（国土利用計画法47条１号）、都道府県知事から勧告されるということはない（国土利用計画法24条１項参照）。本肢はこれらが逆になっている。

4　誤り
事後届出が必要な土地売買等の契約により権利取得者となった者は、その契約を締結した日から起算して２週間以内に、市町村長を経由して都道府県知事に、事後届出を行わなければならない（国土利用計画法23条１項）。直接、都道府県知事に届出を行うことはできない。

【問題77】　正解２

CHECK! ☐ ☐ ☐　本試験 平成20年度　問17　重要度 A　難易度 ★

問題78　国土利用計画法

　国土利用計画法第23条に基づく都道府県知事への届出（以下この問において「事後届出」という。）に関する次の記述のうち、正しいものはどれか。

1　宅地建物取引業者Aが所有する市街化区域内の1,500㎡の土地について、宅地建物取引業者Bが購入する契約を締結した場合、Bは、その契約を締結した日から起算して2週間以内に事後届出を行わなければならない。

2　甲市が所有する市街化調整区域内の12,000㎡の土地について、宅地建物取引業者Cが購入する契約を締結した場合、Cは、その契約を締結した日から起算して2週間以内に事後届出を行わなければならない。

3　個人Dが所有する市街化調整区域内の6,000㎡の土地について、宅地建物取引業者Eが購入する契約を締結した場合、Eは、その契約を締結した日から起算して2週間以内に事後届出を行わなければならない。

4　個人Fが所有する都市計画区域外の30,000㎡の土地について、その子Gが相続した場合、Gは、相続した日から起算して2週間以内に事後届出を行わなければならない。

解答・解説

1　誤り

　市街化区域内において、2,000㎡以上の土地売買等の契約を締結した場合には、権利取得者は、その契約を締結した日から起算して2週間以内に事後届出を行わなければならない（国土利用計画法23条1項・2項1号イ）。本肢では、市街化区域内の1,500㎡の土地が売買の目的物であり、上記届出対象面積に満たないのであるから、Bは、事後届出を行う必要はない。

2　誤り

　市街化調整区域内において、5,000㎡以上の土地売買等の契約を締結した場合には、権利取得者は、原則として、その契約を締結した日から起算して2週間以内に事後届出を行わなければならない（国土利用計画法23条1項・2項1号ロ）。しかし、当事者の一方又は双方が国、地方公共団体その他政令で定める法人である場合には、例外として、事後届出は不要である（国土利用計画法23条2項3号、18条かっこ書）。

3　正しい

　市街化調整区域内において、5,000㎡以上の土地売買等の契約を締結した場合には、権利取得者は、その契約を締結した日から起算して2週間以内に事後届出を行わなければならない（国土利用計画法23条1項・2項1号ロ）。

4　誤り

　事後届出の対象となる「土地売買等の契約」とは、土地に関する所有権若しくは地上権その他の政令で定める使用及び収益を目的とする権利又はこれらの権利の取得を目的とする権利（権利性）の対価を得て行われる移転又は設定（対価性）をする契約（契約性）をいう（国土利用計画法23条1項、14条1項）。相続の場合は、対価性及び契約性の要件を満たさず、「土地売買等の契約」に該当しないので、事後届出は不要である。

【問題78】　正解3

法令上の制限

問題79　**国土利用計画法**

　国土利用計画法第23条の届出（以下この問において「事後届出」という。）及び同法第27条の７の届出（以下この問において「事前届出」という。）に関する次の記述のうち、誤っているものはどれか。ただし、地方自治法に基づく指定都市の特例については考慮しないものとする。

1　Ａが所有する市街化区域内の面積3,000㎡の土地をＢに売却する契約を締結するため事後届出を行う場合で、Ｂが契約締結日から起算して２週間以内に事後届出を行わなかったとき、Ｂは６月以下の懲役又は100万円以下の罰金に処せられる。

2　Ｃが所有する監視区域内の面積10haの土地をＤに売却する契約を締結しようとして事前届出を行った場合で、届出の日から起算して２週間後に都道府県知事より勧告をしない旨の通知を受けたとき、Ｃ及びＤはその届出に係る契約を締結することができる。

3　Ｅが所有する都市計画区域外の面積5,000㎡の土地をＦが賃借し、その対価として権利金を支払う契約がＥＦ間で締結された場合、Ｆは契約締結日から起算して２週間以内に事後届出を行う必要がある。

4　Ｇが行った事後届出に係る土地の利用目的について、都道府県知事が必要な変更をすべきことを勧告した場合で、Ｇがその勧告に従わなかったときは、その旨及びその勧告の内容を公表されることがある。

解答・解説

1　正しい

　市街化区域内において、面積2,000㎡以上（本肢は3,000㎡）の土地の売買契約を締結した場合には、権利取得者Ｂが単独で、契約締結日から起算して２週間以内に届け出なければならない（国土利用計画法23条１・２項）。そして、この届出を行わなかったときは、６月以下の懲役又は100万円以下の罰金に処せられる（国土利用計画法47条１号）。

2　正しい

　監視区域内で、しかも面積10haの土地の売買契約を締結しようとする場合であるので、事前の届出が必要となる（国土利用計画法27条の７、27条の４）。届出を前提にして、原則としてその届出をした日から起算して６週間は、契約を締結できない（国土利用計画法27条の７第１項、27条の４第３項）。しかし、勧告又は不勧告の通知を受けた場合には、たとえ６週間以内であっても契約を締結できる（国土利用計画法27条の７第１項、27条の４第３項ただし書）。本肢において、届出の日から起算して２週間後に勧告をしない旨の通知を受けているのであるから、Ｃ及びＤは、契約をそのまま締結できることになる。

3　誤り

　まず、規制される取引にあたるかである。ＥＦ間の契約は、土地の賃貸借であるが、対価として権利金を支払う契約であるので、事後届出が必要な取引には該当する（国土利用計画法23条１項）。問題はさらに面積要件に該当するかである。都市計画区域外の

場合には、10,000㎡未満の土地の契約については、事後届出は必要ではない（国土利用計画法23条2項1号ハ）。本肢は面積5,000㎡の土地であるから、事後届出は不要であり、誤りとなる。

4　正しい
　まず、都道府県知事は、事後届出に係る土地の利用目的について必要な変更をすべきことを勧告することができる（国土利用計画法24条1・2項）。問題は、その勧告を受けた者がその勧告に従わないときであるが、その旨及び勧告の内容を公表することができる（国土利用計画法26条）。

必勝合格Check!

事後届出制のまとめ

	事後届出制
適用区域	無指定区域
届出時期	契約締結後2週間以内
届出義務者	権利取得者
届出先	都道府県知事（市町村長経由）
届出対象面積	市街化区域内　　　　　　　　　　　　　　　　　2,000㎡以上 市街化調整区域及び非線引き都市計画区域内　　5,000㎡以上 都市計画区域外（準都市計画区域など）　　　　10,000㎡以上
届出事項	①土地の利用目的 ②対価の額　　　　　等

勧告に従わなかった場合の措置等

	事後届出制	事前届出制
審査対象	①土地の利用目的	①土地の利用目的 ②予定対価の額　等
勧告内容	①利用目的の変更	①契約締結中止 ②その他必要な措置
勧告の時期	届出の日から3週間以内 （3週間の範囲で延長可）	届出の日から6週間以内
勧告に従わない場合の措置	①契約は有効　罰則なし ②都道府県知事は、勧告に従わない旨及び勧告の内容を公表することができる	

【問題79】　正解3

問題80　国土利用計画法

　国土利用計画法第23条の届出（以下この問において「事後届出」という。）及び同法第27条の7の届出（以下この問において「事前届出」という。）に関する次の記述のうち、正しいものはどれか。

1　監視区域内の市街化調整区域に所在する面積6,000㎡の一団の土地について、所有者Aが当該土地を分割し、4,000㎡をBに、2,000㎡をCに売却する契約をB、Cと締結した場合、当該土地の売買契約についてA、B及びCは事前届出をする必要はない。

2　事後届出においては、土地の所有権移転後における土地利用目的について届け出ることとされているが、土地の売買価額については届け出る必要はない。

3　Dが所有する都市計画法第5条の2に規定する準都市計画区域内に所在する面積7,000㎡の土地について、Eに売却する契約を締結した場合、Eは事後届出をする必要がある。

4　Fが所有する市街化区域内に所在する面積4,500㎡の甲地とGが所有する市街化調整区域内に所在する面積5,500㎡の乙地を金銭の授受を伴わずに交換する契約を締結した場合、F、Gともに事後届出をする必要がある。

解答・解説

1　誤り

　監視区域内の複数の土地を売買する場合で、それが一団の土地にあたるとき、各土地の面積が届出対象面積未満であっても、その合計面積が届出対象面積以上となるのであれば、各土地の売買を事前に届け出る必要がある（国土利用計画法27条の7第1項、27条の4第2項1号）。

　事後届出又は注視区域内の事前届出における届出対象面積は、市街化調整区域内の土地売買等の場合、5,000㎡以上であるが（国土利用計画法23条2項1号ロ、27条の4第2項1号）、監視区域内の土地売買等の届出対象面積はこれよりも小さくなる（国土利用計画法27条の7第1項）。したがって、監視区域内の市街化調整区域に所在する一団の土地で面積の合計が6,000㎡であるときは、事前届出が必要になる。届出義務者は売買の当事者であり、A、B及びCが事前届出をする必要がある。

2　誤り

　事後届出においても、土地売買等の契約に係る土地に関する権利の移転又は設定の対価の額は、届出事項である（国土利用計画法23条1項6号）。

3　誤り

　事後届出の届出対象面積は、都市計画区域外の土地に係る売買等にあっては 10,000㎡以上である（国土利用計画法23条2項1号ハ）。よって、準都市計画区域内に所在する面積7,000㎡の土地の売買については、事後届出を要しない。

4　正しい

　土地と土地の交換契約も土地所有権の対価を得ての移転であり、土地売買等の契約に該当する（国土利用計画法14条1項）。したがって、交換の目的となる各土地の面積が届出対象面積以上であれば、各土地につき事後届出が必要となる。市街化区域内の土地

については2,000㎡以上、市街化調整区域内の土地については5,000㎡以上が届出対象面積であり（国土利用計画法23条2項1号イロ）、本肢の甲地及び乙地はいずれも届出対象面積に達しており、F及びGは、交換により取得する土地につき事後届出を要する（国土利用計画法23条1項）。

必勝合格Check!

届出（許可）の対象となる土地に関する権利の移転等

届出（許可）の対象となる権利の移転等	届出（許可）の対象とならない権利の移転等
①売買・交換（金銭の授受の有無を問わない）	②抵当権の設定・移転 ③贈与・相続・遺産分割・取得時効
④賃借権・地上権の設定（設定の対価がある場合）	⑤賃借権・地上権の設定（設定の対価がない場合）
⑥信託財産の有償譲渡	⑦信託の引受・終了
⑧予約契約・予約完結権の譲渡	⑨予約完結権の行使
⑩条件付契約	

届出の対象となる土地取引等の規模

	事後届出制	事前届出制	
適用区域	無指定区域	注視区域	監視区域
届出対象面積	市街化区域 市街化調整区域及び非線引き区域 都市計画区域外	2,000㎡以上 5,000㎡以上 10,000㎡以上	左記届出対象面積の基準を知事が都道府県の規則で引き下げ

法令上の制限

問題81 国土利用計画法

国土利用計画法第27条の4の注視区域内における届出（以下この問において「届出」という。）に関する次の記述のうち、正しいものはどれか。

1 金銭消費貸借契約の締結に伴い、債務者の所有する土地に債権者のために抵当権を設定しようとする場合、届出が必要である。

2 信託契約によって土地の所有権の移転を受けた受託者（信託銀行）が、信託財産である当該土地を売却する場合、届出をする必要はない。

3 市街化区域に所在する3,000㎡の土地を、A及びBが共有（持分均一）する場合に、Aのみがその持分を売却するとき、届出が必要である。

4 届出をして勧告を受けなかった場合に、予定対価の額を減額するだけの変更をして、当該届出に係る契約を締結するとき、改めて届出をする必要はない。

解答・解説

1 誤り

抵当権の設定は、届出が必要な行為に含まれない（国土利用計画法27条の4第1項、14条1項）。

2 誤り

信託契約による所有権の移転には、届出は不要であるが、その後信託財産であるその土地を売却する契約は、売買契約であり、原則として届出が必要である（国土利用計画法27条の4第1項）。

3 誤り

市街化区域内の土地の売買については、面積2,000㎡以上の土地の売買について届出が必要となる（国土利用計画法27条の4第2項1号）。共有持分の売却については、全体の土地の面積にその持分の割合をかけたもので面積を判断する。したがって、Aの持分の売却は、3,000㎡×1/2＝1,500㎡の土地の売却であり、届出対象面積未満の土地の売却として届出を要しない（国土利用計画法27条の4第2項1号）。

4 正しい

届出内容を変更する場合は、原則として再度の届出を要するが、予定対価の額を減額する場合は、改めて届出は不要である（国土利用計画法27条の4第1項）。

CHECK! ☐ ☐ ☐ | 本試験 平成29年度　問15 | 重要度 A | 難易度 ★

問題82　農地法

　農地に関する次の記述のうち、農地法（以下この問において「法」という。）の規定によれば、正しいものはどれか。

1　市街化区域内の農地を耕作のために借り入れる場合、あらかじめ農業委員会に届出をすれば、法第3条第1項の許可を受ける必要はない。

2　市街化調整区域内の4ヘクタールを超える農地について、これを転用するために所有権を取得する場合、農林水産大臣の許可を受ける必要がある。

3　銀行から500万円を借り入れるために農地に抵当権を設定する場合、法第3条第1項又は第5条第1項の許可を受ける必要がある。

4　相続により農地の所有権を取得した者は、遅滞なく、その農地の存する市町村の農業委員会にその旨を届け出なければならない。

解答・解説

1　誤り
　農地の賃借にあたっては農地法3条1項の許可が必要で、市街化区域内で許可不要となる例外はない（農地法3条）。

2　誤り
　農地の転用は農地法4条1項の都道府県知事（農林水産大臣の指定する市町村の区域内では、指定市町村長）の許可が必要となる（農地法4条）。面積によって大臣の許可が必要となることはない。

3　誤り
　抵当権は非占有担保物権であり、農地に抵当権を設定しても農地の占有は抵当権者に移転しない。したがって、農地に抵当権を設定する場合、農地法3条1項又は5条1項の許可は不要である（農地法3条1項、5条1項）。

4　正しい
　農地法3条1項の許可が必要な「権利移動」とは、売買契約や賃貸借契約等の法律行為に基づく所有権の移転や賃借権等の設定又は移転をいい、相続は、当該「権利移動」にはあたらないため、農地の相続については、同条の許可は不要である（農地法3条1項）。ただし、遅滞なく、その農地のある市町村の農業委員会への届出が必要となる（農地法3条の3）。

法令上の制限

農地法

　農地法（以下この問において「法」という。）に関する次の記述のうち、誤っているものはどれか。

1　登記簿上の地目が山林となっている土地であっても、現に耕作の目的に供されている場合には、法に規定する農地に該当する。

2　法第3条第1項又は第5条第1項の許可が必要な農地の売買について、これらの許可を受けずに売買契約を締結しても、その所有権は移転しない。

3　市街化区域内の農地について、あらかじめ農業委員会に届け出てその所有者が自ら駐車場に転用する場合には、法第4条第1項の許可を受ける必要はない。

4　砂利採取法による認可を受けた砂利採取計画に従って砂利を採取するために農地を一時的に貸し付ける場合には、法第5条第1項の許可を受ける必要はない。

解答・解説

1　正しい

「農地」とは、耕作の目的に供される土地をいい、現状を客観的な事実状態で判断する（農地法2条1項）。よって、登記簿上の地目が山林となっていても、現に耕作の目的に供されている場合には、農地法上の農地となる。

2　正しい

農地法3条1項又は農地法5条1項の許可を受けないでした行為は、それぞれ、その効力を生じない（農地法3条7項、5条3項）。よって、許可を受けないでした本肢農地の売買においては、それによる所有権移転の効果は生じない。

3　正しい

自己が所有する農地を駐車場に転用する場合には、原則として、農地法4条1項の許可を受ける必要があるが、市街化区域内にある農地については、あらかじめ農業委員会へ届出をすれば、当該許可を受ける必要はない（農地法4条1項7号）。

4　誤り

農地法5条1項の許可を不要とする例外として、本肢のような場合は規定されていない（農地法5条1項、同施行規則53条）。

| CHECK! | | | | 本試験 | 平成27年度　問22 | 重要度 | A | 難易度 | ★★ |

問題84　農地法

農地に関する次の記述のうち、農地法（以下この問において「法」という。）の規定によれば、正しいものはどれか。

1　市街化区域内の農地を耕作目的で取得する場合には、あらかじめ農業委員会に届け出れば、法第3条第1項の許可を受ける必要はない。

2　農業者が自己所有の市街化区域外の農地に賃貸住宅を建設するため転用する場合は、法第4条第1項の許可を受ける必要はない。

3　農業者が自己所有の市街化区域外の農地に自己の居住用の住宅を建設するため転用する場合は、法第4条第1項の許可を受ける必要はない。

4　農業者が住宅の改築に必要な資金を銀行から借りるため、市街化区域外の農地に抵当権の設定が行われ、その後、返済が滞ったため当該抵当権に基づき競売が行われ第三者が当該農地を取得する場合であっても、法第3条第1項又は法第5条第1項の許可を受ける必要がある。

解答・解説

1　誤り

あらかじめ農業委員会に届け出れば、許可不要となる特則（市街化区域内の特則、農地法4条1項7号、5条1項6号）に関する規定は、農地法3条には存在しない（農地法3条1項）。したがって、農地を耕作目的で取得する場合は、その農地が市街化区域内にあるときでも、農地法3条1項の許可を受ける必要がある。

2　誤り

市街化区域外の農地を転用する場合、許可不要の例外事由に該当しない以上、農地法4条1項の許可を受ける必要がある（農地法4条1項）。農業者が賃貸住宅を建設するため農地を転用する場合、許可不要の例外に該当しないので許可必要である。

3　誤り

市街化区域外の農地を転用する場合、許可不要の例外事由に該当しない以上、農地法4条1項の許可を受ける必要がある（農地法4条1項）。農業者が自己の居住用の住宅を建設するために農地を転用する場合、許可不要の例外に該当しないので許可必要である。

4　正しい

農地に抵当権を設定することは、所有権の移転にも、使用・収益を目的とする権利の設定・移転にも該当しないため、農地法3条1項の許可は不要である（農地法3条1項）。しかし、抵当権に基づき競売が行われ第三者が当該農地を取得するときは、農地の所有権を移転することになるため、耕作目的であれば農地法3条1項の許可を、転用目的であれば5条1項の許可を受ける必要がある（農地法3条1項、5条1項）。

【問題84】　正解4

問題85 農地法

農地法（以下この問において「法」という。）に関する次の記述のうち、正しいものはどれか。

1 農業者が相続により取得した市街化調整区域内の農地を自己の住宅用地として転用する場合には、法第4条第1項の許可を受ける必要はない。

2 住宅を建設する目的で市街化区域内の農地の所有権を取得するに当たって、あらかじめ農業委員会に届け出た場合には、法第5条第1項の許可を受ける必要はない。

3 耕作する目的で原野の所有権を取得し、その取得後、造成して農地にする場合には、法第3条第1項の許可を受ける必要がある。

4 市街化調整区域内の農地を駐車場に転用するに当たって、当該農地がすでに利用されておらず遊休化している場合には、法第4条第1項の許可を受ける必要はない。

解答・解説

1 誤り

相続・遺産分割等により農地を取得した場合には、農地法3条1項の許可は不要である（農地法3条1項12号参照）。しかし、その農地を住宅用地に転用するには、市街化調整区域内の農地の場合、4条1項の許可が必要である。

2 正しい

住宅を建設する目的で農地の所有権を取得するには、農地法5条1項により、都道府県知事の許可を受けなければならないのが原則である。もっとも、市街化区域内にある農地については、あらかじめ農業委員会に届け出れば、知事の許可を受ける必要はない（農地法5条1項6号）。

3 誤り

農地法3条1項の許可が必要なのは、「農地又は採草放牧地」について所有権を移転し、又は地上権、永小作権、質権、使用貸借による権利、賃借権もしくはその他の使用及び収益を目的とする権利を設定し、もしくは移転する場合である（農地法3条1項）。本肢においては、造成して農地にするための「原野」の所有権の取得であり、3条1項の許可を受ける必要はない。

4 誤り

農地法上の「農地」とは、耕作の目的に供される土地をいう（農地法2条1項）。遊休化されているからといって農地でなくなるものではないので、市街化調整区域内の農地を駐車場に転用すれば、農地法4条1項の許可が必要である。

【問題85】 正解2

MEMO

問題86　農地法

農地法（以下この問において「法」という。）に関する次の記述のうち、正しいものはどれか。

1　山林を開墾し現に水田として耕作している土地であっても、登記簿上の地目が山林である限り、法の適用を受ける農地には当たらない。

2　農業者が、住宅を建設するために法第4条第1項の許可を受けた農地をその後住宅建設の工事着工前に宅地として売却する場合、改めて法第5条第1項の許可を受ける必要はない。

3　耕作目的で農地の売買契約を締結し、代金の支払をした場合でも、法第3条第1項の許可を受けていなければその所有権の移転の効力は生じない。

4　農業者が、自ら農業用倉庫として利用する目的で自己の所有する農地を転用する場合には、転用する農地の面積の規模にかかわらず、法第4条第1項の許可を受ける必要がある。

解答・解説

1　誤り

「農地」とは、耕作の目的に供される土地をいい（農地法2条1項）、登記簿上の地目にかかわらず、土地の現況で客観的に判断される。よって、本肢土地は、現に水田として耕作されている以上、登記簿上の地目が山林であっても、「農地」である。

2　誤り

農地を農地以外のものにする者は、原則として、都道府県知事の許可を受けなければならない（農地法4条1項）。また、農地を農地以外のものにするため権利を設定し、又は移転する場合、当事者は、原則として、都道府県知事の許可を受けなければならない（農地法5条1項）。この点につき、4条許可を受けていることは、5条許可を不要とする例外事由に該当するものではなく、原則どおり、改めて5条許可を受ける必要がある。

3　正しい

3条許可を受けないでした行為は、その効力を生じない（農地法3条7項）。よって、耕作目的で農地の売買契約を締結し、代金の支払をした場合でも、3条許可を受けていなければ、その所有権の移転の効力は生じない。

4　誤り

耕作の事業を行う者が、その農地（2アール未満のものに限る。）をその者の農作物の育成もしくは養畜の事業のための農業用施設に供する場合には、4条許可は不要である（農地法4条1項8号、同施行規則32条1号）。よって、本肢においては、転用する農地の面積が2アール未満であれば、4条許可は不要であり、転用する農地の面積の規模にかかわらず、4条許可を必要とする本肢は誤り。

必勝合格Check!

農地法３条・４条・５条の異同

		３条許可	４条許可	５条許可
規制	土地	農地⇒農地 採草放牧地⇒採草放牧地 採草放牧地⇒農地	農地⇒農地以外 ※採草放牧地の転用は 　規制されない	農地⇒農地以外 採草放牧地 　⇒採草放牧地以外
	人	A→B	A→A	A→B
許可権者		農業委員会	都道府県知事 （指定市町村の区域内では、指定市町村長）	
例外 （許可不要）		土地収用法による場合		
		① 国・都道府県が取得 ② 農事調停による取得 ③ 相続、遺産分割、 　包括遺贈、相続人に 　対する特定遺贈 ④ 時効取得 　③と④は、遅滞なく、 　農業委員会に届出	国又は都道府県が、道路・農業用排水施設等の一定の施設の用に供するため、転用又は権利を取得する場合	
			耕作事業者がその２a未満の農地を自己の農業用施設に供する場合	―
市街化区域 内の特則		―	あらかじめ農業委員会に届出（許可不要）	
無許可の 行為の効力		契約の効力は生じない	―	契約の効力は生じない
違反の効果		―	工事の停止命令・原状回復命令等	
		３年以下の懲役又は 300万円以下の罰金	３年以下の懲役又は300万円以下の罰金 （法人：１億円以下）	

法令上の制限

問題87　農地法

　農地に関する次の記述のうち、農地法（以下この問において「法」という。）の規定によれば、誤っているものはどれか。

1　遺産分割によって農地を取得する場合には、法第3条第1項の許可は不要であるが、農業委員会への届出が必要である。

2　法第3条第1項の許可を受けなければならない場合の売買については、その許可を受けずに農地の売買契約を締結しても、所有権移転の効力は生じない。

3　砂利採取法第16条の認可を受けて市街化調整区域内の農地を砂利採取のために一時的に借り受ける場合には、法第5条第1項の許可は不要である。

4　都道府県が市街化調整区域内の農地を取得して病院を建設する場合には、都道府県知事（法第4条第1項に規定する指定市町村の区域内にあってはその長）との協議が成立すれば、法第5条第1項の許可があったものとみなされる。

解答・解説

1　正しい
　農地を遺産分割によって取得した場合、農地法3条1項の許可を受ける必要はない（農地法3条1項12号）。しかし、遅滞なく、農業委員会にその旨を届け出なければならない（農地法3条の3）。

2　正しい
　農地法3条1項の許可を得ないまま農地等の売買契約を締結しても所有権移転の効力を生じない（農地法3条6項）。

3　誤り
　農地法5条1項の許可を不要とする例外として、本肢のような場合は規定されていない（農地法5条1項、同施行規則53条）。

4　正しい
　国又は都道府県等が、農地を農地以外のものにするため、その土地を取得しようとする場合においては、国又は都道府県等と都道府県知事等との協議が成立することをもって、農地法5条1項の許可があったものとみなされる（農地法5条4項）。

CHECK! □□□　本試験 平成22年度　問22 改　重要度 A　難易度 ★★

問題88　農地法

農地法（以下この問において「法」という。）に関する次の記述のうち、誤っているものはどれか。

1　農地を相続した場合、その相続人は、法第3条第1項の許可を受ける必要はないが、遅滞なく、農業委員会にその旨を届け出なければならない。
2　宅地に転用する目的で市街化区域外の農地を購入する場合は、農地の権利移動に係る法第3条第1項の許可のほか、農地転用に係る法第4条第1項の都道府県知事の許可を受ける必要がある。
3　会社の代表者が、その会社の業務に関し、法の規定に違反して転用行為をした場合は、その代表者が罰せられるのみならず、その会社も1億円以下の罰金刑が科せられる。
4　賃貸借の存続期間については、民法上は50年を超えることができないこととされており、農地の賃貸借についても、50年までの存続期間が認められる。

解答・解説

1　正しい
農地を相続した場合、3条1項の許可を受ける必要はない（農地法3条1項12号）。しかし、遅滞なく、農業委員会にその旨を届け出なければならない（農地法3条の3第1項）。

2　誤り
転用目的での農地の所有権移転の場合であるから、「5条1項の許可」を受ける必要があるのであって、3条1項の許可及び4条1項の許可を受けるのではない（農地法5条1項、3条1項ただし書、4条1項1号）。なお、本肢は市街化区域外の農地についての転用目的での所有権移転の場合であるから、あらかじめ農業委員会に届け出ることで5条1項の許可が不要となるものではない（農地法5条1項6号）。

3　正しい
法人（会社）の代表者が、その法人の業務に関し、農地法の規定に違反して転用行為をした場合は、その代表者を罰する（3年以下の懲役又は300万円以下の罰金）ほか、その法人に対しても1億円以下の罰金刑を科する（農地法67条1号、64条）。

4　正しい
民法上、賃貸借の存続期間は、50年を超えることができない（民法604条）。また、農地又は採草放牧地の賃貸借についての存続期間も、民法と同様となり、50年までの存続期間が認められている。

【問題88】　正解2

問題89 　農地法

　農地に関する次の記述のうち、農地法（以下この問において「法」という。）の規定によれば、正しいものはどれか。

1　相続により農地を取得する場合は、法第3条第1項の許可を要しないが、相続人に該当しない者に対する特定遺贈により農地を取得する場合も、同項の許可を受ける必要はない。

2　法第2条第3項の農地所有適格法人の要件を満たしていない株式会社は、耕作目的で農地を借り入れることはできない。

3　法第3条第1項又は法第5条第1項の許可が必要な農地の売買について、これらの許可を受けずに売買契約を締結しても、その所有権の移転の効力は生じない。

4　農業者が、市街化調整区域内の耕作しておらず遊休化している自己の農地を、自己の住宅用地に転用する場合、あらかじめ農業委員会へ届出をすれば、法第4条第1項の許可を受ける必要がない。

解答・解説

1　誤り
　相続は、所有権等の設定もしくは移転のための法律行為ではないので、農地法3条1項の許可は不要であり、本肢の前段は正しい。しかし、相続人に該当しない者に対する特定遺贈については、原則どおり農地法3条1項の許可が必要である（農地法3条1項ただし書）。

2　誤り
　農地所有適格法人の要件を満たしていない株式会社であっても、耕作目的で農地を借り入れることはできる（農地法3条2項2号、同施行令2条2項、同法3条3項）。

3　正しい
　農地法3条1項又は同法5条1項の許可を得ないまま締結した売買契約は、その効力を有しない（農地法3条7項、同法5条3項）。したがって、いずれの場合も所有権が移転することはない。

4　誤り
　市街化区域内にある農地を、あらかじめ農業委員会に届け出て転用する場合には、農地法4条の許可は不要である（農地法4条1項7号）。しかし本肢のように市街化調整区域にある農地の転用の場合には、かかる例外規定はないので原則どおり許可は必要である。

【問題89】　正解3

CHECK! ☐ ☐ ☐　本試験 平成15年度 問23　重要度 A　難易度 ★

問題90　農地法

農地法に関する次の記述のうち、正しいものはどれか。

1　市町村が農地を農地以外のものにするため所有権を取得する場合、農地法第5条の許可を得る必要はない。

2　市街化調整区域内の農地を宅地に転用する目的で所有権を取得する場合、あらかじめ農業委員会に届け出れば農地法第5条の許可を得る必要はない。

3　農地の所有者がその農地のうち2アールを自らの養畜の事業のための畜舎の敷地に転用しようとする場合、農地法第4条の許可を得る必要はない。

4　遺産の分割により農地の所有権を取得する場合、農地法第3条の許可を得る必要はない。

解答・解説

1　誤り
市町村が転用目的で農地を取得する場合には、原則として農地法5条の許可を要する（農地法5条1項）。

2　誤り
市街化区域内の農地と異なり、市街化調整区域内の農地を転用目的で取得する場合には、原則として農地法5条の許可を要する（農地法5条1項）。

3　誤り
2アール未満の農地を養畜の事業のための農業用施設に供する場合であれば、農地法4条の許可を要しないが（農地法施行規則32条1号）、2アール以上の農地であれば、養畜の事業のための農業用施設に供する場合でも農地法4条の許可を要する（農地法4条1項）。

4　正しい
遺産の分割によって農地を取得する場合は、農地法3条の許可を要しない（農地法3条1項12号）。

必勝合格Check!

農地法3条の許可と農地法3条の3の届出

		3条許可	3条の3の届出
国・都道府県　収用　農事調停		×	×
抵当権	設定	×	×
	実行（競売）	○	×
市町村		○	×
相続　遺産分割　時効取得		×	○

【問題90】　正解4

問題91 農地法

農地法に関する次の記述のうち、誤っているものはどれか。

1 　市街化区域内の農地に住宅を建設する目的で所有権を取得する場合には、必ず農業委員会の許可を受けなければならない。

2 　市街化調整区域内の山林の所有者が、その土地を開墾し果樹園として利用した後に、その果樹園を山林に戻す目的で、杉の苗を植える場合には、農地法第4条の許可を受ける必要がある。

3 　競売により市街化区域外の農地の買受人となり所有権を取得しようとする場合には、農地法第3条又は第5条の許可を受ける必要がある。

4 　民事調停法による農事調停により農地の所有権を取得する場合には、農地法第3条の許可を受ける必要はない。

解答・解説

1　誤り
　農地以外への転用目的で農地の権利を取得する場合、あらかじめ都道府県知事の許可を要するのが原則である（農地法5条1項）。農地以外への転用目的で市街化区域内の農地の権利を取得する場合には、あらかじめ農業委員会へ届け出れば、都道府県知事の許可を要しないとの例外はあるが（農地法5条1項6号）、農業委員会の許可を要するとの例外はない。

2　正しい
　農地とは、耕作の目的に供されている土地をいう（農地法2条1項）。ここから山林は農地にあたらないが、果樹園は農地にあたる。したがって、山林であっても、これを開墾し果樹園とすれば、農地となる。よって、これを山林に戻すために杉の苗を植えることは、農地を農地以外のものにする行為といえ、農地法4条の許可を要する（農地法4条1項）。

3　正しい
　農地の所有権を取得する場合、一定の例外を除き、農地法3条又は5条の許可を受ける必要がある。この例外として、法は、競売による取得を規定していない（農地法3条1項、5条1項、同施行規則18条、53条）。

4　正しい
　農地法3条の許可を要する場合の例外として、民事調停法による農事調停によって農地所有権が移転する場合が規定されている（農地法3条1項10号）。

【問題91】　正解 1

問題92　農地法

農地法（以下この問において「法」という。）に関する次の記述のうち、正しいものはどれか。

1　相続により農地を取得する場合は、法第3条第1項の許可を要しないが、遺産の分割により農地を取得する場合は、同項の許可を受ける必要がある。

2　競売により市街化調整区域内にある農地を取得する場合は、法第3条第1項又は法第5条第1項の許可を受ける必要はない。

3　農業者が、自らの養畜の事業のための畜舎を建設する目的で、市街化調整区域内にある150㎡の農地を購入する場合は、第5条第1項の許可を受ける必要がある。

4　市街化区域内にある農地を取得して住宅を建設する場合は、工事完了後遅滞なく農業委員会に届け出れば、法第5条第1項の許可を受ける必要はない。

解答・解説

1　誤り
相続又は遺産分割による農地の権利移動には、いずれの場合も3条1項の許可を要しない（農地法3条1項）。

2　誤り
競売による権利移動及び転用目的権利移動には、それぞれ3条1項又は5条1項の許可を受ける必要がある（農地法3条1項、農地法5条1項）。

3　正しい
農業者が、自己所有の2a未満の農地を、自らの養畜の事業のための農業用施設に供する場合に4条1項の許可は不要だが（農地法4条1項8号、同施行規則32条1号）、当該転用目的で農地を取得する場合には、5条1項の許可を受ける必要がある。

4　誤り
市街化区域内にある農地につき、「あらかじめ」農業委員会に届け出て、農地以外のものにするためこれらの権利を取得する場合、5条1項の許可を受ける必要はない（農地法5条1項6号）。

法令上の制限

【問題92】　正解3

問題93   **農地法**

農地法（以下この問において「法」という。）に関する次の記述のうち、正しいものはどれか。

1 　農地の賃貸借について法第3条第1項の許可を得て農地の引渡しを受けても、土地登記簿に登記をしなかった場合、その後、その農地について所有権を取得した第三者に対抗することができない。

2 　雑種地を開墾し、現に畑として耕作されている土地であっても、土地登記簿上の地目が雑種地である限り、法の適用を受ける農地には当たらない。

3 　国又は都道府県が市街化調整区域内の農地（1ヘクタール）を取得して学校を建設する場合、都道府県知事との協議が成立しても法第5条第1項の許可を受ける必要がある。

4 　農業者が相続により取得した市街化調整区域内の農地を自己の住宅用地として転用する場合でも、法第4条第1項の許可を受ける必要がある。

解答・解説

1　誤り
　農地の賃貸借は、その登記がなくても、農地の引渡しがあったときは、これをもって、その後、その農地について物権を取得した第三者に対抗することができる（農地法16条1項）。よって、土地登記簿に登記をしなくても（民法605条）、農地の引渡しを受けていれば、その後、農地の所有権を取得した第三者に対抗できる。

2　誤り
　農地法にいう「農地」とは、耕作の目的に供される土地をいい（農地法2条1項）、土地の現状を客観的な事実状態で判断する（現況農地）。よって、現に畑として耕作されている土地である以上、土地登記簿上の地目にかかわらず、農地法上の「農地」に当たる。

3　誤り
　国又は都道府県等が、農地を農地以外のものにするため、その土地を取得しようとする場合においては、国又は都道府県等と都道府県知事等との協議が成立することをもって、農地法5条1項の許可があったものとみなされる（農地法5条4項）。よって、都道府県知事との協議が成立し、農地法5条1項の許可があったものとみなされる以上、もはや改めて農地法5条1項の許可を受ける必要はない。

4　正しい
　農地を農地以外のものにする者は、政令で定めるところにより、都道府県知事（農林水産大臣が指定する市町村の区域内にあっては、指定市町村の長）の許可を受けなければならない（農地法4条1項）。たとえ、相続により取得した農地であっても、異なるものではない。

【問題93】　正解4

CHECK! ☐ ☐ ☐ | 本試験 平成22年度　問20 | 重要度 A | 難易度 ★

問題94　宅地造成等規制法

宅地造成等規制法に関する次の記述のうち、誤っているものはどれか。なお、この問における都道府県知事とは、地方自治法に基づく指定都市及び中核市にあってはその長をいうものとする。

1　宅地を宅地以外の土地にするために行う土地の形質の変更は、宅地造成に該当しない。

2　宅地造成工事規制区域内において行われる宅地造成に関する工事は、擁壁、排水施設の設置など、宅地造成に伴う災害を防止するため必要な措置が講ぜられたものでなければならない。

3　宅地造成工事規制区域内の宅地において、地表水等を排除するための排水施設の除却の工事を行おうとする者は、宅地造成に関する工事の許可を受けた場合を除き、工事に着手する日までに、その旨を都道府県知事に届け出なければならない。

4　宅地造成工事規制区域内の宅地の所有者、管理者又は占有者は、宅地造成に伴う災害が生じないよう、その宅地を常時安全な状態に維持するように努めなければならない。

解答・解説

1　正しい
　宅地造成等規制法における宅地造成とは、宅地以外の土地を宅地にするため又は宅地において行う一定の土地の形質の変更をいい、宅地を宅地以外の土地にするために行う土地の形質の変更は宅地造成に該当しない（宅地造成等規制法2条2号）。

2　正しい
　宅地造成工事規制区域内において行われる宅地造成に関する工事は、政令で定める技術的基準に従い、擁壁、排水施設等の設置その他宅地造成に伴う災害を防止するため必要な措置が講ぜられたものでなければならない（宅地造成等規制法9条1項）。

3　誤り
　宅地造成工事規制区域内の宅地において、高さが二メートルを超える擁壁、地表水等を排除するための排水施設又は地滑り抑止ぐい等の全部又は一部の除却の工事を行おうとする者（許可を受けた者等は除く。）は、その工事に着手する日の14日前までに、国土交通省令で定めるところにより、その旨を都道府県知事に届け出なければならない（宅地造成等規制法15条2項、同施行令18条）。

4　正しい
　宅地造成工事規制区域内の宅地の所有者、管理者又は占有者は、宅地造成（宅地造成工事規制区域の指定前に行われたものを含む。）に伴う災害が生じないよう、その宅地を常時安全な状態に維持するように努めなければならない（宅地造成等規制法16条1項）。

【問題94】　正解3

問題95 宅地造成等規制法

宅地造成等規制法に関する次の記述のうち、誤っているものはどれか。なお、この問における都道府県知事とは、地方自治法に基づく指定都市、中核市及び施行時特例市にあってはその長をいうものとする。

1 都道府県知事は、宅地造成工事規制区域内の宅地で宅地造成に伴う災害の防止のため必要な擁壁が設置されておらず、これを放置するときは宅地造成に伴う災害の発生のおそれが大きいと認められるものがある場合、一定の限度のもとに、当該宅地の所有者、管理者又は占有者に対して、擁壁の設置を行うことを命ずることができる。

2 宅地造成工事規制区域内において、切土であって、当該切土をする土地の面積が400㎡で、かつ、高さ1mの崖（がけ）を生ずることとなるものに関する工事を行う場合には、都市計画法第29条第1項又は第2項の許可を受けて行われる当該許可の内容に適合した工事を除き、都道府県知事の許可を受けなければならない。

3 都道府県は、宅地造成工事規制区域の指定のために行う測量又は調査のため他人の占有する土地に立ち入ったことにより他人に損失を与えた場合においては、その損失を受けた者に対して、通常生ずべき損失を補償しなければならない。

4 宅地造成工事規制区域内において行われる宅地造成に関する工事について許可をする都道府県知事は、当該許可に、工事の施行に伴う災害を防止するために必要な条件を付することができる。

解答・解説

1 正しい

都道府県知事は、宅地造成工事規制区域内の宅地で、宅地造成に伴う災害の防止のため必要な擁壁等が設置されておらず、これを放置するときは、宅地造成に伴う災害の発生のおそれが大きいと認められるものがある場合においては、一定の限度において、当該宅地の所有者、管理者又は占有者に対して、擁壁等の設置を命ずることができる（宅地造成等規制法17条1項）。

2 誤り

切土であって、当該切土をした土地の部分に高さが2m以下の崖を生ずることとなるものであって、かつ、切土をする土地の面積が500㎡以下であれば、都道府県知事の許可を受けなければならない宅地造成にあたらない（宅地造成等規制法2条2号、同施行令3条1・4号）。

3 正しい

都道府県は、宅地造成工事規制区域の指定のための測量又は調査のため他人の占有する土地に立ち入ったことにより他人に損失を与えた場合においては、その損失を受けた者に対して、通常生ずべき損失を補償しなければならない（宅地造成等規制法7条1項）。

4　正しい

　都道府県知事は、宅地造成工事規制区域内において行われる宅地造成に関する工事についての許可に、工事の施行に伴う災害を防止するため必要な条件を付することができる（宅地造成等規制法8条3項）。

必勝合格Check!

「宅地造成」に該当する土地の形質の変更

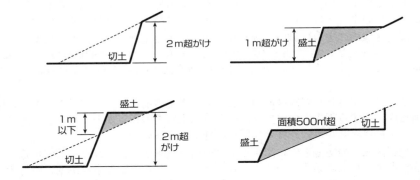

問題96　宅地造成等規制法

　宅地造成等規制法に規定する宅地造成工事規制区域（以下この問において「規制区域」という。）に関する次の記述のうち、正しいものはどれか。なお、この問における都道府県知事とは、地方自治法の指定都市等にあっては、それぞれの指定都市等の長をいうものとする。

1　規制区域内で過去に宅地造成に関する工事が行われ、現在は造成主とは異なる者がその工事が行われた宅地を所有している場合、当該宅地の所有者は災害が生じないようその宅地を常時安全な状態に維持するよう努める必要はない。

2　規制区域内の宅地において行われる切土による土地の形質の変更に関する工事で、当該宅地に高さ1.5mの崖が生じ、かつ、その面積が600㎡のときには、造成主は、原則としてあらかじめ都道府県知事の許可を受けなければならない。

3　新たに指定された規制区域内において、指定の前にすでに着手されていた宅地造成に関する工事については、その造成主はその指定があった日から21日以内に、都道府県知事の許可を受けなければならない。

4　規制区域内の宅地造成に関する工事の検査済証が交付された後、宅地造成に伴う災害防止上の必要性が認められるときは、都道府県知事は宅地の所有者に対して、当該宅地の使用を禁止又は制限をすることができる。

解答・解説

1　誤り

　宅地造成工事規制区域内の宅地の所有者は、宅地造成に伴う災害が生じないよう、その宅地を常時安全な状態に維持するように努めなければならない（宅地造成等規制法16条1項）。

2　正しい

　宅地造成工事規制区域内では、切土をした土地の部分に高さが2mを超える崖を生じない場合であっても、切土をする土地の面積が500㎡を超えるものは、宅地以外の土地にする場合を除いて、宅地造成に該当し、造成主は、原則としてあらかじめ都道府県知事の許可を受けなければならない（宅地造成等規制法8条1項、2条2号、同施行令3条1・4号）。

3　誤り

　宅地造成工事規制区域の指定の際、当該規制区域内において行われている宅地造成に関する工事の造成主は、その指定があった日から21日以内に、都道府県知事に届出をしなければならない（宅地造成等規制法15条1項）。

4　誤り

　宅地造成等規制法14条3項による監督処分（宅地の使用の禁止又は制限）は、許可を受けないで工事をしたとか検査を受けないなどの違反行為をしたことに対して、監督処分がなされる。本肢のような工事が技術的基準に適合していると認められて検査済証の交付を受けた宅地については、監督処分の対象になっていない。

【問題96】　正解2

問題97　宅地造成等規制法

宅地造成等規制法に関する次の記述のうち、正しいものはどれか。なお、この問における都道府県知事とは、地方自治法に基づく指定都市、中核市及び施行時特例市にあってはその長をいうものとする。

1　国土交通大臣は、都道府県知事の申出に基づき、宅地造成に伴い災害が生ずるおそれの大きい市街地又は市街地となろうとする土地の区域を宅地造成工事規制区域として指定することができる。

2　宅地造成工事規制区域内において行われる宅地造成に関する工事は、擁壁、排水施設又は消防の用に供する貯水施設の設置その他宅地造成に伴う災害の発生を防止するため必要な措置が講じられたものでなければならない。

3　造成主は、宅地造成等規制法第8条第1項の許可を受けた宅地造成に関する工事を完了した場合、都道府県知事の検査を受けなければならないが、その前に建築物の建築を行おうとする場合、あらかじめ都道府県知事の同意を得なければならない。

4　都道府県知事は、宅地造成工事規制区域内の宅地で、宅地造成に伴う災害の防止のため必要な擁壁が設置されていないため、これを放置するときは宅地造成に伴う災害の発生のおそれが大きいと認められるものがある場合、一定の限度のもとに当該宅地の所有者以外の者に対しても擁壁の設置のための工事を行うことを命ずることができる。

解答・解説

1　誤り

宅地造成工事規制区域を指定するのは、都道府県知事であり、国土交通大臣ではない（宅地造成等規制法3条1項）。

2　誤り

宅地造成工事規制区域内において行われる宅地造成に関する工事は、政令で定める技術的基準に従い、擁壁又は排水施設の設置その他宅地造成に伴う災害を防止するため必要な措置が講ぜられたものでなければならない（宅地造成等規制法9条1項）。しかし、消防の用に供する貯水施設の設置までは必要ない。

3　誤り

造成主は、宅地造成の工事を完了した場合においては、その工事が技術的基準に適合しているかどうかについて、都道府県知事の検査を受けなければならない（宅地造成等規制法13条1項）。工事完了検査前に都道府県知事の同意を得て建築物の建築をすることができる旨の規定はない。

4　正しい

都道府県知事は、一定の限度のもとに本肢のような擁壁の設置のための工事を当該宅地の所有者、管理者又は占有者に対して命ずることができ（宅地造成等規制法17条1項）、さらに、これら宅地所有者等以外の者の行為によって宅地造成に伴う災害の発生のおそれが生じたことが明らかであるときは、一定の要件のもと、その行為をした者に対しても同様の工事を命ずることができる（宅地造成等規制法17条2項）。

【問題97】　正解4

問題98 　宅地造成等規制法

宅地造成等規制法（以下この問において「法」という。）に関する次の記述のうち、誤っているものはどれか。

1. 宅地造成工事規制区域内の宅地において、擁壁に関する工事を行おうとする者は、法第8条第1項の工事の許可を受けなければならない場合を除き、工事に着手する日までに、その旨を都道府県知事に届け出なければならない。

2. 宅地造成工事規制区域内において行われる法第8条第1項の工事が完了した場合、造成主は、都道府県知事の検査を受けなければならない。

3. 都道府県知事は、法第8条第1項の工事の許可の申請があった場合においては、遅滞なく、文書をもって許可又は不許可の処分を申請者に通知しなければならない。

4. 都道府県知事は、宅地造成工事規制区域内の宅地について、宅地造成に伴う災害の防止のため必要があると認める場合においては、宅地の所有者に対し、擁壁の設置等の措置をとることを勧告することができる。

解答・解説

1　誤り

宅地造成工事規制区域内の宅地において、擁壁等に関する工事その他の工事で政令で定めるものを行おうとする者（宅地造成等規制法8条1項本文の許可を受けた者等を除く。）は、その「工事に着手する日の14日前」までに、その旨を都道府県知事に届け出なければならない（宅地造成等規制法15条2項）。

2　正しい

宅地造成工事規制区域内において行われる宅地造成に関する工事について宅地造成等規制法8条1項本文の許可を受けた者は、当該許可に係る工事を完了した場合においては、政令で定める技術的基準等に適合しているかどうかについて、都道府県知事の検査を受けなければならない（宅地造成等規制法13条1項）。

3　正しい

都道府県知事は、宅地造成等規制法8条1項本文の許可の申請があった場合においては、遅滞なく、文書をもって許可又は不許可の処分を当該申請者に通知しなければならない（宅地造成等規制法10条）。

4　正しい

都道府県知事は、宅地造成工事規制区域内の宅地について、宅地造成に伴う災害の防止のため必要があると認める場合においては、その宅地の所有者等に対し、擁壁等の設置又は改造その他宅地造成に伴う災害の防止のため必要な措置をとることを勧告することができる（宅地造成等規制法16条2項）。

問題99　宅地造成等規制法

宅地造成等規制法に関する次の記述のうち、誤っているものはどれか。なお、この問における都道府県知事とは、地方自治法に基づく指定都市、中核市及び施行時特例市にあってはその長をいうものとする。

1　都道府県知事は、宅地造成工事規制区域内においても、宅地造成に伴う災害で相当数の居住者に危害を生ずるもの（以下この問において「災害」という。）の発生のおそれが大きい一団の造成宅地の区域を造成宅地防災区域に指定することができる。

2　都道府県知事は、造成宅地防災区域について、当該区域の指定の事由がなくなったと認めるときは、その指定を解除することができる。

3　造成宅地防災区域内の造成宅地の所有者等は、災害が生じないよう、その造成宅地について擁壁の設置等の措置を講ずるよう努めなければならない。

4　都道府県知事は、造成宅地防災区域内の造成宅地について、災害の防止のため必要があると認める場合は、当該造成宅地の所有者等に対し、擁壁の設置等の措置をとることを勧告することができる。

解答・解説

1　誤り

都道府県知事は、宅地造成等規制法の目的を達成するために必要があると認めるときは、関係市町村長の意見を聴いて、宅地造成に伴う災害で相当数の居住者その他の者に危害を生ずるものの発生のおそれが大きい一団の造成宅地の区域であって政令で定める基準に該当するものを、造成宅地防災区域として指定することができる（宅地造成等規制法20条1項）。しかし、宅地造成工事規制区域内の土地においては、このような区域を造成宅地防災区域として指定することはできない（宅地造成等規制法20条1項かっこ書）。

2　正しい

都道府県知事は、擁壁等の設置又は改造その他災害の防止のため必要な措置を講ずることにより、造成宅地防災区域の全部又は一部について、指定の事由がなくなったと認めるときは、当該造成宅地防災区域の全部又は一部について指定を解除することができる（宅地造成等規制法20条2項）。

3　正しい

造成宅地防災区域内の造成宅地の所有者、管理者又は占有者は、災害が生じないよう、その造成宅地について擁壁等の設置又は改造その他必要な措置を講ずるように努めなければならない（宅地造成等規制法21条1項）。

4　正しい

都道府県知事は、造成宅地防災区域内の造成宅地について、災害の防止のため必要があると認める場合においては、その造成宅地の所有者、管理者又は占有者に対し、擁壁等の設置又は改造その他災害の防止のため必要な措置をとることを勧告することができる（宅地造成等規制法21条2項）。

【問題99】　正解 1

問題100　宅地造成等規制法

　宅地造成等規制法に関する次の記述のうち、誤っているものはどれか。なお、この問における都道府県知事とは、地方自治法に基づく指定都市、中核市及び施行時特例市にあってはその長をいうものとする。

1　宅地造成工事規制区域内において、森林を宅地にするために行う切土であって、高さ３ｍのがけを生ずることとなるものに関する工事を行う場合には、造成主は、都市計画法第29条第１項又は第２項の許可を受けて行われる当該許可の内容に適合した工事を除き、工事に着手する前に、都道府県知事の許可を受けなければならない。

2　宅地造成工事規制区域内の宅地において、高さが３ｍの擁壁の除却工事を行う場合には、宅地造成等規制法に基づく都道府県知事の許可が必要な場合を除き、あらかじめ都道府県知事に届け出なければならず、届出の期限は工事に着手する日の前日までとされている。

3　都道府県知事又はその命じた者若しくは委任した者は、宅地造成工事規制区域又は造成宅地防災区域の指定のため測量又は調査を行う必要がある場合においては、その必要の限度において、他人の占有する土地に立ち入ることができる。

4　都道府県知事は、造成宅地防災区域内の造成宅地について、宅地造成に伴う災害で、相当数の居住者その他の者に危害を生ずるものの防止のため必要があると認める場合は、その造成宅地の所有者のみならず、管理者や占有者に対しても、擁壁等の設置等の措置をとることを勧告することができる。

解答・解説

1　正しい

　宅地造成工事規制区域内において、宅地以外の土地を宅地にするため行う切土であって、当該切土をした土地の部分に高さ２ｍを超える崖を生ずることとなるものに関する工事を行う場合には、造成主は、都市計画法29条１項又は２項の許可を受けて行われる当該許可の内容に適合した宅地造成に関する工事を除き、当該工事に着手する前に、都道府県知事の許可を受けなければならない（宅地造成等規制法８条１項、２条２号、同施行令３条１号）。

2　誤り

　宅地造成工事規制区域内の宅地において、高さ２ｍを超える擁壁の除却工事等を行おうとする者は、都道府県知事の許可等が必要な場合を除いて、その工事に着手する日の14日前までにその旨を都道府県知事に届け出なければならない（宅地造成等規制法15条２項、同施行令18条）。よって、本肢の場合、「届出の期限は工事に着手する日の前日」としているので誤りとなる。

3　正しい

　都道府県知事又はその命じた者若しくは委任した者は、宅地造成工事規制区域又は造成宅地防災区域の指定のため他人の占有する土地に立ち入って測量又は調査を行う必要がある場合においては、その必要の限度において、他人の占有する土地に立ち入ること

ができる（宅地造成等規制法４条１項、20条３項）。

４　正しい
　都道府県知事は、造成宅地防災区域内の造成宅地について、宅地造成に伴う災害で相当数の居住者その他の者に危害を生ずるものの防止のため必要があると認める場合は、その造成宅地の所有者、管理者又は占有者に対し、擁壁等の設置等の措置をとることを勧告することができる（宅地造成等規制法21条２項）。

必勝合格Check!

工事等の届出

届出先	届出義務者	届出期間
都道府県知事	①規制区域の指定時に行われている工事の造成主	規制区域指定日から21日以内
	②規制区域内の宅地において、擁壁・排水施設等の除却工事を行おうとする者（許可を受けた者を除く）	工事着手日の14日前
	③宅地以外の土地を宅地に転用した者（許可を受けた者を除く）	転用した日から14日以内

災害防止措置・改善命令

勧告・命令権者	項目	名宛人
－	災害防止措置義務	［所有者・管理者・占有者］
都道府県知事	保全勧告	［所有者・管理者・占有者］
	改善命令	［所有者・管理者・占有者］＋災害発生危険の起因者

【問題100】　正解２

問題101　土地区画整理法

　土地区画整理事業に関する次の記述のうち、土地区画整理法の規定によれば、誤っているものはどれか。

1　個人施行者について、施行者以外の者への相続、合併その他の一般承継があった場合においては、その一般承継者は、施行者となる。

2　土地区画整理組合が施行する土地区画整理事業は、市街化調整区域内において施行されることはない。

3　市町村が施行する土地区画整理事業については、事業ごとに土地区画整理審議会が置かれる。

4　都道府県が施行する土地区画整理事業は、すべて都市計画事業として施行される。

解答・解説

1　正しい

　個人施行者について相続・合併その他の一般承継があった場合、その一般承継人が施行者以外の者であるときは、その一般承継人は、施行者となる（土地区画整理法11条1項）。

2　誤り

　土地区画整理組合は、土地区画整理事業を都市計画区域内の土地について施行することができ、市街化調整区域内においても、施行することができる（土地区画整理法2条1項）。

3　正しい

　市町村が施行する土地区画整理事業については、事業ごとに土地区画整理審議会が置かれることになっている（土地区画整理法56条1項）。

4　正しい

　都道府県は、施行区域の土地について土地区画整理事業を施行することができる（土地区画整理法3条4項）。そして、施行区域内の土地についての土地区画整理事業は、都市計画事業として施行する（土地区画整理法3条の4第1項）。よって、都道府県が施行する土地区画整理事業は、すべて都市計画事業として施行されることになる。

【問題101】　正解2

CHECK! ☐☐☐　本試験 **平成19年度　問24**　重要度 **B**　難易度 ★★

問題102　**土地区画整理法**

土地区画整理法における土地区画整理組合に関する次の記述のうち、正しいものはどれか。

1　土地区画整理組合を設立しようとする者は、事業計画の決定に先立って組合を設立する必要があると認める場合においては、5人以上共同して、定款及び事業基本方針を定め、その組合の設立について都道府県知事の認可を受けることができる。

2　土地区画整理組合は、当該組合が行う土地区画整理事業に要する経費に充てるため、賦課金として参加組合員以外の組合員に対して金銭を賦課徴収することができるが、その場合、都道府県知事の認可を受けなければならない。

3　宅地について所有権又は借地権を有する者が設立する土地区画整理組合は、当該権利の目的である宅地を含む一定の区域の土地について土地区画整理事業を施行することができる。

4　土地区画整理組合の設立の認可の公告があった日から当該組合が行う土地区画整理事業に係る換地処分の公告がある日までは、施行地区内において、事業の施行の障害となるおそれがある土地の形質の変更や建築物の新築等を行おうとする者は、当該組合の許可を受けなければならない。

解答・解説

1　誤り

土地区画整理組合を設立しようとする者は、事業計画の決定に先立って組合を設立する必要があると認める場合においては、土地区画整理法14条1項の規定にかかわらず、「7人」以上共同して、定款及び事業基本方針を定め、その組合の設立について都道府県知事の認可を受けることができる（土地区画整理法14条2項前段）。本肢のように「5人」では足りない。

2　誤り

組合は、その事業に要する経費に充てるため、賦課金として参加組合員以外の組合員に対して金銭を賦課徴収することができる（土地区画整理法40条1項）。この場合に知事の認可を要する旨の規定はない。

3　正しい

宅地について所有権又は借地権を有する者が設立する土地区画整理組合は、当該権利の目的である宅地を含む一定の区域の土地について土地区画整理事業を施行することができる（土地区画整理法3条2項）。

4　誤り

土地区画整理組合の設立の認可の公告があった日から、当該組合が行う土地区画整理事業に係る換地処分の公告がある日までは、施行地区内において、土地区画整理事業の施行の障害となるおそれがある土地の形質の変更若しくは建築物その他の工作物の新築、改築若しくは増築を行い、又は政令で定める移動の容易でない物件の設置若しくは堆積を行おうとする者は、組合が施行する土地区画整理事業にあっては都道府県知事等の許可を受けなければならない（土地区画整理法76条1項）。本肢のように施行者である組合の許可を受けるのではない。

【問題102】　正解3

法令上の制限

問題103　土地区画整理法

土地区画整理法に関する次の記述のうち、誤っているものはどれか。

1　施行者は、換地処分を行う前において、換地計画に基づき換地処分を行うため必要がある場合においては、施行地区内の宅地について仮換地を指定することができる。

2　仮換地が指定された場合においては、従前の宅地について権原に基づき使用し、又は収益することができる者は、仮換地の指定の効力発生の日から換地処分の公告がある日まで、仮換地について、従前の宅地について有する権利の内容である使用又は収益と同じ使用又は収益をすることができる。

3　施行者は、仮換地を指定した場合において、特別の事情があるときは、その仮換地について使用又は収益を開始することができる日を仮換地の指定の効力発生日と別に定めることができる。

4　土地区画整理組合の設立の認可の公告があった日後、換地処分の公告がある日までは、施行地区内において、土地区画整理事業の施行の障害となるおそれがある土地の形質の変更を行おうとする者は、当該土地区画整理組合の許可を受けなければならない。

解答・解説

1　正しい

土地区画整理事業の施行者は、換地処分を行う前において、①土地の区画形質の変更若しくは公共施設の新設若しくは変更に係る工事のため必要がある場合か、又は②換地計画に基づき換地処分を行うため必要がある場合において、施行地区内の宅地について仮換地を指定することができる（土地区画整理法98条1項）。本肢においては、②の場合である。

2　正しい

仮換地が指定された場合においては、従前の宅地について権原に基づき使用し、又は収益することができる者は、仮換地の指定の効力発生の日から換地処分の公告がある日まで、仮換地について、従前の宅地について有する権利の内容である使用又は収益と同じ使用又は収益をすることができる（土地区画整理法99条1項）。なお、これにより従前の宅地については、使用し、又は収益することができなくなる。

3　正しい

施行者は、仮換地を指定した場合において、その仮換地に使用又は収益の障害となる物件が存するとき等特別の事情があるときは、その仮換地について使用又は収益を開始することができる日を仮換地の指定の効力発生日と別に定めることができる（土地区画整理法99条2項）。

4　誤り

土地区画整理組合が施行する土地区画整理事業において、土地区画整理組合の設立の認可の公告があった日後、換地処分の公告がある日までは、施行地区内において、土地区画整理事業の施行の障害となるおそれがある土地の形質の変更を行おうとする者は、「都道府県知事等」（市の区域内において、当該市の長）の許可を受けなければならない（土地区画整理法76条1項）。よって、「土地区画整理組合」の許可ではない。なお、都道府県知事等は、その許可をしようとするときは、土地区画整理組合である施行者の意見を聴かなければならない（土地区画整理法76条2項）。

【問題103】　正解4

CHECK! ☐ ☐ ☐　本試験 **平成18年度　問24**　重要度 **B**　難易度 **★**

問題104　**土地区画整理法**

土地区画整理法に関する次の記述のうち、正しいものはどれか。

1　組合施行の土地区画整理事業において、施行地区内の宅地について所有権を有する組合員から当該所有権の一部のみを承継した者は、当該組合の組合員とはならない。

2　組合施行の土地区画整理事業において、換地処分前に、施行地区内の宅地について所有権を有する組合員から当該所有権を譲り受けた者は、当該組合の総会において賦課金徴収の議決があったときは、賦課金の納付義務を負う。

3　換地処分は、換地計画に係る区域の全部について土地区画整理事業の工事がすべて完了した後でなければすることができない。

4　組合施行の土地区画整理事業において、定款に特別の定めがある場合には、換地計画において、保留地の取得を希望する宅地建物取引業者に当該保留地に係る所有権が帰属するよう定めることができる。

解答・解説

1　誤り

組合施行の土地区画整理事業において、施行地区内の宅地について所有権又は借地権を有する者は、すべてその組合の組合員とする（土地区画整理法25条1項）。また、施行地区内の宅地について組合員の有する所有権又は借地権の全部又は一部を承継した者がある場合においては、その組合員がその所有権又は借地権の全部又は一部について組合に対して有する権利義務は、その承継した者に移転する（土地区画整理法26条1項）。よって、施行地区内の宅地について所有権の一部を承継した者は、その組合の組合員となる。

2　正しい

組合は、その事業に要する経費に充てるため、賦課金として参加組合員以外の組合員に対して金銭を賦課徴収することができる（土地区画整理法40条1項）。そして、肢1で述べたとおり、施行地区内の宅地について組合員の有する所有権を承継した者がある場合、その組合員がその所有権について組合に対して有する権利義務は、その承継した者に移転する（土地区画整理法26条1項）。

3　誤り

換地処分は、換地計画に係る区域の全部について土地区画整理事業の工事が完了した後においてしなければならないのが原則である。ただし、規準、規約、定款又は施行規程に別段の定めがある場合においては、換地計画に係る区域の全部について工事が完了する以前においても換地処分をすることができる（土地区画整理法103条2項）。

4　誤り

換地計画において定められた保留地は、換地処分の公告があった日の翌日において、施行者が原始的に取得する（土地区画整理法104条11項）。定款に特別の定めがある場合でも、換地計画において、施行者に保留地の所有権を帰属させることなく、保留地の取得を希望する宅地建物取引業者に当該保留地に係る所有権が帰属するよう定めることはできない。

【問題104】　正解2

問題105　土地区画整理法

　土地区画整理事業の換地処分に関する次の記述のうち、土地区画整理法の規定によれば、正しいものはどれか。

1　換地処分は、施行者が換地計画において定められた関係事項を公告してするものとされている。

2　施行地区内の宅地について存する地役権は、行使する利益がなくなった場合を除き、換地処分に係る公告があった日の翌日以後においても、なお従前の宅地の上に存する。

3　換地処分に係る公告後、従前の宅地について存した抵当権は消滅するので、換地に移行することはない。

4　土地区画整理事業の施行により生じた公共施設の用に供する土地は、換地処分に係る公告があった日の翌日において、すべて市町村の管理に属する。

解答・解説

1　誤り
　換地処分は、関係権利者に換地計画において定められた関係事項を公告ではなく「通知」してするものとされている（土地区画整理法103条1項）。

2　正しい
　まず、施行地区内の宅地について存する地役権は、換地処分の公告があった日の翌日以後においても、なお従前の宅地の上に存する（土地区画整理法104条4項）。もちろん、土地区画整理事業の施行により行使する利益がなくなった地役権は、換地処分の公告があった日が終了した時において消滅する（土地区画整理法104条5項）。

3　誤り
　換地処分の公告があった場合においては、従前の宅地について存した所有権及び地役権以外の権利又は処分の制限について、換地計画において換地について定められたこれらの権利又は処分の制限の目的となるべき宅地又はその部分は、その公告があった日の翌日から従前の宅地について存したこれらの権利又は処分の制限の目的である宅地又はその部分とみなされる（土地区画整理法104条2項）。よって、抵当権は、換地の方に移行する。

4　誤り
　土地区画整理事業の施行により生じた公共施設の用に供する土地は、原則として、換地処分の公告があった日の翌日において、その公共施設を管理すべき者に帰属する（土地区画整理法105条3項）。よって、すべて市町村とは限らない。

【問題105】　正解2

CHECK! ☐☐☐　本試験 平成30年度　問21　重要度 B　難易度 ★★

問題106　土地区画整理法

土地区画整理法に関する次の記述のうち、正しいものはどれか。

1　土地区画整理事業とは、公共施設の整備改善及び宅地の利用の増進を図るため、土地区画整理法で定めるところに従って行われる、都市計画区域内及び都市計画区域外の土地の区画形質の変更に関する事業をいう。

2　土地区画整理組合の設立の認可の公告があった日以後、換地処分の公告がある日までは、施行地区内において、土地区画整理事業の施行の障害となるおそれがある建築物その他の工作物の新築を行おうとする者は、都道府県知事及び市町村長の許可を受けなければならない。

3　土地区画整理事業の施行者は、仮換地を指定した場合において、従前の宅地に存する建築物を移転し、又は除却することが必要となったときは、当該建築物を移転し、又は除却することができる。

4　土地区画整理事業の施行者は、仮換地を指定した場合において、当該仮換地について使用又は収益を開始することができる日を当該仮換地の効力発生の日と同一の日として定めなければならない。

解答・解説

1　誤り
　土地区画整理事業とは、都市計画区域「内」の土地について、公共施設の整備改善及び宅地の利用の増進を図るため、土地区画整理法で定めるところに従って行われる土地の区画形質の変更及び公共施設の新設又は変更に関する事業をいう（土地区画整理法2条1項）。都市計画区域内に限定されているのは、土地区画整理事業は、市街地の一定の地域の都市基盤施設と宅地を一体的・総合的に整備する手法の1つだからである。

2　誤り
　土地区画整理組合が施行する土地区画整理事業において、土地区画整理組合の設立の認可の公告があった日後、換地処分の公告がある日までは、施行地区内において、土地区画整理事業の施行の障害となるおそれがある建築物その他の工作物の新築等を行おうとする者は、「都道府県知事」（市の区域内において民間が施行し、又は市が施行する土地区画整理事業にあっては、当該市の長。）の許可を受けなければならない（土地区画整理法76条1項）。都道府県知事の他に市町村長の許可まで受けなければならないわけではない。

3　正しい
　施行者は、仮換地を指定した場合、従前の宅地に存する建築物その他の工作物又は竹木土石等（「建築物等」）を移転し、又は除却することが必要となったときは、これらの建築物等を移転し、又は除却することができる（土地区画整理法77条1項）。

4　誤り
　施行者は、仮換地を指定した場合において、その仮換地に使用又は収益の障害となる物件が存するとき等特別の事情があるときは、その仮換地について使用又は収益を開始することができる日を仮換地の指定の効力発生日と別に定めることができる（土地区画整理法99条2項）。したがって、使用収益開始日と仮換地指定の効力発生日を必ず同一の日として定めなければならないわけではない。

【問題106】　正解3

問題107　その他の法令上の制限

次の記述のうち、正しいものはどれか。

1　地すべり等防止法によれば、ぼた山崩壊防止区域内において、土石の採取を行おうとする者は、原則として都道府県知事の許可を受けなければならない。

2　港湾法によれば、港湾区域内において、港湾の開発に著しく支障を与えるおそれのある一定の行為をしようとする者は、原則として国土交通大臣の許可を受けなければならない。

3　文化財保護法によれば、史跡名勝天然記念物の保存に重大な影響を及ぼす行為をしようとする者は、原則として市町村長の許可を受けなければならない。

4　自然公園法によれば、環境大臣が締結した風景地保護協定は、当該協定の公告がなされた後に当該協定の区域内の土地の所有者となった者に対しては、その効力は及ばない。

解答・解説

1　正しい
ぼた山崩壊防止区域内において、土石の採取等をしようとする場合は、原則として都道府県知事の許可が必要である（地すべり等防止法42条1項4号）。

2　誤り
港湾区域内において、港湾の開発、利用又は保全に著しく支障を与えるおそれのある一定の行為をしようとする場合は、原則として「港湾管理者」の許可を受けなければならない（港湾法37条1項4号）。

3　誤り
史跡名勝天然記念物に関し、その現状を変更し、又はその保存に影響を及ぼす行為をしようとする場合は、原則として「文化庁長官」の許可を受けなければならない（文化財保護法125条1項）。

4　誤り
風景地保護協定制度においては、当該協定の公告がなされた後に区域内の土地の所有者等となった者に対しても、その効力が及ぶ（自然公園法48条）。

【問題107】　正解1

CHECK! ☐☐☐　本試験 平成26年度　問22　重要度 B　難易度 ★★

問題108　その他の法令上の制限

次の記述のうち、誤っているものはどれか。

1　国土利用計画法によれば、同法第23条の届出に当たっては、土地売買等の対価の額についても都道府県知事（地方自治法に基づく指定都市にあっては、当該指定都市の長）に届け出なければならない。

2　森林法によれば、保安林において立木を伐採しようとする者は、一定の場合を除き、都道府県知事の許可を受けなければならない。

3　海岸法によれば、海岸保全区域内において土地の掘削、盛土又は切土を行おうとする者は、一定の場合を除き、海岸管理者の許可を受けなければならない。

4　都市緑地法によれば、特別緑地保全地区内において建築物の新築、改築又は増築を行おうとする者は、一定の場合を除き、公園管理者の許可を受けなければならない。

解答・解説

1　正しい
土地売買等の契約に係る対価の額についても、都道府県知事に届け出なければならない（国土利用計画法23条1項6号）。

2　正しい
保安林においては、原則として、都道府県知事の許可を受けなければ、立木を伐採してはならない（森林法34条1項）。

3　正しい
海岸保全区域内において、土地の掘削、盛土、切土を行おうとする者は、原則として、海岸管理者の許可を受けなければならない（海岸法8条1項3号）。

4　誤り
特別緑地保全地区内においては、建築物の新築、改築又は増築を行おうとする者は、原則として、「都道府県知事等」の許可を受けなければならない（都市緑地法14条1項1号）。

法令上の制限

MEMO

必勝合格
宅建士過去問題集

税・その他

問題1　不動産取得税

不動産取得税に関する次の記述のうち、正しいものはどれか。

1　不動産取得税の課税標準となるべき額が、土地の取得にあっては10万円、家屋の取得のうち建築に係るものにあっては1戸につき23万円、その他のものにあっては1戸につき12万円に満たない場合においては、不動産取得税が課されない。

2　令和4年4月に取得した床面積250㎡である新築住宅に係る不動産取得税の課税標準の算定については、当該新築住宅の価格から1,200万円が控除される。

3　宅地の取得に係る不動産取得税の課税標準は、当該取得が令和4年3月31日までに行われた場合、当該宅地の価格の4分の1の額とされる。

4　家屋が新築された日から2年を経過して、なお、当該家屋について最初の使用又は譲渡が行われない場合においては、当該家屋が新築された日から2年を経過した日において家屋の取得がなされたものとみなし、当該家屋の所有者を取得者とみなして、これに対して不動産取得税を課する。

解答・解説

1　正しい

不動産取得税の課税標準となるべき額が、土地の取得にあっては10万円、家屋の取得のうち建築に係るものにあっては1戸につき23万円、その他のものにあっては1戸につき12万円に満たない場合においては、不動産取得税を課することができない（地方税法73条の15の2第1項）。

2　誤り

新築住宅を取得した場合における当該住宅の取得に対して課する不動産取得税の課税標準の算定については、1戸につき1,200万円を価格から控除するものとする。この特例の適用の対象となる住宅の要件は、床面積が「50㎡以上240㎡以下」のものとされている（地方税法73条の14第1項、同施行令37条の16第1号）。したがって、本肢のような床面積250㎡である新築住宅については、この特例は適用されない。

3　誤り

宅地の取得に係る不動産取得税の課税標準は、当該取得が令和3年3月31日までの間に行われた場合に限り、当該土地の価格の「1/2」の額とされる（地方税法附則11条の5第1項）。宅地の価格の1/4の額ではない。

4　誤り

家屋が新築された日から「6月（一定の場合には1年）」を経過して、なお、当該家屋について最初の使用又は譲渡が行われない場合においては、当該家屋が新築された日から「6月（一定の場合には1年）」を経過した日において家屋の取得がなされたものとみなし、当該家屋の所有者を取得者とみなして、これに対して不動産取得税を課する（地方税法73条の2第2項、地方税法附則10条の2第1項）。家屋が新築された日から2年を経過した日ではない。

必勝合格Check!

不動産取得税・固定資産税の基本事項の比較

	不動産取得税	固定資産税
課税主体	取得不動産が所在する都道府県	固定資産が所在する市町村
納税義務者	不動産を取得した者	賦課期日（1月1日）において登記簿等に所有者として登記又は登録されている者
課税標準	固定資産課税台帳の登録価格	固定資産課税台帳の登録価格
免税点	・土地の取得　　　　　　　　10万円 ・建築による家屋の取得　　　23万円 ・建築以外の家屋取得　　　　12万円	・土地　　　　　　　　　30万円 ・家屋　　　　　　　　　20万円 ・償却資産　　　　　　　150万円
税率	標準税率　原則4% 土地及び住宅は3%	標準税率　1.4%
納付方法	普通徴収	普通徴収

不動産取得税の特例

	課税標準の特例	税率の特例	税額の特例
土地	宅地　1／2	3%	住宅用土地　一定額
家屋	新築住宅　1,200万円控除 ※ 耐震基準適合既存住宅　一定額を控除	住宅　　　3% 住宅以外　4%	耐震基準不適合既存住宅　一定額 改修工事対象住宅　　　　一定額

※　認定長期優良住宅の場合は1,300万円控除

固定資産税の特例

	課税標準の特例	税率の特例	税額の特例
土地 ※1	一般住宅用地　　1／3 小規模住宅用地　1／6		
家屋			新築住宅　3年度間　1／2 ※2 （中高層耐火は5年度間）

※1　空家等対策の推進に関する特別措置法の規定により所有者等に勧告された特定空家等の敷地の用に供する土地を除く
※2　認定長期優良住宅の場合は5年度間（中高層耐火は7年度間）1／2

税・その他

【問題1】　正解 1

問題2　不動産取得税

不動産取得税に関する次の記述のうち、正しいものはどれか。

1　令和4年4月に土地を取得した場合に、不動産取得税の課税標準となるべき額が30万円に満たないときには不動産取得税は課税されない。

2　平成10年4月に建築された床面積200㎡の耐震基準適合既存住宅を法人が取得した場合の当該取得に係る不動産取得税の課税標準の算定については、当該住宅の価格から1,200万円が控除される。

3　令和4年4月に商業ビルの敷地を取得した場合の不動産取得税の標準税率は、100分の3である。

4　不動産取得税は、不動産の取得に対して課される税であるので、相続により不動産を取得した場合にも課税される。

解答・解説

1　誤り
　都道府県は、不動産取得税の課税標準となるべき額が、「土地の取得にあっては10万円」、「家屋の取得のうち建築に係るものにあっては一戸につき23万円」、「その他のものにあっては一戸につき12万円」に満たない場合においては、不動産取得税を課することができない（地方税法73条の15の2第1項）。

2　誤り
　「個人」が自己の居住の用に供する耐震基準適合既存住宅を取得した場合における当該住宅の取得に対して課する不動産取得税の課税標準の算定については、一戸につき、当該住宅が新築された時において控除するものとされていた額を、価格から控除するものとする（地方税法73条の14第3項）。したがって、法人には適用がない。

3　正しい
　住宅又は「土地」を取得した場合、不動産取得税の標準税率は、3/100である（地方税法附則11条の2第1項）。

4　誤り
　都道府県は、相続による不動産の取得には、不動産取得税を課することができない（地方税法73条の7第1号）。

CHECK! ☐☐☐　本試験 平成13年度　問28　重要度 A　難易度 ★★

問題3　**不動産取得税**

不動産取得税に関する次の記述のうち、正しいものはどれか。

1　不動産取得税は、不動産の取得に対して、取得者の住所地の都道府県が課する税であるが、その徴収は普通徴収の方式がとられている。

2　令和4年7月に中古住宅とその敷地を取得した場合、当該敷地の取得に係る不動産取得税の税額から1／2に相当する額が減額される。

3　土地に定着した工作物又は立木はそれ自体では不動産取得税の課税対象とはならないが、土地と同時に取引される場合には、不動産取得税の課税対象となる。

4　家屋の改築により家屋の取得とみなされた場合、当該改築により増加した価格を課税標準として不動産取得税が課税される。

解答・解説

1　誤り
不動産取得税の課税主体は、取得した不動産が所在する都道府県である（地方税法73条の2第1項、1条2項）。「取得者の住所地の都道府県」ではない。よって、誤り。なお、普通徴収の方式による点は正しい（地方税法73条の17第1項）。

2　誤り
本肢のように中古住宅とその住宅の敷地を取得した場合、当該住宅用地に係る不動産取得税に関しては、その税額から土地の面積や住宅の床面積を算定基準に入れた額が減額される特例はあるが、単純に1／2に相当する額が減額される特例はない（地方税法73条の24第2項）。

3　誤り
不動産取得税における「不動産」とは土地と家屋とをいい（地方税法73条1号）、立木その他の土地の定着物は含まれない。したがって、これらは、たとえ土地と同時に取引されるものであっても、不動産取得税の課税対象とならない。よって、誤り。

4　正しい
改築により家屋の価格が増加した場合、不動産の取得があったものとみなされ、当該改築によって増加した価格を課税標準として不動産取得税が課される（地方税法73条の2第3項）。よって、正しい。

税・その他

【問題3】　正解4

問題4　　**不動産取得税**

不動産取得税に関する次の記述のうち、正しいものはどれか。

1　生計を一にする親族から不動産を取得した場合、不動産取得税は課されない。

2　交換により不動産を取得した場合、不動産取得税は課されない。

3　法人が合併により不動産を取得した場合、不動産取得税は課されない。

4　販売用に中古住宅を取得した場合、不動産取得税は課されない。

解答・解説

1　誤り

生計を一にする親族から、相続により不動産を取得した場合、不動産取得税は課されないが（地方税法73条の7第1号）、一般的に生計を一にする親族から不動産を取得した場合に不動産取得税が課されないとはされていない。

2　誤り

不動産取得税は、不動産の取得に対し、課税されるから（地方税法73条の2第1項）、交換により取得した場合も課される。

3　正しい

不動産取得税は、法人の合併による不動産の取得に対しては、課されない（地方税法73条の7第2号）。

4　誤り

例えば宅地建物取引業者が販売目的で新築住宅を注文した場合、請負人から当該新築住宅を譲り受けた後、新築後1年以内に行われた最初の使用者又は譲受人に不動産取得税が課され、当該宅地建物取引業者には不動産取得税を課さないとする例外規定がある（地方税法73条の2第2項、同附則10条の2第1項、同施行令36条の2の2）。しかし、中古住宅には、このような例外規定はない。

【問題4】　正解3

問題5　固定資産税

固定資産税に関する次の記述のうち、正しいものはどれか。

1　年度の途中において土地の売買があった場合の当該年度の固定資産税は、売主と買主がそれぞれその所有していた日数に応じて納付しなければならない。

2　固定資産税における土地の価格は、地目の変換がない限り、必ず基準年度の価格を3年間据え置くこととされている。

3　固定資産税の納税義務者は、常に固定資産課税台帳に記載されている当該納税義務者の固定資産に係る事項の証明を求めることができる。

4　固定資産税の徴収方法は、申告納付によるので、納税義務者は、固定資産を登記した際に、その事実を市町村長に申告又は報告しなければならない。

解答・解説

1　誤り

固定資産税の納税義務者は、賦課日（毎年1月1日）現在の登記又は登録された所有者であるのが原則であり、年度途中の売買があったとしても当年度1月1日の所有者が納付義務を負う（地方税法343条1・2項、359条）。従って売主と買主が日数に応じて納付しなければならないとするのは誤り。

2　誤り

土地又は家屋の価格は、基準年度の価格が3年原則として据え置かれるが、地目の変換のほか、これに類する特別の事情や市町村の廃置分合又は境界変更といった事情等がある場合には変更されることがある（地方税法349条2・3項）。したがって、土地の価格につき地目の変換のない限り必ず3年据え置かれるとするのは誤り。

3　正しい

市町村長は固定資産税の納税義務者の請求があったときは、固定資産課税台帳に記載されている固定資産に係る事項の証明書を交付しなければならない（地方税法20条の10）。

4　誤り

固定資産税の賦課徴収は、納税通知書の納税者への交付によりなされる。いわゆる普通徴収であり（地方税法364条1項）、申告納付ではない。また、償却資産や住宅用地について、一定の場合、市町村長へ一定事項を申告しなければならない場合もあるが（地方税法383条、384条）、登記した際の申告又は報告を義務づける規定はない。

税・その他

【問題5】　正解3

問題6 固定資産税

固定資産税に関する次の記述のうち、正しいものはどれか。

1 質権者は、その土地についての使用収益の実質を有していることから、登記簿にその質権が登記されている場合には、固定資産税が課される。

2 納税義務者又はその同意を受けた者以外の者は、固定資産税課税台帳の記載事項の証明書の交付を受けることはできない。

3 固定資産税を既に全納した者が、年度の途中において土地の譲渡を行った場合には、その所有の月数に応じて税額の還付を受けることができる。

4 新築された住宅に対して課される固定資産税については、新たに課されることとなった年度から4年度分に限り、1/2相当額を固定資産税額から減額される。

解答・解説

1 正しい

固定資産税の納税義務者は所有者であるが、質権の目的である土地については、質権者が納税義務者となる（地方税法343条1項）。ここに質権者とは、原則として登記簿又は土地補充課税台帳に質権者として登記又は登録されている者をいう（地方税法343条2項）。よって、登記されている質権者には、固定資産税が課税される。

2 誤り

市町村長は、土地について賃借権その他の使用又は収益を目的とする権利（対価が支払われるものに限る。）を有する者等の請求があったときも、当該賃借権等の目的である土地等に関して固定資産課税台帳に記載をされている事項のうち政令で定めるものについての証明書を交付しなければならない（地方税法382条の3、同施行令52条の15）。よって、納税義務者又はその同意を受けた者以外の者であっても、固定資産課税台帳の記載事項の証明書の交付を受けることができる場合がある。

3 誤り

固定資産税の賦課期日は、当該年度の初日の属する年の1月1日であり（地方税法359条）、この1月1日現在において所有者として登記又は登録されている者が原則として納税義務者となり（地方税法343条2項）、1年分の固定資産税の全額を納税しなければならない。よって、年度の途中で課税客体である土地が譲渡されても、市町村に対し納税義務を負う者はあくまで1月1日現在の所有者、即ち譲渡人であり、固定資産税を既に全納した譲渡人は、譲渡するまでの所有の月数に応じて税額の還付を受けることはできない。

4 誤り

市町村は、一般の新築された住宅で政令で定めるものに対して課する固定資産税については、当該住宅に対して新たに固定資産税が課されることとなった年度から3年度分、中高層耐火建築物である場合は5年度分の固定資産税に限り、当該住宅に係る固定資産税額の1/2に相当する額を当該住宅に係る固定資産税額から減額するものとする（地方税法附則15条の6）。

必勝合格Check!

固定資産税の納税義務者

【原則】

1月1日（賦課期日）現在において登記簿等に所有者として登記又は登録されている者

ただし、

①質権又は100年より永い存続期間の定めのある地上権の目的である土地については、その質権者又は地上権者

②所有者として登記又は登録されている個人が賦課期日前に死亡しているとき等の場合には、現に所有している者

③所有者の所在が震災等の事由によって不明である場合には、その使用者を所有者とみなして固定資産税を課することができる。

問題7 　固定資産税

固定資産税に関する次の記述のうち、正しいものはどれか。

1　固定資産の所有者の所在が震災、風水害、火災等によって不明である場合には、その使用者を所有者とみなして固定資産課税台帳に登録し、その者に固定資産税を課することができる。

2　市町村長は、一筆ごとの土地に対して課する固定資産税の課税標準となるべき額が、財政上その他特別の必要があるとして市町村の条例で定める場合を除き、30万円に満たない場合には、固定資産税を課することができない。

3　固定資産税の課税標準は、原則として固定資産の価格であるが、この価格とは「適正な時価」をいうものとされており、固定資産の価格の具体的な求め方については、都道府県知事が告示した固定資産評価基準に定められている。

4　市町村長は、毎年3月31日までに固定資産課税台帳を作成し、毎年4月1日から4月20日又は当該年度の最初の納期限の日のいずれか遅い日以後の日までの間、納税義務者の縦覧に供しなければならない。

解答・解説

1　正しい

市町村は、固定資産の所有者の所在が震災、風水害、火災その他の事由によって不明である場合においては、その使用者を所有者とみなして、これを固定資産課税台帳に登録し、その者に固定資産税を課することができる（地方税法343条4項）。

2　誤り

市町村は、同一の者について当該市町村の区域内におけるその者の所有に係る土地に対して課する固定資産税の課税標準となるべき額が、財政上その他特別の必要がある場合を除いて、30万円に満たない場合においては、固定資産税を課することができない（地方税法351条）。すなわち、かかる免税点に該当するか否かの判断は、一筆ごとの土地ではなく、同一人が当該市町村の区域内に所有する土地に対して行うのであり、また判断主体は、市町村長ではなく、市町村である。

3　誤り

固定資産税の課税標準は、原則として固定資産の価格であり（地方税法349条1項、349条の2等）、この価格とは適正な時価をいう（地方税法341条5号）。この点は正しいが、固定資産評価基準を定め、これを告示しなければならないのは、総務大臣である点が誤りである（地方税法388条1項前段）。

4　誤り

市町村長は、原則として、「土地価格等縦覧帳簿」「家屋価格等縦覧帳簿」を毎年3月31日までに作成し、毎年4月1日から4月20日又は当該年度の最初の納期限の日のいずれか遅い日以後の日までの間、納税者の縦覧に供しなければならない（地方税法415条1項、416条1項）。すなわち毎年一定時期に作成し、縦覧させるのは、縦覧帳簿であり、固定資産課税台帳ではない。固定資産課税台帳は当初から備えなければならず（地方税法380条1項）、納税者等の請求があれば、いつでも閲覧させなければならない（地方税法382条の2）。

CHECK! □□□　本試験 平成17年度　問26　重要度 C　難易度 ★★★

問題8　譲渡所得

所得税法に関する次の記述のうち、正しいものはどれか。

1　譲渡所得とは資産の譲渡による所得をいうので、個人の宅地建物取引業者が販売の目的で所有している土地を譲渡した場合には、譲渡所得として課税される。

2　建物等の所有を目的とする土地の賃借権の設定の対価として支払を受ける権利金の金額がその土地の価額の5/10に相当する金額を超える場合には、譲渡所得として課税される。

3　譲渡所得の基因となる資産をその譲渡の時における価額の1/2に満たない金額で個人に対して譲渡した場合には、その譲渡の時における価額に相当する金額によりその資産の譲渡があったものとみなされる。

4　個人が所有期間5年以内の固定資産を譲渡した場合には、譲渡益から譲渡所得の特別控除額を差し引いた後の譲渡所得の金額の1/2相当額が課税標準とされる。

解答・解説

1　誤り

譲渡所得とは資産の譲渡による所得をいうが（所得税法33条1項）、たな卸資産の譲渡その他営利を目的として継続的に行われる資産の譲渡による所得は譲渡所得に含まれない（所得税法33条2項1号）。よって、個人の宅地建物取引業者が販売目的で所有している土地の譲渡による所得は譲渡所得に該当しない。それは不動産業から生ずる所得であり、事業所得（所得税法27条1項、同施行令63条9号）として課税される。

2　正しい

建物の所有を目的とする土地の賃借権の設定で、その対価として支払いを受ける権利金の金額が、当該土地の価額の5/10に相当する金額を超えるものについては、譲渡所得として課税される（所得税法33条1項、同施行令79条1項1号）。

3　誤り

譲渡所得の基因となる資産をその譲渡の時における価額の1/2に満たない金額で「個人」に譲渡したとき、その対価の額が必要経費又は取得費及び譲渡に要した費用の額の合計額に満たないときは、その不足額はなかったものとみなされる（所得税法59条2項、同施行令169条）。本肢がいうようなその時における価額（時価）に相当する金額による譲渡があったものとみなされるのは、「法人」に対し譲渡した場合である（所得税法59条1項2号）。

4　誤り

個人が所有期間5年以内の固定資産を譲渡した場合には、譲渡益から譲渡所得の特別控除額を差し引いた後の譲渡所得の金額が課税標準となる。本肢の内容は、所有期間5年を超える資産を譲渡した場合の取り扱いである（所得税法22条2項2号、33条3項2号）。

税・その他

【問題8】　正解2

問題9　譲渡所得

所得税法に関する次の記述のうち、正しいものはどれか。

1　譲渡所得の長期・短期の区分について、総合課税とされる譲渡所得の基因となる機械の譲渡は、譲渡のあった年の1月1日において所有期間が5年を超えているか否かで判定する。

2　譲渡所得の金額の計算上、資産の譲渡に係る総収入金額から控除する資産の取得費には、その資産の取得時に支出した購入代金や購入手数料等の金額は含まれるが、その資産の取得後に支出した設備費、改良費の額は含まれない。

3　総合課税の譲渡所得の特別控除額（50万円）は、譲渡益のうちまず長期譲渡に該当する部分の金額から控除し、なお控除しきれない特別控除額がある場合には、短期譲渡に該当する部分の金額から控除する。

4　個人に対して、譲渡所得の基因となる資産をその譲渡の時における価額の2分の1に満たない金額で譲渡した場合において、その譲渡により生じた損失の金額については、譲渡所得の金額の計算上、なかったものとみなされる。

解答・解説

1　誤り

　分離課税とされる不動産の譲渡所得の長期・短期の区分は、譲渡年の1月1日において所有期間が5年を超えるか否かで判定するが（租税特別措置法31条、32条）、総合課税とされる譲渡所得の基因となる機械の譲渡は、その「取得の日から」の所有期間が5年を超えているか否かで判定する（所得税法33条3項）。

2　誤り

　譲渡所得の金額の計算上控除する資産の取得費は、別段の定めがあるものを除き、その資産の取得に要した金額（購入代金や購入手数料等）並びに設備費及び改良費の額の合計額とする（所得税法38条1項）。

3　誤り

　総合課税の譲渡所得の特別控除額は、50万円（譲渡益が50万円に満たない場合には、当該譲渡益）であるが（所得税法33条4項）、この特別控除額は、譲渡益のうちまず短期譲渡に該当する部分の金額から控除し、なお控除しきれない特別控除額がある場合には、長期譲渡に該当する部分の金額から控除する（所得税法33条5項）。

4　正しい

　個人に対して、譲渡所得の基因となる資産をその譲渡の時における価額の2分の1に満たない金額で譲渡した場合において、当該対価の額が当該資産の譲渡に係る譲渡所得の金額の計算上控除する必要経費又は取得費及び譲渡に要した費用の額の合計額に満たないときは、その不足額は、譲渡所得の金額の計算上、なかったものとみなされる（所得税法59条2項、同施行令169条）。

【問題9】　正解4

CHECK! ☐ ☐ ☐　　本試験 **令和元年度**　**問23**　　重要度 **A**　　難易度 ★★

問題10　**譲渡所得**

　個人が令和4年中に令和4年1月1日において所有期間が10年を超える居住用財産を譲渡した場合のその譲渡に係る譲渡所得の課税に関する次の記述のうち、誤っているものはどれか。

1　その譲渡について収用交換等の場合の譲渡所得等の5,000万円特別控除の適用を受ける場合であっても、その特別控除後の譲渡益について、居住用財産を譲渡した場合の軽減税率の特例の適用を受けることができる。

2　居住用財産を譲渡した場合の軽減税率の特例は、その個人が平成29年において既にその特例の適用を受けている場合であっても、令和元年（平成31年）中の譲渡による譲渡益について適用を受けることができる。

3　居住用財産の譲渡所得の3,000万円特別控除は、その個人がその個人と生計を一にしていない孫に譲渡した場合には、適用を受けることができない。

4　その譲渡について収用等に伴い代替資産を取得した場合の課税の特例の適用を受ける場合には、その譲渡があったものとされる部分の譲渡益について、居住用財産を譲渡した場合の軽減税率の特例の適用を受けることができない。

解答・解説

1　正しい
　所有期間が10年を超える居住用財産を譲渡した場合であることから、居住用財産を譲渡した場合の軽減税率の特例の適用がありうる（租税特別措置法31条の3）。そして、収用交換等の場合の譲渡所得等の5,000万円特別控除と居住用財産を譲渡した場合の軽減税率の特例とは、重複適用できる（租税特別措置法31条の3、33条の4）。

2　誤り
　居住用財産の軽減税率の特例を受けるための要件の1つに、「居住用財産を売った年の前年及び前々年にこの特例を受けていないこと」がある（租税特別措置法31条の3第1項かっこ書き）。

3　正しい
　個人が、居住用財産を直系血族に譲渡した場合には、その者が当該個人と生計を一にしているか否かを問わず、居住用財産の譲渡所得の特別控除の適用はない（租税特別措置法35条2項1号、同施行令23条2項、20条の3第1項1号）。孫は、直系血族である。

4　正しい
　収用等に伴い代替資産を取得した場合の課税の特例は、収用等された資産が居住用資産に該当しても、居住用財産を譲渡した場合の軽減税率の特例の適用は受けることができない（租税特別措置法31条の3、33条）。

税・その他

問題11 譲渡所得

　令和４年中に、個人が居住用財産を譲渡した場合における譲渡所得の課税に関する次の記述のうち、正しいものはどれか。

1　令和４年１月１日において所有期間が10年以下の居住用財産については、居住用財産の譲渡所得の3,000万円特別控除（租税特別措置法第35条第１項）を適用することができない。

2　令和４年１月１日において所有期間が10年を超える居住用財産について、収用交換等の場合の譲渡所得等の5,000万円特別控除（租税特別措置法第33条の４第１項）の適用を受ける場合であっても、特別控除後の譲渡益について、居住用財産を譲渡した場合の軽減税率の特例（同法第31条の３第１項）を適用することができる。

3　令和４年１月１日において所有期間が10年を超える居住用財産について、その譲渡した時にその居住用財産を自己の居住の用に供していなければ、居住用財産を譲渡した場合の軽減税率の特例を適用することができない。

4　令和４年１月１日において所有期間が10年を超える居住用財産について、その者と生計を一にしていない孫に譲渡した場合には、居住用財産の譲渡所得の3,000万円特別控除を適用することができる。

解答・解説

1　誤り
　居住用財産の譲渡所得の3,000万円特別控除は、長期譲渡所得、短期譲渡所得のいずれについても適用がある（租税特別措置法35条１項）。よって、譲渡年である令和４年１月１日において所有期間が10年以下の居住用財産についても、居住用財産の譲渡所得の3,000万円特別控除を適用することができる。

2　正しい
　まず、譲渡年である令和４年１月１日において所有期間が10年を超える居住用財産の譲渡の場合であるから、居住用財産を譲渡した場合の軽減税率の特例の適用がありうる（租税特別措置法31条の３第１項）。次に、収用交換等の場合の譲渡所得等の5,000万円特別控除と居住用財産を譲渡した場合の軽減税率の特例とは、重複適用することができる（租税特別措置法33条の４、31条の３）。

3　誤り
　居住用財産を譲渡した場合の軽減税率の特例の適用の対象となる居住用財産には、その譲渡した時にその居住用財産を自己の居住の用に供しているもののみならず、自己の居住の用に供されなくなった日から同日以後３年を経過する日の属する年の12月31日までの間に譲渡されるものも含まれる（租税特別措置法31条の３第２項１・２号）。

4　誤り
　個人が、居住用財産を直系血族に譲渡した場合には、その者が当該個人と生計を一にしているか否かを問わず、居住用財産の譲渡所得の3,000万円特別控除の適用はない（租税特別措置法35条１項、同施行令23条２項、20条の３第１項１号）。

【問題11】　正解2

MEMO

問題12　譲渡所得

　租税特別措置法第36条の２の特定の居住用財産の買換えの場合の長期譲渡所得の課税の特例に関する次の記述のうち、正しいものはどれか。

1　譲渡資産とされる家屋については、居住の用に供しているもの、又は居住の用に供されなくなった日から同日以後５年を経過する日の属する年の12月31日までに譲渡されるものであることが、適用要件とされている。

2　譲渡資産とされる家屋については、その譲渡をした日の属する年の１月１日における所有期間が10年を超えるもののうち国内にあるものであることが、適用要件とされている。

3　買換資産とされる家屋については、譲渡資産の譲渡をした日からその譲渡をした日の属する年の翌年12月31日までの間に取得することが、適用要件とされている。

4　買換資産とされる家屋については、その床面積のうち自己が居住の用に供する部分の床面積が50㎡以上500㎡以下のものであることが、適用要件とされている。

解答・解説

1　誤り

　譲渡資産とされる家屋については、居住の用に供しているもの、又は居住の用に供されなくなった日から同日以後３年を経過する日の属する年の12月31日までに譲渡されるものであることが、適用要件とされている。５年を経過する日の属する年ではない（租税特別措置法36条の２第１項２号）。

2　正しい

　譲渡資産とされる家屋については、その譲渡をした日の属する年の１月１日における所有期間が10年を超えるもののうち、国内にあるものであることが要件とされている（租税特別措置法36条の２第１項１号）。

3　誤り

　買換資産の取得時期の要件は、譲渡資産の譲渡の日の属する年の前年の１月１日から譲渡の日の属する年の12月31日までの間に取得したもの、又は譲渡資産の譲渡の日の属する年の翌年中に取得する見込みであることである（租税特別措置法36条の２第１項）。本肢において、「譲渡の日の属する年の前年１月１日から」という要件が記載されていないため誤りとなる。

4　誤り

　買換資産とされる家屋については、その床面積のうち自己が居住の用に供する部分の床面積が50㎡以上のものであることが要件とされている（租税特別措置法施行令24条の２第３項１号イ）。

必勝合格Check!

居住用財産の譲渡
所得の買換え特例

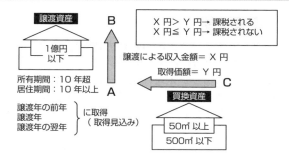

税・その他

問題13　譲渡所得

　住宅借入金等を有する場合の所得税額の特別控除（以下この問において「住宅ローン控除」という。）に関する次の記述のうち、誤っているものはどれか。

1　令和4年中に居住用家屋を居住の用に供した場合において、その前年において居住用財産の買換え等の場合の譲渡損失の損益通算の適用を受けているときであっても、令和3年分以後の所得税について住宅ローン控除の適用を受けることができる。

2　令和4年中に居住用家屋を居住の用に供した場合において、その前年において居住用財産を譲渡した場合の3,000万円特別控除の適用を受けているときであっても、令和3年分以後の所得税について住宅ローン控除の適用を受けることができる。

3　令和4年中に居住用家屋の敷地の用に供するための土地を取得し、居住用家屋を建築した場合において、同年中に居住の用に供しなかったときは、令和3年分の所得税から住宅ローン控除の適用を受けることができない。

4　令和4年中に居住用家屋を居住の用に供した場合において、住宅ローン控除の適用を受けようとする者のその年分の合計所得金額が3,000万円を超えるときは、その超える年分の所得税について住宅ローン控除の適用を受けることはできない。

解答・解説

1　正しい
　住宅ローン控除の特例と居住用財産の買換え等の場合の譲渡損失の損益通算及び繰越控除の特例相互間の重複適用を禁ずる規定はない。

2　誤り
　居住年、居住年の前年、前々年に居住用財産を譲渡した場合の3,000万円特別控除の適用を受けた場合又は居住年の翌年、翌々年に当該特別控除を受ける場合は、住宅ローン控除の適用は受けられない（租税特別措置法41条7・8項、35条）。

3　正しい
　住宅ローン控除は、住宅の取得等とともにするその敷地の用に供される土地の取得資金に充てるための借入金にも適用されるが、適用される年は、居住用家屋を居住の用に供した年からである（租税特別措置法41条1項、同施行令26条18項）。

4　正しい
　住宅ローン控除は、当該控除を受けようとする者のその年分の所得税に係る合計所得金額が3,000万円以下である年の所得税について適用がある（租税特別措置法41条1項）。

【問題13】　正解2

CHECK! ☐☐☐　　本試験 **平成29年度　問23**　　重要度 **B**　　難易度 **★★★**

問題14　　**譲渡所得**

所得税法に関する次の記述のうち、正しいものはどれか。

1　個人が台風により主として保養の用に供する目的で所有する別荘について受けた損失の金額（保険金等により補てんされる部分の金額を除く。）は、その損失を受けた日の属する年分又はその翌年分の譲渡所得の金額の計算上控除される。

2　建物の所有を目的とする土地の賃借権の設定の対価として支払を受ける権利金の金額が、その土地の価額の10分の5に相当する金額を超えるときは、不動産所得として課税される。

3　譲渡所得とは資産の譲渡による所得をいうので、不動産業者である個人が営利を目的として継続的に行っている土地の譲渡による所得は、譲渡所得として課税される。

4　個人が相続（限定承認に係るものを除く。）により取得した譲渡所得の基因となる資産を譲渡した場合における譲渡所得の金額の計算については、その資産をその相続の時における価額に相当する金額により取得したものとして計算される。

解答・解説

1　正しい
　居住者が、災害又は盗難若しくは横領により、生活に通常必要でない資産として政令で定めるものについて受けた損失の金額（保険金、損害賠償金その他これらに類するものにより補てんされる部分の金額を除く。）は、その者のその損失を受けた日の属する年分又はその翌年分の譲渡所得の金額の計算上控除すべき金額とみなされる（所得税法62条1項）。

2　誤り
　借地権の設定の対価として支払われる権利金の額がその土地の価額の10分の5を超えるときには、不動産所得でなく「譲渡所得」として課税される（所得税法33条1項、同施行令79条1項1号）。

3　誤り
　たな卸資産（これに準ずる資産として政令で定めるものを含む。）の譲渡その他営利を目的として継続的に行なわれる資産の譲渡による所得は、譲渡所得に含まれない（所得税法33条1項、2項1号）。

4　誤り
　居住者が贈与、相続（限定承認に係るものを除く。）又は遺贈（包括遺贈のうち限定承認に係るものを除く。）による事由により取得した資産を譲渡した場合における譲渡所得の金額の計算については、その者が引き続きこれを所有していたものとみなされる（所得税法60条1項1号）。また、上記相続又は遺贈により取得した資産を譲渡した場合における譲渡所得の金額の計算については、その者が当該資産をその取得の時における価額に相当する金額により取得したものとみなす（所得税法60条2項）。

【問題14】　正解1

税・その他

問題15　登録免許税

　住宅用家屋の所有権の移転登記に係る登録免許税の税率の軽減措置に関する次の記述のうち、正しいものはどれか。

1　この税率の軽減措置は、一定の要件を満たせばその住宅用家屋の敷地の用に供されている土地に係る所有権の移転の登記にも適用される。

2　この税率の軽減措置は、個人が自己の経営する会社の従業員の社宅として取得した住宅用家屋に係る所有権の移転の登記にも適用される。

3　この税率の軽減措置は、以前にこの措置の適用を受けたことがある者が新たに取得した住宅用家屋に係る所有権の移転の登記には適用されない。

4　この税率の軽減措置は、所有権の移転の登記に係る住宅用家屋が、築年数が25年以内の耐火建築物に該当していても、床面積が50㎡未満の場合には適用されない。

解答・解説

1　誤り
　住宅用家屋の所有権の移転登記の税率の軽減措置は、当該家屋の敷地の用に供されている土地に係る所有権の移転の登記には適用されない（租税特別措置法73条）。

2　誤り
　住宅用家屋の所有権の移転登記の税率の軽減措置は、個人の自己居住用家屋の所有権の移転の登記に限り適用され、会社の従業員の社宅として取得した家屋に係る所有権の移転の登記には適用されない（租税特別措置法73条）。

3　誤り
　住宅用家屋の所有権の移転登記の税率の軽減措置は、以前にこの措置の適用を受けたことがある者が新たに取得した住宅用家屋に係る所有権の移転の登記にも適用される（租税特別措置法73条）。

4　正しい
　住宅用家屋の所有権の移転登記の税率の軽減措置は、当該家屋の床面積が50㎡以上の場合に適用される（租税特別措置法73条、同施行令42条1項1号、41条）。

【問題15】　正解4

CHECK! □ □ □　　本試験 平成14年度　問27　　重要度 C　　難易度 ★

問題16　登録免許税

　不動産登記に係る登録免許税に関する次の記述のうち、正しいものはどれか。

1　土地の所有権の移転登記に係る登録免許税の税率は、移転の原因にかかわらず一律である。

2　土地の売買に係る登録免許税の課税標準は、売買契約書に記載されたその土地の実際の取引価格である。

3　土地の所有権の移転登記に係る登録免許税の納期限は、登記を受ける時である。

4　土地の売買に係る登録免許税の納税義務は、土地を取得した者にはなく、土地を譲渡した者にある。

解答・解説

1　誤り

　土地の所有権の移転登記に係る登録免許税の税率は、移転の原因別に税率が異なる（登録免許税法別表１）。例えば売買等の原因によるときの税率と相続・合併によるときの税率は異なる。よって一律とするのは誤り。

2　誤り

　土地所有権の移転の登記に伴う登録免許税の課税標準は、不動産の価額とされ、不動産の価額は固定資産課税台帳に登録された不動産の価格を基礎にするとされる（登録免許税法10条、同附則７条）。実際の取引価格ではない。

3　正しい

　不動産の登記に関しては、登録免許税の納付期限は、納付の原因となる登記を受ける時である（登録免許税法27条１号）。よって正しい。

4　誤り

　登録免許税の納税義務者は登記等を受ける者である。したがって、売買による所有権移転登記に際しては売主と買主の双方（共同申請者）が連帯して納付義務を負う（登録免許税法３条）。土地を取得した者に納付義務はないとするのは誤り。

税・その他

【問題16】　正解３

問題17　登録免許税

　住宅用家屋の所有権の移転登記に係る登録免許税の税率の軽減措置に関する次の記述のうち、正しいものはどれか。

1　この税率の軽減措置の適用を受けるためには、やむを得ない事情がある場合を除き、その住宅用家屋の取得後1年以内に所有権の移転登記を受けなければならない。

2　この税率の軽減措置は、住宅用家屋を相続により取得した場合に受ける所有権の移転登記についても適用される。

3　この税率の軽減措置に係る登録免許税の課税標準となる不動産の価額は、売買契約書に記載されたその住宅用家屋の実際の取引価格である。

4　過去にこの税率の軽減措置の適用を受けたことがある者は、再度この措置の適用を受けることはできない。

解答・解説

1　正しい
　この税率の軽減措置の適用を受けるためには、一定の場合を除いて、住宅用家屋の取得後1年以内に所有権の移転登記をしなければならない（租税特別措置法73条）。

2　誤り
　この税率の軽減措置は、取得原因が売買又は競落に限られ、相続により取得した場合には適用されない（租税特別措置法施行令42条3項）。

3　誤り
　登録免許税の課税標準となる「不動産の価額」は、固定資産課税台帳に登録された当該不動産の価格を基礎として政令で定める価額による（登録免許税9条、別表第一、附則7条）。「実際の取引価格」ではない。

4　誤り
　この税率の軽減措置について、以前にこの措置の適用を受けたことがある者が新たに取得した住宅用家屋に係る所有権の移転の登記への適用を禁ずる旨の規定はない（租税特別措置法73条）。

【問題17】　正解 1

CHECK! ☐ ☐ ☐　本試験 平成27年度　問23　重要度 C　難易度 ★★

問題18　贈与税

「直系尊属から住宅取得等資金の贈与を受けた場合の贈与税の非課税」に関する次の記述のうち、正しいものはどれか。

1　直系尊属から住宅用の家屋の贈与を受けた場合でも、この特例の適用を受けることができる。

2　日本国外に住宅用の家屋を新築した場合でも、この特例の適用を受けることができる。

3　贈与者が住宅取得等資金の贈与をした年の1月1日において60歳未満の場合でも、この特例の適用を受けることができる。

4　受贈者について、住宅取得等資金の贈与を受けた年の所得税法に定める合計所得金額が2,000万円を超える場合でも、この特例の適用を受けることができる。

解答・解説

1　誤り

父母や祖父母などから「住宅取得等資金」の贈与を受けた受贈者が、贈与を受けた年の翌年3月15日までにその資金を自己の居住の用に供する一定の家屋の新築等の対価に充てて、その家屋を同日までに居住の用に供した場合等に該当するときは、その資金のうち一定限度額までは、非課税となる（租税特別措置法70条の2）。

2　誤り

住宅用の家屋は、特定受贈者がその居住の用に供する一定の家屋で「相続税法の施行地にあるもの」とし、その者の居住の用に供する家屋が2以上ある場合には、これらの家屋のうち、その者が主としてその居住の用に供すると認められる一の家屋に限るものとする（租税特別措置法施行令40条の4の2）。相続税法の施行地とは、本州、北海道、四国、九州及びその附属の島（政令で定める地域を除く。）のことをいう（相続税法附則2条）。

3　正しい

直系尊属から住宅取得等資金の贈与を受けた場合の贈与の非課税の規定を受けるにあたり、贈与者の年齢について限定はない。

4　誤り

特定受贈者とは、相続税法1条の4第1項1号又は2号の規定に該当する個人のうち、住宅取得等資金の贈与を受けた日の属する年の1月1日において20歳以上であって、当該年の年分の所得税に係る所得税法2条1項30号の合計所得金額が「2,000万円」以下である者をいう（租税特別措置法70条の2第2項1号）。

税・その他

問題19　贈与税

　特定の贈与者から住宅取得等資金の贈与を受けた場合の相続時精算課税の特例（60歳未満の親等からの贈与についても相続時精算課税の選択を可能とする措置）に関する次の記述のうち、正しいものはどれか。

1　60歳未満の親から住宅用家屋の贈与を受けた場合でも、この特例の適用を受けることができる。

2　父母双方から住宅取得のための資金の贈与を受けた場合において、父母のいずれかが60歳以上であるときには、双方の贈与ともこの特例の適用を受けることはできない。

3　住宅取得のための資金の贈与を受けた者について、その年の所得税法に定める合計所得金額が2,000万円を超えている場合でも、この特例の適用を受けることができる。

4　相続時精算課税の適用を受けた贈与財産の合計額が2,500万円以内であれば、贈与時には贈与税は課されないが、相続時には一律20％の税率で相続税が課される。

解答・解説

1　誤り

　60歳未満の親からの贈与についても相続時精算課税の選択を可能とする特例（以下この解説において、「この特例」という。）は、住宅投資の促進から「住宅取得等のための金銭」の贈与を受け、その全額を住宅用家屋の取得等の対価に充てる場合に適用されるものである（租税特別措置法70条の3）。なお、住宅用家屋の贈与について、相続時精算課税の選択を可能とする特例の適用を受けるためには、原則どおり贈与者である親は、60歳以上でなければならない（相続税法21条の9）。

2　誤り

　この特例は、贈与者の年齢に関係なく適用される（租税特別措置法70条の3）。したがって、父母のいずれかが60歳以上であっても、その者からの住宅用家屋の資金の贈与については、この特例の適用が認められる。

3　正しい

　この特例の適用要件には、贈与を受ける者の合計所得金額の制限はない（租税特別措置法70条の3）。

4　誤り

　この特例の適用により、贈与税の課税価格から2,500万円まで控除することができるから、前半は正しいが、「相続税」の税率は課税標準の額により異なり（租税特別措置法70条の3、相続税法16条）、一律20％ではない。したがって、後半が誤り。なお、一律20％であるのは、相続時精算課税に係る「贈与税」の税率である（相続税法21条の13）。

【問題18】　正解3

MEMO

問題20　印紙税

印紙税に関する次の記述のうち、正しいものはどれか。

1　「建物の電気工事に係る請負代金は1,100万円（うち消費税額及び地方消費税額100万円）とする」旨を記載した工事請負契約書について、印紙税の課税標準となる当該契約書の記載金額は1,100万円である。

2　「Aの所有する土地（価額5,000万円）とBの所有する土地（価額4,000万円）とを交換する」旨の土地交換契約書を作成した場合、印紙税の課税標準となる当該契約書の記載金額は4,000万円である。

3　国を売主、株式会社Cを買主とする土地の売買契約において、共同で売買契約書を2通作成し、国とC社がそれぞれ1通ずつ保存することとした場合、C社が保存する契約書には印紙税は課されない。

4　「契約期間は10年間、賃料は月額10万円、権利金の額は100万円とする」旨が記載された土地の賃貸借契約書は、記載金額1,300万円の土地の賃借権の設定に関する契約書として印紙税が課される。

解答・解説

1　誤り

不動産の譲渡等に関する契約書や請負に関する契約書等に消費税及び地方消費税の金額が区分記載されている場合又は税込価格及び税抜価格が記載されていることにより、その取引に当たって課されるべき消費税額等が明らかである場合には、当該消費税額等は記載金額に含めない（個別通達―消費税法の改正等に伴う印紙税の取扱いについて1）。「請負金額1,100万円（うち消費税及び地方消費税の金額100万円）を受領した」旨の記載は、消費税額等が区分記載されている場合に該当する。したがって、当該領収書の記載金額は、消費税額等を含めない1,000万円である。

2　誤り

交換契約書に交換対象物の双方の価額が記載されているときはいずれか高い方（等価交換のときは、いずれか一方）の金額を交換金額とし、交換差金のみが記載されているときは当該交換差金を交換金額とする（印紙税法基本通達23条（1）ロ）。したがって、「Aの所有する土地（価額5,000万円）とBの所有する土地（価額4,000万円）とを交換する」と記載した土地交換契約書の場合は、交換対象物双方の価額が記載されている場合に該当し、その高い方である5,000万円が記載金額となる。

3　正しい

国、地方公共団体又は非課税法人（国等）とそれら以外の者（C社）とが共同して作成した文書については、国等が保存するものはC社が作成したものとみなされ、C社が保存するものは国等が作成したものとみなされる（印紙税法4条5項）。そして、国等が作成した文書には、印紙税は課されない（印紙税法5条2号）。したがって、C社が保存する契約書には印紙税は課されない。

4　誤り

土地の賃貸借契約書の記載金額は、土地の賃借権の設定又は譲渡の対価たる金額、すなわち権利金その他名称のいかんを問わず、契約に際して相手方当事者に交付し、後日返還されることが予定されていない金額である。保証金、敷金等や契約成立後における

使用収益上の対価ともいうべき賃料は記載金額には該当しない（印紙税法基本通達23条（２））。したがって、100万円が記載金額となる。

税・その他

問題21　　印紙税

印紙税に関する次の記述のうち、正しいものはどれか。

1　　後日、本契約書を作成することを文書上で明らかにした、土地を1億円で譲渡することを証した仮契約書には、印紙税は課されない。

2　　宅地建物取引業を営むA社が、「A社は、売主Bの代理人として、土地代金5,000万円を受領した」旨を記載した領収書を作成した場合、当該領収書の納税義務者はA社である。

3　　建物の賃貸借契約に際して貸主であるC社が作成した、「敷金として30万円を受領した。当該敷金は賃借人が退去する際に全額返還する」旨を明らかにした敷金の領収書には、印紙税は課されない。

4　　「甲土地を5,000万円、乙土地を4,000万円、丙建物を3,000万円で譲渡する」旨を記載した契約書を作成した場合、印紙税の課税標準となる当該契約書の記載金額は、9,000万円である。

解答・解説

1　誤り

印紙税の課税文書となる契約書とは、契約の成立等を証すべき文書をいい（印紙税法別表第一課税物件表の適用に関する通則5）、仮契約書も含まれる。

2　正しい

印紙税の納税義務者は、課税文書の作成者である（印紙税法3条1項）。本肢領収書は、代理人A社を作成者とするものであり、納税義務者はA社である。

3　誤り

本肢敷金の領収書は、担保預り証としての性格を有するが、売上代金に係る金銭の受取書以外の金銭の受取書として、課税される（印紙税法別表第一17号2）。

4　誤り

本肢契約書は、2以上の記載金額がある。そして、これらの金額は不動産の譲渡に関する契約書により証されるべきものであり、課税物件表の同一の号に該当する文書により証されるべき事項に係るものといえる。このように当該文書に2以上の記載金額があり、かつ、これらの金額が同一の号に該当する文書により証されるべき事項に係るものである場合には、これらの金額の合計額を当該文書の記載金額とする（印紙税法別表第一課税物件表の適用に関する通則4イ）。よって、本肢契約書の記載金額は、5,000万円＋4,000万円＋3,000万円＝1億2,000万円となる。

【問題21】　正解2

CHECK! □ □ □　本試験 **平成17年度　問27**　重要度 **A**　難易度 ★★

問題22　**印紙税**

印紙税に関する次の記述のうち、正しいものはどれか。

1　「時価3,000万円の土地を贈与する。」旨を記載した契約書について、印紙税の課税標準となる当該契約書の契約金額は、3,000万円である。

2　一の契約書に土地の譲渡契約（譲渡金額3,000万円）と建物の建築請負契約（請負金額2,000万円）をそれぞれ記載した場合、印紙税の課税標準となる当該契約書の契約金額は、5,000万円である。

3　A社の発行する「土地の賃貸借契約に係る権利金として、B社振出しの令和4年4月1日付No.1234の手形を受領した。」旨が記載された領収書は、記載金額のない売上代金に係る有価証券の受取書として印紙税が課される。

4　A社の発行する「建物の譲渡契約に係る手付金として、500万円を受領した。」旨が記載された領収書は、記載金額500万円の売上代金に係る金銭の受取書として印紙税が課される。

解答・解説

1　誤り

贈与契約においては譲渡の対価たる金額はなく、贈与契約書は契約金額の記載のない文書として印紙税額は1通につき200円となる（印紙税法基本通達23条（1）ホ）。贈与目的物の時価が記載金額となるものではない。

2　誤り

土地の譲渡契約書は印紙税法別表第一の1号文書に該当し、建築請負契約書は印紙税法別表第一の2号文書に該当する。一つの文書が1号文書と2号文書の両方に該当する場合で、2号文書の契約金額が1号文書の契約金額を超えないときは、当該文書は1号文書となる（印紙税法別表第一課税物件表の適用に関する通則3ロ）。ここより本肢契約書は1号文書、つまり土地譲渡契約書となり、記載金額は、土地の譲渡金額3,000万円となる（印紙税法別表第一課税物件表の適用に関する通則4ロ（一））。譲渡金額と請負金額を合計した5,000万円となるものではない。

3　誤り

賃貸借契約に係る権利金は売上代金の一種であり、本肢領収書は売上代金に係る有価証券の受取書に該当する（印紙税法別表第一17号1）。この有価証券の受取書に本肢のような当該有価証券の発行者の名称、発行の日、記号、番号等の記載があることにより、当事者間において当該売上代金に係る受取金額が明らかであるときは、当該明らかである受取金額が当該受取書の記載金額となる（印紙税法別表第一課税物件表の適用に関する通則4ホ（三））。よって、本肢受取書は記載金額のない受取書として課税されるものではない。

4　正しい

手付金は売上代金の一種であり、A社発行の本肢領収書は営業に関する売上代金に係る金銭の受取書に該当する（印紙税法別表第一17号1）。よって、本肢の場合、記載金額500万円の売上代金に係る金銭の受取書として印紙税が課税される。

【問題22】　**正解4**

問題23　印紙税

印紙税に関する次の記述のうち、正しいものはどれか。

1　印紙税の課税文書である不動産譲渡契約書を作成したが、印紙税を納付せず、その事実が税務調査により判明した場合は、納付しなかった印紙税額と納付しなかった印紙税額の10%に相当する金額の合計額が過怠税として徴収される。

2　「Aの所有する甲土地（価額3,000万円）とBの所有する乙土地（価額3,500万円）を交換する」旨の土地交換契約書を作成した場合、印紙税の課税標準となる当該契約書の記載金額は3,500万円である。

3　「Aの所有する甲土地（価額3,000万円）をBに贈与する」旨の贈与契約書を作成した場合、印紙税の課税標準となる当該契約書の記載金額は、3,000万円である。

4　売上代金に係る金銭の受取書（領収書）は記載された受取金額が3万円未満の場合、印紙税が課されないことから、不動産売買の仲介手数料として、現金48,600円（消費税及び地方消費税を含む。）を受け取り、それを受領した旨の領収書を作成した場合、受取金額に応じた印紙税が課される。

解答・解説

1　誤り

印紙税を納付すべき課税文書の作成者が納付すべき印紙税を当該課税文書の作成の時までに納付しなかった場合には、当該納付しなかった印紙税の額とその2倍に相当する金額との合計額に相当する過怠税が徴収される（印紙税法20条1項）。

2　正しい

交換契約書に交換対象物の双方の価額が記載されているときは、いずれか高い方の金額が、印紙税の課税標準となる当該契約書の記載金額すなわち交換金額となる（印紙税法基本通達23条（1）ロ）。

3　誤り

贈与契約においては、たとえ時価等の評価額の表示があったとしても、譲渡の対価たる金額はないから、契約金額はないものとして取り扱われ（印紙税法基本通達23条（1）ホ）、200円の印紙税が課される（印紙税法別表第一1号課税標準及び税率欄2）。

4　誤り

売上代金に係る金銭又は有価証券の受取書で、記載された受取金額が「5万円未満」のものは、非課税文書である（印紙税法別表第一、課税物件表17）。

必勝合格Check!

主な課税文書の記載金額

契約書の種類		記載金額	備考
1　売買契約書		売買金額	
2　交換契約書		交換金額	・契約書に交換対象物双方の価格が記載されているときは高い方の額 ・交換差金のみが記載されているときは当該交換差金の額
3　贈与契約		記載金額のない契約書	・「記載金額のない契約書」として200円の印紙税がかかる。
4　地上権及び土地賃借権の設定・譲渡契約書		設定又は譲渡の対価たる金額	・権利金、礼金、更新料等、契約に際して相手方に交付し、後日返還されることが予定されていない金額 ・地代、賃料は記載金額ではない。
5　契約金額の変更を証すべき文書	増額変更	増加額	
	減額変更	記載金額のない契約書	・「記載金額のない契約書」として200円の印紙税がかかる。

税・その他

問題24　印紙税

印紙税に関する次の記述のうち、正しいものはどれか。

1　建物の賃貸借契約に際して敷金を受け取り、「敷金として20万円を領収し、当該敷金は賃借人が退去する際に全額返還する」旨を記載した敷金の領収証を作成した場合、印紙税は課税されない。

2　土地譲渡契約書に課税される印紙税を納付するため当該契約書に印紙をはり付けた場合には、課税文書と印紙の彩紋とにかけて判明に消印しなければならないが、契約当事者の代理人又は従業者の印章又は署名で消印しても、消印をしたことにはならない。

3　当初作成の「土地を1億円で譲渡する」旨を記載した土地譲渡契約書の契約金額を変更するために作成する契約書で、「当初の契約書の契約金額を2,000万円減額し、8,000万円とする」旨を記載した変更契約書は、契約金額を減額するものであることから、印紙税は課税されない。

4　国を売主、株式会社A社を買主とする土地の譲渡契約において、双方が署名押印して共同で土地譲渡契約書を2通作成し、国とA社がそれぞれ1通ずつ保存することとした場合、A社が保存する契約書には印紙税は課税されない。

解答・解説

1　誤り

建物の賃貸借契約に際して受け取る敷金の領収証は、売上代金に係る金銭又は有価証券の受取書以外の金銭の受取書に該当する（印紙税法別表第一17号課税物件欄）。ただし、記載された受取金額が5万円未満である場合や営業に関しないものには課税されない（印紙税法別表第一17号非課税物件欄）。

2　誤り

課税文書の作成者は、当該課税文書に印紙をはり付ける場合には、当該課税文書と印紙の彩紋とにかけ、判明に印紙を消さなければならず、その印紙の消し方は自己又はその代理人（法人の代表者を含む。）、使用人その他の従業者の印章又は署名による（印紙税法8条2項、同施行令5条）。

3　誤り

契約金額の減少の事実を証すべき文書は、記載金額の記載はない文書となり（印紙税法別表第一課税物件表の適用に関する通則4ニ）、不動産の譲渡に関する契約書の場合、一通につき200円の印紙税が課される（印紙税法別表第一1号課税標準及び税率欄2）。

4　正しい

国、地方公共団体又は非課税法人（国等）とそれら以外の者（A社）とが共同して作成した文書については、国等が保存するものはA社が作成したものとみなされ、A社が保存するものは国等が作成したものとみなされる（印紙税法4条5項）。そして国等が作成した文書には、印紙税が課されない（印紙税法5条2号）。したがってA社が保存する契約書には印紙税は課されない。

【問題24】　正解4

CHECK! ☐☐☐　本試験 平成19年度　問29　重要度 B　難易度 ★★★

問題25　不動産鑑定評価基準

　不動産の鑑定評価に関する次の記述のうち、不動産鑑定評価基準によれば、誤っているものはどれか。

1　不動産の価格を求める鑑定評価の基本的な手法は、原価法、取引事例比較法及び収益還元法に大別され、原価法による試算価格を積算価格、取引事例比較法による試算価格を比準価格、収益還元法による試算価格を収益価格という。

2　取引事例比較法の適用に当たって必要な取引事例は、取引事例比較法に即応し、適切にして合理的な計画に基づき、豊富に秩序正しく収集し、選択すべきであり、投機的取引であると認められる事例等適正さを欠くものであってはならない。

3　再調達原価とは、対象不動産を価格時点において再調達することを想定した場合において必要とされる適正な原価の総額をいう。

4　収益還元法は、対象不動産が将来生み出すであろうと期待される純収益の現在価値の総和を求めることにより対象不動産の試算価格を求める手法であり、このうち、一期間の純収益を還元利回りによって還元する方法をDCF（Discounted Cash Flow）法という。

解答・解説

1　正しい
　不動産の価格を求める鑑定評価の基本的な手法は、原価法、取引事例比較法及び収益還元法に大別され、原価法による試算価格を「積算価格」、取引事例比較法による試算価格を「比準価格」、収益還元法による試算価格を「収益価格」という（不動産鑑定評価基準総論7章1節Ⅱ～Ⅳ）。

2　正しい
　取引事例比較法の適用に当たって必要な取引事例は、取引事例比較法に即応し、適切にして合理的な計画に基づき、豊富に秩序正しく収集し、選択すべきであり、「投機的取引」であると認められる事例等適正さを欠くものであってはならない（不動産鑑定評価基準総論7章1節Ⅰ2）。

3　正しい
　再調達原価とは、対象不動産を価格時点において再調達することを想定した場合において必要とされる適正な原価の総額をいう（不動産鑑定評価基準総論7章1節Ⅱ2（1））。

4　誤り
　収益還元法のうち一期間の純収益を還元利回りによって還元する方法は、直接還元法であり、DCF法は、連続する複数の期間に発生する純収益及び復帰価格を、その発生時期に応じて現在価値に割り引き、それぞれを合計する方法である（不動産鑑定評価基準総論7章1節Ⅳ2）。

税・その他

【問題25】　正解4

問題26　不動産鑑定評価基準

　不動産の鑑定評価に関する次の記述のうち、不動産鑑定評価基準によれば、誤っているものはどれか。

1　原価法は、求めた再調達原価について減価修正を行って対象物件の価格を求める手法であるが、建設費の把握が可能な建物のみに適用でき、土地には適用できない。

2　不動産の効用及び相対的稀少性並びに不動産に対する有効需要の三者に影響を与える要因を価格形成要因といい、一般的要因、地域要因及び個別的要因に分けられる。

3　正常価格とは、市場性を有する不動産について、現実の社会経済情勢の下で合理的と考えられる条件を満たす市場で形成されるであろう市場価値を表示する適正な価格をいう。

4　取引事例に係る取引が特殊な事情を含み、これが当該取引事例に係る価格等に影響を及ぼしているときは、適切に補正しなければならない。

解答・解説

1　誤り
　原価法は、価格時点における対象不動産の再調達原価を求め、この再調達原価について減価修正を行って対象不動産の試算価格を求める手法であるが、原価法は、対象不動産が建物又は建物及びその敷地である場合において、再調達原価の把握及び減価修正を適切に行うことができるときに有効であり、対象不動産が土地のみである場合においても、再調達原価を適切に求めることができるときはこの手法を適用することができる（不動産鑑定評価基準総論7章1節II1）。したがって前半は正しいが、後半が誤り。

2　正しい
　不動産の価格を形成する要因（価格形成要因）とは、不動産の効用及び相対的稀少性並びに不動産に対する有効需要の三者に影響を与える要因をいい、一般的要因、地域要因及び個別的要因に分けられる（不動産鑑定評価基準総論3章）。

3　正しい
　正常価格とは、市場性を有する不動産について、現実の社会経済情勢の下で合理的と考えられる条件を満たす市場で形成されるであろう市場価値を表示する適正な価格をいう（不動産鑑定評価基準総論5章3節I1）。

4　正しい
　取引事例比較法の適用に当たって必要な取引事例に係る取引が特殊な事情を含み、これが当該取引事例に係る価格等に影響を及ぼしているときは適切に補正しなければならない（不動産鑑定評価基準総論7章1節I3）。なお、このような事情補正は、原価法の適用に当たって必要な建設事例、収益還元法の適用に当たって必要な収益事例についても同様に必要である。

【問題26】　正解1

CHECK! ☐☐☐　本試験 平成30年度　問25　重要度 B　難易度 ★★★

問題27　**不動産鑑定評価基準**

不動産の鑑定評価に関する次の記述のうち、不動産鑑定評価基準によれば、正しいものはどれか。

1　不動産の価格は、その不動産の効用が最高度に発揮される可能性に最も富む使用を前提として把握される価格を標準として形成されるが、これを最有効使用の原則という。

2　収益還元法は、賃貸用不動産又は賃貸以外の事業の用に供する不動産の価格を求める場合に特に有効な手法であるが、事業の用に供さない自用の不動産の鑑定評価には適用すべきではない。

3　鑑定評価の基本的な手法は、原価法、取引事例比較法及び収益還元法に大別され、実際の鑑定評価に際しては、地域分析及び個別分析により把握した対象不動産に係る市場の特性等を適切に反映した手法をいずれか1つ選択して、適用すべきである。

4　限定価格とは、市場性を有する不動産について、法令等による社会的要請を背景とする鑑定評価目的の下で、正常価格の前提となる諸条件を満たさないことにより正常価格と同一の市場概念の下において形成されるであろう市場価値と乖離することとなる場合における不動産の経済価値を適正に表示する価格のことをいい、民事再生法に基づく鑑定評価目的の下で、早期売却を前提として求められる価格が例としてあげられる。

解答・解説

1　正しい

不動産の価格は、その不動産の効用が最高度に発揮される可能性に最も富む使用（これを「最有効使用」という。）を前提として把握される価格を標準として形成される（不動産鑑定評価基準総論4章Ⅳ）。

2　誤り

収益還元法は、対象不動産が将来生み出すであろうと期待される純収益の現在価値の総和を求めることにより対象不動産の試算価格を求める手法であり、賃貸用不動産又は賃貸以外の事業の用に供する不動産の価格を求める場合に特に有効である。文化財の指定を受けた建造物等の一般的に市場性を有しない不動産以外のものには基本的にすべて適用すべきものであり、自用の不動産といえども賃貸を想定することにより適用されるものである（不動産鑑定評価基準総論7章1節Ⅳ1）。

3　誤り

不動産の価格を求める鑑定評価の基本的な手法は、原価法、取引事例比較法及び収益還元法に大別され（不動産鑑定評価基準総論7章1節）、鑑定評価の手法の適用に当たっては、鑑定評価の手法を当該案件に即して適切に適用すべきであり、この場合、地域分析及び個別分析により把握した対象不動産に係る市場の特性等を適切に反映した複数の鑑定評価の手法を適用すべきである（不動産鑑定評価基準総論8章7節）。

4　誤り

限定価格とは、市場性を有する不動産について、不動産と取得する他の不動産との併合又は不動産の一部を取得する際の分割等に基づき正常価格と同一の市場概念の下において形成されるであろう市場価値と乖離することにより、市場が相対的に限定される場合における取得部分の当該市場限定に基づく市場価値を適正に表示する価格をいう（不動産鑑定評価基準総論5章3節Ⅰ2）。

【問題27】　正解 1

税・その他

問題28　不動産鑑定評価基準

不動産の鑑定評価に関する次の記述のうち、不動産鑑定評価基準によれば、正しいものはどれか。

1　不動産の鑑定評価によって求める価格は、基本的には正常価格であるが、市場性を有しない不動産については、鑑定評価の依頼目的及び条件に応じて限定価格、特定価格又は特殊価格を求める場合がある。

2　同一需給圏とは、一般に対象不動産と代替関係が成立して、その価格の形成について相互に影響を及ぼすような関係にある他の不動産の存する圏域をいうが、不動産の種類、性格及び規模に応じた需要者の選好性によって、その地域的範囲は狭められる場合もあれば、広域的に形成される場合もある。

3　鑑定評価の各手法の適用に当たって必要とされる取引事例等については、取引等の事情が正常なものと認められるものから選択すべきであり、売り急ぎ、買い進み等の特殊な事情が存在する事例を用いてはならない。

4　収益還元法は、対象不動産が将来生み出すであろうと期待される純収益の現在価値の総和を求めることにより対象不動産の試算価格を求める手法であるが、市場における土地の取引価格の上昇が著しいときは、その価格と収益価格との乖離が増大するものであるため、この手法の適用は避けるべきである。

解答・解説

1　誤り

特殊価格は、市場性を「有しない」不動産について表示する価格であるが、正常価格、限定価格及び特定価格は、市場性を「有する」不動産について表示する価格である。したがって、市場性を有しない不動産について、限定価格、特定価格を求める場合があるとする本肢は誤りである（不動産鑑定評価基準総論5章3節I）。

2　正しい

同一需給圏とは、一般に対象不動産と代替関係が成立して、その価格の形成について相互に影響を及ぼすような関係にある他の不動産の存する圏域をいう。同一需給圏は、不動産の種類、性格及び規模に応じた需要者の選好性によってその地域的範囲を異にするものであるから、その種類、性格及び規模に応じて需要者の選好性を的確に把握した上で適切に判定する必要がある（不動産鑑定評価基準総論6章1節II 1（2））。

3　誤り

取引事例等に係る取引等が特殊な事情を含み、これが当該取引事例等に係る価格等に影響を及ぼしているときは適切に補正しなければならない。現実に成立した取引事例等には、不動産市場の特性、取引等における当事者双方の能力の多様性と特別の動機により売り急ぎ、買い進み等の特殊な事情が存在する場合もあるので、取引事例等がどのような条件の下で成立したものであるかを資料の分析に当たり十分に調査しなければならない（不動産鑑定評価基準総論7章1節I 3）。

4　誤り

収益還元法は、対象不動産が将来生み出すであろうと期待される純収益の現在価値の総和を求めることにより対象不動産の試算価格を求める手法である。市場における不動産の取引価格の上昇が著しいときは、取引価格と収益価格との乖離が増大するものであるので、先走りがちな取引価格に対する有力な検証手段として、この手法が活用されるべきである（不動産鑑定評価基準総論7章1節IV 1）。

【問題28】　正解2

CHECK! ☐ ☐ ☐　本試験 **平成15年度　問29**　重要度 **A**　難易度 **★**

問題29　**地価公示法**

地価公示法に関する次の記述のうち、正しいものはどれか。

1　土地鑑定委員会は、都市計画区域その他の土地取引が相当程度見込まれるものとして国土交通省令で定める区域（国土利用計画法上の規制区域を除く。）内の標準地について、毎年1回、一定の基準日における当該標準地の単位面積当たりの正常な価格を判定し、公示する。

2　土地鑑定委員が、標準地の選定のために他人の占有する土地に立ち入ろうとする場合は、必ず土地の占有者の承諾を得なければならない。

3　不動産鑑定士は、公示区域内の土地について鑑定評価を行う場合において、当該土地の正常な価格を求めるときは、公示価格と実際の取引価格のうちいずれか適切なものを規準としなければならない。

4　公示価格を規準とするとは、対象土地の価格を求めるに際して、当該対象土地に最も近い位置に存する標準地との比較を行い、その結果に基づき、当該標準地の公示価格と当該対象土地の価格との間に均衡を保たせることをいう。

解答・解説

1　正しい

土地鑑定委員会は、都市計画区域その他の土地取引が相当程度見込まれるものとして国土交通省令で定める区域（国土利用計画法上の規制区域を除く。）内の標準地について、毎年1回、2人以上の不動産鑑定士の鑑定評価を求めて、その結果を審査し、必要な調整を行って、一定の基準日における当該標準地の単位面積当たりの正常な価格を判定し、これを公示することとされている（地価公示法2条1項）。

2　誤り

土地鑑定委員が、標準地の選定のために他人の占有する土地に立ち入ろうとする場合は、必ず土地の占有者の承諾を得なければならないということはなく、土地の占有者に通知した上で、立ち入ることができる（地価公示法22条1・2項）。

3　誤り

不動産鑑定士が正常な価格を求めるときには、公示価格を規準としなければならないのであって、実際の取引価格を規準として求めることはできない（地価公示法8条）。

4　誤り

公示価格を規準とするとは、対象土地の価格（当該土地に建物その他の定着物がある場合又は当該土地に関して地上権その他当該土地の使用若しくは収益を制限する権利が存する場合には、これらの定着物又は権利が存しないものとして成立すると認められる価格）を求めるに際して、当該対象土地とこれに類似する利用価値を有すると認められる一又は二以上の標準地との位置、地積、環境等の土地の客観的価値に作用する諸要因についての比較を行ない、その結果に基づき、当該標準地の公示価格と当該対象土地の価格との間に均衡を保たせることをいう（地価公示法11条）。対象土地と比較するのは、「当該対象土地に最も近い位置に存する標準地」ではない。

税・その他

【問題29】　**正解 1**

問題30　地価公示法

　地価公示法に関する次の記述のうち、誤っているものはどれか。

1　標準地の正常な価格は、土地鑑定委員会が毎年1回、2人以上の不動産鑑定士の鑑定評価を求め、その結果を審査し、必要な調整を行って判定し公示される。

2　標準地の正常な価格とは、土地について、自由な取引が行われるとした場合におけるその取引において通常成立すると認められる価格をいう。

3　標準地の鑑定評価は、近傍類地の取引価格から算定される推定の価格、近傍類地の地代等から算定される推定の価格及び同等の効用を有する土地の造成に要する推定の費用の額を勘案して行わなければならない。

4　土地の取引を行う者は、取引の対象土地に類似する利用価値を有すると認められる標準地について公示された価格を指標として、取引を行わなければならない。

解答・解説

1　正しい

　土地鑑定委員会は、都市計画法における都市計画区域その他の土地取引が相当程度見込まれるものとして国土交通省令で定める区域（国土利用計画法における規制区域を除く。なお、これらの区域は、公示区域と略称される。）内の標準地について、毎年1回、2人以上の不動産鑑定士の鑑定評価を求め、その結果を審査し、必要な調整を行って、一定の基準日における当該標準地の単位面積当たりの正常な価格を判定し、これを公示する（地価公示法2条1項）。

2　正しい

　正常な価格とは、土地について、自由な取引が行われるとした場合におけるその取引において通常成立すると認められる価格（当該土地に建物その他の定着物がある場合又は当該土地に関して地上権その他当該土地の使用若しくは収益を制限する権利が存する場合には、これらの定着物又は権利が存しないものとして通常成立すると認められる価格）をいう（地価公示法2条2項）。

3　正しい

　不動産鑑定士は、土地鑑定委員会からの鑑定評価の依頼により、標準地の鑑定評価を行うにあたっては、国土交通省令で定めるところにより、近傍類地の取引価格から算定される推定の価格、近傍類地の地代等から算定される推定の価格及び同等の効用を有する土地の造成に要する推定の費用の額を勘案してこれを行わなければならない（地価公示法4条）。

4　誤り

　都市及びその周辺の地域等において、土地の取引を行う者は、取引の対象土地に類似する利用価値を有すると認められる標準地について公示された価格を指標として取引を行うよう「努めなければならない」が（地価公示法1条の2）、公示価格を規準とする義務はない。すなわち、指標として取引を行う努力義務はあるが、公示価格に拘束される法的義務はない。したがって、公示価格を指標として取引を「行わなければならない。」という表現は、公示価格に拘束される法的義務を負うことを意味する表現であり、誤りとなる。

【問題30】　正解4

CHECK! ☐☐☐　本試験 **平成23年度　問25**　重要度 **A**　難易度 ★★

問題31　**地価公示法**

地価公示法に関する次の記述のうち、正しいものはどれか。

1　公示区域とは、土地鑑定委員会が都市計画法第4条第2項に規定する都市計画区域内において定める区域である。

2　土地収用法その他の法律によって土地を収用することができる事業を行う者は、公示区域内の土地を当該事業の用に供するため取得する場合において、当該土地の取得価格を定めるときは、公示価格を規準としなければならない。

3　土地の取引を行う者は、取引の対象土地に類似する利用価値を有すると認められる標準地について公示された価格を指標として取引を行わなければならない。

4　土地鑑定委員会が標準地の単位面積当たりの正常な価格を判定したときは、当該価格については官報で公示する必要があるが、標準地及びその周辺の土地の利用の現況については官報で公示しなくてもよい。

解答・解説

1　誤り

公示区域とは、都市計画区域その他の土地取引が相当程度見込まれるものとして国土交通省令で定める区域（国土利用計画法により指定された規制区域を除く。）をいう（地価公示法2条1項）。

2　正しい

土地収用法その他の法律によって土地を収用することができる事業を行う者は、公示区域内の土地を当該事業の用に供するため取得する場合において、当該土地の取得価格を定めるときは、公示価格を規準としなければならない（地価公示法9条）。

3　誤り

都市及びその周辺の地域等において、土地の取引を行う者は、取引の対象土地に類似する利用価値を有すると認められる標準地について公示された価格を指標として取引を行うよう努めなければならない（地価公示法1条の2）。

4　誤り

土地鑑定委員会は、標準地の単位面積当たりの正常な価格を判定したときは、当該価格のみならず、標準地及びその周辺の土地の利用の現況についても官報で公示しなければならない（地価公示法6条）。

税・その他

【問題31】　正解2

537

問題32　地価公示法

地価公示法に関する次の記述のうち、誤っているものはどれか。

1　地価公示は、土地鑑定委員会が、都市計画区域その他の土地取引が相当程度見込まれるものとして国土交通省令で定める区域（国土利用計画法上の規制区域を除く。）内の標準地について、毎年1月1日における単位面積当たりの正常な価格を判定し、公示することにより行われる。

2　地価公示の標準地は、自然的及び社会的条件からみて類似の利用価値を有すると認められる地域において、土地の利用状況、環境等が通常と認められる一団の土地について選定される。

3　標準地の鑑定評価は、近傍類地の取引価格から算定される推定の価格、近傍類地の地代等から算定される推定の価格及び同等の効用を有する土地の造成に要する推定の費用の額を勘案して行われる。

4　都道府県知事は、土地鑑定委員会が公示した事項のうち、当該都道府県に存する標準地に係る部分を記載した書面及び当該標準地の所在を表示する図面を、当該都道府県の事務所において一般の閲覧に供しなければならない。

解答・解説

1　正しい

地価公示は、土地鑑定委員会が、都市計画区域その他の土地取引が相当程度見込まれるものとして国土交通省令で定める区域（国土利用計画法上の規制区域を除く。）内の標準地について、毎年1回、国土交通省令で定めるところにより、2人以上の不動産鑑定士の鑑定評価を求め、その結果を審査し、必要な調整を行って、一定の基準日における当該標準地の単位面積当たりの正常な価格を判定し、これを公示することによって行われる（地価公示法2条1項）。そして、標準地の価格判定の基準日は、1月1日である（地価公示法施行規則2条）。

2　正しい

地価公示の標準地は、土地鑑定委員会が、国土交通省令で定めるところにより、自然的及び社会的条件からみて類似の利用価値を有すると認められる地域において、土地の利用状況、環境等が通常と認められる一団の土地について選定する（地価公示法3条）。

3　正しい

不動産鑑定士が、標準地の鑑定評価を行うにあたっては、国土交通省令で定めるところにより、近傍類地の取引価格から算定される推定の価格、近傍類地の地代等から算定される推定の価格及び同等の効用を有する土地の造成に要する推定の費用の額を勘案して行わなければならない（地価公示法4条）。

4　誤り

「関係市町村の長」は、政令で定めるところにより、土地鑑定委員会が公示した事項のうち、「当該市町村が属する都道府県」に存する標準地に係る部分を記載した書面及び当該標準地の所在を表示する図面を、当該「市町村」の事務所において一般の閲覧に供しなければならない（地価公示法7条2項）。

【問題32】　正解4

CHECK! ☐ ☐ ☐　　本試験 **平成22年度　問49**　　重要度 **A**　　難易度 ★

問題33　**土地**

土地に関する次の記述のうち、不適当なものはどれか。

1　地すべり地の多くは、地すべり地形と呼ばれる独特の地形を呈し、棚田などの水田として利用されることがある。

2　谷出口に広がる扇状地は、地盤は堅固でないが、土石流災害に対して安全であることが多い。

3　土石流は、流域内で豪雨に伴う斜面崩壊の危険性の大きい場所に起こりやすい。

4　断層地形は、直線状の谷など、地形の急変する地点が連続して存在するといった特徴が見られることが多い。

解答・解説

1　適当である
　地すべりとは、斜面を構成する土壌や岩石等の一部が急激に、かつ、大量に斜面下方に移動する現象をいう。地すべり地の多くは、過去に地すべり活動を起こした経歴があり、地すべり地形と呼ばれる独特の地形を呈し、棚田等の水田として利用されることがある。

2　不適当である
　扇状地とは、河川によって形成され、谷口を頂点として平地に向かって扇状に開く半円錐形状の砂礫堆積地である。扇状地は、地盤の支持力はあるが、谷の出口に広がるため、土石流災害の危険がある。

3　適当である
　土石流とは、山腹の斜面や渓床に堆積していた岩屑が、多量の水を含んで流動する現象をいう。土石流は、断層面周辺の部分の地層強度が著しく低下している所で発生しやすく、急勾配の渓流に多量の不安定な砂礫の堆積がある所や、流域内で豪雨に伴う斜面崩壊の危険性の大きい場所に起こりやすい。

4　適当である
　断層地形とは、地層や岩石に割れ目を生じる断層で形成される地形である。断層地形は、直線状の谷、滝その他の地形の急変する地点が連続して存在するといった特徴が見られることが多い。

税・その他

【問題33】　正解2

問題34　　**土地**

土地の形質に関する次の記述のうち、誤っているものはどれか。

1　地表面の傾斜は、等高線の密度で読み取ることができ、等高線の密度が高い所は傾斜が急である。

2　扇状地は山地から平野部の出口で、勾配が急に緩やかになる所に見られ、等高線が同心円状になるのが特徴的である。

3　等高線が山頂に向かって高い方に弧を描いている部分は尾根で、山頂から見て等高線が張り出している部分は谷である。

4　等高線の間隔の大きい河口付近では、河川の氾濫により河川より離れた場所でも浸水する可能性が高くなる。

解答・解説

1　正しい

等高線とは、地図上で、陸地の高低を正確に表現するために、標高の等しい地点を結んだ線郡をいうが、等高線の密度が高いところは、地表面の傾斜が急である。反対に、等高線の密度が低いところは、地表面の傾斜が緩やかである。

2　正しい

扇状地とは、山地から平野部へ移動する河川地形の1つで、山地から平野部の出口で、勾配が急に緩やかになる所に見られ、等高線は、同心円状になる。

3　誤り

尾根の等高線は、山麓に向かって低い方に弧を描き、谷の等高線は、山頂から見ると、V字型に見える。

4　正しい

等高線の間隔の大きい所は、傾斜が緩やかであるため、河川の氾濫により河川から離れた場所でも浸水の危険が高くなる。

必勝合格Check!

等高線

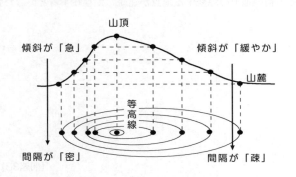

【問題34】　正解3

CHECK!　　　　　本試験　平成19年度　問49　重要度　A　難易度　★

問題35　土地

　地盤の特徴に関する次の記述のうち、誤っているものはどれか。

1　谷底平野は、周辺が山に囲まれ、小川や水路が多く、ローム、砂礫等が堆積した良質な地盤であり、宅地に適している。

2　後背湿地は、自然堤防や砂丘の背後に形成される軟弱な地盤であり、水田に利用されることが多く、宅地としての利用は少ない。

3　三角州は、河川の河口付近に見られる軟弱な地盤であり、地震時の液状化現象の発生に注意が必要である。

4　旧河道は、沖積平野の蛇行帯に分布する軟弱な地盤であり、建物の不同沈下が発生しやすい。

解答・解説

1　誤り
　谷底平野は、河川の堆積作用によって山間部の谷底に形成される狭長な沖積平野であり、土砂災害とともに水害の危険性も高いため、宅地に適しているとはいえない。

2　正しい
　後背湿地（後背低地）は、自然堤防や砂丘等の微高地の背後に形成される低平、湿潤な地形であり、微細な粘土質や有機質土が堆積しているため、地盤が軟弱であり宅地としての利用は少ない。

3　正しい
　液状化現象は、地下水位の高い砂地盤が地震の振動により液状になる現象である。三角州は、河川の堆積作用によって形成されるため、表層が砂質地盤で地下水位が高く、液状化しやすい。

4　正しい
　旧河道は、かつて河川の流路であった周囲の地形より低い帯状の地形であり、地盤が軟弱で、排水も悪いため不同沈下が発生しやすい。

必勝合格Check!

低地

自然堤防
河川
後背低地

谷底平野

谷底平野
河川

税・その他

【問題35】　正解1

問題36　土地

　土地に関する次の記述のうち、最も不適当なものはどれか。

1　扇状地は、山地から河川により運ばれてきた砂れき礫等が堆積して形成された地盤である。

2　三角州は、河川の河口付近に見られる軟弱な地盤である。

3　台地は、一般に地盤が安定しており、低地に比べ、自然災害に対して安全度は高い。

4　埋立地は、一般に海面に対して比高を持ち、干拓地に比べ、水害に対して危険である。

解答・解説

1　適当である

　扇状地は、山地から平地へ川が流れるところにできた山地からの砂礫等が扇状に堆積したところである。

2　適当である

　三角州は、河川の水が運搬した土砂が河口の海岸部に堆積して生じた三角形の土地であり、軟弱な地盤である。地震や洪水に対しても弱い。

3　適当である

　台地は、河川・湖・海などに接する階段状の地形で、広い段丘面と周縁部の急斜面の段丘層から構成され、低地に比べ、自然災害に対して安全性は高い。宅地として、積極的に利用すべき地形である。

4　最も不適当である

　埋立地は、一般に海面に対し数メートルの比高を持つので、信頼ある業者が施工をしていれば、宅地としての利用も十分可能である。一方、干拓地は海面以下の場合が多く、埋立地に比べ水害に対して危険であり、宅地に適しない。

【問題36】　正解4

CHECK! ☐ ☐ ☐　　本試験 **平成30年度　問49**　　重要度 **A**　　難易度 **★**

問題37　　**土地**

土地に関する次の記述のうち、最も不適当なものはどれか。

1　山麓の地形の中で、地すべりによってできた地形は一見なだらかで、水はけもよく、住宅地として好適のように見えるが、末端の急斜面部等は斜面崩壊の危険度が高い。

2　台地の上の浅い谷は、豪雨時には一時的に浸水することがあり、現地に入っても気付かないことが多いが、住宅地としては注意を要する。

3　大都市の大部分は低地に立地しているが、この数千年の間に形成され、かつては湿地や旧河道であった地域が多く、地震災害に対して脆弱で、また洪水、高潮、津波等の災害の危険度も高い。

4　低地の中で特に災害の危険度の高い所は、扇状地の中の微高地、自然堤防、廃川敷となった旧天井川等であり、比較的危険度の低い所が沿岸部の標高の低いデルタ地域、旧河道等である。

解答・解説

1　適当である
　山麓部は、傾斜が緩やかであれば、水はけもよく、一般的には住宅地として好適である。地すべりによってできた地形も一見なだらかで、水はけもよいが、崩れやすく住宅地に適していない。特に、末端の急斜面部等は斜面崩壊の危険性が高い。

2　適当である
　台地は、水はけもよく、地盤も安定しており、洪水や地震等の自然災害に対して安全度の高いところであり、住宅地として積極的に利用すべき地形である。ただし、台地上の浅い谷は、豪雨時には一時的に浸水することがあり、現地に入っても気付かないことが多く、住宅地としては注意を要する。

3　適当である
　大都市の大部分は低地に立地しており、この数千年の間に形成され、かつては湿地や旧河道であった軟弱な地盤の地域がほとんどである。そのため、地震災害に対して脆弱で、また洪水、高潮、津波等の災害の危険度も高い。

4　最も不適当である
　低地は、一般的には、地盤が軟らかい所が多く、洪水や地震に対しても弱いので、住宅地として好ましくない。その中でも特に災害の危険度の高い所は、沿岸部の標高の低いデルタ地域、旧河道等であり、比較的危険度の低い所は、扇状地の中の微高地、自然堤防、廃川敷となった旧天井川等である。本肢はこれらが逆になっている。

税・その他

【問題37】　正解4

問題38 建物

建築物の構造と材料に関する次の記述のうち、不適当なものはどれか。

1 常温において鉄筋と普通コンクリートの熱膨張率は、ほぼ等しい。

2 コンクリートの引張強度は、圧縮強度より大きい。

3 木材の強度は、含水率が大きい状態のほうが小さくなる。

4 集成材は、単板などを積層したもので、大規模な木造建築物に使用される。

解答・解説

1 適当である

熱膨張率とは、温度の上昇によって物体の長さ・体積が膨張する割合である。鉄筋と普通コンクリートの熱膨張率は、ほぼ等しいため、両者を組み合わせた鉄筋コンクリートは、温度の変化に対して安定性を有する。

2 不適当である

コンクリートの引張強度は、一般に圧縮強度の1/10程度であるから、コンクリートの圧縮強度の方が引張強度より大きいことになる。

3 適当である

木材は適度に乾燥している方が強度が大きくなり、含水率が大きいと強度が小さくなる。含水率は、一般に15%以下が望ましいとされている。

4 適当である

集成材とは、厚さが25～50mm程度の単板等を積層して接着剤によって集成したものである。集成材は、単板等を積層して接着剤によって集成したものであるため、十分に乾燥させることによって伸縮変形割れなどの木材の欠点を除去することができ、大規模な木造建築物の骨組みにも使用され、構造耐力上主要な部分に使用できる。

【問題38】 正解2

CHECK! ☐ ☐ ☐　　本試験 **令和元年度　問50**　　重要度 **A**　　難易度 ★★

問題39　　**建物**

建築物の構造に関する次の記述のうち、最も不適当なものはどれか。

1　地震に対する建物の安全確保においては、耐震、制震、免震という考え方がある。

2　制震は制振ダンパーなどの制振装置を設置し、地震等の周期に建物が共振することで起きる大きな揺れを制御する技術である。

3　免震はゴムなどの免震装置を設置し、上部構造の揺れを減らす技術である。

4　耐震は、建物の強度や粘り強さで地震に耐える技術であるが、既存不適格建築物の地震に対する補強には利用されていない。

解答・解説

1　適当である
　地震に対する建物の安全確保においては、耐震（揺れに耐える）、制震（揺れを吸収する）、免震（揺れを受け流す）という考え方がある。

2　適当である
　制震は、制振ダンパーなどの制振装置を設置し、建物が地震の周期に共振することで生ずる大きな揺れを制御（吸収）する技術である。

3　適当である
　免震は、建物の下部構造と上部構造との間に積層ゴムなどの免震装置を設置し、上部構造の揺れを減らす（受け流す）技術である。

4　最も不適当である
　耐震は、建物の柱、はりなどの剛性を高めたり、耐力壁を多く配置して、その強度により、地震に耐える技術である。既存不適格建築物の地震に対する補強の際には、筋かいを入れたり、耐力壁を追加するなどの耐震補強によるものが一般的である。

税・その他

【問題39】　正解4

問題40 　建物

建築物の構造に関する次の記述のうち、最も不適当なものはどれか。

1 　ラーメン構造は、柱とはりを組み合わせた直方体で構成する骨組である。

2 　トラス式構造は、細長い部材を三角形に組み合わせた構成の構造である。

3 　アーチ式構造は、スポーツ施設のような大空間を構成するには適していない構造である。

4 　壁式構造は、柱とはりではなく、壁板により構成する構造である。

解答・解説

1 　適当である

ラーメン構造は、柱とはりを組み合わせた直方体の集合で構成され、柱とはりが剛接合される骨組である。

2 　適当である

トラス式構造は、細長い部材の組合わせでできる三角形を単位とした集合体で構成する骨組である。

3 　最も不適当である

アーチ式構造は、曲線状に構成された構造体で、スパンを大きくとることが可能であり、スポーツ施設のような大空間を構成するのに適している。

4 　適当である

壁式構造は、壁板や床板などで構成される構造である。

必勝合格Check!

各種構造

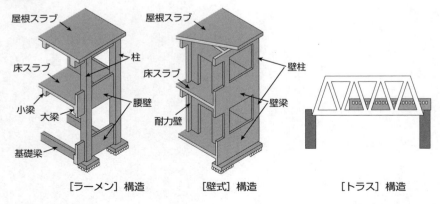

[ラーメン] 構造　　　　　　　[壁式] 構造　　　　　　　[トラス] 構造

【問題40】　正解3

CHECK! ☐ ☐ ☐　本試験 平成24年度　問50　重要度 A　難易度 ★

問題41　**建物**

　建物の構造に関する次の記述のうち、最も不適当なものはどれか。

1　鉄筋コンクリート構造の中性化は、構造体の耐久性や寿命に影響しない。

2　木造建物の寿命は、木材の乾燥状態や防虫対策などの影響を受ける。

3　鉄筋コンクリート構造のかぶり厚さとは、鉄筋の表面からこれを覆うコンクリート表面までの最短寸法をいう。

4　鉄骨構造は、不燃構造であるが、火熱に遭うと耐力が減少するので、耐火構造にするためには、耐火材料で被覆する必要がある。

解答・解説

1　最も不適当である
　コンクリートの中性化により、鉄筋が錆びる。よって、鉄筋コンクリート構造の中性化は、構造体の耐久性や寿命に影響する。

2　適当である
　木材は乾燥している方が強度が大きく、辺材は虫害を受けやすい。よって、木造建物の寿命は、木材の乾燥状態や防虫対策などの影響を受ける。

3　適当である
　コンクリートのかぶり厚さは、鉄筋の表面とコンクリートの表面の最短寸法で計る。

4　適当である
　鉄骨構造は、不燃構造ではあるが、火勢にあうと耐力が著しく低下するので、耐火構造にするためには、耐火材料で被覆する必要がある。

税・その他

【問題41】　正解1

問題42　建物

建物の構造に関する次の記述のうち、最も不適当なものはどれか。

1　木造は湿気に強い構造であり、地盤面からの基礎の立上がりをとる必要はない。

2　基礎の種類には、直接基礎、杭基礎等がある。

3　杭基礎には、木杭、既製コンクリート杭、鋼杭等がある。

4　建物は、上部構造と基礎構造からなり、基礎構造は上部構造を支持する役目を負うものである。

解答・解説

1　最も不適当である

木材は、湿気により変形しやすいため、木造は湿気に強い構造であるとはいえない。また、地面近くに位置する木材は、地面に跳ね返った雨水や地面から上昇する湿気などの影響を受けるため、地盤面からの基礎の立上がりをとる必要がある。

2　適当である

基礎には、直接基礎、杭基礎、ケーソン基礎等がある。

3　適当である

杭基礎には、木杭、既製コンクリート杭、鋼杭、合成杭等がある。

4　適当である

建物は、上部構造と基礎構造からなり、基礎構造は、建築物の最下部にあって、一般に建築物の上部構造からの荷重を地盤に伝え、安定的に建築物を支持する下部構造の総称をいう。

【問題42】　正解 1

CHECK! 　　　　　本試験 平成22年度 問46　　重要度 B　　難易度 ★

問題43　住宅金融支援機構法

　独立行政法人住宅金融支援機構（以下この問において「機構」という。）が行う証券化支援事業（買取型）に関する次の記述のうち、誤っているものはどれか。

1　証券化支援事業（買取型）において、機構による買取りの対象となる貸付債権には、中古住宅の購入のための貸付債権も含まれる。

2　証券化支援事業（買取型）において、銀行、保険会社、農業協同組合、信用金庫、信用組合などが貸し付けた住宅ローンの債権を買い取ることができる。

3　証券化支援事業（買取型）の住宅ローン金利は全期間固定金利が適用され、どの取扱金融機関に申し込んでも必ず同一の金利になる。

4　証券化支援事業（買取型）において、機構は買い取った住宅ローン債権を担保としてMBS（資産担保証券）を発行することにより、債券市場（投資家）から資金を調達している。

解答・解説

1　正しい

　機構による買取りの対象となる貸付債権は、新築住宅の購入のための貸付債権に限定されておらず、中古住宅の購入のための貸付債権も含まれる（独立行政法人住宅金融支援機構法13条1項1号、機構ホームページメニュー「金融機関・事業者のみなさま―証券化支援業務（買取型）の概要」）。

2　正しい

　買取りの対象となる金融機関は、銀行、信用金庫、信用協同組合、農業協同組合、農林中央金庫、保険会社、法人である貸金業者等である（独立行政法人住宅金融支援機構法13条1項1号、同機構の業務運営並びに財務及び会計に関する省令20条、40条）。

3　誤り

　買取り対象となる住宅ローンは、長期・固定金利の住宅ローンであることが要件である。金利については、その構成要素である①投資家に支払う利息、②機構の事業運営費、③金融機関の受取額（サービシングフィー）のうち、③金融機関の受取額（サービシングフィー）が取扱金融機関ごとに独自の判断で決定されるため、取扱金融機関ごとの金利は、必ずしも同一にはならない（機構ホームページメニュー「金融機関・事業者のみなさま―証券化支援業務（買取型）の概要」）。以上より、前半は正しいが、後半が誤りである。

4　正しい

　機構は、金融機関から買い受けた住宅ローン債権を、信託銀行等に担保目的で信託して、住宅金融支援機構債券（住宅ローンを担保としたいわゆる資産担保証券（MBS：Mortgage Backed Security））を発行し、その発行代金を投資家より受け取ることにより、資金を調達している（独立行政法人住宅金融支援機構法19条1項、機構ホームページメニュー「金融機関・事業者のみなさま―証券化支援業務（買取型）の概要」）。

税・その他

【問題43】　正解3

問題44　**住宅金融支援機構法**

　独立行政法人住宅金融支援機構（以下この問において「機構」という。）に関する次の記述のうち、誤っているものはどれか。

1　機構は、証券化支援事業（買取型）において、中古住宅を購入するための貸付債権を買取りの対象としていない。

2　機構は、証券化支援事業（買取型）において、バリアフリー性、省エネルギー性、耐震性又は耐久性・可変性に優れた住宅を取得する場合に、貸付金の利率を一定期間引き下げる制度を実施している。

3　機構は、マンション管理組合や区分所有者に対するマンション共用部分の改良に必要な資金の貸付けを業務として行っている。

4　機構は、災害により住宅が滅失した場合において、それに代わるべき建築物の建設又は購入に必要な資金の貸付けを業務として行っている。

解答・解説

1　誤り

　機構は、証券化支援事業（買取型）において、住宅の建設又は購入に必要な資金の貸付けに係る金融機関の貸付債権の譲受け（買取り）を行っている（独立行政法人住宅金融支援機構法13条1項1号）。この買取りの対象となる貸付債権は、新築住宅の購入のための貸付債権のみならず、中古住宅の購入のための貸付債権も含まれる（住宅金融支援機構ホームページ「フラット35の対象となる住宅・技術基準」）。

2　正しい

　機構が定める技術基準により、特に省エネ性能、耐震性能、バリアフリー性能、耐久性、可変性が優れた住宅に対してフラット35の借入金利を一定期間引き下げる制度（優良住宅取得支援制度、フラット35S）を実施している（住宅金融支援機構ホームページ「【フラット35】S」）。

3　正しい

　機構は、マンションの共用部分の改良に必要な資金の貸付けを行っている（独立行政法人住宅金融支援機構法13条1項7号）。この場合、機構は、マンションの管理組合に対して当該資金の貸付けを行うだけでなく、管理組合が共用部分の改良工事を行うに際し一時金を負担する区分所有者に対しても、その一時金の貸付けを行っている（住宅金融支援機構ホームページ「マンション共用部分リフォーム融資」）。

4　正しい

　機構は、災害により滅失した住宅に代わるべき建築物（災害復興建築物）の建設又は購入に必要な資金の貸付けを業務として行っている（独立行政法人住宅金融支援機構法13条1項5号）。

【問題44】　正解 1

CHECK! ☐ ☐ ☐　　本試験 平成21年度　問46　　重要度 C　　難易度 ★★★

問題45　住宅金融支援機構法

独立行政法人住宅金融支援機構（以下この問において「機構」という。）に関する次の記述のうち、誤っているものはどれか。

1　機構は、民間金融機関が貸し付けた住宅ローンについて、住宅融資保険を引き受けることにより、民間金融機関による住宅資金の供給を支援している。

2　機構は、民間金融機関が貸し付けた長期・固定金利の住宅ローンについて、民間保証会社の保証を付すことを条件に、その住宅ローンを担保として発行された債券等の元利払いを保証する証券化支援事業（保証型）を行っている。

3　機構は、貸付けを受けた者が経済事情の著しい変動に伴い、元利金の支払が著しく困難となった場合には、一定の貸付条件の変更又は元利金の支払方法の変更をすることができる。

4　機構は、高齢者が自ら居住する住宅に対して行うバリアフリー工事又は耐震改修工事に係る貸付けについて、毎月の返済を利息のみの支払とし、借入金の元金は債務者本人の死亡時に一括して返済する制度を設けている。

解答・解説

1　正しい
機構は、住宅融資保険法による保険業務として、銀行等の金融機関の貸付けにつき、機構と当該金融機関との間に保険関係が成立する旨を定める契約を結ぶことにより（独立行政法人住宅金融支援機構法13条1項3号、住宅融資保険法3条）、一般の金融機関による住宅の建設等に必要な資金の融通を支援する。

2　誤り
機構は、住宅の建設又は購入に必要な資金の貸付けに係る金融機関の貸付債権のうち、住宅融資保険法に規定する保険関係が成立した貸付けに係るものを担保とする債券等に係る債務の保証業務を行うが（独立行政法人住宅金融支援機構法13条1項2号）、この場合、民間保証会社の保証を付すことを条件にしていない。

3　正しい
機構は、貸付けを受けた者が不況で収入が大幅に減って、返済が大変になった等の経済事情の変動により、元利金の支払が著しく困難となった場合、貸付けの条件の変更又は延滞元利金の支払方法の変更をすることができる（独立行政法人住宅金融支援機構業務方法書26条、機構ホームページ「返済方法変更のメニュー」）。

4　正しい
機構は、満60歳以上の高齢者が自ら居住する住宅にバリアフリー工事又は耐震改修工事を施すリフォームを行う場合について、返済期間を申込本人の死亡時までとし、毎月の返済は利息のみを支払い、借入金の元金は申込本人が死亡した時に一括して返済する、いわゆる高齢者向け返済特例制度を設けている（独立行政法人住宅金融支援機構業務方法書24条4項、機構ホームページ「リフォーム融資-高齢者向け返済特例制度」）。

税・その他

【問題45】　正解2

問題46　不当景品類及び不当表示防止法

宅地建物取引業者が行う広告に関する次の記述のうち、不当景品類及び不当表示防止法（不動産の表示に関する公正競争規約を含む。）の規定によれば、正しいものはどれか。

1　路地状部分（敷地延長部分）のみで道路に接する土地であって、その路地状部分の面積が当該土地面積のおおむね30％以上を占める場合には、路地状部分を含む旨及び路地状部分の割合又は面積を明示しなければならない。

2　新築住宅を販売するに当たり、当該物件から最寄駅まで実際に歩いたときの所要時間が15分であれば、物件から最寄駅までの道路距離にかかわらず、広告中に「最寄駅まで徒歩15分」と表示することができる。

3　新築分譲住宅を販売するに当たり、予告広告である旨及び契約又は予約の申込みには応じられない旨を明瞭に表示すれば、当該物件が建築確認を受けていなくても広告表示をすることができる。

4　新築分譲マンションを販売するに当たり、住戸により管理費の額が異なる場合であって、すべての住戸の管理費を示すことが広告スペースの関係で困難なときは、全住戸の管理費の平均額を表示すればよい。

解答・解説

1　正しい

路地状部分のみで道路に接する土地であって、その路地状部分の面積が当該土地面積のおおむね30％以上を占めるときは、路地状部分を含む旨及び路地状部分の割合又は面積を明示しなければならない（不動産の表示に関する公正競争規約施行規則8条4号）。

2　誤り

徒歩による所要時間は、道路距離80mにつき1分間を要するものとして算出した数値を表示する（不動産の表示に関する公正競争規約施行規則10条10号）。

3　誤り

新築分譲住宅の予告広告においても、予告広告においては、予告広告である旨及び契約又は予約の申込みには応じられない旨等を、見やすい場所に、見やすい大きさ、見やすい色彩の文字により、分かりやすい表現で明りょうに表示しなければならない（不動産の表示に関する公正競争規約9条4項、施行規則5条3項1・4号）。予告広告においても、宅地建物取引業法33条に規定する許可等の処分があった後でなければ行うことはできない（不動産の表示に関する公正競争規約施行規則別表4）。

4　誤り

管理費（マンションの事務を処理し、設備その他共用部分の維持及び管理をするために必要とされる費用をいい、共用部分の公租公課等を含み、修繕積立金を含まない。）については、1戸当たりの月額（予定額であるときは、その旨）を表示しなければならない。ただし、住戸により管理費の額が異なる場合において、そのすべての住戸の管理費を示すことが困難であるときは、最低額及び最高額のみで表示することができる（不動産の表示に関する公正競争規約施行規則10条41号）。

【問題46】　正解1

| CHECK! | | | | 本試験 | 平成23年度　問47 | 重要度 | A | 難易度 | ★ |

問題47　不当景品類及び不当表示防止法

　宅地建物取引業者が行う広告等に関する次の記述のうち、不当景品類及び不当表示防止法（不動産の表示に関する公正競争規約を含む。）の規定によれば、正しいものはどれか。

1　分譲宅地（50区画）の販売広告を新聞折込チラシに掲載する場合、広告スペースの関係ですべての区画の価格を表示することが困難なときは、1区画当たりの最低価格、最高価格及び最多価格帯並びにその価格帯に属する販売区画数を表示すれば足りる。

2　新築分譲マンションの販売において、モデル・ルームは、不当景品類及び不当表示防止法の規制対象となる「表示」には当たらないため、実際の居室には付属しない豪華な設備や家具等を設置した場合であっても、当該家具等は実際の居室には付属しない旨を明示する必要はない。

3　建売住宅の販売広告において、実際に当該物件から最寄駅まで歩いたときの所要時間が15分であれば、物件から最寄駅までの道路距離にかかわらず、広告中に「最寄駅まで徒歩15分」と表示することができる。

4　分譲住宅の販売広告において、当該物件周辺の地元住民が鉄道会社に駅の新設を要請している事実が報道されていれば、広告中に地元住民が要請している新設予定時期を明示して、新駅として表示することができる。

解答・解説

1　正しい
　土地の価格については、1区画当たりの価格を表示する。この場合において、すべての区画の価格を表示することが困難であるときは、分譲宅地の価格については、1区画当たりの最低価格、最高価格及び最多価格帯並びにその価格帯に属する販売区画数を表示する（不動産の表示に関する公正競争規約施行規則10条35・36号）。

2　誤り
　不動産の表示に関する公正競争規約において「表示」とは、顧客を誘引するための手段として事業者が不動産の内容又は取引条件その他取引に関する事項について行う広告その他の表示をいい、物件自体による表示及びモデル・ルームその他これらに類似する物による表示もこの「表示」に該当する（不動産の表示に関する公正競争規約4条5項1号）。

3　誤り
　徒歩による所要時間は、道路距離80メートルにつき1分間を要するものとして算出した数値を表示する（不動産の表示に関する公正競争規約施行規則10条10号）。

4　誤り
　新設予定の鉄道、都市モノレールの駅若しくは路面電車の停留場又はバスの停留所は、当該路線の運行主体が公表したものに限り、その新設予定時期を明示して表示することができる（不動産の表示に関する公正競争規約施行規則10条5号）。

税・その他

【問題47】　正解 1

問題48 不当景品類及び不当表示防止法

　宅地建物取引業者が行う広告に関する次の記述のうち、不当景品類及び不当表示防止法（不動産の表示に関する公正競争規約を含む。）の規定によれば、正しいものはどれか。

1　販売代理を受けた宅地及び建物の広告を行う場合、自らが調査した周辺地域における当該物件と同程度の物件の平均的な価格を「市価」として当該物件の販売価格に併記してもよい。

2　現在の最寄駅よりも近くに新駅の設置が予定されている分譲住宅の販売広告を行うに当たり、当該鉄道事業者が新駅設置及びその予定時期を公表している場合、広告の中に新駅設置の予定時期を明示して、新駅を表示してもよい。

3　新聞折り込み広告で新築分譲マンションの販売広告を行う場合、すべての住宅について1戸当たりの表示が困難なときは、価格については最低価格及び最高価格のみを表示し、管理費については契約時に説明を行えば、不当表示となるおそれはない。

4　高圧線下にある宅地を販売するための広告を行ったところ、当該宅地が高圧線下に所在する旨の表示がされていなかったが、意図的に表示しなかったものではないことが判明した場合には、不当表示となるおそれはない。

解答・解説

1　誤り
　事実に相違する広告表示又は実際のもの若しくは競争事業者に係るものよりも有利であると誤認されるおそれのある二重価格表示をしてはならない（不動産の表示に関する公正競争規約20条）。市価とは、当該物件の市場価格のことをいうが、この市価の内容として、周辺地域の同程度の物件の平均的な価格を表示することは、実際のものよりも有利であると誤認されるおそれがあり、不当表示にあたるといえる。

2　正しい
　本肢のような交通機関の運行主体が公表したものであれば、その新設予定時期を明示して、新駅を表示してよい（不動産の表示に関する公正競争規約施行規則10条5号）。

3　誤り
　新築分譲マンションの価格については、そのすべての住戸の価格を表示することが困難であるときは、1戸当たりの最低価格、最高価格及び最多価格帯並びにこれに属する住戸の戸数を表示する。販売戸数が10戸未満であるときには、最多価格帯の表示を省略することができる。また、管理費については、1戸あたりの月額（予定額であるときは、その旨）を表示することになっている。ただし、住戸により管理費が異なる場合に、すべての住宅の管理費を示すことが困難であるときは、最低額及び最高額のみで表示することができる（不動産の表示に関する公正競争規約施行規則10条39号、41号）。

4　誤り
　本肢のように高圧線下の宅地の販売広告については、その旨及びそのおおむねの面積の表示と建物等の建築が禁止されているときにはその旨の表示をしなければいけないが（不動産の表示に関する公正競争規約施行規則8条8号）、仮に意図的に表示しなかった

わけではなく、不注意で表示し忘れた場合でも、不当表示となる。これは、必要な表示がない以上、消費者が被害を受ける可能性があるからである。

必勝合格Check!

公正競争規約（表示規約）の主なまとめ

①特定事項の明示義務
- 市街化調整区域の土地－「市街化調整区域。宅地の造成及び建物の建築はできません。」
- 接道義務違反－「再建築不可」又は「建築不可」と明示
- 朽廃建物の土地－その旨を明示
- 高圧電線路下の土地－その旨及びおおむねの面積を表示
- 傾斜地割合が30％以上の土地－傾斜地を含む旨及び傾斜地の割合又は面積を明示（傾斜地割合が30％以上を占めるか否かにかかわらず、傾斜地を含むことによって、有効利用が著しく阻害される土地も同様）

②表示基準
- 交通機関－原則として、電車・バス等の公共交通機関は、現に利用できるものを表示
- 新設予定の駅又は停留所－運行主体が公表していれば、新設予定時期を明らかにして表示
- 徒歩による所要時間－道路距離80mにつき1分間を要するものとして表示
- 居室と認められない納戸等－納戸等と表示
- 未完成建物に他の建物の写真を用いる場合－当該写真が他の建物のものである旨を写真に接する位置に明示＋（取引しようとする建物と規模・形質・外観が同一の他の建物の「外観写真」／建物の「内部写真」で、写真に写される部分の規模・質等が同一のもの）
- 分譲住宅の価格－原則として、1戸当たりの価格を表示
- 団地と施設との間の距離又は所要時間－その施設から最も近い当該団地内の地点を起点又は着点として算出した数値を表示

③特定用語の使用基準
- 新築－建築後1年未満であって、居住の用に供されたことがないもの
- ＤＫ／ＬＤＫの文言－必要な広さ、形状及び機能を有していること

④不当表示の禁止
- 不当な二重価格表示－事実に反したり、実際より有利と誤認されるおそれのあるもの－禁止
- おとり広告禁止
- アドオン利率－実質利率を併せて表示

問題49　**不当景品類及び不当表示防止法**

　宅地建物取引業者が行う広告に関する次の記述のうち、不当景品類及び不当表示防止法（不動産の表示に関する公正競争規約を含む。）の規定によれば、正しいものはどれか。

1　土地を販売するに当たり、購入者に対し、購入後一定期間内に当該土地に建物を建築することを条件としていても、建物建築の発注先を購入者が自由に選定できることとなっていれば、当該土地の広告に「建築条件付土地」と表示する必要はない。

2　新聞折込チラシにおいて新築賃貸マンションの賃料を表示するに当たり、すべての住戸の賃料を表示することがスペース上困難な場合は、標準的な1住戸1か月当たりの賃料を表示すれば、不当表示に問われることはない。

3　リフォーム済みの中古住宅については、リフォーム済みである旨を必ず表示しなければならない。

4　分譲住宅について、住宅の購入者から買い取って再度販売する場合、当該住宅が建築後1年未満で居住の用に供されたことがないものであるときは、広告に「新築」と表示しても、不当表示に問われることはない。

解答・解説

1　誤り

　建築条件付土地とは、自己の所有する土地を販売するに当たり、自己と土地購入者との間において、自己又は自己の指定する建設業者との間に、当該土地に建築する建物について一定期間内に建築請負契約が成立することを条件として売買される土地をいい、建築請負契約の相手方となる者を制限しない場合を含む（不動産の表示に関する公正競争規約4条6項1号）。そして、建築条件付土地取引に関する広告については、取引の対象が建築条件付土地である旨など一定の事項について、見やすい場所に、見やすい大きさ、見やすい色彩の文字により、分かりやすい表現で表示しなければならない（不動産の表示に関する公正競争規約6条1号ア）。以上から、建築請負契約の相手方となる者を制限しない場合、すなわち建物建築の発注先を購入者が自由に選定できる場合も土地の広告に「建築条件付土地」と表示する必要がある。

2　誤り

　賃貸される住宅（マンション又はアパートにあっては、住戸）の賃料については、1か月当たりの賃料を表示しなければならない。ただし、新築賃貸マンション又は新築賃貸アパートの賃料について、すべての住戸の賃料を表示することが困難であるときは、1住戸当たりの最低賃料及び最高賃料を表示しなければならない（不動産の表示に関する公正競争規約施行規則10条40号）。標準的な1住戸1か月当たりの賃料を表示すればいいわけではない。

3　誤り

　建物をリフォーム又は改築（以下、本肢において「リフォーム等」という。）したことを表示する場合は、リフォーム等の内容及び時期を明示しなければならない（不動産の表示に関する公正競争規約施行規則10条21号）。しかし、リフォーム等したことを表

示しないのであれば、これらを明示する義務はない。また、リフォーム済みである旨を
必ず表示しなければならないものでもない。

4　正しい

「新築」とは、建築後1年未満であって、居住の用に供されたことがないものをいう
(不動産の表示に関する公正競争規約18条1号)。売買契約の締結や不動産登記はこれに
該当しないため、分譲住宅の購入者から買い取って再度販売する場合も、その販売広告
において「新築」と表示することは可能である。

税・その他

1級建築士試験

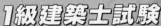

全国 合格者占有率 No.1

総合資格学院は「今」最も合格者

令和2年度
1級建築士 学科・設計製図試験

全国 ストレート合格者占有率

60.8%

他講習利用者＋独学者 / 当学院当年度受講生

全国ストレート合格者1,809名中／
当学院当年度受講生1,099名
（令和2年12月25日現在）

令和2年度
1級建築士 設計製図試験

全国 合格者占有率

53.8%

他講習利用者＋独学者 / 当学院当年度受講生

全国合格者3,796名中／
当学院当年度受講生2,041名
（令和2年12月25日現在）

令和3年度
1級建築士 学科試験

全国 合格者占有率

45.6%

全国合格者4,832名中／
当学院当年度受講生2,202名
（令和3年9月7日現在）

令和3年度
2級建築士 学科試験

当学院基準達成
当年度受講生合格率

94.0%

全国合格率 42.0%

8割出席・8割宿題提出・
総合模擬試験正答率6割達成
当年度受講生763名中／合格者717名
（令和3年8月24日現在）

令和2年度
2級建築士 設計製図試験

当学院基準達成
当年度受講生合格率

82.6%
その差 **31.9%**

当学院基準達成者
以外の合格率 50.7%

8割出席・8割宿題提出・模試1ランクI達成
当年度受講生841名中／合格者695名

当学院当年度受講生合格者数 **1,974名** （令和2年12月10日現在）

令和3年度
1級建築施工管理 第一次検定

当学院基準達成
当年度受講生合格率

81.4%
その差 **45.4%**

過去10年で最も
低い全国合格率 36.0%

6割出席・6割宿題提出
当年度受講生440名中／合格者358名
（令和3年7月16日現在）

令和3年度
建築設備士 第一次試験

当学院基準達成
当年度受講生合格率

75.0%
全国合格率の **2倍以上**

全国合格率 32.8%

8割出席・8割宿題提出
当年度受講生40名中／合格者30名
（令和3年7月29日現在）

令和3年度
2級建築施工管理 第一次検定 （前期）

当学院基準達成
当年度受講生合格率

75.7%
全国合格率の **2倍**

全国合格率 37.9%

8割出席・8割宿題提出
当年度受講生103名中／合格者78名
（令和3年7月6日現在）

令和3年度
1級土木施工管理 第一次検定

当学院基準達成
当年度受講生合格率

82.4%

全国合格率 60.6%

6割出席
当年度受講生102名中／合格者84名
（令和3年8月19日現在）

を輩出しているスクールです！

令和2年度 1級建築士 設計製図試験 卒業学校別実績

卒業生合格者20名以上の学校出身合格者のおよそ6割は
当学院当年度受講生！

下記学校卒業生
当学院占有率 **58.4%**

他講習利用者＋独学者 / 当学院当年度受講生

卒業生合格者20名以上の学校出身合格者合計2,263名中／
当学院当年度受講生合計1,322名

学校名	卒業合格者	当学院受講者数	当学院占有率	学校名	卒業合格者	当学院受講者数	当学院占有率
日本大学	162	99	61.1%	東洋大学	37	24	64.9%
東京理科大学	141	81	57.4%	大阪大学	36	13	36.1%
芝浦工業大学	119	73	61.3%	金沢工業大学	35	16	45.7%
早稲田大学	88	51	58.0%	名古屋大学	35	22	62.9%
近畿大学	70	45	64.3%	東京大学	34	16	47.1%
法政大学	69	45	65.2%	神奈川大学	33	22	66.7%
九州大学	67	37	55.2%	立命館大学	33	25	75.8%
工学院大学	67	31	46.3%	東京都立大学	32	21	65.6%
名古屋工業大学	65	38	58.5%	横浜国立大学	31	15	48.4%
千葉大学	62	41	66.1%	千葉工業大学	31	19	61.3%
明治大学	62	41	66.1%	三重大学	30	16	53.3%
神戸大学	58	27	46.6%	信州大学	30	16	53.3%
京都大学	55	28	50.9%	東海大学	30	16	53.3%
大阪工業大学	55	34	61.8%	鹿児島大学	27	18	66.7%
東京都市大学	52	33	63.5%	福井大学	27	11	40.7%
京都工芸繊維大学	49	23	46.9%	北海道大学	27	13	48.1%
関西大学	46	32	69.6%	新潟大学	26	18	69.2%
熊本大学	42	23	54.8%	愛知工業大学	25	17	68.0%
大阪市立大学	42	22	52.4%	中央工学校	25	12	48.0%
東京工業大学	42	17	40.5%	京都建築大学校	23	19	82.6%
名城大学	42	27	64.3%	武庫川女子大学	23	13	56.5%
東京電機大学	41	25	61.0%	大分大学	21	12	57.1%
広島大学	38	29	76.3%	慶応義塾大学	20	9	45.0%
東北大学	38	26	68.4%	日本女子大学	20	11	55.0%

※卒業学校別合格者数は、試験実施機関である（公財）建築技術教育普及センターの発表によるものです。※総合資格学院の合格者数には、「2級建築士」等を受験資格として申し込まれた方も含まれている可能性があります。（令和2年12月25日現在）

令和4年度 試験対策
宅建パーフェクト合格必勝コース

目標は受講生全員合格!!

実際に教壇に立つ講師陣と、講師とともに受講生の学習状況をチェックし、学習アドバイスを行う教室マネージャー。この講師・教室マネージャーが連携し、みなさんの「合格」を全力サポートします。合格のために大切なのは、宅地・建物の取引に関する様々な法律を正しく理解すること。長年にわたる指導経験により、受講生が苦手としがちなポイントを把握している当学院だからこそ可能な「受講生の目線」に立った指導を、受講生一人ひとりに合わせ実践しています。

合格サイクル+継続学習

本試験で合格点を達成した受験生は、それまでの模試やテストでも、常にトップ近くの水準をキープしてきた傾向があります。当学院では、原理・原則の正しい理解を重視した講義で基礎から着実にインプット学習を行い、さらにアウトプットトレーニングを繰り返すことで得点力を養成。さらに自宅学習を含め、規則正しい学習のサイクルを継続することにより、得点力を維持します。計画的に本試験合格レベルの実力を身につけられます。

講習当日に完全理解
本試験を突破するために必要な知識を、当日のうちに確実にインプット

＋

アウトプットトレーニング
理解不足の箇所を確認し補完すると同時に、知識を得点に結びつける実戦型トレーニング

➡

知識の定着
応用力の養成

POINT 定期研修で常時高レベル!

優秀な講師陣

当学院では、全国どこの教室でも変わらない質の高い講義を行えるよう、厳しい採用基準をクリアし、育成期間を経て極めて高い指導水準に達した講師のみが、教壇に立つことを許されています。また各科目の特性に応じた指導を行うべく科目専任制を採用。加えて最新の試験情報を共有するための会議や、最良の指導方法を学ぶための研修も定期的に開催。「受講生全員合格」を目標に、日々研鑽を重ねています。

⑥インタ・ライブ講義

【interactive（相互作用のある、双方向の）】＋【ライブ講義（人対人の理解度優先講義）】から生まれた、個々の学力を把握しながら指導を行う、当学院独自の講義システムです。
※教室によっては通学映像となる場合がありますので、必ず受講希望校までお問い合わせください。

科目専任制で各科目の実務専門家によるライブ講義、教材作成を実現!

権利関係	弁護士／司法書士、他	法令上の制限	1級建築士／不動産鑑定士、他
宅建業法	宅地建物取引士／不動産鑑定士、他	税・その他	不動産鑑定士、他

● 各科目とも第一線で活躍する実務専門家がライブ講義、教材作成を担当!
● 難化した最新傾向の宅建士試験に対応した講義を最適な教材で受けることができます!

定期研修前に情報抽出
講師自身の理想とする講座方針や課題、留意点などを定期研修前に講師が抽出

受講生の成績に基づいた学習メニュー立案
指導技術の共有
講義のロールプレイング

定期研修で内容を検討
当学院の全国の講師が集まり、最新情報を元に分析した試験対策や講義内容を検討

より進化した講習システムへ
定期研修の内容を受けて指導の成功例や注意点を集約し、問題点などの改善を反映

実際の講義へフィードバック
当学院の選び抜かれた講師たちが指導する、常に内容が更新された講義を実現

POINT 受講生一人ひとりの理解状況を正しく確認!

チェックポイント＆講習カルテ

適切な指導を行うために受講生一人ひとりの理解状況を正しく確認する「チェックポイント」と「講習カルテ」を導入。「チェックポイント」は、その回の講義で必ず理解しなければならない重要項目であり、これを中心に講義が進行します。また講習日までの学習状況や、講義終了後の理解度を回答する「講習カルテ」により、講義の理解度や満足度、学習の進捗状況を検証し、受講生一人ひとりに適した学習方法をアドバイスします。

チェックポイント **講習カルテ**

今年絶対合格するダイアリー

宅建士合格に必要なのは、日々の学習の継続。大半の資格スクールでは、自宅での学習は本人任せですが、当学院では毎日の学習管理もしっかりサポート。「今年絶対合格するダイアリー」で日々の予定を確認し、効果的な学習方法をアドバイスします。

合格までのすべての時間を無駄なく効率的に管理！

受講生の記入しやすさ、使いやすさを追求！

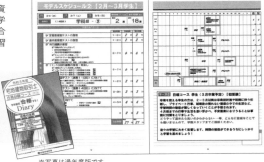

※写真は過年度版です。

受講生
毎日の学習だけではなく1日のスケジュール、
学習状況などをダイアリーに記入

学院スタッフ・講師
ダイアリーから
日々の学習状況を確認

受講生一人ひとりに合わせた
効果的な学習方法や時間の
使い方をアドバイス

フォローアップ学習

理解不足の箇所があれば、いつでも質問に対応します。講義中の疑問や、解けない問題があれば、ぜひ当学院の講師やスタッフにご相談ください。また自習室や映像ブースなど、フォローアップ学習のための設備も完備していますので、当日のうちに疑問点をすべて解消し、独力で問題を解けるレベルをめざしましょう！

チューター

講義直後に教室で受講生が講義・テキストの復習に取り組むフォローアップ学習にて、講師とチューターが連携して受講生のサポートを行います。チューターは、当学院を受講して試験を突破された皆さんの先輩。合格した経験や勉強方法のノウハウを活かして、より受講生の目線で学習指導・相談に応じます。

連携
指導　相談
質問　指導
講師　受講生　チューター

※チューターの在室状況は各校にお問い合わせください。

宅建士講座

早期からの学習スタートで他の受験生に大きく差をつける！

宅建パーフェクト合格必勝コースは、早期からの学習スタートなので、本試験時において他の受験生との知識差は一目瞭然。もちろん、ただ一方的に暗記するだけでなく、知識の定着と演習を行いながらの講義なので、挫折することなく、最後までモチベーションを保ったまま学習を継続することができます。

Feature 1　毎年改訂の教材

毎年改訂

講義で使用する教材は毎年改訂！

膨大な改正民法が、過去問の正誤や学院の教材に与える影響を把握し、改訂していますので、最新の知識を学ぶことができます。直接受講生を指導する講師陣および講習開発スタッフたちによる執筆なので、長年にわたる指導ノウハウを凝縮させ、「受講生の声が反映された教材」を提供することができます。

※写真は令和3年度のものです。

Feature 2　選び抜かれた優秀な講師陣

当学院講師は各科目の特性に応じた指導を行うべく科目専任制を採用。その中でも育成期間を経て極めて高い指導水準に達した講師のみが、教壇に立つことを許されています。また最新の試験情報を共有したり、最良の指導方法を学ぶための研修も定期的に開催し、日々研鑽を重ねています。

加えて当学院では、災害や社会の動きを受けて刻一刻と変化する、新しい宅建士に求められる知識を常に調査しています。随時講義・カリキュラムに反映するので、年の試験で問われる可能性が高い知識を学ぶことができます。

宅建パーフェク

| 令和3年 11月~ | 令和4年 3月~ | ※必修項目習得講座（権利関係）の「通学映像」の講座は、受講ID発行後、11月以後順次視聴可能ですので、お好きなペースで学習を進められます。 | 6月 |

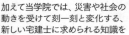

早期講座

開講ガイダンス

宅建合格必勝コース

本講

| 必修項目習得講座（権利関係） | 必修項目習得講座（宅建業法） | 必修項目習得講座（法令上の制限） | 実力判定テスト | 民法 ①~④ | 宅建業法 ①~③ | 法令上の制限 ①~③ | 実力診断模試 ① |

※教室によっては他の講座が先行する場合があります。詳細は受講希望校までお問い合わせください。
※カリキュラムは試験制度の変更などにより変更する場合があります。

■受講料

宅建 パーフェクト合格必勝コース		受講料内訳 必修項目 習得講座		宅建合格 必勝コース （宅建総合講座）
370,000円 （税込**407,000**円）	=	**80,000**円 （税込**88,000**円）	+	**290,000**円 （税込**319,000**円）

※受講料や講座に関する詳細・ご不明な点等は、当学院までお問い合わせください。
※上記各コースにおける各種割引制度での割引は、宅建合格必勝コース（宅建総合講座）より割引いたします。

Feature 3 **合格サイクル＋継続学習**　インプット学習とアウトプットトレーニングのくり返しで、合格水準の得点力を養い、試験日まで知識をキープするのが当学院のオリジナルメソッド。計画的に本試験合格レベルの実力を身につけられます。

STEP 1 予習 （自宅学習）

「予習ワーク」で効率的な予習を行い、講義の効果を最大限に発揮する！

STEP 4 復習 （自宅学習）

復習用の教材で効果的な復習を行い、短期記憶を長期記憶へ！

どなたでも確実に合格をめざせる学習システム
INPUT　OUTPUT
合格サイクル ＋ 継続学習

STEP 2 講習

受講生の目線に立った理解度最優先の講義で、実力が飛躍的にアップ！

STEP 3 フォローアップ学習

講義内容や演習テストについての疑問は、講習当日にすべて解決！

合格必勝コースの流れ

8月　　　　　　　　　　　　　　　　　　　　　　　　　10月

※科目の進行順は教室によって異なります。詳しくは各教室にお問い合わせください。

演習講座

| 民法 ⑤ | 宅建業法 ④⑤ | 税・その他 ①② | 特別法講義 | 実力診断模試 ② | 科目別演習 | 宅建士模試 | 総合答練 | 公開統一模擬試験 ①② | 本試験 |

令和2年度
宅地建物取引士合格 **合格体験記**

三上 拓也さん 28歳

受講講座名	宅建パーフェクト合格必勝コース
勤務先業種	建設会社
職種	賃貸住宅建設営業

Q 現在の仕事の道に進もうと思ったきっかけをお聞かせください。

A **不動産業務のプロへ**
親族が不動産賃貸業をやっており、土地売買、管理、税金対策、不動産業務全般で、困らないよう私自身が知識を身に付け家族を守っていきたいと考えたのがきっかけです。

Q 宅建士試験の受験を決断した理由・きっかけ、また受験を決める際に不安なことやそれをどう克服したかお聞かせください。

A **独学の壁**
受験は二回で、一回目は独学で資格を取ろうと考え、結果は31点でした。一回目の受験で気づいたことは圧倒的に問題を解く力と、対策が足りないことでした。そこで独学に限界を感じ資格学校に通い二回目の受験を決断しました。一度試験に落ちてしまうと自信がなくなり不安になりますが、自信がつくまで問題を解き、克服しました。

Q 独学または、他の学校利用ではなく「総合資格学院」に決めた理由をお聞かせください。

A **合格者の感想**
独学に限界を感じていました。そこで同期の合格者に話を聞くと、総合資格学院に通い合格した方が多かったため、通うことを決めました。

Q ご自身と独学者を比べてみて、一番大きな違いは何でしたでしょうか。

A **試験対策が充実**
問題を解くポイントや、試験対策への学習の仕方が、大きく合否を左右します。学習を継続的にできるカリキュラムや試験対策が効率的であり、独学者と比べるととても大きなものでした。

Q ズバリ、宅建士合格のポイントはどこですか?

A **独学の限界を知れたこと**
独学の時は解説者もいなく間違えて覚えていることがありました。総合資格学院のカリキュラムに合わせて継続して勉強することで、しっかり理解することができました。総合資格学院で試験対策を徹底的にできたことが合格のポイントだと思います。

Q 御自身の経験を元に資格取得をめざす方へアドバイスをお願いします。

A **努力は裏切らない**
努力したことは仕事上で自信になりましたし、得た知識はお客様のためになります。サポートしてくださった総合資格学院の方に感謝です。そして、資格取得は誰かを守るために必要なことだと思いました。また、知識の向上にも必要だと思いました。少しでもいいので継続して勉強に励み、最後まで諦めなければ、努力は裏切らないと思います。受験される皆さんを心から応援しております。

資格取得をめざすきっかけは人それぞれ。置かれている環境や、抱える悩みも人それぞれ。
しかし、めざすところはただ一つ。「合格」の2文字です。
令和2年度宅建士合格を勝ち取った総合資格学院OBの困難克服法や必勝法など、
一人ひとりの合格ストーリーをお届けします。

直井 優さん 22歳

受講講座名	宅建パーフェクト合格必勝コース
勤務先業種	ハウスメーカー
職種	営業

Q 宅建士試験の受験を決断した理由・きっかけ、
また受験を決める際に不安なことやそれをどう克服したかお聞かせください。

A **就活内定時にしていた決意**
現在の職場において必須の資格であったため、すでに受験を決めていました。また、学生時代に思いっきり遊んで社会人になったら必死にがんばると決めていたので、特に不安はありませんでした。

Q 独学または、他の学校利用ではなく「総合資格学院」に決めた理由をお聞かせください。

A **希望に合わせたコース選択**
4月から宅建士試験の勉強を始めた私にとっては、基礎から学べるコースが用意されていたのと、絶対に合格出来るカリキュラムになっていると言われ、総合資格学院に決めました。

Q ご自身と独学者を比べてみて、一番大きな違いは何でしたでしょうか。

A **徹底したスケジュール管理**
スケジュールに沿って講義が進むので、ひと通りの内容を理解するまでは、自分自身がスケジュール管理に使う労力が少なく済みました。また、時期ごとに学習で到達していなければならない具体的な基準が示されていたので、そこを目標に今の自分の位置を確認しながら勉強をすることができました。

Q 合格したからこそ言える失敗談や反省点、
受験期間中の印象に残るエピソードなどお聞かせください。

A **学習モチベーション失速時の支え**
勉強を一人で頑張っていくことに慣れてくると、モチベーションが下がってしまう時期がありました。その時に学院スタッフの方が、毎週気にかけて下さり、力強い言葉で、背中を押してくれ、最後まで頑張ることができたことが、とても印象に残っています。

Q 今後の目標や抱負、この受験を通じて得た知識・資格を仕事上どのように活かしていきたいか、
また、次に取得をめざしている資格があればお聞かせください。

A **社会に貢献できるように**
宅建士を取得したことによって、重要事項説明ができるようになったため、自分の力で契約をして会社に、そして社会に貢献できる社会人になっていきたいと思います。

Q 御自身の経験を元に資格取得をめざす方へアドバイスをお願いします。

A **総合資格学院で必ず合格できる**
総合資格学院のカリキュラムを積み重ねていけば必ず合格できるので、一生の財産を手に入れるために数カ月に力を注いでください。

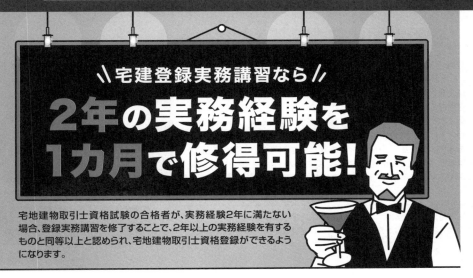

▶ 1級建築士・2級建築士

資料請求▶

設計製図試験を見据えた学科講座!

建築士試験において、学科高得点者は設計製図試験の合格率が高いことが判明しており、当学院では設計製図試験を見据えた学科講座を展開しています。試験対策にはとどまらない、実務に即した知識を講座を通して深めていくことで、問題に対して正しく理解し、解答を選ぶことができるのはもちろん、解答を記述できるレベルまで実力を引き上げます。この原動力となるのが、総合資格学院独自の対面形式の講義システム「インタ・ライブ講義」。映像講義をただ視聴するのではなく、実際に講師が教壇に立ち、受講生の理解度を確かめつつ、疑問や不明点を解消し、実力を養成します。

設計製図試験は 学科試験の知識が必須	学科試験高得点者は 設計製図試験の合格率が高い	学科試験を高得点で 合格できる力が必要!!

「人」対「人」の直接的なコミュニケーションによる理解度最優先指導

インタ・ライブ講義

受講生一人ひとりの理解状況を確認し、理解不足であれば、わかるまで丁寧に指導するための講義システム。当学院では長年にわたりライブによる「個別指導」にこだわった講義を行っています。そして、「個別指導」のために「講義理解度チェックポイント」や「講習カルテ」を導入することで、理解が足りない箇所を素早く確認し、追加指導できる学習環境を実現しています。

教材 　毎年改訂

「対面指導」で培った 合格へのノウハウが満載!

受験生や試験を知り尽くした講師や講習開発スタッフによる執筆だから、「受講生目線」の理解しやすい構成。また、毎年改訂により、法改正や規準改定、最新試験傾向への対応はもちろん、受講生の意見や要望などを取り入れ、より使いやすさを追究。まさに"合格に最も近い教材"です。

講師

「全員合格」を目標に、一人ひとりに 対応したきめ細やかな指導!

厳しい採用基準をクリアした真のプロフェッショナルたちが、全国の教室で受講生一人ひとりに対応したきめ細やかな指導を実践。「受講生全員合格」を目標に日々全力で取り組んでいます。

自習室 　講習日以外も開放!

講習日以外も教室を開放して 学習スペースを提供します!

会社帰りに!	予習・ 復習に!	集中して 学習したい方に!

●講習当日の利用で"フォローアップ学習"を徹底!
●平日の会社帰りにも利用可能!
●適度な緊張感のあるスペースで高い学習効果が生まれる!
※開放日や開放時間の詳細は各校にお問い合わせください。

賃貸不動産経営管理士

資料請求▶

国家資格化で注目の資格！
賃貸不動産管理の専門家

宅建士試験と共通の出題項目が多く、民法や借地借家などの学習した知識が活かせる！

宅建士があればスグに活躍できる！

賃貸不動産経営管理士になるには、試験に合格した上で登録が必要です。その登録の要件として、2年以上の業務経験等又は宅地建物取引士であることとされています。つまり、宅地建物取引士であれば、賃貸不動産経営管理士試験に合格後、すぐに賃貸不動産経営管理士になることができます。賃貸不動産経営管理士は、特に宅地建物取引士と併せて取得することで、その効果が倍増します。

公式テキストに沿った講義で重要ポイントをしっかり確認

令和4年度
賃貸不動産経営管理士 **WEBコース** 受講料 82,000円（税込90,200円）

本講義 + 演習講座 + 公開統一模擬試験

インテリアコーディネーター

資料請求▶

業務の幅が広がる！住環境づくりのスペシャリスト

宅建士と併せて効果倍増！

宅建士とインテリアコーディネーターは非常に相性の良い資格です。この2つを組み合わせることにより、インテリアに詳しい不動産の専門家として業務の幅が飛躍的に広がります。

最新試験にも完全対応!! 1次試験攻略のための必勝講座

令和4年度受験
インテリアコーディネーター **1次対策コース** 受講料 285,000円
（税込313,500円）

必修項目習得講座 + 講義 + 模擬試験 + 答練講義

実務未経験でも大丈夫! 丁寧な添削指導で合格へと導く!

令和4年度受験
インテリアコーディネーター **2次対策コース** 受講料 170,000円
（税込187,000円）

講義 + プレゼンテーション・論文添削指導＋模擬試験

※上記受講料は、令和3年10月27日現在のもので、変更となる場合があります。

忙しい方や自分のペースで学習したい方に最適な講座です。 令和4年4月 開講予定

宅建通信講座
FAX申込記入欄
太枠線内にご本人がご記入ください。

FAX送信先
03-3340-2809

フリガナ		申込日	令和　　年	性　別
			月　　　日	男 ・ 女
氏　　名	印	生年月日	昭和　　年　　月　　日 平成　　　　（　　歳）	受験回数 回目

自宅住所	〒			
		都 道 府 県		
	TEL		携帯電話	個人 ・ 会社
	メールアドレス			

勤務先名		支店名：　　　　所属：　　　部（課）

勤務先住所	〒	
		都 道 府 県
	TEL	（　　　．　　　）

職　　種	1.不動産業　2.金融関係　3.建設関係　4.学生　5.主婦　その他（　　　　　）

卒業(在学) 学校名	大学院　大学 短大　専門学校　　　　　　　　　　　　　　　在学（　　　　年生） 高校　中学　　　　　　　学部　　　　学科　卒業（S・H・R　　年卒）

ご購入済の書籍名	□ **必勝合格 宅建士テキスト**　□ **必勝合格 宅建士過去問題集**	※ご購入済みの書籍につきましては、受講料から 書籍購入代金を割り引かせていただきます。

当グループでは、ご提供いただいた個人情報を個人情報保護法の定めに基づいて当グループ以外の第三者に提供することはありません。また、ご提供いただいた個人情報は各種の資格試験に関する商品・サービスのご案内など、当グループの業務遂行に必要な範囲で利用させていただく場合があります。
※受講料確認のためメールアドレスは必ずご記入ください。　　　　　　　　　　　　　　　　（株）総合資格（株）中部資格

お申込の流れ

① FAX申込書を送信ください

② メールにて受講料・振込口座をお知らせいたします

③ 受講料をお振込みください

④ お振込み金額を確認いたします

⑤ IDを発行し、教材を発送いたします

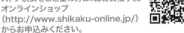

クレジットカード決済、コンビニエンスストア決済をご希望の方は、総合資格学院オンラインショップ（http://www.shikaku-online.jp/）からお申込みください。

※IDの発行後、教材を発送いたしますので、お振込みいただいてから教材の発送までは、1週間程度お時間を頂戴いたしますことをご了承ください。
※オンラインショップでの販売は2022年2月より開始予定です。

令和4年度版　必勝合格　宅建士過去問題集

発行日	初版第1刷　2021年12月1日
発行人	岸　隆司
企画・編集	総合資格学院〔若狭毅徳、今川義威、月岡洋人、東野真知子〕
発行	株式会社　総合資格 〒163-0557　東京都新宿区西新宿1-26-2　新宿野村ビル22F
電話	03-3340-3007（内容に関するお問い合わせ先） 03-3340-6714（販売に関するお問い合わせ先） 03-3340-3082（プレゼントに関するお問い合わせ先）
URL	株式会社 総合資格　　　　http://www.sogoshikaku.co.jp/ 総合資格学院HP　　　　　https://www.shikaku.co.jp/ 総合資格学院出版サイト　https://www.shikaku-books.jp/
本文レイアウト・DTP	朝日メディアインターナショナル　株式会社
印刷	セザックス　株式会社